OBSERVATIONS

ET
MAXIMES
SUR LES
MATIERES CRIMINELLES.

AVEC DES REMARQUES TIRE'ES,
des Auteurs, conformes aux Edits, Ordonnances,
Arrêts & Reglemens des Cours Souveraines.

Ouvrage necessaire à tous Juges, Avocats, Procureurs, Greffiers,
Huissiers & Praticiens pour bien faire & instruire
un Procés criminel.

Par **M. A. BRUNEAU**, *Avocat au Parlement.*

A PARIS, F2648

Chez **GUILLAUME CAVELIER**, Fils, ruë Saint Jacques,
au coin de la ruë de la Parcheminerié, à la Fleur de Lys d'or.

___

M. DCCXV.
Avec Approbation & Privilege du Roy.

F.2 648.

ANTONIVS BRVNEAV CAPROSINVS IN SVPREMO SENATV PATRONVS
Non sum sicut cæteri homi
Semper Idem

A MONSEIGNEUR,

MONSEIGNEUR D'ALIGRE,

PRESIDENT A MORTIER

DU PARLEMENT DE PARIS.

*ONSEIGNEUR,*

Les Loix ont toujours été regardées comme un écoulement de la Sagesse divine &

ã

EPITRE

de la raison univerſelle, à les conſiderer dans leur principe & dans leur fin, elles ne ſont autre choſe que la raiſon écrite, & une regle ſûre pour conſerver & pour rétablir parmi les hommes cet ordre, cette ſubordination, ce calme & cette tranquillité ſans laquelle la ſocieté ſeroit un brigandage. Les premiers crimes ont donné lieu aux premieres Loix : on n'eût jamais penſé à établir des peines contre le meurtre, le vol, l'uſurpation, la fraude, l'artifice & la calomnie, ſi les paſſions de quelques hommes corrompus n'euſſent pas donné naiſſance à tous ces monſtres que la Juſtice ſe propoſe de combattre, ſans pouvoir ſe flatter de les détruire. Voilà, MONSEIGNEUR, l'objet de la Juriſprudence en general, & particulierement l'objet des Loix que nous avons ſur les Matieres Criminelles. Je ne vois rien de plus grand, rien de plus noble, rien de plus ſacré que ces ſages reglemens d'où dépend la conſervation de la Religion, de l'honneur, des

biens, du repos & de la vie des hommes. Nous
les avons reçûs de la main de nos Rois, &
nous les devons à la sagesse consommée de ces
grands Magistrats, que la France respecte
encore aujourd'huy, & qu'elle voit revivre
dans leurs Descendans. Vous êtes ici trop
marqué, MONSEIGNEUR, pour
n'être pas reconnu, & quand je ne dirois
rien des deux Illustres Chanceliers que la
Maison d'Aligre a donné à l'Etat, mon silence seroit excusable, vous les representez à
nos yeux d'une maniere qui leur rend une
seconde vie en perpetuant leur merite avec
leur nom. Quelle gloire pour moy, MON-
SEIGNEUR, que ce nom paroisse à la
tête de mon Ouvrage, & que ces Réflexions
qui sont le fruit de mes veilles, se trouvent
appuyées des Oracles que vous avez prononcé à la Tournelle! Le public vous y a veu
proteger l'innocence, contre les rafinemens
de l'injustice, proscrire la malignité des dé-
lateurs, démasquer le vice, menager l'hom-

EPITRE

me dans le coupable, le punir par devoir,
le plaindre par bonté, enfin donner tout à
la loy, sans rien oster à la clemence. Les
emplois que vous avez eus au Conseil du
plus grand des Rois, & au premier Senat
du monde, me fourniroient matiere à un
Eloge plus étendu, si je sçavois loüer comme je sçais admirer; mais je sens avec quelque sorte de confusion que mes talens servi-
roient mal le zele & le dévoüement respec-
tueux avec lequel je serai toute ma vie,

MONSEIGNEUR,

Vôtre tres-humble & tres-obéïssant
serviteur BRUNEAU.

PREFACE APOLOGETIQUE,

AUX LECTEURS STUDIEUX.

Majori collecta studio, quam scripta judicio.

SI nous n'étions pas prevenus d'admiration pour tout ce que l'on a écrit de l'antiquité, l'on pourroit croire que le siecle dans lequel nous vivons, est un des plus extraordinaires qui ayent encore été, pour être des plus polis, & les sciences s'y rencontrant aussi communes que les vertus. Dans le cours d'une année nous y voyons des évenemens & des pieces d'esprit qu'on n'eût osé attendre dans tout un siecle. Ces prodiges & cette fécondité paroissent principalement en France : je puis assurer que comme la Justice y regne sous le plus grand Monarque du monde, la sagesse s'y rencontre placée dans les Parlemens, qui sont les interpretes des Loix. La posterité regardera ce que je diray pour des avantures de Roman, plutôt que comme des veritez.

Entre toutes les qualitez que le Roy possede au supreme degré, ce n'est pas une des moindres que celle de sçavoir avec sagesse regler ses États comme il fait, par ses Edits & Ordonnances, pour l'ordre & l'administration de la Justice, *in omni sapientia dispositio legis. Ecclesiast.* 19. v. 18. Les Loix sont de belles idées de l'équité & de la prudence, qui deviendroient inutiles si elles n'étoient mises en usage, & un Etat ne pourroit subsister : c'est pour cela que Justinian, dans la Preface de ses Instituts, disoit qu'il faut que la majesté d'un Empire soit embellie, non seulement par les Armes, mais encore fortifiée par les Loix, afin de gouverner l'Etat également bien dans la paix & dans la guerre. Nôtre bon Roy Louis XII. par ces Lettres Patentes pour la rédaction des Coutumes données à Blois le 21. Janvier 1510. signées Robertet, assure que la Justice est la principale vertu par laquelle les Rois regnent, & sans laquelle tous les Royaumes, Monarchies & Communautez publiques ne peuvent subsister.

La Justice fait regner les Rois, & comme j'ay dit, elle n'est pas ſimplement le fondement & la durée des Etats, ne pouvant ſans elle ſubſiſter ; mais la puiſſance de Dieu même, *Dei potentia eſt juſtitia.* S. Auguſtin aſſure au chapitre 11. de ſa Cité, que le monde périroit ſans la Juſtice : nous voyons auſſi que où elle regne, toutes choſes vont de bien en mieux, dans une égalité admirable & une harmonie proportionnée. La Juſtice fait par la Religion, qu'on rend à Dieu ce qui lui appartient : par la pieté qui en ſort, l'on rend aux parens les devoirs que les enfans doivent à leurs peres, à quoi ils ſont obligez de droit naturel. La reconnoiſſance émanée de la Juſtice ſe fait envers ceux qui nous ont obligez par le ſouvenir de leur gratitude : l'on rend aux perſonnes relevées par leur naiſſance & leurs vertus, l'honneur & les reſpects qui leur ſont dûs : aux perſonnes âgées, l'Ecriture enjoint de les honorer, *coram cano capite conſurge, & honora perſonam ſenis :* Pourquoi cela, le Sage nous l'apprend, *corona dignitatis ſenectus quæ in viis juſtitiæ reperietur.* La Juſtice nous porte à obéïr aux Loix, aux Princes, & aux Magiſtrats ; c'eſt elle qui fait évanoüir le menſonge & la diſſimulation, en faiſant triompher la verité : enfin c'eſt la Juſtice qui ôte le mal en le détruiſant juſques à la racine, ſuivant le deſſein de la Loy, *Juſtitia tollere debet omnes occaſiones delictorum.* Dans la Preface du Livre 2. on verra que le premier devoir de la Juſtice, qui fait le fondement de la ſocieté civile, c'eſt de connoître, *ſi judicas, cognoſce.*

Marſile Ficin, Prêtre, Chanoine de Florance, au Dialogue 1. de ſon Traité *de Legibus*, diſoit à Laurent de Medicis, que les Loix avoient été faites à cauſe de la guerre. Je puis dire que nous avons la derniere obligation à Sa Majeſté des belles Loix qu'il nous a données, pour faire regner la juſtice dans ſes Royaumes : l'on peut aller par tout ſans crainte d'être détrouſſé par les maraudeurs ; tout eſt paiſible dans les grands chemins & à la campagne, comme dans les Villes ; les Voyageurs & les Marchands ſont en ſûreté : on ne voit plus les executions publiques que les anciennes Ordonnances ont marqué, qui ſe faiſoient du tems de nos ayeuls, parce qu'on ne rencontre que rarement des voleurs, ainſi que dans les derniers ſiecles, ſuivant René Choppin, ſur la Coutume de Paris *lib. 2. Tit. 1. num.* 7. Je pourrois dire qu'aujourd'hui l'on connoît mieux la juſtice par les Loix & la raiſon, que par les exemples publics ; parce que les Magiſtrats ſçavent tenir la balance, faiſant obſerver les Ordonnances, puniſſant ſeverement les crimes dans les coupables ; ſelon la rigueur des Loix, ce qui retient les méchans de faire du mal. Je ne parle point des Grans-jours, aprés ce qu'en a dit Ren. Choppin sur la Coutume de Paris. *lib. 2. Tit. 3. num. 14.*

Les peuples se rendent meilleurs par la compassion & l'amour que par la crainte : ils sont soumis aux volontez de leurs Souve-rains, lorsqu'ils sont conduits & gouvernez comme nous som-mes par le Roy, dont les jours sont employez en des travaux con-tinuels, s'appliquant à la conservation des peuples & des biens de ses Etats : ayant mis les Sciences & les beaux Arts, au plus proche degré de leur perfection. Sa Majesté fait en même tems refleurir la tranquillité & la justice par ses Loix, imitant les hauts faits de l'Empereur Charlemagne : l'on peut dire sans flaterie qu'elle les a surpassez, ayant eu l'avantage de sçavoir gagner les cœurs de ses Sujets, & de les meriter, en possedant par l'excellen-ce de sa politique toutes les vertus convenables & necessaires à un Souverain, pour commander & être obéï, sçachant à fond l'art de regner.

Il n'est donc plus question que de mettre en pratique les Loix, sur tout celles que je rapporte dans ces Maximes tirées de l'Or-donnance, touchant les Matieres Criminelles, donnée à S. Ger-main en Laye, au mois d'Aoust 1670. A mon égard j'y ay quel-que interêt, ayant l'honneur d'être Avocat au Parlement dés le 11. Aoust 1667. où j'ay suivi le Barreau, afin de me rendre capable d'en exercer la profession. Dans cette pensée, pour ma satisfaction & quelque sorte d'utilité aux personnes de Judica-ture, je me suis proposé de colliger & recüeillir les sentimens des meilleurs Ecrivains criminalistes, avec ce qu'il y a de plus remar-quable dans les Ordonnances, suivi des décisions des Arrests, soit pour la forme, soit pour le fond, d'où j'ay formé mes Observa-tions & ces Maximes.

Quant à la forme, les Juges ne sçauroient s'en départir, suivant Prospert Farinacius, & André Alciat. Je suivrai simplement tous les titres de l'Ordonnance, sans toucher *à ce qu'elle prescrit* en rien. Mon dessein est de rapporter dans mes Observations ce qui est propre & qu'il convient faire sur chacun Titre en particulier : de maniere que sur les faits qui se presenteront, il faudra toujours avoir recours à l'Ordonnance. Que s'il y en a quelqu'un qui sem-ble n'être pas décidé, en ce cas-là on pourra voir mes Observations & Collections : possible trouvera-t-on quelques découvertes qui conduiront les Lecteurs à leur fournir des ouvertures & expediens qu'il leur fera libre de prendre ou les laiffer à leurs choix.

J'obferve ici qu'aprés le premier Titre de la Competence des Juges, j'en ay ajoûté deux qui ne font pas dans l'Ordonnance, l'un du Renvoi, l'autre de la Récufation. On me dira que je pouvois les comprendre dans le premier Titre, fans queftion, étant des exceptions déclinatoires, qui fuppofent la competence ou incompetence des Juges; ainfi qu'il n'y avoit pas de neceffité de multiplier les efpeces.

A quoi je répons qu'en cela j'ay eu trois vûës. 1. D'éviter la confufion & les redites dans un même Titre. 2. Que les matieres fe trouvent plus facilement par cette divifion, joint qu'elles ne font pas fi fort femblables & finonimes qu'il n'y ait des differences à faire au Palais, entre la Competence, le Renvoi, & la Récufation; ainfi que je ferai voir en fon lieu. 3. Que par nôtre Ordonnance il n'eft point parlé de la Récufation : il faut avoir recours à l'Ordonnance du mois d'Avril 1667. qui en a fait exprés le Titre 24. Et comme il y a une grande difference à faire d'une Récufation en Matiere Criminelle, d'avec celle qui feroit propofée en Matiere Civille, j'ay eftimé foulager les Lecteurs en leur épargnant le tems & la peine de voir l'article 32. de l'Ordonnance d'Orleans, les articles 116. & 118. de celle de Blois, l'article 55. de l'Ordonnance de Janvier 1629. Jean Papon en fes Arrefts livre 7. Titre 9. Claude Expilly chap. 154. Laurent Jovet dans fa Biblioteque des Arrefts au mot Récufation, joint que l'Ordonnance d'Avril 1667. a été faite pour les Affaires Civiles, bien differentes des Criminelles : c'eft en abregê ce qui compofe le Livre premier des Obfervations, concernant la forme à garder : où felon les occurrences je pourrai incidemment parler du fond, comme quelquefois dans le fecond Livre toucher quelque chofe de ce qui regarde la forme, pour la fatisfaction des Lecteurs.

Par le Livre fecond, mon deffein eft de parler du fond de chacun crime en particulier, & marquer fur icelui quelle eft fa nature, & tout ce qui lui eft propre & convenable, afin de fixer les peines qui y font proportionnées par les Ordonnances, fuivant ce que j'ay obfervé de moins trivial & de remarquable dans les Auteurs, ainfi que j'expliqueray dans la Préface de ce fecond Livre, où je traiteray plus au long de la divifion & de la définition des crimes & des autres chofes curieufes & qui font convenables au fujet dont je parleray metodiquement par Maximes, ne voulant rien avancer qui ne foit fuivi dans la Pratique, prefcrit & autorisé par les Ordonnances,

donnances, & confirmé par la Jurifprudence des Arrefts & Reglemens : fans être prolixe , j'étendrai mes Obfervations autant que
mes lumieres le permettront & que j'eftimerai être neceflaire , en
rapportant des Auteurs tout ce qui peut y convenir, fuivant les
Loix & le fentiment des Docteurs , dont je n'abuferay point. Lors
que je cite le Code Henry , c'eft Henry III. il fut compofé par
M. Barnabé Briflon , Seigneur de Gravelle, qui avoit été Avocat
General , & qui mourut grand Préfident du Parlement.

J'avoué après cela franchement que dans cet Ouvrage il n'y a
prefque rien de moi , finon l'ordre & la peine d'avoir étudié, recherché & arrangé les matieres, & de les avoir appliquées fur chaque Titre : que dans la plûpart de mes Obfervations, je n'ay fait
qu'employer & me fervir des termes des Auteurs, quelquefois j'ay
marqué les Loix qu'ils alleguent dans leurs opinions , après les
avoir vérifiées. Lorfque leur raifonnement m'a femblé fort & per-
fuatif, & qu'il n'eft pas long, je l'ay mis tout entier : j'ay appréhen-
dé de groflir le Volume en rapportant au long leurs fentimens , ce
qui peut plaire aux uns pouvant fâcher les autres. Ayant trouvé un
Ecrivain fans autorité , j'en ay cherché ailleurs , pour faire valoir
ce qu'il dit qui m'a femblé bon pour faire une Obfervation ; & il
peut arriver que dans tout ce que j'ay dit, il n'en foit comme
des folutions en grand nombre d'Accurfe, qu'il y ait quelque chofe de bon , les Lecteurs ftudieux en font les juges.

C'eft ce que je puis dire être de mon fond, qui m'a donné le plus
de peine, *erubefcimus enim fine lege loqui.* J'ay expliqué chaque
Titre par des argumens fommaires , qui contiennent un abregé
de ce que les Titres traitent en particulier : à mon fens cela ne
peut-être défagréable aux Lecteurs, pour le fruit des lectu-
res , parce que je leur donne l'étimologie , la fignification , la
proprieté, la nature, la définition & la fubftance des mots. Par
cet épilogue l'on arrive à la connoiffance abregée de tout ce qui
eft traité profusément dans le Titre : j'efperois comme embellir
cette explication des plus curieufes fentences des meilleurs Ecrivains convenables aux fujets , fur tout dans l'explication des Titres
du Livre II. mais il a falu obéïr , un avis, & la défenfe d'une autorité fuperieure, à laquelle je ne pouvois refifter , m'ont arrêté tout
court : je me fuis contenté de marquer les endroits dont je me fuis
aidé , n'aimant pas à pirater & piller les Auteurs pour m'enrichir.

Voilà Lecteurs ftudieux mon deffein, & l'ordre de ces Obfervations, ayant pris la réfolution de les mettre au jour, puifque j'en

ay fait mes occupations, n'en ayant pas d'autres, plutôt que d'être à perdre le tems, l'occasion s'en étant présentée par la nouvelle Ordonnance sur les Matieres Criminelles : je ne sçay personne qui en ait écrit, ni rien mis au jour. Je profite du loisir & de la vie sedentaire à laquelle je suis réduit, aprés avoir vû passer un Bataillon de Janviers, & essuyé les frimats & les neiges d'un Escadron d'Hivers, étant né le 10. Avril 1640. à Chevreuse, Ville Ducale du Diocese de Paris, sorti, par mon entrée au monde, de parens fort semblables pour les biens à ceux de Socrates, né à Athenes, & de Demosthene. Si la vieillesse est le partage des vertueux, leur vie devoit être longue, étant de ceux desquels parle Stace à Crispinus, rapporté par M. de Cambolas livre 1. chap. 3. de ses questions ; & du nombre des habitans qui bûvoient la lie des mauvais tems, Tobie 4. ⅴ. 21. & dont l'amour de la verité faisoit tout le patrimoine, & qui n'avoient pour anciens propres que la simple volonté attachée à connoître & suivre celle de Dieu : c'est à ce sujet qu'ils ne faisoient faire aucun inventaire, contenant une Iliade & le détail des biens périssables de la fortune: *paupertatem summis ingeniis obesse ne provehantur* : cela leur procuroit l'avantage que la nature de leurs biens n'étoit enviée de personne. Je puis assurer sans blesser leur vertu ny violenter la verité, que leur fortune étoit chancelante, & a toujours panché du côté de l'infelicité, *ego vero egenus & pauper sum, Deus adjuva me.* Si ma naissance avoit dépendu de moi, je serois sorti au moins d'un de ces anciens *Robusti*, je veux dire de ces preux restez de la déroute de Ronceaux, ou de la Table ronde & du Croissant, Ordre de Chevalerie institué par René Duc d'Anjou, Roy de Sicile & de Jerusalem, l'an 1448. Pour tout partage, j'ay été réduit à un petit fond d'esprit que je cultive par la misericorde du Seigneur, de tous les biens, c'est mon pecule, *post tenebras spero lucem.* Job. 17. ⅴ. 12. voyez la page 155. où il est traité de la providence, & excusez cette digression. Tite-Live livre 9. ne nie pas qu'il ne fasse la même chose : la verité & la bassesse d'une fortune infertile, exigent de moi ce que j'écris.

Pour l'utilité du public, pour mon instruction & ma propre satisfaction, ayant étudié à sçavoir ce qui est de la profession d'Avocat, afin de mettre en pratique les Loix du Royaume, j'ay mis par écrit la théorie de la nouvelle Jurisprudence, ainsi qu'elle est reçûë & peut passer, suivant les sentimens des Auteurs, par l'autorité des Arrests, conformément à la raison écrite dans les Loix Romaines, qui nous servent seulement d'exemples, suivant l'Ordonnance de Blois article 69. & l'article 44. de celle de Paris en janvier 1629. Dom Diego Saavedra Faxardo devife 21. de fon Prince Chrêtien & Politique, dit que cela s'obferve de même en Efpagne & ailleurs, où on garde le *fuero juzgo*, qui eft un Recüeil de toutes les Ordonnances des Rois. C'eft un crime capital en Suede & en Hongrie, que de citer les Loix Romaines : nous voyons que la Loy *de his quibus ut indignis*, fut obfervée aux Etats tenus & affemblez fous le Roy Dagobert, dont je parleray livre 2. Titre 26. Maxime 4.

En effet, ce n'eft point par l'autorité du Droit Romain qu'il eft permis en France de juger des biens & de la vie des hommes : ce feroit bleffer la fouveraineté du Roy, de faire que les Loix des Princes étrangers fuffent arbitres & la regle de la vie & des biens de fes fujets. L'on peut bien fe fervir de la politique & de la raifon des Romains, pour un moyen à fe former une opinion, lorfqu'il eft queftion de décider un point en controverfe, dans les cas où les Ordonnances, les Coutumes, les Statuts, Reglemens & Arrefts n'ont pas prévû : mais lorfqu'il s'agit de juger de la vie ou de la mort d'un homme, il faut avec fcrupule en referver toute l'autorité au Prince legitime, parce que c'eft de fon propre bien qu'il s'agit, étant le premier intereffé dans la perte d'un de fes fujets. En France les Loix Romaines ne font tout au plus que des moyens conformes à la raifon, quoique d'un grand poids & d'une finguliere confideration, ainfi qu'a montré M. Catherinot, en fon Traité, *que les Coutumes ne font pas de Droit Etroit.*

Les Ordonnances des Rois, aprés être vérifiées, font les véritables Loix dont les Juges ne peuvent fe départir, ainfi que j'ay dit, même dans les Provinces regies par le Droit Ecrit. *Judex enim non fervans legem quia juravit fervare eam in fui creatione :* de forte que pour juger & bien impofer les peines dans les crimes contre les coupables, fuivant la proportion géometrique & méthodique, il faut imiter ce que font les Medecins à l'égard des malades, dans la difpenfation des remedes : ils commencent par connoître la complexion des febricitans, la fource & la caufe du mal, & les accidens qui en peuvent arriver : je veux dire que le Juge doit même par neceffité connoître l'origine & l'efpece du crime dans toutes les circonftances & dépendances & les fuites qui l'aggravent ou le diminuë : enfuite il faut obferver la complexion d'un accufé, la force & le foible de fon efprit, fes mœurs, la vigueur de fes qualitez corporelles, fon âge, & fon fexe : même se porter autant qu'on le peut jusques dans son intérieur, afin de pénétrer, s'il est possible, dans son ame & à ce qui se passe dans son esprit, pour connoître & découvrir la bonté ou la malice d'un accusé criminel qui retient la verité captive, sans toutefois user de surprises par des cavillations, ainsi que je dirai plus au long aux Titres 16. & 17. Liv. 1.

La Regle de Droit proposée par le Jurisconsulte Scevola, *si vinco vincentem te à fortiori ratione vinco te*, n'est pas toûjours veritable. Plutarque que Theodore de Gaza vouloit conserver seul, en cas que par necessité il ne pût avoir qu'un Auteur, a composé un livre qui nous reste, touchant la façon de connoître *si l'on profite dans la vertu*, où il compare la regle Lesbienne à l'équité, qui fléchi la Loy au rencontre suivant la nature des sujets qui se présentent : de même en des occasions les Juges Souverains peuvent se servir de leur autorité après avoir bien réflechi.

Joannes Gallus en son Journal du Parlement pendant 30. ans, depuis 1384 jusques en 1414. rapporte quest. 46. qu'en 1385. Clement de Ruillac, Avocat, ayant allegué la Loy *Milites & L. Divo Marco Cod. de quæstionibus*, pour empêcher que le Sieur d'Argentonne fût condamné à la question, Messire Etienne de la Granche lui imposa silence pour avoir proposé ces Loix Romaines ; qui n'avoient point de lieu : ajoûtant que les Comtes en France pouvoient être condamnez & appliquez à la question : surquoi Charles du Molin a mis sa Note en marge.

Il faut considerer les crimes, comme l'on fait la Mer qui est agitée par les tempestes, pleine de rocs & d'écuëils, couverte d'Ecumeurs & de Corsaires, occupée par des Armateurs & des Pirates, étant une verité qui se manifeste si fort d'elle-même qu'elle se voit par les preuves que l'experience continuelle nous en donne, c'est pourquoi la vicissitude permet de comparer les vertus de nôtre tems avec celles des anciens.

Comme je suis quelquefois obligé de dire mon avis, ayant l'honneur d'être Avocat ; c'est une raison de necessité, de sçavoir les Loix, & pour cela de s'attacher & s'appliquer scrupuleusement aux termes pour dire librement la verité, nonobstant ce que nous voyons qui arriva au grand Papinien, ce Martyr de la Justice à Rome, au President Brisson à Paris, & au President Durant à Thoulouse.

Je parlerai souvent de *Laurentius Valla*, & qu'il a eu des ennemis cruels, ainsi que je rapporterai page 76 .456. Laurent Valla, Cha-

noine à S. Jean de Latran, fut menacé de mort, fuivant Phile;fe
fon ami, dans fa Satyre 14. pour avoir osé le premier quereller
la donation de Conftantin à l'Eglife de Rome. J'expliquerai la
caufe de la mort injufte de Papinien avant la Maxime 1. du
Titre 18. page 174.

La Loy préfide, regle & gouverne le Magiftrat : le Magiftrat
conduit le Peuple ; ce qui lui marque qu'il eft indifpenfablement
obligé, pour remplir fes devoirs d'honneur, & en confcience, de
s'appliquer à la connoiffance des Loix, ainfi que j'ai montré page
579. du nouveau Traité des Criées, parlant des qualitez d'un
bon Juge, afin de tranfmettre & faire paffer à fes fucceffeurs, par
fes bons exemples, la Juftice qu'il doit exercer, & en faire reffentir
l'effet au public, foûmis à leurs décifions : les experiences doivent rendre fages ; mais lorfqu'il y a de la fatalité dans les maux,
ils font incapables d'être propofez pour pouvoir fervir d'exemples. Job 12. *in antiquitatibus.*

Qu'on ne dife point que c'eft un confeil pour les parfaits,
& non un precepte pour tous les hommes, ce qui eft un precepte dans la Loy de Moyfe, *Exorde de l'Evangile*, ne peut pas
être un fimple Confeil dans la nouvelle. L'ancienne Loy défendoit l'adultere, la Loy nouvelle défend jufques aux penfées dés-
honnêtes : l'homicide étoit défendu, à prefent la Loy défend
jufques aux fimples injures : la vengeance étoit permife, la nouvelle Loy oblige à aimer, à prier, & à aider à fes ennemis. *Lex
vetus cohibet manum, nova Lex cohibet animum.* Tout l'Evangile
n'ordonne & ne refpire que la droiture, la verité & la charité.

L'experience étant la maîtreffe de tous les Arts, des Sciences,
de la Politique, & de la Police, aprés avoir une parfaite connoiffance de la Loy étant jointe aux graces du Ciel, elle fer-
vira aux hommes dans tous fes effets, puifque par fon moyen
l'on apprend à rendre la juftice, qui eft la fin pour laquelle les
Loix ont été faites, afin d'être diftribuées à tous les peuples, fuivant ce que nous enfeigne S. Paul dans fon Epitre 1. à Timothée
au chap. 1. ℣. 9. & dans celle qu'il écrivit aux Galates chap.
3. ℣. 19. & non pas à trouver des expediens pour pécher inno-
cemment & commettre le crime avec impunité.

La Loy équitable de la nature, de ne point faire à autrui ce
qu'on ne voudroit pas être fait à foi-même, *noli alteri facere non
vis*, eft univerfelle, & a été approuvée d'ancienneté par tous les
hom mes qui ont connu Dieu. Tobie le difoit à fon Fils chap. 4. ℣.

16. S. Mathieu le rapporte chap. 7. ℣. 12. S. Luc le répete chap. 6. ℣. 31. Ainsi cette Loy doit être mise au rang des premieres veritez, comme étant le ondement du precepte divin, d'aimer son prochain comme soi-même, c'est la Loy & les Prophêtes, dit le S. Evangeliste, c'en est assez pour nous apprendre à corriger en nous ce qui pourroit nous déplaire en nôtre prochain, que ne voulant pas être haïs de qui que ce soit, nous ne devons haïr personne : l'Apôtre écrivant aux Romains chap. 13. ℣. 8. leur dit *aimez vous l'un l'autre : qui aime son prochain a accompli la Loy.* L'Empereur Justinien au §. 3. Tit. 1. de ses Instituts, ordonne cette Loy juste & legalle.

L'Empereur Justinian apprend au commencement du Titre dernier de ses Institus *de publicis judiciis,* & montre que la science du Droit est un des Arts liberaux des plus difficiles : ce qui fait que par l'abondance des questions, on la compare à l'Ocean ; elle ne s'apprend que dans les Ecoles, & se digere au Barreau.

Nicolas Duval répete souvent en son Traité *de rebus dubiis, quod leges leguntur in scholis, digeruntur in Palatiis.* Petrone disoit *existimo in scholis stultos fieri, quia nihil ex iis quæ in usu habemus, aut audiunt, aut vident.* Tout le Droit, je le compare à une Ville assiegée, il y manque toûjours quelque chose, il est impossible d'avoir préveu tous les cas ; lisez *de usu & autoritate Juris Civil. Romani. Arturus Duck.* Cette science n'a pas plus de rapport aux autres sciences qu'il y en a de la matiere qui fait le travail de l'Orfévre, à celle qui fait l'occupation d'un *Sutor.* C'est la cause que dans un si grand nombre de Loix, sans une étude fort exacte, il est très-difficile d'y faire un grand progrez : j'ai fait le triage & le choix de celles qui concernent les Matieres Criminelles, pour en tirer des lumieres, comme la partie qui est estimée la plus importante, s'agissant de la vie, & que j'ay trouvée la plus épineuse dans cet Art, parce que souvent la vie des hommes est sujette aux vapeurs noires d'une bille échauffée, qui cause un bouleversement, & forme une agitation continuelle à l'esprit, d'où procedent les disputes, les querelles, & les homicides : j'ai veillé & pris la peine d'étudier pour éclaircir ces Matieres, & les rendre faciles & intelligibles, sur tout aux jeunes gens : les disposant de sorte que les Loix soient mises en execution, suivant la pratique des Ordonnances par les personnes qui y sont appellez, dans les emplois des professions qu'ils ont embrassées.

Je croi que suivant ces Observations, les Officiers dans leurs

fonctions auront fujet d'être fatisfaits , & qu'ils s'épargneront
beaucoup de chagrins, parce qu'ils fe garderont de tomber dans
les deffauts & que!ques chofes au deffus : que s'ils veulent pouffer
plus loin , je leur ai frayé le chemin , & tracé un vafte plan , dans
lefquels ils pourront travailler & encherir, ayant plus de fond
& plus de moyens que moi. Il pourra fe rencontrer quelqu'un
qui donnera un autre tour à ce que j'ai ébauché par la fecondité
de fon genie , à imaginer des avantures : je conviens que je n'ay ni
affez d'efprit pour inventer , ni affez de hardieffe pouravancer des
vrayesfemblances bien trouvées, j'ay fuivi la Loy de Dieu, Ruth. 2.
v. 16. qui défend de moiffonner fi bien qu'il ne refte rien aux
glaneurs : parmi les veritez que je propofe à mes LecteursStudieux;
l'on employera des pilotis neufs , & des arcsboutans , afin d'appuyer l'édifice chancelant, *res parvæ crefcunt*, & fi par malheur ils méprifent mon travail, étant dans une étroite obligation par leur état de s'aquitter de leurs devoirs, toute la perte
retombera fur eux , fuivant les paroles du Paralipomene livre 2.
chap. 19. v. 6. J'efpere que cela n'arrivera pas , moyennant l'aide
du Seigneur , s'ils ont fa crainte dans leur pensée, *initium fapientiæ
timor Domini* Pfalm. 110. v. 10.

Plutarque dans fes Apophtegmes, dit que Limacus, General des
Grecs , un jour reprocha à un Capitaine que dans un rencontre
il n'avoit pas fait fon devoir, que ce Capitaine le pria de l'excufer : Limacus lui remontra, qu'une faute faite dans un combat ne pouvoit jamais fe réparer, parce que l'on ne pouvoit y
revenir , & que la bataille fe perdoit. C'étoit fuivant Valere Maxime , ce qui faifoit dire à Scipion l'Africain qu'un Capitaine
ne pouvoit pas dire, *je n'y penfois pas*, une faute faite dans un
combat eft fans retour : appliquant ces faits à ce que j'ay dit
en Matiere Criminelle, où il s'agit de la vie , de l'honneur & des
biens d'un accusé, l'on ne peut point faire de faute qui ne foit
d'une confequence extrême : car lorfqu'un malheureux a été condamné à mort & executé, c'eft une action irreparable à tous les
hommes, quelque chofe qu'on puiffe faire , ainfi que j'ay montré
page 70. du Traité des Criées : quelques Lettres de rétabliffement de la memoire du défunt, qu'on puiffe obtenir, cela ne lui
rend pas la vie, l'honneur de fa famille qui a été flétri par une
condamnation à mort, eft toûjours douteux, comme je dirai au
Tit, 29. c'eft une playe refermée dont la cicatrice refte toûjours,
ainfi que Jean Papon liv. 19. Tit. 8. Arreft 9. l'Hiftoire du Prefi-

dent Laloüette, & autres nous aſſurent. Ces exemples me font
eſperer que les Juges qui prendront la peine de les lire, s'applique-
ront ſans réſerve avec diligence dans leurs emplois, afin de ne
point manquer dans les inſtructions des procès criminels, puiſqu'outre leur interêts particulier, dont je parlerai dans la Préface du Livre 2. c'eſt qu'une faute groſſiere eſt ſans remede: il
faut voir pour cela Sorel dans l'Inventaire general de ſon Hiſtoire:
du Bucher des Filles d'Orion, qui avoient ſervi leur païs, naiſſoient
les couronnes de la renommée.

Suivant le Tit. 17. des Inſtituts *lib.* 4. *de Officio Judicis*, je prie
& conjure ceux qui ſont engagez dans la Robbe, pour leur propre bien, de s'attacher à l'étude des bonnes lettres, à la ſcience
des Loix, & à la pratique de la Juriſprudence des Arreſts & Reglemens : par ces voyes ils apprendront à connoître Dieu pour
l'honnorer, à aimer la vertu pour la ſuivre, & à demander les lumieres neceſſaires pour bien juger, imitant Salomon en ſon Orai-
ſon au chap. 9. de la Sapience, ce qui leur donnera de l'horreur
du mal pour le fuïr, ils parviendront par ce moyen à la connoiſſance d'eux-mêmes pour gouverner & ne point faillir dans toute la
conduite de leur vie ; ils s'éleveront au deſſus du commun qui les
reſpectera, ils feront profit au public en meritant ſon eſtime : la
ſeule ſcience de leurs devoirs leur produira tous ces biens & ces
avantages dans leur famille. L'exemple du Legiſlateur & d'un Juge
à faire ce qu'il ordonne, eſt preſſant & très-efficace, il n'y a qu'à
ſe ſouvenir de ce que diſoit Lucain liv. 1. parlant de Pompée,
qu'il avoit oublié le mêtier de la guerre dans l'oiſiveté d'une
longue paix.

> *Longo quæ togæ tranquillior uſu,*
> *Dedidicit jam pace ducem.*

> *Que le ſoin où la Robbe attache les vieux ans,*
> *Ralenti cette ardeur qui fait les conquerans.*

La vertu eſt ancienne, il n'y a qu'à en renouveller l'uſage
parmi nous, & parce que comme la fin principale des Ordonnances ſur les Matieres Criminelles eſt de punir les crimes,
& d'exterminer les vices des hommes, qui violent & tranſgreſ-
ſent les Loix Divines & s'attaquent à Dieu : les ſervices qu'ils
lui rendront en faiſant ce qu'ils doivent, ſe tourneront à ſon
honneur & à ſon amour, on ſçait que les paſſions donnent des aîles.
Amor, timor, ſpes, ſitis, addidit alas. D'ailleurs

D'ailleurs la vertu nous porte à chérir la droiture par le rapport
qu'elle a à l'équité contre l'injuſtice, elle n'a que des invectives, des
peines & des tourmens : au contraire elle n'a que des benedictions,
des louanges & des recompenſes pour les bonnes actions ; il eſt
ſans doute que la veritable vertu retient les paſſions, & fait connoître l'homme à lui-même par la ſeule conſideration de ſes devoirs, & par la terreur des peines, ainſi que dit l'Ordonnance
dans les reflexions. Repaſſant ſur toutes ces meditations, il eſt fort
facile de faire le diſcernement du bien d'avec le mal, embraſſant
l'un & fuyant l'autre; ce qui éleve dans l'eſtime des hommes :
& quand cela ne ſeroit pas la vertu eſt aſſez contente d'elle-
même pour donner la paix à l'eſprit : enfin par la ſcience pratique de ſes devoirs, un Juge par ſon exemple, par ſa retenuë,
par ſes avis & ſes conſeils, hors jugement, & par la bonne diſtri-
bution de la Loy aux peuples qui lui ſont ſoûmis porte la tranquilité dans ſon ame : c'eſt dans ces conſiderations que j'ay écrit
mes Obſervations & ces Maximes les plus certaines, moyennant
la grace du Seigneur, *cui ſoli dulia.*

Mezeray dans la page 1400. de l'abregé de nôtre Hiſtoire, premiere édition, rapporte que le Roy Jacques V I. dans la Harangue qu'il fit ſur l'union de l'Angleterre à l'Ecoſſe le 2. Avril 1604.
n'eſtimoit pas que Dieu donnât des Royaumes à des hommes
pour accomplir leurs volontez, & ſatisfaire à leurs plaiſirs,
mais pour avoir ſoin du ſalut & du repos de leurs ſujets: que la tête
étoit faite pour le corps, & le corps pour l'accompagner & obéïr :
le Prince pour gouverner & deffendre le peuple, & les peuples pour
lui être obéïſſans : que les membres étoient en mauvais état, lorſque la tête étoit malade. *Ut in corporibus, ſic in imperio graviſſimus
eſt morbus, qui à capite diffunditur.* Plin. Jun. lib. 4. Epiſtol. 22.

S. Auguſtin dit ſur le Pſalme 29. que tous les membres font un
corps, parlant du corps naturel par analogie au myſtique ; mais il
y a une grande difference entre le chef & les autres membres:
car en tous les membres on ne ſent que par les attouchemens, la
tête ſeule joüit de tous les ſens de la nature, par elle l'on voit,
l'on entend, flaire, goûte & touche, d'où je conclus ſi l'excellence du chef du corps humain eſt telle à l'égard des autres membres, combien doit-elle être plus grande entre le Souverain &
ſes ſujets, puiſqu'il eſt le chef de ſon Etat, & que les particuliers
n'en ſont que les membres ? ce qui eſt juſte, parce qu'il y a des
bornes en toutes choſes, autrement ce ne ſeroit que confuſion par
tout : l'excez changeroit les vertus en vices ; les liberaux devien-

ſ

droient des prodigues lorsqu'ils donneroient sans regle & sans jugement ; les vaillans seroient temeraires s'exposant sans conduite ny aucune raison : l'extrême courage approcheroit de la fureur, & la sagesse excessive dégénéreroit en folie. L'on sçait que les hypocondres troublez par les fumées, ont l'esprit foible & variable, souvent agité de visions creuses & bizarres : tels sont pour l'ordinaire les prétendans au Parnasse & à l'art Oratoire de Ciceron, Collegues des Devins & des Astrologues, qui ne sont pas moins hardis à débiter des fables & des visions contraires à la verité, que ceux dont je parleray au Livre II. Titre XXXVI.

Horace.   *Regum timendorum in proprios greges,*
            Reges in ipsos, Imperium est Jovis.

Henry le Grand Roy, disoit qu'il étoit bon de ne pas faire toûjours tout ce que l'on pouvoit faire, il vouloit marquer que la temperance & la frugalité dans un Prince, faisoient plus d'effet dans l'esprit des sujets que toutes les Loix somptuaires qu'il pouvoit faire : ce qui prouve que les qualitez qui rendent les Princes considerables, sont celles de regner sur les peuples avec autant de clemence que d'autorité : que leur pouvoir est toûjours subordonné à Loy Divine : qu'ils ne doivent jamais vouloir ny faire que ce qui est juste. *Omne sub regno graviore regnum est.* S. Thom. *part. 1. 2. 2. quæst. 96. art. 4. Lex humana obligat in foro conscientiæ, quando scilicet, lex lata non excedit potestatem ferentis.* La vertu de la Loy consiste à commander, à défendre, à permettre, à punir. *Legis virtus hæc est, imperare, vetare, permitere, punire. l. 7. ff. de legib.* suivant Marcelin *lib. 29. Princeps subditorum incolumitatem procurans.*

C'est sans doute dans ces vuës que le Roy toûjours occupé à l'utilité de ses Royaumes, soit pour y maintenir l'abondance & le bien, à conserver ses sujets, soit pour entretenir la paix, a fait tant de belles Ordonnances, plus pacifiques que celles de Licurgue, plus recevables que celles de Solon, & aussi justes & équitables que celles de Minos, qu'il n'y a qu'à suivre, profitant de ses bonnes instructions, & executant ses volontez, comme on le doit faire, suivant le conseil de l'Apôtre en son Epître aux Romains chap. 13. de S. Pierre, Epître 1. chap. 2. ⅴ. 13. & 17. Ce qui sert de guide aux Juges dans la distribution & l'administration de la Justice aux peuples ; comme la Boussolle fait sur Mer aux Pilotes, pour arriver sans nauffrage au port de salut : que la vérité soit l'étoile & le fiftême de tous les Juges dans le cours de leur vie.

Mais ceſſons de parler de ſi divins ſujets,
Quelques charmans qu'ils ſoient faut obéïr & craindre :
Lorſqu'on prend les Dieux pour objets
Il faut les adorer & ne pas les dépeindre.
Longas Regibus eſſe manus.

Sans répeter les digreſſions de la page 8. de la Preface du Traité des Criées, pour juſtifier celle de cet Ouvrage par des autoritez fameuſes, & montrer qu'elles ſont neceſſaires, voici deux exemples illuſtres. Le premier eſt S. Jerôme, dans les vies des Saints Peres des Deſerts, où ſouvent il rapporte des vers de l'Æneïde : le ſecond eſt tiré de l'Empereur Juſtinien, en trois endroits de ſes Inſtituts, au Liv. II Tit 7. *de donationibus.* Il rapporte des vers d'Homere, parlant de la donation de Telemaque à Pirée, Liv. 3. Tit. 24. *de emptione & venditione.* Il rapporte des vers d'Homere, pour prouver qu'une échange eſt une vente, au liv. 4. tit. 3. *de lege Aquilia.* Il rapporte des vers de l'Odyſſée, au rapport *d'Ælius* dans ſes Inſtitutions, pour expliquer cette Loy. Ainſi dans mes digreſſions je ne crois pas qu'on me puiſſe imputer d'avoir failli en rien, lors que j'ay pris les exemples de ſi grands Maîtres, qui ſembloient s'égarer en traitant de leurs matieres. L'on voit ſouvent réüſſir des témeritez : j'eſpere des Lecteurs que les miennes ne ſeront pas totallement malheureuſes.

Comme j'ay dit que dans les Matieres Criminelles la forme eſt beaucoup plus exactement gardée que dans les Civiles, à quoi les Juges ſont obligez par les Ordonnances à peine d'en répondre en leur nom, c'eſt ce qui m'a fait obſerver les formalitez qui ſont preſcrites dans l'inſtruction des procès criminels : autrement la procedure ſeroit déclarée nulle, & il ſeroit ordonné qu'elle ſeroit refaite aux frais du Juge qui l'auroit faite, & qu'il payeroit ce qu'il auroit reçû pour la procedure déclarée nulle, ainſi qu'on verra à la Table de ce Traité *in verbo* Nullitez. Ce payement eſt pour tenir lieu des dommages & interêts envers les parties, ſuivant l'article 24. Tit. 15. de l'Ordonnance.

Pour l'inſtruction des Lecteurs concernant les formalitez de la procedure, outre les Loix & les Auteurs que j'ay rapportez dans le corps de l'Ouvrage ; j'ay lû pour me rendre certain & marcher avec la lumiere, ſix procés criminels d'illuſtres accuſez, les plus fameux qu'il y ait eu dans le Royaume au dernier ſiecle, ſinſtruits

& jugez par Messeigneurs les Chanceliers, & Gardes des Sceaux, assistez des Juges les plus éclairez en 1626. 1632. 1641. 1642. & 1664. Il y en a d'autres dans le siecle precedent, qui sont rapportez dans l'histoire du President Lalouette, de la Noblesse de la Maison de Couci : dans l'histoire Latine de Monsieur le President de Thou : dans Jean Papon en ses Arrests Titre 1. du Livre 13. Arrest 12. Livre 19. Titre 1. Arrest 9. du 11. Octobre 1556.

Pour ne rien laisser à desirer à mes Lecteurs, je rapporteray les noms de Messieurs les Commissaires qui ont travaillé à rédiger nôtre Ordonnance Criminelle, qui s'assemblerent par ordre du Roy la premiere fois chez Monseigneur le Chancelier Seguier, en son Hôtel, ruë de Grenelle, prés S. Eustache, le 6. Juin 1670. sur les trois heures aprés midi, & y continuërent leurs Conferences jusques à la fin ; ainsi qu'il paroît par le procés verbal qui a été imprimé : ayant pris leurs séances en la gallerie basse de l'Hôtel, dans le même ordre & la disposition qu'ils avoient gardez lors de l'Ordonnance de 1667. dont le procés verbal d'examen a aussi été imprimé.

Messieurs les Commissaires du Roy.	M. le Coigneux.
Monsieur le Chancelier Seguier.	M. de Bailleul.
Messieurs	M. Molé de Champlatreux.
D'Aligre, depuis fut Chancelier.	M. de Nesmond.
Barillon de Morangis.	*Messieurs les Conseillers de la*
D'Estampes.	*Grand Chambre.*
De Seve.	Catinat, mort Doyen du Parlement.
Poncet.	
Boucherat, depuis fut Chancelier.	De Brilhac.
Pussort.	Fayet.
Voisin.	De Refuge.
Hotman.	Paris.
Messieurs les Députez	Roujault.
du Parlement.	*Messieurs les Députez*
Messieurs les Présidens.	*des Enquêtes.*
Monsieur le Premier Président de la Moignon.	*Premiere Chambre.*
	Potier de Blan-menil, Président.
M. Le Président de Maisons.	De Bermond, Conseiller.
M. Potier de Novion.	*Seconde Chambre.*
M. de Mesmes.	De Bragelonne, Président.
	Mandat, Conseiller.

Troifiéme Chambre.
De Fourcy, Préfident.
Faure, Confeiller.
 Quatriéme Chambre.
Le Pelletier, Préfident.
Le Vaffeur, Confeiller.
 Cinquiéme Chambre.
Maupeou, Préfident.
Malo, Confeiller.
 Requête du Palais.
 Meffieurs
Charton, Préfident.

Le Boultz, Confeiller.
 Meffieurs les Gens du Roy.
M. Talon, premier Avocat General.
M. de Harlay, Procureur General.
M. Bignon, fecond Avocat General.
M. Foucault, Secretaire de la Conference.

Origine de la Chambre de la Tournelle.

Le Roy François I. pour foulager la Grand-Chambre, & procurer l'expedition des procés en Matieres Criminelles, créa par un Edit d'Avril 1514. une Chambre perpetuelle, que le Parlement avoit établie quelque tems auparavant, que nous nommons *la Tournelle*, afin de juger les procés criminels. Dans la fuite il arriva des differens pour la connoiffance des caufes & procés criminels des gens d'Eglife, des Nobles & des Officiers, entre la Grand-Chambre & la Tournelle. Le Roy Charles IX. les regla, difant qu'alors les deux Chambres affemblées n'en feroient qu'une, ainfi que porte l'article 38. de l'Ordonnance de Moulins en Février 1566. auparavant tout cela fe faifoit dans la Grand-Chambre. Voilà ce me femble l'origine de la Chambre de la Tournelle. *Vide* nôtre Ordonnance Tit. 1. art. 21. & la Déclaration du 26. Mars 1676. *infrà* à la fin du Titre 28. Pour l'origine des Harangues à l'ouverture du Parlement, elle eft dans les Recherches de la France liv. 4. ch. 27.

Anciennement les Avocats dans les grandes Caufes, commençoient par un Paffage tiré de la Sainte Écriture, ainfi que font les Prédicateurs.

Pour fçavoir qui font les gens d'Eglife & les Nobles qui joüiffent des Privileges, de Heu en a écrit amplement dans fon Commentaire fur l'art. 192. de la Coutume d'Amiens.

Edit du mois de Mars 1693. Regiftré le 24. Avril enfuivant, amplifiant les Ordonnances données à Moulins en 1546. à Vauluifant en Avril 1548. à Eclaron le 28. May enfuivant, & à S. Germain en Laye la même année : l'article 55. de l'Ordonnance d'Or-

leans en 1560. & l'article 9. de l'Edit de Moulins en Fevrier 1566.
portant que tous les Officiers de Justice & des Jurisdictions subalternes ou des Hauts-Justiciers seront examinez avant que d'être
reçus, aprés une information de vie & de mœurs, sans prendre
aucune chose : & les Hauts Justiciers tenus de salarier leurs Juges
de gages honnêtes, sans pouvoir vendre les Offices, suivant les
Ordonnances d'Orleans articles 40. & 55. Moulins art. 14. Blois
articles 100. & 101. *R. Chopp. Consuetud. Paris. lib.* 2. *Tit.* 7. *num.* 15.
rapporte les âges requis par les Ordonnances aux Juges & Officiers
pour être reçûs.

Par fois il s'est rencontré qu'aucuns n'avoient rien de grand que
le titre, semblables à ces statuës qui ne sont relevées que par le pié-
destal où elles sont posées : cela procedoit de la licence des mœurs,
ce qui faisoit dire à Saluste dans sa premiere Oraison *de Republica
ordinanda, in quibus sicut in statua præter nomen nihil est addita
menti.* M. de Cambolas livre 2. chap. 47. livre 3. chap. 48. livre 5.
chap. 30. livre 6. chap. 41. M. Fail liv 3. chap. 342. des Arrests de
Bretagne. Je prie les Lecteurs studieux de voir l'Arrest solitaire &
singulier, rapporté par M. Duluc *Lib.* 4. *Tit.* 5. *num.* 2. *Principi in-
quam literarum non experti.*

L'origine des Harangues qui se font aux ouvertures du Parlement, j'en ay parlé en la Preface du Traité des Criées.

Pour l'origine des Mercuriales, les Lecteurs verront M. René
Choppin, qui en a amplement parlé en son Monasticon Liv. 1. Tit.
2. *num.* 15. où je renvoye, qui l'établit par l'Ordonnance de Charles V I I I. de l'an 1493.

A L'AUTEUR SUR SON PORTRAIT.

Exprimit ars BRUNELLE *tuam sub imagine frontem
Exhibet ingenium, Bibliotheca tuum.*

OPUSCULUM LUCUBRATUM.

Sunt themidis, quæ clarus habet BRUNÆLLIUS *ora,
Ingenium themidis fert quoque, volve librum.
Hac mortales evadimus immortales.*

TABLE

Des Titres contenus en ce premier Livre.

Fin de la Table du premier Livre.

PRIVILEGE DU ROY.

LOUIS par la grace de Dieu, Roy de France & de Navarre: A nos amez & féaux Conseillers les Gens tenans nos Cours de Parlement, Maîtres des Requêtes ordinaires de nôtre Hôtel, Grand Conseil, Prevôt de Paris, Baillifs, Sénéchaux, leurs Lieutenans Civils, & autres nos Justiciers qu'il appartiendra ; SALUT: Nôtre bien amé GUILLAUME CAVELIER fils, Libraire à Paris, Nous ayant fait exposer qu'il souhaiteroit faire imprimer un Livre Intitulé *Nouveau Traité des Criées, avec les Observations & Maximes sur les Matieres Criminelles*, & donner au public, s'il nous plaisoit lui accorder nos Lettres de Privilege sur ce necessaires ; Nous avons permis & permettons par ces Presentes audit sieur CAVELIER fils, de faire imprimer ledit livre en telle forme, marge, & caractere, en un ou plusieurs volumes, conjointement ou séparement & autant de fois que bon lui semblera, & de le faire vendre & debiter par tout nôtre Royaume, pendant le temps de neuf années consecutives, à compter du jour de la datte desdites Presentes ; faisons défenses à toutes sortes de personnes de quelque qualité & condition qu'elles soient, d'en introduire d'impression étrangere dans aucun lieu de nôtre obéïssance, & à tous Libraires, Imprimeurs & autres, d'imprimer, faire imprimer, vendre, faire vendre, debiter ni contrefaire ledit Livre en tout ni en partie, ni d'en faire aucuns extraits, sous quelque pretexte que ce soit d'augmentation, correction, changement de Titre ou autrement, sans le consentement par écrit dudit Exposant, ou de ceux qui auront droit de lui, à peine de confiscation des Exemplaires contrefaits, de quinze cens livres d'amende contre chacun des contrevenans, dont un tiers à Nous, un tiers à l'Hôtel-Dieu de Paris, l'autre tiers audit Exposant, & de tous dépens, dommages & interêts : à la charge que ces Presentes seront enregistrées tout au long sur le Registre de la Communauté des Imprimeurs & Libraires de Paris, & ce dans trois mois de la datte d'icelles, que l'impression dudit Livre sera faite dans nôtre Royaume & non ailleurs, en bon papier & en beaux caracteres, conformément aux Reglemens de la Librairie, & qu'avant que de l'exposer en vente, il en sera mis deux Exemplaires dans nôtre Bibliotheque publique, un dans celle de nôtre Château du Louvre, & un dans celle de nôtre trés-cher & feal Chevalier Chancelier de France le Sieur Voysin, Commandeur de nos Ordres, le tout à peine de nullité des Presentes : du contenu desquelles vous mandons & enjoignons de faire joüir l'Exposant ou ses ayans causes, pleinement & paisiblement, sans souffrir qu'il leur soit fait aucun trouble ou empêchement. Voulons que la copie desdites Presentes, qui sera imprimée au commencement ou à la fin dudit Livre, soit tenuë pour duëment signifiée, & qu'aux Coppies collationnées par l'un de nos amez & feaux Conseillers & Secretaires, foy soit ajoutée comme à l'original. Commandons au premier nôtre Huissier ou Sergent de faire pour l'execution d'icelles tous actes requis & necessaires, sans demander autre permission, & nonobstant Clameur de Haro, Charte Normande & Lettres à ce contraires : Car tel est nôtre plaisir. DONNE' à Versailles le 31. Octobre, l'an de Grace 1714. & de nôtre Regne le soixante douziéme ; Par le Roy en son Conseil, FOUQUET.

Regiftré sur le Regiftre n°. 3. de la Communauté des Libraires & Imprimeurs de Paris, page 369. n°. 1082. conformément aux Reglemens & notamment à l'Arrêt du 13. Aouft 1703. A Paris le 6. Novembre 1714.

Signé, C. ROBUSTEL, Syndic.

OBSERVATIONS.

OBSERVATIONS
ET
MAXIMES
SUR LES
MATIERES CRIMINELLES.

TITRE PREMIER.
De la Competence des Juges.

EXPLICATION DU TITRE.

E mot COMPETENCE, est un terme positif pour le Juge, par lequel il est désigné capable de connoître d'une affaire, & est negatif pour l'accusé, en ce que par icelui, il est exclu des exceptions déclinatoires : néanmoins la Competence se prend ici, pour, *Pro ut aiens, aut negans, & est potestas jurisdicendi & aquitatis statuenda circa causas, que specialiter Judici tribuuntur,* suivant les Controverses du Jurisconsulte Faschinæus.

Juge, est celui qui est pourvu par le Roy, ou par un Seigneur Haut-Justicier

A

pour exercer la Jurifdiction, ici fa Charge confiſte à corriger, châtier & punir les crimes dans la perſonne d'un coupable : il eſt pris pour le *Prætor aut Quæſtor parricus* des Romains : c'eſt ce que nous appellons le Lieutenant Criminel de Robbe-longue, créé par François I. par Edit donné à Paris le 14. Janvier 1522. & par un autre Edit de Henry II. du mois de May 1552. qui ſont rapportez au Titre 6. chap. 20. des Reglemens de M. Jean Chenu, dont il eſt parlé dans les Recherches de la France, Liv. 4. chap. 17.

Pour dire ce qui donna lieu en partie à ce premier Edit, ce fut à l'occaſion de ce qu'au Regne de Loüis XII. les Avocats ſe qualifioient Conſeillers, ſur çe que y ayant fort peu de Conſeillers, Officiers en titre dans les Sieges, ils ne pouvoient ſatisfaire à tout : cela faiſoit que tres-ſouvent, & ordinairement, on appelloit des Avocats pour le Jugement des affaires Civiles & Criminelles, afin de décider, & remplir le nombre des Juges qui étoient neceſſaires. Que ce que je dis des Avocats qui étoient pris pour terminer & juger les procès ne ſoit pas expliqué pour un diſcours imaginaire, afin d'honorer l'ordre des Avocats. Je trouve que du temps des Romains, Avocat & Conſeiller étoit ſynonime. *Advocati etiam Conciliarii dicebantur. Cicero Lentulo, ſed certè, inquit, & ego te authore ſapientiſſimo, & tu me Conſiliario non imperitiſſimo, fideli quidem & benevolo, certè uſus eſſes :* Maiſtre Jean Chenu en ſes Reglemens au Titre 32. chap. 172. dit ſur la fin, que les Officiers des Préſidiaux ne portent point le titre honorable de Conſeillers du Roy ; Mais ſeulement la qualité de Conſeillers au Préſidial de.... Ayant été créez pour conſeiller les Baillifs & Sénéchaux, au lieu des Avocats, qui auparavant les conſeilloient & jugeoient les procès, *in pretio pretium nunc eſt, dat cenſus honores.*

Depuis, cela ne fut point ordinaire, & l'on n'appella pas les Avocats ſi ſouvent pour juger les Procès, cela fut plus rare, la conjoncture des temps s'étant trouvée avec l'état des affaires politiques. En 1543. François I. créa grand nombre de Conſeillers & autres Officiers dans tous les Baillages & Sénéchauſſées du Royaume. Par Edit du mois de Mars il fut créé quatre Conſeillers en la Sénéchauſſée d'Auvergne, à Riom, quatre à Tours, quatre à Chartres, deux autres en Auvergne. Par Edit du mois de May, quatre à Moulins, en Juin quatre à Blois, en Juillet & ſix pour Lyon, au même mois, tous en l'an 1543. Alors l'année commençoit, & finiſſoit à Pâques, ce que nous appellons vieux ſtil. *Vide* Julien Peleus, queſt. 154.

Si l'on en croit les Hiſtoriens, ſur tout Mezeray, toutes ſes créations furent attribuées aux memoires du miniſtere de Meſſire Antoine ***, Cardinal, Archevêque de Sens, où il eſt enterré, Chancelier de France, Legat du Pape Paul III. qui mourut en ſon Chaſteau de Nantoüillet en Bourgogne, le 8. Juillet 1535. Il étoit veuf alors de Dame Françoiſe de Veyne, de laquelle le tombeau eſt dans l'Egliſe des Minimes de Chaillot, avec une repreſentation en marbre, des vers & une Epitaphe en latin. Les Studieux ſçauront qu'il n'entra jamais à Sens que pour y être inhumé.

Les curieux verront ce que dit Mezeray au ſujet de tant de créations d'Officiers, & de ce qu'enſuite Henry II. créa la Cour des Monnoyes, les Preſidiaux, & fit l'Edit des Criées en 1551. & les Preſidens des Préſidiaux en 1557.

M. Nicolas **** Avocat du Roy à Bourges, donna au public le 28.

Novembre 1681. un Traité de la Prévention des Juges, dans lequel il s'est éga-
ré, ce qui luy est assez ordinaire, je ne sçay ce qu'il a prétendu dire, que la
Prévention est quelque chose d'aussi réel que la Loy Salique, & que les Libertez
Gallicanes. Je laisse aux Lecteurs à deviner ce qu'ils croyent qu'il a voulu dire,
que l'on n'entend point. L'Edit de Création des Lieutenans Criminels de Robbe-
courte est de Henry II. à Paris en Novembre 1554. *Vide* l'Article 185. de l'Ordonnance de Blois en 1579. Jean Chenu en ses Reglemens, Titres 5. 6. 9. la
Maxime 41. du present Titre, & le Titre 4.

Les Matieres Criminelles, *est crimen de quo agitur*, mais proprement elles
se prennent pour les causes ou questions qui sont dans les actions contraires au
bien public : bref, tout ce qui dépend de la formalité & de l'instruction. Nous
pouvons aussi dire que ces mots sont mis expressément ici ; *Nam alias statutum
simpliciter*, François Ragueau, *Alexander, Budæus, Farinacius, Joannes Imbert,
lib. 3. cap. 6. 7.* de ces Actions Forenses, *Joannes Lucius placitorum curiæ.
lib. 12. de criminosis judiciis, infr.* au Titre 18. on trouvera les deux Arrests,
où les Competences doivent se juger.

P r e m i e r e M a x i m e. La regle generale est que tous Juges peuvent informer : néanmoins le Juge du lieu du délit est seul competant, il n'y a plus
de prévention entre les Juges, suivant nôtre nouvelle Ordonnance, à moins
que de negligence de la part des Juges inferieurs d'informer, étans Juges du
délit, suivant l'Article I. Jean du Luc liv. 12. tit. 1. 2. Ordonnances de Roussillon en 1563. Art. 19. de Moulins en 1566. Art. 35. René Choppin *de Domanio Franciæ*, liv. 2. tit. 8. Pierre Bardet Tome 2. liv. 1. chap. 41. ce qui est pris
des Empereurs Theodose, Valentinian & Justinian d'attribuer la connoissance
des crimes aux Juges du lieu du délit. Leg. *Hæc perpetua*, Cod. *Ubi quis de-
curiali.*

I I. Max. La seule qualité de Juge du lieu du délit ne le rend pas competant, s'il n'a point *merum imperium*, c'est-à-dire parmi nous, la haute Justice,
à laquelle appartient la correction des crimes, & l'infliction des peines, & non
point à celui qui n'auroit que la moyenne & basse Justice, ainsi que je dirai dans
les Maximes 6. 8. & 11. de ce Titre. L'usage du glaive est interdit aux personnes privées. Nous voyons dans les S. S. Cahiers, que les Juifs ne l'avoient point
depuis les Traitez de Capitulation qu'ils avoient faits avec les Romains dans
les Païs qu'ils avoient pris, ce qui les obligeoit d'aller faire prononcer dans le
Prétoire, qui étoit le Palais du Gouverneur. Ils avoient simplement la liberté de
décider les difficultez qui se rencontroient sur les points de leur Religion dans
leur Sanhedrin que Nehemias avoit institué, qui étoit composé de Juges que
l'on prenoit de la posterité de David & des Prêtres descendus d'Aaron. Mais
ils n'avoient aucunement la puissance de juger & d'imposer des peines, la Jurisdiction du Glaive leur étant ôtée : Ce fut la réponse qu'ils firent lorsque le
Gouverneur P. leur dit, *Accipite eum vos & secundum Legem vestram judi-
cate eum.* Prenez & jugez selon vôtre Loy. Ils lui répondirent, *Nobis non licet interficere quemquam* : il ne nous est point permis de juger personne : c'est
ce que les Loix ont appellé *merum imperium*, que les Juifs soumis aux Romains
n'avoient point le droit de vie & de mort : c'est pourquoi ne le pouvant exercer, ils alloient aux Gouverneurs pour ce sujet. Nous lisons aux Actes 22. V.

25. que S. Paul se dit Romain pour n'être pas jugé , à l'instant il est sursis & renvoyé à Rome pour y être jugé. Les Juifs n'avoient pas seulement la Jurisdiction telle que l'avoient les Juges subalternes , que Jethro Prêtre de Madian , Beau-pere de Moyse lui avoit conseillé d'établir pour le soulager dans les jugemens des differens qui arrivoient dans des affaires legeres , ainsi que marque l'Exode 18. ỳ. 21. aprés qu'on voit aux Actes chap. 16. ỳ. 21. que les Juifs pour charger les Apôtres de sédition , disoient que S. Paul & Sylas troubloient leur Ville , annonçant & voulant introduire une maniere de vie qui ne leur étoit point permise à eux qui étoient Romains de recevoir ni de suivre , *& annunciant morem quem non licet nobis suscipere , neque facere cum simus Romani.* Il paroît encore aux Actes 23. depuis le ỳ. 26. jusqu'à la fin , que le Capitaine Claude Lysias ayant envoyé S. Paul au President Felix pour juger la matiere , que les Juifs n'avoient aucune Jurisdiction ni pouvoir dans les lieux soumis aux Romains , puisqu'ils allerent avec leur Orateur *Tertullio* en la Ville de Cesaréc pour soutenir leur calomnieuse accusation , contre le saint Apôtre accusé pour cela , lisez François *Claperius* , President des Comptes à Aix parlant de la haute-Justice. *Vide* l'Edit de Henry III. en Decembre 1581 il est rapporté par Jean Chenu dans ses Reglemens , Tit. 12. chap. 64. entre les Baillifs & les Prevôts qui regle leurs Jurisdictions. Voyez aussi Guy Coquille , Jean Baquet , Jean Imbert , Liv. 3. chap. 1. num. 2. *infra* Tit. 12. Max. 10. Il y a aussi des accusez qui ont le Privilege par leur naissance ou par leurs charges & emplois , de ne pouvoir être jugez que par de certains Juges. De quoi je traiterai dans la suitte aux Maximes 6. 11. 12. & encore au Titre 2. Max. 2. Titre 28. Max. 20.

III. Max. Celui qui n'a point de Jurisdiction ne peut point être Juge , même du consentement des parties. *Vide Julius Clarus* , George Loüet , Masuer ne pas confondre les matieres qui tombent en arbitrage , sur lesquelles on peut compromettre & convenir d'Arbitres suivant l'Ordonnance de François II. de l'an 1560. & l'Ordonnance du mois d'Avril 1667. Tit. 29. Art. 22. Pierre Bardet Liv. 3. chap. 80. de ses Arrests.

IV. Max. Le Juge doit exercer & faire les fonctions de son Office en personne , & ne peut y commettre , bien entendu néanmoins qu'il peut déleguer pour l'instruction , le Jugement restant devant lui. Arrêt de Reglement du Parlement du 10. Juillet 1665. George Loüet , Conseiller , Du Molin , Ducroc , Stile du Parlement page 156. L'Ordonnance de Blois Art. 83. & celle de Paris en Janvier 1629. Art. 49. ne sont que pour le Civil des Privileges des Universitez ; car pour ceux des Nobles dont je parlerai. Lisez un Traité curieux imprimé à Cologne en 1613. qui a pour titre *Deliciæ Equestrium , sive Militarium Ordinum symbola insignia & origines studio & industria Francisci Mennenii Antuerpiens.* L'Article 144. de Villers-Cotterets en 1539. fait la preuve de cette Max.

V. Max. Les Juges & Officiers qui sont interdits & en Decret d'ajournement personnel (qui interdit) ne peuvent faire aucune fonction , pas même assister à aucun Acte de Justice , à peine de nullité , & des dommages & interêts des Parties interessées dont ils sont & demeurent conjointement responsables & solidairement avec les autres Juges Officiers qui auroient souffert que les Juges interdits eussent assisté , connu & jugé les procès avec eux , bien entendu qu'ils auroient connoiſſance de l'interdiction ou du Decret. La raiſon de la Maxime eſt, *Quia nemo poteſt eſſe ſimul & accuſatus & Judex.* Il eſt vrai que nôtre Ordonnance a reſtraint l'interdit aux Decrets d'ajournement perſonnel & de priſe de corps, & non au Decret d'Aſſigné pour être oüi, au Titre 10. des Decrets art. 10. Reglement du Parlement du 10. Juillet 1665. anterieur à l'Ordonnance de cinq ans.

VI. Max. *Ren. Choppini de Domanio Franciæ* lib. 3. tit. 7. num. 15. 16. 17. a très-clairement traité. *Par inparem non habet imperium, multo minus in majorem.* Cependant le Juge inferieur peut informer contre les accuſez, crainte de la perte des preuves, même decreter pour aſſurer la juſtice : c'eſt l'eſprit de nôtre Ordonnance Titre 1. Art. 4. Annotations ſur Maſuer Neron, Chenu, *Felinus.* Il faut toûjours aſſurer les preuves, du moins cela ſervira de memoires, & obligera les témoins à dépoſer : En Matiere Criminelle, les Preſidens & Conſeillers du Parlement ſont jugez en premiere Inſtance, par tout le corps de Noſſeigneurs du Parlement aſſemblé dans la Grand-Chambre après que l'inſtruction y a été faite par deux de Meſſieurs Commiſſaires commis, qui eſt la diſtinction des autres perſonnes, où il n'y en a qu'un. *Inſtit.* lib 4. *Tit.* 18. *Ren. Chopp. in Conſuetud. Pariſ.* lib. 3. tit. 2. num. 26. *idem*, MM. les Princes, Ducs & Pairs. Mezeray ſur l'année 1315. M. Claude Lepreſtre Conſeiller, Centurie 1. chap. 9. 81. Laurent Jovet en ſa Biblioteque, *in verbo* Conſeillers de la Cour *infrà* Max. 8. Je traiterai à la Maxime 3. du Titre 11. Livre 2. comment étoient jugez les Princes, Ducs & Pairs en la preſence du Roy.

VII. Max. Les Juges Royaux ne peuvent exercer ni tenir d'autres Charges dans les Juſtices des Seigneurs, comme étant incompatibles avec l'Office Royal, qui ſeroit vacant & impétrable. J'ay mis ici cette Maxime, quoiqu'elle concerne l'incompatibilité ; car ſi le Juge n'en peut exercer qu'un, il eſt incompetant pour pouvoir tenir l'un des deux Offices, ſuivant les Ordonnances d'Orleans Art. 31. 44. Blois Art. 112. Janvier 1629. à Paris Art. 80. Reglemens de Jean Chenu Tit. 2. chap. 2. Arreſt de Reglement des Grands-jours d'Auvergne, où j'étois, du 10. Decembre 1665. *infra* Livre 2. Titre 25. Max. 2. Il n'y a rien de moins obſervé ny ſuivi. *L. cod. de aſſeſſoribus L.* 14. *Lib.* 12. *cod. l.* 5. *quæ milit. poſſunt vel non.*

VIII. Max. Les parens aux degrez 1. 2. 3. qui ſont de pere à fils, de frere, oncle, neveu, enſemble les alliez juſqu'au ſecond degré, qui ſont, beau-pere, gendre, & beau-frere, ne peuvent être reçus à exercer conjointement aucun Office de Judicature, s'il n'y a une diſpenſe, ou qu'il n'en ſoit fait mention dans les proviſions : comme auſſi les Officiers doivent avoir l'âge requis par les Ordonnances, ſuivant la ſubordination, prééminences & qualitez des Offices, comme ſont un Preſident, un Lieutenant General d'un Préſidial, il faut qu'il ſoit plus âgé qu'un Conſeiller, à peine de nullité des proviſions & de la reception, de privation des Offices. Monſeigneur le Chancelier veut qu'on attache l'extrait baptiſtaire légaliſé, s'il eſt de Province, ſous le contre-ſcel des proviſions. Je puis dire là-deſſus, que ce n'eſt pas ſans raiſon bien juſte que l'âge eſt requis à un Juge, parce qu'on ſçait, *Juvenis non poteſt eſſe ſapiens, quia prudentia requirit experientiam quæ indiget tempore.* Suivant Aristote, la premiere partie de la Maxime parlant des parentez & aliances. C'est pourquoi Job dit au chap. 12. de son Livre, *in antiquis est sapientia, & in multo tempore prudentia.* Les Ordonnances d'Orleans art. 32. Moulins 9. Blois art. 116. ont été faites afin d'empêcher les faveurs & les brigues; *Nam inter conjunctos fraus facilè præsumitur.* Il y a aussi l'Article 55. de l'Ordonnance de Janvier 1629. l'Edit du mois d'Aoust 1669. des Evocations au Titre 1, qui est tiré de l'Edit des petites dates de Henry II. données à S. Germain en Laye au mois de Juin 1550. art. 3. & de l'Edit donné à Fontainebleau au mois d'Octobre 1646. portant supression du Controlle des Benefices, article 9. du Tillet & *Aufrerius,* President à Toulose, disent que l'usage de France est, que nos Rois assistent en personne au jugement des Pairs, les autres Pairs appellez, ainsi qu'il se lit au second Arrest de Barnabé Levest, où presida Charles V I I. rendu contre Jean Duc d'Alençon à Vendôme le 10. Octobre 1458. Philippe V I. de Valois présida au procès de Robert d'Artois. Louis X. dit Hutin, assista au jugement d'Anguerrant de Marigny, étant Grand-Chambellan de France, suivant Mezeray, François I. assista lors de l'Arrest rendu par contumace à Paris le 16. Janvier 1523. au long rapporté, & très circonstancié au Liv. 6. chapitres 12. 14. des curieuses recherches de la France.

I X. Max. Les Lieutenans Generaux & autres Juges Royaux Civils, sont incompetans de connoître des Matieres Criminelles, au préjudice du Lieutenant Criminel, même d'executer les jugemens & Arrests, soient interlocutoires ou diffinitifs, émanez du Conseil ou du Parlement, qui concernent les Matieres Criminelles, leurs procedures seroient nulles & de nul effet, à moins qu'il n'y eut une adresse expresse. La raison est parceque le Roy ayant créé des Juges differents distinguez pour connoître des Matieres Civiles ou Criminelles; chacun sçait ce qui lui appartient & qui est de son ressort, sans entreprendre l'un sur l'autre. Les Philosophes disent, *Qui dat esse dat consequentia ad esse.* C'est sur ce que le Jurisconsulte entend, *In l. 2. cod. de Jurisdictio omnium judic.* Néanmoins le Lieutenant Civil du Châtelet de Paris est dans la possession de connoître des faillites & banqueroutes, lorsque le Conseil ou le Parlement, par des raisons particulieres de suspicion, de recusation ou autrement, font l'adresse de l'execution de leurs Arrests aux Juges Civils dans une Matiere Criminelle : alors ils sont competans pour en connoître. Chenu Titre 6. de ses Reglemens, traitant de la Jurisdiction criminelle des Bailifs & Senechaux, Arrests des années 1652. 1659. 1661. Duluc lib. 12. *De criminesis judiciis.*

X. Max. Les Baillifs, Juges Presidiaux & les Prevôts ne peuvent évoquer pour quelque cause que ce soit les affaires pendantes devant les Juges qui leur sont inferieurs & relevans devant eux; sinon que le principal puisse être jugé à l'Audiance sans appointer, suivant l'art. 2. de l'Arrest de Reglement du Parlement du 10. Juillet 1665. fondé sur l'Ordonnance de Blois art. 149. qui a été suivi de l'Ordonnance du mois d'Avril 1667. Titre 6. article 2. & de nôtre Ordonnance Criminelle de 1670. Titre 26. article 5. Ils ne peuvent non plus entheriner des Lettres de remission d'un Gentilhomme, ny faire aucuns Reglemens, soit provisoires ou diffinitifs en ce qui touche l'administration de la Justice : ce droit appartient aux seules Cours Souveraines, par la Loy *Collegia D. de collegiis nisi ex Senatusconsulti autoritate vel Cæsaris.* Laurent Bouchel, Reglemens de Jean Chenu, nôtre Ordonnance Crimineile Titre 26. article 5. parlent de l'évocation lorſqu'on peut juger à l'Audiance ſans appointer, *infra* Titre 2. Max. 31.

XI. Max. Il eſt défendu à l'Aſſeſſeur criminel, au Lieutenant particulier, & à tous les autres Officiers d'un même Siege de s'ingerer dans la connoiſſance des Matieres Criminelles ſur les peines de droit, qui ſont les dommages & intereſts des parties, lorſque le Lieutenant Criminel eſt preſent, à moins qu'il ne ſoit malade, recuſé, ou abſent. Il eſt auſſi défendu au Greffier ſous les mêmes peines & de faux, de recevoir & expedier aucunes expeditions en ces matieres lui ſeul, ſinon avec le Lieutenant Criminel ou autre Juge dans les cas dont il a été parlé, & aux parties de ſe pourvoir ailleurs, à peine de nullité des procedures &c. Tout cela eſt enjoint, afin de garder l'ordre dans les Juriſdictions. M. Pierre Ayrault Lieutenant Criminel d'Angers, diſoit par forme de plainte, *on veut nous faire croire en nôtre preſence que nous ſommes abſens.* Jean Chenu en ſes Reglemens Titres 8. 10. Arreſt de Reglement du Parlement du 10. Juillet 1665. Arreſt de Reglement des Grands-jours d'Auvergne du 10. Decembre 1665. la Conference des Ordonnances. Il y a encore les Reglemens faits au Parlement, entre les Officiers de Lyon, de Riom, Angers, Auxerre & du Châtelet de Paris, raportez par Chenu Titre 10. & ſuivans, & par Laurent Jovet, en ſa Biblioteque aux mots, Juges, Juſtice, Juriſdiction.

Nôtre Ordonnance dans les Matieres Criminelles Titre 1. articles 21. 22. a excepté les Nobles & les Officiers des Compagnies Souveraines, qui leur fera leur procez, ſuivi d'une Declaration du 26. Mars 1676. ce qui eſt tiré de la Loy 3. au Code *Ubi Senatores vel Viri clariſſimi civiliter, vel criminaliter conveniantur.* Cette Loy comprenoit auſſi les perſonnes de dignité & les Generaux d'Armées. *Qui magiſteriæ poteſtatis ſudoribus clarus factus eſt, ſupr.* Maximes 6. 7. 8. *Ut ſi quod Officiariis Regis crimen ingeratur, de eo pedanei judices non cognoſcant.* Ren. Choppini *Monaſticon, Lib.* 1. *Tit.* 2. *num.* 15. dans ſon Commentaire *Conſuetud. Pariſ. Lib.* 3. *Tit.* 2. num. 26. 27. Par Arreſt du 3. Avril 1573. de Reglement entre le Preſident & le Lieutenant Criminel de Chartres, il fut jugé que le Preſident ne feroit aucune inſtruction dans les Matieres Criminelles. La Declaration du 26. Mars 1676. dont j'ay parlé, donne le même privilege qu'aux Nobles, aux Treſoriers de France, aux Officiers en chef des Preſidiaux; en Matieres Criminelles, aux Preſidens des Preſidiaux, Lieutenans Generaux, Criminels & particuliers, Avocats & Procureurs du Roy des Sieges Royaux, Prevôts Royaux, Juges ordinaires relevans en la Cour, pourveu que leur procez leur ſoit fait à la requête de M. le Procureur General. Laurent Jovet en ſa Biblioteque des Arreſts *in verbo*, accuſé, num. 4. J'ay vu juger à la Tournelle, qu'il n'y a que les Officiers du Parlement qui ont le privilege de l'inſtruction de leurs procez au criminel, & d'être jugez par le Parlement en corps, & que ceux des autres Cours n'en jouïſſoient point. M. *Nemus* D. Conſeiller au Parlement de B. & M. D. Avocat General au Parlement de B. furent déboutez de leur déclinatoire, & du renvoi par eux demandé, & procederent en la Cour. *Vide* au Code *de Dignitatibus*, & aux Digeſtes *de Senatoribus.*

XII. Max. Aucuns Juges ne pourront prendre d'Ajoints, ſoit pour l'execution des jugemens rendus en leurs Sieges, ou des Arrests qui leur seront adressez; quoiqu'ils se transportent hors de leur demeure & residence, sinon dans les cas permis par l'Ordonnance, dautant qu'aucun Juge ne peut point s'associer de compagnon, dans ce qu'il est tenu de faire lui-même. L'Ordonnance du mois d'Avril 1667. Titre 22. Art. 12. a supprimé les Ajoints : depuis ils ont été rétablis par Edit donné à Versailles au mois d'Avril 1696. Le Reglement du Parlement du 10. Juillet 1665. Art. 12. par les deux Arrests que je rapporterai au Titre 28. Max. 20. dont j'ay parlé à la Maxime precedente *in fine*. Il paroît qu'il n'y a que le Parlement de Paris seul, qui ait droit d'instruire & faire le procez aux Officiers de la Compagnie, pour un crime qui seroit commis hors de son ressort, ce que n'ont point les autres Parlemens ; j'entend les Officiers majeurs. Un Juge Commis ne peut se transporter hors de son ressort, si l'Arrest qui le commet ne lui permet ; & si c'est hors de l'étenduë du Parlement, il faut sur sa commission obtenir un *pareatis* du grand sceau, ainsi que j'expliquerai plus au long par la derniere Maxime de ce Titre, étant de consequence, *infra* Maxime 29.

X I I I. Max. Si plusieurs Juges tirez de divers Sieges sont commis pour l'instruction & le jugement d'un procez, ainsi qu'il fut fait à Lodun en 1632. pour faire le procez au Sieur * * * Curé, accusé de magie, & à Paris en 1660. pour crime de Peculat, & qu'un des Juges vienne à deceder, les autres ne peuvent proceder „ *Ut omnes judicent, aut nullus.* Charles Dumolin, Masuer. &c. ils ne peuvent en mettre un autre, il faut de necessité retourner au Superieur, qui avoit commis pour remplir la place vacante, en nommant autre. *Nemo plus juris quam in se habet in alium transmittere potest, extra territorium jus dicenti impune non paretur.*

X I V. Max. Si le Juge Subdelegué du Prince, subdelegue *in totum vices suas*, il ne peut plus connoître de la matiere : que s'il y a eu contestation, le Delegué du Prince ne laisse point de passer outre en sa delegation. Cela est suivant l'opinion de Masuer au Titre 6. des Juges & de leurs Jurisdictions num. 44. de sa Pratique. Lazare du Croc, dans son Stile du Parlement imprimé l'an 1606. page 157. lisez *Cabassutius* sur le Droit Canon qui est observé en France. *Stephanus d'Alvin de potest. Episcop. Cokier de Jurisdictio, ordin. in exemptio.* Florent d'Arnay-le-Duc sur le Droit Canon, *infrà* Max. 43. L'Ordonnance de Blois art. 99. & la réponse rapportée dans les recherches de la France Livre 6. chapitre 8. au sujet des Juges Commissaires Deleguez.

X V. Max. *Si jurisdictio ad tempus data fuerit, eo transacto expirat jurisdictio, nisi de consensu partium fuerit prorogata :* Toutefois le Juge peut executer le jugement par lui rendu pendant sa commission dans l'année, à compter du jour de la prononciation. Edit du Roy Henry II. des Juges Presidiaux article 17. La Maxime regarde aussi les arbitrages qui n'ont point *Jus Gladii.*

X V I. Max. Le Delegué ne peut subdeleguer, s'il n'a été delegué du Prince, & par exprés dans les Matieres Criminelles, non plus qu'il ne peut point exceder ny passer les termes de sa commission. Lienard, Laurent Bouchel &c. Cela est suivant le Canon. *Decrevimus vestrum debere esse intra Provinciam judicium causa ; quast. 9.* Il y auroit abus, si le Delegué n'étoit pas François naturel

en

en matiere Ecclesiastique. L'adresse se fait suivant le Rescrit de Boniface VIII. dans le Diocese où sont les parties, à un Prêtre constitué en dignité ; mais ces Juges deleguez ne peuvent subdeleguer, le droit en étant reservé comme j'ai dit à ceux qui ont été deleguez par le Prince, la clause & le pouvoir de subdeleguer & de puissance, & à pouvoir leur transporter hors leur ressort, par tout où besoin sera, pour l'instruction de l'affaire dont il est question. *infrà vide* la derniere Maxime de ce Titre, *suprà* Maxime 11.

XVII. Max. Le Juge de la cause principale ne peut être Juge sur l'appel, parce qu'il s'en suivroit qu'il seroit deux fois Juge dans la même affaire, & qu'il seroit ridicule d'appeller de Perrin l'endormi à Dandin l'éveillé. *Masuer, Guillelmus Budæus, &c.*

XVIII. Max. *Ex duobus Judicibus, si alter est inhabilis, non potest procedere cum habilis, nec habilis cum altero quid tum procedit, si inhabilitas est respectu Jurisdictionis.* Annotations sur Masuer Titre 6. num. 17. des Juges & de leurs jurisdictions : cela s'entend si l'un des deux Juges étoit interdit & l'autre non.

XIX. Max. Le Juge interdit de son Office pour malversation, ne peut faire aucunes fonctions qu'il n'ait été rétabli. Lazare Ducroc au Style du Parlement page 156. de même pour une interdiction prononcée pour une autre cause, telle qu'elle soit, jusqu'à ce qu'elle soit levée.

XX. Max. Les Baillifs & Senechaux par l'autorité qu'ils ont sur les Juges subalternes relevant devant eux, ont connoissance des délits & abus qu'ils commettent dans l'administration de la Justice, des concussions & des exactions illicites qu'ils font. Les Seigneurs peuvent laisser à leurs Juges de se deffendre à leur volonté ; ainsi les Juges superieurs doivent aussi connoître de l'accusation principale pour l'abus que ses mêmes Officiers ont commis : & en cas de recidive desdits Officiers, les Seigneurs en étant avertis, demeurent civilement responsables des fautes de ceux qu'ils auroient pourvû ; parce qu'ils les peuvent revoquer, aux termes de l'Article 27. de l'Ordonnance de Roussillon. La raison est que sans cela, les parties seroient exposées sous la vexation des Seigneurs & de leurs Juges connivant ensemble, s'ils n'avoient pas des Superieurs. *Vide* les Notes de Claude Bernard de Dijon, sur M. le P. P. Lizet, aux Matieres Criminelles chap. 4. Reglemens des Grands-jours d'Auvergne du 10. Decembre 1665. & la page 28. du Traité des Criées, imprimé en 1704.

XXI. Max. Aimoin *lib. 3. cap. 21.* de son Histoire, rapporte que Chilperic renvoya * * * Archevêque de Roüen, au Concile de Paris, étant accusé d'un crime d'Etat pour y être jugé, le Roy y étant interessé, à cause de ce que dit l'Ecriture, *Nequis in sua causa judicet.* Aristote *lib. 3. politic. cap. 6. 11.* C'est ce qui apprend que le Juge exerçant son Office ne peut faire le procez à celui qui l'a offensé, suivant la Loy unique *Cod. hoc titulo lib. 10. ff. de jurisd. omnium judic. l. penultim. ff. de arbitris.* Néanmoins plusieurs Docteurs ont tenu le contraire, Masuer & ses notes Tit. 6. num. 21. Mosnier en ses questions, au mot Juge, *Jodocus d'Amhouderii, praxis criminalium cap. de injuriis.* J'estime que le Juge fera mieux de dresser son procezverbal du tout, & s'addresser au Parlement, afin de faire commettre un Juge pour informer du contenu au procez verbal, & faire le procez au coupable, vû encore si le plaintif est Juge Royal.

Le Parlement renvoira par Arrest sur des conclusions de Monsieur le Procureur General pardevant le Juge le plus prochain du lieu du délit, pour instruire & juger, sauf l'appel en la Cour. *Instituts Lib.* 4. *Tit.* 1. *infrà* Tit. 17. Max. 26.

XXII. Max. Autrefois les Juges multoient par des amendes leurs Justiciables pour la distraction de jurisdiction, ou qui les troubloient dans l'exercice de leurs fonctions; même interdisoient les Avocats & Procureurs qui s'étoient entremis de plaider. A present ils peuvent seulement prononcer des deffenses de proceder ailleurs que pardevant eux sous les peines de droit, qui sont une amende, en cas de recidive pertinaxe. *Vide* Jean Chenu Titre 10. de ses Reglemens. Masuer Titre 6. Lienard Titre des Juges, nouveau Traité des Criées page folio 67. *infrà* Titre 8. Max. 32. Le Juge, *non privata autoritate*, ne peut prononcer où il est interessé en son nom.

XXIII. Max. L'homicide commis dans un chemin Royal ou autre crimes, vol, viol, enlevement, sont de la comperance du Juge Royal. Bartolo, Cæpola, Baquet des Droits de Justice chap. 7. num. 15. Le Juge Royal a la connoissance des cas Royaux à l'exclusion des Juges des Seigneurs, art. 14. de la Coutume de Normandie. *Ren. Choppini de Domanio Francia lib.* 2. Titres 7. 8. nôtre Ordonnance au Titre 1. Art. 11.

XXIV. Max. Le Juge inferieur quoiqu'incompetant, se peut entremettre dans une affaire pour faire cesser le scandale, & prevenir un peril éminent, *suprà*, Max. 6. Lienard des Juges. *Panormitanus C. Constitutus, de appellationibus. Claudius Bernard de præcept. & discipli. infrà* Max. 28. au Titre 12. Max. 10. Ren. Choppin, comme à la precedente Max. *infrà* Tit. 2. Max. 1. Coutume d'Amiens. Art. 223.

XXV. Max. Il n'appartient point aux Juges subalternes de connoître d'un homicide commis de guet à pend, d'un rapt, d'une incendie, boutefeux, & autres cas Royaux dont la connoissance appartient aux Juges Royaux. *Vide* Jean Baquet au Traité de Justice chapitre 7. Jean Imbert livre 1. chap. 23. livre 3. chap. 6. Jean Chenu en ses Reglemens chapitres 66. 163. Laurent Bouchel, & Jacques Joly livre 3. chapitre 26. Jean Imbert livre 3. chapitre 22. François Ragueau en en son Indice des cas Royaux. Laurent Bouchel en sa Biblioteque *in verbo* cas Royaux. Ren. Choppin *de Domanio Francia* lib. 2. Tit. 7. & 8. Tous ont traité fort au long, quels sont les cas Royaux. Il y a un Edit concernant les taxes des Juges des Seigneurs, du mois de Juillet 1704. registré au Parlement & un Arrest du Conseil du mois d'Aoust ensuivant, qui a fixé les taxes de ceux qui relevent par appel *recta* au Parlement à 300. liv. les autres relevant ailleurs à 200. qui a aussi taxé dans les mêmes Justices, les Lieutenans, les Procureurs Fiscaux, les Greffiers, Procureurs, & les Sergens sans leur avoir donné aucune ampliation de connoître des cas Royaux *infrà* liv. 2. Titre 3. Maxime 1. Je prouverai assez que l'incendie n'est point un cas Royal par les Arrests.

XXVI. Max. Le Fermier d'une Terre ne peut être le Juge de la Seigneurie: cela est pourtant commun, c'est un grand abus. Il est fait deffenses aux Seigneurs Hauts-Justiciers de pourvoir des états de Juge & Procureur Fiscal, ou Procureur d'Office de leur Seigneurie, ceux qui en sont les Fermiers: ausquels les amendes & le profit de la Jurifdiction revient & les confifcations, crainte de monopole. Mafuer, Bouchel, Reglement du Parlement du 10. Juillet 1665. article 13. Reglement des Grands-jours d'Auvergne du 10. Decembre 1665. Bibliotheque de Laurent Jovet, *in verbo* Juges, num. 74. 75. 107. 140. produit des contrarietez qui femblent être difficiles à concilier avec l'Ordonnance du mois d'Avril 1667. Titre 24. art. 11. parlant du pouvoir des Juges des Seigneurs Hauts-jufticiers qui eft borné & limité & reglé, dequoi ils connoîtront dans les affaires des Seigneurs dont ils feront Juges, fans pouvoir les étendre. L'Ordonnance de Blois art. 45. Pierre Bardet tome 1. liv. 3. chap. 84. pour fçavoir fi les Juges des Seigneurs doivent être Graduez. Il n'y a que ceux dont l'appel releve *recta* au Parlement qui le doivent être. Simon Dolive liv. 1. chap. 39. le nouveau Traité des Criées fol. 429. Bardet à l'endroit qu'on vient de cotter, dit que les Greffiers ne peuvent point être Fermiers.

XXVII. Max. Les Juges fubalternes & les Officiaux & Juges Ecclefiaftiques, font incompetans pour connoître des contraventions faites aux Ordonnances Royaux, & de faire inftruire le procez à des Juges Royaux, Notaires, Greffiers & Procureurs, Sergens, & autres Officiers, qui ont des provifions du Roy dans les chofes procedantes du fait & de la fonction de leurs Offices, ni de les punir des fautes & excès qu'ils auroient faites & commis dans leurs fonctions ; mais l'on doit porter les plaintes au plus prochain Juge Royal du lieu du délit, qui fera juftice. Jean Baquet, & de l'Homeau, &c. Mon avis eft que le Juge du lieu du délit peut former fuivant l'art. 1. Titre L de nôtre Ordonnance. Il faut affurer les preuves, fauf à faire decreter les informations ailleurs s'il y échet.

XXVIII. Max. Le Juge incompetant peut examiner des témoins lorfqu'il y a du péril dans la demeure, la dépofition reftera valable pour deux raifons. 1°. *Ne delicta impunita remaneant.* 2°. *Quia neceffitas eft lex temporis, dum fcilicet eft periculum in mora.* Lienard *in verbo* Juges, *fuprà* Max. 24. En ce cas tout Juge eft competant pour informer.

XXIX. Max. Le Juge Commis pour faire une information peut punir le témoin qui aura dépofé faux, encore qu'il ne foit pas Juge de l'affaire au principal. La raifon qui s'en croit pouvoir rendre, eft que le fait faux du temoin n'eft pas tant un incident de la caufe principale, qu'un nouveau crime commis pardevant ce Juge. *Et qua de novo emergunt, novo indigent auxilio.* Balde, les Notes fur *Julius Clarus &c.* Il eft Juge très-competant du crime commis dans fon territoire, ainfi que j'ay dit Max. 27. quoiqu'il ne puiffe pas fortir de fon reffort, fi l'Arreft qui le commet ne lui donne le pouvoir de le faire, *fuprà* Max. 12.

XXX. Max. Ce qui eft fait par un Juge incompetant en Matiere Criminelle eft nul & de nul effet. Surquoi toutefois, fi l'accufé comparoit fubir interrogatoire volontairement fans déclinatoire ni proteftation, fa confeffion demeure en fa force contre lui. L'Homeau le tient *mordicus*. Il faut y joindre les circonftances que j'ay remarquées, n'étant point revandiqué par le Juge du lieu du délit : en toute extremité, cela ferviroit de memoires engageant les témoins à ne pouvoir refufer de dépofer en un tel rencontre, j'appelle ce Juge, *Vicarius volatilis, qui nec Tribunal habet nec Forum. infrà*, Max. 32.

XXXI. Max. Les Juges fubalternes ne peuvent informer ny decreter contre des Clercs & Prêtres foit que le cas foit privilegié ou non. S'il les connoit, il sçait son incompétance : si le crime est un cas privilegié, la connoissance en appartient aux Juges Royaux seuls ; que s'il ne l'est pas, les Ecclesiastiques ont leurs Juges Officiaux suivant leurs privileges. Claude Bernard de Dijon, sur M. le P. P. Lizet chap. 4. du procez criminel, Claude Henrys, Lazare Ducroc au style du Parlement page 471. la Biblioteque de Laurent Jovet de Laon *in verbo*, Juge & Official. J'estime qu'il peut informer pour éviter la perte des preuves, sauf à ordonner du renvoi étant demandé ; & à toute extremité serviroit de memoires, & engageroit les temoins à déposer de nouveau.

XXXII. Max. Un Clerc peut être accusé devant le Juge Royal, hors le cas Royal, qu'on appelle très-improprement, *cas privilegié*, pour faire la difference de la Justice Royalle d'avec la Justice Ecclesiastique. Un Juge de Seigneur, à parler juste, n'est pas un Magistrat : il est comme étoient ses Officiers à Rome, que Ciceron a nommez *paulo amplius quàm privatos*, où plutôt il est de ceux dont parle l'ancienne Comedie de *Querolus. Qui privati judicant, & de robore sententias dicunt.* Juges guestrez sous l'orme qui n'ont point d'Auditoire certain pour y rendre la justice : le carefour, ou la place du milieu du village est leur salle d'Audience, un vieux chêne resté du déluge avec ses branches, sert de l'ambris, de parapluye & d'ombrette, avec un gazon pour siege. *vide* à la fin du present Titre, & la Maxime 17. du Titre 27. *in fine*, Juge sous l'orme, ou arbre branchus, *subter omne lignum nemorosum*. Au contraire, le Roy par son autorité souveraine, & ses Juges ont le privilege de connoître des crimes graves & qui sont publics : tels que sont les ports d'armes, les séditions du peuple, les infractions des Loix du Royaume, &c. commis par les gens d'Eglise. Claude Bernard sur M. le P. P. Lizet chap. 8. le Canon *quod Clerus*. Azon, Balde, &c. L'Edit de Molun en 1580. art. 22. Amboise en 1572. art. 11. Roussillon en 1563. art. 21. Moulins en 1566. art. 39. Edit du Clergé, en 1695. en Avril : tous sont pour l'instruction des procès criminels contre les personnes Ecclesiastiques pour les cas privilegiez. M. Pierre Lizet P. President a été illustré par Frere Jacques du Breul, Religieux de S. Germain des-Prez, en son Theâtre des Antiquitez de Paris, liv. 2. fol. 422. Il dit qu'il étoit d'Auvergne, que le Roy Henry II. le nomma Abbé de S. Victor de Paris : qu'il fut fait Prêtre l'an 1553. & mourut l'année suivante : qu'il fut enterré à l'entrée du Chœur de l'Eglise de cette Abbaye par Messire Eustache du Bellay, Evêque de Paris le 18. Juin 1554. Il rapporte son Epitaphe en vers & en prose, Grec & Latin, qui est gravé en cuivre rempli de beaucoup d'éloges & de vertus heroïques. M. Claude Bernard, qui a noté ses œuvres étoit un celebre Avocat au Parlement de Bourgogne : il est qualifié un torrent d'eloquence sur la remontrance qu'il fit aux Etats de Blois en 1588. pour le Tiers-Etat dont il étoit Député. Il est juste au rencontre de parler des personnes sages & immortalisez par leur érudition. J'ay peine à croire qu'on permit en ce siecle une remontrance de la force & de la fermeté de celle que j'ay luë qu'il fit aux Etats.

XXXIII. Max. Le Juge d'Eglise n'a point de Jurisdiction sur les personnes Laïques : néanmoins il peut connoître en deux cas, du Criminel contre eux, de l'heresie, de la simonie, ce qui est en quelque façon conforme à la Loy au regard de l'heresie. Jean Baquet au Traité des Droits de Justice, *Jacobus de Bellovisu.* Jean Imbert liv. 3. chap. 6. *infrà* liv. 2. Titre 34. Maxime 3. toûjours se cas privilegié s'y rencontre, personne n'est exempt de la Justice du Ciel, tel qu'il soit sur la terre. Laurent Jovet en sa Biblioteque *in verbo*, Juges num. 50.

XXXIV. Max. Un Ecclesiastique peut se soumettre à la Jurisdiction Royale, avec le consentement de son Evêque Diocesain, & au contraire, un Clerc ne peut proroger & reconnoître la Jurisdiction Ecclesiastique au préjudice de la Royale. Je n'estime point qu'il puisse y avoir d'autre raison de cela, sinon que la Justice étant en la main du Roy elle est en son centre & dans son siege naturel, puisque de droit commun sa Majesté est fondée d'avoir & d'exercer toute la Jurisdiction sur ses sujets. M. Gilles Bourdin, Procureur General, Georges Louet Conseiller, Charles du Molin Avocat, Jean Chenu de Bourges. L'Ordonnance de Roussillon art. 21. Moulins art. 40. ont reglé le privilege de Cléricature, *infrà* Max. 43. Les anciens Payens firent les douze Dieux *Consentes*, il y en avoit six mâles & six femelles, desquels la fable dit que Jupiter prenoit souvent avis. Platon veut que le Magistrat soit zelé & courageux pour la deffense de la Justice.

XXXV. Max. Lorsqu'un Evêque ou son Official implore le bras seculier, il doit faire des lettres requisitoires & non préceptoriales, ni de commande au contraire du Juge Royal, à l'égard des Juges Ecclesiastiques; par la raison que les Officiers Royaux representent le pouvoir du Roy qu'il leur à confié, & par ce pouvoir ils ont la superiorité sur les Juges des Jurisdictions inferieures; *Inferior vero non habet Imperium in superiorem, addit. sur Julius Clarus, Ren. Chopp. de sacra Politia. lib. 2. Tit. 2. num. 1. 2.*

XXXVI. Max. Encore que le Juge d'Eglise connoisse de l'absolution du crime d'un Prêtre dans un cas non privilegié; néanmoins il ne peut connoître des dommages & interests, ny adjuger des provisions & alimens, pour raison desquelles choses, les parties doivent leur pourvoir pardevant le Juge Royal, comme cela étant réel & temporel. Le President de la Rocheflavin, Jean Baquet, Jean Chenu, Julien Peleus, Jean Imbert, liv. 3. chap. 7. 8. 9. L'Official ne connoît point des inscriptions en faux, non plus que les Juges Consuls.

XXXVII. Max. Les Juges Ecclesiastiques ne peuvent point deleguer aux Juges Laïques la connoissance des causes Criminelles entre personnes d'Eglise, non plus que les affaires où les Ecclesiastiques sont deffendeurs : que s'ils le faisoient, l'appel comme d'abus seroit très bien fondé, suivant l'Autentique, *Ut Clerici apud proprium Episcopum conveniantur, Julius Clarus.* Le P. de la Rocheflavin, Arrest 25. Novel 83. *Collatio in sexto &c. Nemo plus juris quam in se habet, in alium transmittere potest.*

XXXVIII. Max. Pendant que l'accusation en crime de rapt est poursuivie pardevant le Juge Royal, l'Official ne peut connoître de la cause, *Super fœdere matrimonii*, d'où est venu le proverbe de dire, qu'il n'y a point de si bon mariage qu'une corde ne rompe : car après que le Juge d'Eglise aura connu de l'affaire & déclaré un mariage bon & valable, le Juge Royal ne laisse pas de proceder contre le ravisseur, de le condamner à mort pour le punir suivant l'Ordonnance, parce que le rapt est un cas très-criminel; comme je dirai au livre second Titre 16. rapportant toutes les Ordonnances. Jean Chenu, Jean Baquet, Bugnion, &c. ainsi le mariage s'évanoüit & est sans effet. Le Roy Charles VII. par Ordonnance du 23 Octobre 1425. veut que son Procureur assiste aux Audiences des Juges d'E-

glise, pour voir si on n'y plaide point des affaires qui soient de la Jurisdiction temporelle.

XXXIX. Max. Les Juges Ecclesiastiques ne peuvent condamner les accusez
en des amendes, l'Eglise n'ayant point de Fisc, ils peuvent simplement condamner
à certaines sommes d'aumône, applicables à des pauvres Convens, Hôpitaux &
œuvres pieuses. Jean Baquet, Canon *licet extra de panis*, &c. Pierre Bardet
liv. 4. chap. 38. *Joannes Langhecrucus in speculo, de vita & honestate Clericorum & Canonicorum, de Beneficiorum pluralitate.* Il y a plusieurs Arrests qu'il
faut voir sur la Matiere, rapportez par Jean Tournet & Jean Chenu, en ses Reglemens Titre 1. chap. 1.

XL. Max. Le Juge d'Eglise ne peut condamner à payer pension, ny imposer
aucune peine pecuniaire ; néanmoins il peut décerner un decret de prise de corps,
& pour l'execution implorer le bras seculier, n'ayant territoire que dans son
Prétoire. Le Clergé a obtenu un Edit au mois d'Avril 1695. contenant cinquante
articles, qui permet d'exécuter les decrets sans aucune permission du Juge
Royal, sur ce qu'en attendant *le Pareatis* l'accusé s'évadoit. M. l'Avocat General Lenain, dit dans une cause d'Audiance, que la permission accordée au Clergé ne s'entendoit que pour les affaires de pure discipline & de simple correction
des Ecclesiastiques, & non autrement. L'Official ne peut non plus imposer aucune peine afflictive, bannissement, torture, galeres ; *quia Ecclesia abhorret à
sanguine* ; en cas que cela soit necessaire, il a recours au Juge Royal, suivant le
Concile de Mâcon. La raison est fondée sur ce que les Juges d'Eglise ne peuvent
sans encourir irregularité assister ny opiner au jugement de sang & peine afflictive d'un accusé. Cependant Pierre Bardet liv. 1. chap. 42. de ses Arrests, en rapporte un au sujet de ce que M. Jacques *** Procureur & Commissaire au Châtelet de Paris, Juge de Gentilly, & Prieur de S. Jean le Vivier lez-Beauvais, en
l'année 1616. condamna un garçon plombier qui avoit vollé du plomb, d'être battu
de verges en la prison, & fustigé sous la Custode par l'Ecuteur de la Haute-Justice : ce qui fut ainsi éxecuté. M. Jean *** Prêtre, obtint en Cour de Rome un
Dévolut sur ce Prieuré. La cause fut solemnellement plaidée, & par l'Arrest
rendu sur les Conclusions de M. l'Avocat General Servin, le Mardi 7. Aoust 1618.
*** fut debouté de son Dévolut, & *** maintenu dans son Benefice, avec
restitution de fruits sans depens. Par l'Arrest cy-dessus, il paroît que l'Ordre de
Cisteaux condamne ses Religieux Discolles, au bannissement, au foüet, & aux
Galeres, *Si agatur de crimine pænam sanguinis irrogante.* Julien Peleus, Philbert Buguion, Jean Chenu, Ducroc, au Style du Parlement, *Petrus Blesensis*,
Archidiacre de Batvvelles, Claude Henrys, de Forest, Didacus Covvarruvias, —
Evêque de S. Domingue, *in Clement, si furiosus, &c.* Jean Imbert liv. 3. chap.
21. aux Notes num. 9. *Ren. Choppini, de sacra Politia. lib. 2. Tit. 3. num. 15.*
Pierre Bardet Tome 1. liv. 3. chap. 8. & au liv. 1. chap. 42. rapporte les motifs
d'un Arrest qui est tout singulier, dont j'ay parlé *infrà.* Tit. 21. Max. 13. qui est
très-curieuse.

XLI. Max. Official doit être Prêtre, & non Diacre seulement. S. Ambroise
en son Epître 6. dit, le Prêtre seul peut lier & délier : il est vrai qu'il entend au
for pénitenciel ; mais l'on peut aussi s'appliquer au for judiciel, & à cette Maxime ; suivant Julien Peleus liv. 4. Action. 27. Jean Chenu Tit. 1. chap. 1. parlant

dés Justices subalternes & non Royales en ses Reglemens chap.200.La Biblioteque de Laurent Jovet de Laon *in verbo*, Official. Par Edit du mois de May 1639. le Roy Louis XIII. créa des Avocats & Procureurs du Roy dans les Officialitez. Depuis par un Edit subsequent du mois de Juillet 1641. ils furent revoquez, *infrà*, Tit. 5. Max. 11.

XLII. Max. L'Official pour un délit mixte, ou cas privilegié, ne peut point élargir un prisonnier accusé sans avoir fait signifier la Sentence au Procureur du Roy du Siege Royal, & avoir attendu sa réponse : que s'il le faisoit, l'Evêque seroit poursuivi pour le faire réintegrer dans les prisons, & l'Ecclesiastique étant trouvé, pourroit être emprisonné pour le cas privilegié dans les prisons royales. Julien Peleus liv. 2. Action 68. Jean Menart, Jean Imbert, *Novell.* 83. *collation. in sexto.* L'Ordonnance de Moulins art. 39. parle de l'élargissement des prisonniers, Jovet en sa Biblioteque, *in verbo* Juges, num, 40. *infrà*, Max. 9. du Titre suivant, qu'il faut voir.

XLIII. Max. Le Prêtre ou Clerc qui a été jugé par l'Official pour un crime du cas Royal ou mixte, peut être poursuivi pour raison du même fait pardevant le Juge Royal, à la requête de son accusateur : la raison en a été prédite en la Maxime 34. *Quod Clericus non potest prorogare Jurisdictionem Ecclesiasticam in præjudicium Regiæ.* Il y en a encore une autre que j'abrege, pour ne point passer les bornes des Maximes, le délit privilegié l'emporte toûjours. Laurent Bouchel en sa Biblioteque, & Laurent Jovet dans la sienne sont à voir, aux mots Juge, Official, tant pour ce que j'ay dit, que pour ce que je pourrai proposer dans la suite concernant les Matieres Ecclesiastiques. Les lecteurs studieux verront les Auteurs Canonistes suivans pour connoître nos usages de France en ces matieres. Milletot en son Traité du Délit commun, Claude Fevret en son Traité de l'Abus, Ducasse, imprimé à Toulouse en trois volumes in 12. Jean Auboux, Official de Cahors, Jacques Eveillon, Official & Grand-Vicaire d'Angers, Innocent de Ciron Chancelier de l'Université de Thoulouse, Philbert Collet, Juge de Châtillon en Dombes, dans ses Traitez des Excommunications, des Dixmes, de l'Usure, & de l'Aumône. *Ascanius Tamburinus*, Cosme Guimier, *Joannes de Selva*, premier Président du Parlement, *Ægidius Magistri*, idem. *Franciscus Pinssonius*, l'*Ætius Cherubinus*, Borjon, & les autres que j'ay rapportez *suprà* à la Maxime 14. les armes d'un Beneficier, *Arma enim Clericorum, sunt lacrymæ*. Il ne peut en avoir d'autres, suivant le Cardinal *Dias Delugo*, Espagnol, *Practica criminalis* cap. 11. *Arma enim Clericorum sunt lacrymæ. Beatus Ambrosius, in capite convenior* 23. *Quast. ultim. cap. 1. finali* 36. *distinct. cap. porro* 16. *quast.* 3.

XLIV. Max. Le Juge Seculier peut absoudre un Ecclesiastique, encore qu'il ne puisse le condamner, *& dicitur bene absolutus*. Cela s'entend du delit simple, pour raison duquel il n'y a point de déclinatoire proposé : néanmoins ceci n'est pas reciproque, & est tout contraire à la Maxime precedente. Je proposerai là-dessus deux raisons ; la premiere, fondée sur la dignité éminente du Juge Royal, sur lequel le Juge d'Eglise n'a aucun pouvoir, *Ratione Jurisdictionis, sicut è contra*. La seconde que le renvoi n'ayant point été demandé, le Juge Royal à eu droit de juger, *Et tunc res judicata accipitur pro veritate. Regulis Juris, Jacobus de Bellovisu, in rubric. de fuga.* Voyez Adrien de Hev. sur l'art. 233. de la Coutume d'Amiens.

XLV. Max. J'ay traité page 545. du nouveau Traité des Criées de la maniere de faire le procès aux Ecclesiastiques lorsqu'il y a délit commun & cas privilegié, qui sont compliquez ensemble ; en ce rencontre le Juge Royal est obligé d'aller au Prétoire de l'Officialité, chacun y a son Greffier qui écrit l'instruction en même tems, & séparement ; mais le Juge d'Eglise préside & a le pas pendant l'instruction ; c'est lui qui fait les demandes & les interrogatoires sur les faits à l'accusé, le recolement des témoins & la confrontation des témoins à l'accusé, toûjours en presence du Juge Royal, qui fait écrire par son Greffier tout ce qui se dit & fait par les témoins, & l'accusé ; le tout séparément du Greffier de l'Official, qui écrit de son côté. Aprés que le Promoteur a donné ses conclusions, & que l'Official qui a pris des Ajoints Prêtres ou Graduez, à rendu sa Sentence diffinitive : l'ordre est de transferer & conduire le prisonnier dans les prisons royales pour être jugé par le Juge Royal, pour le cas privilegié. Souvent il arrive que le Juge d'Eglise qui n'a ordonné que des jeûnes & des prieres à l'accusé, le Juge Royal les abrege par une condamnation à mort ; ainsi il est exemt de jeûner. L'Ordonnance de Melun art. 22. l'Edit du mois d'Avril 1695. art. 38. *Ren. Choppini de sacra Politia. lib. 2. Tit. 2. num. 11. 12. 17.* Lazare Ducroc au style du Parlement page 471. Ordonnance de Moulins art. 41. Claude Henrys tome 2. Arrest du 22. Aoust 1651. *Jacobus de Bellovisu, de foro competenti.* Jean Imbert liv. 3. chap. 8. 9. *infr.* aux Tit. 16. Max. 10. Tit. 27. Max. 22. François Eudes de Mezeray, en son abregé in-quarto édition 1. de nôtre Histoire de France page 178. dit qu'anciennement les Ecclesiastiques avoient leurs Sieges patticuliers pour leurs Terres, où les Juges du Roy n'avoient rien à voir, soit pour le civil, soit pour le criminel : & quant à leurs personnes, ils n'étoient jugez que par ceux de leurs corps. Or il étoit presqu'impossible de les convaincre ; car on ne recevoit point les personnes viles & reprochables à les accuser, il faloit le nombre de 72. témoins pour convaincre un Evêque, 40. pour un Prêtre, 17. pour un Diacre, & 7. pour les autres de moindre degré, tous irréprochables ; & s'ils étoient Laïques, qu'ils n'eussent femmes ny enfans. Cette derniere condition étoit requise en toute sortes de témoignages, du moins au criminel. S. Paul écrit en sa premiere Epitre à Timothée *cap. 5. ꝟ. 19. Adversus Presbyterum, accusationem noli recipere nisi sub duobus aut tribus testibus* Deuteronom. cap. 19. ꝟ. 15. Le Pape Felix en sa seconde Epitre, & le Pape Damase ne veulent point qu'on reçoive pour témoins contre un Ecclesiastique, d'autres personnes que ceux qui sont dans un semblable état à cause des accidens qui pourroient en arriver, qu'ayant repris des Laïques de leurs vices par la necessité & l'obligation indispensable de leurs devoirs, ils en concevroient de la haine qui les pourroit porter à déposer faux contr'eux par un esprit de vengeance, à quoi ils seroient emportez par le mauvais penchant de la nature corrompuë. J'ay parlé page 434. du nouveau Traité des Criées, & page 437. du Tarif des anciens, pour la punition des crimes marquez dans le droit. Au Regne de nôtre Empereur Charlemagne, l'homicide d'un Ecclesiastique tué se reparoit beaucoup plus cherement que d'une autre personne de même naissance : car il falloit payer 800. sols d'or pour le meurtre d'un Evêque, 600. pour un Prêtre, 400. pour un Diacre, & autant pour un Moine. Lisez l'Exode chapitres 21. & 22. des peines. Les Loix des 12. Tables condamnoient celui qui par malice coupoit un arbre, à vingt-cinq marcs d'airain pour chacun pied d'arbre, Mezerai pages 178. 184. édition premiere est à voir pour la preuve de tout ce que j'ay allegué.

C'est une Maxime generalle que chaque Ecclesiastique doit être jugé suivant les Loix & les prérogatives de son état. *Sua privilegia serventur Ecclesiis.* Le Canon 6. du Concile premier de Constantinople porte, *Nullo modo esse ad accusationem admittendum , qui Canonibus injuriam fecerit , & Ecclesiasticum ordinem pervertit.* Le Concile d'Ephese acte 7. dans la cause des Evêques de Chipre, contre le Patriarche d'Antioche, porte ainsi. *Ne Patrum Canones prætereantur, neve sub Sacerdoti prætextu mundanæ potestatis fastus irrepat, ne clam paulatim libertas amittatur quam nobis donavit sanguine sub Dominus noster J. C. omnium hominum Liberator.* Ce Canon est le fondement & un des forts arc-boutans de nos libertez de l'Eglise Gallicane, si on l'examine bien. Jean Auboux Official de Cahors Traité 8. §. 9. à traité des appels comme d'abus. T. P. est curieux au chapitre 2. section 1.

J'avois douze Maximes de même force à proposer pour établir la maniere de faire le procez aux Ecclesiastiques ; mais je les ay retranchées crainte d'instruire & de donner des lumieres aux Plaideurs qui cherchent à éviter la punition de leurs fautes, en fatiguant leurs Evêques par des procez à l'infini, qui font toute leur ressource : ce que nous ne voyons que trop souvent aux Audiances de la Chambre de la Tournelle , ce qui fait gémir les gens de bien & d'honneur.

Au Concile de Creci tenu l'an 852. par Hincmar Archevêque de Reims, Godescalc fut dégradé Moine, & fustigé jusques à ce qu'il eut jetté ses écrits au feu qu'on fit allumer devant lui : ce qui prouve bien clair qu'en ce tems-là, l'Eglise se servoit & usoit de peines afflictives contre les coupables. Mezeray en son abregé d'Histoire pages 79. 269. 419. est à voir.

Je me contenterai simplement de rapporter les paroles admirables de S. Bernard, qui font à la fin de son livre 3. *de confideratione* pour porter les Juges à punir les crimes , c'est où il dit que l'impunité excite à mal-faire, qu'elle est fille de la negligence, mere de l'insolence, la source de l'impudence & la nourrice des iniquitez & des transgressions de la Loy. *Impunitas peccatorum est stimulus , incuriæ soboles, insolentiæ mater , radix impudentiæ , transgressionum nutrix.* Vous lirez encore s'il vous plaît la compilation des Canons de Fulgence Ferrand grand Canoniste.

Je parlerai Maxime 8. du Titre suivant , & au livre second Titre 9. Max. 4. de ce qu'un Ecclesiastique perd tous privileges étant pris en flagrant délit , travesti & déguisé. L'exemple de Philippe de Dreux Evêque de Beauvais fait connoître qu'il n'y a point de droit ny de privileges qui protegent , ny qui favorisent les travestis. Mezeray sur l'année 1197. Vvicquefort liv. 1. page 671. de son Ambassadeur à la Haye en 1680. Gratian raporte les Canons 22. & 23. de la distinction 5. & les 10. & 20. de la distinction 18. & ce qui est ordonné distinction 82. pour la penitence des Prêtres touchant l'impureté. *Antonius Augustinus Episcopus Leridensis*, les Espagnols disent, *Ilerdensis*, à rapporté à la fin de son Epitome les Penitentiaux pour les peines. Jean Morin Prêtre de l'Oratoire , repete les mêmes choses, & a ajoûté les Penitentiaux des Evêchez de France , qui taxent les penitences pour les pechez, lorsqu'elles étoient publiques. Cela n'est plus en usage il y a plusieurs siecles ; lisez si vous voulez le

Traité de M. Louis Elies Dupin de la puissance Ecclesiastique, & de la puissance Temporelle imprimé in-octavo à Paris chez André Pralard en 1707. c'est un
ouvrage glané des œuvres de Guillaume Barclay Anglois, Docteur au Pont-à-
Mousson écrivant contre le Cardinal Robert Bellarmin en son Traité *De potestate summi Pontificis in rebus temporalibus*, & tout pris du plaidoyer de
M. l'Avocat General Servin, rapporté dans l'Arrest celebre du Parlement du 26.
Novembre 1610. qui est dans ses œuvres. *Vide* Mezeray parlant de l'état de l'E-
glise sous le Regne de Clotaire I I.

XLVI. Max. Il est au pouvoir des Juges Royaux, lorsqu'il y a necessité
par connexité de quelques crimes, d'évoquer du Juge d'Eglise pour le juger
à l'Audience. C'est ce que le Juge Ecclesiastique ne peut faire lorsqu'il y a une
affaire pendante dans un Siege, soit Royal, ou d'un Haut-Justicier, *& hoc quia
major pæna infligitur Jure Civili quàm Canonico.* J'ajoute que le Roy qui est
representé par ses Officiers ne reconnoît point de Superieur, *sed è contra,* en fait
de Jurisdiction. Lazare Ducroc au style du Parlement fol. 474. Innocent de
Ciron Chancelier de l'Université de Thoulouse, en ses Paratitles sur le droit Canon suivi de Florent d'Arnay-le-Duc, & de François de Roye, Professeur cé-
lebre en l'Université d'Angers.

XLVII. Max. Les soldats en garnison dans une Ville ayant different contre
un habitant, ne peuvent aucunement dépendre pour la profession militaire des
Juges ordinaires; mais le Juge Royal du lieu, les Prévôts des Maréchaux, & leurs
Lieutenans, connoissent de la cause du soldat avec l'habitant domicilié, en ce
qui ne concerne point la guerre. Les Mestres de Camp, les Colonels, ny les Capitaines, & le Prévôt de l'Armée ne peuvent point prendre connoissance des affaires des habitans domiciliez.

Il est vrai que les Capitaines peuvent être presens lors du jugement, sans avoir
de voix déliberative; la raison est que la licence des soldats doit toûjours être
reprimandée & corrigée par d'autres Juges que leurs chefs, qui souvent ont
trop d'indulgence pour eux, ce qui les enhardi dans un crime à le commettre;
ainsi ils doivent être punis suivant la rigueur des Ordonnances. *Milites enim,
pæna & timor in sedibus corrigunt, in expeditionibus spes & præmium faciunt meliores. Veget. lib. 2.* L'Ordonnance de Paris en Janvier 1629. art. 342.
Claude Expilli plaidoyer 24. & aux Arrests qui sont ensuite chap. 1. 156. T. P.
chapit. 9. section 4. & en la seconde partie. *Vide* Oblats.

XLVIII. Max. Les Collecteurs des Tailles, les Commis des Aydes, & d'autres nouveaux Droits & Impositions, ont pour Juges les Elus. Les Archers employez pour empêcher le faussonnage, ont pour Juges les Officiers des Greniers
à sel, qui connoissent des risques qui arrivent dans l'exercice & les fonctions de
leurs emplois, suivant le bail general des Gabelles de France. Le Fermier General a obtenu un Arrest du Conseil le 23. Fevrier 1662. qui va plus avant: car
qu'ils soient demandeurs ou deffendeurs, accusateurs ou accusez, de quelque
façon & maniere qu'ils délinquent, soit dans leurs fonctions ou autrement, la
connoissance en étoit interdite & deffenduë aux Juges ordinaires des lieux. Ainsi
il faut bien prendre garde de n'avoir rien à démêler avec ses sortes de gens, qui
peuvent en abuser & s'en faire accroire, jusques à ce que les consequences en
soient connuës; ainsi j'ay tiré cette Maxime du Liv.1. Tit.2. des Instituts de Justi-

nian, *De Jure naturali Gentium & Civili & quod Principi placuit legis habet vigorem.* Nôtre Ordonnance est du mois d'Aoust 1670. posterieure de huit années à cet Arrest du Conseil, elle y a dérogé art.1.sans faire de reserve ny aucune distinction. J'estime qu'il faut distinguer, si les Rixes arrivent en faisant les fonctions de leurs emplois ou non, c'est la décision. La négative établit sans difficulté la competance des Juges ordinaires pour connoître des crimes qui arrivent.

XLIX. Max. Le Sergent qui execute la commission d'un Juge dans l'étenduë de la Jurisdiction d'un autre Juge, & qui commet des excès & violences, doit répondre sur ses faits devant le Juge du lieu du délit où ils ont été faits & commises. Jean Chenu en ses Reglemens Titre 28. a traité des Huissiers du Châtelet de Paris. Ils ont attribution de toutes leurs causes, tant civiles que criminelles pardevant le Prevôt de Paris, par Lettres Patentes de Charles V. fils de Jean II. fils de Philippe VI. de Valois confirmées par tous les Rois, jusques aux Lettres de Confirmation de l'année 1672. registrées au Parlement, sans avoir reçû aucune atteinte par tous les Arrests, dont il y en a un recuëil imprimé. Julien Peleus Action 69. Claude Neron sur l'Edit d'Amboise art. 1. *infrà* Titre 2. Max. 21.

L. Max. Les Elus ne peuvent empêcher la cause pendante pardevant le Juge ordinaire, non plus qu'évoquer ; parceque le Juge ordinaire a l'avantage & la dignité pardessus eux, *& ideo majoribus Judicibus creditur*, sur lesquels les Elus n'ont aucune superiorité, ne pouvant leur opposer le défaut interieur de la cause ; qui est que le fait provient des tailles, ou que le délit est arrivé à l'occasion d'une matiere dont la connoissance appartiendroit à leur Jurisdiction. L'Ordonnance y a pourvú au premier article de nôtre Titre à l'occasion de quoi j'écris ; qui rend le Juge ordinaire du lieu du délit competant, & les Elus incompetans pour le défaut extrinseque du domicile : d'ailleurs en ce cas, *possidentis potior est conditio.* Ordonnances de Roussillon art. 19. Moulins art. 35. Jean Papon liv. 7. Titre 7. Arrest 27. de son Recueil d'Arrêts.

LI. Max. Le Juge ne peut être pris à partie, si ce qu'il a fait est sans appel d'incompetence, ou sans concussion ny fraude, *per sordes inimicitias*, notamment si la procedure qu'il a faite est reguliere & requise par la partie, suivant l'Ordonnance. C'est le sentiment de Bartole, *in L. ne quicquam. §. ubi decretum. ff. de Offic. pro Consul. & Leg.* Mais s'il a ordonné de son propre mouvement sans avoir été requis ny solicité, il peut être pris à partie ; *quia litem suam facit & obtulit se liti*, ayant procedé *ultra petita*, jugé par deux Arrests du Parlement l'un & l'autre des 15. & 19. Fevrier 1529. rapportez par Jean Papon avec les raisons, en ses Arrests liv. 19. des Appellations Titre 1. Arrest 24. où je renvoye les studieux Lecteurs, afin de ne les point fâcher en des redits fatigans, après avoir lû les Instituts.lib. 4. Tit. 5. ce que les Romains suivoient contre les Juges. *Si Judex litem suam fecerit, &c.*

LII. Max. Je pourrois finir ici ce Titre, non seulement par ce que les deux Titres suivans y ont grand rapport & en quelque façon tous les autres de ce Livre concernant la Competence & les devoirs & l'Office du Juge ; mais je ne puis me dispenser de rapporter qu'anciennement les Notaires qui se disent Juges Cartulaires volontaires, ne sçavoient point écrire. Il falut une Ordonnance portant qu'ils sçauroient écrire à l'avenir, elle est rapportée par M. le President de

Perchambault sur l'article 152. de la Coutume de Bretagne ; encore moins de passer sous silence la singularité que rapporte M.Etienne Pasquier Avocat General en la Chambre des Comptes de Paris , dans ses curieuses recherches de la France liv. 2. chap. 5. où il dit qu'en cette Chambre l'on n'y recevoit point de premier Huissier qui eut sçû lire & écrire, dequoi à traité Philbert Bugnion Lyonnois , dans ses Loix abrogées en France. Je suivrai tous les Titres de nôtre Ordonnance , que si pour le particulier de ce premier Titre on veut en sçavoir davantage , voyez Masuer au Titre 6. de sa pratique traittant des Juges & de leur Jurisdiction , avec les Loix & les Notes des Auteurs qui y sont rapportées, & les Titres suivans où je renvoye. *Julius Clarus, Jacobus de Bellovisu,* Jean Chenu en ses Reglemens , Jean Baquet au Traité de Justice , Jean Papon en ses Arrests, Bartole , de Brexe prés Venise , *Didacus Covvarruvias* , Evêque de Saint Domingue , les Digestes *De Jurisdictione omnium Judicum. Grammaticus,* Prosper , *Farinacius, codex ubi de criminibus agi oporteat , Nicolaus Boherius , de Jurisdictione* , Bessian sur la Coutume d'Auvergne Titre dernier des Renvois, Laurent Bouchel en sa Biblioteque *in verbo* Jurisdiction, Laurent Jovet en sa Biblioteque *in verbo* Juge , la Coutume de Bretagne au Titre 25. celle d'Amiens au Titre 11. & les Auteurs que j'ay alleguez dans les Maximes touchant les matieres Ecclesiastiques, *suprà* Maxime 43.

Je croirois ce premier Titre n'être pas rempli si j'obmettois une seconde singularité concernant la Chambre des Comptes touchant sa Jurisdiction , que ma fournie frere Jacques du Breul , ancien Religieux Benedictin de l'Abbaye S.Germain desPrez , en son *Theâtré des Antiquitez de Paris* liv. 1. C'est à l'endroit où il rapporte l'Ordonnance dePhilippe le Long, de l'année 1319. portant que lorsqu'un Comptable voudroit se plaindre d'aucun grief ou Sentence qui auroit été donnée contre lui, qu'on ne donne commission , ny ne fasse autres Commissaires que de ladite Chambre ; mais qu'il soit pris , deux , trois, ou quatre personnes du Parlement sages & suffisans , selon que les cas le requereront ; lesquels avec les gens de ladite Chambre , soient toutefois que mêtier sera. Néamoins Messieurs de la Cour leur ont toujours débattus cette Jurisdiction, & ont souventesfois reçû les appellations qui étoient d'eux interjettées , & ont icelles vuidées & décidées par leurs Arrests : Qu'il n'y avoit point du commencement d'Avocats & Procureurs Generaux de personnes qui en fussent particulierement pourvûs pour le service de la Chambre. Mais le Procureur General de la Cour de Parlement l'étoit ensemblement d'icelle Chambre des Comptes , en laquelle il se trouvoit le plus souvent pour prendre ses conclusions és causes qui le requeroient : cela continua jusques au regne de François I. qui les regla, ensuite le Roy Charles I X. par son Edit du mois de Fevrier 1560. *vieux stil* , leva toutes les difficultez qui pouvoient arriver dans les Matieres Civiles & Criminelles ; ce qui a toûjours depuis été gardé & entretenu par le Parlement. Cet Edit porte qu'en toutes Matieres Civiles il n'y aura appel des Gens des Comptes , ains se pourvoiront les parties par révision ; & quant au Criminel , qu'ils instruiront les procez jusqu'à torture exclusivement , & quand ce viendra à prendre conclusions difinitives, les Avocats & Procureurs du Roy , tant de la Cour que des Comptes s'assembleront , pour d'un commun avis prendre conclusion , & seront jugez les procez par même forme que se jugent les révisions. C'est à sçavoir appellé un Président & cinq ou six au plus Conseillers de la Cour & autan^t des Comptes, lesquels s'assembleront en la Chambre du Conseil. René Choppin en a traité beaucoup plus au long, lib. 2. Tit. 15. de *Dom. Francia*, où je renvoye les Lecteurs studieux & curieux. Depuis ces tems reculez est intervenuë nôtre Ordonnance du mois d'Aoust 1670. Titre 1. article 22. qui a reglé que les Officiers de la Chambre des Comptes à Paris, ne pourront être poursuivis és Causes & Matieres Criminelles ailleurs qu'en la Grand-Chambre de la Cour de Parlement de Paris, avec les exceptions y portées.

Le Roy François I. pour soulager la Grand-Chambre du Parlement, & procurer l'expedition des procez en Matieres Criminelles, par un Edit du mois d'Avril 1514. créa une Chambre perpetuelle, qui etoit établie par le Parlement quelque tems auparavant, c'est ce que nous nommons la Chambre de la Tournelle, afin de connoître & juger les procez criminels. Dans la suite, il arriva des differens pour la connoissance des causes & procez criminels des gens d'Eglise, des Nobles, & des Officiers entre la Grand-Chambre & la Tournelle. Le Roy Charles IX. les regla, qu'alors les deux Chambres assemblées n'en seroient qu'une ; ainsi que porte l'article 38. de l'Ordonnance donnée à Moulins en Fevrier 1566. auparavant tout cela se faisoit en la Grand-Chambre. Voila ce me semble l'origine de la Chambre de la Tournelle : vous verrez nôtre Ordonnance Criminelle Tit. 1. art. 21. pour sçavoir en quel tems un accusé peut demander l'assemblée des deux Chambres pour être jugé, & la Declaration du 26. Mars 1676. à la fin du Titre 28. des Appellations, pour l'origine des Harangues à l'ouverture du Parlement, elle est écrite dans les belles recherches de la France de M. Pasquier liv. 4. chap. 27. & qu'anciennement les Avocats plaidans commençoient les grandes causes par un passage tiré de l'Ecriture Sainte. Pour les gens d'Eglise & les Nobles, qui sont ceux qui joüissent des privileges, *Vide* Adrien de Hev. sur l'arr. 192. de la Coutume d'Amiens, où il en a écrit fort amplement.

Je repete ici ce que j'ay dit par la Maxime 12. à cause de la consequence de la validité d'une procedure en Matiere Criminelle qu'un Juge commis ne peut point instrumenter, ny se transporter hors de son ressort. Laurent Jovet en sa Biblioteque des Arrest *in verbo* Juge, Justice, Jurisdiction num. 108. décide clairement, *Extra territorium enim jus dicenti impune non paretur, juxta l. finali. ff. de Jurisdict. omn. judic.* à moins que l'Arrest qui le commet ne lui permette. Ce seroit une nullité s'il le faisoit : qu'il ne peut avoir ce pouvoir que d'une Compagnie Souveraine, parce que les Baillifs & Senechaux ne peuvent lui donner de pouvoir que dans l'étenduë de leur territoire : que si c'est hors l'étenduë du Parlement qui l'a commis, il faut sur l'Arrest qui le commet, obtenir un *Pareatis* du grand Sceau, ou sinon prendre une commission en la Chancellerie du Parlement ; dans le ressort duquel il voudra instrumenter. C'est une question de sçavoir si le Greffier qu'il meneroit & un Huissier pourroient instrumenter valablement dans le ressort d'un autre Parlement, si l'Arrest qui l'auroit commis ne l'ordonnoit pas, ou si du moins il ne lui donnoit la faculté d'en commettre ou en prendre dans les Justices des lieux ou autres, tels qu'il jugeroit à propos. Mon doute est tiré de nôtre Ordonnance Criminelle, au Titre 6. Art. 6. 7.

Symmaque parlant d'un Juge qui ne feroit pas bien inftruit, dit, *funt ca-*
lamitates innocentium. Mezeray dans l'Hiftoire de Clotaire I I. dit qu'en ces
tems-là l'on ne fçavoit ce que c'étoit alors que des gens de robbe, tous les
François faifoient profeffion de porter les armes : la Juftice fe rendoit par des
gens armez, leur hache & leur bouclier pendus à un poteau au milieu *du malle.*
Le Roy connoiffoit des caufes, *majores perfonæ*, les Comtes, *minores perfonæ.*
Il n'y avoit point de degrez de Jurifdiction, tous jugeoient fans appel, l'execution ce faifoit à coups d'épées ou de haches d'armes, & autres peines qu'il raporte. J'ay dit au Traité des Criées fol. 20. que Saint Louis rendoit la Juftice en
perfonne, affifté de fes Confeillers.

Ayant parlé des Ecclefiaftiques pleinement, il me refte à dire en abregé que
les Decretales qui compofent les deux volumes du Droit Canon, eft une nouvelle collection faite par ordre du Saint Pere Gregoire I X. divifée en cinq livres. Le premier traite en general des efpeces du Droit Canonique & des Juges
qui connoiffent des Matieres Civiles & Criminelles de la Jurifdiction de l'Eglife.
Le fecond, de la Procedure Civile. Le trois & le quatre parlent des Matieres
des jugemens Civils, qui font traitez au Tribunal Ecclefiaftique. Le cinquiéme
explique la forme & la Matiere des jugemens Criminels dans cet ordre. *Judex,*
judicium, Clerus, connubia, crimen. J'ajoute que cette compilation eft de
S. Remond de Pegnafort, de Barcelone, troifiéme General des Dominiquains,
ainfi que convient M. Doujat dans fes ouvrages, *prænotionum Canonicarum,*
où je renvoye les ftudieux.

<hr>

TITRE II.

Des Renvois.

EXPLICATION DU TITRE.

LE Renvoi, fuivant François Ragueau en fon indice des Droits Royaux fur
ce mot, eft ce qu'on appelle fin de non proceder ; car à le prendre dans fa force, le Renvoi préfuppofe l'incompetence du Juge, *Ratione perfonæ, caufæ, aut*
loci, five domicilii de celui qui le demande ; mais je le prend ici comme la
competence, l'on decline la Jurifdiction fur laquelle exception il refte à prononcer par le Juge, foit pour débouter le demandeur, foit pour ordonner le Renvoi
requis. Il faut toujours y prononcer. Jovet en fa Biblioteque *in verbo* Curé,
num. 38. 42.

Ratione perfonæ. Pour les perfonnes privilegiées qui ont leur Juge & leurs
caufes commifes *five actores fint, five rei.* Tels font les Ecclefiaftiques pour leurs
perfonnes lorfqu'ils commettent des délits fimples & communs, *fi rei fint.* Ils
ont les Officiaux Juges d'Eglifes pour leur Juges, fauf dans les cas privilegiez.
De même, Meffieurs du Parlement ne reconnoiffent point d'autres Juges en Matieres Criminelles, qu'eux-mêmes affemblez en corps, ainfi des autres, defquels
j'ay parlé au Titre precedent.

Ratione causæ, pour raison de la chose, ou du délit dont il s'agit. Tels sont les cas Royaux & privilegiez, desquels les Juges Royaux ont seuls la connoissance par privilege & préference aux Juges subalternes, & Ecclesiastiques *aut è contra* si le délit n'est pas Royal ny privilegié *ratione causæ*, il regarde aussi la personne du Juge, comme par exemple, s'il avoit connu d'une affaire en qualité d'Avocat avant qu'il fut pourvû de l'Office de Juge, qu'il eut été consulté, plaidé, ou écrit, dequoi je traiterai dans la Maxime 9. au Titre suivant, par les raisons de droit tirées de Jean Papon liv. 7. Titre 7. de la Jurisdiction competente, de Jean Imbert liv. 3. chap. 4. de Masuer Tit. 6. des Juges.

Ratione loci, dequoi j'ay parlé au Titre precedent, à quoi j'ajouterai *extrà territorium Jus dicenti non paretur*. C'est en ce cas que le renvoi a plus de force pour annuller une procedure; car dans les deux autres les actes probatoires peuvent demeurer, & non en celui-ci.

I. Maxime. *Divisum Imperium cum Jove Cæsar habet*. Deux pôles reglent le monde, l'Eglise & le Roy, chacune de ses puissances frappe de son glaive les têtes criminelles, tant les Ecclesiastiques, que les Seculiers. A cette occasion le Juge d'Eglise qui exerce seulement ce qui appartient au droit Divin & Canonique, ne peut exercer sa Jurisdiction sur d'autres que sur des Prêtres & des Clercs. Il ne peut rien entreprendre sur la Jurisdiction Royale & seculiere; mais aussi par cette même raison, le Juge Laïque ne peut rien entreprendre sur ce qui est de la competence & de la Jurisdiction du Juge d'Eglise, dautant que les Clercs sont comme hors de l'état des Laïques. Surquoi je pourrois dire qu'il faut observer le precepte de l'Evangile raporté par S. Matth. 22. ⱴ. 21. qui semble regler les Renvois entre l'un & l'autre Juge. *Reddite Cæsari quæ sunt Cæsaris, & quæ sunt Dei Deo*. Pour ce qui concerne la Jurisdiction temporelle du Juge seculier à autre, chaque Juge doit considerer *quæ in forma suæ Jurisdictionis*. L'Empereur l'appelle forme, parceque la principale formalité dans un Juge, c'est d'examiner s'il est competent.

Au regard des personnes privilegiées, soient des Ecclesiastiques, soient les Grands du Royaume qui sont, les Princes du sang, les Ducs & Pairs, les Officiers des Compagnies Souveraines. René Choppin *de Domanio Franciæ lib. 3. Tit. 7. num. 15. 16. 17.* ceux qui ont droit de *Committimus* ou de gardes-gardiennes, soient d'autres personnes constituées en dignitez temporelles. Tous Juges peuvent à la verité informer, sauf au regard des personnes Ecclesiastiques de renvoyer s'il y échet : & quant aux autres grands, il faut simplement informer & envoyer l'information bien cachetée à M. le Procureur General du Parlement, ou à Monseigneur le Chancelier, s'il y a lieu. J'excepte pourtant de l'article, *Tous Juges* ceux des Seigneurs qui n'ont pas le pouvoir de le faire lorsqu'ils connoissent leur incompetence, à moins que les preuves ne déperissent. Toûjours les informations servent de memoires des noms des témoins, pour informer de nouveau par les Juges Royaux & competens, & cela engage les témoins à déposer. Sebastien Rouillard de Melun à écrit de la préeminence des Ducs & Pairs. *In criminali negotio rei forum sequatur accusator*. Jovet en sa Biblioteque *in verbo* Conseillers de la Cour, nôtre Ordonnance Criminelle Tit. 1. article 21. 22. ces deux articles sont tirez du Code *L. 3. ubi Senatores vel viri clarissimi civiliter vel criminaliter conveniantur*. Elle comprenoit aussi les personnes de dignité & les Generaux d'armée, comme seroient les Maréchaux de France , *qui Magisteriæ potestatis sudoribus clarus factus est , ut si quod Officiariis Regis crimen imperatur de eo pedanei Judices non cognoscant. Rena. Chopp. Monastieon. lib. 1. Tit. 2. num. 15. de Domanio Francia lib. 3. Tit. 7. num. 15. 16. 17. consuetud. Parif. lib. 5. Tit. 2. num. 26. 27.*

II. Max. Les Ecclesiastiques peuvent être accusez de trois sortes de crimes, du simple, du mixte, & du privilegié. Le simple est suffisamment puni & réparé par les peines Canoniques, il n'exige pas celles du Droit Civil & des Ordonnances, par conséquent le Renvoi est infaillible pardevant le Juge Official. Le mixte qu'on appelle le délit commun, tel que seroit l'adultere, l'usure, &c. Pour l'adultere il y a quelque chose à dire, ainsi que je ferai cy-après. Pour ce délit mixte, le Renvoi doit être accordé, sauf le cas privilegié, qui est de la seule competence du Juge Royal. Par toutes les Ordonnance du Royaume, le p ivilegié est celui qui ne peut être assez puni par les peines Canoniques, dautant que par son atrocité & sa noirceur il merite les peines corporelles, & ainsi la punition en est reservée au Juge Royal & temporel. *Quia Ecclesia non novit sanguinem.* J'ay cru devoir faire cette division pour mieux distinguer & approfondir le Renvoi des Ecclesiastiques sur chacun crime en particulier de ses trois sortes de délits qui peuvent se rencontrer. Ordonnances de Roussillon art. 21. Amboise art. 11. Moulins art. 39. Melun art. 22. l'Edit d'Avril 1695. & ce que je dirai *infra* dans la dixiéme Maxime parlant du crime d'adultere.

III. Max. Le déclinatoire qui n'est point proposé par un Ecclesiastique encore qu'il souffre la confrontation, ce qui sembleroit approuver la Jurisdiction, cela ne le fait point décheoir du Renvoi, ny ne blesse en rien le privilege accordé au Clergé, ainsi que j'ay suffisamment montré page 67. du nouveau Traité des Criées de l'impression de l'an 1704. *Et etiam in causa appellationis.* Il est reçû à le pouvoir demander, même au cas privilegié, ainsi que j'ay fortement établi à l'endroit cité en la troisiéme proposition. On lui octroye, soit à lui ou au Promoteur qui le revendique, dautant que par son silence il ne peut point déroger au privilege de Clericature. *Priv legium enim Clericali non tantum est personale, sed toto ordini concessum.* Il est vrai qu'on l'accorde en la cause d'appel : mais les actes probatoires demeurent, & c'est en quoi l'Ecclesiastique s'est fait préjudice par son silence. *Confessio enim spontanea nocet confitenti,* du moins pour la validité des actes dans la procedure, sinon pour la condamnation. Jean Chenu Centur. 12. question 13. Arrest du 3. Septembre 1609. *Quia partium consensus non potest prorogare Jurisdictionem Laicam in præjudicium Ecclesiæ.*

IV. Les Clercs ne peuvent demander leur Renvoi s'ils n'ont du moins l'ordre du sous-Diaconat, ou s'ils n'ont un Benefice, ou s'ils ne sont actuellement résidans & desservans faisant les fonctions dans l'Eglise des Clercs Acolytes, ayant au moins la tonsure, ou les quatre mineures, & vivant clericalement écoliers étudians sans fraude, suivant le Concile de Trente session 23. chap. 9. où je renvoye, & *à Julius Clarus* Annotations. L'Ordonnance de Roussillon article 21. qui fut augmentée trois années après pour mettre l'ordre dans l Eglise. Par l Ordonnance de Moulins en 1566 art. 40.

V. Max. Lorsqu'un Ecclesiastique a commis un crime avant sa promotion,

depuis

depuis s'étant fait ordonner par un Evêque , croyant éviter la peine du crime ,
il doit être debouté de son Renvoi par la regle , *Quia fraus præsumitur ut
Judicis forum reus declinet.* Jean Papon Tit. 7. des Jurisdictions liv. 7. num. 31.
Arrest du 5. Aoust 1519. Charondas liv. 7. Reponse 3. *Julius Clarus* page 197.
mais aujourd'hui cette ancienne Jurisprudence est changée : l'on ne refuseroit
point le Renvoi pour les raisons que j'ay touchées dans la troisiéme Maxime ,
qui sont certaines à la Tournelle. Julien Peleus est curieux à voir dans sa question 125. où il en raporte un exemple dans cette espece. Carondas le Caron
Lieutenant Géneral de Clermont en Beauvoisis , étoit suspect à M. Maynart Conseiller à Toulouse dans ses Arrests & réponses : c'est ce que dit Claude Expilly
Président à Grenoble , Arrest 220.

Je ne sçai où les vieux Praticiens avoient imaginé & recueilli de plaider le
Petitoire d'un Benefice : car celui qui a la maintenuë , a tout en plaine maintenuë. Cela pouvoit proceder de l'Article 49. de l'Ordonnance de Villers-Co-
terets de l'année 1539. mal entenduë. Cet abus a été corrigé par les Arrests qui
ont depuis été rendus , avec un fondement bien juste , ainsi que j'expliquerai
fort au long livre 2. Titre 33. Maxime 9. & en remarquant ici pour prélude ,
que celui qui a le possessoire d'un Benefice a tout , suivant les Arrests de Tournet , & Jovet en sa Biblioteque *in verbo* , petitoire, possessoire. Il n'y a point
de propriété dans les Benefices , la pleine maintenuë à tout ne s'agissant que
de fruits. Instituts *lib.* 4. *Tit.* 15. c'est un reste de la chicane des Ultramontains qui s'étoit gardé parmi les Praticiens des Officialitez pour émolumenter ,
qui a été aboli avec raison ; le fond des Benefices est à Dieu *Patrimonium
Christi in capite cum ex eo , de elect lib.* 6. Julien Peleus liv. 2. Action 2. Bardet liv. 2. chap. 61. 86.

V I. Max. Un Clerc rendu deux fois à son Juge d'Eglise ne peut décliner
pour la troisiéme fois , comme étant incorrigible , suivant Laurent Bouchel
in verbo Clerc. Maynart Tit. 6. chap. 5. *L. omnes cod. de delator. lib.* 10. Le
stile de renvoyer un accusé devant son Juge , est fondé en la Loy 1. §. dernier
ff. *de suspect. tutor.* & suivant *Modestinus in l. desertorem* ff. *de re militari.*
Jovet *in verbo* Curé num. 42.

V II. Max. L'Ecclesiastique sans domicile & vagabond qui est pris & arrêté
en habit de seculier est déchû de son Renvoi , c'est contrevenir aux Ordonnances
que de se déguiser, se travestir & masquer pour faire une mauvaise action. Quant
aux habits , l'Ecclesiastique ne peut en porter que de modeste , soit pour la couleur & la forme qui soient décens & convenables à son état qui le fait distinguer des seculiers. *Ne in colore vestium offendam affectum. Jacobus de Bellovisu.* Masuer Tit. 8. des Renvois num. 9. Innocent 2, Canon *Ultim.* 2. 21. *quæst.* 4.
La Biblioteque des Arrests de Laurent Jovet aux mots , Juges , Official. Julien Peleus question 1. *infrà* liv. 2. Tit. 9. Max. 4.

V III. Max. Clerc contre Clerc , Clerc en habit indecent suivant les finances , allant à la guerre , portant l'épée , negociant , ou ne faisant que courir
dans les Eglises & sur le pavé , exerçant un état vil & contraire à sa qualité , est
déchû de son Renvói. Laurent Bouchel *in verbo* Clerc. Jean Papon en ses Arrests liv. 1. Tit. 5. 6. le Canon *Cyprianus* 21. *quæst.* 3. *suprà* Tit. 1. Max. 45. où
j'ai parlé de Philippes de Dreux , Evêque de Beauvais.

D

IX. Max. Le fortilege eft délit commun, le Prêtre qui en eft accufé doit être renvoyé devant fon Juge à la charge du cas privilegié, pour lequel le Juge Royal doit affifter & inftruire le procez conjointement avec l'Official : de même du venefice, de l'ufure, & autres délits communs : l'Official ne peut point élargir l'accufé fans le confentement du Procureur du Roy, & s'il le fait, l'accufé fera derechef emprifonné comme j'ay dit *fuprà* Tit. 1. Max. 42. parce que le Juge d'Eglife ne peut proceder à l'élargiffement d'un accufé au préjudice du Juge Laïque. Peleus liv. 7. action 27. Chenu queft. 7. Bouchel au mot Benefice tom. 2. Covvarruvias tom. 2. cap. 3. L'Ordonnance de Moulins art. 39. parle de l'élargiffement des prifonniers.

X. Max. Quant à l'adultere, je me fuis refervé cy-devant d'en dire quelque chofe, & quoique je l'aye mis dans la cathegorie & aux rang des délits communs, *Adulterii cognitio eft mixta.* Néanmoins la prévention a été jugée en faveur du Juge feculier. *Guy Papæ queft.* 178. *Quia major pæna infligitur Jure Civili quam Canonico.* J'eftime que M. Expilly au chap. 64. où il dit que le Juge d'Eglife ne connoit de l'adultere, n'entend que de l'adultere commis entre des perfonnes Laïques, auquel cas il n'y a pas de difficulté ; mais fi le Clerc y eft mêlé, il fera plus affuré de renvoyer à fon égard, à la charge du cas privilegié, pour lequel le Juge Royal affiftera, & afin qu'il ne fe paffe rien que dans l'ordre, & que tout foit fuivant les Ordonnances.

XI. Max. Lorfqu'un Clerc eft accufé d'un crime, tel qu'en étant convaincu il devroit être privé de fon privilege de Clericature, il eft permis au Juge feculier devant lequel il eft pourfuivi, de le débouter de fon Renvoi *pro tempore*, & jufques à ce que le procez foit entierement inftruit, & auffi lui faire donner la torture *ad eruendam veritatem*, comme en l'accufation d'affaffinat, parricide, confpiration, aggreffion, vol fur les grands-chemins, feditions publiques, facrileges, viol, rapt, incendie, fauffe monnoye, duël, crimes de leze-Majefté Divine & humaines, & en tous autres crimes atroces. *Ob quæ tanquam inhumana, & diabolica, Clericus omni privatus privilegio temporali fubjaceat imperio.* Bouchel *in verbo* Clerc. Papon liv. 1. Tit. 6. Sebaftien Frain plaidoyer 76. tous les crimes ne font pas vaquer les Benefices, il faut que les Titulaires foient convaincus & condamnez. J'ay parlé de ceux qui les font vaquer *ipfo jure* au Traité des Criées fol. 549. & aux 6. derniers Titres *infrà* liv. 2.

XII. Max. Un Clerc peut être emprifonné par le Juge feculier pour dommages & interefts procedans de violence & excès commis, parceque fe font chofes temporelles, defquelles le Juge d'Eglife ne peut pas connoître. Bouchel *in verbo* Clerc. Mafuer Tit. 6. des Juges & de leur Jurifdiction, &c. Papon liv. 1. Tit. 6.

XIII. Max. L'Ecclefiaftique qui eft complice & coaccufé d'un Laïque, fi le délit n'eft privilegié, doit être renvoyé ; néanmoins le Juge temporel doit faire le procez au Laïque, parceque par là chacun a ce qui lui appartient, fuivant la regle de droit. *Jure mihi quæfito fine facto meo, facto tertii mihi præjudicium fieri non poffe*, laquelle fe peut appliquer ici, quoiquelle foit pour une autre chofe. Julius Clarus, Mafuer, Igneus, &c. Sebaftien Frain plaidoyer 76. le crime ne fait vaquer un Benefice *ipfo jure*, il faut auparavant une condamnation, excepté ceux dont j'ay parlé folio 549. du Traité des Criées.

XIV. Max. Le Clerc pris en flagrant délit est de la justice du Juge ordinaire Laïque ; mais si le cas n'est privilegié, il doit être conduit dans les prisons de l'Evêque : il n'y a point d'autre raison de cela, sinon que le Juge d'Eglise & le seculier *se mutuo debent adjuvari ne delicta remaneant impunita.* Masuer, Ragueau, au mot Decret.

XV. Max. Les Ecclesiastiques qui sont trouvez saisis portant des armes deffenduë par les Ordonnances, comme sont les bayonnettes, les cannes à vent, les cannes dans lesquelles il y a une épée, pistolets de poches & autres, sont justiciables & tenus de répondre pardevant le Juge Laïque, parceque comme sujets étant obligez de leur soumettre & obeïr aux Edits & Ordonnances, en y contrevenant par le port d'armes deffenduës ils se rendent désobeïssans & refractaires, ce qui les fait justiciables des Officiers Royaux. Toutefois je serois d'avis de les renvoyer à l'Official, sauf le cas privilegié. Julius Clarus, Papon liv. 1. Tit. 6. Didacus Covvarruvias quest. 33. &c.

XVI. Max. Les Ecclesiastiques en tous crimes qui ont apparence d'être mixte & privilegiez, sont toûjours tenus de répondre par interrogatoires pardevant le Juge Laïque, autrement le Renvoi leur sera refusé. Ils peuvent néanmoins le demander sans comparoir pardevant les Juges des Seigneurs qui ne peuvent point le refuser : car la Maxime ne regarde que les Juges Royaux devant lesquels refusans de répondre, ils ne doivent pas aussi être oüis sur le Renvoy, *& non debet fieri remissio, sed compellentur respondere.* Conference des Ordonnances liv. 1. Tit. 9. Masuer, &c.

XVII. Max. Le Prêtre qui offense un Officier Royal faisant ses fonctions, est déchu de son Renvoi, quoique l'offense ne soit que de paroles, parce qu'elle semble être comme faite au Roy que l'Officier represente, suivant Bouchel *in verbo,* Officier, Competence. *Gravior est invidia in Præsidem, cum Officia pulsantur, plus læditur ipse qui jussit. Tertulianus.* S'il faut faire une instruction, je serois d'avis de renvoyer devant l'Official, à la charge du cas privilegié, pour lequel assistera le Juge Royal à faire l'instruction.

XVIII. Max. Un justiciable sans le Seigneur, & le Seigneur sans son justiciable peut demander son Renvoi : mais la demande du justiciable cesse lorsque le Seigneur agit & requiert le Renvoi, *Nam regens naturaliter est dignior recto.* Que si l'accusé est prisonnier & qu'il demande seul son Renvoi, l'aveu peut être signifié au Seigneur où à ses Officiers pour leur joindre & revendiquer le prisonnier, & s'ils ne le font pas, le Renvoi étant ordonné, l'accusateur est obligé de faire conduire l'accusé à ses frais & dépens dans les prisons du Juge où est ordonné le Renvoi, sinon les chemins lui sont donnez pour prison, à la charge de se mettre en état dans le tems ordonné & prescrit par le Juge qui a ordonné le Renvoi. Je sçai ce qu'a dit Ciceron *in verrina. Vim inquirendi tantam habui, quantam mihi lex dabat : non quantam habere poteram :* Coutume d'Auvergne Titre du Renvoi art. 1. Coutume de Bretagne Tit. 25. Aymon & d'Argentré sur ces Coutumes. J'estime que si c'est un grand crime, il faut faire transferer le prisonnier sous bonne & sure garde, & prendre executoire contre la partie qui doit faire la translation.

XIX. Max. Je ne puis me conformer aux sentimens des Docteurs qui ont avancé qu'un justiciable suivant Bouchel *in verbo* Renvoi, Julius Clarus, &c.

peut au préjudice du Seigneur consentir la retention de la cause & proroger la
Jurisdiction d'autre Juge que le sien : la raison est que les Justices sont patrimoniales, *& in delictis fit remissio invicto delinquente.* Mon avis est tout au contraire, c'est parce que les Justices sont patrimoniales qu'un justiciable ne peut
point se soustraire de la Jurisdiction où il demeure pour aller plaider ailleurs,
comme j'ay montré évidemment en la page 67. du nouveau Traité des Criées
en 1704. où je renvoye pour ne rien repeter, n'étant pas libre de se choisir des
Juges, si ce n'est par arbitrage.

XX. Max. Tout accusé en Decret de prise de corps ou d'ajournement personnel n'est pas recevable à demander son Renvoi, ny le Seigneur, si l'accusé
ne paroît devant le Juge qui a decreté, suivant Bouchel, Bernard sur M. Lizet,
Papon, Baquet, &c. Toutefois le Seigneur faisant voir que son Juge a decreté
le premier, que l'accusé est dans ses prisons, il doit obtenir le Renvoi en rapportant l'écrouë, supposé dans le fait que le cas ne soit pas Royal *infrà*, Titre 3.
Max. 12. est précise, y joignant la Max. 31. du present Titre.

XXI. Max. Si plusieurs Seigneurs revendiquent l'accusé sans fraude pour le
debat des parties sans préjudice de leurs droits, le Juge qui a commencé d'en
connoître doit retenir l'affaire : l'accusé & le public ont interêt à cela. L'accusé
ne diuturno maceretur carcere. Le public *ne delicta remaneant impunita.*
Coutume d'Avergne Titre des Renvois art. 9. Coutume de Bretagne Titre 25.
Bouchel, Baquet, &c. Les Huissiers à cheval du Châtelet de Paris ont de
grands privileges expliquez au Titre precedent en la Maxime 49. qu'en toutes
Matieres Civiles & Criminelles, c'est au Châtelet qu'ils plaident, par Lettres
Patentes depuis Charles V. jusqu'à la confirmation de l'année 1672.

XXII. Max. Si l'accusé forme son déclinatoire & demande son Renvoi, le Juge
avant que de passer outre, doit prononcer sur sa competence : autrement tout
ce qu'il feroit *est ipso jure nullum*, dautant que le Juge qui est incertain de sa
Jurisdiction ne la peut exercer sur le principal qu'elle ne soit bien établie ; car
le déclinatoire est une des plus fortes exceptions contre le Juge, suivant Aymon sur la Coutume d'Auvergne chap. 5. des Recusations, Paul de Castre, Fe-
lin, Decius, Hypolite de Marsiliis, &c. Il y a un ancien Arrest de 1290. *Pen-*
dente debato de jurisdictione criminosi, cognitio ad Regem spectat. Latin Macca-
ronique & Gaulois.

XXIII. Max. Par les Ordonnances il est enjoint à tous Juges Prevôts &
autres de faire le Renvoy aux Bailliages dans les cas où il est ordonné par le
reglement general fait entre les Officiers de Mondidier le 5. Juin 1659. à peine
de nullité, restitution des émolumens, de l'amende, dommages, interêts & depens des parties : & en cas de debouté, pourra le Procureur du Roy du Baillage, comme intervenant sur l'appel du deni de Renvoi, faire intimer le Prevôt en son propre & privé nom. Le Bailly ne peut connoître de ses sortes
d'appellations de déni de Renvoi pardevant lui, car se seroit être Juge & partie,
elles ne peuvent être relevées directement qu'au Parlement. Ordonnance de
Blois art. 147. 154. Ordonnance d'Avril 1667. Tit. 6. des fins de non proceder
art. 1. & 4. Nôtre Ordonnance est à voir au Tit. 1. art. 21. & une Declaration du
26. Mars 1676. registrée qu'il faut sçavoir.

XXIV. Max. Les Lieutenans Criminels des Presidiaux doivent faire droit sur les Renvois qui leur sont requis, & ne peuvent évoquer ny retenir les affaires qui ne sont pas de leur competence. Il leur est fait expresse deffenses de decerner aucunes commissions aux Notaires, Sergens, ou autres pour informer dans les Justices, pour de là prendre un pretexte de s'attribuer la connoissance d'une affaire, parceque ce seroit dépoüiller les Justices des Seigneurs, & troubler l'ordre des Jurisdictions. Arrest de Reglement du 10. Juillet 1665. art. 2. & 8. Ordonnance d'Avril 1667. Tit. 6. art. 2. tiré des Ordonnances d'Orleans art. 63. Blois art. 184. l'Ordonnance d'Aoust 1670. Tit. 2. art. 5. Tit. 3. art. 2. & Tit. 6. art. 6. Expilly chap. 159. Arrest notable à l'Audience de la Tournelle du 6. Septembre 1694. pour le Commandeur de Lenneville en Beauvoisis qui cassa l'information *infra* Tit. 8. Max. 40.

XXV. Max. Les affaires dans lesquelles l'un des Officiers du Siege où on plaide est partie, doivent être renvoyez à la premiere requisition de la partie adverse au plus prochain Siege, suivant les Ordonnances d'Orleans art. 32. Blois 116. 118. Ordonnance 1629. art. 55. Papon liv. 7. Tit. 9. Expilly chap. 154. Biblioteque des Arrests *in verbo* Reculation. Ordonnance d'Avril 1667. Tit. 24. Arrest de reglement du 10. Juillet 1665. art. 28. Aucuns ont voulu dire que les Ordonnances sembloient rendre cette regle problematique; mais je soutiens au contraire qu'il s'en faut tenir à cette Maxime qui est certaine. *Metu collusionis inter collegas qui possunt reciproci nuncupari, &c. supra* Tit. 1. Max. 11. Ren. Chop. en son *Monasticon* lib. 1. Tit. 2. num 15. & au liv. 3. Tit. 2. num. 26. & 27. de son Commentaire sur la Coutume de Paris qui est curieux.

XXVI. Max. Si un contumax est renvoyé par Arrest de la Cour pardevant un Juge Royal pour purger sa coutumace & lui faire son procez suivant l'Ordonnance d'Aoust 1670. Tit. 17. le Procureur Fiscal de la Jurisdiction où il avoit été jugé étant le Juge du délit, peut demander le Renvoy du procez & de l'accusé : car l'Arrest ne prive point le Seigneur de connoître par ses Officiers de l'affaire de son justiciable, étant le lieu du délit : il peut y former opposition dans laquelle il sera bien fondé, n'étant pas rendu avec lui par la regle de droit : *Et est res inter alios acta, & quod nostrum est, sine facto nostro ad alium transferri non potest.* Imbert liv. 3. de sa Pratique, &c.

XXVII. Max. Les Juges Royaux ne renvoyent point les causes où le Roy a interest, soit que la chose lui appartienne en entier ou en partie, parceque Sa Majesté ne plaide point dans les Justices qu'il a octroyées à ses sujets, non plus que le droit de *Commitimus* n'a pas de lieu : *Major enim non debet judicari à minori, & omnia Rex imperio possidet singuli dominio.* Bessian sur l'art. 9. du Titre des Renvois de la Coutume d'Auvergne, Coutume de Bretagne au Tit. 25. & d'Argentré sont à voir, &c. Expilly en ses Arrests chap. 155.

XXVIII. Max. La connexité de deux affaires empêche le Renvoi pardevant plusieurs Juges afin d'éviter les frais & que diverses Sentences ne soient rendus sur une même contestation, Bessian *sup. Angelus, &c.* outre qu'on ne promene pas un accusé en divers Tribunaux. C'est pour cela qu'au grand criminel, tous Juges leur apel va *rect.* au Parlement, suivant l'Edit du Roy François I. donné à Angoulesme le 20. Nov. 1542. verifié au Parlement le 12. Fevrier 1542. sur la modification de l'art. 163. de l'Edit de Villers-Coterests du mois d'Aoust 1539. où il est reglé quelles sont les Matieres Criminelles & les peines qui y sont exprimées & énoncees pour lesquelles les appellations doivent être directement portées en la Cour de Parlement de tous les Juges , fans aller au Sieges fuperieurs où il releve au Civil *obmiffo medio* , *infra* à l'explication du Titre 28. Toutes les actions des puiffances politiques doivent mirer & aboutir au bien public. *infrà* Tit. 4. Max. 12.

XXIX. Max. Un accufé auquel le procez a été fait par contumace en une Jurifdiction & qui eft enfuite arrêté prifonnier dans une autre pour quelque autre crime, ce dernier Juge n'eft pas obligé de renvoyer fon prifonnier au premier Juge , parceque c'eft un nouveau fait dont il eft competent par l'Ordonnance du mois d'Aouft 1670. Tit. 1. art. 1. Ordonnance de Moulins art. 35. de Rouffillon art. 19. Julius Clarus , Mafuer Tit. 6. de fa Pratique , &c.

XXX. Max. Un Juge inferieur lorfqu'il prononce fur un déclinatoire , ne doit pas fe fervir du mot *de Renvoi* à l'égard du Superieur , non plus que du Juge Ecclefiaftique , parce qu'il dénote quelque fuperiorité, *eft enim verbum præceptorium*. Il faut qu'il prononce que les parties fe pourvoiront par devers le Juge fuperieur , & à l'égard du Renvoi au Juge d'Eglife , il doit prononcer en cette maniere. *Avons rendu ou délaiffé à l'Official, &c* parceque délaiffer , c'eft reconnoître que la connoiffance de l'affaire ne lui appartient pas , fuivant Baquet des Droits de Juftice chap. 8. num. 34. Ayrault rapporté par Bouchel dans fa Biblioteque au mot interrogatoire. Lifez Eveillon Official d'Angers , & Fevret dans fon Traité de l'abus. Jean Blondel Official , Chantre & Chanoine d'Autun , du tems que Meffire Jacques Hurault étoit Evêque , a écrit de l'ordre judiciaire de proceder en Cour d'Eglife , & de la pratique Beneficiaire au livre des ftatuts de l'Eglife d'Autun. René Choppin *de facra politia lib.* 2. c'eft ce Prélat qui étoit le fidele Confeiller du Connétable de * * * lors de fa revolte.

XXXI. Max. L'accufé contre lequel il y a un decret doit comparoir , quoiqu'il foit incertain fi le Juge devant lequel il eft affigné qui a decreté eft competant , quand même il feroit affuré qu'il eft incompetant , parce qu'à toute affignation il faut comparoir , ayant comparu il demandera fon Renvoi , fuivant Defpeiffe en fa Pratique Judiciaire Tit. 2. des deffauts. Un contumax n'eft point ouï fans comparoir , autrement le Juge doit paffer outre à l'inftruction & jugement du procez , fi l'on ne fait fignifier à fon Greffier un Arreft de deffenfes de rien faire , auquel cas il faut furfeoir & venir former oppofition à l'Arreft s'il eft furpris fur requête , fans ouïr partie fur un faux expofé , &c. Voyez la Max. 20. *fuprà* , & la Maxime 12, du Tit. fuivant.

XXXII. Max. M. Jean Imbert liv. 1. chap. 25. num. 2. rapporte l'Arreft du 18. Septembre 1531. qui jugea que le Juge d'Eglife ne peut point connoître de la faute commife par fon Geolier laïque d'avoir laiffé évader un prifonnier ou commis un autre délit dans fa Geole ; il faut qu'il laiffe devant le Juge Royal le Geolier pour être jugé & puni. De même des Procureurs , du Greffier , & des Appariteurs étans Laïques & autres Officiers , s'ils ont prévariqué dans les fonctions de leurs emplois , fuivant Papon liv. 1. Tit. 4. Arreft 8, de la Jurifdiction Ecclefiaftique, L'Official en ces fortes de crimes n'a aucune Jurifdiction fur les Laïques : & l'Evêque doit avifer de ne fe point fervir de tels Officiers , ne pouvant par ce moyen pretendre aucune Jurifdiction fur eux. Pareillement le Laïque qui a frapé, battu & maltraité un Ecclefiaftique , doit être renvoyé devant le Juge feculier , fuppofé qu'il ait été arrêté dans le Prétoire. Quoi qu'aucuns ont cru que la prévention avoit lieu en ce dernier cas, dont je doute fort, & ce n'eft pas mon fentiment. Les differens chefs de cette Maxime, je les tire de ce que, *Epifcopi aliique Judices Ecclefiaftici non habent territorium, nec fifcum, nec cenfum, tributum, aliudve juridiElionis temporalis in Laïcos, imo nec JurifdiElionem contentiofam.* Philbert Bugnion aux Loix abrogées liv. 2. fection 210. page 242. *ibidem multæ authoritates,* Biblioteque des Arreſt *in verbo* Official & prifon, *Vide* Milletot en fon Traité du délit Commun. Ducaſſe, Auboux Official de Cahors, & Fevret Traité de l'abus.

XXXIII. Max. Elle eſt tirée de *Hyppolit. de Marſiliis ſupr. titul. de quæſt. in l. ſi quis ne quæſtio fol. 72. num. 20. & fol. 78. num. 100. Judex ſi pronuntiat ſe Judicem competentem, &c. à tali pronuntiationi non ſit appellatum: legitimata eſt perſona ſua, & valet proceſſus deinde faElus licet funditus careat JurifdiElione.* Cette derniere Maxime reçoit diverſes reponſes, que l'on trouvera en partie dans les 19. Reflexions ſur la premiere partie de l'art de proceder en juſtice.

TITRE III·

De la Recufation des Juges.

EXPLICATION DU TITRE.

L'Ordonnance Civile du mois d'Avril 1667. a fait le Titre 24. des Récuſations des Juges: l'Ordonnance ſur laquelle j'écris touchant les Matieres Criminelles du mois d'Aouſt 1670. n'en a point parlé, c'eſt pour cela que j'ay compoſé ce Titre comme j'ay dit dans la Preface pour inſtruire. La Reculation préſupoſe en partie l'incompetence du Juge & que l'on ne le veut point avoir pour Juge ſuivant Ragueau en ſon Indice *in verbo* Recufation. Les Romains n'avoient point coutume de condamner quelqu'un avant que l'accuſé eut ſes accuſateurs preſens, ainſi que dit S. Luc aux ΑEtes 23. ℣. 35. & 25. ℣. 16.

Les Romains trouvoient injuſte de condamner un abſent: *Cicero 4 verria atrociſſima ſententia, quia damnaverat abſentem. L. 1. de requir. vel abſentibus res damnaver.* La Loy remarque *Et hoc jus vetus eſt.* Charlemagne dans ſes Capitul. *lib. 7. cap. 221. ut in cauſa capitali nemo abſens damnetur, infrà* Tit. 19. Chez les Romains il ſuffiſoit à la partie pour recuſer un Juge de dire *hunc nolo. Apertiſſimi cod. de Judiciis.* Parmi nous la Recuſation ſe deffinit, un déclinatoire d'une JurifdiEtion fondé ſur pluſieurs moyens, de haine, de parenté, d'incompetence, &c. La ſuſpicion vient de diverſes cauſes. *Hæc recuſatio recuſare eſt Judicem, refutare, removere, & rejicere quaſi ſuſpeEtum.* Les Recuſations ont été introduites, non ſeulement par le droit de nature, mais auſſi par la faveur du droit écrit & des gens. *Etiam quodammodo naturale eſt ſuſpeEtorum Judicum inſidias declinare & inimicorum Judicum ſententias velle refugere.* Il n'y a rien de ſi dangereux à un plaideur que d'avoir pour Juge celui qui croit qu'il l'a offenſé. Auſſi un Juge homme de bien ſe déporte, facilement d'en connoître crainte d'être emporté par la passion & la vengeance aussi-tôt que la Recusation est proposée par une des parties.

Je sçai que M. Antoine Desprisse Avocat à Montpellier & celebre Jurisconte a traité la Matiere des Recusations au Titre 4. de son ordre Judiciaire en Matieres Civiles. Il a très bien raisonné sur ce qui se faisoit & étoit bon de son tems ; mais ce que je dirai n'est pas tout-à-fait inutile, parceque l'on y trouvera beaucoup de choses dont il n'a point parlé, ayant mis plusieurs raisons inutiles & qui sont abrogées par les nouvelles Ordonnances. J'ay crû être obligé d'en avertir mes Lecteurs, afin qu'il ne me soupçonne pas d'avoir pillé & d'être coupable du crime des Plagiaires : quoique Jean Papon en ait composé le Titre 9. du livre 7. de ses Arrests, & M. Expilly le chapitre 154. de ses Arrests. Lisez le nouveau Traité des Criées page 430. où il est parlé de la Recusation.

I. Max. Les Juges qui sont recusez dans les affaires qui sont de leur Jurisdiction ordinaire doivent observer l'Ordonnance : & dans celles qui leur sont addressées par Arrests & commissions particulieres, ils ne peuvent point declarer les Recusations inadmissibles, non plus que passer outre, ny faire aucune instruction au préjudice d'icelle jusques à ce que la recusation ait été jugée par les Juges qui ont commis où les parties seront delaissées à se pourvoir. Si par l'Arrest de la Cour ou par la commission émanée de Juges souverains qui ont fait le Renvoi il est précisement ordonné & porté de passer outre nonobstant oppositions, appellations, Recusations & prises à partie : ou que lors de la recusation les Juges se fussent transportez hors de leur demeure pour l'execution de leur commission dans tous ces cas ils pourront passer outre, suivant l'Ordonnance d'Avril 1667. Tit. 24. art. 22. nonobstant & sans préjudice des Recusations & appellations ; Arrest de reglement du 10. Juillet 1665. art. 11. *infrà* Max. 25. Voyez bien l'Ordonnance d'Avril 1667. art. 2. & les suiv.

II. Max. Les exceptions de Recusation se doivent proposer avant toutes choses, autrement ayant procedé & approuvé la Jurisdiction l'on n'est plus recevable à décliner : le Juge est recusable qui temoigne de la passion, qui parle à l'oreille de l'une des parties, il est recusable comme suspect : & s'il ouvre son sentiment & dit son avis avant le jugement du procez & autres causes exprimées par l'Ordonnance du mois d'Avril 1667. Titre 24. où je renvoye les Lecteurs pour ne les point fatiguer : & afin de ne rien dire qui ait été dit. Lisez la huitiéme lettre de Loüis de Montalte, notée par le Docteur Vvendroxius, &c. Nôtre Ordonnance au Titre 25. art. 3. *xenia & dona excacant oculos Judicum & quasi mutus in ore avertit correctiones eorum.* Ecclesiast. 20. ℣. 30.

III. Max. Lorsqu'on a été temoin dans une affaire, on ne peut pas être Juge en icelle, parceque ce sont deux fonctions opposées. En effet, il seroit absurde en Matiere Criminelle que le Juge se recolât lui-même à sa déposition, & qu'il fit une confrontation de lui-même à l'accusé, cela est impossible : ainsi la recusation est valable, c'est pourquoi le Juge se doit aussi abstenir d'une affaire qu'auroit un accusé, lequel auparavant auroit été temoin contre lui, en Matiere Criminelle suivant Ayrault sur les Recusations des Juges liv. 2. part. 3. num. 96. Peleus liv. 8. Action 35. &c. Un Avocat qui a écrit, plaidé, ou consulté dans une affaire, ne peut être Juge *infra* Max. 9. Juvenal a écrit, *Gallia causidicos docuit facunda Britannos.* Sat. 15. ℣. 112.

IV. Max.

IV. Max. Un Juge n'est pas recusable pour avoir reçû quelque déplaisir de la partie qui le recuse , parce qu'il ne fait pas droit sur l'injure à lui faite , mais sur celle faite à un tiers suivant Bouchel en sa Biblioteque *in verbo* Recusation. Il semble que cette Maxime soit contraire à la precedente ; mais rien moins que cela , ce sont deux especes differentes , il faut supposer qu'il n'y a aucunes poursuites ny rien par écrit de la part du Juge touchant le déplaisir qu'il a reçû , duquel il ne lui reste aucun ressentiment , *Justitia enim vincit odium* , s'il étoit autrement , la Maxime perdroit sa force , & il faudroit s'en tenir à la premiere : c'est à quoi il faut bien prendre garde. Lisez le Traité des Criées fol. 430. & les Maximes 17. 20. touchant les réfutations du pere , du fils , & du gendre.

V. Max. Un Juge recusé n'est plus Juge , il est en la cause quelque chose de moins que personne privé , & moins que le temoin : dautant qu'on peut recuser le Juge pour une plus petite chose que le temoin , & on peut dire au Juge ce que dit Ayrault sur les Recusation & Bouchel en sa Biblioteque *in verbo* Jurisdiction. L'on prend à partie un Juge , *Qui lites suas fecerunt male , aut imprudenter judicando.*

VI. Max. Le Juge qui est recusé jusques à ce que les causes de Recusation soient jugées , ne peut point connoître de la contestation pendente pardevant lui , l'on ne peut point juger les causes de Recusation avec le principal. Il seroit monstrueux d'apoinrer les parties en droit , tant sur le principal , que sur les causes de Recusation , pour les raisons rapportées par Bouchel , au mot Recusations , par M. Charles Dumolin sur l'article 215. de la Coutume de Bourbonnois , par *Hypolit. de Marsiliis , &c. infrà* Maxime 22. Chenu Reglemens Titre 9. chapitre 50.

VII. Max. Le proverbe est quelquefois vrai que la trop grande familiarité engendre le mépris ; mais il est plus certain qu'elle entretient ordinairement le plaisir : le jeu engendre & conforte la privauté & l'amitié entre les joueurs ; de sorte que le Juge est recusable , pour avoir commerce d'amitié & de familiarité , & de jouer avec une des parties , tant auparavant que depuis qu'elles sont en procez à son rapport , notamment à des jeux qui égalent les personnes en plusieurs manieres , par la conformité des passions & des humeurs ; comme de boire & manger ensemble , *proprium enim & majus amicorum est convivere* , cela est blâmable dans la personne d'un Juge , suivant Despeysses Tit. 4. de la Recusation , Mainard liv. 1. chapitre 78. Rebuffe , &c. Voyez l'explication du Titre 2. *suprà* page 11. & Titre 27. du liv. 2. Max. 9. lisez le livre *Antiquitates conviviales omnium nationum.* Seneque le Tragique a écrit , *Quod quisque fecit , Autorem scelus repetit suoque premitur exemplo nocens.* Chacun souffre le mal qu'il a fait souffrir aux autres , les crimes tombent sur la tête de leurs auteurs , & les coupables trouvent en eux-mêmes un exemple qui justifie leurs supplices. Psal. 7. ⊽. 16. Prov. 26. ⊽. 27. Ecclef. 10. ⊽. 8. Ecclef. 27. ⊽. 29.

VIII. Max. Si le Juge a tenu un enfant sur les fons de Baptême d'une partie , ou si elle a tenu un des siens , l'autre partie a sujet & suspicion valable pour le recuser , parceque c'est un temoignage d'amitié , de respect , d'affection ou de reconnoissance envers celui qu'on prend pour parrain de son enfant *secus autem.* Si le Juge a été parrain de l'enfant d'une des parties , c'est un acte de pieté qu'il n'a pû refuser qui produit un moyen de recusation. Machoud , Despeysses , Mainard , Boharius , &c.

E

IX. Max. L'on ne peut point recuser un Juge sous pretexte qu'en autre cause on se sera porté appellant de sa Sentence, & qu'ainsi on peut lui avoir déplû, parceque l'appellation est un moyen de droit que le Juge a prévû, & qui ne concerne aucunement sa personne, mais son jugement qu'il n'est pas obligé de soutenir. Autre chose, si l'on avoit appellé d'une taxe d'épices qu'il auroit faite qu'on prétendroit excessive parce qu'il n'a pas lieu de s'offencer de l'appel interjetté de sa Sentence donnée au profit d'un tiers, mais de ce qu'il est accusé d'avarice, par la taxe excessive des épices qu'il a mises sur sa Sentence, parceque cette appellation le regarde en son particulier. Je trouve cette cause de Recusation fort délicate, à moins qu'on n'ajoûte que les épices auroient été moderée & la taxe déclarée exorbitante sur l'appel : de même si avant que d'être Juge il a comme Avocat écrit & plaidé pour une des parties, *suprà* Max. 3. à moins que ce ne fût comme arbitre.

X. Max. Le Juge sera bien recusé dans un procez contre une femme avec laquelle il a eu des libertez trop grandes, & ont fait par ces accointances deffenduës ce que operent les licites qui sont permises. Les Juges peuvent aussi être recusez s'il y a eu inimitiez capitale entr'eux & l'une des parties, ou entre leurs peres, freres & sœurs les uns contre les autres, & sur tous les autres motifs marquez dans l'Ordonnance d'Avril 1667. Tit. 24. Il est donc question de sçavoir ce que c'est qu'une inimitié capitale : c'est si l'un a tué un proche parent de l'autre, & s'il a été accusé d'un crime capital. Il y a bien d'autres inimitiez capitales ; mais j'ay parlé seulement de ces deux, parce qu'elles sont specifiées par la Loy.

XI. Max. L'on dit d'ordinaire que le Procureur du Roy ne peut point être recusé. Des Docteurs disent, que lorsqu'il y a une partie jointe il peut être recusé, autrement non, pas même pour inimitié capitale : d'autres disent au contraire, qu'il peut être recusé pour les mêmes causes que les Juges le sont par l'une ou l'autre des parties. Il y a des raisons & des Arrests de part & d'autre, ce qui rend la question problematique : de troisiémes ont été plus avant, & tiennent que le Procureur du Roy ne peut point être recusé par un accusé, soit qu'il y ait une partie civile qui soit jointe ou non. Dans cette diversité d'opinions j'ay peine à me déterminer & résoudre pour en faire une Maxime certaine.

Dans le doute où je suis jusques à ce que la Cour ait décidé clairement & formellement la difficulté, je souscrirois volontiers à l'opinion seconde de ceux qui tiennent que le Procureur du Roy peut être recusé par l'une & l'autre des parties. Je me fonde sur deux raisons, la premiere que le procez ne demeure pas sans être poursuivi à cause de la recusation du Procureur du Roy, parce qu'il y toûjours l'Avocat du Roy qui agit en son lieu ou un Substitut, & au deffaut de tous les deux, l'ancien Avocat, Procureur, ou Praticien du Siege fait la fonction. La seconde raison est qu'il n'est pas juste que le Procureur du Roy ait plus de privilege & d'avantage que les Juges qu'on peut recuser : il n'importe de dire qu'il ne juge pas ; car comme il est le premier mobile de la procedure & qu'il l'a fait aller diligemment ou lentement comme il lui plait, il peut par là faire plus de bien ou de mal aux parties que le Juge qui est obligé d'attendre qu'on mette l'affaire en état. En effet, il peut par une negligence affectée, ou par une trop vigoureuse poursuite chagriner l'accusé plus que le Juge malgré lui. Il est à son pouvoir d'administrer & faire confronter à l'accusé tels temoins qu'il veut & quand il lui plaît : il a le secret du procez qu'il peut découvrir , il donne ses conclusions plus ou moins favorables à l'accusé , il peut appeller *à minima* ou n'appeller pas : il pourra pendant le cours de l'instruction faire tenir en prison un malheureux accusé , sur le pretexte d'un défaut de preuves , par l'absence des témoins qui sont à l'armée ou ailleurs , par des permissions de publier des Monitoires qu'on ne peut lui refuser , & autres moyens que l'esprit de l'homme est capable d'inventer & que je suprime , crainte de les enseigner , & la contre partie de toutes ces choses , le Juge ne sçauroit y remedier , comme il est facile de présumer , ce qui me fait croire qu'il peut être recusé lorsque les moyens sont bons & recevables. *infrà* Tit. 26. Max. 5. Chenu en ses Reglemens Tit. 14. chap. 90.

XII. Max. Les Recusations des absens & contumax ne sont pas recevables , il faut qu'ils soient en état pour les proposer , sinon il faut passer outre nonobstant icelles à l'instruction & au jugement, *Quia Procurator non admittitur in criminalibus.* En Matiere Criminelle un contumax est déchu de toutes sortes d'exceptions , & notamment de pouvoir recuser. Despeisses & les autres Docteurs sont tous d'un même avis. Nôtre Ordonnance au Tit. 25. art. 4. y est précise lorsqu'il y a un jugement, *infrà* au commencement de l'explication du Tit. 18. *supr.* Tit. 2. Max. 20.

XIII. Max. Les Greffiers ne peuvent écrire aucuns actes dans les affaires ou ils ont interests & sont parties , ny en faire la grosse & expedition , à peine de nullité. S'il y avoit d'autres causes de suspicion contr'eux le Juge les trouvant valables pour les faire abstenir , il commet en leur place un Greffier dans l'affaire où ils ont interêt , suivant la Rocheflavin *in verbo* , Greffier liv. 2. Arrest 3. mais il ne doit être procedé au jugement des Recusations avec toutes les formalitez que l'on garde contre les Juges, il suffit de presenter Requête au Juge, tendante à ce que pour les causes de suspicion qu'on déduira & prouvera contre le Greffier, il lui plaise commettre en sa place un Commis tel qu'il lui plaira , s'il y a interêt , ou ses parens jusqu'au quatriéme degré inclusivement. Le Roy François I. par Edit donné à Argu... le 6. Juillet 1521. érigea les Greffes des Bailliages, Sénéchaussées & Prevôtez étant de son Domaine en titre d'Offices formez , lesquels ne seroient plus baillez à ferme : ce qui fut depuis par lui confirmé le 2. Juin 1543. Charles IX. à Paris au mois de Decembre 1567. érigea en titres d'Offices tous les Greffes des Bailliages , Sénéchaussées , Prevôtez , Vicomtez , Vigueries & autres Jurisdictions, ainsi qu'il est montré au liv. 12. Tit. 13. de la Conference des Ordonnances. Imbert liv. 1. chap. 6. Depuis par Declaration concernant les Greffes, donné à Versailles le 10. Mars 1699. Regiftrée au Parlement le 28. du même mois & an , le Roy ordonne qu'on prendra seulement des Commissions du grand Sceau pour exercer les Greffes, & seront reçus dans les sieges en payant les droits de reception, qui seront reglez par sa Majesté.

XIV. Max. L'on ne peut permettre d'obtenir & faire publier un Monitoire pour prouver des causes de Recusation proposées contre un Juge, parce qu'il me semble que cela seroit contre les bonnes mœurs , tendant à diffamer publiquement une personne constituée en dignité , *& nemo debet alieno odio prægravari.* Aussi l'Ordonnance que nous suivons y a pourvû, car le Juge en est crû à son serment,

si celui qui fait la Recusation n'a ses preuves en main. Ordonnance de 1667.
Tit. des Recusations art. 5. 6. Bouchel au Titre des Recusations *infrà* Tit. 9.
Max. 15.

XV. Max. L'on n'a point égard aux Recusations proposées contre les Officiers d'un Siege en general : l'on doit ordonner qu'il sera passé outre sans s'arrêter à ces sortes de Recusations, nonobstant oppositions ou appellations quelconques ; parce que si cela avoit lieu, un criminel qui sçait son crime ne manqueroit point d'accuser & recuser tous les Juges, afin de n'être jamais jugé. Budæus, Papon, Despeysses, Bouchel, &c. on tient qu'on en peut recuser les deux tiers & en laisser l'autre tiers non recusé, & si ce tiers n'est pas en nombre suffisant pour juger, l'on prend des Avocats afin de satisfaire à l'Ordonnance : cela est suivant l'Edit des Presidiaux, donné à Reims au mois de Mars 1551. pour faire le nombre de sept.

XVI. Max. Le Juge recusé par la partie civile dont les causes ont été déclarées pertinentes & admissibles, ne peut connoître en la même affaire pour les Gens du Roy, c'est-à-dire qu'il ne peut admettre les causes de Recusation de la partie en ce qui concerne l'interêt d'icelle, & proceder en ce qui concerne l'interêt du Roy & de la Justice. Papon, Conference des Ordonnances, &c. *Vide* le nouveau Traité des Criées fol. 430. & distinguez les Matieres Civiles & Criminelles.

XVII. Max. Les causes de Recusations ne sont valables lorsqu'elles sont tirées de la personne des Avocats, Procureurs, Solliciteurs, &c. en disant qu'ils sont parens ou intimes amis du Juges, *& specilia ultra suos casus non extinduntur*, si cela avoit lieu & étoit reçû, nous nous trouverions tous parens en ligne directe, comme descendans du premier homme. Papon, Despeisses, Ordonnances, Titre des Recusations, &c. J'ay vû plusieurs fois M. de la Moignon plaider devant M. le President son Pere, & M. Charpentier plaider devant M. le President Portail son oncle, sans aucune suspicion ny pensé à des Recusations.

XVIII. Max. Les Prevôts des Mareschaux, Maires, Vis-Baillifs, & leurs Lieutenans qui sçauront causes de suspicion ou Recusation pertinentes en leurs personnes, seront tenus de déclarer lesdites causes pardevant les Juges des Baillages & Presidiaux où les procez se jugeront, sans attendre qu'on les propose, pour être lesdites causes de Recusation jugées par lesdits Juges, lesquels néanmoins ne pourront répondre les requêtes de Recusation, jusqu'à ce qu'elles ayent été montrées aux Officiers Recusez, *Ut suum tueantur jus.* Chenu, Ordonnance de Blois art. 118. Ordonnance d'Avril 1667. Tit. 24. & Expilly en ses Arrests chap. 154.

XIX. Max. Un Juge ne peut être recusé pour être locataire d'une maison de l'une des parties, parceque cela ne fait aucune preuve d'amitié, puisqu'on se fait payer du loyer, ce qui n'oblige point à aucune reconnoissance. Despeysses Titre 4. des Recusations, & M. Noel Dufail Conseiller liv. 3. chap. 340. & en huit autres endroits de ses Arrests de Bretagne sur d'autres moyens de Recusations.

XX. Max. Les causes de Recusation doivent être proposées dans des termes honnêtes, civils & modestes qui sont dus à la dignité de Juge, afin que celui qui les allegue ne semble point l'injurier : que si celui qui propose la Recusation se départ de cette modestie & qu'il allegue des causes dans des termes indiscrets, temeraires, scandaleux & injurieux au Juge, il doit être puni à proportion de la gravité des injures, par amendes, où à déclarer en l'Audience ou à la Chambre du Conseil au Juge qu'il a calomnié ; que temerairement & malicieusement, mal-à-propos comme mal-avisé il a avancé & proposé lesdites causes de Recusation. Ce fait, que les écritures qui les contiennent, seront lacerées en sa présence par le Greffier. Pline liv.24. dit, *Præcipuis rebus honor imprimis exhibeatur*, sur tout au Magistrat qui represente la Majesté du Prince qui lui a donné le caractere de representation. Ordonnance d'Avril 1667. Tit. 24. Despeysses, Mosnier, &c. Arrest du 4. Juin 1699. de reglement sur les prises à partie rapporté page 68. du nouveau Traité des Criées. *Diis non detrahes & Principi populi tui non maledices.* Exod. 22. ℣. 28. J'ay vû souvent M. le President de la Moignon & M. son fils aîné Conseiller, à present President, M. Portail Conseiller, & M. son fils President, tous de service à la Tournelle ensemble : l'on observe que lorsque le pere & le fils sont de même avis cela ne fait qu'une voix, s'ils sont contraires, chacune voix fait compte.

XXI. Max. Les Recusations doivent être proposées par écrit & non verballement à la face du Juge. *Odit enim judex litigantis securitatem* : autrement le recusant sera condamné en une amende. Charondas, & Despeysses. Ordonnance d'Avril 1667. est à lire Tit. 24. Il étoit ordinaire de voir M. le Nain premier Avocat General porter la parole, M. son pere Conseiller étant des Juges.

XXII. Max. Celui qui a proposé une Recusation s'en peut départir, non seulement expressément en se départant de sa Recusation, mais aussi tacitement en comparoissant devant le Juge après ladite Recusation, plaidant volontairement & agissant de même que s'il ne l'avoit pas proposé.

J'estime le premier cas plausible, si le recusant renonce par écrit expressement à ses causes de Recusation. Au second cas pour en faire une Maxime, je voudrois que le recusant fasse quelque acte en comparoissant qui reconnoisse & marque qu'il se désiste & départ de ses causes de Recusation, sinon exprés, du moins palpables, sensibles & équivalans, comme de donner une Requeste dans le cours de la poursuite de son affaire par laquelle il supplieroit le Juge recusé de vouloir prononcer sur les contestations pendentes en son Siege : à moins de cela le Juge pourroit errer : surquoi il faut observer la Maxime 6. de ce Titre. Despeysses Tit. 4. des Recusations, &c.

XXIII. Max. En l'absence ou recusation du Juge au défaut d'autres Officiers, l'ancien Avocat du Siege doit faire les fonctions à l'exclusion du Procureur du Roy & de son Substitut ; car il ne s'en peut point départir pour être Juge, parce qu'il s'ensuivroit qu'ils feroient deux fonctions diametrallement opposées d'accusateur & de Juge, puisque dans toutes les affaires criminelles ils sont toûjours parties necessaires, *& nemo simul esse potest accusator & Judex*, & partant ne peuvent être Juges. Chenu dans ses Reglemens le prouve Titre 14. chap. 90. 91. 92.

XXIV. Max. Les témoins que produit celui qui propose une recusation pour prouver ses faits, ne peuvent être reprochez, & on croit leurs dépositions ; mais l'on examine leurs qualitez, leur renommée, & qui ils sont, si on peut les croire & ajouter foi à ce qu'ils ont dit , dautant qu'on n'a pas trouvé raisonnable d'instruire un procez à l'ordinaire sur des Recusations & reproches de temoins , autrement le procez principal en produiroit plusieurs : d'ailleurs , il n'est pas croyable que des temoins voulussent leur hazarder de témoigner faux contre une personne constituée en dignité & peut-être leur Juge , si la chose n'est veritable. Despeysses Tit. 4. des Recusations , &c.

XXV. Max. Après qu'un Juge ou Commissaire delegué a accepté la Commission ou fait quelque acte qui en dépend , s'il est suspect à l'une des parties , il peut être recusé , en sorte qu'il ne peut passer outre , ny juger des causes de recusation, mais doit renvoyer les parties pardevant le Juge qui l'a commis pour les juger : autrement s'il avoit passé outre à la confection de l'information & declaré les causes de Recusation être inadmissibles , l'information seroit nulle. Imbert, Papon, Charondas. Néanmoins les Lecteurs ajouteront ici les restrictions que j'ay rapportées à la premiere Maxime de ce Titre page 32. & celles qui sont dans l'art. 7. Titre 21. des Descentes de l'Ordonnance du mois d'Avril 1667. J'ay rapporté fort au long page 430. du nouveau Traité des Criées , les Ordonnances , les noms des Docteurs & des Arrestistes qui ont parlé des Recusations des Juges.

TITRE IV.

Des procedures particulieres des Prevôts des Maréchaux de France , Vice-Baillifs , Vice-Sénéchaux , & leurs Lieutenans Criminels de Robbe-courte.

EXPLICATION DU TITRE.

LEs mots *Procedures particulieres* , sont l'adjectif qui font la difference & distinction des Officiers de Robe-longue , d'avec celle de Robe-courte , lesquels ne peuvent être confonduës par les uns ni les autres. Messieurs les Maréchaux de France sont au lieu de ceux que les Romains nommoient *Magistros vel Præfectos Equitum.* Il est vrai qu'il y en a qui veulent que le *Magister vel Præfectus Equitum* , soit le Connétable , & que les Maréchaux de France sont ceux que les Romains qualifioient *Tribunos Militum* , à la verité ces charges avoient quelque rapport de l'une à l'autre , & presque semblables , à la reserve de quelques prééminences. Le mot Maréchal est Allemand : *March* signifie cheval , & *Schal*, Maître : de sorte que ces deux mots mis en un , font Maréchal , & suivant leur dénomination *Magister Equitum.* Les Grecs appellent *Mareschaldum Prostratorem qui nostris hodie* , Grand-Escuyer. Les Maréchaux de France sont aussi appellez *Polemarchi* , excepté en Pologne. Dans les autres Royaumes il n'y a point d'Officiers de ce nom , & quand il y en auroit , ils n'auroient pas pour cela aucun nom en servant dans les Armées de France , ny les commandemens qu'ont les Maréchaux de France.

La Charge de Maréchal de France consiste en plusieurs choses ; mais je ne parlerai que de celles qui concernent le Titre de l'Ordonnance. Sçavoir qu'ils ont du Roy les départemens des Provinces pour en faire les visites : ont la correction sur les gens de Guerre en ce qui regarde la discipline Militaire : font punir les malvivans, vagabons & gens sans aveu : Et comme cette dignité éminente est toûjours possedée par des personnes de condition qui y sont élevez par leurs merites personnels, & leurs services dans les Armées, il seroit indecent en certains rencontres qu'ils fissent les fonctions dépendentes de cette charge ; ils la font exercer par des personnes sous eux, que l'on appelle Prévôts des Maréchaux, c'est dequoi je vais parler.

René Choppin en son Traité *de Domanio Francia lib.* 2. *Tit.* 7. *num.* 22. nous dit que les Prevôts des Maréchaux de France sont pour tenir les grands chemins libre pour le commerce, de tous maraudeurs & vagabons, à la difference des Prevôts Forains des Villes, Vicomtes, Juges & Gardes de Ville, Grand-Prevôt de l'Hôtel du Roy, & Prevôt Provincial, de tous lesquels je ne dirai rien, sinon de ceux que le Titre de l'Ordonnance peut concerner. L'Ordonnance de Moulins qui parle en divers articles des Prevôts des Maréchaux, des Vice-Baillifs & Vice-Senechaux, pour sçavoir quels sont les uns & les autres, il n'y a qu'à voir quels sont les Baillifs & les Senechaux, dans les Reglemens de Jean Chenu Titres 5. 6. & 9.

En vieux Gaulois, Baillifs signifie Baillif, & Conservateur, qui vient du mot de *Bail*, comme *Baillé*, pour conservateur ; d'autres disent qu'il vient du mot *Consilium*. Il faut voir les origines de la langue Françoise de M. Menage, où je renvoye mes Lecteurs pour être plus curieuses que de necessité au sujet que j'ay dessein de traiter, & à l'Index des droits Royaux de Ragueau, allongé par Eusebe de Lauriere.

Le Senechal a la même puissance & autorité que le Baillif, il ne differe que de nom. L'étimologie vient de *March*, qui signifie en Allemand ou vieux Gaulois *cheval*, ou *Chevalier*, parce qu'ils vont à cheval, y ajoutant le mot *Senes*, qui signifie *ancien*, cela joint, fait & compose le mot *Senechal*, qui est à dire, ancien Chevalier. D'autres tirent le mot de *Senechal* de celui de *Schabin*, qui est un mot Anglois, ou ancien Teuton, qui signifie Juge, Inquisiteur, Reformateur *Unde* Eschevin, *Dapifer*, *Senefchalus*, *Prapositus*, *mense dictus est*, *Sinifchalco*. René Choppin sur la Coutume de Paris liv. 1. Tit. 3. num. 7.

De toutes ces étimologies il est aisé de juger ce que c'est que ceux de Vice-Baillifs, & Vice-Senechal. Le mot de *vis*, ou *vices* en fait assez la difference d'avec les Baillifs & Senechaux ; car se sont deux mots diminutifs qui présupposent quelque chose de moins que Baillifs ou Senechal, ou une dépendance ; car quoi qu'on dise Vice-Baillifs, ou Vice-Senechal : le mot de *vix* signifie *à peine*, que si l'on écrit Vice-Baillifs, cela veut dire à la place du Baillif, Lieutenant du Baillif, *vices enim alterius agere*, c'est-à-dire, faire les fonctions d'un autre. Jean Papon liv. 4. Titre 13. est à voir. Cela présupposé, les Vice-Baillifs, ou Vice-Senechaux ont la connoissance des causes criminelles contre les voleurs des grands chemins, deserteurs de l'Armée, faux-monnoyeurs, vagabons & gens sans aveu ; ainsi que les Prevôts Provinciaux des Maréchaussées, suivant les anciennes Ordonnances, ausquelles la nouvelle Ordonnance d'Aoust 1670. n'a dérogé ny rien changé dans leurs fonctions. Leurs Lieutenans Criminels de

Robe-courte font ce que je viens de dire, *vices alterius gerere*, être au lieu &
place d'un autre, comme au Titre de l'Ordonnance. Les Lieutenans Criminels de
Robe-courte, font les Lieutenans des Baillifs, Senechaux, Vice-Baillifs, ou Vice-
Senechaux ; c'eft pourquoi ils font nommez *Vicarios Provinciæ*. Ils font aufli
appellez Lieutenans Criminels de Robe-courte à la difference des Lieutenans
Criminels de Robe-longue qui font toujours licentiez és Droits & Avocats, les
autres non. Nos Rois l'ont ainfi voulu & ordonné : car tel a été leur plaifir &
volonté. L'Edit de création des Lieutenans Criminels de Robe-courte eft du Roy
Henry II. à Paris en Novembre 1554. Voyez les Reglemens & l'Ordonnance de
Blois art. 185. Jean Chenu Tit. 5. 6. & 9. de fes Reglemens a traité des fufdits
Officiers.

I. Max. Les Prévôts font tenus d'être toujours en campagne fans féjourner
dans les villes, finon pour occupations neceffaires & legitimes, à peine de privation de leurs états, afin de purger les Provinces de vagabons. Chenu Titre 9.
chap. 43. Ordonnances de François I. Henry II. Charles IX. Henry III. &c.
Papon livre 4. Tit. 13. Moulins art. 24. 43. Orleans 71. Blois 185. & par leurs Edits
de créations de 1514. & 1533.

II. Max. Il eft permis aux Prevôts de faire affembler les Communautez &
fonner le Toquefin pour prendre les voleurs de grands chemins, & arrêter les dé-
ferteurs des Armées & vagabons. François I. en 1536. & 1544. Chenu Titre 9.
chap. 43. de fes Reglemens depuis 30. ans, il y a deux Declarations contre les
vagabons & gens fans aveu du 11. Juillet 1682. & 27. Aouft 1701. regiftrées en
Parlement & un Arreft de Reglement du Parlement du 25. May 1693. contre les
vagabons, gens de néant fans aveu, appellez Bohemes & Bohemiennes, & ceux
qui leur donnent retraite, portant qu'ils feront attachez à la chaîne pour être
conduits aux Galeres pour y fervir à perpetuité, fans faire aucunes procedures,
& les Bohemiennes renfermées à perpetuité dans les Hôpitaux Generaux *infrà*,
liv. 2. Tit. 9. Max. 2. Recherches de la France liv. 4. chap. 19. *Quos aliena ju-*
vant, propriis habitare moleftum.

III. Max. Les Prevôts des Maréchaux & leurs Lieutenans ont la qualité
d'Ecuyer *& de Confeiller du Roy*, voix déliberative dans les affaires qu'ils portent juger, rang & feance aux Sieges Prefidiaux après les Lieutenans Criminels du Siege, il y a une nouvelle Declaration qui les y a maintenus. Je puis dire
en cet endroit ce qu'à dit Ciceron prefqu'en pareil rencontre : qu'il y a une efpece de neceffité que les Officiers de longue & de Courte-Robe foient unis enfemble, & joüiffent des mêmes prérogatives, & ayent une même intention pour la
punition des crimes. Chenu en fes Reglemens Titre 9. chap. 49. Le fieur Pinfon
de la Martiniere en fon Traité *in-folio* de la Conneftablie & Maréchauffée de
France eft à voir.

IV. Max. Les Juges Royaux n'ont aucune autorité, puiffance, ni Jurifdiction
fur les Prevôts, qui doivent pour leurs fautes être jugez par le Parlement. Je
puis dire pour raifon de cette Maxime celle de la precedente & y ajouter ce
qu'à dit Ciceron, *Quamobrem fi jure poffis eum accufare, cum is tibi pa-*
rentis numero fuiffet, id pie face re non poffes. Je ne pouvois rapporter rien
de mieux en ce rencontre que la penfée de cet Auteur ; car je trouve un mer-
veilleux rapport du *Prætor* des Romains, avec le Lieutenant Criminel de Robe

longue

longue, & du *Quæstor* avec les Prévôts des Maréchaux. Papon des Prevôt liv. 4. Tit. 13. Remarque premiere sur les Plaidoyers de S. Frain.

V. Max. Les Prevôts des Maréchaux ne peuvent posséder que ce seul Office, & il leur est deffendu d'en tenir d'autre. Par les Ordonnances d'Orleans art. 31. & 71. Moulins art. 45. Blois 185. & autres qui sont rapportées par M. Sebastien Frain Plaidoyers 136. les Prevôt des Maréchaux, Lieutenans & Archers ne peuvent rien prendre des parties sous quelque pretexte que ce soit, à peine de perte de leurs Offices. Peleus liv. 8. action 31. Recüeil des Edits & Declarations, Arrests & Reglemens concernant la Connétablie par le sieur Pinsson de la Martiniere volume *in fol. infrà*, Max. 17. Voyez le nouveau Traité des Criées page 225. Chenu en ses Reglemens Tit. 9. chap. 48. l. 14. *cod. de assessoribus & lib.* 12. *l.* 5. §. *Qui.*

VI. Max. Les Prevôts des Maréchaux ne connoissent que du Criminel ; de sorte qu'ayant fait executer à mort un criminel condamné, jugé être de leur gibier, ils ne peuvent point connoître de la vente de ses biens, soit par decret ny autrement, ainsi que j'ay dit page 225. de mon nouveau Traité des Criées troisiéme édition. Il faut se pourvoir à la Connétablie ou au Juge Royal ordinaire, non plus qu'ils ne peuvent connoître des dommages & interêts : ne peuvent connoître d'aucune Matiere Civile, quand il ne s'agiroit que de deux escalins, ou maravedis, parceque cela repugne à leurs Edits de Création pour les crimes de leur competence. Expilli chap. 87. de ses Arrests. Chenu en ses Reglemens Tit. 9. chap. 47.

VII. Max. Il est fait deffenses aux Prevôts de prendre connoissance des procès depuis que les parties auront été reglées en procès à l'ordinaire : ils se doivent contenir en ces deux extrémitez de condamner ou élargir *quousque*, la raison de cela est que les procès ordinaires *Disceptatore domestico dijudicantur*, & les Prévôts n'ont de connoissance, sinon *quod & ad graviores res pertinet, & severitatem judicis requirit*. Chenu Tit. 9. chap. 46. &c.

VIII. Max. Il est fait des deffenses très-expresses aux Prevôts de recevoir les accusez à leur désister, tant des appellations formées, que du Renvoi par eux requis, & de passer outre jusques à ce que la competence soit jugée : de maniere que le desistement des accusez ne rend pas le Prevôt competant, s'il n'est jugé par jugement Presidial. Peleus liv. 8. action 73. &c. *infrà*, deux Arrest rapportez Titre 18. qui regle de la maniere que les competences seront jugées, & au Tit. 30. premiere Maxime.

IX. Max. Il est hors de doute que les Prevôts ne sont point Juges de leur competence ; mais il est certain aussi qu'ils ne peuvent connoître de leur incompetence, *Contrariorum enim eadem est disciplina, item relatorum eadem est ratio & idem judicium esse debet.* Ils peuvent néanmoins renvoyer suivant l'Ordonnance de laquelle j'écris, dans les 24 heures & non après, sinon qu'avec conseil, & de même qu'au jugement de competence. Bouchel au mot Prevôts, &c. Moulins art. 42.

X. Max. Le jugement des procès sur les Matieres dont connoissent les Prevôts des Maréchaux doit être rendu au Siege Royal ou Bailliage le plus prochain dans le ressort duquel le crime aura été commis, encore que ce ne soit pas un Presidial, après que la competence aura été jugée par le Presidial le plus proche du lieu du délit. Voyez *infrà* au Titre 18. les deux Arrests où les competences doivent être jugées , ce qui leur est reservé par les Ordonnances. Neron , Ragueau , Charond. respon. liv. 7. &c. Nôtre Ordonnance au present Titre art. 24. demande sept Juges *infrà* au Tit. 27. Max. 28. Le Siege de Lodun prétend juger les competences des Prevôts des Maréchaux , quoiqu'il ne soit pas un Présidial , & Fontenay le Comte se sont deux Sieges en Poitou.

XI. Max. Un accusé qui est chargé en même tems de deux ou plusieurs crimes desquels les uns sont cas Prevôtaux , les autres non , suivant Chenu chap. 50. Tit. 9. de ses Reglemens , celui qui n'est pas Prevôtal attire le Prevôtal , & le Juge ordinaire en connoît à l'exclusion du Prevôt. On ne peut pas dire là-dessus que cela vient du cas ; car le plus grief & plus grand qui est le Prevôtal attireroit l'autre , mais il faut que cela vienne des personnes & offices : Que si cela vient du cas comme la Maxime semble le vouloir , il faut croire que cela vient de cette seule difference du Royal au Prévôtal & non de la gravité du crime. Là-dessus je remarquerai que cette Maxime n'est point contraire à l'article 23. de l'Ordonnances du Titre sur lequel j'écris : car il faut supposer une plainte au cas de nôtre Maxime , autrement il s'en faut tenir à l'article de l'Ordonnance qui donne la connoissance au Prevôt , lorsqu'il n'y a point eu de plainte en Justice du cas dont il ne peut point connoître. *l. Si Præses* ff. *de pænis.*

XII. Max. De plus dans le cas de la Maxime precedente sans déroger à l'article de l'Ordonnance lors de la concurrence d'un crime ordinaire avec un cas Prevôtal , si le Prevôt instruit & juge conjointement l'un & l'autre , le Prevôt doit déferer à l'appel & ne peut passer outre à l'execution au préjudice à cause du cas non Prevôtal , quand bien même la competence auroit été jugée. Je ne puis dire d'autre raison sur cette Maxime , sinon que celle qui l'a ordonné la porte en elle même , *Quos fundit in omnes imperium sacrique tenet cunabula juris.* L'Ordonnance semble détruire ce que dessus ; mais pour concilier le tout , je dis que les Presidiaux dans ses rencontres ne peuvent ni ne doivent declarer le Prevôt competant , & sont obligez de renvoyer pardevant les Juges qui en doivent connoître. Peleus liv. 4. action 65. Chenu Titre 9. chap. 50. Nouvelle Ordonnance Titre de la Competence art. 16. &c. Papon liv. 4. Tit. 13. Il me paroîtroit de l'absurdité qu'il fut competant pour un chef & non pour l'autre ; car l'on ne promene pas un accusé en divers Tribunaux sur des differens chefs d'accusation : cela est sans exemple , suivant l'Arrest du 7. Fevrier 1598. rapporté par Chenu. L'Edit des Prevôts de 1679. est qu'ils ne peuvent juger un domicilié pour un crime arrivé dans une ville clause , qu'à la charge de l'appel. *suprà* Tit. 2. Max. 28.

XIII. Max. Les Prevôts de Robbe-courte & les Lieutenans sont comme les Coadjuteurs des Lieutenans Criminels de Robe-longue dans la recherche & la punition des crimes. Peleus quest. 154. &c. Ils ont la qualité *d'Ecuyer* , c'est une noblesse aussi prompte que celle de l'Avocat que l'Empereur Sigismond fit *Chevalier* plaidant devant lui , rapportée aux Recherches de la France liv. 6. chap. 37.

XIV. Max. Les Officiers de Robbe-courte , ainsi que sont les Prevôts des Maréchaux , les Lieutenans de Robbe-courte , leurs Prevôts , les Chevaliers du Guet , &c. sont tenus du fait de leurs *Sergens* & Archers lorsqu'ils commettent délit en leur presence où en leur absence *illegitime* dans les cas dans lesquels ils doivent être à la tête de leur compagnie , parceque nous devons rendre raison

& être responsables de ceux qui sont sous nôtre commandement, de nôtre dépendence & par nous commis : *Per multum interest ut quis à quoque Magi*
stratu, geratur, nam qui Magistratui, non qui Magistratu donatus esse vi
deatur. Bouchel *in verbo* Archers, Budæus, &c. S. Matth. 8. ⅴ. 9. rapporte la
réponse que fit le Centenier demandant grace.

X V. Max. Les Prevôts ne peuvent destituer leurs Archers sans cause legitime & qu'après la preuve d'abus & de malversations par eux commis ; parce que
le Prevôt ôteroit par là l'honneur à l'Archer qui lui est toûjours prétieux, & l'on
supposeroit dans le public une cause infamante sans lui être connuë. Suivant
l'Ordonnance de Blois art. 188. & Jean Chenu en ses Reglemens Titre 9. chapitre 40.

X V I. Max. Les gages des Prevôts & de leurs Archers ne peuvent point être
saisis & arrêtez, parce qu'ils leur sont donnez par forme d'alimens, de même
leurs armes & chevaux, ainsi que j'ay dit au chapitre premier du nouveau Traité des Criées, tiré des Loix de Chenu Titre 9. de Peleus action 93. &c. Je pourrois dire pour même raison, que ses Offices étans créez pour la sûreté publique
ne pourroient être saisis réellement, étant en quelque sorte charges militaires, si
ce n'étoit à la requête de ceux à qui le prix en seroit dû, ou qui ont privilege special sur l'Office, l'on est dans un usage contraire.

X V I I. Max. Les Prevôts ne peuvent decerner executoire pour les vacations
de leurs Greffiers & Archers, & moins encore pour eux, ainsi que j'ay dit en la
cinquiéme Maxime de ce Titre, qu'ils ne peuvent rien exiger des parties pour
leurs frais, salaires & déboursez. Peleus liv. 8. action 31. ne connoissant pas de ce
qui approche & est des Matieres Civiles. Ordonnance de Moulins art. 45.

X V I I I. Max. Par l'Arrest de Reglement des Grands-jours d'Auvergne du
10. Decembre 1665. les Prevôts ni leurs Greffiers ne peuvent retenir dans leurs
maisons les minutes des informations, interrogatoires, recolemens, confrontations & les autres instructions par eux faites, lesquelles seront mises en un dépôt
public dans le lieu de la Jurisdiction où est le Siege auquel ils font leur résidence & non ailleurs, auquel lieu ils auront un Greffe fermant à clef d'où ne pourront être tirées les minutes qu'en cas qu'il fut ordonné par les Juges superieurs :
qu'elles seroient apportées, ou qu'il fut necessaire de faire quelque instruction
à la campagne. Les Greffiers seront tenus de faire des grosses des informations &
autres procedures sur lesquelles l'instruction sera parachevée, sans que pour
raison de cela ils puissent rien prendre de leurs grosses : & les mêmes Greffiers
tous les ans rapporteront leurs minutes au Greffe *de la Maréchaussée* generale,
en retenant les grosses signées du Greffier de la Maréchaussée & du Prevôt, sur
lesquelles ils pourront instruire s'il y échet & en faire des expeditions, tout cela
ne varietur & metu collusionis. Cette Maxime est tirée précisément de l'exemple
des Greffes des Presidiaux, qui est porté par le second Edit des Presidiaux donné
à Reims au mois de Mars 1551.

X I X. Max. Il est enjoint à tous les Prevôts de donner ou faire donner tous les
ans par leurs Greffiers au Receveur du Domaine des lieux où lesdits Prevôts font
établis, le Rôlle signé du Greffier de toutes les amendes & des forfaitures &
confiscations par eux adjugées, à peine de privation de leurs états, afin que le
fisc ne soit pas privé de ses droits. Code Henri de la Jurisdiction des Prevôts

des Maréchaux Tit. 10. art. 21. Baquet des droits de Justice chap. 13. &c. & la
Maxime 5. du Tit. 6. *infrà*. Il est parlé de ce Rôle des amendes à la fin de l'Edit
des Presidiaux de Mars 1551.

X X. Max. Les Prevôts, Sergens & Archers, s'ils ont ordre, commission &
pouvoir d'arrêter un accusé, que lors de la capture il se deffende avec des
armes, s'il tire & qu'ils ne puissent autrement faire, ils le peuvent tuer à leurs
corps deffendant. A l'égard des vagabons, s'ils résistent & se deffendent, &
que dans le rencontre ils soient blessez ou tuez; En ce cas il n'en sera rien imputé au Prevôt ny à ses Archers; parceque lorsque des·personnes rebelles aux
ordres de la Justice irritent sa patience & sa douceur, & que les remedes
se trouvent éludez, il y a une Loy qui parle très-formellement sur cette
Maxime, *Si reus se armis & locorum opportunitate ac difficultate, tuere-
tur, Præsides Provinciarum etiam militari auxilio per publicas litteras ap-
petita, competentem vindictam tali excessui imponere non vetantur. C. l. si quis
de Episcop. & Clerici.* Sebastien Rouillard *in verbo* incendie. *Julius Clarus.*
Imbert liv. 2. Bouchel *in verbo* vagabond, *Faschinæus, &c.* Hypocrates dans
ses Aphorismes, dit qu'aux maux violens il faut les remedes de même.

X X I. Max. L'appel n'est pas reçû du jugement des Prevôts des Maréchaux
lorsqu'il porte condamnation; *& hoc fit in odium criminum*, mais *secus in
absolutio*. De sorte que la partie civile est reçûë à interjeter appel du jugement
du Prevôt qui a jugé & absous l'accusé. Au premier chef la Loy est précise,
au second chef c'est un Appel, *à minima ut in melius reformetur*. Bouchel
rapporte des Arrests *in verbo* Prevôt, &c. *infrà* Titre 18. *in principio*. La
Declaration de Decembre 1678. qui regle de la maniere que les cassations seront demandées & reçûës au Grand Conseil, & Tit. 28. Max 12.

X X II. Max. La rebellion à Justice & le crime de battre & exceder les
Huissiers & Archers executans un ordre de Justice, par toutes les Ordonnances que j'ay rapportées page 29. du nouveau Traité des Criées imprimé en 1704.
est digne de mort : cette rigueur n'est pas suivie s'il n'y a que de simples
excez, toutesfois cette offense merite punition extraordinaire, car c'est violer
la Majesté du Roy en la personne de son Officier, & offenser le Juge en la personne de son Ministre : c'est violer le droit public qui donne sûreté à ses personnes executant les ordres & les mandemens de Justice. J'en parlerai encore
au livre 2. Tit. 11. du crime de Leze-Majesté Max. 10. Décision de Guy Papæ 557.
Expilli chap. 91. Rouillard *in verbo* Sergent. Ordonnance des Matieres Criminelles d'Aoust 1670. Tit 16. art. 4. &c. M. le Maître liv. 1. chap. 1. les Sergens Royaux ne peuvent executer les Jugemens ny Ordonnances des Juges des
Seigneurs è *contra*, les Sergens des Seigneurs ceux des Juges Royaux. René
Choppin *de Dom. Franc.* lib. 2. Tit. 7. num. 3.

X X III. Max. Quoiqu'un Sergent surpasse son pouvoir dans une execution, il ne lui faut donner aucun empêchement ny faire de résistance, suivant
M. Expilli. La raison est que s'il fait quelque chose abusant de sa charge, il s'en
faut plaindre & se pourvoir en justice pour le respect de la justice même & des
Juges dont il execute les mandemens. C'est ce que disoit Ciceron en un pareil
rencontre, en sa 6. Verrine, &c. lisez Mezeray sur l'an 1323. parlant de Jourdain,
Seigneur de l'Isle en Languedoc, & les Memoires d'Olivier de la Marche liv. 1.

chap. 14. fur l'an 1443. parlant de la juftice de Philippes Duc de Bourgogne. Le 27. Aouft 1666. la Cour fit un Reglement pour abreger les procedures en Matieres Criminelles, qui eft page 420. du Traité des Criées. Depuis eft furvenu l'Edit d'Aouft 1670. Tit. 23. nouveau Traité des Criées fol. 28.

XXIV. Max. Lorfque le Juge ordinaire a commencé de faire le procez criminel à un délinquant il ne peut point le livrer entre les mains du Prevôt des Maréchaux ; & s'il le fait, le prifonnier eft bien fondé d'en interjetter appel en la Cour. Telle chofe étant faite, foit pour l'opprimer ou pour épargner au Seigneur jufticier les frais de la procedure & de l'execution s'il y en avoit à faire par l'evenement : chofe qui feroit injufte & d'une pernicieufe confequence contre le droit naturel. Il eft vrai que nôtre Ordonnance art. 1. de ce Titre a prévû cela & y a donné ordre. Philbert Bugnion des loix Abrogées liv. 1. &c. Imbert liv. 4. chap. 5. num. 6.

TITRE V.

Des Plaintes, Dénonciations, & Accufations.

EXPLICATION DU TITRE.

LE fieur Pinfon de la Martiniere en fon Traité de la Connétablie folio 949. & François Ragueau en fon *Index* au mot plainte, Laurent Bouchel, au mot accufateur en fa Biblioteque, *Julius Clarus, Jacobus de Bellovifu, Damhoud,* le Brun, Ayrault, &c. tous conviennent qu'une plainte eft le libelle d'accufation contre l'accufé, comme eft en Matiere Civile l'exploit de demande. Elle fe peut prendre comme genre, ou comme efpece : comme genre elle renferme toutes les efpeces de crimes : & comme je la prend ici pour efpece, c'eft lorfque quelqu'un fe plaint en juftice du tort & excès qui lui ont été faits, foit qu'il fe rende partie ou non, fuivant l'Ordonnance au Titre que je fuis articles 5. & 7. nonobftant la difference que font quelques Docteurs, par les mots de plainte & complainte.

Dénonciation, fe pourroit prendre en quelque façon pour finonime avec la plainte ; mais il y a cette difference, qu'un dénonciateur ne fe rend jamais partie, & eft proprement le délateur, fuivant les Notes fur Lizet du procez criminel chap. 1. & 2. *Qui accufat fed non agit reprehendit, nec arguit,* c'eft celui qui s'infcrit fur le Regiftre du Procureur du Roy, *qui prodit atque judicat,* c'eft la partie fecrete du procez *qui fifco deferit.*

Par le Droit Canon un chacun eft admis à dénoncer ; par le Droit Civil il n'y a que les Officiers fpecialement prépofez pour le faire : & par nôtre Droit François, cela eft fuivi. Toutefois les dénonciateurs font reçus à s'infcrire & dénoncer fur le Regiftre des Procureurs du Roy qui feuls peuvent pourfuivre le crime public, à l'exception de ceux qui y ont interêt & s'y trouvent bleffez, qui peuvent rendre plainte & pourfuivre en leurs noms requerant la jonction du Procureur du Roy, par l'interêt public, comme je vais dire en la feconde Max. Papon liv. 24. Tit. 1.   E iij

Accufation, c'eft ce que je puis dire être proprement le genre de toutes les efpeces que j'ay pofées ; quelques-uns la prennent dans la rigueur, feulement
pour la dénonciation des Gardes des Ports & des Chemins, Gardes Forefts,
Archers du Sel, & autres gens de cette nature, *eft maleficii apud judicem de-
latio* ; mais fuivant le Titre de l'Ordonnance elle doit être prife plus largement,
fuivant la définition de Ciceron *pro cælio. Accufatio crimen defiderat, rem ut
definiat, hominem ut notet argumento probet, tefte confirmet.* Ce n'eft pas
encore affez à mon fens, car cela préfuppofe fimplement l'accufation d'une partie civile, & nôtre accufation comme genre n'eft pas fi fort reftrainte. En effet,
donner un avis & un avertiffement, fe plaindre, folliciter, dénoncer, poftu-
ler, déferer en Juftice c'eft accufer fuivant la Loy *toto titulo de mulieribus quæ
fe propriis fervis junxerunt.* De forte que ne féparant pas l'accufation de toutes fes parties, elle doit dans les formes & dans le tems de l'action être expliquée
dans toutes fes circonftances, tout de même que les jugemens : & foit que l'on la
fepare ou non de fes parties, toujours le crime doit être puni felon les fupplices
établis & ordonnez par les Loix. Papon liv. 24. Tit. 2. Ren. Choppin des privileges ruftiques. lib. 3. part. 3. chap. 11.

I. Max. Les Juges font bien pris à partie lorfque hors le flagrant délit fans
plainte, fans accufation, ny partie, ny délit ils informent d'un fait qui n'eft point
vrai ne pouvant leur excufer fur un bruit de ville imaginaire. Bouchel, *in verbo*
Jurifdiction, &c. Jean Papon liv. 24. Titre 1.

II. Max. Il n'eft pas permis à un chacun d'en accufer un autre s'il n'y a fon
interêt particulier comme j'ay dit à l'explication du prefent Titre, parce qu'il
n'y a que le Procureur du Roy ou Fifcal aufquels feuls il appartient d'accufer
& faire les pourfuites pour la vindicte publique, fuivant *Benedicti in capite, Ray-
nutius in verbo mortuo itaque teftatore.* Bugnion liv. 1. chap. 63. Bouchel *in
verbo* Accufer, &c. Lorfque le Procureur du Roy & les parties intereffées gardent le filence, le particulier qui n'y a point de part doit fe taire, Biblioteque des
Arrefts *in verbo* Procureur num. 13. lifez *infrà* l'explication du Titre 26. *Tanquam unus de populo in actione populari.* Rebuffe l'a remarqué fur le Poëme des
Ordonnances *infrà* Max. fuiv.

III. Max. Si celui qui veut rendre plainte n'y a point d'interêt en aucune façon, il ne doit pas être écouté ; de maniere que les Juges ne doivent point recevoir toutes fortes de plaintes, & encore moins permettre d'en informer, s'il n'y
a caufe legitime pour le faire. Bouchel, &c. Job Bouvot tom. 2. au mot Interêt
page 489. queft. 1. Caton le Cenfeur fut accufé 44 fois en juftice, & fut 44 fois
renvoyez abfous.

IV. Max. La regle *Nemo fine accufatore damnatur* n'eft pas fuivie à la lettre
dans le Royaume ; car au défaut d'une partie civille le Procureur du Roy eft
toujours fur pied, & même le Juge *ex officio* peut informer en cas urgens &
graves. Il eft vrai qu'il ne peut pas continuer l'inftruction fans une partie. Je
trouve un exemple chez les Romains qui eft prefque femblable de Feftus envers
S. Paul rapporté aux Actes chap. 25. ỳ. 16. *Non eft Romanis confuetudo, &c.*
C'eft ainfi qu'il faut concilier cette Maxime avec les precedentes, il n'y en a pas
une qui fe contredife, fe font tous faits differens. Louet lettre A chapitre 47. &c.
Ordonnance d'Orleans art. 63. 73. Blois art. 184. de même les Promoteurs, Bi-

blioteque des Arrefts. Ils veulent que les Juges informent d'un crime fans attendre qu'il y ait une partie ny un dénonciateur.

V. Max. La partie intereffée qui veut accufer & agir doit être preferée au
Procureur du Roy, lequel ne peut refufer & eft obligé de fe joindre avec elle au
procez : cela eft fi vrai que fuivant l'Ordonnance que nous fuivons les plaignans doivent être reçus à être partie en tout état de la caufe avant le jugement.
Julius Clarus infrà, Max. 7.

V I. Max. Lorfqu'il y a plufieurs plaignans d'un même fait, ils ne font pas
tous reçus à intervenir, mais feulement le plus apparent & le plus capable ; car il
pourroit arriver qu'il y auroit de la vexation & de la malice pour retarder le jugement & accabler un malheureux accufé par le nombre des intervenans & le
faire périr en prifon. L'on peut à la verité recevoir tous les plaintifs dans un même
acte, mais non par de d fferentes plaintes & prendre l'intereffé le plus apparent
pour la pourfuite, de crainte de l'inconvenient que j'ay marqué, que s'il y avoit
tant de partie en un même procez tendentes à une même fin, elle ne voulufffent
pas agir de concert, comme il arrive ordinairement dans les accufations de
banqueroutes, ou que par malice quand l'un voudroit avancer, l'autre ne re-
culât, tout iroit mal, & le prifonnier fouffriroit ne pouvant être jugé, joint
que cela feroit fuperflus d'y avoir tant de parties, une feule fuffifant, *& fruftra
fit per plura quid poteft fieri per pauciora.* Bouchel Biblioteque *in verbo* accufateur. *Julius Clarus*, & fouvent il y a des gens de concert avec un accufé
qui agiffent apparemment en rigueur pour le fervir.

V I I. Max. Le plaintif qui auroit déclaré par fa plainte ne vouloir être partie
après le procez criminel inftruit, peut fe rendre partie avant le jugement, comme
j'ay dit dans la cinquiéme Maxime ; mais il faut obferver que lors de fon intervention il doit faire mention par les conclufions de fa requête qu'il employe le
procez criminel fait & inftruit à la requête du Procureur du Roy, parce qu'on
ne peut pas l'inftruire & recommencer à caufe de fon intervention, fuivant Jean
Imbert liv. 3. de fa pratique. Il eft vray qu'il a la liberté d'adminiftrer de nouveaux
temoins qu'on entend par addition d'information. A l'égard de la maniere comment on doit entendre nôtre Ordonnance Titre 3. art. 5. & Titre 25. art. 19. touchant le tems de 24 heures accordé aux plaignans pour fe départir dans les 24
heures ; il eft certain que ce défiftement n'eft donné qu'en faveur de l'accufé
feulement, qui a la liberté de retenir en caufe pour partie l'accufateur, qui fe
feroit defifté de fa plainte après les 24. heures pour pourfuivre fon abfolution,
& obtenir contre lui la condemnation de fes dommages & interêts. Cela eft fi
veritable, que les derniers termes de l'art. 5. portent, *fans préjudice néanmoins
des dommages & interêts des parties* : mais cette faculté de fe défifter n'eft
pas accordée à Meffieurs les Procureurs du Roy & Fifcaux, ny aux Promoteurs,
qui font les feules parties capables d'agir au criminel pour la vindicte publique,
aufquels le défiftement ou une tranfaction des parties ne préjudicie jamais.

Arreft rendu en la Chambre de la Tournelle au rapport de M. Bochart de Sa-
ron, Confeiller le 28. Aouft 1699. qui l'a ainfi jugé pour Damoifelle *** veuve de
M. *** Receveur des Confignations au Bailliage Royal de Noyon : contre Gilles
*** Robert *** & Eftienne de *** Maîtres Ecrivains Jurez à Paris Experts
nommez ; Louis *** & Conforts, Fermiers des Coches & Caroffes de Flandres.

Une partie civile peut en tout état de cause transiger de ses droits, parce qu'à son égard le procez est toujours civil ne concluant à aucunes peines, excepté dans le crime d'adultere du mari contre sa femme. Transiger de ses droits est un veritable désistement, suivant l'avis de Messieurs les Commissaires rapporté au procez verbal de nôtre Ordonnance, qui donna lieu à l'art. 19. du Titre 25. tel qu'il est écrit, & surquoi je fonde mon sentiment. S. Frain Plaidoyer 78.

Le Juge d'Amiens avoit condamné un prisonnier à jeuner pour acquitter une condamnation pecuniaire. La Cour cassa la Sentence, Dulue lib. 12. Tit. 8. cap. 4. *Anne* Robert lib. 2. cap. 15. Arrests opposez *infrà* Tit. 27. Max. 13. Parival chap. 8. de ses délices de la Hollande, dit qu'un adjudicataire de biens qui ne peut payer est puni du foüet. Au chap. 15. des coutumes de Haynault, un interêt civil faute de payement est puni de peines de corps : les faussonniers faute de payer 300 liv. un mois après la condamnation, sans aucun jugement, sont mis aux Galeres pour trois ans.

Plutarque dans la vie de Demosthene, dit qu'il fut emprisonné faute de payer une amende en quoi il étoit condamné ; il se sauva de la prison, & par Arrest cela fut commué à la peine du bannissement : c'étoit l'usage de l'antiquité que j'ay rapporté fort au long à la Max. 13. du Tit. 27. *infrà*.

VIII. Max. Nulle personne ne peut être contrainte de se rendre partie, si elle ne veut volontairement en demandant ce qui est conforme à l'Ordonnance de Moulins art. 45. Bouchel *in verbo* accuser, Bugnion, Louet lettre H chap. 5. &c. cela est conforme au Titre, *Ut nemo invitus agere cogatur.* Jean Imbert en son Enchiridion, au mot accuser : La Jurisprudence cependant a tenu que le fils ou heritiers d'un homicide pouvoit être contraint d'accuser & agir contre l'homicide, autrement qu'il devoit être privé de la succession, les Loix Divines obligeant à le faire aux nombres 35. ⱴ. 19. Deuteron. 19. ⱴ. 11. & 12. Joseph chap. 4.' antiq. Judaic. Ren. Choppin des Privileges Rustiq. *lib. 3. part. 3, cap.* 11. §. 2. Frain en son Plaidoyer 39.

J'ay rapporté un Arrest qui a jugé le contraire le 30. Juillet 1630. page 456. du nouveau Traité des Criées au profit de la veuve & des enfans, qui est une nouvelle Jurisprudence contraire à l'ancienne ; c'est où je renvoye les lecteurs & à la page 532. du même liv. Ordonnances d'Orleans article 63. Moulins 30. Blois 184. L'Arrest est fondé sur ce que la punition d'un crime ne regarde que le fisc & jamais la partie civile qui n'y peut conclurre, ainsi que je dirai Titre 26. dans l'explication.

IX. Max. Dans le cas de plaintes respectives après les interrogatoires subis, les Juges doivent juger qui demeurera accusateur & accusé sans faire de diverses instructions, à peine de nullité, repetition de frais dommages & interests ; parceque se seroit multiplier sans raison une procedure contre la Justice & faire une chose contre la Loy ; sçavoir qu'un même fut accusateur & accusé. Arrest de Reglement du 10. Juillet 1665. Imbert liv. 3. &c. *infrà* Max. 16. Tit. 14.

X. Max. Un accusé *pendente accusatione* ne peut accuser son accusateur, comme je viens de dire, c'est ce qu'on appelle au Palais récrimination. Toutefois il le peut faire en crime plus atroce, auquel cas il est permis d'informer ; ce que l'on permet au Procureur du Roy sur la plainte qui est renduë, afin de connoître s'il n'y a point de récrimination, & que la verité soit éclaircie.

Charondas

Charondas en ſes Réponſes livre 2. Bugnion Loix abrogées liv. 5. chap. 1. Peleu[s] liv. 8. action 30. Bouchel dans ſa Biblioteque *in verbo*, recrimination, &c. Expilly chap. 71. de ſes Arreſts. M. Faber Conſciller au Parlement vers 1340. appelle M. le Procureur General *magnum Magiſtrum*, c'eſt aux Inſtituts liv. 4. Tit. 13. *de Exceptionibus*. §. *Prætor*, parce qu'il eſt l'accuſateur & le cenſeur public, l'Hercule de la Juſtice, & le vengeur de tous les crimes. *Nec eſt qui ſe abſcondat à calore ejus.* Pſal. 18. ⅋. 7.

XI. Max. Toute condamnation trop dure eſt tenuë pour injuſte par Pierre Ayrault dans ſon ordre Judiciaire part. 1. De même l'accuſation qui n'a pas de modeſtie, de faits qui n'ont pas de vrai-ſemblance & qui excede les bornes de la nature doit être rejetté : c'eſt pourquoi le Juge doit prendre garde à ces ſortes d'accuſations, car comme dit le Poëte Mantoüan, *Dolus an virtus quis in hoſte requirat.* De maniere que dans des faits qui ſont apparemment improbables, impoſſibles & contre la nature, il ne faut point entrer en cet ordre judiciel ny en diſcuſſion de l'affaire, autrement ce feroit pécher contre l'équité. Ciceron en ſa deuxiéme Tuſcul. *Nihil enim poteſt eſſe æquabile, quod non à certa ratione proficiſcatur.*

XII. Max. L'accuſateur n'eſt plus reçû à ſe rendre priſonnier & offrir de demeurer en priſon avec celui qu'il a accuſé juſques à ce qu'il ait recouvert ſes preuves & fait ſon information concluante du crime dont il accuſe : car ce feroit renouveller la pëine du Talion qui eſt abrogée. Bugnion loix abrogées liv. 1. Satyr. 61. Bouchel, Ayrault, Imbert. Le Haro en Normandie dont je parlerai au liv. 2. Tit. 1. Maxime 7. & les villes d'Arreſts ont quelque choſe approchant de cela. *Vide* Exode 21. ⅋. 24. Ville de refuge pour quelques crimes, elles étoient aux nombres cap. 35.

XIII. Max. L'accuſateur qui dans ſa plainte a déclaré vouloir être partie, ne peut pourſuivre l'accuſé *ad vindictam publicam*, par la raiſon de la Maxime précedente, à laquelle il faut ajoûter ; parceque c'eſt purement l'Office du Procureur du Roy, ou du Procureur Fiſcal ; de maniere que la partie ne peut agir & conclure dans tout le cours du procez que pour ſon interêt particulier, *quoad damna & inter-eſſe.* Bugnion comme *ſuprà.* Coquille queſtion 8. Ragueau en ſon Indice des Droits Royaux *in verbo* partie formée, &c. liſez l'explication du preſent Titre & la Max. 2.

XIV. Max. Celui qui a été une fois abſous d'un crime ne peut point être derechef accuſé ny recherché pour le même fait, *non bis in idem*, ſuivant toutes les Loix. Bouchel *in verbo* abſous. *Jacobus de Belloviſu, in Rubric. de injuriis num.* 34. On peut bien appeller de la Sentence que ſi c'eſt un jugement en dernier reſſort, il n'y a que la voye de réviſion du procez. J'en ay parlé page 160. du nouveau Traité des Criées de 1704. Cela eſt curieux à ſçavoir étant tiré de la Juriſprudence des Arreſts rendus ſur des exceptions dont je rapporterai des exemples & les Arreſts très précis.

Non bis in idem n'eſt pas toujours vrai en Matiere Criminelle, puiſqu'on peut prendre requeſte civile contre un Arreſt d'abſolution lorſqu'on trouve que l'accuſé a ſupprimé ou falſifié les charges & informations, ſéduit ou corrompu les temoins, ou commis quelques autres actes & uſé de mauvais artifices & inſinué des erreurs pour procurer ſa liberté & obtenir ſon abſolution : ainſi qu'il fut fait dans l'affaire de * * * où l'on obtint Requeſte Civile qui fut plaidée par M. Louis

G

Nivelle & enterinée. En tous ces cas il n'y a point de difficulté qu'on ne soit
très bien fondé & recevable à se pourvoir contre un pareil Arrest par lettres
en forme de Requeste Civile. Bardet tome 2. liv. 1. chap. 32. rapporte un Arrest
ou M. l'Avocat General Talon convint qu'on pouvoit obtenir des lettres de
Requeste Civile contre un Arrest d'absolution, ainsi que contre un autre s'il se
trouvoit donné sur dol, surprise & fraude de la part de l'accusé.

Voici deux Arrests pour prouver ma Maxime, * * * avoit été condamné au
Châtelet de Paris à des peines & de grosses amendes pour Usure la Sentence
avoit été executée & les amendes payées, tout étoit consommé du consentement du Procureur du Roy. M. le Procureur General interjetta appel de la Sentence *à minima*. M. l'Avocat General de la Moignon, pere, porta la parole pour lui
à l'Audience de la Tournelle, soutenant que son Substitut ne pouvoit point l'engager par un acquiescement à ne pas interjetter appel, qu'il le pouvoit faire quand il
le jugeroit à propos, quelque consentement qu'il prétât à l'execution d'une
Sentence, parce qu'il ne pouvoit lui lier les mains, cela étant au dessus de son
pouvoir. Par Arrest du Jeudi 12. Aoust 1694. la Sentence fut infirmée & les condamnations augmentées.

Depuis * * * Poëte fils d'un * * * fut accusé par M. de la * * * d'avoir fait
des vers satyriques contre lui, & de les avoir dispersez par Arrest de 1710. le Poëte
fut absous. A cet Arrest M. le Procureur General forma opposition, & par Arrest de la Tournelle du 14. Janvier 1711. M. l'Avocat General Chauvelin portant
la parole, M. le Procureur General fut reçû opposant à l'Arrest d'absolution,
permis d'informer par addition des vers infames semez dans le Caffé de la veuve * * * à Paris par le Poëte. L'information fut faite & decretée de prise de corps,
il se sauva sur le Pegase avec sa Muse à Berne en Suisse, l'on instruisit son procez
par contumace, & par Arrest au Rapport de M. * * * Conseiller le 7. Avril 1712.
il fut condamné au bannissement perpetuel hors du Royaume & en des amendes.
Ce qui fut executé en effigie à la Greve, suivant nôtre Ordonnance au Tit. 17.
art. 16. Le Mecredi 4. May ensuivant, mettant un tableau où la condemnation
étoit écrite suivant l'art. 16. de l'Ordonnance, attaché à un poteau. Ensorte que
voilà prouver clairement que le brocard *non bis in idem* n'est pas toujours veritable & qu'il reçoit des exceptions, *vide infrà* liv. 2. Tit. 2. Max. 5. & 22.

Ovide fut banni par Auguste, pour avoir fait des vers qui choquoient l'Empereur en parlant de ses mœurs. L. Guyon tome 2. liv. 3. chap. 26. de ses Leçons a
parlé des couronnes des Poëtes & d'Ovide.

> *Encore dit-on que son ire*
> *L'avoit fort justement pressé,*
> *Et qu'Ovide ne fut chassé*
> *Que pour avoir osé médire.*

X V. Max. Le blessé après avoir transigé avec sa partie, venant ensuite à deceder, une accusation se peut renouveller suivant Bouchel *in verbo*, accuser
ex nova causa emergente, comme si le blessé est mort depuis la premiere plainte renduë : que s'il y avoit Sentence avant la mort, il faut appeller en la Cour
de ce jugement, & sur l'appel on est très recevable à renouveller la plainte fondée sur le deceds arrivé dans les 40 jours de la rixe : cela sert à augmenter les

interêts civils, & contraint l'accusé à obtenir du Roy des lettres de remiſſion, ſi le cas eſt de cette nature par les Ordonnances. Bardet liv. 4. chap. 4. on peut prendre des lettres de Réciſion contre le traité.

XVI. Max. Un condamné au banniſſement ou à une autre peine *citra mortem*, ou qui équipole à la mort naturelle pour crime public, peut fort bien être accuſé de nouveau pour un autre crime plus attroce & qui merite une plus grande punition, dont il n'a point été fait aucune mention dans le procez, pour m'expliquer par des exemples.

Un accuſé de vol a été condamné pour cela à un banniſſement : il peut être accuſé de nouveau pardevant le même Juge, d'un meurtre & homicide ſur un grand chemin qu'il avoit commis auparavant, s'il y a preuve & qu'il puiſſe être arrêté, ſon procez lui ſera fait & parfait ſur cette ſeconde accuſation, ſinon il ſera pourſuivi comme contumax. La raiſon eſt qu'un coupable ne peut tirer avantage de ſes crimes ny d'une condamnation intervenuë ſur un ſeul, qui eſt le moindre ; car ſi le banniſſement qu'il eſt condamné lui tenoit lieu de peine pour tous ſes crimes, il s'enſuivroit qu'il auroit gagné & ſatisfait ſa paſſion en les multipliant. Néanmoins toutes les loix augmentent la peine aux délits reïterez & multipliez, ſuivant qu'il eſt porté au Code *L. nemo 3. in fin. cod de Epiſcop. audientia l. operis 14. cod. de pœnis.* Ayrault ordre Judiciaire part. 2. fol. 36.

XVII. Max. Tous parens à quel degré que ce ſoit, heritiers ou non d'un homicidé, ſont reçus à pourſuivre le coupable. Il n'y a que les ſucceſſeurs heritiers qui puiſſent prétendre l'interêt civil : car ces premiers en ce rencontre, ne ſont conſiderez que comme des dénonciateurs, & ne peuvent prétendre que les dépens. Je ſuppoſe ici que les parens éloignez agiſſent par la negligence & au défaut des proches parens & heritiers ; car ſi ceux-ci vouloient faire les pourſuites contre le coupable, ceux-là ne ſeroient pas reçus à le faire. Imbert, Ayrault, Bugnion, de L'homeau, Maynard, &c. ſont tous de ces ſentimens.

XVIII. Max. Encore que la veuve d'un homicidé ait laiſſé abſoudre un accuſé, le parent du deffunt eſt reçû à reprendre l'accuſation, quand bien même il ne ſeroit pas heritier. Imbert, Peleus, liv. 6. action 19. Le ſilence d'une veuve ou ſa négligence, ou intelligence avec un accuſé, ne fait aucun préjudice aux parens auſquels il appartient de venger la mort du deffunt, ſuivant les Loix Divines. *Si ligno percuſſus interierit percuſſoris ſanguine vindicabitur à cognatis.* num. cap. 35. ℣. 18. 19.

XIX. Max. On ne peut être reçû ſuivant Bouchel *in verbo* accuſer à rendre une plainte par Procureur, parce qu'il la faut faire ſoi-même, l'affirmer veritable & la ſigner, ſi on ſçait écrire. Je croi qu'un accuſateur qui a excuſe valable, comme abſence ou maladie, peut envoyer une procuration paſſée pardevant Notaire & en bonne forme contenant ſa plainte à une perſonne pour la rendre, avec declaration en corroborant qu'il la confirmera & approuvera auſſi-tôt qu'il ſera en état de le pouvoir faire, étant une perſonne connuë, & qui en pourra repondre en cas que l'accuſation fut calomnieuſe, &c. nôtre Ordonnance en ce Titre art. 4.

XX. Max. Les plaintes de ſimples injures entre plebeyens, l'on ne permet pas d'informer comme j'ai dit page 440. du nouveau Traité des Criées où je renvoye les Lecteurs, pour ne rien répeter. Que ſi elles ſont attroces, j'en parleray au

Titre des injures. Etant simples, il faut se pourvoir par action, n'étant pas juste
de faire un procez pour de petites choses qui se doivent traiter *de plano* & som-
mairement. *Mors & vita in manibus linguæ. Proverb.* 18. ỳ. 21. *nescit vox missa
reverti, Horat.* La parole dite ne se peut retenir.

XXI. Max. Le pere pour les excès commis sur ses enfans, le mari sur la personne de sa femme, l'Abbé à son Moine, le maître pour son serviteur & domestique, s'il a été maltraité à cause de son maître : tous peuvent rendre leur plainte, *sed non è converso* pour raison de la dépendance & indépendance des uns
& des autres. Il y a cela encore de plus touchant la restriction que nous avons
posée au regard des maîtres : que les serviteurs ne sont plus en la puissance des
maîtres comme ils etoient autrefois. Masuer des injures, Baquet des droits de
justice. chap. 16. num. 2. &c. Voyez la seconde part. au Tit. 2. Max. 13.

XXII. Max. Le mari doit sçavoir les Arrests rapportez *infrà* liv. 2. Titre 2.
Max. 20. Une femme en puissance de mari ne peut agir en Justice si elle n'est autorisée de lui, ou par le Juge. Coutume de Paris art. 224. elle peut néanmoins agir
en action d'injures sans être autorisée, *& hoc tuendi honoris causa* : mais elle ne
peut agir pour son mari s'il n'est absent d'une longue absence, foux, furieux, &
insensé, étant créée sa curatrice. Dans toutes ses justes causes d'empêchement, il
faut que le mari & son bien soient deffendus par quelque personne. *Vide* la Rocheflavin *in verbo* autorisation. Chenu, questions 60. & 61. Le Poëte comparant
les femmes au Mercure, & a une pendule toujours agitez & en mouvement, a
dit *variarum & mutabile semper fœminæ.*

XXIII. Max. Le fils de famille peut se plaindre & agir au criminel pour les
torts & excès commis en sa personne ; car si le pere peut agir pour le fils, lorsque
ce fils ne se plaint pas, à plus forte raison le fils peut agir en sa propre cause, *aut
alio justo impedimento præoccupatus, nam mulier est subjecta viro, & non vir
mulieri.* Masuer Titre des Exceptions 9. num. 11. &c.

XXIV. Max. Les mineurs impuberes ne peuvent accuser ny agir, mais ils
peuvent être accusez, parce que les crimes sont personnels & qu'ils peuvent
en rendre aussi bien raison que de les commettre. Ceci est traité page 46. du nouveau Traité des Criées, où je renvoye, tiré de la Loy *Pupillum* ff. *de regulis juris.*
Ayrault, Ducroc au Style du Parlement, &c. La raison pour laquelle ils ne peuvent accuser & peuvent être accusez : c'est que l'accusation tient en cela du civil
dans lequel ils ne peuvent plaider, & s'il succombent, ils payeront les dommages,
interests & dépens. Il faut de la prudence, de la discretion & de l'entendement
pour s'y conduire comme dans toutes les autres actions & négotiations de la vie.
C'est pour cela qu'on pourvoit aux mineurs d'un Tuteur, & lorsqu'ils sont éman-
cipez on leur donne un Curateur pour les conduire & diriger ; mais être accusez,
cela témoigne un jugement de faire bien ou mal, & rend la personne capable
d'ester & se deffendre en jugement sans l'assistance de Tuteur ny Curateur : car il
répond par sa bouche sans conseil lorsqu'il est interrogé. Peleus question 16. est
de sentiment opposé. Si je parlois au civil, je lui prouverois qu'un mineur peut
bien résigner un Benefice dont il est Titulaire sans son Tuteur : à plus forte raison doit-il se deffendre par lui-même étant accusé d'un crime sur lequel il
doit répondre sans conseil, Tuteur ny Curateur, &c. Decambolas livre 2.
chap. 43.

XXV. Max. Un frere qui accuse son frere, M. Expilli Plaidoyer 5. num. 7. dit que les inimitiez entre deux freres sont impies & execrables. Il me semble que la Maxime se doit expliquer d'une dénonciation d'un crime public que feroit un frere sans aucun interest particulier contre son frere. Je ne prétend pas dire qu'elle soit d'exclure le frere qui a reçû un tort & dommage assez considerable de son frere de rendre plainte contre lui, puisqu'il lui est permis d'en demander la satisfaction & la réparation à la Justice, & qu'il ne la peut avoir que par cette voye. J'excepte le crime de leze-Majesté, *In quo frater tenetur denuntiare fratrem.* Louis XI. Ordonnance du mois de Decembre 1477. &c. *Ecce quam bonum. Psalm.* 132. Caïn contre Abel.

XXVI. Max. M. Claude Expilli Plaidoyer 18. num. 13. dit que le disciple ne peut accuser son Precepteur sous lequel il a été élevé & instruit, de même *Servus non potest accusare Dominum suum*, cela étant estimé une chose inique, l. 17. *quod qui accusare possunt. Hoc enim est iniquum & longe à seculi nostri beatitudine.* On pourroit ajoûter ensuite que ces deux sortes de personnes pour la plûpart, nous voyons qu'ils ont de l'aversion pour leurs Maîtres ou Precepteurs, lorsqu'ils sont hors de leur puissance, étant certain que nous n'avons pas de plus contraires & opposez que nos propres domestiques, qui ne nous servent que par contraintes & pour l'amour d'eux mêmes par les appointemens qu'ils en retirent, mettant en oubli cette belle leçon que S. Paul en donne dans son Epître aux Ephesiens chap. 6. v. 5. & quand aux disciples, la crainte qu'ils ont du châtiment de leur Precepteurs fait qu'ils conçoivent une haine dés leur jeunesse contr'eux, & le défaut de raison dans ce jeune âge empêche qu'ils ne connoissent le bien qu'ils leur font, prenant leur correction dans un sens contraire à la justice, à l'équité, & à la raison naturelle, & même à la religion. Duluc lib. 12. Tit. 3. cap. 5. 6.

XXVII. Max. Il n'est pas loisible à un parent d'accuser sa parente d'impudicité, & encore moins au Curateur du parent, parceque ce sont des accusations infames qui retombent par réflexion sur ceux qui les font. C'est aussi pour cette raison que les Arrests ont jugé, que les parens heritiers d'un défunt ne pouvoient après sa mort accuser sa veuve d'adultere commis du vivant de son mari lorsqu'il ne s'en étoit pas plaint, & n'en avoit rien dit ; cela est suivant l'argument de la Loy l. *Ultim. sub finem cod. de revocandis donationibus, &c.* Je parlerai encore de ce dernier chef au liv. 2. Titre de l'adultere. Peleus liv. 7. action 4. Loüet lettre D. &c. *infrà* liv. 2. Tit. 17. Max. 2.

XXVIII. Max. Il est digne d'admiration de voir s'élever sans être glorieux un homme de peu de naissance, vu que très-souvent l'arrogance prend la place de la bassesse qu'on a quittée. Bâtards & bâtardes sont reçus à poursuivre la vengeance de la mort de leurs peres & meres *jure sanguinis*, & à faire demande de la réparation & interêt civil. Laurent Jovet en sa Biblioteque *in verbo* Bâtard num. 6. dit que les Bâtards sont parties capables pour poursuivre la vengeance de la mort de leur pere & mere, & demander la réparation & l'interêt civil, n'y ayant rien de plus naturel que de poursuivre la vengeance de la mort de ceux dont on tient la vie. Les Bâtards en sont capables aussi bien que les legitimes ainsi qu'il fut Jugé par Arrest du 15. Decembre 1608. qui est rapporté au 15. des Plaidoyers de M. l'Avocat General Servin, qui porta la parole. De même le pere peut poursuivre le tort & l'injure faite à son enfant naturel , *& sic pater filii naturalis injuriam ulcisci potest*. Bouchel *in verbo* vengeance , Loüet lettre D. Brodeau sur icelui Arrest 10. &c. Gedeon eut 71. enfans mâles , Hercules 72. il n'y avoit qu'une fille. L'Empereur Proculus écrivit à son ami Merianus , qu'ayant pris aux Sarmates en guerre cent filles , il les avoit toutes vûës en moins de 15. jours. Crucius rapporte qu'un valet engrossa dix servantes en une nuit. Clement , Alexandrin , dit que Hercules ayant couché pendant 14 heures avec 50 filles Atheniennes , il leur fit à chacune un garçon , qu'on les nomma les Thespiades. Lisez la 317 décision du President Bohier qui est curieuse. André *** qui ne beuvoit que de l'eau , eut 39 enfans qu'il presenta au Roy en Poitou , avoit un Bâtard , suivant l'Arrest du 14. Aoust 1565. Caron en ses memorables Traité de la legitime. Voyez le curieux Plaidoyers 45. de S. Frain précis sur la matiere.

XXIX. Max. Le mari ne peut point accuser sa femme d'adultere lorsqu'elle a été violée. *l. Si uxor* 13. §. *si quis* 7. ff. *ad legem Juliam de Adulter. infrà* livre 2. Tit. 17. du viol , parce qu'elle n'étoit pas maîtresse de sa liberté. C'est pourquoi Aristote dit qu'une action ne peut être imputée à blâme , lorsqu'elle est involontaire , d'où est pris l'article 2. du Titre 16. de nôtre Ordonnance.

XXX. Max. Lorsque le mari est soupçonné d'être commode & de concert avec sa femme pour la laisser vivre dans la débauche afin d'en tirer retribution , & en bon François souffre l'adultere à sa vûë ; en ce cas le Procureur du Roy peut intenter l'accusation , *lenocinium enim mariti ipsum onerat , &c.* Comme aussi les pere & mere , freres & oncles paternels ou maternels sont reçûs à l'accusation ausdits cas , la chose étant publique , attendu l'injure qui leur est faite. Arrest du premier Juillet 1406. Plaidoyers de Corbin chap. 62. &c.

XXXI. Max. Le pere ne peut point agir contre ses enfans pour vol & larcin , car ce seroit agir contre lui-même ; mais il peut agir contre ceux qui leur ont prêté la main , donné conseil , aide & confort , reçû & caché les choses volées : car en ces cas-là il faut envisager les receleurs qui ont reçû le vol comme s'ils avoient déchargé un voleur qui meriteroit la peine & le châtiment dûs à son vol par les Ordonnnces. Despeysses au Traité des Crimes chap. des voleurs. *Præcipitur enim ut perinde puniantur atque latrones , in pari causa habendi sunt , &c.* Instituts lib. 4. Tit. 1. §. 12. *hi.*

XXXII. Max. Tous les parens de celui qui a été appellé ladre ou faussaire , ou d'une autre injure attroce , peuvent intenter action contre l'injuriant , au défaut les uns des autres ; parceque les injures de cette qualité retombent & des-honorent les familles entieres , & font soupçon sur chacun en particulier , pour raison dequoi il a interêts d'en demander & poursuivre la réparation : car tout semble commun dans une même famille , le bien & le mal réflechi sur chacun en son particulier , il semble que ce n'est qu'une même personne. *Anna Robert rerum judicatorum lib. 2. cap. 12. &c. infrà* liv. 2. Tit. 2. Max. 1.

XXXIII. Max. Les femmes & filles ne sont pas écoutées à leur plaindre si elles ont été insultées étant travesties en habits d'hommes , suivant toutes les Loix du Digeste. De même des Ecclesiastiques qui ont reçû des affronts en habits seculiers & ayant l'épée , ils sont déchus de tous les privileges accordez au Clergé par les Ordonnances du Royaume , &c. *forma rei mutatur nomine.* Le Deuteronome chap. 22. ℣. 5. est curieux à voir sur cette Maxime. *Abominabilis enim apud Deum est qui facit hoc.*

XXXIV. Max. La plainte sur le fait d'un contrat simulé est recevable, parce que tous faits qui sont approchans de crimes la preuve en doit être reçuë, tout le Titre du Code liv. 4. est formel là-dessus. *Plus valere quod agitur quam quod simulatè concipitur.* Neron sur l'art. 54. de l'Ordonnance de Moulins, &c. Ordonnance d'Avril 1667. Tit. 20. art. 2. Au 15. siecle Jean Cousin, Carme Portugais fit quatre livres des Contrats & des échanges, intitulé de la Justice Commutative. *Decambolas* liv. 2. chap. 38.

XXXV. Max. Les Procureurs du Roy , les Procureurs Fiscaux & les Promoteurs des Officialitez sont tenus de nommer leurs dénonciateurs en étant requis après le jugement diffinitif, l'accusé étant absous. Voyez Job Bouvot tome 2. folio 485. au mot instigans , dénonciations quest. 1. la raison de cela est afin d'ôter aux Procureurs du Roy & aux autres les moyens d'opprimer le public & de vexer les innocens , suivant Imbert Bouchel , &c. Je traiterai plus au long de cela au Tit. 17. Max. 12. pour nommer le dénonciateur avant la confrontation. Maxime 32. au 27. Titre de ce livre , étant l'endroit naturel de le faire. *Vide* l'Ordonnance d'Orleans art. 73. Bibliotheque des Arrests au mot Procureur, num. 21. 26.

XXXVI. Max. Les plaintifs & accusateurs, dénonciateurs, instigateurs , temoins & tous autres qui ont fait & donné secours , aide & confort aux accusations, encore qu'ils ne soient dénommez dans les procès, ne sçauroient éviter ny leur garentir d'être condamnez aux dommages, interêts & dépens de la partie innocente qui a obtenu l'absolution de l'accusation faite contr'elle , suivant l'Ordonnance , Maynard Bouchel , &c. pourquoi ils doivent être assignez pardevant les mêmes Juges qui ont prononcé l'absolution de l'accusé , & jugé le procez ; *Nam accessorium naturam sequi congruit principalis, & apud eundem judicem tractari.* *Vide* à la table des Arrests de Bardet , aux mots accusez, accusations , & l'Ordonnance de Charles IX. du mois d'Octobre 1561. qui est page 537. du nouveau Traité des Criées de l'impression de 1704. Duverdier en ses diverses leçons liv. 7. chap. 6. rapporte un curieux Plaidoyer contre un calomniateur qui fut condamné & executé à mort. L'on pourroit suivre l'exemple rapporté au chap. 14. de Daniel, où le Roy Cyrus étant venu voir ce S. Prophete qui étoit dans la fosse aux Lions où il avoit été jetté par son ordre il y avoit sept jours sans avoir reçû aucun mal des Lions, l'ayant trouvé plein de vie , il le fit retirer & jetter dans la même fosse ceux qui l'avoient engagé à commettre cet homicide, qui furent aussi-tôt dévorez. Je dirai suivant les Auteurs, que si à l'imitation de ce Roy on condamnoit les faux accusateurs aux peines que souffriroient les accusez s'ils étoient convaincus valablement, ainsi que l'ordonnent les Loix Civiles & Catholiques, le monde seroit bien-tôt purgé du venin de la calomnie & de l'imposture, on ne verroit plus si souvent l'innocence opprimée & la calomnie regner & récompensée. Les Loix l'appellent la peine du Talion : que si l'on consulte là-dessus S. Gregoire, il se trouvera qu'il dit que le Seigneur permet ees maux pour en tirer de grands biens : que Abel avoit besoin de Caïn, Jacob, d'Esaü, David, de Saül, afin que les persecutions qu'ils souffrirent devinssent l'exercice de la patience & le couronnement de leurs vertus. Il ne faut point écouter la voix de la calomnie qui impofe filence à la verité : non plus que de fouffrir que les prifons deviennent les domiciles des innocens. Des Auteurs ont comparé les perfecutions que fouffroit l'Eglife primitive, à la Camomile & au Palmier *curvata refurgo.* Plus fes plantes font preffées & chargées, plus elles fe roidiffent & font vigoureufes contre l'oppreffion, ce que fait l'Eglife. Mezerai parle de l'état de l'Eglife au regne du Roy Clotaire II. Toutes les actions des hommes font en fi grand nombre & diverfifiées fi fort, que les Loix n'ont pû prévoir tout, ni les défigner, expliquer, fpecifier, & donner à chacune fon nom ny appliquer la difference. Après avoir expliqué en détail les crimes & délits connus, j'ay compofé le livre fecond pour une plus grande intelligence, dans lequel après avoir parlé des crimes en general, j'ay fait des Traitez & donné des Titres & des noms à chacun en particulier. C'eft dequoi les judicieux Lecteurs font priez de juger fi j'ay bien ou mal rencontré.

X X X V I I. Max. Antoine Duverdier en fes leçons diverfes liv. 7. chap. 6, convient que tout accufateur qui accufe quelqu'un d'un crime, eft tenu de le prouver, finon il eft jugé & condamné comme calomniateur. L'accufé n'eft pas obligé de prouver le contraire, *femper enim neceffitas probandi incumbit illi qui agit.* C'eft ce que porte l'article 7. du Titre de nôtre Ordonnance, duquel je viens de traitter. Ordonnance d'Orleans art. 73. contre les accufateurs & dénonciateurs qui fe trouveront mal fondez. Il n'y a qu'à prendre la peine de lire dans l'ancien Droit : les calomniateurs étoient punis du fupplice qu'auroient fouffert ceux qu'ils avoient fauffement accufez. *L. 7. 9. 10. c. de calumniat. L. ult. eôd. de accufat. & infcript. L. 1. D. §. 2.]* ad Senatufconfultum Turpilianum. Et lorfque l'accufation ne permettoit pas que l'on punit de mort, la Loy *Rhemnia* vouloit qu'on leur imprimât fur le front d'un fer chaud la lettre K pour infamie publique par ce carrêtere ineffaçable. Voyez à la Table au mot dénonciateur.

T I T R E VI.

Des Procez verbaux des Juges.

EXPLICATION DU TITRE.

SUivant Guillaume Budée, *Annot. prioribus in pandeÊtas pag.* 419. *in voce renuntiatio.* Procez verbal eft appellé en Latin *renuutiatio.* Le mot procez eft ici un adjectif plutôt qu'un fubftantif : il eft vrai qu'il fe peut prendre pour l'un & l'autre : que s'il eft pris pour fubftantif, il n'eft rien moins que ce procez qui vient après l'inftance, & la caufe qu'on apelle *conftitutio ftatus caufa,* celui-là eft la fin de la caufe, & qui préfuppofe l'inftruction entiere de la chofe dont il s'agit ; mais au contraire ici le Procez verbal n'eft que le commencement & l'introduction à l'autre, & je le puis appeller avec *Budaus, fumma illa queftio.* Ainfi *verbal* eft fon adjectif, de maniere que le procez verbal en ce cas-là, veut dire procez, procedure, ou cahier contenant la parole, ou ce que le Juge a dit par parole, & verbalement. Que fi on le prend pour adjectif, *verbal* fera fubftantif, comme

qui

qui diroit Procès verbal *verbum scriptum, aut vox scripta*, a la difference de cette parole qui se perd en l'air, *Quæ missa per aures nescit vox missa reverti.* Et c'est de cette façon que laissant le Procès, le mot de Procès verbal a autant de signification qu'on en peut désirer. Pour abreger, l'on dit dans les Provinces ordinairement, *le verbal du Juge*, ou bien *verbaliser* sans l'adjectif du mot Procès : *Etiam potest dici status, &c,* Que l'on dise verbal ou Procez verbal, c'est une description narrative de l'état de la chose que le Juge voit dans toutes ses circonstances. Cette description est aussi necessaire suivant l'esprit de nôtre Ordonnance qui est prise d'Ulpian sur la Loy *Item veniunt §. præter hæc. D. de petitio heredita* par ces mots, *Consules verba fecere de his, &c.* avec les dates suivant les mots de ladite Loy *pridie Idus Martias, quintus Julius Balbus, &c.* Quant au mot Juge, je croi l'avoir assez expliqué au Titre premier de la Competence. J'ajoute ici seulement pour faire la difference des Procès verbaux des Juges, que c'est de ceux-là que j'entend parler, afin que les Lecteurs ne les confondent pas, & fassent la difference d'avec les Procès verbaux des Huissiers, Sergens, Archers, & autres Ministres de Justice, ou Officiers qui n'ont point de superiorité ny de Jurisdiction, lesquels sont exclus de ce Titre, qui ne comprend uniquement que ceux des Juges. *infrà* au Tit. 21. Je parlerai d'une autre sorte de Procès verbaux bien differens.

I. Max. Les Procès verbaux des Juges font pleine foi, encore qu'ils ne soient reconnus ni verifiez, parce qu'ayant une fois lors de leur reception prêté serment à Justice & été approuvez du public par une reception solemnelle, il est juste & raisonnable qu'on se fie à eux pour assurer la verité en ce qui concerne les fonctions de leur Office. La Rocheflavin en ses Parlemens de France livre 10. chapitre 3. &c.

I I. Max. Tous Juges en cas de vols, *s'ils font faits avec effraction*, sont tenus dresser leur Procès verbal de l'état, des portes, armoires, tiroirs, cabinets, coffres, cassettes, & des lieux ou les vols auront été commis. Arrest de Reglement de la Cour des Grands jours d'Auvergne du 10. Decembre 1665. art. avant le dernier, d'instruction pour les Juges : & si c'est d'un cadavre trouvé mort, dire le lieu, l'état des blessures, & de son habit, & ce qu'il avoit. Maxime 2. du Titre suivant.

I I I. Max. Les Juges qui procedent en qualité de Commissaires commis & deleguez, sont tenus d'inserer au commencemens de leurs Procès verbaux la commission en vertu de laquelle ils procedent, en mettant ainsi A. B. Conseiller du Roy Lieutenant, &c. Commissaire de Nosseigneurs de . . . . . par Arrest du . . . . cela est absolument necessaire en ces rencontres, comme étant le fondement de leur competence & de leur pouvoir : elle doit être dattée, & le nom des Juges qui l'ont décerné y est mentionné.

I V. Max. Les Juges après les écheances des assignations & que les défauts & l'instruction sur icelles sont obtenus procedent aux Jugemens des Procez, soit par une condamnation capitale contre les défaillans, soit par une moindre condamnation selon la qualité & nature des crimes, par effigie s'il y échet ou autrement dont l'on fait Registre & Procès verbal qui demeurera au Greffe : & ce qu'il y en a durant le cours d'une année est envoyé une fois l'an à Monsieur le

H

Procureur General, ainſi que porte l'Ordonnance. Je ſuis obligé de rendre raiſon de deux points contenus dans la Maxime, concernant le Titre de l'Ordonnance. Pour les autres, je parlerai de chacun en ſon lieu : le premier, c'eſt de faire Regiſtre & Procès verbal de ce qui ſera fait par le Juge dans les choſes qui le requierent : le ſecond eſt pour ce qui concerne l'envoi qui en doit être fait à Monſieur le Procureur General, afin de lui marquer la diligence & & le devoir des Juges que l'Ordonnance les y a obligez, parceque s'il y avoit de leur négligence ſur tout en Matiere Criminelle, il ſçauroit bien les en faire punir, en quoi ſans y penſer je touche les autres points de la Maxime que j'établis ici. Les condamnations par effigies ſe pratiquoient par les Romains ſuivant les Loix rapportées aux notes du chap. 7. liv. 5. de M. Dolive.

V. Max. Il eſt enjoint aux Prevôts des Maréchaux & à leurs Lieutenans, d'envoyer de mois en mois au Greffe de la Cour les Procès verbaux qu'ils font, contenant les diligences qu'ils auront apportées dans leurs dépendances, pour prendre & arrêter les vagabons & malvivans : Ce qui eſt remarqué ſe pratiquoit autrefois parmi les Romains, ſuivant Ciceron écrivant à ſon frere Proconſul en Aſie, c'eſt auſſi pour contenir les Officiers dans leurs devoirs. Ordonnance de 1549. d'Orleans art. 67. 68. Moulins art. 43. Blois 157. Chenu Tit. 9. chap. 43. &c. & la Maxime 19. du Tit. 4. *ſuprà.*

VI. Max. Par l'Ordonnance d'Orleans art. 63. & celle de Blois art. 184. entr'autres choſes les Juges ſont tenus de faire Procès verbal des plaintes & des dénonciations qui leur auront été faites des crimes & délits commis en leur reſſort & les envoyer aux Juges dénommez par l'Ordonnance : cela ſe doit faire afin de connoître ſi ces Officiers font leur devoir.

VII. Max. Lorſque le Juge ſe tranſportera aux priſons pour interroger un accuſé, & qu'il trouve qu'il eſt furieux, ſourd, muet, ou étranger, qu'il n'entend pas la Langue Françoiſe, il dreſſera ſon Procès verbal qui ſera communiqué au Procureur du Roy avant que de proceder à l'interrogatoire, non ſeulement pour être pourvû d'un Curateur à l'accuſé, ou d'un Interprete, à la diligence du Procureur du Roy ; mais auſſi pour parvenir à une ſommaire information ſur la verité ou fauſſeté de l'incommodité de l'accuſé. Liſez l'Ordonnance ſur laquelle j'établi mes Maximes, Titre 14. art. 11. &c. M. Dolive liv. 5. chap. 18. enſeigne la maniere d'entendre un muet par ſignes *infrà Vide* le Titre 20.

TITRE VII.

Des Rapports des Medecins & Chirurgiens.

EXPLICATION DU TITRE.

UN Rapport, c'est le témoignage & la narration d'une chose telle qu'elle est suivant nôtre jugement & qu'elle a semblé être à nos sens, dont a parlé bien au long Pline second liv. 29. chap. premier. Je puis dire que chacun étant jaloux de son opinion, on a vû souvent sortir de ces sortes de divisions de grands périls. Les Medecins & Chirurgiens sont compris en ce Titre, à l'exclusion des autres Arts & Mètiers Jurez & experts. Quant aux Medecins, le Titre ne s'étend point à tous ceux qui en portent le nom; mais seulement à ceux qui sont Docteurs en Medecine d'une fameuse Faculté, qui en font la profession, qui sont reçus dans une ville & y font l'exercice attaché à cette Profession: car les Empiriques charlatans & ignorans n'y ont aucune part. Eccles. 38. ℣. 1. *Honora medicum propter necessitatem, &c.*

Tout de même suivant l'art. 87. de l'Ordonnances de Blois pour les Chirurgiens, le Titre ne reçoit que ceux qui ont fait chef-d'œuvres, & qui après les examens ordinaires sont approuvez par un consentement public, ou commis par le premier Medecin du Roy, & reçûs dans les Bourgs & Villages par le premier Barbier-Chirurgien ou Juré du lieu.

Je croi être inutile d'approfondir davantage ce qui peut concerner le particulier de leur profession, ce seroit trop m'éloigner de mon sujet. Je dirai seulement qu'ils sont tenus dans leurs Rapports de faire mention du nombre & de la qualité des playes, de leur profondeur, largeur, longueur, en quelles parties du corps elles sont, celles qu'ils croyent être dangereuses & mortelles, celles qui ne le sont pas, de quel genre d'armes ils croyent qu'elles ont été faites, d'armes à feu, fusil, pistolet, espées, ferremens trenchans, bâtons, pierres, *& hujusmodi*, s'il y a des contusions, fractures & meurtrissures, les accidens & l'état de la maladie du blessé, combien ils croyent qu'il doit garder la chambre ou le lit, quel regime de vivre il doit observer, dans combien de tems ils croyent qu'il peut être gueri, & toutes les autres circonstances qui peuvent être necessaires pour faire connoître l'état du malade, afin de porter les Juges à regler l'affaire, soit à charge ou à décharge de l'accusé: que s'il n'est pas dans les formes que requiert l'Ordonnance, il est rejetté comme nul & invalide, ce qu'il faut observer. Lisez Jean Papon liv. 23. Titre 8. Jean Imbert liv. 3. chap. 3. num. 11. Ciceron appelle *hasta* une pique, lance, javelot: Cesar *Mazara* un dard ou exponton.

I. Max. Les Medecins & Chirurgiens ne peuvent point refuser de faire leur Rapport s'ils en sont requis par les parties ou ordonné par le Juge. Dautant qu'il ne leur est pas loisible de dénier la profession de leur art aux malades & blessez, en y apportant le soulagement qu'ils peuvent. Moins encore peuvent-ils

désobeïr au Juge qui l'a ordonné. Bugnion en ses Loix abrogées liv. 1. satyr. 87.
&c. Il y a un Traité imprimé en 1704. de la maniere de faire des Rapports en Chirurgie *infrà* Tit. 12. Max. 20. Un Medecin de Milan fit bâtir une maison, & mit
sur la porte en lettre d'or, *structa.*

I I. Max. Les Juges sont tenus suivant l'Arrest de Reglement des Grands jours
du 10. Decembre 1665. de faire faire Rapport en Chirurgie de l'état des personnes blessées, & des cadavres : dans les Procès des femmes accusées d'avoir défait leur fruit, & des enfans morts, soit de mort violente, ou naturelle. Tous
lesquels Rapports seront joints aux Procès, *debet enim prius constare de re.*
Laquelle chose ne peut être connuë au Juge que par le Rapport des Medecins
& Chirurgiens, & par ainsi fait une des principales pieces du procès, vû que
dans les crimes obscurs & cachez le Juge ne doit rendre sa Sentence qu'après
qu'il en sera parfaitement instruit. Max. 2. du Tit. precedent.

I I I. Max. Je ne sais pas de doute que d'ordinaire & en certains rencontres
le Juge s'en doit tenir & en demeurer au Rapport des Medecins & des Chirurgiens qui se servent des plus cruelles incisions, de tous les tourmens de leur
art impitoyable, qui déchire les membres pour sauver le corps. Ce qui donna
lieu à Joubert & Bachot Medecins, de faire un Reciül des erreurs populaires :
& à cause de cela, il est de sa prudence, lorsqu'il n'y en a point sur les lieux
de commis par le premier Medecin du Roy, de faire voir & visiter les blessez
ou homicidez par deux Medecins ou Chirurgiens, si tant il y en a, sur tout
lorsqu'il s'agit d'asseoir un jugement diffinitif, soit de condamnation, soit d'absolution sur leur Rapport dans les affaires de conséquence & dans les crimes graves : parce qu'au regard du premier Rapport il peut y avoir du soupçon, *cap.*
nuper nobis. §2. *Extra de testibus & attestationibus.* Néanmoins le Juge n'est
pas si fort adstraint aux Rapports qu'il ne doive examiner les raisons des parties.
Ordonnance de Blois art. 87.

I V. Max. Le premier Medecin du Roy, suivant la Declaration de Henry
le Grand de l'an 1606. & Ragueau *in verbo* Jurez, a droit & permission de
commettre dans toutes les bonnes Villes du Royaume un ou deux Chirurgiens
des plus capables, pour faire les Rapports & les visites des malades & blessez, *&*
ideo isti dicuntur Jurati homines, parce qu'ils prétent le serment devant le premier Medecin : il en faut croire au Rapport de ceux-là comme s'il l'avoit fait.
Bernier en ses Essais de Medecine en 1695. le Roy a créé des Offices de Chirurgiens aux Rapports.

V. Max. Le Rapport des Medecins & Chirurgiens est si necessaire dans les
Procès criminels lorsqu'il y a blessures ou homicides, que faute de le rapporter
où s'il n'y en avoit point eu, on ne pourroit inferer autre chose, sinon que le blessé seroit mort par sa faute & non de sa blessure. Le Grec Arystophanes, nomme
les Medecins * * * J'ay lû un avis pour l'établissement d'une societé de Medecins
par toute la France.

V I. Max. Les Medecins & Chirurgiens ne peuvent stipuler & accorder qu'ils
n'appelleront qu'eux aux malades & blessez, & qu'il n'y aura que les Medecins
& Chirurgiens Jurez & non d'autres qui puissent faire des visites & Rapports
en Justice : cela étoit contre la liberté publique & un monopole qui a été condamné par les Arrests rapportez par Peleus liv. 4. actions 26. & 32. Ces sortes de

traitez & conventions ne peuvent point préjudicier aux autres Chirurgiens , & font deffendus & condamnez. Ren. Chop. fur la Coutume de Paris lib. 2. Tit. 3. num. 10. 11. Dolive liv. 5. chap. 19.

VII. Max. Si un particulier fe plaint & qu'il ait quelques caufes de fufpicion contre les Medecins & Chirurgiens qui ont fait un Rapport , s'il requiert une contre-vifite & qu'à fes dépens elle foit faite , il lui fera permis de faire faire un nouveau Rapport par d'autres Medecins & Chirurgiens les premiers appellez avec ces derniers , le tout aux dépens de la partie qui l'a demandé, fauf à repeter en fin de caufe s'il eft ainfi ordonné. Tout cela fe fait à l'égard des uns & des autres , par la même raifon que *nemo debet alieno odio præ gravari* , le bleffé par les premiers Chirurgiens , & l'accufé par les feconds ; c'eft pour cela qu'ils doivent être appellez au fecond Rapport pour appuyer celui qu'ils ont fait , le Juge l'ordonne ainfi *metu fubornationis* au regard des uns & des autres *& ne veritas occultetur.* La Rocheflavin lettre E Tit. 5. des Experts fur la fin du Titre. Imbert liv. 3. de fa Pratique , &c. *infrà* Max. 18. Tit. 14. Pelcus liv. 4. action 31, dont de tout le Juge doit dreffer Procès verbal.

VIII. Max. Les Medecins & Chirurgiens qui font un faux Rapport ne font pas punis comme convaincus du crime de faux , *fed citra arbitris Judicis.* Nous avons là-deffus deux Auteurs oppofez & contraires , defquels l'un écrit fans y avoir réflechi , *multi Medici perdiderunt.* Mais pour les accorder & concilier , il faut fuppofer que les Medecins & Chirurgiens peuvent leur excufer & mettre à couvert des reproches en partie , difant qu'ils croyent & eftiment leur Rapport veritable , & ont crû en leur confcience le devoir faire ainfi ; car autrement s'il paroiffoit d'une malverfation vifible & d'une mauvaife foi infigne , ou fauffeté évidente , ils feroient pourfuivis & punis comme fauffaires , de même qu'ils le font lorfque par imperitie , inexperience ou par malice , ils font périr & laiffent mourir les malades faute de fecours & d'application de bons remedes. *Delictum decipientis in periculo hominis , innoxium effe non debet.* Je renvoye les Lecteurs aux Effais de Medecine de Bernier & Befançon. La maladie nommée Pfora eft mortelle chez les Medecins Grecs & Arabes , qui prétendent en connoître les confequences. 4. *Reg. cap.* 5. ℣. 1. Naaman : ils difent qu'elle rend le corps pefant & maffif , qu'elle engourdi le courage & ruine la confcience & la bourfe. C'eft pourquoi je veux en dire quelque chofe à mes fages Lecteurs dans le langage Medecin.

Impetigo dura aridaque cutis afpretudo eft , multa molefta prurigine in eo à fcabie differt , quod ficcas puftulas habeat omnis tum humoris , tum faniei expertes , contra fcabies habeat.

Impetiginis autem quatuor funt fpecies.

1ª *Et ex his minime mala fcabiem repræfentat , & in ea afperata cutis rubet fubduraque eft , & erodente pruritu laceffitur , hæc prurigo dicitur.*

2ª *Afperiore & rubicundior majores puftulas exhibet & appellatur.* * * *

3ª *Longe hâc atrocior , pejorque eft , & circum tempora oritur , aut certe ibi effe definit , neque unquam ex toto tolli poffe videtur , præcraffa cutis eft , longeque durior ac magis tumens , eademque ficcitate de hifcens paffim finditur : magis etiam eroditur , fquamulas fubnigras remittit , furfuribus fimiles : iftud vitium Græci* * * * *dicante in eam neglectus lichen facilè vertitur.*

42. *Impetiginis species & insanabilis prorsus* * * * *appellatur, in quâ cutis erosio latius procedit, totaque cum humore subiecto subalbicat, ac speciem recentis cicatricis repræsentat : ad hæc cutis fissa ac vehementer dura est, ex qua cum squamulis (quas subalbas vel pallidas habet) sanguis feotur, hæc è psorâ neglecta vulgo oritur, fereque paulatim emarcescunt hi quos semel vel Psora, vel lepra contaminavit.* L'origine de ce mal procede d'un vice qui hebête l'esprit, abbat & diminuë les forces, dissipe & ruine les biens, suivant l'Ecriture parlant de l'Enfant Prodigue, *Dissipavit substantiam suam vivendo luxuriosè. Luc.* 15. ⱴ. 13. il est si violent qu'il carie la moëlle des os, fait tomber les dents, donne une contraction de nerfs, cause la foiblesse de la vûë & la paralisie. C'est pourquoi Hypocrates dit dans ses Aphorismes, *extremis morbis extrema remedia sunt optima. Vide* Louis Guyon en ses diverses leçons tome 3. liv. 3. chap. 29. & Mezeray sur l'année 1496. qui dit que cela fut apporté de la Floride à Naples, & ensuite les *proximus accessit* de la couronne de Venus ce sont épars dans l'Europe & ont infecté des peuples tous entiers par l'intemperie de l'air.

Le Pape Innocent III. fit une Decretale, portant deffenses expresses aux Medecins de voir les malades qu'après qu'ils auroient été confessez, ce qui fit dire *Medicus consolatio.* Hypocrates a dit à l'entrée de ses Aphorismes *ars longa vita brevis*, ce qui fit mettre dessus à François Petrarque *vitam dum brevem dixerunt brevissimam effererunt.* Un Medecin est respectable par son art. *Ecclef.* 38. Un Consistoire de Prusse ayant interdit le Ministre, il dit que s'il n'étoit rétabli il en coûteroit la vie à plusieurs : il fut mandé au Magistrat pour s'expliquer. Il répondit, je n'ay rien avancé que je n'execute si l'on ne me rétabli dans mes fonctions, je serai forcé de me faire d'autre emploi.

La débauche est l'assemblage de tous les vices & des faux plaisirs, l'abregé de la vie & des biens, c'est la boussolle qui conduit à perdre l'ame. Ælian & Belon ont observé que la Tourterelle & le Corbeau gardent fidellement la viduité après la mort de leurs associez.

Un malheureux affligé de la Deesse *Psora* disoit dans la violence de son mal,

> *Cof qui fut tant homme de bien,*
> *Accusa les Dieux d'injusticé*
> *Pour un mal moindre que le sien.*

IX. Max. Si les Medecins & Chirurgiens ne s'accordent pas & sont opposez & contraires dans leurs Rapports, que l'un dépose négativement & l'autre affirmativement : il y en a qui sont d'avis que les Chirurgiens approuvez du premier Medecin du Roy l'emportent dessus les autres. C'est surquoi la prudence du Juge doit faire reflexion, en ordonnant un nouveau Rapport par d'autres qu'il nomme d'office.

TITRE VIII·

Des Informations.

EXPLICATION DU TITRE·

Ex facto nascitur jus.

INformations, selon *Budæus* & *Laurent Valla*, c'est pour sçavoir au vrai ce qui s'est fait & passé dans une affaire, & si ce que dit celui qui l'a demandé est veritable en bonne & mauvaise part : c'est pour cela . qui Informations *dicuntur etiam onera.* Il y a pourtant ce temperamment à prendre, qu'il faut toujours tirer la verité des temoins autant qu'on le peut, & informer à charge & décharge de l'accusé sur le fait dont il s'agit ; mais souvent on n'étend pas l'information si loin, *vt fiat simul elogium honoris causa*, de maniere que l'information n'est pas une preuve sans forme ; mais au contraire, c'est ce qui donne l'être & la forme au procès ; car la particule *in* est dative en cet endroit & non ablative : je veux dire qu'elle donne au lieu d'ôter. L'information n'est qu'une enqueste en Matiere Criminelle, comme l'enqueste est une information en Matiere civile. Imbert liv. 3. chap. 2. Il y a des Juges qui informent toujours à l'avantage du plaignant, ce qui est dangereux & une grande prévarication envers un accusé & blesse la Justice. Nôtre Ordonnance ne dit rien s'il faut des Conclusions du Procureur du Roy ou Fiscal avant que le Juge permette d'informer ; mais suivant Jean Imbert liv. 3. chap. 2. il en faut, disant, que le Procureur du Roy fait informer avec la partie civile. En effet, dans les affaires criminelles il est toujours la principale partie, il n'y a que lui qui puisse conclure aux peines : ainsi il ne seroit pas regulier d'informer sans leur sçû. Au Parlement on ne permet jamais d'informer qu'il n'y ait des Conclusions de M. le Procureur General, d'où je tire mon sentiment que le Juge doit mettre au bas de la plainte ou de la requête à fin de permission d'informer ; *Soit montré au Procureur du Roy ou Fiscal :* lui met ensuite, *Je requiers être informé du contenu en la plainte.* Le Juge met au dessous, *Soit fait ainsi qu'il est requis.* Fait ce 15. Avril 1714. BAILLY.

I. Max. L'information est la base & le fondement d'un procès criminel, c'est pour cela que l'Ordonnance oblige le Juge d'y vacquer en personne sans se divertir à d'autres actes avec integrité, experience & en secret, afin de découvrir la verité. Ordonnance de 1536. article 2. Ordonnance de Villers-Coterests art. 145. d'Orleans 63. de Blois 185. Yves de Chartres lib. 9. Decretal. cap. 126. &c. Expilly chap. 159. Il faut informer à charge & à décharge, en sorte que la verité soit la regle du Juge, suivant nôtre Ordonnance Tit. 6. art. 10.

II. Max. Lorsqu'il est dit qu'il sera informé autant à charge qu'à décharge de l'accusé, cela se doit entendre par les mêmes informations qui se font contre lui ; car l'Ordonnance deffend d'en faire d'autres à la requeste & à la décharge d'un accusé, à moins qu'il ne soit reçû à faire preuve de ses faits justificatifs en voyant le Procès lors du Jugement. Bugnion des Loix Abrogées liv. 4. chap. 23. Masuer, &c. *infrà* Max. 41. parlant de l'usage du Parlement de Grenoble.

III. Max. L'on ne peut ny ne doit permettre d'informer pour rixes & affaires legeres s'il n'y a une partie qui s'en plaigne & le requiere, encore faut-il voir & considerer si les faits portez par la plainte le meritent. Au défaut d'une partie si l'affaire est grave le Procureur du Roy doit le faire suivant les Ordonnances que j'ay rapportées dans la premiere Maxime. La raison est que dans les délits & crimes publics, ils ne peuvent être recherchez & poursuivis que par le Procureur du Roy, dans les crimes particuliers & privez de peu de consequence il ne le peut pas faire, ce sont les parties interessées qui rendent leur plainte.

IV. Max. Le Juge peut informer *ex officio in gravibus* à la requeste du Procureur du Roy, pourvû qu'il le requiere & demande y étant obligé par les Ordonnances sans attendre de dénonciateur. Que s'il n'a point de connoissance de la chose & que le Procureur du Roy ne dise rien, il n'est pas blâmable pour n'avoir point informé. Mosnier *in verbo* crimes. Ayrault liv. 2. part. 4. &c. Ordonnance d'Orleans art. 63. 73. Blois art. 184. Moulins 30. Ordonnance 1639. art. 3. de même les Promoteurs suivant la Biblioteque des Arrests.

V. Max. L'on peut travailler aux informations & proceder à l'instruction des Procès criminels en tous tems, mêmes és jours de Ferie, suivant de l'Homeau chap. 5. liv. 3. la Rocheflavin *in verbo* Feries. Bugnion en ses Loix Abrogées liv. 1. satyr. 167. & liv. 2. sect. 245. ainsi que je dirai au Tit. 16. Max. 13. en parlant des interrogatoires. Masuer n'aprouve pas cela, parlant des temoins, & son Annotateur. Le contraire se pratique parmi nous, crainte que les preuves ne déperisse. *infrà* Tit. 12. Max. 3. & 27.

VI. Max. Les témoins doivent être oüis par leur bouche, & leur déposition qu'ils voudroient faire par écrit ou par Procureur ne doivent point être reçûës; parceque si le témoin est malade le Juge se transporte chez lui pour prendre sa déposition de sa bouche. Bouchel *in verbo* preuves. Despeysses, &c. s'il est éloigné du lieu où se fait l'information, l'on donne une commission rogatoire au plus prochain Juge pour l'entendre. *infrà* Max. 34. nôtre Ordonnance au Tit. 6. art. 13.

VII. Max. Les témoins doivent prêter le serment avant que de déposer, & à faute d'icelui & des autres choses que l'article 5. du present Titre de l'Ordonnance porte précisément, leur déposition est nulle, & l'article 24. du Tit. 15. porte que les Procès où il y aura des nullitez seront refaits aux depens du Juge, &c.

VIII. Max. Les Clercs, les Prêtres & les Religieux, sont contraints & forcez *en cas de refus* de porter témoignage devant les Juges seculiers ; mais ils ne font pas le serment comme les Laïques, *sed manu ad pectus posita.* Cela se fait à deux fins : la premiere pour faire quelque difference des Ecclesiastiques avec les Laïques : la seconde que mettant la main sur l'estomac, nous semblons attester de tout nôtre cœur ce que nous disons & déclarons. Bugnion Loix Abrogées. Imbert liv. chap. 40. &c. Ulpian veut qu'ils soient contraints. *in l.* 3. §.

si quis.

ſi quis dolo illic.& ſi forte non obtemperent teſtes, labeo ſcribit coërceri eos.à Prætore debere.' D.de tabulis exhibendis jungatur tractatus, extra de Teſtibus cogen.*
Lorſqu'un témoin eſt aſſigné pour dépoſer, s'il ne comparoit pas, le Juge décerne ſon Ordonnance portant que le temoin ſera tenu de comparoir pour dépoſer à la premiere aſſignation qui lui ſera donnée à cette fin, à peine de 10. liv. d'amende : que ſi le temoin eſt encore refuſant d'obeïr & comparoir ſur l'aſſignation pour dépoſer ; alors le Juge voyant une déſobeïſſance aux ordres de la Juſtice, rend une troiſiéme Ordonnance contre le temoin, portant la peine de 10. livres d'amende declarée encouruë contre lui, au payement de laquelle il ſera contraint, & qu'il ſera tenu de comparoir pour dépoſer ſuivant l'aſſignation qui lui ſera donnée à cette fin, à quoi faire il ſera contraint, même par corps, & l'Ordonnance executée nonobſtant oppoſitions ou appellations quelconques & ſans préjudice d'icelles attendu qu'il s'agit d'inſtruction, & que la force doit demeurer à Juſtice. Il n'eſt pas permis à un particulier de réſiſter de force à l'ordre de Juſtice. *Mitte gladium tuum in vaginam.*

Les Conſeillers des Cours Souveraines qui font des Informations & les Juges ordinaires peuvent prononcer comme je viens de dire une amende & la contrainte par corps ; mais les Commiſſaires du Châtelet ne le peuvent faire, parce qu'ils ne ſontpas Juges. Il faut ſur le défaut du témoin de comparoir, qu'ils en référent à M. le Lieutenant Criminel, qui ſeul eſt competant de prononcer ſur l'amende & la déclarer encouruë, & de juger la contrainte par corps contre le temoin aſſigné pour dépoſer dans une information, ou pour être récolé & confronté en Matiere Criminelle, comme en Matiere Civile dans des Enquêtes. C'eſt à M. le Lieutenant Civil de faire les mêmes choſes contre des temoins refuſans de dire la verité qu'ils doivent lorſqu'ils en ſont requis en Juſtice, ſuivant l'art. 3. du Tit. 6. de nôtre Ordonnance, qui n'excepte perſonne de dépoſer.

A l'égard des Eccleſiaſtiques & Reguliers ils y ſont contraints de même, les Superieurs ſont tenus de faire comparoir leurs Religieux à peine de ſaiſie du temporel pour le payement de l'amende : & pour les Mandians n'ayant point de revenus, l'on leur fait deffenſes de pouvoir quêter juſques à ce qu'ils ayent obeï à Juſtice.

La Gloſe ſur le chap. premier *Extra de pactis*, dit *inter ſimplicem loquelam & juramentum Deus non facit differentiam.* M. Paſquier en ſes Recherches de la France liv. 4. chap. 3. à traité de l'autorité du ſerment. Jerem. *cap.* 22. ℣. 5. *in me metipſo juravi. dicit Dominus.* L'Apôtre aux Hebreux *cap.* 6. ℣. 13. rend raiſon pourquoi Dieu jure par lui même dans la promeſſe qu'il fit à Abraham en la Géneſe *chap* 22. ℣. 16. pour ce qu'il ne pouvoit jurer par un plus grand. Jacob fait jurer Joſeph qu'il l'enſevelira dans le ſepulcre de ſes peres. Gen. 47. ℣. 31. Domat en ſes Loix Civiles liv. 3. Tit. 6. ſection 6. a traité des divers uſages du ſerment dans le Droit Romain.

Par le ſerment que font les temoins dont parle la Maxime, j'en trouve de ſept manieres qu'on obſervoit anciennement, dont par la ſuite on a reconnu l'abus : Sur les Saints Evangiles, dans les Egliſes de S. Medard de Soiſſons, de S. Germain des Prez à Paris, de S. Martin à Tours, de S. Aignan à Orleans, de S. Lo à Angers, ſur la Croix de S. Ouën à Rouen, *& in præſentia Corporis Chriſti.* Il n'y a pas long-tems que ce dernier s'obſervoit dans le Parlement de Bordeaux.

I

Si ce n'étoit l'Ordonnance qui ordonne le ferment voyant le train du monde aujourd'hui , je le croirois heterodoxe & inutile , puifqu'on garde auffi peu la parole que la foy , vû la corruption du fiecle. Lifez les 19. Reflexions fur la premiere partie de l'Art de proceder en Juftice, par M. Lafferé Confeiller. Lifez le Tit. 16. Max. 15. *infrà.* Je fçai bien que les folemnitez font comme les cerceaux des poinçons , ainfi que parle la Loy 3. *Cod. de teftament. Militari ,* ce font les liens ; mais on ne doit pas de fes liens en faire des pieges pour furprendre les fimples : la juftice refide plutôt dans la fimplicité que dans les finefles.

IX. Max. Il ne fuffit pas que le Juge ait fait mention par l'intitulé des informations que les temoins ont prêté le ferment avant que de dépofer : car *ad majorem cautelam ,* il en doit être fait une mention exprefle au commencement de chacune dépofition : la même chofe doit être pratiquée au recollement & à la confrontation. Mafuer , Imbert , &c. Ordonnance fur les Matieres Criminelles fur laquelle font faites fes Maximes Tit. 6. art. 5. y eft exprefle.

X. Max. Les Praticiens nomment le temoin l'ame du procès , c'eft pour cela qu'il faut qu'il y ait une action préparée avant que de l'oüir en fa dépofition , & une permiffion & Ordonnance du Juge pour l'affigner ; parceque les temoins qui viendroient volontairement & fans aucune affignation pour dépofer l'on ne doit pas les entendre ny recevoir leurs dépofitions comme étans fufpects. Bouchel *in verbo* jugemens & temoins. *Jacobus de Bellovifu , &c.* L'Ordonnance Tit. 6. art. 4. excepte les cas de l'information faite en flagrant délit.

XI. Max. Toutes fortes de perfonnes font reçûës à porter témoignage au Criminel , autre chofe eft au Civil , parce qu'en ceci l'on prend fouvent des témoins à fon choix , & en Matiere Criminelle l'on ne peut prendre pour dépofer que ceux qui ont connoiffance du fait : de maniere que les témoins impuberes doivent être admis fuivant l'Ordonnance. On peut dire auffi des autres perfonnes qui ont quelques vices en elles , ou pour leur condition ou pour leur renommée , fauf néanmoins après les reproches d'avoir tel égard que de raifon à leurs dépofitions. Il y a pourtant des perfonnes fi baffes & fi viles qu'elles ne doivent être reçûës ny admifes en témoignage , comme font les écorcheurs de bêtes , que les Latins appellent *vefpiliones,* anciennement auffi les Hiftrions , Bateleurs , Saltinbanques , *& hujufmodi alia.* Mafuer & fon Annotateur , &c. *mortis exactor ,* & Dolive liv. 4. chap. 18. Le Préfident de Perchambault fur l'art. 150. de la Coutume de Bretagne qui ne reçoit pas les Jufticiables à dépofer pour leur Seigneur.

XII. Max. En Matiere Civile l'on ne peut fur chacun fait entendre que dix témoins , au Criminel on peut en faire entendre tant qu'il y en a qui dépofent du fait. Papon & Coras difent qu'on en peut oüir jufques à fix cens. Bugnion des Loix Abrogées, Mofnier au mot Notaires , Maynard , &c. Ordonnance d'Avril 1667. Tit. 22. art. 21.

XIII. Max. Le témoin lors de fa dépofition doit être à jeun , & particulierement ceux qui ont accoutumé de boire & de fe gâter , parce qu'en cet état l'on ne peut pas rien dire de bon ny les croire. Mafuer Tit. des témoins num. 10. &c. *Quia nullum fecretum eft ubi regnat ebrietas.* Prov. 31. ℣. 4. *infrà Max.* 16. *Modeftin. L.* 2. *de teftibus in teftimoniis dignitas , fides, mores, gravitas examinanda eft.*

XIV. Max. Le Juge ne peut & ne doit entendre les témoins qu'en la presence du Greffier, & le témoin est croyable pour sçavoir s'il a été examiné par le Juge en presence de son Greffier, ou par le Juge seul, ou le Greffier seul. Pour le premier point de la Maxime, c'est que le Greffier est comme le témoin de ce que fait le Juge, & l'un ne peut rien faire sans l'autre. Quant au second point, que le témoin est croyable de dire qui est celui qui l'a entendu : cela est fondé sur cette raison rapportée par *Jacobus de Bellovisu in rubric. de testibus. num. 73. &c.* Bouchel en sa Biblioteque *in verbo* témoins. Imbert en sa pratique, &c. *infrà* Max. 42. & Titre 16. Max. 11. Tous les jours à la Tournelle on déclare des informations nulles faites par un Greffier Comnus qui n'a point prêté serment : ainsi celles écrites par un autre.

XV. Max. Le Procureur du Roy dans les Justices Royales, & le Procureur Fiscal aux Justices subalternes ne peuvent point être presens ny assister aux informations, interrogatoires, recollemens & confrontations, & à la question des accusez il est deffendu au Juge de les y appeller. Bouchel *in verbo* Procès criminel. Bugnion en ses Loix Abrogées lib. 1. Satyr. 13. le contraire se pratique au Châtelet de Paris, permis dans la nouvelle Ordonnance Criminelle Tit. 24. art. 2.

XVI. Max. Les réponses par *credit & non credit* ne sont point reçuës en Matieres Criminelles ; mais au Criminel on les reçoit *in subsidium*, si le témoin ne sçait autrement ny positivement le fait : & cette déposition faite par *verbum credo*, ne prouve quasi rien ; *Nam verbum credit, nec assertivum, nec precisum est.* Le témoin qui veut déposer sur un autre fait que celui pour lequel il est appellé pour déposer ne doit point être oüi ; parceque suivant la Maxime du Palais, *de casu ad casum non fit extensio.* D'ailleurs, *testis qui non poterat examinari, examinatus non facit judicium.* L'article 150. de la Coutume de Bretagne ne reçoit pas les vassaux & justiciables à déposer pour leurs Seigneurs, si ce n'est dans la necessité pressante d'une affaire, où il ne se peut rencontrer d'autres témoins *suprà* Max. 11. *infrà* Max. 41. & au Tit. 17. Max. 26. La regle de droit ajoute plus de foy au temoignage de l'œil qu'a dix de l'ouyë. Charlemagne fit la Loy *Ut nullus ebrius suam causam in mala possit conquirere, nec testimonium dicere, nec placitum Comes habeat nisi jejunus.* Dolive liv. 5. chap. 4. prefere la vüë à l'ouyë, suivant tous les Auteurs. Recherches de la France liv. 6. chap. 36. *Nisi videro, non credam*, dit Herodote. Le Canon 147. du Concile de Cartage porte, *Ne adversus aliquem dicat qui demonstrative probare non possit.*

XVII. Max. Un témoin ne peut déposer qu'il sçait quelque chose d'un fait qu'il a vû par écrit, lorsqu'il ne sçait ny lire ny écrire : si ce n'est qu'il dise l'avoir oüi lire, non plus que de dire qu'il a oüi dire, lorsqu'il est sourd à ne pas pouvoir entendre ; car suivant les Philosophes, il est impossible de rendre raison des choses qui ne sont point tombées sous nos sens, *Nihil enim est intellectu quod prius non fuerit in sensu :* c'est ce qu'on appelle une preuve obstatrice, dont l'une détruit l'autre, comme seroit de dire, j'ay lû, ne sçachant ni A ny B, j'ay oüy, étant sourd à ne pas entendre le bruit d'un coup de canon ou de fusil.

XVIII. Max. J'ay dit page 368. du nouveau Traité des Criées, que nôtre Ordonnance Tit. 6. art. 3. n'excepte personne pour déposer. Divers Auteurs estiment qu'un Avocat & un Procureur pouvoient être forcez de déposer contre

eurs Cliens , j'en trouve grand nombre de contraire. Ren. Choppin fur la Coû-
umè d'Anjou liv. 2. Tit. 3. num. 4. en fait diftinction. Pour moi j'eftime qu'ils
ne le peuvent être , en quoi je fuis du côté de la Loy que j'ay rapportée dans la
Max. 6. du Tit. 9. *infra.* C'eft le fentiment de Mafuer , au mot témoin num. 44.
Maynard de la Preuve par Témoins art. 21. Recherches de Pafquier au liv. 4.
chap. 3. *l. ult de teftibus.* Papon liv. 9. Tit. 1. Arrefts 21. 31. *Anna.* Robert. *lib.* 2.
cap. 19. *nam mandatis cavetur ut Præfides attendant ne patroni in caufâ, cui Patrocinium præftiterunt teftimonium dicant quod & in executoribus negotiorum
obfervandum eft.* Ren. Choppin dit qu'un Avocat qui eft vaffal ne doit plaider
ny écrire contre fon Seigneur Suzerain. Le mot de Caton eft notoire , *nul ne dépofe contre fon client.* Le Pere tient le premier rang , le Patron ou Seigneur le
fecond. En Hongrie les roturiers ne font pas reçûs en témoignage contre les Nobles par l'art. 1490. du Statut du Roy Ladiflas traduit en Latin , & les Ordonnances reciieillies en trois Tomes à Prague par Stephan. Vverbevvezius.

XIX. Max. Un Expert peut être témoin pour l une ou l'autre des parties dans
un procez où il a été Expert , parce qu'il n'eft ny Juge , ny arbitre ; mais comme
un temoin fubfidiaire de ce qui n'eft pas de la connoiffance du Juge. La Rocheflavin Titre des témoins art. 60. &c.

XX. Max. La Coutume de Bretagne Tit. 8. a traité fort au long la queftion ,
fi les Domeftiques font de bons & valables témoins dans les crimes commis dans
les maifons où ils demeurent , foit de jour foit de nuit , étans témoins neceffaires pour n'y en avoir point d'autres , & dans d'autres rencontres il y a plus de
difficulté à les recevoir en témoignage. Papon en fes Arrefts liv. 9. Tit. 1. Arreft
28. Mafuer num. 20. &c. nôtre Ordonnance art. 3. Tit. 6. Villers-Coterefts art. 38.
Ephefiens cap. 6.

XXI. Max. Le domeftique ne peut point être témoin pour celui au fervice
duquel il eft , finon dans les cas d'une preffante & abfoluë neceffité , mais il
peut être témoin contre lui , par la raifon qu'au premier cas il y a fufpicion d'amitié , d'autorité, & de commandement : tout cela ceffe au fecond cas. Defpeyffes
au Tit. des Preuves art. 11. num. 11. &c. La Coutume de Bretagne art. 155. obferver
que le domeftique ne foit forti mal du fervice de fon maître , & que par haine il
ne dépofe contre lui.

XXII. Max. Le pere & le fils qu'il a en fa puiffance , comme auffi deux freres qui font fous la puiffance de leur pere , & autres perfonnes d'une même
maifon peuvent être témoins dans un même acte , fuivant Defpeyffes qui a
raifonné par les termes de Droit , *quia nihil nocet ex una domo plures teftes adhiberi :* car il faut bien obferver en quels rencontres & fi c'eft dans une neceffité
abfoluë qu'il n'y en a point d'autres comme au rencontre de la Max. 20. finon
nôtre ufage eft de ne les point recevoir par la regle qu'entre perfonnes fi proches
la fraude eft préfumée lorfque leurs dépofitions vont à faire préjudice à un tiers ;
ainfi que j'ay expliqué page 448. du nouveau Traité des Criées , où je renvoye
les Lecteurs ftudieux. Certains Docteurs tiennent que Adam s'il vivoit ne pourroit dépofer étant nôtre afcendant en ligne directe , ny même fe marier. Belle
idée d'un contemplatif. Lifez Mezeray in-quarto édit. premiere page 181. parlant
de parentez. La Coutume de Bretagne articles 153. 154.

XXIII. Max. Les témoins oüis fur un chef , peuvent être oüis fur un autre chef dans le même procez , suivant Papon de la preuve par témoins. Peleus liv. 4. action 74. &c. Danty a traité de la Preuve par Témoins vol. in-quarto. Edit de mort contre les faux témoins en Mars 1531. & 1680. en Civil & Criminel, *Ubi lex non distinguit , neque nos distinguemus.*

XXIV. Max. Le Juge qui par négligence notable ou dol n'examine pas bien un témoin pour servir l'accusé , est responsable de l'interêt de la partie ; car c'est en quelque façon cacher la verité pour lui nuire & faire préjudice, & en ce cas , *datur contra Judicem actio in factum Prætoria.* Bouchel en sa Biblioteque au mot témoins , &c. *infrà* Tit. 16. Max. 10. par Arrest le 26. Octobre 1680. un faux témoin fut pendu en Gréve , deux autres assisterent & ensuite conduits aux Galeres.

XXV. Max. Lorsque le Juge rapporte quelque chose des témoins par son procés verbal , il ne suffit pas d'écrire qu'ils ont dit & persisté qu'il contenoit verité ; mais il doit faire rédiger par écrit leur dire, tel qu'ils se sont expliquez sur le tout , comme s'ils déposoient de nouveau, *plus valet quod agitur quam quod simulate concipitur* , établit la Maxime, suivant le Code Henry des Enquêtes Titre 15. article 8. Vincent Tagereau des Informations , Imbert en sa Pratique livre 3. &c.

XXVI. Max. C'est une précaution qui est bonne & utile d'inserer à la fin de la clôture d'un procès verbal & de l'Information le nombre des feüillets qu'ils contiennent , comme aussi le nombre des témoins y dénommez , dans la vûë d'éviter le changement d'un feüillet , la soustraction & enlevement d'un cahier & le refaire , suivant Despeysses des Causes Criminelles Tit. 4. des Informations. Il est vray que l'Ordonnance d'où je tire ces Maximes , enjoint une partie de ce que je viens de dire , ordonnant la page chiffrée , la signature , & le paraphe au bas des feüillets ; mais ici c'est autre chose. C'est au Titre 6. article 9.

XXVII. Max. Tous Juges & Deleguez qui travaillent à des Informations, ne les peuvent point antidatter pour faire paroître quelle est la premiere faite , à peine d'être punis comme faussaires de la peine capitale. La Rocheflavin *in verbo* faussaires. François I. à Argenton en 1531. Loüis le Grand à S. Germain en Laye en Mars 1680. A l'égard de ceux qui les ont séduits & corrompus pour le faire ils sont punis d'une moindre peine à l'arbitrage du Juge : néanmoins plusieurs tiennent que le corrupteur & le corrompu doivent être également punis. Pour moi j'estime que le Juge doit être puni plus severement , parce qu'il a plus mal fait. D'ailleurs, *cui plus committitur plus ab eo exigitur. infr*à Tit. 11. Max. 9. On appelle à Florence ces sortes de gens *misero.* Antoine Duverdier en ses leçons liv. 7. chap. 6. en a traité.

XXVIII. Max. Il est permis d'informer à un mari contre sa femme qui a mal pris & emporté ses meubles en son absence , & contre la veuve qui a pris & détourné après la mort les effets de la succession ; mais ces Informations sont toujours converties en enquêtes à son égard , & elles ne subsistent que contre ceux qui lui ont prêté aide & confort pour le faire. Elle est privée de sa moitié des meubles qu'elle a détournez qui lui apparteroient , cela est suivant M. Loüet. La Jurisprudence des derniers Arrests est certaine , qu'on informe , l'on décréte , & sur l'appel l'on convertit l'Information en enquête , l'on procede à fins Civiles,

& par le jugement la peine eft de la priver de fa portion. Voyez le Titre 26.
de la feconde partie qui eft exprès Maxime 1. *Competit in eum aĉtio*, il y a aĉtion
contr'elle ; mais l'on ne peut point convertir des enquêtes en Informations, comme je prouverai au Tit. 22. Max. 1. M. Talon convient de cette Maxime dans
le procès verbal de Meſſieurs les Commiſſaires fur l'examen de cette Ordonnance Tit. 20. art. 1.

XXIX. Max. Par l'art.2. du Tit. 25. de nôtre Ordonnance, l'appel interjetté
d'une commiſſion oĉtroyée pour informer ne doit pas arrêter ny empêcher le
Commiſſaire de proceder à faire l'Information, parceque l'appel n'eft pas recevable & n'eft pas permis d'une chofe qui ne peut point recevoir de délai : la raifon eft que pendant le cours de l'appel ce feroit le moyen de faire déperir les
preuves d'un crime : de même s'il y a une oppofition à regler par la difficulté
des Audiences ; ainfi il faut toujours les aſſurer. D'ailleurs le Commiſſaire *uti-*
tur jurifdiĉtione commitentis, je pourrois encore fortifier cela par l'Ordonnance Civile d'Avril 1667. Tit. 21. art. 7. Tit. 24. art. 22. c'eft pourquoi il doit
paſſer outre & faire l'Information fans préjudice de l'appel. Defpeyſſes Tit. 4.
&c. Il y en a qui tiennent que l'oppofition à un Arreft fur requête qui commet
un Juge pour informer empêche l'information jufques à ce qu'il ait été prononc-
cé : fi cela eft adieu les preuves & que deviendra nôtre Ordonnance Tit. 25.
art. 2. Tit. 26. art. 3. 4.

XXX. Max. Le Greffier qui par faute & obmiſſion dans un deſſein caché,
envoye fur l'appel au Greffe de la Cour les groſſes des Informations fans être
fignées, eft condamné à les envoyer à fes dépens une feconde fois en bonne
forme, Bouchel *in verbo* Information, &c. ou que la plainte n'eft pas avec les
Informations *infrà* Tit. 15. Max. 15. nôtre Ordonnance Tit. 26. art. 6. & 9.

XXXI. Max. Dans les Juftices Royales & celles des Seigneurs, lorſque
des Informations ne fe trouvent point, & que le Greffier par ferment aſſure ne
les avoir point, l'accufé n'eft pas pour cela renvoyé de l'accufation, il peut
être élargi par provifion jufqu'à certain tems, fi elle n'eft pas capitale, dans
lequel la partie civile ou le Procureur du Roy font leurs diligences de trouver
& rapporter les Informations, finon & au defaut de le faire, fera fait droit
ainfi que de raifon. Que fi dans le tems préfix & determiné les-Informations ne
font point rapportées, l'on donne un plus bref délai, lequel étant expiré faute
d'avoir fatisfait, l'accufé eft élargi purement & fimplement, l'écrouë rayé &
biffé, l'accufateur condamné aux dommages & interêts & en tous les dépens.
Que s'il eft conftant qu'il y ait un crime commis & des Informations faites qui
ont été perduës, l'on permet à la partie d'en faire de nouvelles, fuivant Imbert
liv. 3. & la Loy 1. ff. *Sed non utique §. 5. ad Senatufconfultum Turpillianum.*
L. qui non probaſſe 3. cod. de calumniator. Ainfi la Maxime eft très jufte, parce qu'elle tient le milieu en ces deux extrémitez, pourvû que le crime ne foit
point prefcrit.

XXXII. Max. Un crime & délit commis dans l'Audience, le Juge étant
dans fon Tribunal expediant les Caufes, peut incontinent & fur le champ inftruire l'affaire, commençant par la plainte & à la requête du fifc, arrêter, informer, & fur le champ decreter & interroger l'accufé, recoler & confronter
fur la pourfuite du fifc & de la partie s'il y en a une, fans qu'il foit conftitué

prisonnier ; mais il faut que tout cela soit fait *de plano*, & qu'ensuite il donne jugement sans déplacer, autrement il faudroit observer les délais & les formalitez de l'Ordonnance. C'est de la maniere que je l'ay toujours vû pratiquer au Palais contre les coupeur de bourses, les filoux, qu'on execute aussi-tôt après le jugement rendu.

Il y a ici une observation à faire, si le larcin est fait dans l'Audience de Messieurs des Requêtes de l'Hôtel pendant que l'on plaide au souverain, le jugement qui sera rendu contre le coupable sera souverain : que si l'on plaide une cause à l'ordinaire, il y aura appel au Parlement par le condamné : d'où l'on peut tirer la conséquence si le délit se commet à l'Audience du Présidial ou à l'ordinaire, de la difference qu'au premier cas le jugement sera Presidial : au second cas, il y en aura appel au Parlement. La venetation des lieux aggrave, les crimes, ainsi que j'expliquerai au second livre Tit. 23. Max. 4. Recherches de la France au liv. 8. chap. 40. Duluc lib. 12. Tit. 4. cap. 1. *De furtis.*

Dans l'Edit des Présidiaux donné à Reims au mois de Mars 1551. je trouve un article précis qui établit ma distinction touchant ce qui se passe à l'Audience que je rapporteray.

Item, afin de réprimer les arrogances, tumultes, débats, noises & irreverences des Avocats, Procureurs, Sergens, & parties litigantes, ou autres qui auront affaires ausdits Sieges Présidiaux, & qui assisteront à l'Audience, & faire qu'elle ne soit point troublée & empêchée de bruits, noises, & litiges, nous avons voulu & ordonné, voulons & nous plait, que nosdits Juges Présidiaux puissent mulcter & condamner en amende, ou amendes pécuniaires par l'avis des Conseillers assistans à ladite Audience toutes les personnes qui se trouveront arrogans, tumultuans, irreverans ou autres cas dignes d'amende jusqu'à soixante sols pour chacune amende : & icelle voulons être levée, cueillie & executée sur les personnes condamnées par jugement Souverain & en dernier ressort, & qu'au payement d'icelles les parties condamnées soient contraintes par toutes voyes & par prise de corps ; pourvû qu'audit jugement faire ayent été de nos Juges jusques au nombre de sept. Vide le Traité des Criées fol. 452.

Les faits ne se suppléent point pour condamner, il faut des preuves : David Roy qui avoit l'esprit de Prophetie 2. *Reg.* 16. ayant donné créance aux impostures de Siba, rendit un jugement injuste contre Miphiboseth fils de Jonathas. Des Religieux de Ratisbonne obtinrent du Pape Leon IX. sur un fait faux un Decret qui déclaroit que le Corps de S. Denis premier Evêque de Paris avoit été enlevé de France & porté dans leur Monastere : cependant ce corps Saint est toujours resté dans l'Eglise de l'Abbaye de son nom près Paris, quoique le Pape témoigne avoir examiné le fait avec plusieurs Evêques & Prelats. Le Pape Zacharie excommunia S. Virgile, pour avoir soutenu qu'il y avoit des Antipodes, & déclara que cette erreur étoit dangereuse. Ferdinand Roy d'Espagne se trouva bien d'avoir crû plutôt Christophe Colomb qui en venoit, que la décision du Pape qui n'y avoit pas été. Ce qui marque assez aux Juges qu'avant que de juger ils doivent *diligentissime* & avec conseil examiner les preuves & les faits crainte d'être surpris, & pour les garentir de tomber dans le malheur de rendre un jugement contre la justice & leur intention, à la requisition de gens semblables à ceux dont parle l'Apôtre en sa 2. Epître à Timothée chap. 3. Galilée ce Grand Astronome disoit que la terre tourne, son opinion fut condamnée à Rome sur ce que le fait examiné & éclairci il fut trouvé faux.

La pureté de la justice ne condamne personne à des peines sans preuves, l'accusation ny la confession d'un accusé ne le font pas criminel, ce sont les preuves. Il y en a de trois sortes dont parle l'Empereur en la Loi finale. *Cod. de Testibus. Sciant cuncti accusatores,* par des Titres, par des témoins, ou par des indices, tous sans contredits *& luce clarioribus.* Cette Loy a été transcrite tout au long dans les Capitulaires de Charlemagne *l.b.* 7. art. 186. ayant été trouvé juste. Ainsi il ne faut pas la regarder comme une Loy Romaine, mais comme étant l'ancien droit de France : c'est sur ces trois sortes de preuves qu'on peut asseoir une condamnation, que les Docteurs sont distinguez par preuve litterale, preuve testimoniale, & preuve conjecturale *infrà* Tit. 26. M. Cujas, Balde Accurse, Aretin, Papon liv. 24. Tit. 8. n'admettent que les deux premiers pour condamner à mort, y ayant trop de peril pour croire & asseoir une condamnation sur la troisiéme.

En 1685. pendant qu'on plaidoit une Cause au Souverain aux Requêtes de l'Hôtel, M. le Blanc Presidoit, j'étois à l'Audience. Un jeune homme âgé de 17. ans nommé Passepartout, de * * * fut surpris coupant un nœud d'épée de ruban d'or, il fut arrêté par l'Huissier au cri qui se fit, sur le champ on lui fit son procès à l'Audience publiquement, il fut trouvé saisi & convaincu du vol & condamné au bautru qu'il eut, cela ne finit qu'à trois heures après midi. Je vis faire cette instruction, ainsi que tous ceux qui voulurent bien rester à l'Audience. M. le Masier étoit le Greffier. M. le Blanc Maître des Requêtes presidoit.

XXXIII. Max. Le témoin qui après sa déposition s'est retiré de la presence du Juge & qui revient ensuite pour corriger sa déposition en l'augmentant ou la diminuant, ne peut point être écouté, il faut qu'il attende à le faire lors du récollement. Masuër sur la fin des exceptions contre les témoins & les Loix du Digeste que j'abrege ici pour satisfaire ceux qui ont désiré de faire en sommaire ces Maximes à quoi j'obeï, quoique mon dessein étoit de cotter les Loix.

XXXIV. Max. Le témoin assigné pour déposer devant un Juge éloigné de son domicile qui n'a pas dequoi se nourrir en chemin, peut demander qu'il lui soit fait taxe par avance & pourvû à son necessaire pour sa dépense pendant le cours du chemin, parce qu'autrement il ne peut se rendre au lieu où il est necessité de se trouver étant assigné. Cela me semble résister & être contraire à nôtre Ordonnance Tit. 6. art. 13. Je croi pouvoir observer que le témoin devroit lorsqu'on lui donne l'assignation pour déposer faire, cette requisition & déclaration au sergent qui lui donneroit acte : autrement il ne pourroit rien prendre par avance, parce qu'il peut être forcé & contraint de déposer à peine d'amende & par corps à cause de l'obeïssance qu'on doit à Justice, sauf après sa déposition à lui taxer salaire s'il le requiert. Ce que le Juge fait à un temoin selon sa qualité & l'éloignement ou il est de son domicile, à moins que de prendre l'expedient de la Maxime 6. *supra.* Je trouve le §. *sed & si* de la Loy 17. au Code *de testibus,* qui veut qu'un témoin qui aura pris de l'argent pour dire la verité, *prope* verité, sa déposition n'est pas moins rejettée, voici ce qu'il porte, *sed & si liquidi probationibus, dation: vel promissione pecuniarum eos (testes) corruptos*

corruptos esse ostenderit, etiam eam allegationem integram servari præcipimus.
Jacob. Godefroy ajoute sur ce §. *Satis est ad elevandam testis fidem, si probe-tur ei data vel promissa pecunia* c'est sa Note. Dans un Traité qui est inseré dans Bartole, *de reprobatione testium num.* 22. *reprobantur si promissione pecuniæ, vel donatione verum vel falsum tulerint testimonium.* En effet la distinction seroit impossible à faire si le don ou la promesse d'argent faits au témoin se-roient pour lui faire déposer la verité ou pour le corrompre & l'engager à dire un faux témoignage & faire une fausse déposition. De quels autres termes pour-roit se servir un seducteur & corrupteur, parce qu'il ne peut trouver une voye plus facile pour séduire, que celle de donner, d'offrir & de promettre de l'ar-gent.

XXXV. Max. Les témoins ne sont pas obligez de demeurer plus de quinze jours dans le lieu ou ils sont assignez pour déposer, & si le Juge ne veut pas les entendre pendant ce tems-là, ils peuvent leur en retourner. Despeysses en son or-dre Judiciaire au Titre des Preuves, &c. Nôtre Ordonnance Titre 6. art. 13. défend de rien donner au témoin, ainsi que j'ay dit dans la Maxime precedente.

XXXVI. Max. Le témoin qui revele sa déposition & découvre les faits sur lesquels il a été interrogé, doit être puni selon la prudence & l'arbitrage du Ju-ge, suivant *Jacobus de Bellovisu in rubric, de testibus num.* 44 *&c. lib.* 16. ff. *de testibus.*

XXXVII. Max. L'examen à futur par enquête est abrogé par l'Ordonnance du mois d'Avril 1667. Tit. 13. Masuer des témoins num. 1. Bouchel Titre des té-moins, Despeysses Titre 10. des Enquêtes, disent que l'examen à futur se pou-voit permettre lorsqu'un témoin se trouvoit être valetudinaire, ou seroit absent pour un long espace de tems. Il pourroit aussi y avoir deux causes urgentes pour cela ; mais il falloit que le Juge avant que de proceder audit examen, donnât une Sentence interlocutoire en la cause, & qu'il y eut une juste occasion pour le faire, autrement ils eut fait une faute. J'estime que cet examen s'entendoit pro-prement pour le recolement & la confrontation, suivant Despeysses au Titre que j'ay cité ; mais comme il n'est pas permis de tenir toujours un accusé prison-nier sous divers pretextes & qu'il faut finir, outre l'Ordonnance Civile de 1667. j'estime qu'il ne peut ny ne doit y avoir d'examen à futur en Matiere Criminelle, c'est mon sentiment.

XXXVIII. Max. Il y a un decret ou une condamnation par corps contre une personne assignée pour déposer, les témoins allant & venant, sejournant & s'en retournant pour déposer dans une information, être recolez & confrontez à l'ac-cusé, ne peuvent point être constituez prisonniers, & doivent incontinent être élargis, à la charge de se mettre en état dans les prisons de leurs Juges : à moins que lors de la confrontation à l'accusé il ne paroisse visiblement au Juge que se sont de faux témoins ou complices, auquel cas d'office il les peut retenir & les faire arrêter & constituer prisonniers dans ses prisons & les séparer de la chambre où est l'accusé, & leur faire leur procez comme étans faux témoins ; ce que j'ay vû faire au Palais, & encore lorsque l'accusé fait voir que le témoin qui lui est confronté est son complice dans le crime pour lequel il est témoin contre lui, ou en quelqu'autre dont il se rend coupable par ses Interrogatoires. Le Sieur de la' * * * étoit en decret, il lui falut un sauf-conduit du Roy pour se rendre prisonnier au fort l'Evêque.

K

XXXIX. Max. L'homme & la femme ne peuvent déposer l'un contre l'autre, on pourroit dire presque la même chose du pere & des enfans, car par la fiction de droit ils sont reputez être la même personne, ainsi du témoignage de deux freres, mais non pas si bien que du mari & de la femme, suivant S. Paul 1. Cor. 6. v. 16. dans sa premiere Epître qu'il leur écrivit de Philipes, Ville de Macedoine, ou selon quelques uns d'Ephese, & qu'il leur envoya par Etienne & Fortunat, Achaïque & Timothée.

XL. Max. En France la déposition de trois femmes ne vaut que celle de deux hommes. Jean Bodin au liv. 4. chap. 2. del son *Fleau des Sorciers*, rapporte que par les Ordonnances faites par le Senat de Venise en 1524. & dans tout l'Orient la déposition de deux femmes ne sert à faire preuve que pour celle d'un homme; une femme ne peut point être refusée d'être reçûë en témoignage, parce qu'il y a necessité de recevoir & de prendre pour témoins ceux qui ont la connoissance d'un fait qui forme la contestation. Mais dans les actes libres & qui sont volontaires, comme sont ceux des Notaires dans la passation desquels l'on peut prendre des témoins tels qu'on veut, excepté en Matiere Beneficiale, suivant l'Edit verifié contre les petites dattes du mois de Juin 1550. & l'Edit de supression de Controlle des Benefices donné à Fontainebleau au mois d'Octobre 1646. art. 9. Dolive liv. 4. chap. 18. dit qu'un prodigue interdit peut être témoin dans un acte. Une Femme & un Religieux qui semblent être serfs, ne peuvent point être pris pour témoins dans tels actes, suivant l'article 289. de la Coutume de Paris, qui est tiré du livre second des Instituts au Titre 10. ff. 6. *Testes autem adhiberi.* Cependant Adrian de Heu dit le contraire sur l'article 55. num. 36. de la Coutume d'Amiens. M. de Cambolas liv. 5. chap. 37. a traité cette question, & au liv. 6. chap. 15. dans les regles du Droit Romain, s'étant fondé sur le chap. 8. du liv. 4. des Antiquitez des Juifs de Josephe, & encore sur la Loy *Quia virile munus id est.* Un Religieux ne peut être témoin dans un testament, suivant la Biblioteque des Arrests au mot *témoin* num. 6. où il est dit le 24. Mars 1659. jugé qu'un Religieux ne pouvoit être témoin dans un testament, bien qu'en païs de droit écrit, & fut ordonné que l'Arrest seroit lû & publié en la Senechaussée de Lyon, & deffenses aux Notaires de plus recevoir de témoins de cette qualité, le testament ayant été déclaré nul. Par l'Arrest qui est encore rapporté par le même Auteur au mot *testament* nombre 144. fol. 49. ligne 29.

Le Pere Martene dans son Traité *de antiquis Monachorum Ritibus*, est à voir, ainsi que *Rodolphus Hospinianus de origine Monachorum.* Après les Traitez de M. du Beley, Hospinian professoit le Grec à Basle, étoit Protestant, il a écrit par trop de passion.

Les Moines ne peuvent être témoins dans un acte volontaire suivant les Arrests, parce qu'ils ne sont plus partie de la societé civile, n'étans dans une Republique que ce que les **** sont dans une ruche : ils doivent garder la retraite dans les Cloîtres, & vivre du travail de leurs mains suivant leur profession; *Quia seculo renuntiaverunt. Yvo Carnotensis. Epistol. 69.* S. Bernard *Epist* 42. *Labor & latebra & voluntaria paupertas, hæc sunt Monachorum insignia, hæc vitam solent nobilitare Monasticam.* M. de Guyeux de Balzac dans une Poësie appelle les Religieux *Innuptum, æternumque omnes genus.* Justinian en la Novelle 5. *de Monachis.* Atalitas en son Abregé des Constitutions, *in Jus Græco*

Romanum. Jean Papon liv. 9. des preuves & témoins Tit. 1. Arreſt 32. dit Moi-nes, Religieux & Mendians peuvent être mis témoins en Contrats & Teſta-mens, dautant qu'ils ne ſe trouvent expreſſement forclos de tels actes, & par ainſi ſont valables. *L.* 1. *ff. de teſtibus. Joannes Faber Inſtit. de teſtibus. lib.* 1. *titul.* 10.§. 6. *teſtes*, tient tout le contraire ſuivant le droit : & pour l'affirmative il fut jugé par Arreſt de Grenoble en l'an 1460. Ren. Choppin eſt à voir dans ſa Preface ſur la Coutume d'Anjou queſtion 4. page 9.

Je repete ce que j'ay dit Tit. 2. Max. 24. que les Notaires, Huiſſiers, Sergens & Archers ne peuvent recevoir de plaintes ny faire d'informations ſuivant nôtre Ordonnance Criminelle Tit. 2. art. 5. Tit. 3. art. 2. Tit. 6. art. 6. conformement aux anciennes Ordonnances d'Orleans art. 63. de Moulins art. 30. deBlois art. 184. & aux Arreſts & Reglemens rapportez par Expilli chap. 159. &c. L'Arreſt de Re-glement du Parlement du 10 Juillet 1665. art. 8. Jean Chenu dans ſes Reglemens au Tit. 2. chap. 3. s'eſt fort emporté contre les Greffiers de ſon tems qui exi-geoient beaucoup plus que ce qui étoit taxé, & au Tit. 18. chap. 14. après avoir rapporté les deux Arreſts de Reglemens du Parlement ſi utiles & neceſſaires au public des 14. Aouſt 1595. & 24. Novembre 1600. il a mis *Male obſervatur hoc Senatuſconſultum adiſta curiæ Amaxuinſibus, ut in hac collectione conficien-da ſæpe expertus ſum.* Ce qui a produit les Reglemens Generaux rapportez page 161. du Nouveau Traité des Criées.

Par Arreſt de la Tournelle après quatre Audiences de plaidoyers du Lundi 6. Septembre 1694. l'on caſſa l'information faite par Carman, Huiſſier à cheval au Châtelet de Paris, en vertu d'une commiſſion decernée par le Lieutenant Criminel du Châtelet à lui adreſſée, le priſonnier renvoyé au Baillage de Beau-vais pour lui faire ſon procez, où l'information ſervira de memoire, & les té-moins oüis en icelle pourront être entendus de nouveau, ſauf la revendication du Juge Eccleſiaſtique. Depuis le priſonnier obtint des Lettres de remiſſion qui y furent enterinées.

Le fait étoit que frere Jean Baptiſte * * * Chevalier de Malte, Commandeur de Leneville proche Creil, une petite fille lui vint dire le 12. Fevrier 1694. que le Cocher du Caroſſe d'Amiens, pour éviter le mauvais chemin qui étoit im-praticable, avoit rempli le foſſé qu'elle relevoit & paſſé dans une piece de blé : le Commandeur homme vif âgé de 76. ans prend ſon fuſil, & par la fenêtre de ſa chambre il tuë le Cocher roide mort & le cheval qui le portoit : Plainte au Châtelet par * * * Maître du Caroſſe & de la veuve du Coché : commiſſion decernée par le Lieutenant Criminel à Carman, qui va ſur les lieux faire l'in-formation, laquelle étant rapportée, il y eut un decret de priſe de corps de-cerné contre le Commandeur, en vertu duquel il fut pris dans ſa Commande-rie & amené priſonnier dans le petit Châtelet de Paris. Il interjeta appel de toute la procedure comme nulle, & ordonnée par un Juge incompetant. M. Gillet Avocat plaida pour lui : l'Ordre de Malte le revendiquoit, comme leur Juſti-ciables, ſuivant les Edits & Declarations des Rois, verifiez au Parlement, & les anciens Arreſts, pour leſquels plaida M. Girard. Les Huiſſiers à cheval du Châtelet étoient intervenans par M. Dumont leur Avocat, ſoutenant être en droit de pouvoir faire des Informations ayant une Commiſſion. Les Commiſ-ſaires du Châtelet auſſi intervenans par M. Goran leur Avocat, ſoutenant au contraire que c'étoit à eux seuls que l'Ordonnance avoit reservé le droit de pouvoir faire des informations, les Notaires, Huissiers, Sergens & Archers en étans précisement exclus, & que l'information faite par Carman étoit nulle. L'Official de Paris & le Promoteur revendiquoient le prisonnier étant Profez, pour le délit commun par M. Chevalot de la Magdelaine leur Avocat, Dobie Maître du Carosse d'Amiens, & la veuve du Cocher Intimez. Ce Cocher avoit nom l'Avocat dit la Verdure : l'un étoit interessé pour le prix de son cheval, & l'autre pour la mort de son mary, étant chargée de six enfans : ils soutenoient la procedure par M. Robert de Saint Martin, leur Avocat pour le Maitre, & M. de Pennart Avocat de la Veuve, après qu'ils eurent tous été entendus.

Monsieur l'Avocat General de Harlay depuis Conseiller d'Etat, fils de Monsieur le P. President parla deux heures, reprit les moyens des parties, & suivant ses conclusions l'Arrest passa, portant renvoi de la plainte & du prisonnier au Bailliage de Beauvais, dans le ressort duquel l'action s'étoit passée, l'information cassée, & néanmoins les témoins ouïs dans icelle pourroient être entendus de nouveau, sauf au Juge d'Eglise à revendiquer pour le délit commun, & à l'accusé a demander son renvoi, les Commissaires du Châtelet, & les Huissiers à Cheval renvoyez à la Grand-Chambre, pour faire faire le reglement entr'eux. J'étois present à la plaidoirie de la cause en la Petite Tournelle *infrà* Tit. 16. Max. 11.

Il faut remarquer à l'occasion de la Maxime 32. que la raison pour laquelle il se trouve dans les Provinces plusieurs filoux & coupeurs de bourses qui suivent les foires & marchez, c'est qu'en plusieurs Villes & Bourgs les Halles couvertes servent de marché pour garentir de la pluye, & au dessus est le Siege & le Tribunal ou se rend la Justice. *Vendit ubique forum merces vel jura clienti.* Imbert liv. 3. chap. 21. num. 9. *Ibi fas, ubi maxima merces, qui numerat, vincit quæsitum jus dives habet quod volo justitia est.* Voyez la Maxime suivante.

XLI. Max. Celui, soit le Greffier ou autre qui fait voir à l'accusé des Informations faites contre lui, commet une grande prévarication qui merite un severe châtiment, à quoi il seroit très necessaire de pourvoir à cause de l'abus qui s'en fait, *pecuniæ obediunt omnia*, mon sentiment est, *is qui deposita instrumenta apud alium ab eo prodita esse adversariis suis dicit, accusare eum falsi potest. D. ad Legem Corneliam de falsis. Ita arg. illius text. inquit Lancelot. Dec. in l. 2. codica de edendo.* Nôtre Ordonnance Tit. 6. art. 15. porte interdiction & cent livres d'amende *Juris Nundinatio*, dit Ciceron.

Je parle souvent de *Laurentius Valla* Chanoine à Saint Jean de Latran, il a eu des ennemis qui ont publié qu'il avoit été mis aux Prisons de l'Inquisition à Naples, lorsqu'il y étoit à enseigner le Latin à Alphonse V. Roy d'Arragon, qu'il eut besoin de tout le credit de ce Prince pour le retirer & à faire modifier la peine de son crime, semblable à celle de Clement Marot à Geneve. Ses élegances ont été expliquées par Guy Juvenal, Moine de Chezal-Benoît en Berry. Par l'Edit du mois de Mars 1685. touchant la Police des Isles Françoises de l'Amerique article 30. les Esclaves ne peuvent être témoins en Matiere Civile ny Criminelle. Par l'article 44. le Roy declare les Esclaves être meubles, & les articles suivans expliquent de la maniere qu'ils seront saisis &

vendus en Juſtice conjointement avec les Sucreries, Indigoteries & habitations qui feront faifies réellement, venduës & adjugées par decret. L'article
premier de cet Edit enjoint aux Juifs de fortir des Ifles dans trois mois, à peine
de confifcation de corps & de biens comme ennemis du nom Chrêtien : d'où
je conclud qu'ils peuvent être reprochez dans les Villes & Païs où ils n'ont pas
de Lettres Patentes qui leur permettent de leur y établir & demeurer. *fuprà*
Max. 11. 16. Exode chap. 21. parle en divers endroits des ferfs.

DIVERS STILES.

Le ſtile & l'ufage du Parlement de Grenoble en certains cas, eſt de faire une
enquefte juftificative à la Requefte du Fifc en faveur d'un accufé ; mais cela
s'admet plutôt *Judicis officio quam parte requirente*, *infrà* Tit. 17. Max. 19.
& 26. Tit. 30. Maxime 6. René Choppin dans l'Avant-propos fur la Coutume
d'Anjou queftion 4. page 8. fait mention de divers ftiles qui ont été deffendus
par les Arrefts qu'il datte. Par le Livre 3. Titre 4. fur la Coutume de Paris ,
il a rapporté plufieurs Ordonnances & les Arrefts qui ont deffendu & aboli
plufieurs ftiles & ufages qui s'obfervoient, comme étans contraires au bien &
au droit public. Nous avons le ftile Latin du Parlement qui fut fait au Regne
de Charles VI. par Guillaume du Breüil, fur lequel M. Charles Dumolin &
M. Eftienne Aufrere ont fait de belles Notes : il eft pris en partie du ftile que
M. Pierre de Fontaine Maître des Requêtes du Roy Saint Louis donna au public
vers 1220. qu'il dedia à la Reine Blanche de Caftille mere du Roy , étant Re-
gente, intitulé *li Livre, la Reine & enfeigne droit à faire & Juftice à tenir
très-expeciaument.* C'eft le plus ancien Praticien François que j'ay lû. M. Jean
Bouteiller né à Tournay , Confeiller au Parlement de Paris , a compofé fa Somme Rurale des Stiles & des Arrefts de fon tems. *Vide Valerius , de differentiis
utriufque Fori.* Les Poëtes ont dit que l'enigme du Sphinx expliqué par Oedipe,
n'étoit autre chofe que la fcience & la pratique jointes enfemble. C'eft cet Oedipe qui fut affez malheureux par fon imprudence, lequel ayant foüillé par un
incefte la couche de fon pere, de tremper fes mains parricides dans fon fang ;
mais auffi-tôt qu'il eut reconnu fon erreur & fon action deteftable , il s'arracha
les yeux de douleur , en réduifant fa vie à la paffer dans les tenebres d'une profonde obfcurité.

ORIGINES.

Il y a trois Faberts Jurifconfultes, dont le public a les Oeuvres. Le premier
Savoyard , le fecond Lorrain, le troifiéme Angoumoifin , ce dernier que je
cite fouvent , étoit Jean Fabert né au Village de Rouffines en la Terre de
Mombron en Angoumois , qui fut Juge de la Rochefoucault , & duquel l'Epitaphe eft fous les Cloîtres des Jacobins de la Ville d'Angoulême, où il eft enterré. Il vivoit du tems du Roy Philippes VI. de Valois vers l'an 1330. François Petrarque vivoit un peu auparavant à Carpentras, careffant les Mufes &
honorant fa Laure. Henri Bohic, Breton, profeffoit le Droit Canon à Paris au
même fiecle , où il paracheva & fini fon Commentaire en Septembre 1349. Il

avoit pris naiſſance dans le Dioceſe de Leon. Il fait deſcendre ceux de ſa patrie du ſang des Troyens *in capite venerabilis, de Præbendis.* Je croi cela auſſi
difficile à prouver, que l'origine de la ſource du Nil, ſurquoi Vvoſſius à fait
un Traité de la ſource du Nil, & Iſaac de la Peyrere dans ſon Traité des Præ-
adamites imprimé à Bordeaux : & le par-deſſus de tout cela, c'eſt le Traité
intitulé *Ante Diluviani* de Nicolas Catherinot, Avocat du Roy à-Bourges,
qui l'a trouvé dans la Terre de Champroy. J'ay parlé à la Maxime precedente
de la force de la dépoſition des femmes, cela peut provenir de ce que Hypocrates allant faire un voyage, pria Democrite ſon ami, d'avoir l'œil ſur ſa femme
pendant ſon abſence, non pas qu'il doutât de ſa vertu, mais ſimplement parce
qu'elle étoit femme. Je ne puis oublier la ſingularité que rapporte M. Paſquier
dans les Recherches de la France liv. 2. chap. 5. où il dit qu'on n'admettoit
point de premier Huiſſier en la Chambre des Comptes qui ſçût lire & écrire,
de crainte de reveler les ſecrets, de même les Notaires. *ſuprà.*

XLII. Max. Ayant reflechi & medité ſur ce que l'on m'a dit & redit nombre de fois & demandé mon ſentiment ſur la confection des Informations qui
ſe font dans les Preſidiaux par les Commiſſaires, après avoir lû la création qui
en fut faite par le Roy Philippes le Bel, l'an 1347. & les autres créations faites depuis à l'inſtar, rapportées par Jean Chenu en ſes Reglemens aux Titres
15. 16. 17. le Theatre des Antiquitez de Paris, par Frere Jacques du Breüil
page 1039, & ſuivantes du livre 3. & avoir étudié l'Ordonnance au Titre 6. qui
eſt nôtre derniere Loy. Pour dire mon avis ſans rien déguiſer, ny prendre de
parti, je me ſuis étonné que depuis cette dernicre Ordonnance on ait tolleré
l'abus qui s'eſt inſenſiblement introduit dans les Préſidiaux des Provinces, au
fait des Informations écrites par des Clercs qui n'ont aucun ſerment à Juſtice :
& l'Ordonnance veut qu'il y ait un Greffier & qu'il ait fait ſerment, à peine
de nullité : je croi que cela eſt nul aux termes de l'Ordonnance & des Arreſts.
Pour obeïr & ſatisfaire à ce qu'on m'a demandé, j'ay obſervé & remarqué ſix
cauſes que voici. 1º. Ce que j'ay dit dans la premiére Maxime de ce Titre
ſuffiroit pour en marquer les défectuoſitez. 2º. Les Clercs qui ſont employez, ce
ſont de jeunes gens qui n'ont prêté aucun ſerment en Juſtice ; ainſi le ſecret
n'eſt pas bien en ſûreté. Il faut ſuivant l'Ordonnance que celui qui travaille à une
information ſoit Officier, où s'il eſt commis, qu'il ait auparavant prêté ſerment.
3º. L'Ordonnance au Titre 6. art. 6. ne permet pas même à Meſſieurs les Conſeillers des Cours Souveraines de pouvoir commettre leurs Clercs ou autres
perſonnes pour écrire les Informations qu'ils feront dedans ou dehors leur Sieges, s'il y a un Greffier ou un Commis à l'exercice du Greffe. L'on ne peut pas
dire qu'il n'y en ait point dans les Greffes des Preſidiaux : ainſi de prendre un
Clerc qui n'a point prêté ſerment, ce ſeroit s'attribuer un pouvoir que Meſſieurs
n'ont pas par l'Ordonnance en fait d'Informations. 4º. La même deffenſe eſt
faite aux Prevôts des Maréchaux au Titre 2. article 5. de l'Ordonnance ſur les
peines y portées, ainſi que la Cour le jugea par le Grand Arreſt du 6. Septembre
1694. que j'ay rapporté Max. 40. du preſent Titre, & que j'établirai clairement
Titre 16. Maxime 11. 5º. Le bon uſage établi par nôtre Ordonnance en l'art. 2.
du Titre 3. pour recevoir les plaintes, eſt tiré de quatre motifs qui l'ont precedé. L'Ordonnance d'Orleans art. 63. l'Ordonnance de Blois art. 184. l'Arreſt 159.

de M. Claude Expilli, & l'art. 8. du grand Arrest de Reglement fait par la Cour le 10. Juillet 1665. 6°. Il est impossible que les Commissaires des Presidiaux puissent jamais executer l'art. 9. du Tit. 6. de nôtre Ordonnance, qui doit avoir son execution & operer son effet, n'étant pas mis inutilement sans reserve.

Par cet usage uniforme & une Jurisprudence certaine, il faut convenir de la Maxime prouvée & avoüer que l'Information étant le fondement & la piece secrete d'un procez criminel, celles faites par les Commissaires des Presidiaux sont nulles suivant toutes les Ordonnances Arrests & Reglemens. Abus que je trouve autant plus inexcusable qu'il est tout contraire au Tit. 16. des Reglemens de Chenu, & aux Edits & Declarations verifiées que j'ay rapportées au Tit. 3. Max. 13. *suprà* qu'on prendra la peine de voir.

J'ay prévû qu'on croira m'objecter les articles 3. & 4. du Titre 3. & l'art. 14. du Titre 14. de nôtre Ordonnance, je ne prendrai point l'échange, je parle des Commissaires des Présidiaux seulement. L'on ne trouvera aucune dérogation aux Ordonnances, ny qu'il soit permis à ces personnes Officiers de se servir de Clercs qui n'ont point de serment à Justice : ils doivent leur servir d'un Greffier pour donner la foy à l'acte, étant comme témoin de la conduite du Juge *& manus Judicum*, *suprà* Max. 14. suivant le Droit *Auth. apud eloquentissimum. de fide instrumentorum in criminalibus testes apud Judices repræsentandi sunt.* C'est aussi le sentiment de Pierre Rebuffe en son Traité *de Inquisitorum seu Commissariis art. 3. Gloss. unic. num. 8.* & l'opinion de Pierre Guenois sur les Institutions de Jean Imbert liv. 3. chap. 13. lettre E. num. 5. où il rapporte un Arrest précis à l'espece, rendu aux Grands-jours de Lyon le 29. Novembre 1596. *de casu ad casum non fit extensio*, expliquant les Ordonnances. J'ay dit Max. 14. qu'un Greffier est la main & le témoin de la conduite d'un Juge, que l'un & l'autre ne peuvent agir que conjointement & non séparément pour mieux assurer la verité : cela seroit très suspect & fort douteux si un Commissaire avoit la liberté de se servir d'un Clerc souvent son domestique sur lequel il a un pouvoir absolu, sans serment en Justice, personnes mineures ou le secret des Informations seroit mal logé. Après ce que j'ay expliqué, les Lecteurs y feront tel fondement qu'il leur plaira à leur volonté, & se souviendront qu'un Auteur dit de ses Officiers au Châtelet de Paris, *vel quasi Judices in criminalibus.* Voyez Bardet liv. 2. chap. 99. & Frere Jacques du Breüil en son Theâtre des Antiquité de Paris fol. 1036. *suprà* Tit. 3. Max. 13.

L'on m'a demandé pourquoi on avoit si fort negligé & comme aboli par le non usage à Paris la disposition de l'art. 344. de la Coutume ? Je repond que cela n'est pas une Matiere Criminelle, & d'ailleurs mon opinion étant d'un particulier, n'étant point soutenuë d'aucune autorité, elle ne serviroit de rien. Cette nonchalance à ce que je crois, a été pour éviter les frais, ou bien elle a pris sa naissance des parties interessées qui n'en ont rien dit, & qui ont gardé le silence, ce que je fais aussi.

TITRE IX.

Des Monitoires.

EXPLICATION DU TITRE.

Monitoires est un terme univoque, qui signifie plusieurs termes, comme sont la Monition, Censures Ecclesiastiques, Excommunication, Anatheme, Citation, Decret qui comprennent aussi l'Agravation & Réagravation & la Fulmination, pour raison dequoi on les appelle les foudres de l'Eglise & Imprécations, qui sont tous termes univoques & sinonymes dont j'ay parlé aux pages 121. & 534. du Nouveau Traité des Criées imprimé en 1704. où je renvoye mes Lecteurs pour ne rien repeter.

Selon Budæus sur les Pandectes lib. 2. *Apoginagogi*, Monitoire vient du verbe *moneo latinè dicitur*, *Monitio*, *Admonitio*, *Imprecatio*, *Maledictio*, *Anathema*, *Citatio*, *Decretum*, *Excommunicatio*, *Animadversio Pontificia*, *execratio*, *detestatio*. Les excommuniez étoient appellez par les Hebreux *Apogynagosi*. *Quasi Synagoga exacti & extorres, hos nunc excommunicatos vocamus, &c. Excommunicatio est æterna mortis damnatio, ita ut sic excommunicati & sacrificii interdicti, in numero impiorum, &c.* Monitoire n'est autre chose que *obstringere religione, ne malecedant qui contra deorum monita agunt* : & en ce qui regarde nôtre Titre de l'Ordonnance, ils ne sont établis que *ad finem revelationis.* C'est surquoi j'entend parler dans mes Maximes en suivant les Conciles colligez par le P. Crabbe Cordelier, & le P. Labbe Jesuite. Voyez le 37. plaidoyer de M. Sebastien Frain, Tertulien Apolo. 39. *Divina Censura.*

I. Max. Suivant l'Ordonnance d'Orleans art. 18. le Juge ne doit permettre aux parties d'obtenir & faire publier Monitoire, sinon pour crimes ou scandales publics & pour d'autres causes de consequence. Bugnion des Loix Abrogées liv. 1. Satyr. 4. Cette Ordonnance fut faite pour arrêter l'abus qu'on en faisoit d'en octroyer pour une somme de cinq sols, ce qui les avoit avilis & tournez à mépris.

II. Max. La permission d'obtenir Monitoire pour bonne & juste cause, ne se peut point refuser à personne de quelque qualité & condition qu'elle soit. Au tems que la nouvelle Religion Prétenduë Reformée étoit tolerée en France avant l'Edit du mois d'Octobre 1685. qui l'a entierement abolie, quand un Huguenot obtenoit un Monitoire, c'étoit sous le nom du Procureur du Roy, n'étant pas juste que ceux qui méprisoient les ceremonies d'Eglise en reçussent du support, *nam frustra legis auxilium implorat, qui contra legem peccat.* S. Jerôme nomme un Monitoire *Virga apostolica, virga ferrea.*

III. Max. Le Juge d'Eglise ne peut decerner Citation ny Monitoire contre le Juge Laïque, contre le Procureur du Roy & le Greffier lorsqu'ils sont en debat de leurs Jurisdictions, & moins encore les peut il faire publier au Prône, n'étant pas permis à un Official de deffendre sa Jurisdiction par des censures & excommunications

nications contre les Officiers Royaux ny contre la partie. Mosnier des Monitoires, Baquet des Droits de Justice, la Rocheflavin, Bouchel, Philbert Bugnion des Loix Abrogées, Ordonnance de Paris en 1629. article 23. &c. Auboux
& Collet des Monitoires, Mezerai édition premiere in-quarto fol. 181. 431. & Ren.
Choppin en son Traité *de Sacra Politia* lib. 2. Tit. 3. *de Domanio lib. 3. Tit. 30.
num.* 4. Imbert liv. 1. Tit. 4. num. 9.

I V. Max. Le Juge Ecclesiastique ne peut point connoître de l'opposition formée à la publication d'un Monitoire ; suivant la Rocheflavin Titre des Jurisdictions sur la fin art. 24. *Quia ubi cæptum est judicium ibi finem accipere debet,
& apud eundem Judicem tractari.* C'est ainsi que l'entend l'Ordonnance d'où je
tire mes Maximes aux articles 8. & 9. du Titre que je suis. Le Pape Lucius III.
donna une Decretale, portant excommunication faute de payer ses dettes, inserée au chapitre *ad aureis, de simonia apud Gregor.* Les Empereurs Justinien &
Charlemagne l'avoient deffendu, le Parlement de Paris l'a condamné au stile Latin. Charles-Quint le deffendit en 1538. & 1547. suivant Mariana & Taraffa
Chanoine de Barcelonne dans l'Histoire d'Espagne : si cela avoit lieu le Royaume seroit rempli de telles gens. M. le President de Perchambaut est sans pareil
dans sa Note sur l'art. 6. de la Coutume de Bretagne.

V. Max. S'il a été abusivement procedé au Monitoire, on peut recommencer
de nouveau *in forma Juris ;* parce qu'il faut que les crimes soient punis & mani-
festez. Peleus liv. 3. action 95. La Bulle *in Cœna Domini* se publie tous les ans
le Jeudi Saint au Parvis de S. Pierre, l'on excommunie ceux qui volent les *Romi-
petto* qui vont à Rome, & ceux qui y apportent des vivres : cela est pris des Instituts lib. 4. Tit. 18. §. 11. *Vide Bullarium Lertium Cherubinus.*

V I. Max. La partie adverse est grevée & offensée, si par un Monitoire il
contient la clause generale contre tous ceux & celles *nemine dempto ;* car elle
ne peut point y être comprise, ny les témoins qui ont été examinez, ny le
conseil qui la conduit dans son affaire sans fraude ; néanmoins *dempta parte &
consilio,* clause des anciens Monitoires, partant elle peut justement s'opposer à
la publication, même en interjeter appel comme d'abus, parce qu'à son egard
elle ne peut point y être comprise, suivant Bouchel *in verbo* Monitoire & Censures Ecclesiastiques. Quand aux témoins qui ont été entendus, ils en doivent
pareillement être exclus, & pour le conseil *l. Ultim. cod. de testibus, non tenetur testimonium ferre in causa cui patrocinium præstitit.* Le contraire de tout
ce que dessus est tenu par *Ægidii Magistri, de appellationibus, Nicol. Boherii,*
qui souffriront bien qu'on reponde à leurs opinions avec Charles Fevret en son
Traité de l'Abus, & Philbert Collet Juge de Chatillon en Dombes, au Traité des
excommunications.

V I I. Max. Le Monitoire doit être publié en son entier & non tronqué, &
l'on n'en peut obtenir deux pour le même fait : ces sortes de choses ne se reiterer t
point, non plus que le premier des Sacremens. Charles Fevret en son Traité de
l'Abus. M. Jacques Eveillon Official & Grand-Vicaire d'Angers Traité des Monitoires & Excommunications, Loterius dans son Traité des Benefices, *Stephanus
Dalvin.*

V I I I. Max. Le Monitoire & citation *pro violenta manuum injectione in
Clericum,* doit porter le nom du Clerc, autrement il y auroit abus, dautant

L

què si le Laïque-accusé ne sçavoit pas le nom du Clerc prétendu excedé, il ne pourroit point se deffendre de l'excommunication, ni proposer un alibi & les autres faits justificatifs qu'il pourroit avoir : de plus s'il n'y avoit preuve du fait concernant un Prêtre, que le Promoteur auroit prétendu avoir été maltraité, il pourroit dire que ce seroit d'un autre. En troisiéme lieu l'on ne sçauroit en jugeant absoudre le Laïque sans nommer le Clerc, ou bien telle absolution *in genere* pour avoir battu un Prêtre pourroit s'appliquer à tous les Prêtres qui auroient été excedez ; parce qu'en ces cas qui dit un Prêtre les comprend tous, n'y en ayant aucun nommé, dautant qu'un Prêtre est ici *Generalissimum de speciebus aut species specialissima*. Bouchel en sa Biblioteque *in verbo* Violence, Arrest du 9. Janvier 1538. entre l'Evêque d'Amiens & le nommé Gastebled. Les Décisions de M. Gilles le Maître Premier President du Parlement. *Nicolaus Boherius, &c.* President à Bordeaux. Milletot, & Ducasse, & Jean Auboux Official de Cahors.

IX. Max. Un témoin qui a donné sa revelation au Curé sur la publication d'un Monitoire, n'est pas tenu de persister devant le Juge étant repeté s'il ne lui plaît, il en est quitte en se purgeant par serment de dire la verité, la raison est qu'il n'a point juré ny fait de serment devant le Curé. Pierre Ayrault rapporté par Bouchel en sa Biblioteque *in verbo* Preuves, Philbert Collet, Juge de Châtillon en Dombes, en son Traité des excommunications qu'il dédia à M. le President Talon en 1694.

X. Max. Quoique des personnes ayent donné leurs revelations au Curé par écrit sur la publication d'un Monitoire, ils doivent encore être oüis comme témoins devant le Juge, lequel est tenu d'inserer tout au long leur déposition, soit dans l'information ou l'enquête qu'il fait, & non point dire que le témoin a persisté dans ce qu'il a dit par sa revelation, cela ne vaudroit rien & seroit nul. Despeisses Tit. 10. des Enquêtes num. 38. Imbert liv. 1. de sa Pratique, &c. Dans les bonnes regles un Curé ne doit prendre que le nom, la qualité, & la demeure de ceux qui viennent à revelation ne pouvant leur faire faire serment : & sur ce memoire qu'il donne, on les assigne pour déposer pardevant le Juge saisi de la matiere qui a octroyé la permission de publier le Monitoire, & pour cela l'on prend son ordonnance pour assigner les témoins. Voilà la veritable procedure qu'il faut tenir en ce rencontre.

XI. Max. Aux Monitoires il ne faut mettre que excommunication, aggravation & réaggravation seulement, & non point d'autres imprécations & maledictions, comme celles de Datan, Coré, & Abiron, ny du Pseaume 108. *Deus laudem, ne campanis pulsatis & cereis accensis.* Imbert liv. 1. &c. Ducasse & Milletot, Fevret & Eveillon, Expilli chap. 231. de ses Arrests.

XII. Max. Si celui qui a obtenu le Monitoire expose qu'il y a un témoin qui sçait le fait, lequel néanmoins ne s'est point déclaré sur la publication, & qu'à cause de cela il veüille demander une permission d'informer, comme le témoin s'est venté en divers lieux de sçavoir la verité de la chose, le Juge ne doit octroyer aucune permission d'informer ; car il ne le pourroit faire & moins encore decreter contre le témoin qu'on prétend n'avoir pas été en revelation sur la publication du Monitoire, *quia in hoc Deum solum ultorem habet.* Imbert liv. 1. &c. *J. Davezan, de Censuris Ecclesiasticis & de Pontificia & Regia potestate, Aureliæ* 1659.

XIII. Max. Il est deffendu aux Conservateurs des Privileges Royaux de procedei ni faire proceder par monition generale en forme contre des malfaicteurs ; parce qu'il n'y a point un plus grand scandale que celui d'inculper, de malfaire des personnes avant que d'être convaincus d'un crime qui leur seroit imputé, sans avoir été prouvé. Ordonnance de Louis XII. en l'an *1499.* art. *6.* Lazare du Croc au stile du Parlement en a aussi parlé.

X I V. Max. L'on ne peut interjetter appel de la permission d'obtenir & faire publier Monitoire que comme appel simple, *quia remedium appellationis non ideo est inventum, ut alicui à religionis & ordinis observantia exorbitanti, debeat in suo nequitia patrocinium exhibere, cap. ad nostra 3. extra de appellationibus.* L'on peut aussi interjetter appel comme d'abus sur cinq moyens qui sont expliquez par Fevret, Masuer Tit. 35. Jean Imbert liv. 1. chap. 65. liv. 2. chap. 3. Auboux Traté 8. chap. 3. §. 9.

X V. Max. L'on ne peut point obtenir ny permettre une publication de Monitoires pour prouver des causes de récusation contre un Juge, suivant ce que j'ay dit *suprà* Max. 14. de la Récusation où je renvoye au Titre 3. Comme ce Titre concerne l'Eglise, je diray aux Lecteurs la translation de plusieurs Cathedrales au sujet des Guerres. Les Vandales en 870. ayant ruiné le païs d'Eusan sur la Gesile, Euse Archevêché fut transferé à Auche ; Antibe à Grace ; depuis Geneve à Annessi ; Magdelone à Montpellier ; Vermand à Noyon ; Teroanne à Bologne sur Mer ; Javouls à Mande ; Elan à Perpignan ; Maillesais à la Rochelle ; Limoux à Usez ; Quidalet à Saint Malo ; Albi Archevêché en 1675. charge de 15000. liv. vers Bourges, dont on a demembré Castres, Cahors, Mande, Rhodez & Vabres. Dol a été Archevêché, & Mauleon Evêché : Sitieu c'est S. Bertin à Saint Omer, Pamiez avoit nom Fredelas. Valence & Die unis en 1275. désunis en 1686. Oviedo devint la Capitale des Asturies au lieu d'Astorgas, Alexandrie au lieu de Cartage devint la Capitale d'Afrique, Basle à Porentru, Utreck, Tongre, Mastreich ont été pris par les Hollandois. Aunisle près Vendôme, c'est S. Calais qui en fut le premier Abbé. Voyez Mezerai en son abregé in-quarto edition pages 668. 1477. & dans l'Histoire de Clotaire I I. de l'état où étoit alors l'Eglise. Voyez R. Choppin Onomasticon. lib. 1. Tit. 3. num. 6.

TITRE X.

De la Reconnoissance des Ecritures & Signatures en Matieres Criminelles.

EXPLICATION DU TITRE.

L E mot de Reconnoissance dérive du verbe *cognosco, cum re composita* ; de maniere que la composition *re* est comme une réiteration, un retour & une reprise du mot *connoissance.* André Alciat *de verborum significatione. Ulpian lib. 2. de verb. signif. Laurentius Valla in his verbis, &c.* Cette Reconnoissan-

L ij

ſe prend toutefois ici , *in utramque partem, prout aïens aut negans.* Ecritures , ſont toutes ſortes d'Actes publics , ou Ecritures privées : Quant aux
publics nommez Authentiques fait par des Juges, Notaires, ou autres perſonnes
qui ont caractere, ils ſont appellez *inſtrumenta, documenta, publica, acta,
notæ, commentaria, codices, breviaria, & hujuſmodi alia quæ publice fiunt
& manu publica,* comme ſont ceux faits par les Juges, Notaires, Greffiers, &
autres perſonnes publiques, ou en jugement.

Quant aux Ecritures & Actes privez, *Budæus* les appelle *tabulæ domeſticæ,
aut chyrographa, & omnia quæcumque manu ſcripta quæ privatim fiunt.* Telles ſont les promeſſes, cedules, billets, lettres de change, parties arrêtées, memoires, états, projets, comptes doubles, chartes, parties, connoiſſemens,
bulletin, laiſſé paſſer, aval au dos d'un billet de change payable au porteur ou
de place en place, comptereau, quitus, lettres miſſives & autres menuës Ecritures que *Budæus* appelle *Chartopræta, vel Papyropola,* deſquelles Ecritures privées le Titre ſur lequel j'écris ſemble plutôt vouloir parler que des publiques.
Tant y a que les unes & les autres ſont compriſes ſous le mot inſtrumens, lequel
eſt dit une Ecriture faite pour affirmer, aſſurer, juſtifier, & faire la preuve de
quelque choſe pour le tems à venir. Signatures, c'eſt le ſeing manuel d'une perſonne, *ſignatura, inſcriptio, ſubſcriptio,* au deffaut dequoi, le ſcel, le cachet
opereroit preſque autant : elles ſe font a deux fins ſuivant le droit, & André Alciat, *de verb. ſignific.* la premiere, *ut rectum, firmum, ſtabile, ratum, ac
validum reddatur inſtrumentum.* La ſeconde eſt *ad majorem cautelam ne varietur.* Je pourrois en ajoûter une troiſiéme, qui ſeroit pour nous faire connoître & manifeſter à tous ceux auſquels nous Ecrivons, &c.

Il faut maintenant joindre toutes les parties du Titre pour en tirer les conſe-
quences neceſſaires ſuivant icelui : ſçavoir eſt que la Reconnoiſſance des Ecritures & ſignatures eſt propoſée aux accuſez à deux fins ; car c'eſt eux qu'elle
regarde particulierement. La premiere, pour leur faire reconnoître, s'il ſe peut,
ce qu'ils ont écrit qu'on veut induire contr'eux pour éviter la verification des
Experts par comparaiſons d'Ecritures, qui ſont pour l'ordinaire très - dangereu-
ſes & fort douteuſes, pour ne pas dire rien de plus. La ſeconde, c'eſt qu'un accuſé ne peut ny ne doit être condamné ſur la ſimple expoſition des Ecritures &
ſignatures, & même le Parlement obſerve inviolablement de n'avoir jamais
condamné aucun accuſé à mort ſur le rapport & les dépoſitions uniques des
Experts. Leur Art eſt trop fautif & trompeur pour faire perdre la vie à un
homme ; il eſt juſte qu'un accuſé ſoit entendu ſur les Ecritures qu'on prétend
être de lui, puiſqu'il eſt certain & la Loy le confirme, *in capite quid ſit falſum,
ad Legem Corneliam de falſis,* qu'il y a des fauſſaires ſi habiles de la main,
& qui imitent ſi fort les Ecritures, qu'il eſt ſouvent très-difficile de diſcerner la
veritable d'avec la fauſſe, s'étant trouvé des perſonnes qui ont reconnu de
fauſſes ſignatures pour veritables, & les veritables qu'ils ſoutenoient être fauſſes:
*Si quis chyrographum alienum immutet, legendum imitetur, hoc eſt effin-
gat.* Ciceron *de natura Deorum* étoit dans ce ſentiment quand il écrit, *chyrographum ſex primorum imitatus eſt, hoc eſt adulteravit.* C'eſt pour cette raiſon que les Ecritures doivent être repreſentées en original. Quant aux mots du
Titre *en Matieres Criminelles,* je crois les avoir aſſez expliquez au premier Ti-

re de ces Maximes : je dirai ſeulement qu'ils ſont mis ici pour faire la difference qu'il y a de la Reconnoiſſance des Écritures qui ſe fait en Matieres Civiles.

I. Max. Il y a quatre manieres pour convaincre un accuſé , par témoins , confeſſion de lui-même , de violentes préſomptions évidentes du fait & par Ecrit ,
dont perſonne ne peut diſconvenir après que la Reconnoiſſance ou verification en
a été faite. Maſuer ſur le Titre des Preuves , &c. J'en traiterai à la fin du Titre 26.

I I. Max. Celui qui a ſouſcrit l'Ecriture d'un autre faite pour lui , c'eſt une
approbation en ce qu'elle fait preuve contre lui , tout de même que s'il avoit
écrit l'acte en entier de ſa propre main , parce qu'il l'a approuvé par ſon ſeing,
après que la Reconnoiſſance & verification en eſt faite , à moins qu'il ne prouve
qu'il a été abuſé & ſurpris croyant ſigner autre choſe , en lui ſuppoſant un autre papier ou ſéduit , contraint & violenté à le faire.

I I I. Max. Une Ecriture privée ſans être reconnuë ou verifiée ne fait aucune
preuve au Civil , *ſicus*. En Matiere Criminelle , une ſimple miſſive verifiée fait
preuve & opere , comme feroit la confeſſion d'un accuſé : cela eſt ſi vrai , qu'en
l'année. .... * * * * s'étant voulu retracter & dédire après avoir reconnu les
Lettres , Ecritures & Memoires qu'on lui avoit repreſentez en alleguant le dire
d'une ſeconde perſonne que ſa main avoit trahi ſon cœur , nonobſtant quoi il
fut jugé par le Parlement. Mathieu, Hiſtoire du Roy Henry le Grand , &c. On
dit que les anciens Ecrivoient ſur des écorces d'arbres : je trouve dans Jeremie
chap. 36. v. 18. & en ſix autres endroits des SS. Cahiers qu'ils ſe ſervoient de
papier,de plume & d'encre. La main ne fait point d'actions involontaires. L'ana-
thomie apprend qu'il y a une veine au cerveau qui eſt le ſiege de la volonté
qui circule & vient répondre à la main ; ainſi le cerveau decide , & la main
execute. Frere Jacques du Breül en ſon Théatre des Antiquitez de Paris , parlant au fol. 375. de la Biblioteque de S. Germain des Prez , a traité de la maniere
d'écrire des anciens.

I V. Max. Les lettres interceptées deſquelles la partie qui les rapporte ſe veut
ſervir , tiennent en quelque façon du faux : l'accuſé peut obliger celui qui les
repreſente à declarer par quel moyen il les a entre les mains : comme c'eſt un vol
ſouvent, on decrete contre celui qui les rapporte pour repondre en perſonne ſur
le temoin propoſé par l'accuſé , parceque ce procedé n'eſt qu'une perfidie. *Pro-
ditio celeri pœna vindicanda eſt , ambulat enim fraudulenter qui revelat amici
commiſſum* , dit le Sage aux Proverb. 11. v. 13. Toutesfois l'accuſé n'eſt pas déchargé pour cela s'il y a preuve d'ailleurs , il faut interpréter la Maxime , en
cas que les lettres ne contiennent pas en elles-mêmes des trahiſons, des perfidies,
attentats , complots , & autres deſſeins criminels ; car pour lors tout doit tomber ſur l'accuſé , *Quia nemo ex delicto commodum conſequi debet & meliorem
ſuam conditionem facere.* Si c'étoit une confeſſion écrite , la queſtion eſt deli-
cate *infrà* liv. 2. Tit. 11. Max. 5. 6.

V. Max. La verification d'une écriture privée ſe peut faire de trois manieres,
ſuivant Bouchel *in verbo* Inſtrument. 1°. par témoins , encore qu'ils ne ſoient
qu'au nombre de deux qui dépoſent avoir été preſens lors que la choſe a été faite,
écrite & ſignée en leur preſence par celui du fait duquel il eſt queſtion. Pour lors

cette preuve oculaire opere qu'il n'eſt pas beſoin d'autres adminicules, ny d'aucunes comparaiſons par Ecritures ou de ſignatures ſemblables. 2°. Lorſque les témoins reconnoiſſent que c'eſt le fait, l'Ecriture & ſignature de celui dont il s'agit, non pas pour avoir été preſens lorſqu'il l'a fait, mais pour lui en avoir vû faire & écrire autrefois de ſemblables. 3°. Quand pour la vérification l'on uſe par des comparaiſons & conferences d'autres Ecritures & ſignatures ; au moyen de quoi & de la parité, ſimilitude & reſſemblance de l'un à l'autre , faites par Experts perſonnes connoiſſantes en l'art d'Ecriture appellez à cet effet , l'on parvient à la connoiſſance & verification de ce dont auparavant l'on étoit en doute. *Jacobus de Belloviſu de Probatione negativa num.* 6.

Suivant ces trois expediens, je remarquerai que le premier moyen eſt certain, le ſecond pertinent & concluant , le troiſiéme eſt douteux comme j'ay dit dans l'explication du Titre : la raiſon eſt que par ſucceſſion de tems , maladie, ou autre ſemblable accident la main peut varier & les traits d'Ecriture changer , ſuivant nôtre Titre de l'Ordonnance art. 7. Il eſt neceſſaire au regard de ce troiſiéme moyen que les Ecritures & ſignatures que l'on pretend employer pour la probation & faire comparaiſon avec celles qui ſont deniées , ſoient & demeurent pour conſtantes , tant aux Experts , témoins , qu'aux parties qui doivent convenir & demeurer d'accord de les avoir écrites ou ſignées , ou que telles Ecritures & ſignatures ſoient priſes des archives , regiſtres des Notaires & autres actes & monumens publics , dont de tout eſt fait & dreſſé procès verbal par le Conſeiller commis , contenant les pieces dont on eſt convenu pour ſervir de pieces de comparaiſon , après quoi elles font pleine foi entiere. Enfin pour finir cette Maxime , on ne peut point ajoûter de foi en Juſtice à des lettres & Ecritures privées ſans qu'elles ſoient reconnuës ou verifiées , ou par le moyen d'un compulſoire fait entre les mains d'une perſonne publique qui a les minutes avec la partie preſente ou duëment appellée pour y aſſiſter , ſi bon lui ſemble. Ayrault rapporté par Bouchel *in verbo* Preuve , &c. Ordonnance d'Avril 1667. Tit. 12. art. 5.

Par l'article 93. de l'Ordonnance de Villers - Coterefts , l'article 60. de celle d'Orleans , l'article 8. de Rouſſillon , ceux qui nieront leurs ſignatures après la verification feront condamnez au double de leurs promeſſes. Par l'Edit de Decembre 1684. regiſtré au Parlement le 22. Janvier 1685. ceux qui nieront leurs Ecritures étant verifiées , feront condamnez en de groſſes amendes , tant envers le Roy , que la partie.

V I. Max. L'Ordonnance parle des pieces autentiques au Titre 8. article 5. Il faut faire voir ce qu'elle entend par ce terme , & en quoi ces pieces conſiſtent. Elles font auſſi nommées ſolemnelles au digeſte *de fide inſtrumentorum.* L'on ne peut point les diſputer , pourvû quelles ſoient ſans innovation de leur premiere forme & figure , ſans ratures ny cancellation , à moins qu'elles ne ſoient approuvées par renvoi bien ſigné , & autres choſes qui pourroient induire de la ſuspicion : nous trouvons écrit en quoi cela conſiſte dans les Capitulations de l'Empereur Charlemagne livre 6. chapitre 146. On en trouve encore l'éclairciſſement dans Maſuer , & Jean Imbert , & dans leurs Annotateurs tirez du Droit que j'abrege ici.

V I I. Máx. Il y a des accuſez qui ont le front d'ai rainàtout nier , & ſuivant le comique ils dénieront avoir avallé les étriers, & l'on voit les courroyes ſortir par leur bouche. Lorſqu'un accuſé denie une Ecriture à lui repreſentée être de ſa main & qu'on n'a point de pieces pour en faire de comparaiſon, le Juge le fait écrire en lui diſtant la même piece qu'il refuſe de reconnoître qu'il tient en main, pendant que l'accuſé écrit en ſa preſence, dont il eſt fait procès verbal par le Juge.

VIII. Max. Si ce ſont des Ecritures en langue étrangere, ou caracteres inconnus en Europe, comme l'Hebreu dont ſe ſervent les Juifs ; alors l'on donne des Interpretes & on prend des perſonnes qui entendent les langues & connoiſſent les caracteres, comme l'on a vû dans les procès criminels faits à des Juifs au Parlement de Mets, & à Raphaël * * * qui fut puni par Arreſt du 17. Janvier 1670. pour avoir volé un enfant Chrêtien & fait perir cruellement.

TITRE XI.

Du crime de faux, tant principal qu'incident.

EXPLICATION DU TITRE.

Mᴇzᴇʀᴀɪ eſt à ſçavoir dans ſon abregé imprimé in-quarto édition premiere page 534. Le crime n'eſt pas pris ici *Genus generaliſſimum*, qui comprend toutes les eſpeces de malices & toutes ſortes de malefices & de maux : ce n'eſt que l'eſpece particuliere qui concerne le faux comme individu, lequel à fort bon droit eſt appellé par *Julius Clarus* §. *falſum num.* 1. *nam falſi crimen graviſſimum eſt, & propter ejus frequentiam ſolet à Legibus & ſtatuis graviter puniri & connumeratur inter publica delicta.* J'en ay parlé dans mon nouveau Traité des Criées page 445. où je renvoye les Lecteurs.

Le faux eſt le contraire du vray & eſt ſon oppoſé : c'eſt l'alteration de la choſe & du vrai ; ainſi pour la vraye définition il faut ajoûter diverſes eſpeces expliquées par André Alciat *de verborum ſignificatione.* Le mot de *tant* eſt une adjection miſe au Titre de l'Ordonnance pour faire comprendre que l'incident de faux ſera traité dans le corps du Titre auſſi bien que le principal, *pari & eodem paſſu.* Le mot *principal*, c'eſt pour dénoter & marquer que c'eſt ce qui fait le fond de la queſtion & de la matiere conteſtée. *Incident* eſt l'acceſſoire qui depend du principal, que Quintilien au liv. 3. appelle *reliquæ quaſi liticulæ.* Ici ce n'eſt pas cela proprement ; car ces reſtes preſuppoſent un jugement, après lequel elles viennent : tout au contraire ici, l'incident naît avant le jugement, & eſt de la nature du principal que nous venons d'expliquer : c'eſt un nouveau fait qui ſurvient en la cauſe & qui la fait changer de face, ſuivant Alciat ; de ſorte que cet incident fait ſurſeoit au jugement du principal. De plus, je remarque ſur cela que l'incident ſuit la nature du principal pour une autre fin : à ſçavoir que le Juge qui a connu de l'un, connoît de l'autre, conformément à l'Ordonnance & à la Loy. *L. cum Papiniani cod. de ſentent. & interlocut.* ce qui regarde les deux parties. Papon liv. 22. Tit. 12. Jean Duluc lib. 12. Tit. 5. *de Falſis.* R. Chopp. *de Domanio Franciæ lib. 3. Tit. 3. num. 2.*

I. Max. Les fauffetez fe commettent de fept manieres qui font rapportées dans les Notes faites fur Mafuer au Titre 18. que je n'expliquerai point, à caufe des confequences dangereufes, qu'en montrant à les découvrir, prenant le contrepié on enfeigne à les faire, temoin le Traité des Infcriptions en faux de . . . . . . * * * Ecrivain. Il étoit accufé d'avoir le fecret de compofer une eau qui enlevoit l'écriture, laiffant les fignatures. Il fut entrepris par la Communauté des Maîtres Ecrivains de Paris : par malice il avoit dedié fon Traité au Grand Magiftrat, qui reconnut fon deffein lequel prononça l'Arreft dudix-huitiéme Fevrier 1670. qui fupprima le Livre & interdit * * * * * qui prit Requefte civile qui n'eut point de lieu, parce qu'il mourut fur l'appel d'une Sentence du Châtelet du 17. Avril 1683. En bonne & faine équité * * * & fon fupplément, & deux autres livres Latins auffi devroient être deffendus, puifqu'ils pretendent découvrir à connoître le faux des anciens Titres, & l'on peut apprendre à les faire. Le premier eft un volume in-quarto compofé par *Petrus Maria Caneparius*, intitulé *de Atramentis cujufcumque generis* imprimé à Venife en 1619. & à Londres chez Scoth en 1660. Le fecond, *Joannes Baptifta Porta Neapolitanus de occultis literarum notis, feu artis animi fenfa occulte aliis fignificandi. Argentorati.* 1606. Il enfeigne 180. manieres d'écrire, obfcurement, explique comment on peut lire, non feulement en toutes les manieres qu'il a inventées, mais encore en toutes celles qui font imaginables, fuivant Blaife Vigenere, c'eft ce que * * * appelle *encre évanouiffante, ou difparoiffante* ce qui eft fort dangereux dans la focieté civile, à fçavoir. *Inftituts Tit.* 18. §. 7. *Lex Cornelia de falfis.* Henrys tome 1. liv. 4. ch. 6. queftion 94. fol. 433. Hiftoire Septenaire liv. 4. page 249. Mercure François tome 1. page 277. tome 13. page 208. Mezerai vol. 2. in-quarto édition premiere fol. 534. Laurent Bouchel au Traité de la Juftice Criminelle Tit. 28. page 693. J'ay traité fort au long des Tabellions & Notaires Royaux & fubalternes page 443. & fuivantes du Traité des Criées. Les ftudieux Lecteurs y trouveront dequoi payer leurs peines s'ils veulent bien le voir : & Frere Jacques du Breiil fol. 377. de fes Antiquitez de Paris. *Vide* la Maxime 36. du prefent Titre, & à la fin de la Preface de la feconde partie, où j'ay fait voir fort au long que les crimes font punis felon la qualité & l'état & la condition des coupables. Les Officiaux, les bas & moyens Jufticiers, & les Juges Confuls ne connoiffent point des Infcriptions de faux, fuivant les Ordonnances. Guillaume Budée dit *In Curia Mercatorum negotia deciduntur ex aquo & bono, non obfervatis à picibus feu fubtilitatis Juris.*

II. Max. L'on peut prevenir de fauffetez, non feulement ceux qui fauffement fabriquent de fauffes pieces, ou de faux teftamens, en faifant parler les morts ; mais encore tous ceux qui prêtent leur miniftere pour confeiller & faire réüffir de telles friponeries, & qui empêchent que la verité ne viennent à la connoiffance du public, & de triompher parce qu'il n'y a nulle difference quant à la peine entre le Confeil & celui qui execute, tous deux pechent également, comme le corrupteur & le faux temoin. Le Poëte Orace lib. 1. fatir. 3. le dit précifement,

Regula peccatis, qua pænas irrogeret æquas.

III. Max. Le fabricateur d'une fauffe piece, celui qui s'en fert & la produit, le Notaire , Greffier ou autre perfonne publique qui change & ôte d'un acte les claufes effentielles, qui l'altere & les obmet à deffein dans les chofes dont il eft requis par les parties, ou qui les augmente. Celui qui contrefait la fignature d'autrui, rature, gâte ce qui étoit écrit au vrai , & falfifie les Actes de Juftice *& fimilia,* font tous coupables de faux,&c. Lazare Ducroc au Stil du Parlement Titre de l'Infcription en faux , &c. Expilli Arreft chap. 8. Demefle en fon Traité des Infcriptions en faux.

I V. Max. Celui qui commet une fauffeté en Matiere Beneficiale , felon M. Loüet & Brodeau lettre R eft privé de fon droit , dautant qu'un fauffaire en commettant fauffeté eft prefumé y avoir renoncé & eftimé s'être foumis à la punition de la peine du faux, qui eft la décheance de la poffeffion & du droit par lui prétendu dont il doit être privé, & le Benefice doit être adjugé à l'autre contendant , avec la peine contre le fauffaire telle qu'il fera avifé & jugé par le Juge Royal pour le cas privilegié. Ordonnance Criminelle Tit. 9. art. 8. Mafuer Tit. 11. §. 29. précis.

V. Max. Une piece fauffe dans une partie , cela vicie & influë fur toute la piece , parce qu'une fauffeté en partie fait préfumer le refte de même , fuivant *Farinacius* Confeil 11. num. 29. *Fachinæus* lib. 9. Dumolin Confeil 40. num. 1, Mafuer, *Julii Clari & ibidem , multæ authoritatis , & enim femel malus præfumitur femper malus, in eodem genere mali.* Le 15. Octobre 1681. * * fit amande honorable feche & banni par Arreft rendu au Souverain aux Requêtes de l'Hôtel, pour des falfifications de Regiftres.

V I. Max. Celui qui écrit des lettres ou billets au nom d'un autre fans fon ordre à fon infçû , il commet fauffeté. Arreft dans Epilli chap. 8. Il faut obferver fi cela produit un mauvais effet, ou fi c'eft une raillerie dont il ne peut arriver aucun mal, ce qui eft bien different.

V I I. Max. La perfonne qui produit un acte faux , ignorant qu'il eft faux pour ne l'avoir point fabriqué,l'ayant trouvé dans la fucceffion de fes pere & mere, ou qui lui a été adminiftré par un tiers , & l'a trouvé dans des papiers defes predeceffeurs,il eft fans coulpe, & lorfqu'il déclare qu'il s'en défifte l'on ne peut lui en rien imputer , quoiqu'il foit déclaré faux. Papon en fes Arrefts Titre du faux des Matieres Criminelles. Bouchel *in verbo* Fauffaires , Expilli Arrefts chap. 8. néanmoins il fera déchû de fon droit avec amende envers le Roy pour s'être fervi d'une piece fauffe,dommage interefts & dépens envers fa partie adverfe & la piece laſcerée : mais fi fur la fommation qui lui a été faite, s'il vouloit & entendoit fe fervir de la piece il l'a abandonnée & a déclaré ne s'en vouloir point fervir : en ce cas-là, il n'eft condamné à rien , parce qu'elle eft retirée de fa production & rejettée du procès;ainfi l'on n'y a eu aucun égard. Les condamnations dont j'ai parlé, c'eft en cas qu'il eût déclaré fe vouloir fervir de la piece après la fommation à lui faite. J'avois toujours crû que fuivant l'art.2. du Titre de nôtre Ordonnance , il falloit faire un procès verbal de l'état d'une piece infcrite de faux pour en empêcher le changement & l'alteration. Cependant on m'a affuré qu'il y a eu un arrêté fans arrêt , qui femble que le procès verbal eft inutile dans un faux incident. Cet arrêté eft intervenu la Grand Chambre affemblée à la Tournelle le Jeudi 17. Avril 1704. fur le Rapport de M. * * * Confeiller , en l'affaire du fieur * * * & de * * * prifonniers en la Conciergerie du Palais. L'appel étoit de la procedure faite au

M

Châtelet au Civil. Depuis après quinze jours de séance l'affaire fut jugée par Arrest rendu, les deux Chambres assemblées le 5. Decembre 1704.

VIII. Max. Après l'inscription en faux formée au Greffe par un acte, il est permis aux parties de transiger & s'accorder : mais le Procureur du Roy peut poursuivre le faux, *Quia civili causa terminata, criminis fit indagatio. Cod. l. damus de falsis*, parceque par l'inscription le faux est devenu un crime public. Papon & Bouchel *in verbo* Faussetez. Mainard tient l'opinion contraire au Titre de la Composition en délits. Je suis directement opposé à lui. Il ne sert de rien de dire qu'on se desiste de la piece & qu'on ne s'en veut point servir. Ricard tom. 2. part. 3. chap. 7. page 2. Il falloit faire la declaration avant que l'acte d'inscription en faux fut formée au Greffe, parceque par là cette action est devenuë un crime public, dont on ne se dépoüille pas par la seule volonté de le quitter. *Vide* Expilli Plaidoyer 26. & chap 8. de ses Arrests imprimez en 1657. De même qu'un voleur n'est pas quitte pour rendre le vol qu'il auroit fait.

IX. Max. Tous Huissiers, Sergens, Archers, Notaires & autres qui fabriquent de faux Exploits & de faux procès verbaux dans lesquels ils énoncent des choses fausses procedentes de leur fait, sont coupables du crime de faux, y faisant des relations contraires à la verité, pourquoi ils doivent au moins pour ce dernier chef, être destituez de leurs Offices & declarez incapables d'en pouvoir posseder d'autres. Et quand au premier chef ils sont punis plus rigoureusement avec leurs corrupteurs, quand même ils declareroient ne se vouloir point servir desdits exploits & procès verbaux. Masuer au Titre des Ajournemens, Expilli chap. 8. de ses Arrests, Ordonnances d'Argenton en 1531. & de S. Germain en Laye de Louis le Grand 1680. toutes deux du mois de Mars, & ont prononcé la peine *suprà* Titre 8. Max. 27. *infrà* Max. 36.

X. Max. Celui qui pour augmenter le nombre des temoins, parmi les veritables en attitre un faux, il perd non seulement les avantages qu'il pourroit avoir en la cause, comme les dommages interests & depens : mais il doit encore être puni avec son temoin, comme tous deux faussaires. Papon Titre 13. des faux temoins & corrupteurs livre 22. Toutesfois les autres preuves restent contre l'accusé. Je remarque que si le temoin declare avoir été suborné par la partie cela suffit, avec quelques indices pressans pour faire le procès au corrupteur, & le faire condamner à la question. Bugnion des Loix Abrogées liv. 4. *Iisdem enim cruciatibus quos in alios excogitaverit, autorem perire oportet.* Les faux temoins sont comparez au couteau d'Elphique, qui étoit propre en même tems à plusieurs usages. Le 29. Aoust 1682. deux faux temoins & le corupteur par Arrest furent condamné A. H. & aux Galeres.

XI. Max. Au crime de faux, le seul attentat est punissable, & la corruption pratiquée & sollicitation *est ejusdem farina*. La peine est égale au regard des faux temoins courratiers ou corrupteurs. Les courratiers, *qui movent adjuvant*, doivent être condamnez suivant les anciennes Ordonnances. Nous en avons un exemple fameux à Paris en l'année 1669. de * * * pour déposer faux contre le sieur * * * qu'ils lui avoient oui dire des menaces & blasphemes contre * * * se promenant dans le jardin du Palais du Luxembourg : la fausseté fut averée, le Parlement condamna le corrupteur & les deux temoins a être décollez : ce qui fut executé le Jeudi 12. Decembre 1669. contre * * * l'un des temoins : quant à l'autre qui étoit le complice, il fut sauvé comme par miracle, dont la simplicité & naïveté solliciterent le Roy à lui pardonner, en octroyant des Lettres de Grace qui furent enterinées. Cette affaire dans les particularitez & les occurrences fit grand bruit. Ce pauvre Gentilhomme qui étoit de la Province de * * * nommé * * * & l'autre qui fut décollé.... Le premier avant que d'avoir obtenu la grace de Sa Majesté avoit été pris par deux differens jours, & l'échaffaut dreffé en la place de * * & fa foffe faite dans le Cemetiere de * * ce qui fut caufe par les allées & les mouvemens qu'on fe donna que l'Arrest qui eft du 5. Decembre ne fût executé à l'égard du temoin, que le Jeudi 12. & à l'égard du corrupteur que le lendemain 13. Vendredi en Decembre 1669. Mais je laiffe le furplus de l'hiftoire que j'ay rapporté, pour établir la Maxime à laquelle revenant pour ce qui fe peut dire, l'on ne fuit pas toujours la rigueur des Ordonnances quant à la peine ; il faut que le crime regarde des perfonnes éminentes & élevées, pour que la peine du Talion ait lieu : quoique Bugnion la mette au rang de fes Loix Abrogées. La peine du Talion eft appellée *pœnam reciprocam.* Voyez le nouveau Traité des Criées fol. 445.

XII. Max. Le temoin qui dépofe une chofe fauffe qu'il eftime veritable, n'eft pas faux temoins. Par exemple fi ayant trouvé le corps mort d'un noyé ou d'un homicidé dans un chemin, il dépofe que c'eft le corps de *Noftradamus,* ce qui ne fe trouve pas veritable dans la fuite, & que c'eft celui *de Panurge,* il ne peut être puni, parceque très-conftamment il a trouvé un corps mort : il s'eft mépris quant au nom. En ce cas ce n'eft pas un crime. Julien Peleus livre 8. Action 4.

XIII. Max. Les temoins doivent prêter le ferment avant que de dépofer. Bouchel en la Biblioteque des Arrefts au Titre des temoins. Toutesfois fi fans avoir fait ferment ils ont dépofé faux, il ne faut pas laiffer que de les punir du crime de faux temoin : car quoique le ferment foit de la folemnité pour l'audition du temoin : à l'égard du Juge il ne l'eft point ny de la Juftice. La verité eft bleffée & offenfée par le faux temoignage qu'elle doit punir. *L. Convenire* ff. *de pactis.* D'ailleurs on ne puni pas le faux temoin pour le parjure qui regarde le fort interieur ; Bugnion liv. 3. mais feulement pour le faux dépofé fous la foy du ferment pour tromper la Juftice, & faire périr un innocent ou plufieurs. Nôtre Ordonnance Tit. 6. art. 5.

XIV. Max. Lorfque des temoins dans un acte dépofent contre l'acte dans la fuite, il n'eft pas requis fuivant Expilli chap. 8. de fes Arrefts, qu'ils foient *omni exceptione majores* : du moins pour les reproches d'amitié ou de parenté ou autre cas qui ne concernent point la turpitude du temoin. J'eftime que c'eft ainfi que l'entend M. Expilli. Que fi les temoins n'ont pas été temoins dans l'acte, ils doivent être reçûs entiers & fans reproches, s'il n'y en a point d'ailleurs de valables propofez contr'eux.

XV. Max. Je ne puis me difpenfer ici de dire quelques mots de Latin par neceffité, nonobftant ce qui m'avoit été demandé contre ma coutume & mon humeur, pour faire la leçon à ceux qui fçavent bien autant de méchant Latin que de bon François, afin qu'ils apprennent que ce n'eft pas fans répugnance que je mêle un peu de Latin dans un ouvrage où j'affecte même de m'éloigner de ce qui peut fentir l'ancienne Rome. Mais pouvant trouver des efprits litigienx, je me croi obligé de montrer au public que je ne le fais qu'après avoir des exemples, afin d'autoriser ce que j'ay proposé. *Duo testes reprobant instrumentum , & unus testis illud facit vacillare : item duo testes una voce deponentes contra instrumentum , prævalere debent Notario. Data paritate conditionis inter eos & Notarium. Item tres testes instrumentarii vel non , probare possunt aliter fuisse dictum vel factum in instrumento quam in eo contineatur , in ore enim duorum vel trium stet omne verbum. Deuteronom. cap. 17. Matth. cap. 18. Luc. 17. Joan. 8.* L'usage des Tribunaux d'Italie est qu'il en faut necessairement trois suivant l'autentique, *si quis vult caute deponere cod. qui potior. in pignoris habeant.* Mais en France il n'en faut que deux qui déposent affirmativement & précisément d'un fait , étans sans reproches pour qu'il soit certain , s'ils ont parlé par doubles sens équivoques. Lisez la lettre 9. de Louis de Montalte notée par Vvendroxius. Sanchez *Summa Opera Moralia lib. 3. cap. 6. num. 13. 15. 16. 18. 19.*

> *En artes * * * ad confingendum sibi*
> *Titulos vetustos, quibus numquam fere carent :*
> *Ego sæpe tales imposturas & falsitates ex fide historiæ detexi.*

Carol. Molinæi Annotationes in decretal. lib. 2. Tit. 22. cap. 5. §. quod cum. Dumolin étoit les délices du Droit , & est l'étoile des Jurisconsultes François.

XVI. Max. Le procès doit être instruit sur le faux avant que de juger ni ouir les temoins sur l'Instance principale. Quand il y a un incident de faux , l'on doit surseoir au jugement du principal. Le faux étant instruit , l'on peut juger le tout cumulativement suivant les Auteurs que je vais citer. Toutesfois si l'acte est declaré faux , le produisant qui la rapporté ne peut être reçû à verifier & prouver par temoins quant au principal , *privatur vero.* Dautant qu'ici celui qui succombe dans l'incident , succombe au principal ; parceque le vrai est irrité par le faux , qui est toujours odieux. Bouchel en sa Biblioteque *in verbo* Faussetez. Le Brun en son procès criminel du faux liv. 1. Maynard liv. 6. chap. 77. *Julius Clarus , Praxis criminal. quest. 1. num. 1.* Expilli Plaidoyer 26. & aux Arrests chapitre 8. Ayrault rapporté par Bouchel *in verbo* Récrimination , Imbert en son Enchiridion au Titre des Jurisdictions. *Vide infrà* la Max. 6. du Tit. de la Conversion des procès Civils & Criminels Tit. 22. Il y a des usages en France abusifs : il est vrai qu'on peut abolir & ne pas suivre les Loix & Ordonnances du Droit Civil , mais non pas celles de la nature.

XVII. Max. Les actes judiciaires d'une Jurisdiction contre lesquels on s'est inscrit en faux , ne se doivent verifier que par la representation de la minute , & non par temoins. Mosnier *in verbo* Faux. Bugnion des Loix Abrogées liv. 4. Tit. 90. &c. à moins que d'un procès verbal qu'il n'y a point de minutes au Greffe , par la guerre , les debordemens des eaux , l'incendie , &c.

XVIII. Max. Si la minute originale ne se peut trouver à cause de la mort de celui qui l'a reçûë , ou par l'accident du feu , de la guerre , des voleurs , d'une innondation ou autre malheur notable , le produisant pourra verifier par nombre de temoins suffisans & irreprochables la verité , & se purger par serment qu'il n'y a aucun dol ny fraude de sa part : autrement l'expedition qu'il rapporte sera declarée fausse , s'il n'y a long-tems qu'elle est faite. Ce qui est conforme à la constitu-

tion de l'Empereur Juſtinien *De deffenſor civit.* §. *qua vero apud ipſos ,* &c.
ou par des procès verbaux faits en bonne forme. Et pour ſoutenir la Maxime , je
diray que l'uſage du Parlement en matiere d'ordre du prix d'un immeuble vendu
en Juſtice , eſt de rapporter & produire la premiere groſſe d'un Titre pour être
colloqué : ſinon l'hypoteque s'évaouit , & l'on n'eſt mis que le dernier en ordre
du jour de l'expedition d'une ſeconde groſſe. Il arriva qu'en 1652 & 1654. les Etudes de Jacques Serlant & Gaſpard Portelot, l'aîné, Procureurs en la Cour , furent
entierement brûlez , & deux petits enfans de Serlant perirent dans cet accident.
La Cour ſur les procès verbaux prononça deux Arreſts , portant que les Titres
paſſez pardevant Notaires auroient hipotheques du jour de leurs dattes , quoiqu'on n'en rapportât que de ſecondes Groſſes , ainſi qu'il m'a été aſſuré.

La nuit du Mardi 26. au Mercredi 27. Juin 1714. le Secretaire de M. d'Agueſſeau, Conſeiller d'Etat ruë Pavée, mit le feu, il y eut grand déſordre. Il étoit
pere de M. Joſeph Antoine d'Agueſſeau fils , Conſeiller au Parlement *in* 5ª. Il
y eut pluſieurs procès brûlez , & le Clerc reduit en cendre. M. le Procureur General fils aîné de M. le Conſeiller d'Etat ; obtint Arreſt en qualité de Procureur General en la cinquiéme Chambre des Enquêtes le 3. Juillet 1714. qu'il fit ſignifier
aux 400. Procureurs de la Cour en leurs domiciles , portant que dans huitaine
pour tout délai, à compter du jour de la ſignification du preſent Arreſt faite aux
perſonnes ou domicilles des 400 Procureurs de la Cour, ils ſeroient tenus de faire
leur déclaration pardevant M. Jean Mollé. Conſeiller en ladite Cour, qu'elle a
commis à cet effet : Sçavoir des procès & inſtances étant au Rapport dudit M.
Joſeph Antoine d'Agueſſeau Conſeiller en ladite Cour, qui ont été par lui donnez
en communication auſdits Procureurs ſous leurs recepiſſez , & qui ſont actuellement en leur poſſeſſion , & des autres procès & inſtances étant auſſi au Rapport
dudit M. d'Agueſſeau , Conſeiller en ladite Cour qui ne ſont en leur poſſeſſion ;
même de repreſenter des Regiſtres de produits & autres depuis la Saint Martin
1700. incluſivement juſqu'à preſent : dequoi il ſera dreſſé procès verbal par ledit Conſeiller commis , dans lequel il ſera fait extrait des endroits deſdits Regiſtres où il ſe trouvera être fait mention des productions, procedures & écritures faites dans leſdits procès & inſtances , autres que ceux dont les ſacs ont
été remis au Greffe & rendus aux Procureurs des parties : leſquels endroits deſdits Regiſtres ainſi extraits & autres qu'il appartiendra , étant paraphez par ledit Conſeiller commis , ou par le Greffier de ladite Cour en ſa preſence : &
ſeront en outre leſdits Procureurs tenus de ſe purger par ſerment devant ledit
Conſeiller commis , qu'ils n'ont point d'autres procès au Rapport dudit M. d'A-
gueſſeau Conſeiller en ladite Cour , que ceux qui ſe trouveront mentionnez dans
leſdits Regiſtres , ny d'autre connoiſſance ou indication des pieces produites
dans leſdits procès, que celles qui reſulteront de leurſdits Regiſtres & Declarations, dont ſera auſſi fait mention dans ledit procès verbal : pour ce fait être
leſdits Regiſtres rendus aux Procureurs , & ledit procès verbal communiqué audit Procureur General du Roy , être par ladite Cour ordonné ce qu'il appartiendra par raiſon : & faute par leſdits Procureurs ou aucuns d'eux de faire
leur declaration ſincere & veritable , & de repreſenter leurs Regiſtres dans ledit tems, ils y ſeront contraints par toutes voyes duës & raiſonnables , même
par corps : & ſauf en cas de fauſſe declaration , mauvaiſe foi & fraude de la

part defdits Procureurs, a être procedé extraordinairement contr'eux, & à prononcer telle punition exemplaire qu'il conviendra : & fera le prefent Arreft lû
& publié à la Communauté des Avocats & Procureurs de ladite Cour. Donné en
Parlement le 3. Juillet 1714. *Signé* Gᴜʏʜᴏᴜ, Greffier. *infrà* liv. 2. Tit. 3.

Il faut voir les Reglemens de Jean Chenu au Titre 25. traitant des Notaires,
& remarquer que Ferret, Notaire au Châtelet de Paris, demeuroit Ifle Nôtre-
Dame, au coin du Pont Marie. Ce Pont fut emporté entierement par la moitié, du côté de l'Ifle la nuit du Dimanche au Lundi gras 1658. par les glaces,
plus de 400. perfonnes y perirent. L'on jugea qu'on ne recevroit point d'infcriptions en faux contre les minutes des actes, dont les expeditions étoient
fignées Ferret. Deffenfes aux Notaires d'avoir leurs Etudes fur les Ponts à l'a-
venir : auffi n'a-t-on pas voulu fouffrir à Paris les Notaires demeurer fur les
Ponts. Recherches de la France liv. 4. chap. 14. L'eau eft un Element qui ne
peut être furmonté, temoin le débordement de l'Alier, qui a fubmergé un grand
Païs depuis Moulins jufques à Nantes en Octobre 1707. & encore plus grand
dans la Loire au mois de May 1709. où fe jette l'Alier au deffous de Nevers.

C'eft un principe certain que dans les Matieres Criminelles les Arrefts ne font
aucuns préjugez. Nulle Loy ne fe fait pour un particulier, mais feulement un Jugement, une Sentence, & un Arreft : ce qui fait voir que rien n'oblige les
Juges à les fuivre. Au Civil un Arreft peut fervir d'exemple non pas de Loy,
& *legibus, non exemplis judicandum eft. l. nemo Judex* 13. *cod. de fententiis
& interlocutoriis.* Souvent il ne faut pas tant regarder ce qui fe fait, que ce
qui fe doit faire. *Non tam fpectandum eft, quid Romæ factum fit, quam
quid fieri debeat. l. fed licet* 12. *D. de Officii Præfidi.* Il y a des gens tellement charmez de leurs préjugez, qu'il eft impoffible de les faire revenir de cette
maladie d'efprit.

Une des principales raifons pourquoi la Compilation de Gratian ne fût pas
approuvée par Eugene I I I. comme authentique, ce fut crainte des préjugez,
parceque l'Eglife ne confidere les décifions de S. Auguftin & des Saints Peres
qui font inferées dans le Decret de Gratian, que que comme des fentimens des
Docteurs particuliers qui peuvent faillir, & qu'on n'eft pas obligé de fuivre.
C'eft pour cela que le Pape Gregoire X I I I. a fait verifier & confronter toutes
les citations de S. Auguftin & des autres Peres qui font dans Gratian fur les
originaux, & après cela a laiffé ces textes tirez des Peres pour des fentimens
de Docteurs particuliers *ad libitum.* Lifez *Nicolaus Everardus, & vigefimo
vol. d'Auguftinus Barbofa, de locis communibus, de verborum fignificatione
& de claufulis.* Everardus étoit de Mildelbourg en Zelande, & Préfident pour
Charles-Quint, au Confeil Souverain de Malines. Ce qui les a obligez à faire
ces Traitez, c'eft que fouvent les Canons femblent fe contredire, cela fit que
Gratian intitula fon Decret, *Concordia difcordantia Canonum,* & a donné
lieu à faire le Titre *de Verborum fignificatione* pour expliquer les Loix &
celui de *Regulis Juris.*

L'on difoit fur l'inftruction du faux, que le deffendeur en faux ne pouvoit rapporter de pieces de comparaifon par deux raifons. 1°. Parceque c'eft
une accufation contre lui, & s'il rapportoit des pieces ce feroit un accufé
qui produiroit des temoins pour fa juftification. 20. Il n'auroit qu'à faire fabri-

quer des pieces fauſſes à celui qui auroit fait la piece inſcrite en faux & les
rapporter , ce qui repugne à l'eſprit & à la diſpoſition des Ordonnances. Ordonnance d'Aouſt 1670. Tit. 8. art. 6. & 10. Cette Juriſprudence eſt changée , Arreſt du 19. May 1711.

Trencart , Notaire d'Amiens paſſé une donation de 10000. liv. faite par de
Lacour à Beauchen & ſa femme. Après la mort de Lacour ſes heritiers s'inſcrivant
en faux contre cette donation , ſuivit une longue inſtruction , Trencart , Beauchen & ſa femme ſont empriſonnez. Trencart rapporte pour piece de comparaiſon deux actes paſſez par Lacour qu'il avoit reçû comme Notaire , pour
montrer que la ſignature de la donation eſt veritable : on lui repond qu'étant
deffendeur en faux il ne peut point rapporter de pieces de comparaiſon , elles
ſont reçûës par Arreſt du premier Septembre 1710. M. le Procureur General
& les heritiers de Lacour forment oppoſition à cet Arreſt , l'on ny eut aucun
égard : enfin le faux inſtruit il y eut juſques à ſept Experts , & par l'Arreſt
diffinitif au Rapport de M. Gaudart , Conſeiller , du 19. May 1711. Beauchen &
ſa femme eurent les 10000. liv. avec les interêts , 3000. liv. de dommages &
intereſts , Trencart 4000. liv. de dommages & interêts , les Ecroux rayez &
biffez, permis de faire lire publier & afficher l'Arreſt : les heritiers de Lacour
condamnez en outre en tous les depens du procès qui ſont fort gros : enſorte
que par cet Arreſt on a jugé qu'un deffendeur en faux pouvoit rapporter des
pieces de comparaiſon. La Cour examine les circonſtances dans les cas où elles ſeront reçûës, n'y ayant point d'excluſion par l'Ordonnance aux Juges de les recevoir.

Inſtance au Conſeil en caſſation des Arreſts , entr'autres de celui du 19. May
1711. par Arreſt très contradictoire , après une inſtruction du 20. Fevrier 1713.
le Roy a débouté de la caſſation avec 450. liv. d'amende & en tous les dépens.
Ainſi voilà la Maxime certaine & bien établie qu'un deffendeur en faux peut
indiquer , fournir & rapporter des pieces de comparaiſon , comme avoit fait
Trencart Notaire à Amiens , pour ſoutenir l'acte qu'il avoit paſſée , attaqué de
faux. Cette affaire à coûté dix mille écus aux parties. M. Ambroiſe Guerin y
avoit écrit pour Beauchen.

Je ne puis aſſez m'étonner de l'erreur groſſiere d'un Procureur que je nomme-
ray *Ignavum pecus* , lequel occupant pour un Notaire de Village ſur une inſcription en faux formée contre un contrat qu'il avoit paſſé. Ce Notaire âgé de
86. ans mourut , ce Procureur fait créer un Curateur pour purger ſa memoire , à cauſe du Titre 27. de nôtre Ordonnance , diſant qu'il vouloit purger ſa
memoire de cette accuſation. Je fus ſurpris d'une telle imperitie , parce qu'é-
tant mort le crime perſonnel eſt éteint. Il n'y a plus que les dommages & interêts contre la ſucceſſion , ou contre le deffendeur. Ce n'eſt point pour un
ſemblable crime qu'on fait le procés à un cadavre *poſt mortem* , c'eſt pour le
duël, pour le crime de Leze-Majeſté , pour s'être précipité & donné la mort ,
pour l'uſure. Des Docteurs diſent pour l'hereſie & excommunication , ſimonie
contre les Eccleſiaſtiques. De plus , hors ces cas un accuſé étant mort ſans avoir
été condamné , ſa memoire n'eſt point notée ny flettrie , il n'y a rien à purger ,
ainſi que je ferai voir clairement aux Titres 24. & 29. & au liv. 2. Tit. 11. Max. 12.

XIX. Max. Il faut obſerver dans une inſcription en faux qu'elle n'eſt point
reçûë contre des dépoſitions de temoins oüis dans une Enquête après en avoir

eu communication, cela s'entend au Civil ; car en Matiere Criminelle l'on y procede autrement. Imbert au liv. 1. chap. 45. num. 4. de sa Pratique, Bugnion liv. 1. Satir. 62. sur la fin, &c.

XX. Max. La supposition de part est une espece de faux, mais ce crime ne peut être poursuivi que par les proches parens que cela regarde, la peine est grande, j'en ay la preuve par l'Arrest du Parlement de l'an 1658. pour *** Je ferai un Titre particulier de cette espece de crime au liv. second, que les Lecteurs liront s'il leur plaît Tit. 22.

XXI. Max. Ceux qui falsifient & font de fausses Lettres de Doctorat, soit en raturant le nom pour en substituer un autre, contrefaisant le sceau de l'Université, le seing des Regens & du Chancelier qui donne les degrez, ou du Scribe, & ceux qui s'en servent sont tous faussaires, & comme tels ils doivent être punis suivant les Ordonnances de 1531. & 1680. parceque c'est violer toutes sortes de droits. C'est aussi le sentiment de la Loy. ff. *ad Legem Corneliam de Falsis, qui ait eos falsum committere, & tanquam falsarios, puniendos, Hypolit. de Marsiliis, &c.* Lisez l'Arrest rendu à l'Audience de la Grand'Chambre le 12. Aoust 1704.

XXII. Max. Ceux qui falsifient ou font de fausses Lettres du sceau du Roy, ou comme parle la Loy, *qui illicitis insignibus usus est, vel falso Diplomate vias commeavit,* doivent être comme faussaires punis. Il y en eut un executé en l'an 1664. par Arrest des Requêtes de l'Hôtel du Roy le 30. May après avoir fait amende honorable devant la porte de l'Hôtel de Monseigneur le Chancelier Seguier. Il eut le poing coupé, ayant un écriteau devant & derriere, *Faussaire du grand Sceau & de Lettres de Remission.* Le 3. Decembre 1681. *** fameux faussaire de Lettres, par Arrest des Requestes de l'Hôtel eut pareil succez. Autrefois la connoissance & les confiscations appartenoient à Monseigneur le Chancelier pour ce crime ; mais Papon liv. 22. Tit. 12. dit que cela n'a plus de lieu par Edit de 1542. Voyez le Traité des Offices de France au Titre du Chancelier. Mosnier *in verbo* Faux, *ad Legem Corneliam de Falsis* ff. L'Edit de Mars 1680. qui porte peine de mort, il est page 102. du Recüeil des Reglemens des Procureurs de l'an 1694. Ren. Choppin *de Domanio.* liv. 3. Tit. 21. num. 8. en a très-bien écrit.

XXIII. Max. Ceux qui falsifient les clefs des portes des maisons, des chambres, cabinets, coffres, armoires, cassettes, &c. sont comparez à ceux qui contrefont les Lettres, & expriment les Sceaux & les cachets d'autrui. C'est violer la sûreté publique & domestique, & commettre violence, fausseté & vol, aussi sont-ils punis de mort, *& tanquam falsari puniendi sunt.* Lisez le Plaidoyer 26. de M. Expilli qui est exprès sur ce sujet. M. Nicolas Bohier a fait un curieux Traité de *custodia clavium Portarum & Castrorum, Urbium & Fortassiorum. infrà* liv. 2. Tit. 23. Max. 6. Ronsard liv. 3. de sa Franciade a dit , si

> *Sur le Buffet elle mit une caisse,*
> *Puis mit la clef en la serrure épaisse ,*
> *La clef remua, la serrure s'ouvrit.*

XXIV. Max. Ceux qui corrompent & falsifient leurs marchandises, en mettant

tant quelque chofe dedans, pour prétendre les rendre meilleures, comme font les Cabaretiers & Marchands de vin, qui y mettent de la chaux, de l'alun de glace, de l'alun de Rome, de la litarge, de la colle de Poiffon, de la fiente de pigeon, des cailletes de mouton & autres ingrediens pour lui donner de la chaleur. L'Empereur aux Inftituts *lib.* 4. *Tit.* 3. §. 13. *capite*, veut que celui qui a mêlé quelque chofe dans le vin pour en corrompre la bonté naturelle, foit fujet à la peine portée dans la troifiéme partie de la Loy *Aquilia* : ce qui marque affez que dès ce tems-là on falfifioit le vin, puifqu'on en fit une Loy expreffe. Ren. Choppin *de Domanio lib.* 3. *Tit.* 22. & fur la Coutume de Paris *lib.* 2. *Tit.* 8. num. 12. Expilli Plaidoyer 34. num. 31. Ceux qui mettent de la poudre ou du fable dans le bled, de la gomme ou chofe femblable, comme de la raifine dans la cire, ou qui tiennent des aromatiques & autres drogues qui font ennemies de l'humidité dans des felliers & lieux humides, afin de les faire pefer davantage; ceux qui vendent à faux poids & fauffes mefures; les Bouchers qui foufflent leurs chairs pour les faire paroître plus qu'il ne faut pour les apprêter, qui vendent l'une pour l'autre, la vache pour du bœuf, un chevreau pour de l'agneau : De même les Boulangers qui font le pain de moindre poids qu'il n'eft ordonné par les Reglemens de Police & qu'il n'eft marqué deffus. Tout cela eft une efpece de faux qui eft condamnable par les Loix divines & humaines. Papon liv. 6. Tit. premier Arreft 7. Il y a un Arreft du Grand Confeil au Journal du Palais, au fujet du vin falfifié. M. Pouffet de Montaubau plaidoit lors de cet Arreft. contre M. Chauder. Pline liv. 14. chap. 6.

XXV. Max. Tous Financiers de quelque état & condition qu'ils foient, qui auront falfifié aequits, quittances, montres ✝ rôles de montres de gens de guerre, comptes, *& fimilia*, feront condamnez, parceque c'eft violer la foy publique, dequoi Pline fe plaint *in lites coiri quæftus eft & gloriæ loco poni civium magnos & ftatutos reditus.* François I. à Chateaubriand en Juin 1532. art. premier. Louis XIII. Ordonnance de Paris en Janvier 1629. article 395. & fuivans.

XXVI. Max. Tous ceux qui font convaincus d'avoir falfifié & contrefait les marques ordonnées par le Roy, être mifes aux bouts des pieces de Draps d'or, d'argent & foye, Laine, Poil & Fil, Parchemin & Papier timbrez, Chapeaux, Tabac, Cartes, Vaiffelles d'argent, d'étain & autres, doivent être punis comme fauffaires & faux monnoyeurs. Suivant toutes les autoritez de Ren. Choppin *de Domanio* lib. 2. Tit. 7. num. 13. 14. &c. *l. 1. cod. de falfi monetar.* La raifon de la Maxime eft fur ce que c'eft contrevenir aux Ordonnances, que de contrefaire les marques pour frauder les droits du Roy, & tromper le public par le changement des marchandifes. Charles IX. étant à Avignon, Ordonnance en 1564. art. 5. Arreft de la Cour des Aydes du 26. Janvier 1694. pour la condamnation de gens qui avoient fait une fauffe marque du Parchemin & Papier timbré, & la marque des Chapeaux. Ils firent amende honorable, & conduits à Marfeille fur les Galeres, pour garnir les Chiourmes.

XXVII. Max. Le faux fe commet à l'égard de la monnoyes, & efpeces d'or, d'argent, de cuivre & autres qui ont cours dans le Royaume : c'eft un crime de Leze-Majefté au fecond chef, quand même elle feroit au Kara de bonne & legitime matiere au titre marquée auc oin du Roy, du poids requis;

parce qu'il n'y a que le Roy seul en France qui fasse fabriquer de la Monnoye: tous les autres sont sans pouvoir ny permission, toujours alterées, soit dans les alliages, coloris d'or donné à de l'argent par le moyen de l'eau composée, & de la fumée, rognure, mélange, &c. Tous lesquels faux monnoyeurs, adherans, faussaires & complices sont punis du dernier supplice : de même ceux de leur complot l'exposent & la debitent dans le public ; car on peut en avoir reçu de mauvaise & la mettre de même sans le sçavoir. Les Loix de François I. à Lyon en 1536. art. 2. & encore en Mars 1540. art. 61. Mosnier Titre du faux. Les Loix du Code & les Docteurs veulent six conditions pour la validité de la monnoye que j'abrege. Voyez Budée, Bouteroue, Boizard, le Blanc dans leurs Traitez des monnoyes, & R. Choppin *de Domanio* lib. 2. Tit. 7. num. 14.

M. Simon Dolive liv. 2. chap. 10. de ses Questions notables, a parlé du prix des monnoyes après les Autheurs que je viens de rapporter, & Duchoul, Clerac des monnoyes de Guyenne. Bardet tome 2. liv. 3. chap. 39. a traité du decri ou rabais des monnoyes, s'il tourne au peril du debiteur qui a emprunté sous promesse de passer contrat de constitution.

Il n'y a rien qui soit requis plus stable & qui doive être moins variable que la monnoye, soit dans son poids & en sa valeur, puisqu'elle est la regle & la mesure generale & commune dans le commerce des choses de la vie. Néanmoins le Lecteur sincere conviendra de bonne foi quelle est le modelle variable du changement, les necessitez des affaires forçant à le faire. Les * * * faisoient jurer à leurs Rois lors de leur Sacre, qu'il garderoit le cours des monnoyes, & les * * * à leur Duc : ce qui a exercé les esprits curieux à rechercher le prix du talent Attique du Denier Romain, du Sicle des Hebreux, & du Stater des Perses & des Lacedemoniens, suivant M. Dolive qui est très curieux à voir aux studieux de l'antiquité.

XXVIII. Max. Les enfans ne peuvent point intenter l'action en crime de faux contre leurs pere & mere, par le respect qu'ils leur doivent ; ny même les freres, oncles, & neveux, ils peuvent seulement agir civilement contr'eux pour l'interêt qu'ils y ont, suivant Despeisses *in verbo* faux. *Ne videatur filius patrem ad supplicium obtulisse. Ecclesiast. cap.* 3. *infrà.* Max. 38. Jovet *in verbo* Enfans num. 19. Bardet tome 1. liv. 2. chap. 32.

XXIX. Max. Dans une Justice Laïque, des Prêtres & Clercs y ayant un procès, s'ils se servent d'un acte faux & frauduleux, ils sont tenus de répondre devant le Juge Laïque, sauf le délit commun, s'il y en a en ce crime. L'Ecclesiastique a comme renoncé à son privilege, en fabriquant & produisant un acte faux devant le Juge Laïque. *Nam si Clerici deprehendantur in fraude indignum est eis, ab Ecclesia subveniri.* Papon Titre de la Justice Temporelle. Arrests 9. 10. 42. 43. à cause de l'Edit de 1695. Ordonnance de 1678. & 1682. Je suis d'avis qu'on instruise le procès criminel sur le faux avec l'Official du lieu, pour l'imposition de la peine au coupable convaincu.

XXX. Max. Le contrat impugné & accusé d'être faux doit toujours emporter la provision & être executé en donnant caution. Expilli Arrest 23. Philbert Bugnion en divers endroits des Loix Abrogées, fondée sur l'Ordonnance de Villers-Coterests art. 68. de Roussillon 9. Tous les jours un Plaideur s'inscriroit en faux pour ne pas payer : cela s'est vû, se voit, & se verra. L'Ordonnance d'Avril 1667. Tit. 17. art. 15. donne la provision au Titre qui porte hypoteque, & la Cour, & Barnabé Levest Arrest 236.

XXXI. Max. Lorſque dés l'introïte de la cauſe le deffendeur ſoutient la promeſſe dont le payement lui eſt demandé fauſſe, cela en empêche la verification, ſuivant Charondas liv. 4. Reponſ. 31. Moſnier Titre des Sentences ; parcequ'il n'y a pas encore d'action parée : cela eſt vrai aux Contrats, *ſecus in chyrographis*, où le faux doit être premierement vidé comme un préalable à la verification, ce qu'il faut bien diſtinguer expliquant les Loix ; mais il faut en ce cas que le deffendeur paſſe à l'inſcription de faux par acte au Greffe au deſir de l'Ordonnance, après avoir conſigné l'amende.

XXXII. Max. Suivant le Brun en ſon procès criminel *in verbo* faux. Guy Coquille queſt. 8. l'action de faux ne s'éteint pas par la mort du faux temoin, d'un Juge, d'un Greffier, Procureur, Huiſſier, Sergent, &c. qui en ſeroient coupables, des corrupteurs & autres qui auroient profité du faux ; car ce crime, *tranſit in hæredes, nam litis conteſtatio efficit ut pœnales actiones tranſmittantur ab utraque parte*, & conſequemment les heritiers ſont condamnez à la reſtitution, *quia turpia lucra heredibus ſunt auferenda*, & non pour la punition du crime en leur perſonne.

XXXIII. Max. C'eſt une bonne exception à faire à celui qui argue une piece d'être fauſſe, de lui dire que lui même l'a approuvée & s'en eſt ſervi, & principalement quand l'acte eſt de ſon propre fait. Charondas en ſes reponſes liv. 11. reponſe 78. &c.

XXXIV. Max. Selon qu'une fauſſeté eſt importante ou moindre, en France on uſe fort pour l'exemple d'appoſer une fleur de lys au front de ceux qui ſont convaincus de fauſſeté, le poing coupé, l'amende honorable, les Galeres, au banniſſement, la mort. Mezerai dans l'Hiſtoire de Philippes VI. de Valois. Le nouveau Traité des Criées fol. 445. Imbert liv. 3. chap. 22. Philbert Bugnion en ſes Loix Abrogées liv. 1. Satyr. 99. &c. Mezerai abregé in-quarto édition premiere page 534. Papon & Duluc, divers Arreſts contre les fauſſaires dont j'ay fait un Recuëil. Ren. Choppin ſur la Coutume de Paris lib. 3. Tit. 2. num. 26. 27.

XXXV. Max. Philbert Bugnion liv. 6. Satyr. 103. en France on ne reçoit l'accuſation criminelle que par inſcription ſur le faux, à peine du Talion. *L. 22. ad Legem Corneliam de Falſis.* Il eſt certain qu'en cette accuſation l'on ne reçoit point les deux parties à faire preuve, *cum per rerum naturam factum negantis probatio nulla ſit.*

XXXVI. Max. L'on ſe ſert ainſi que j'ay expliqué fort au long dans la premiere Maxime de ce Titre, pour fonder une condamnation contre un convaincu d'être auteur d'une fauſſeté : ce qui décide, ſont les Edits de François I. donné à Argenton au mois de Mars 1531. & celui du Roy Louis le Grand donné à S. Germain en Laye au mois de Mars 1680. l'art. 165. de la Coûtume du Maine, & les autres Coutumes qui ont parlé du faux, dans lequel l'on diſtingue ſi le crime a été commis par un homme privé, ou un Officier dans les fonctions de ſon Office, parcequ'il eſt tout different & eſt puni beaucoup plus rigoureuſement, quoique ſes deux Edits portent peine de mort indiſtinctement contre toutes ſortes de fauſſaires & de faux temoins, ſans en faire aucune difference. Cet Edit de Mars 1680. eſt page 102. du Recuëil des Reglemens des Procureurs imprimé in-quarto en 1694.

Henrys tome 1. liv. 4. chap. 6. queſt. 94. Hiſtoire Septenaire liv. 4. Mercure

François tome page 277. tom. 13, page 208. Bouchel Tit. 28. pag. 693. Demesle en son Traité des Inscriptions en faux. *Johan. Bapt. Porta Neapolitanus de occultis litterarum notis, seu artis animi sensa occulte aliis significandi, Argentorati ann.* 1606. Il enseigne 180. manieres d'écrire obscurement, & explique comme on peut lire en toutes les façons qu'il a inventées, & en toutes celles qui sont imaginables, selon que j'ay expliqué *suprà* à la Maxime premiere parlant de Blaise Vigenere.

XXXVII. Max. L'Auteur des Recherches de la France rapporte liv. 2. chap. 5. qu'on ne recevoit point de premier Huissier en la Chambre des Comptes qui eut sçû lire & écrire, crainte de reveler les secrets de la Chambre. M. le Président de Perchambault sur l'article 152. de la Coutume de Bretagne, dit qu'anciennement les Notaires ne sçavoient ny lire ny écrire, ce qui donna lieu à une Ordonnance qu'ils sçauroient l'un & l'autre. Nous avons vû en Neustrie des Sergens à Cachet qui ont été supprimez, en ordonnant qu'il n'en seroit plus reçû qui ne sçût écrire.

XXXVIII. Max. J'ay parlé Maxime 28. des obeïssances & respects que les enfans doivent à leur pere & mere. *Si qui filii parentes suos deseruerint occasione anathema sit. Consilii Gangrense cap.* 16. Je trouve *cap.* 11. *de sponsalibus & matrimoniis extra.* Que Henry III. Roy d'Angleterre fils de Henry II. accusé du meurtre de S. Thomas de Cantorberi, dont il fut absous par les Legats dans un Concile tenu à Avranches l'an 1173. fit procès & poursuivi son pere pour l'obliger à lui rendre sa femme qu'il retenoit. La Pape condamna le pere à le faire, en cas de refus prononça l'interdit du service Divin dans tous les lieux où seroit la Cour d'Angleterre. Mezeray année 1189. est singulier, parlant du Prince Richard fils du Roy Henry. Ses interdits sont aussi dangereux que l'octroi des represailles; parceque dans ce droit de represailles, celui qui a causé le dommage est en sûreté souvent pendant qu'on dépouille celui qui n'en a pas oüi parler, bien loin d'en être cause. De même des interdits, ceux qui n'ont aucune part au sujet qui le fait prononcer, souffrent sans sçavoir ce qu'on leur demande, comme fût celui de l'année 1604. C'est un remede violent que d'ôter l'usage des Sacremens & le service Divin aux vivans & la sepulture aux morts, ce qui faisoit compassion; car en tels rencontres les innocens souffrent & sont punis & ruinez pour des fautes qu'ils n'ont point commises, & quelquefois ne l'ont point merité. Ainsi les interdits de tout un païs ne se doivent jamais prononcer, afin de n'envelopper pas un grand nombre d'innocens avec peu de coupables. Charles V. par son Édit du 5. Janvier 1369. deffendit à tous les Prelats de prononcer aucuns interdits.

Du Verdier en ses diverses Leçons liv. 7. chap. 6. raporte un Plaidoyer curieux & sçavant avec l'Arrest rendu à Toulouse contre un calomniateur faussaire qui fut condamné à mort & executé en la place du Salin. Mais j'ay à réciter ici un exemple beaucoup plus memorable contre un insigne faussaire, qui ayant sçû falsifier & contrefaire l'écriture & signature de Saint Jean Damascene, envoya une Lettre sous son nom à l'Empereur, supposant que ce Saint Prelat étoit un traitre, écrivant au Prince des Sarazins: lequel Empereur sans assez d'examen sur la verité de la Lettre, fit couper les deux poignets au Saint Prelat, qui lui furent remis la nuit suivante par la très-Sainte Vierge. Ce miracle est rapporté par *Joannes*

Patriarcha Hierofolymitanus. C'étoit l'Empereur Leon III. Ifaurien Iconocla-
ſte, ou brife images, vers l'année 740.

Un fameux fauſſaire dont je ne puis de bonne foy dire ſon nom, ayant accuſé
quatre honnêtes & vertueux Eccleſiaſtiques ſur des lettres qu'il avoit fabriquées,
furent arrêtez : les Commiſſaires du Roy nommez *ad hoc* ayant examiné la choſe
les trouverent très innocens, & condamnerent à mort le coupable, qui fut executé à la Greve le ſoir au mois d'Octobre 1691.

TITRE XII.

Des Decrets, de leur execution & des élargiſſemens.

EXPLICATION DU TITRE.

Ecret, ſuivant *Laurentius Valla.* Budæus, Ragueau *in verbo* priſe de corps,
eſt defini. *Decretum, ſtatutum, deliberatum, & animadverſio Judicis in
reum, cauſæ dictio, quæſtio, conſtituta, decreta, poſtulata, conſulta, quæſita,*
c'eſt l'Ordonnance, le déliberé, le commandement du Juge, ſuivant le merite
des charges, en execution duquel l'accuſé eſt pris & arrêté au corps & conſtitué
priſonnier : enſuite de ce Decret l'accuſé *refertur inter reos.* Il faut remarquer
que nôtre nouvelle Ordonnance admet trois ſortes de Decrets, ainſi que les anciennes. 1o. d'aſſigné pour être oüi. 2o. d'ajournement perſonnels. 3o. de priſe
de corps, qui ſe rapportent à trois mots Latins, *veniat, compareat, prehenda-
tur,* ſans leſquels ſi le Juge n'en prononce aucun, l'on ne peut proceder aucunement contre l'accuſé, par citation ni par capture, ſi ce n'eſt en matiere legere,
& en flagrant délit, *Nam juſſus Judicis facit licitum quod alias eſt illicitum.*
Jean Papon liv. 24. Tit. 3. des Decrets & empriſonnemens. Imbert liv. 1. chap.
2. 5. Leur execution c'eſt le procès verbal & l'exploit, contenant la relation, la
ſignification, le libelle & diligence des Sergens, en conſequence deſdits Decrets,
c'eſt la capture & citation des accuſez, c'eſt l'ajournement pour comparoir ou
en cas de ban. Ragueau *in verbo* ajournement en execution du Decret, ce qui
regarde le premier Decret d'aſſigné pour être oüi.

Le ſecond d'ajournement perſonnel, le Sergent doit de même concevoir & faire ſon exploit en ſuivant le train du Decret mot à mot, ainſi qu'il doit obſerver
dans celui d'aſſigné pour être oüi, dont j'ay parlé.

Quant aux aſſignations & ajournemens en cas de ban, de huitaine & de quinzaine, c'eſt pour inſtruire la contumace contre un accuſé abſent & fugitif qui refuſe de ſe repreſenter par mépris, ou crainte de la Juſtice. Il eſt publié à ſon de
trompe, devant la porte de ſon logis, ſuivant l'Ordonnance.

Un accuſé étant arrêté priſonnier après avoir été oüi & interrogé, l'élargiſſement à le prendre largement, comprend l'ampliation & la comperendination,
ampliare vero eſt amplius pronuntiare. Nous appellons cet élargiſſement, un
plus amplement enquis, ou plus amplement informé : il équipole à l'abſolution
comme je dirai cy-après. Les Romains prononçoient N. L. *non liquere* : ils

appelloient auffi l'ampliation *eximere actionem*, ainfi qu'explique Ulpien, & *Budæus, in verbis eximere actionem*, fuivant leurs fignifications, cela peut s'adapter à la comperendination qui eft l'élargiffement provifionnel, à quoi fe reftraint le Titre de l'Ordonnance. M. Charles Dumolin traite fa prifon à Montliard de torture & d'image de la mort. Theophile étant dans la Tour de Mongomeri, parloit de fon profond cachot dont l'obfcurité n'étoit jamais bannie par un feul rayon du Soleil. Requête au Roy.

I. Max. L'ajourné à comparoir en perfonne ne peut aucunement être reçû à comparoir par Procureur ou proche parent, il faut qu'il réponde par fa propre bouche, non plus qu'on ne peut point accufer par Procureur, de crainte d'un défaveu : & pour l'accufé *convicto velox, pœna fubducat*, ainfi que j'ay marqué *suprà* Tit. 5. Max. 19. *infrà* Tit. 13. Max. 2. Thomas Morus liv. 2. de fa Republique d'Eutopye, dit qu'en ce païs-là on ne fe fert point du tout du miniftere des Procureurs pour y plaider, chacun reprefente fon fait & fes raifons au Juge afin d'épargner les frais, & pour éviter le déguifement de la verité, & la voir à découvert fans voile. C'eft affurément fur ces principes que nos Ordonnances d'Orleans art. 58. & 134. de Blois art. 153. celle du mois d'Avril 1667, Tit. 14. art. 15. Tit. 16. art. 2. & Tit. 17. art. 6. outre l'Edit des créations des Commiffaires aux faifies réelles du mois de Fevrier 1626, ont retranché le miniftere des Procureurs, comme étant inutile. La Loy *Si quis procurat.* 34. *cod. lib.* 12. *de Decur.* dit *infamiffimam vilitatem, & fervilem obfecundationem.* Les Empereurs Leo & Antonius ne vouloient point de Procureurs, *agebant enim partes caufas fuas per fe, aut per Advocatos, qui dir.mebant ambigua facta caufarum.* Chenu en fes Reglemens Tit. 24. rapporte l'Edit de Henry II. donné à Folembray le 8. Aouft 1552. en faveur des Avocats de la Province d'Anjou.

Je parleray aux Maximes 24. 25. & 26. des élargiffemens à caution qui fe font dans les affaires legeres, où je dirai que les certificateurs de la caution qui eft donnée font tenus du fait, aû cas que la caution fut infolvable, fuivant Ulpien en la Loy *Cum oftendimus.* §. *fidejuffores.* D. *de fidejufforibus & nominatoribus. Illic, eadem caufa videtur affirmatorum, qui fcilicet cum idoneos effe tutores affirmaverint fidejufforum vicem fuftinent.* Cette pratique d'élargir un prifonnier à caution dans les crimes legers, eft tirée de la Loy *Si quis fervum.* D. *delegati fecundo.* Surquoi *Paulus* à fait fa Note, *fiquis fervum hæredis vel alienum legaverit, & is fugerit, cautiones interponenda funt de reducendo eo.* Duluc lib. 12. Tit. 1. cap. 10.

II. Max. Pour le jugement d'un crime s'il n'y a qu'un temoin ce n'eft rien, *vox unius, vox nullus.* Mais dans l'inftruction on peut decreter fur la dépofition d'un temoin apparemment non reprochable, & quelques indices & foupçons, afin que les crimes & délits ne foient pas impunis. *Hoc autem pro criminis quid objicitur qualitate. infrà* au Tit. 21. Max. 4. eft à voir.

III. Max. Quoi-qu'on puiffe proceder à l'inftruction des procés criminels en tout tems, néanmoins l'on ne doit pas decreter les informations les jours des Fètes, fi la chofe ne preffe, fuivant la Rocheflavin *in verbo* Inquifition : ce qui étoit conforme à ce que defire l'Empereur. *In l. ultima cod. de Feriis.* Cela n'eft pas fuivi, parceque le coupable fe pourroit fauver. *fuprà* Tit. 8. Max. 5.

infrà Max. 27. de ce Titre, & Tit. 16. Max. 13. cela ne se peut non plus retarder que les éclipses & les accouchemens.

IV. Max. Aucun ne peut point être ajourné à comparoir en personne à la Requête du Procureur du Roy, s'il n'y a Decret du Juge. Il est deffendu à tous Juges, Officiers & Ministres de Justice de prendre au corps, saisir & arrêter aucun pour quelque crime que ce soit, s'il n'y a auparavant eu un ordre du Roy ou une information faite, & un Decret decerné sur icelle, si ce n'est sur le champ & en flagrant délit à la clameur publique, le Haro de Normandie, & les Villes d'Arrest dont j'ay parlé page 457. du Nouveau Traité des Criées. Nôtre Ordonnance Tit. 10. art. 17. deffendant à tous Juges d'ordonner aucun être amené sans scandale. François I. à Ys sur Til 1525. chap. 13. art. 16. Henry III. Ordonnance en 1585. &c. Æschines en l'oraison de Demosthenes, dit qu'Aristophon se vantoit d'avoir eu cinquante ajournemens personnels à Athenes, & qu'il avoit toujours été renvoyé absous par l'Areopage

V. Max. Il est fait deffenses aux Prevôts des Maréchaux de decreter hors des cas de leur competence, qui leur sont attribuez par les Ordonnances. Chenu de la Jurisdiction des Prevôts Tit. 9. chap. 45. &c. *suprà* Tit. 4. Le Maître peut faire arrêter son domestique en gardant l'Ordonnance au Tit. 10. art. 8. & Tit. 14. art. 14.

VI. Max. Les Decrets de prise de corps ne se surannent pas, parce qu'ils ont toujours leur execution parée. Peleus liv. 4. action 13. Masuer, Mosnier, Bugnion des Loix Abrogées liv. 1. Satyr. 155. de même un Decret d'ajournement personnel. Imbert liv. 3. chap. 2. page 575. *Vide* Mezerai sur l'an 1488.

VII. Max. Les Decrets sont nuls injurieux & abusifs, quand l'accusé y est désigné par le crime, comme s'il étoit convaincu, un tel faussaire, un tel homicide, un tel voleur de grands chemins sera ajourné ou pris au corps : il faut mettre le titre de l'accusation dans le Decret, suivant l'Edit de Decembre 1680. qui y oblige les Juges en cette sorte, un tel accusé de faux, d'homicide, de vol, &c. car autrement ce seroit parler comme s'il étoit convaincu, & l'on ne le peut point faire que par le jugement diffinitif sur l'accusation. Rebuffe sur l'art. 50. de l'Ordonnance, Papon liv. 24. Titre des Decrets chap. 1. Sebastien Rouillard Titre du Monitoire, Masuer au Titre des Ajournemens, &c. L'on ne peut voir de Decret plus notable que celui qui fut decerné par le Parlement, le Roy séant en son lit de Justice le 15. Fevrier 1521. rapporté par René Choppin *de Domanio.* lib. 2. Tit. 12. num. 8.

VIII. Max. Dans un Decret il ne faut pas comprendre generalement ces mots, *& autres habitans*, sans les désigner par leur nom, si on peut le sçavoir par leur demeure, leur taille, leur poil, leurs habits lors de l'action, ou quelqu'autres signes, *& qui seront indiquez par la partie à l'Huissier*, à moins de cela, ce seroit Decreter en termes vagues contre le genre humain ; & par ainsi on feroit injure à tout chacun, & un innocent maltraité au lieu du coupable : de même d'un Decret contre l'individu vague aussi dangereux que les represailles & interdits locaux, dont j'ay parlé au Titre precedent Max. 38.

IX. Max. Les Juges par leurs Lettres citatoires doivent fonder leur competence & inserer dans leurs Decrets, comme ils sont Commissaires en cette partie, suivant Papon Tit. 7. liv. 7. Arrest 14. de la Jurisdiction & competence, &c,

autrement l'appel en feroit bien fondé du Decret donné, comme de Juge incompetant. L'on ne fçauroit oppofer à cette Maxime la claufe, *fi non valet quid ago, ut ago, valeat, ut valere poteſt* : parceque la Maxime regarde la forme, & la claufe concerne la matiere. Le Juge ne peut fe tranfporter hors fon reſſort, fi l'Arreſt qui la commis ne lui permet pas.

X. Max. Le Juge n'ayant que la moyenne Juſtice peut decreter prife de corps contre l'accufé en fa Jurifdiction fi le cas le requiert, & le faire prendre par fes Sergens, fuivant Baquet Titre des Droits de Juſtice ; mais en même tems il eſt tenu & obligé de le faire mener & conduire dans les prifons de fon Superieur, ou au plus tard après s'être aſſuré de l'accufé, qui pourroit fe fauver de la Jurifdiction dans les 24. heures, & pour cette diligence il prendra foixante fols pour fon amende fur icelle, qui fera adjugée au Seigneur Haut-Juſticier. *fuprà* Tit. 1. Max. 2. & Maxime 24. Imbert liv. 3. chap. 1. num. 2.

X I. Max. Dans le flagrant délit le Juge peut enjoindre aux Sergens verballement de prendre & arrêter le délinquant & le conſtituer prifonnier : que s'ils refufent de lui obéïr, ils feront condamnez en des amendes & même interdits, fi la défobeïſſance eſt grande, en cas qu'elle foit préjudiciable au public, à caufe de la fuite de l'accufé. Defpeiſſes, Papon liv. 6. Tit. 7. Ragueau *in verbo* Sergent, &c. en ces cas il peut même ordonner aux perfonnes prefentes s'ils font fes juſticiables, de lui prêter main-forte, & pour leur défobeïſſance feront multez d'une amende.

X I I. Max. Juges inferieurs ne peuvent point faire executer leurs Decret dans l'enclos d'un Palais Royal, foit où eſt le Parlement, ou un Juge Royal. Expilli en fes Arreſts chap. 56. les Huiſſiers & Sergens qui le feroient doivent être punis d'amende & d'interdiction, comme le Parlement fit par Arreſt du 10. Janvier 1703. Il eſt vraî que M. Expilli reſtraint cela aux feuls Parlemens : mais je croi qu'on peut l'étendre aux Juſtices Royalles, fi l'execution fe fait de l'autorité d'un Juge inferieur dans la Jurifdiction de fon Superieur. Lifez nôtre Ordonnance en ce Titre art. 12. les Sergens Royaux ne peuvent executer les Sentences ny les Ordonnances des Juges des Seigneurs, *è contra* les Sergens des Seigneurs, ceux des Juges Royaux. Arreſts dans M. le Premier Prefident le Maître au Traité des Criées chap. 1. & R. Chop. *de Domanio* liv. 2. Tit. 7. num. 3.

X I I I. L'on ne peut ajourner à trois briefs jours, ou en cas de ban, ni à fon de trompe & cri public, fans avoir fait au préalable un procès-verbal de perquifition de la perfonne accufée. C'eſt l'annotation dont j'ay parlé dans l'explication du Titre *Annotatur enim reus, dum fui copiam ut conveniatur non facit.* Mais cette perquifition fe fait facilement en la maifon de l'accufé, il n'eſt pas befoin d'en faire une plus ample. Lazare Ducroc Titre des Decrets du Stile du Parlement. Alciat *in verbo poteſtatis, &c.* Les Archers d'un Dictateur, d'un Préteur, ou Conful, ayant leurs *Fafces*, c'étoit une hallebarde & des baguetes liées à l'entour du fer, ils frappoient contre la porte du logis de ceux qu'ils ajournoient pour comparoir.

X I V. Max. L'on ne peut mettre à execution les Decrets de prife de corps la nuit, ny avec aſſemblé & port d'armes, fuivant Imbert liv. 3. chap. 5. le délinquant peut en rendre plainte & faire informer & decreter contre tous ceux

qui

qui l'ont arrêté : cependant nôtre ufage y eft contraire, en plein jour on enfonce les portes de la maifon pour prendre l'accufé : lorfque c'eft de nuit *quia fub noctem omnia funt fufpecta*, & au contraire lorfque c'eft en plein jour, *& in delictis poteft quis realiter capi & extrahi de domo.* Arreft notable du Parlement du 19. Decembre 1702. au fujet de la mort du fieur * * * qui fut pris chez lui à minuit : c'étoit pour dette civile.

XV. Max. Celui qui eft en Decret de prife de corps lorfqu'il veut fubir interrogatoire, il faut qu'il foit écroüé & dans la prifon, fuivant nôtre Ordonnance en ce Titre, articles 1. & 4.

XVI. Max. Arreft 235. du 16. Avril 1580. rapporté par M. Barnabé Leveft, fur ce qu'un maître eft obligé de reprefenter fon valet & domeftique chargé du délit : s'il fe trouve qu'après le délit il ait été mis à couvert & retiré par fon maître & vû dans fa maifon & à fon fervice. Maynard Titre des Decrets Arreft 8. Inftituts de Juftinien lib. 4. Titre 8. *de noxalibus actionibus, &c.* Je dirai Max. 29. qu'il n'y a plus d'afiles. Les Poëtes ont nommé Chauvefoury, celui qui fe cache & garde le logis pour quelque action noire qu'il a commife.

XVII. Max. Les Sergens, Archers & autres Miniftres de Juftice qui fignifient ou qui executent les Decrets des Juges, doivent prendre l'heure & le tems convenables, eu égard aux perfonnes & au lieu & à ce dont il s'agit : ils ne peuvent, ne doivent arrêter, ny ajourner un Juge lorfqu'il eft dans fon Siege occupé à rendre la Juftice : Un Prêtre qui dit la Meffe, ou qui eft dans l'Eglife affiftant à l'Office Divin ; le Magiftrat occupé au bien & à l'utilité du public ; le Maître dans fa Claffe qui fait fa leçon à fes écoliers celui qui fe marie ou eft à un convoi, *& alia hujufmodi, nam aliis temporibus, alia conveniunt.* Lienard Titre des Ajournemens, &c. Ordonnance 1539. art. 166. Expilli chap. 258. de fes Arrefts. Recherches de la France liv. 8. chap. 19.

XVIII. Max. Autrefois fuivant l'autentique *Hodie*, l'on ne pouvoit emprifonner les femmes pour dettes civiles ou pour crimes par elles commis : à prefent elles peuvent être decretées & emprifonnées & puniës pour délits par elles commis, *& etiam torqueri fi non fint prægnantes :* car je ne mets aucune differénce entre l'homme & la femme en fait de délits, qui eft une action pure perfonnelle, chacun doit porter la peine de fa faute, *nam vir & mulier æquæ ad omnia.* Baquet des Droits de Juftice Titre de la confifcation. Ordonnance du mois d'Avril 1667. Titre 34. art. 8. &c. & l'Arreft rendu à l'Audience de la Tournelle le Mercredi 26. Aouft 1705. en faveur des femmes & filles qui ont été déchargées de la contrainte par corps pour des dépens adjugez pour dommages & interêts en Matiere Criminelle. Coutume de Paris art. 234. 235. 236. *infrà.* Tit. 14. Max. 17.

XIX. Max. La partie plaignante ne doit point être prefente ny affifter à l'execution des Decrets qu'elle a obtenus ; de maniere que fi celui qu'on veut arrêter fait rebellion voyant fa partie, il eft d'autant plus excufable ; & s'il arrive par malheur qu'il tuë fa partie, le cas eft fort gratiable : toujours il ne doit être puni que *citra mortem.* Papon Titre des Homicides, num. 2. *Maxima enim eft ratio quæ pro falute militat.* De même s'il tuë un des Sergens ou Archers, on ne peut lui oppofer la Loy *Prohibitum juncta Gloffa. ff. de jure fifci.* Dautant que la partie ne devoit point être à la compagnie du Sergent, ni le Sergent

la souffrir : & pour celui qui tueroit un Archer ou Sergent, je lui opposerois
le Deuteronome chap. 27. ℣. 26. L'Ordonnance de Villers-Coterests art. 168. 169.
l'Ordonnance d'Orleans art. 75. d'Amboise art. 1. celle de Blois art. 194. 195. la
Coutume de Bretagne art. 625. Alciat Emblême 173. *Parem delinquentis &*
suasoris culpam esse, & l'Ordonnance sur laquelle j'écris au Titre 16. art. 4.
Arrest notable du Parlement du 14. Avril 1693. au sujet de la mort d'un Archer
nommé * * * tué dans une execution de meuble, & l'Arrest du sieur le Mire du
19. Decembre 1702.

XX. Max. Le Rapport des Chirurgiens est fort necessaire pour bien asseoir
& donner un Decret quel qu'il soit en cas de blessures. Despeisses au Titre des
Decrets. Arrest de Reglement des Grands-jours d'Auvergne du 10. Decembre
1665. &c. *suprà* Titre 7. Maxime 1. C'est après avoir remarqué qu'Innocent III.
Pape, fit une Decretale, portant expresses deffenses aux Medecins de voir les
malades qu'après qu'ils auroient été confessez, d'où l'on disoit. *Medicus con-*
solatio. Hypocrates dit dans ses Aphorismes à l'entrée, *ars longa vitabrevis.*
François Petrarque dit là-dessus *effecerunt.*

XXI. Max. Un Ecclesiastique reçû appellant d'un Decret d'ajournement
personnel, comme de Juge incompetant ; il peut faire plaider son appel par un
Avocat sans être present à l'Audience, parceque c'est un préalable de regler
ce point & établir la Jurisdiction. Peleus liv. 3. Action 53. Chenu Traité des
Jurisdictions Royalles & subalternes Tit. 6. & 31. de ses Reglemens. *Et nam quod*
quicquid fit coram non competenti Judice, non valet. L'effet de l'appel ne
suspend l'execution du Decret jusques à ce que les parties ayent été reglées :
il faut obtenir un Arrest de deffenses, sinon le Juge converti en prise de corps.
Nôtre Ordonnance Tit. 10. art. 4. Les Officiaux pretendent qu'un Decret d'a-
journement personnel par eux decerné, interdit un Prêtre de ses Ordres sacrez.
Je ne sçai ny Concile ny Canon qui autorise cette pretention. La consequence
en seroit trop dangereuse si le Decret portoit interdiction, ce seroit une raison ;
mais de dire que parce que nôtre Ordonnance article 11. porte qu'un Decret
d'ajournement personnel contre un Juge l'interdit, *ergo*, leur Decret interdira
un Prêtre, *nego* ; parce qu'on n'étend point les Loix Penales, & qu'on peut
obtenir un Arrest de deffenses contre le Decret d'ajournement personnel decerné par un Official sur le vû des informations, suivant l'Ordonnance don-
nee à Versailles en Decembre 1680. Registrée le 10. Janvier : ainsi le voilà sur-
cis & arrêté, & s'il prononçoit un interdit, il est suspendu & arrêté. L'on dit
en troisiéme lieu qu'un Official n'a de pouvoir que dans l'étenduë de son Diocese ; ainsi un Prêtre interdit à Sens, ne le seroit pas à Paris : la consequence
n'est pas bonne, c'est une piece hors d'œuvre, parce qu'un Prêtre valablement
interdit, ainsi qu'un Juge est interdit par tout le monde. Mais l'interdit d'un
Juge n'est pas de la consequence de celui d'un Prêtre ; parce qu'au défaut du
Juge, il y a toujours un Procureur ou Praticien dans le Siege qui fera les fonctions dans les affaires qui demandent scelerité & qui surviennent. Il n'en est
pas de même d'un Prêtre : un Curé de Village ne pourra baptiser, confesser,
ni celebrer la Sainte Messe, il sera éloigné de deux lieuës de tout secours,
on lui signifiera un Decret d'ajournement personnel decerné par l'Official le
Samedi au soir fort tard, on lui apporte un enfant pressé pour le baptiser, il

ne le pourroit faire , il faut le faire ondoyer en sa presence par l'obstetrice. Un Paroiffien tombe subitement *in extremis ;* une femme sera en danger de mort par un accident , qui les confessera, s'il est interdit par le Decret ? il encoureroit l'excommunication : il faut le lendemain celebrer la Messe de Paroisse , chacun Curé de ses voisins à la sienne à dire , il tomberoit dans l'irregularité de faire aucunes fonctions. Il faudra donc que les personnes preffées meurent sans confef-fion , & tous les Habitans d'une Paroisse sans entendre la Messe le Dimanche , attendu l'éloignement & la situation des lieux : Que peut-on répondre à ces inconveniens ?

XXII. Max. Tous prisonniers élargis par provision & renvoyez à jour certain , sont tenus de comparoir au jour à eux préfini & fixé, à peine d'être déclarez atteints & convaincus des cas & crimes à eux impofez. Code Henry au Titre du Renvoi & délivrance des prisonniers. *Jacob. de Bellovisu , in repetitio. §. con-trahentes num.* 40. *Canon. Cupientes. De electione, Lib.* 6.

XXIII. Max. Un accusé qui est élargi à la charge de faire au Greffe les foumissions requises & accoutumées & qui s'absente sans les faire , il doit être donné défaut contre lui , & ordonné qu'il fournira l'acte & estera à droit par emprisonnement de sa personne , & sera tenu comme infracteur des prisons. Bouchel en sa Biblioteque des Arrests *in verbo* Procès criminels , &c.

XXIV. Max. Par le droit naturel l'on puni le crime par tout où se trouve le criminel. Nous ne recevons point en France une caution de representer un accusé de crime capital sous la même peine qu'il meriteroit : Aussi M. Philbert Bugnion l'a mis au liv. 1. Satyr. 81. des Loix Abrogées. *Nemo enim membrorum suorum Dominus est. Jacobus de Bellovisu , de criminoso remisso num.* 13. *Faf-chinaeus lib.* 9. *Controverf. Juris cap.* 68. La caution n'est pas recevable en ce cas , au pis aller elle ne feroit responfable que des dommages , interêts & dépens de la partie s'il y en a une , sinon du jugé. Saint Auguftin avoit écrit qu'on devoit faire perir la caution faute de representer le criminel ; mais la Glose du chap. 19. de la 23. cause queftion 5. corrige cette opinion. Le Sage aux Prov. 20. *y.* 16. a marqué à quoi s'expose une caution. Les Auteurs ont confideré qu'un innocent ne doit être tué pour un coupable ; mais ils eftiment qu'en recevant la caution , on peut ordonner que faute par elle de representer l'accusé , elle se foumettra à payer une somme fixée. Mais je tiens qu'il est plus seant & plus regulier de ne point élargir un accusé de crime capital à caution , ou s'il y a lieu de faire foumettre la caution de payer ce qui sera jugé sans rien fixer ; le Juge qui le feroit pourroit être bien pris à partie. R. Chop. *de Domanio Franciae lib.* 3. Tit. 14. num. 2. *fuprà* Max. 1.

XXV. Max. Une caution de representer un accusé est déchargée de la representation en cas qu'il decede : la mort éteint le cautionnement lorfqu'il s'est feulement obligé de representer l'accusé sans autre foumission : car s'il y avoit foumission de payer le jugé ou une somme ftipulée dans la foumission , *Tunc poenalis illa ftipulatio tranfit ad heredem , additio in quaeft.* 46. *Julii Clari lib.* 5. *&c. nonne mori fatius quam vitae ferre pudorem. Claudia in bello Gildonico.* Lifez la Loy *fi quis fervum D. de legat.* 2. & la Note de *Paulus* fur cette Loy.

XXVI. Max. Lorfqu'un prisonnier doit être élargi à la charge de donner caution, il suffit que la caution soit reçûë avec le Procureur du Roy, qui est la veritable partie au criminel, & non avec la partie civile, s'il n'y a condamnation de réparation civile adjugée ou une provision, & que par l'évenement il y aura des dommages & interêts, ausquels cas la caution doit être reçûë avec la partie civile. Cette Maxime n'a pas besoin d'être autrement appuyée, j'estime qu'il vaudroit mieux y appeller la partie civile. Bouchel en sa Biblioteque *in verbo* élargir, &c. Le certificateur de la caution est tenu du fait en cas qu'elle soit insolvable, suivant Ulpien. *l. Cum ostendimus. §. fidejussor. D. de fidejussor. & nominator.* Ordonnance d'Orleans art. 64.

XXVII. Max. Par Arrest de la Cour du 26. Novembre 1584. rapporté par Lazare Ducroc au stile du Parlement, il est fait deffenses à tous Huissiers & Sergens d'executer aucuns Decrets de prise de corps les jours des Fêtes : cependant cela n'est pas suivi, & le contraire se pratique afin d'éviter que l'accusé ne s'absente, même aux crimes publics & attroces, lorsqu'il y a du danger dans la fuite de l'accusé : cela est assez ordinaire, & est suivant l'Ordonnance de 1539. art. 166. Imbert liv. 3. chap. 5. num. 4. *suprà* Max. 3.

XXVIII. Max. Il est deffendu d'executer & annoter les biens de celui qu'on a arrêté prisonnier en vertu d'un Decret de prise de corps s'il n'y a une provision, la saisie & annotation de biens ne se fait qu'en cas d'absence, &c. Nôtre Ordonnance Tit. 17. art. 1. le porte précisément.

XXIX. Max. Si un accusé est intimé & que sa partie appelle du Decret d'ajournement personnel *Tanquam à minori*, l'accusé n'est tenu de se representer qu'en état d'ajournement personnel, cela est rare : *idem* si l'accusé est appellant *secus*, si le Procureur du Roy est appellant avec l'accusé d'un Decret de prise de corps par le moyen dudit appel comme de grief contraire & oculaire, l'accusé n'est point tenu de descendre en la Conciergerie, dautant que la prison est en quelque façon un grief irreparable. Imbert liv. 4. de sa Pratique chap. 2. où cela est excellemment expliqué & discuté page 426. du Traité des Criées, il est parlé des asyles. L'ancien Stile porte *etiam in loco sacro*. Lisez 3. Reg. 2. ℣. 34. Deuter. 19. ℣. 11. cap. 21. ℣. 22. aux Actes 16. ℣. 24. & S. Paul écrit *noête & die in profundo maris*. Quelques Interpretes l'ont expliqué d'un profond cachot ou il avoit été enfermé. 2. *Corinth.* 11. ℣. 25. Ren. Choppin *de Sacra Politia.* lib. 3. Tit. 1. num. 25. Villers-Coterests art. 166. *infrà* Tit. 15.

TITRE XIII.

Des excuses ou exoïnes des accusez.

EXPLICATION DU TITRE.

LEs excuses ou exoïnes des accusez font univoques en ce Titre, fuivant *Laurentius Valla, elegantiarum lib.* 5. *in verbis excuso & caufor cap.* 67. L'excufe vient du verbe *excuso* ou du verbe *caufor, nam excufare abfentiam.* L'exoïne fuivant Ragueau en fon Indice a plufieurs autres noms dépravez dans differentes Coutumes, comme font exoïne, enfoigne, enfonnie, effoïne : aucuns tirent ce mot du Grec ; mais plus probablement l'exoïne eft un ancien mot François, comme on le peut voir dans une Epître de Hincmarc à l'Empereur Charlemagne, fuivant Claude Bernard fur M. Lizet au ch. 3. liv. 2. des Matieres Criminelles. Exoïne marque & fignifie proprement l'excufe de celui qui doit comparoir en perfonne, lequel eft empêché par maladie ou voyage & déten-tion, & doit être excufé felon les anciennes Loix de Charlemagne *lib.* 3. *art.* 45. Il ne peut être oüi ny deffendu par Procureur, fon abfence néanmoins peut être excufée, parceque c'eft en quelque façon obeïr à Juftice que lui deman-der un délai, Alciat *de Verborum fignific. lib.* 1. *cap.* 1. *num.* 112. ce qui eft auffi conforme à la Loy des douze Tables. L'accufé eft ici proprement celui qui eft affigné de l'Ordonnance du Juge à comparoir pardevant lui, finon fera contumax. L'exoïne eft un milieu entre ces deux extrêmes, qui empêche ou plutôt qui fufpend pour quelque tems leur difcernement, & à caufe de cela il ne peut être procedé contre lui comme comparant, parce qu'il ne l'eft pas. *Budæus Annotat. reliquis in Pandectas, nec indicta caufa damnari quia non abeft.* De maniere qu'il n'y a que ce milieu à prendre de donner deffaut, fauf l'exoïne. Imbert liv. 3. chap. 4.

I. Max. Mafuer Titre 3. des deffauts & contumace, dit num. 26. que l'exoïne fe doit propofer pour celui détenu malade, prifonnier, captif chez les ennemis de la foi, à rançon comme pris en guerre, employé aux negociations & affaires publiques *& fimilia*, nul n'eft tenu à l'impoffible, &c. Fontanon en fes Anno-tations fur cet Auteur. Jean Duluc lib. 12. Tit. 1. chap. 3. 4. 5.

II. Max. L'on ne peut comparoir par Procureur étant affigné au criminel à comparoir en perfonne pour être interrogé ; cependant on reçoit l'exoïne à être rapportée par un Procureur lorfqu'il allegue *caufas abfentia*, mais non pas pour propofer *caufas caufa* : furquoi il faut remarquer que *abfentia duplex eft, una facti, & alia juris facti*, quand l'accufé eft abfent pour la Republique : de même s'il eft malade ou abfent pour autres caufes neceffaires dont j'ay parlé à la Maxime precedente *Juris*, lorfque l'accufé a des exceptions dilatoires, &c. il n'eft tenu de venir que par Procureur. Dufail liv. 2. chap. 23. de fes Arrefts *fuprà* Tit. 12. Max. 1. Claude Expilli Plaidoyer 39.

III. Max. L'accufé qui fe fait exoïner fuivant Lienard Titre des excufes, doit avoir un Procureur en cause *quo ad hoc*, & doit comparoir lui-même le plutôt qu'il pourra ; car une legere incommodité ne l'excuse pas, non plus qu'une crainte frivolle, ny la pauvreté, ou une absence necessaire & probable tout ensemble, ou si l'on veut necessaire seule ou probable seul ; pour le premier c'est celle que j'ay dit *quando quis abest ex causa pnblica*, la necessaire seulement, *dum quis abest qnia est bannitus, &c.* la probable seulement, *quid quis abest ex causa studiorum vel mercatura* : & là-dessus le Juge doit statuer que l'accusé comparoîtra dans un tems, selon la distance des lieux, étant assuré & certifié de son absence pour cause legitime & qui l'empêche de comparoir à present devant le Juge pour subir l'interrogatoire ou la confrontation. Les chemins impraticables, les tempêtes & innondations des rivieres sont des excuses valables. *l. 2. §. si quis. D. Si quis cantio ubi inquit. Ulpian.*

    IV. Max. Laurent Bouchel en sa Biblioteque *in verbo* assistance, estime que c'est une exoine valable que l'assistance necessaire au service d'un Prince, d'un grand Seigneur & General d'armée ; parceqne se service peut-être plus utile au public que ne seroit pas même la punition d'un coupable, eu égard à la dignité de ses grands personnages qu'on sert, joint qu'on ne fait que differer pour quelque tems l'instruction, & que ce délai ne donne ni ne diminue rien de la chose. Papon liv. 24. Tit. 5. Arrest 9.

    V. Max. Le plaintif qui est partie au procès, n'est reçû à proposer d'exoine, *quia debet esse paratus ad arma*, joint qu'il doit avoir un Procureur en cause pour lui. Lienard au Titre des excuses, &c. Celui qui attaque doit toujours être prêt contre son ennemi, suivant Jean Duluc lib. 12. Tit. 1, cap. 3. *Parentalibus vadatum non excusari.*

    VI. Max. L'exoine n'est raisonnable de vaquer aux obseques & honneurs funebres de ses pere & mere ou autres proches parens qui sont nouvellement decedez ; parceque l'ordre & le commandement de Justice presse d'aventage, puisqu'il faut obeïr. On peut bien les inhumer en l'absence de l'exoiné ; mais personne au criminel ne peut répondre ny subir interrogatoire pour lui : cela est plus pressé suivant Lazare Ducroc en son Stile du Parlement, Papon liv. 24. Titre des procès criminels art. 9. *l. contumacia* 13. §. *pœnam* 2. ff. *de re judicata, &c.* à joindre qu'on lui épargne des pleurs en le dispensant d'aller à des enterremens.

    VII. Max. Toutes personnes ne sont pas capables d'exoiner un accusé, comme le fils sa mere, un frere son frere : les femmes aussi ne peuvent aucunement exoiner : les femmes ne peuvent point intervenir ny deffendre en Justice, encore moins dans l'exoine qui est un office viril. Les Prêtres ne peuvent exoiner, *ne secularibus negotiis se immisceant.* Peleus liv. 4. action 17. la Rocheflavin *in verbo* exoine, Papon liv. 24. Titre 5. des procès criminels art. 9. *l. fœmina* ff. *de regulis Juris, &c.*

    VIII. Max. Suivant *Julius Clarus quæst.* 33. *num.* 4. & Lienard, Titre des excuses. Celui qui exoine ne doit point être obligé de donner caution de representer l'accusé, il le doit simplement excuser ; car l'excuse est valable ou elle ne l'est pas, si au premier cas il ne faut point de caution, puisque la cause de l'absence est legitime d'elle même : si au second cas elle ne l'est pas, on procede contre l'accusé comme contumax. *Julius Clarus quo suprà, &c.*

    IX. Max. Pendant l'exoine s'il y a une saisie, elle demeure & pour la faire

lever il faut purger le Decret ; ainfi pour obtenir main-levée de la faifie qui a été
faite , il faut comparoir dans l'année , finon *non auditur fuper bonis poft annum
veniens.* Cependant l'exoine à cet effet de faire furfeoir ce qui eft fait à caufe
de l'abfence. Lazare Ducroc au Stile du Parlement. *Jacob. de Bellovifu in rubr.
de fuga. Vide* nôtre Ordonnance Tit. 25. art. 4. exoine par Procureur. *Perfona
Domini & Procuratoris eft eadem ,* Cela eft vrai *fictione Juris* ; mais en Matiere
Criminelle c'eft une Maxime certaine qu'on ne reçoit point de fiction , tout eft
perfonnel. Ainfi que dans la Regale, une prife de poffeffion par Procureur ne fuffit
pas pour faire ceffer la Regale. L'abfent pour la Republique *cum Rei publicæ caufa abfentes fint , præfentes effe cenfetur , capite unico de Clericis non refident.
in fexto & ibi Gloff. in verbo. Utilitas.*

TITRE XIV.

Des Sentences de Provifion.

EXPLICATION DU TITRE.

LA Sentence dont parle le Titre de nôtre Ordonnance, n'eft point de celles dont
parle le Code Romain *lib. 7. Tit. 45. de Sententiis & interlocutionibus omnium Judicum* ; parce qu'elle n'eft ny interlocutoire, ny diffinitive : elle n'eft point
interlocutoire , parce qu'elle n'a ny jour ny affignation précife , ny conteftation ,
& ne fert de rien à l'inftruction de l'inftance : elle n'eft pas diffinitive *quia caufam litemque non definit ac determinat* : bien loin de cela , elle ne touche prefque en rien au procès.

Sentence, n'eft ici qu'une connoiffance du Juge, fommaire & extraordinaire,
par laquelle fur la fimple requête de la partie civile , vû le rapport des Chirurgiens il lui adjuge une fomme fixe par maniere de provifion contre la partie adverfe fans l'appeller ny oüir en fa deffenfe. J'efpere expliquer plus au long en fon
lieu fur la fin de ce Livre , ce que c'êft que Sentence au Titre 27.

Provifion, je viens d'expliquer en partie ce que c'eft , il vient du verbe
provideo, fuivant Budée, *eft autem quædam manus injectio in bona accufati.*
C'eft une fomme de laquelle le Juge pourvoit le plaignant pour fes alimens
& medicamens en attendant l'examen de l'affaire , *ne fame pereat aut vulnere ,*
fans préjudice de fes autres droits en diffinitive : c'eft à bon droit qu'on adjuge
ainfi une provifion au plaintif, dautant que *necare videtur qui alimenta de-
negat.* Surquoi il faut remarquer que fous le mot d'alimens , font comprifes
toutes les chofes neceffaires à la vie de l'homme : furquoi je coupe court en cet
endroit : & fur le mot de medicamens eft entendu tout ce qui concerne & eft
de la Medecine , de la Chirurgie , & de la Pharmacie. Jean Imbert liv. 3. chap. 3.
de fa Pratique.

I. Max. La provifion fe peut demander en tout état de caufe ; mais le Juge
ne la doit accorder lorfque le procès eft tout en état au principal , & qu'il ne
tient qu'à lui de juger & de s'en inftruire ; parce qu'alors la caufe fe determine

plus furement , puifqu'il peut faire droit en jugeant diffinitivement aux deux parties. Imbert , Papon , Bouchel *in verbo* Provifion. La provifion ne doit être adjugée que fur le vû du Raport des Chirurgiens, de crainte d'être furpris par un faux expofé : joint que la provifion s'adjuge plus ou moins groffe , fuivant la qualité du bleffé & des bleffures. *Probatur enim per Medicos vulnus an fi mortiferum , vel ne , cod. lib.* 12. *de re militari. l. fem l.* L'on n'en peut fuivant l'Ordonnance en donner que deux à quinzaine l'une de l'autre article 3.

II. Max. La veuve ou les heritiers d'un homicidé , peuvent après fon trepas demander une Provifion contre les accufez , quoique quelqu'uns en ayent fait difficulté , fur ce que la Provifion ne s'adjuge que pour les alimens , penfemens & medicamens , dequoi celui qui eft mort n'a aucun befoin ; mais elle fe peut demander non feulement pour telles caufes , & pour les frais funeraires , & fes obfeques & funerailles , & auffi afin de pourfuivre le procès , & faire prier Dieu pour le repos de l'ame du deffunt. Charondas en fes Reponfes livre 6. chap. 89. Imbert en fa Pratique. *l. Impenfa funeris.* ff. *de relig. & fumptib. &c.* Jovet *in verbo* Heritier.

III. Max. Pendant la conteftation fur le renvoi , le Juge peut adjuger une Provifion à la partie , même contre un Prêtre , s'il eft accufé. Papon liv. 18. des Provifions Tit. 1. Arrefts 11. & 12. Imbert liv. 3. &c. Cette Provifion fera executée fuivant la rigueur de l'Ordonnance , fans préjudice du renvoi. La raifon eft que la partie ne doit point fouffrir pour ce debat , & que la Provifion lui eft comme duë , & un droit acquis depuis qu'elle a été excedée. Il faut pourtant confiderer à l'égard d'un Prêtre , que fi le Juge Laïque voit par les informations qui font pardevers lui , que l'Ecclefiaftique foit chargé du fait & que la preuve eft affez concluante pour donner une Provifion , alors il la peut adjuger. Que fi la preuve n'étoit pas fuffifante , encore que le pourfuivant ait d'autres temoins à faire entendre pour la fortifier & amplifier & le veut faire , le Juge Laïque ne peut le recevoir ny lui permettre depuis que le renvoi lui a été demandé ; car ce feroit prendre connoiffance de la Matiere , ce qu'il ne peut point faire fuivant les Canons , & les Edits & Ordonnances obtenus par le Clergé en l'an 1695. 1698. 1702. à l'égard du feculier qui demande fon renvoi. Les Lecteurs verront la Maxime 21. au Titre des Renvois. *fuprà* fol. 28.

IV. Max. La fomme adjugée par Provifion ne doit être précontée ny déduite fur celle à laquelle l'accufé a été condamné en diffinitive envers la partie , s'il n'a été dit precifément par le Jugement. Papon *quo fuprà* Arreft 38. & diverfes Loix aux Digeftes.

V. Max. Pendant un procès en féparation intenté par une femme pour les vices de fon mari , fera adjugé provifion à la femme d'une fomme , eu égard à la qualité des perfonnes & aux biens , tant pour fes nourritures & alimens , logemens & entretiens , que pour fournir aux frais de fon procès , & avec d'autant plus de raifon qu'il a la dot de la femme , & a donné lieu au procès par fa mauvaife conduite, Louet, Chenu quæft. 48. Panorme , &c. *infrà* Max. 14. quand même elle feroit accufée d'adultere. Arreft contre le mari à la Tournelle le 27 Juin 1714. Plaidans MM. Thevart & Guillerin. Nôtre Ordonnance Tit. 13. art. 23. 25. a reglé ceux qui fourniront les alimens aux prifonniers. Jovet *in verbo* alimens. Bardet liv. 2. chap. 68. Le pain du Roy & des Seigneurs , n'eft que pour les prifonniers pour crimes , ainfi que j'expliquerai au Titre fuivant.   VI. Max.

VI. Max. Un Religieux qui accuse son Abbé, il lui faut une Provision pendant le procès contre son Abbé ou le Couvent, mais plutôt contre l'Abbé s'il a maltraité son Moine, & s'il a une Manse & du bien en particulier separé ; car le Moine ne peut pas vivre de l'air, l'on lui doit ses alimens pendant qu'il poursuit en justice les torts qu'on lui a faits. Bartole passe même plus avant, *in l. Imperatores num.* 1. ff. *de tutelis*, disant *Abbas subministrat expensas Monacho secum litiganti, secus autem*, si le Moine a été chassé par l'Abbé à cause de ses débauches & de sa mauvaise vie, ou s'il est irregulier & apostat ; alors l'Abbé n'est point tenu de nourrir son Moine, ni rembourser ceux qui l'ont nourri pendant son absence hors du Convent, puisque la nourriture d'un Moine malvivant & libertin incorrigible n'est autre que le pain de douleur & l'eau de tristesse. Papon Titre des Provisions, Arrest 18. Masuer, Bouchel *in verbo Abbé*, &c. Ps.126. ⅟.3. *Mittite virum istum in carcerem, & sustentate eum pane tribulationis & aqua angustia.* De même d'un Religieux qui se pourvoit contre ses vœux dans les cinq ans du Concile, suivant *Zamallus, Flaminius, &c.*

VII. Max. La Provision alimentaire & medicamentaire suivant Papon, *quo suprà.* se doit donner eu égard au passé & à l'avenir : la raison est que le requerant peut alleguer qu'il a vécu par le passé d'emprunt qu'il lui faut payer ; ainsi si la Provision qu'on lui adjugera n'est d'une somme considerable & suffisante pour payer ses dettes & pour ses alimens à venir & fournir à poursuivre son procès, il tomberoit en plus grande necessité que jamais, à quoi le Juge doit avoir égard, *Nam hoc aquitas postulat, & ratio suadet.*

VIII. Max. Celui qui a obtenu une Provision pour medicamens, ne peut demander que l'accusé soit tenu de la payer, autrement qu'il ne sera point reçu dans sa deffense par plusieurs raisons. 1º. Que l'instruction du procès ne peut être retardée ny suspenduë par ce moyen prejudiciable. Papon *quo suprà* Arrest 37. 2º. Le plaignant peut faire mettre à execution sa Sentence de Provision sur les biens & par la détention de la personne de l'accusé, autrement que par lui faire denier justice ; ainsi sa demande seroit injuste, *nimia enim cautio dolus est.* 3º. Ces sortes de Sentences de Provision sont executoires nonobstant l'appel, ce qui seroit ordonné inutilement s'il falloit faire dépendre leur execution d'un moyen prejudiciable au cours de la Justice. Zenon seroit imité en ce qu'ayant perdu ses biens par un naufrage, il soutenoit que ses créanciers le devoient nourrir.

IX. Max. Les Provisions d'alimens & medicamens sont tellement favorables & privilegiées suivant Papon Arrest 40. que pourveu que le fait soit connu d'apparence suffisante, les jugemens sur ce donnez sont soutenables, quoique le droit commun y soit aucunement offensé. La Cour ne donne point de deffenses contre la provision, quoi qu'elle le pourroit faire sur le vû des informations, suivant l'article 8. de l'Ordonnance, ainsi qu'elle donne contre un Decret de prise de corps. Tellement qu'un Juge ayant en main l'incident de la Provision à juger, s'il se trouve recusé pendant cet intervalle il peut passer outre & juger la Provision dont est question, avant que de se désister de la matiere, suivant la Loy finale au Code des Sentences interlocutoires des Juges. La raison pourroit être prise de ce que ce jugement de l'incident ne préjudicie en rien à la cause principale *pendente recusatione.* Le Juge est en état de prononcer sur l'execution de son jugement donné auparavant sur un cas privilegié qui ne peut point souffrir de retard

P

dement, joint que *Causa major non debet suspendi per minorem :* tel est le privilege d'une Provision par la recusation qui n'est qu'une cause simple & ordinaire, & souvent proposée par un accusé pour éloigner l'instruction de son procès.

A l'égard des deffenses qui ne peuvent être données en quatre cas, il faut sçavoir que tous les Decrets ne peuvent être rendus que sur les Conclusions du Procureur du Roy ou Fiscal, suivant nôtre Ordonnance Tit. 10. art. 1. Qu'il y a la Declaration du Roy en Decembre 1680. Registrée le 10. Janvier 1681. raportée fol. 107. des Reglemens des Procureurs, qui oblige tous les Juges à l'avenir d'expliquer dans les Decrets d'ajournement personnel le titre de l'accusation, afin de ne point donner de deffenses d'executer les Decrets d'ajournement personnel jusqu'après avoir vû les informations lorsque lesdits Decrets auront été decernez par les Juges d'Eglise & autres pour faussetez, malversations d'Officiers en leur Office, &c. Nôtre Ordonnance Tit. 7. art. 9. Titre 10. art. 1. Titre 12. art. 8. Tit. 26. art. 4. Et lorsque par un Decret il y aura prise de corps & d'ajournement personnel, on dit discipline Ecclesiastique.

X. Max. Une Sentence de Provision quoique non executée dans les trois ans, ne periptpoint, ce qui peut s'expliquer de toutes sortes de Provisions, aussi bien de celles des alimens & medicamens que des autres, & encore plus *favorabiliores enim Causa alimentorum.* La raison pour laquelle elle ne perit point, est rapportée par Julien Brodeau sur M. Louet lettre P. chap. 15. tirée de Bartole, d'Alexandre, de Jason, *& alii in l. 2. Cod. de Eden.* & de Quintilien *Declamatio* 249. &c. C'est un jugement dont l'execution dure trente ans parmi nous.

XI. Max. Le Juge d'Eglise ne peut adjuger aucune Provision soit d'alimens & de medicamens étant certain que la question des pactions, des conventions & provisions d'alimens appartient au Juge Royal, ainsi que l'a remarqué M. Charles Dumolin sur l'article 41. de l'ancienne Coutume de Paris num. 65. *Jura Canonica non habere vim legis in hoc regno in his quæ spectant temporalia & jurisdictionem temporalem.* Chenu question 48. &c.

XII. Max. Le pere d'un accusé n'est tenu de se representer ny de payer aucune Provision pour lui, parceque les crimes sont personnels suivant les Loix divines & humaines. Peleus quest. 4. *l. Sancimus* 12. *cod. de pœnis, &c.* Deuter. 19. v. 6. 21. Paralip. 2. cap. 25. v. 4.

XIII. Max. Le maître d'une servante engrossée dans sa maison, quoi qu'il dénie le fait être de lui, on ne delaissera pas d'adjuger contre lui une Provision pour la subsistance de l'enfant, en étant présumé le pere. Peleus quest. 92. &c. La seule inculpation suffit en ce rencontre pour ordonner la Provision, seulement & rien de plus.

XIV. Max. Il est certain qu'on n'adjuge point de Provision d'alimens à l'accusé; car s'il est prisonnier, il doit être nourri du pain du Roy, ainsi que je dirai au Titre suivant. Balde, Bartole, Guy *Papæ, Julius Clarus, &c.* Jovet *in verbo* femme. Nôtre Ordonnance & les Arrests. Cependant j'estime qu'il faut adjuger des alimens à une femme accusée d'adultere par son mari, sur les biens de ce mari, *Pendente accusatione & donec convinciatur ;* parceque pour lors il n'y a que de simples présomptions contr'elle du crime, & que pendant tout le cours de l'instruction le mari est necessité & forcé de fournir à sa femme toutes les choses qui font neceſſaires à la vie. Expilli en ſes Arreſts chap. 84. *ſuprà* Maxime 5. j'ay rapporté l'Arreſt, & pour ſe deffendre.

XV. Max. A l'égard des dépens de l'incident d'une inſtance formée ſur l'execution de la Proviſion, ils ne ſont pas executoires comme la Proviſion, nonobſtant oppoſition ou appellation : il faut déferer à l'appel les frais & miſes pour mettre à execution une Proviſion, ſont néanmoins payables étans taxez comme la Proviſion ; car s'ils n'étoient pas exigibles, la Sentence ſeroit inutile, parce qu'il faudroit faire autant de frais à la faire payer que la ſomme à laquelle ſe monteroit la Proviſion. Imbert en ſa Pratique, &c. Néanmoins nous ſommes dans l'uſage que ces frais ne ſe taxent qu'après le jugement diffinitif s'il y a des dépens.

XVI. Max. S'il arrive que dans une même rixe les deux parties ſoient bleſſées, que tous deux ayent rendu plainte & fait informer & demandent reſpectivement chacun Proviſion l'un contre l'autre : en ce cas dans l'incertitude qui eſt le coupable, il faut ſur les informations juger la récrimination qui ſera celui qui demeurera accuſé & l'autre accuſateur, ſuivant Imbert liv. 3. & l'Arreſt de Reglement du 10. Juillet 1665. Cela étant reglé, on adjuge la Proviſion à celui qui demeure l'accuſateur contre celui qui tient lieu d'accuſé. Voyez *ſuprà* la Maxime 9. des Plaintes où je renvoye Titre 5. Quelquefois chacun obtient une Proviſion : la Cour les compenſe juſques à concurrence, & l'excedant payé par celui qui le doit.

Nôtre Ordonnance article 2. de ce Titre deffend aux Juges d'accorder des Proviſions aux deux parties, à peine de ſuſpenſion de leurs Charges & de tous depens dommages & interêts. Le cas des deux Proviſions eſt lors que les parties ont porté leurs plaintes en differentes Juriſdictions, & qu'elles ont fait informer chacune de leur côté, dont je parlerai au Titre 28. Max. 2. C'eſt ce qui arrive ſouvent au Châtelet de Paris y ayant 49. Commiſſaires ; car ce n'eſt point le Lieutenant Criminel qui fait les informations. L'on dit en Droit *Vigilantibus Jura ſubveniunt, & non dormientibus.* Par l'article 10. de l'Arreſt de Reglement du 10. Juillet 1665. il eſt dit ce qui ſuit. *En cas de plaintes reſpectives ſeront tenus les Lieutenans Criminels & tous autres Juges Royaux & ſubalternes, incontinent après les interrogatoires, de juger qui ſera accuſateur & qui demeurera accuſé, pour être contre lui le procès inſtruit par recolement & confrontation, ſans que leſdits Juges puiſſent faire diverſes inſtructions, ny proceder à des recolemens & confrontations ſur diverſes informations reſpectives, à peine de nullité, repetition des frais deſdites inſtructions criminelles & des dommages & intereſts des parties.* Que s'il n'y a qu'un Juge dans la Ville ou eſt commis le crime qui en puiſſe connoître, en cas que les deux parties ſe plaignent, elles viennent rendre leur plainte l'une après l'autre, le Juge met l'heure qui ſe trouvera differente ; ainſi il eſt facile de connoître qui eſt le premier venu plaignant. Que ſi elles venoient toutes deux *nunc* au même inſtant rendre leur plainte au Juge, il les recevroit également : alors pour ne point bleſſer leur droit, je ſerois d'avis d'ordonner qu'il ſeroit informé à la Requête du Procureur du Roy ou Fiſcal, à charge ou décharge, ſuivant l'Ordonnançe de Blois article 203. & nôtre Ordonnance Titre 6. art. 10. M. Claude Expilli chap. 30. enſuite regler qui ſera accuſateur & celui qui demeurera accuſé, contre lequel il decerneroit un

Decret, suivant les preuves qu'il y auroit & une Provision de la somme qu'il jugeroit à propos. Puisque nôtre Ordonnance deffend aux Juges de donner des Provisions aux deux parties, à peine de suspension de leurs Charges. J'estime que c'est de la maniere qu'ils doivent se comporter en cette occurrence.

XVII. Max. Que doit faire le Juge lorsqu'il y a plusieurs blessez plaignans qui demandent Provision contre un accusé, ou plusieurs accusez s'il y en a ? Il est très-certain qu'il faut en ce rencontre adjuger une Provision à chacun blessé, eu égard à la grandeur du mal : du moins s'ils la demandent tous ensembles par une même Requête, il faut adjuger une plus grosse somme ; mais il est mieux qu'ils presentent leur Requête chacun séparement, car l'un peutêtre blessé plus que l'autre, & ce qui sert à l'un pour ses alimens, pensemens & medicamens ne peut point servir à l'autre, à moins que tous les blessez ne fussent d'une même famille ; car en ce cas le chef agit pour tous les autres. Je n'ay point d'Auteurs pour cette Maxime ; mais il me semble qu'on ne peut faire autre chose, & quelle porte son équité d'elle-même, dans les rencontres que j'ai proposez.

Il reste à dire ce qu'il faut faire quand il y a plusieurs accusez. Je ne fais pas difficulté d'avancer qu'il faut se comporter pour adjuger une provision comme dans l'adjudication des amendes, & que tout de même dans l'une comme dans les autres les sommes sont solidaires, & qu'un des accusez & complices peutêtre contraint pour le payement du total & pour les autres accusez, suivant toutes les Loix qui sont aux Digestes, dont je ne veux point allonger la Maxime inutilement, elles sont toujours payables par corps, à quoi les condamnez sont contraints par emprisonnement.

\ Mais voici deux observations très-utiles & necessaires à faire en cet endroit au sujet des contraintes par corps, dont la décharge est prononcée par le Titre 34. de l'Ordonnance du mois d'Avril 1667. La premiere que par Arrest rendu à l'Audience de la Chambre de la Tournelle, prononcé par M. le President de Novion le Mercredy 26. Aoust 1705. les femmes & les filles ne sont point sujettes à la contrainte par corps après les quatre mois pour dépens contr'elles adjugez en Matieres Criminelles, quoiqu'ils soient prononcez pour dommages & interêts. M. Pecouleau Avocat plaidant pour Catherine Marie-Anne Gaulthier, & Marie Louise & Marguerite Desnoyers filles majeures opposantes à l'Arrest *d'iterato* contr'elles obtenu en la Tournelle le premier Juillet 1705. M. Thevart pour Claude Lecrivain femme de Claude Maheu Compagnon Menuisier, deffenderesse à ladite opposition. La Cour reçoit les parties de Pecouleau opposantes à l'Arrest *d'iterato* contre elles obtenu par la partie de Thevart, faisant droit sur l'opposition, les a déchargées de la contrainte par corps, & néanmoins dépens compensez *supra* Titre 12. Max. 18.

La seconde observation est que le nommé Colinot Jardinier & Concierge de l'Hôtel Episcopal de Meaux, ayant eu un grand procès criminel à la Tournelle contre des particuliers : il fut jugé par l'Arrest, les depens furent compensez entre les parties ; mais il obtint un executoire de remboursement des épices & coust de l'Arrest, montant à 1020 liv. en vertu duquel il leur fait faire des commandemens de lui payer chacun leur part & portion de cet executoire. Après les quatre mois passez il obtint un Arrest *d'iterato* portant que dans quinzaine ils seront tenus de payer, sinon le tems passé, qu'ils y seront contraints par corps. Un de ces particuliers forme opposition à l'Arrest *d'iterato*, l'on plaide à l'Audience. Son unique moyen est de dire que la contrainte par corps n'avoit lieu par l'article 2. du Titre 34. de l'Ordonnance du mois d'Avril 1667. que pour les dépens, n'etant point parlé des épices & coust d'Arrest. M. Chaftelain Avocat ayant plaidé pour lui. M. le Roy de Valliere Avocat de Colinot soutint au contraire que les épices & coust d'Arrest avoient le même privilege que les depens. Par Arrest prononcé à l'Audience par M. le Président de Novion le 13. Juillet 1707. l'opposant fut debouté de son opposition & condamné aux depens.

Pareil Arrest pour le même Colinot deffendeur en opposition, par le Roy de Valliere son Avocat, contre un autre particulier qui avoit formé une semblable opposition à l'Arrest *d'iterato* fondé sur le même moyen & autres raisons, qui furent proposées par M. Goran son Avocat : il fut debouté de son opposition & condamné aux depens. l'Arrest prononcé à l'Audience par M. le Président Charron de Menars le Mercredi 8. Fevrier 1708. à la Chambre de la petite Tournelle.

Deux Arrests de regiemens à la Tournelle, qui font deffenses de prendre prisonnier dans les maisons pour dettes civiles, le premier du 19. Decembre 1702. qui condamna *Jacobus* * * * à mort, & * * * d'assister & aux Galeres pour avoir pris le sieur * * * Grand Audiencier de France chez lui pour dettes civiles, le maltraiterent si fort qu'il en mourut, furent executez.

Le second du 9. Juillet 1712. à l'Audience de la Tournelle, après plusieurs Audiences qui fait deffenses aux Commissaires du Châtelet d'aller dans les maisons sans un ordre du Juge, ou y être appellez par le proprietaire, ou locataires : rendu entre Marie * *, * François * * * le Commissaire & autres, elle eut 800 liv. de dommages & interests solidaires & aux depens. M. Goguet plaidoit pour Marie Chapeau.

L'on a plaidé trois Audiences à la Tournelle, pour sçavoir si une femme auroit la contrainte par corps pour des depens après les quatre mois contre son mari : l'on jugea que non. C'étoit M. Antoine * * * Conseiller à Lyon, opposant à un Arrest *d'iterato*, obtenu par Jeanne * * * sa femme de lui separée de biens & d'habitation, pour 800 liv. contenu en deux executoires de depens à elle adjugez. M. Guerin plaidoit pour le mari opposant. M. Thevart pour la femme. M. Chauvelin Avocat General parla près de deux heures, & suivant ses conclusions, la Cour reçut le mari opposant à l'Arrest *d'iterato*, depens compensez par Arrest prononcé par M. le Président de la Moignon, assisté de Messieurs Portail & Amelot Présidents, & neuf Conseillers, le Samedi 21. Juillet 1714. à la Tournelle.

XVIII. Max. Le deffendeur qui empêche la Provision demandée par le blessé, peut requerir qu'il soit contre-visité par les Medecins & les Chirurgiens dont les parties conviennent, sinon nommez d'Office par le Juge, afin de connoître l'état des blessures & du malade, & qu'ils estiment le tems de la guerison & la somme necessaire pour les alimens, pensemens & medidicamens du malade, dont de tout ils feront leur rapport au Juge, & le certifieront veritable : quelquefois si une des parties le demande, le Juge se transportera & sera present lors de la visite. Et pour faire que la Maxime ait lieu, il faut qu'elle précede l'adjudication de la Provision, autrement elle ne peut point être surcise, suivant l'article 4. de nôtre Titre de l'Ordonnance. Imbert Instituts liv. 3.

vide suprà fol. 61. Titre 7. des Rapports Maxime 7. où je renvoye les Lecteurs. Il y a pourtant l'article 8. du Titre de nôtre Ordonnance, qui permet aux Cours de donner des deffenses contre une Sentence de Provision, après avoir vu les informations & les rapports des Medecins. Lisez *Petrus Surdus,* Conseiller à Mantouë, *de alimentis, Lugduni* 1603. *quod colligitur ex l. Nemo carcerem. cod. de exact. tribut. lib.* 10. *& in specie tenet,* Guy Papa *decisio* 91. dequoi le Juge dressera son procès verbal,

---

TITRE XV.

Des Prisons, Greffiers des Geoles, Geoliers & Guichetiers.

EXPLICATION DU TITRE,

FRançois Ragueau en son Indice des droits Royaux *in verbo* Chartre. Le mot de prison à divers noms, comme sont ceu x de Conciergerie, Chartre, Châtelet, Geole, Guichet, Basse-fosse, Four, Crotton, Ecritoire & Cachot, Crypte; mais ces derniers ne sont que des parties, ou plutôt des étages particuliers, qui dénotent l'interieur des lieux d'une prison; néanmoins le plus souvent, *ut pars pro toto,* ils décrivent ces lieux de langueurs & de peines. La prison selon le *Varroni* 4, *de lingua Latina, Charisius lib.* 1. & autres Latiniseurs lui donnent plusieurs noms, *Ut carcer, à coërcendo dictus,* les Loix l'appellent *vincula* au pluriel *custodia.* Lorsque les Loix parlent de *claustrum aut claustra carceris,* c'est la prison. Qui voudra sçavoir les divers autres noms dont chaque nation appelle la prison à son égard, j'aurois trop à dire. Le Lecteur pourra voir *Alexander ab Alexandro Genialium dierum lib.* 3. *cap.* 5. La définition de la prison n'est autre chose que l'endroit ou le lieu public destiné pour la garde & détention des accusez prévenus de crimes, qu'on a étenduë aux debiteurs en France : ce que Clement Marot appelle l'Enfer, les Hebreux *Ergastulo.* Les anciens Auteurs ont nommé la prison *carcer est nefariorum scelerum vindex, mala mansio quæ meriti æquiparatur.* Le Tasse à bien dit que l'huis des prisons est toujours ouvert pour y entrer & fermé pour en sortir, *sempre à lentrata aperto, aluscir chiuso.* Manille *lib.* 5. dit parlant de la prison,

> *Immitis veniet, pœnaque minister,*
> *Carceris & duris custos, quo stante superba,*
> *Prostratæ jaceant miserorum*
> *In limine matres,*

Theophile de Viau dans sa Requête au Roy Louis le Juste, après lui avoir exposé son innocence, parlant de la Tour de Mongommeri où il étoit gardé à vuë à la Conciergerie, dont j'ay parlé à l'explication du Titre 12. il dit,

> *Ici comme dans un tombeau*
> *Troublé du peril où je réve,*

Sans compagnie & sans flambeau
Toujours dans le discours de Grêve,
A l'ombre d'un petit faux jour
Qui perce un peu l'obscure Tour
Où les Bourreaux vont à la quête.
Grand Roy, l'honneur de l'Univers,
Ne souffrez point que les Enfers
Soient au milieu de vôtre Empire,
Où le plus innocent soupire,
Signez mon élargissement,
Ainsi de trois doigts seulement
Vous abbatrez vingt-deux portes,
Et romprez les barres de fer
De trois grilles qui sont fortes
Plus que toutes celles d'Enfer.

Il avoit cela sans doute appris de la pensée de *Calpurnius*, qui appelle la prison dans sa quatriéme déclamation & les cachots, *l'Enfer*. L'on a étendu les prisons, ainsi qu'on a fait en Neustrie *le Haro*, qui ne furent établis que pour arrêter & enfermer les malfaicteurs, & à present on s'en sert pour dettes civiles. Tite-Live *lib.* 1. Decade 1. nomme les esclaves d'une Galere *Socios navales.* Jacques de Montholon Arrest 119. prouve comme Tite-Live, que les prisons ne devroient être que pour les criminels. Ragueau *carcere, carcer, carceris*, chartre, prison. Geofroi de Vendôme *lib.* 3. *epist.* 15. & le sçavant Jesuite Jacques Sirmond, parlant sur cet endroit de la prison où S. Denis fut enfermé à Paris, dit qu'elle fut appellée chartre. Nos anciennes Ordonnances font deffenses aux Prevôts des Maréchaux d'avoir des chartres privées pour y mettre des prisonniers. Lorsqu'un enfant est en langueur, l'on dit qu'il est en *chartre* : ce brocard vient de ce que pour l'ordinaire les prisons sont plaines de langueurs, de miseres, de souffrances, par le chagrin, le mauvais air, l'obscurité des lieux, augmentez par l'inhumanité des Guicheriers, qui souvent en multiplient les peines, au lieu d'imiter la douceur de S. Quirin Martyr du second siecle, dont l'Eglise fait la fête le 3. May. SS. Proces & Martinien au second siecle au 2. Juillet. S. Claude Martyr du troisiéme siecle le 20 Juillet, qui avoient tous été Geoliers. Dans la Genese chap. 25. ℣. 21. il est parlé de Jacob & de son frere Esaü, dans la prison maternelle de leur mere Rebecca, fille de Bathuel, femme d'Isaac, fils d'Abraham & de Sarra. Pierre Hevin remarque 8. sur les Plaidoyers de Sebastien Frain, parle de la dureté des Geoliers envers les prisonniers. Domat en son Traité du Droit Public liv. 2. Titre 5. section 4. des fonctions & des devoirs des Concierges. L'Edit des Geoliers du mois de Juin 1684. & les deux Reglemens des 11. Fevrier 1690. & 11. Decembre 1697. qui font le détail de leurs droits, qui sont peu suivis & mal executez.

Quand les Loix parlent *de claustrum aut claustra carceris*, c'est la prison. Qui voudra sçavoir les noms que les Nations donnent à la prison, lisez Ambroise Calepin & le sieur Ducange en son Glossaire. *Alexander ab Alexandro lib.* 3. *cap.* 5. *Genialium dierum.* La définition de la prison, c'est le lieu public qui est destiné pour la garde des personnes accusées de crimes qu'on a étenduë en France aux debiteurs qu'on y retient, ce que Clement Marot appelle l'Enfer.

Le vieux Interprete de Juvenal en met de plusieurs sortes, *Nam carcer, aut est Urbanus, Rusticus aut Castrensis.* Des Tours, des Forteresses, des Châteaux, des Bastilles, des Chartres. Ulpian divise beaucoup mieux la prison *in l. 1. ff, de custodibus reorum,* qu'on peut voir à ceux qui aiment l'étude. Ragueau dit que le Greffier de la Geole décharge le Regiltre ou sont écroüez lesprisonniers en marge à côté. *Latine dicitur commentariensis scriba actuaris, exceptor, hyponmematograpus,* pour le distinguer des Greffiers des Cours de Justice *scriba Judicis.* Papon livres 23. & 24. Tit. 4. des prisons & prisonniers. L'Exode *cap.* 6. *v.* 7. *& gastulum.* L'Enfer est la prison de la justice Divine, suivant Ciceron.

Nôtre Ordonnance au sujet de l'article 30. de nôtre Titre, m'oblige en cet endroit d'expliquer la chose plus au long, & de rapporter l'Ordonnance de Henry II. de l'an 1549. art 5. Jean Papon liv. 10. Tit. 10. de la cession de biens nombre 6. rapporte deux Arrests, par lesquels il a été jugé que la cession de biens étoit reçûë contre un Geolier. Il les datte au nombre de deux, de 1534. & 1582. Ensuite au nombre 11. il en rapporte un autre de 1549. qui a jugé tout le contraire. Sebastien Frain Plaidoyers 24. rapporte un Arrest de Rennes du 22. Novemb. 1611. qui a deboutée de la cession de biens demandé contre un Geolier, pour nourriture & dépense faite dans la prison, parceque le Geolier est *custodia publica.* J'estime les frais de garde & de dépense fournis à un prisonnier, soit dans la prison, soit dans la maison d'un Huissier, que la cession de biens ne peut point être reçûë ny faite par toutes sortes de personnes qui ont été gardées, logées & nourries : ma raison est parce qu'il y a eu necessité absoluë & indispensable de le faire.

M. Pierre Bardet tome 1. liv. 3. chap. 18. rapporte un celebre Arrest du 12. Decembre 1628. qui a jugé qu'un Geolier ne pouvoit retenir un prisonnier pour gîtes & geolages ; mais de se contenter des obligations des prisonniers, ny les faire payer au créancier qui auroit fait faire l'emprisonnement dont il fut déchargé. Par là s'étoit juger que les alimens fournis par un créancier à son debiteur emprisonné, il ne pourroit pas les répeter. Balde, Bartole, Guy Pape, *Julius Clarus,* nôtre Ordonnance Titre 13. art. 23. 25. a reglé ceux qui fourniront des alimens aux prisonniers. Chenu Centurie 1. quest. 42. & suivantes. Jovet *verbo* alimens. Bardet liv. 2. chap. 68. Le pain du Roy n'est que pour les prisonniers arrêtez pour crime : l'article 30. de nôtre Ordonnance porte ce qui suit. *Ne pourront les Geoliers, Greffiers des Geoles, Guichetiers & Cabaretiers ou autres, empêcher l'élargissement des prisonniers, pour frais, nourritures, gîtes, geolages, ou aucune autre dépense.* Imbert liv. 3. chap. 2.

Nôtre Ordonnance Tit. 13. art. 3. veut qu'aucun Huissier, Sergent, Archer ou autre Officiers de Justice, ne pourra être Greffier des Geoles, Concierge, Geolier ni Guichetier à peine de 500 liv. d'amende envers le Roy, & de peine corporelle s'il y échoit. *Vide* Jean Imbert & Papon au mot Geolier. Jovet en sa Biblioteque aux mots execution, prison perpetuelle. J'ay dit que chez le Romains, les heretiques & infidelles ne pouvoient être Geoliers, ils entendoient parler des Chrétiens.

Le

Le vieux Interprete de Juvenal en met de differentes sortes, *nam carcer aut est Urbanus, Rusticus, aut Castrensis,* des Tours, des Forteresses, des Châreaux, des Chartres; mais Ulpian divise bien mieux la prison *in l. 1. ff. de custod. reorum.*

Greffiers des Geoles, suivant Ragueau, est celui qui tient le Registre des écroüés des personnes emprisonnées, faisant mention de leurs noms & des causes de leur emprisonnement, qui en delivre des expeditions, & fait tout ce qui concerne la Geole : soit pour garder son livre des emprisonnemens des personnes, à la requère de qui, pourquoi, par qui, à quel jour, & quelle année, & autres circonstances : de même lors de l'élargissement, il en décharge son Registre à côté, en marge, ou en colonne, suivant l'Ordonnance. Greffier *Latine dicitur, Commentariensis, Scriba, Hyponmematograpus actuaris, exceptor.* Nôtre Titre ajoute Greffiers des Geoles, pour faire la difference d'avec les Greffiers des Cours & Justices, qu'on appelle *Scriba Judicis.* C'est à celui-ci que les susdits noms latins conviennent mieux qu'aux Greffiers des Geoles, à la reserve de *Commentariensis, &c.* Jean Papon liv. 23. a traité des prisons & des prisonniers & liv. 24. Tit. 4.

Des Geoles. La Geole est appellée *Chepage* en Haynaut chap. 23. 35. 70. en la Somme Rurale de Boutiller des gardes des prisons, & aux Ordonnances de la Chambre d'Artois. C'est la loge, la demeure, l'habitation & l'appartement du Geolier, Greffier des Geoles, les guichets : c'est l'endroit par où il faut passer d'ordinaire pour entrer dans la prison & pour en sortir. La Geole & la prison sont deux relatifs, & se confondent le plus souvent l'un avec l'autre : de maniere qu'on peut appeller & aproprier à la Geole les mêmes noms Latins qu'à la prison. *Janua, janicula, mancipium, statio, adicula :* mais le mot de Geole se fera mieux connoître en expliquant le nom de Geolier, dequoi je vais parler. La prison est appellée *custodia publica,* dans l'Exode cap. 6. ℣. 6. & 7. *Ergastulum.*

Geolier, autrement Chepier, c'est le Concierge des prisons, & le gardien des prisonniers. Il y a presque un nombre infini de mots dans le Latin qui dénotent mieux ce que c'est, dont se sont servis les bons Autheurs en parlant des emprisonnemens des Saints : c'est pourquoi je ne puis que je ne les rapporte, *nam dicitur, stator, circitor, manceps, optio carceris, aut ædium custos, dicitur janitor, jan clarius, pro janiculatore, carcerarius, item nominatur claustrinus, quid claustris januæ præsit, & etiam claustrorum Magister.* C'est enfin le Geolier ou le Greffier des Geoles, là où il y en a d'établis, qui non seulement est gardien des Registres, sur lesquels les Huissiers écroüent les personnes des prisonniers, mais qui rendent raison aux Juges de tout ce qui se passe dans la prison. Ce que Ciceron remarque très-bien *in septima verrina. Ratio carceris,* c'est l'écroüe dont je parlerai dans les Maximes, sans rien repeter de ce que j'ay dit page 3. du Nouveau Traité des Criées. Le Geolage est appellé *Cathenaticium.* Le Tasse a dit *sempre à lentrata aperto, à l'uscirchiuso.*

Guichetier, c'est le garçon du Geolier : ce mot est composé de celui de guichet, petite porte forte faite dans le milieu d'une grande, *potest Latine dici subcustos, submanceps,* & ainsi des autres noms du Geolier, en y ajoutant la préposition *sub,* suivant *Budæus* & Ragueau. Macrobe liv. 1. *Saturnal.* Voyez au surplus le Poëme de la Fradine. Jean Papon liv. 10. Tit. 10. Sebastien Frain

Plaidoyer 24. sur ce qu'on ne reçoit point la cession de biens contre un Geolier pour dépense necessaire.

Eustache le Noble composa le Poëme de la Fradine étant de loisir sur Fradet, Concierge du Fort-Levêque son Hostelier, qu'il a tiré de Petrarque, de Marot, de Quevedo, & Theophile, de Viau. Dumolin traite la prison où il fut à Montbeliard, de torture, & d'image de la mort. S. Cyprien parlant d'un homme aveugle, dit *corpus sine oculis, carcer est tenebrosus.* S. Paul qui a tant souffert dans ses voyages, pour la publication de l'Evangile ; c'est un exemple de son zele, comme il dit lui-même en trois endroits, qu'il est bon de remarquer à ceux qui sont dans la prison, pour leur consolatiion.

Au chap. 1. ✝. 8. de la 2. Epistre aux Corinthiens, au chap. 11. ✝. 24. de la même, il nous donne un grand détail des peines qu'il a euës, & des tourmens qu'il a enduré pour la Religion, qu'il publioit aux Nations. Aux Actes, S. Luc en parle chap. 14. ✝. 18. chap. 16. ✝. 22. & 24. chap. 27. Il traite de son voyage à Rome, où il fut envoyé prisonnier par *Festus.* S. Paul ayant appellé devant Cesar.

Mais comme S. Paul dit au chap. 11. ✝. 25. de la 2ᵉ Epistre aux Corinthiens, *nocte & die in profundo Maris fui.* J'ai été au fond de la Mer, un jour & une nuit : L'on pourroit demander de la maniere que cela se doit entendre ; car il n'est pas possible à qui que ce soit de respirer & rester un jour & une nuit au fond de la Mer, sans perir. Jonas resta trois jours & trois nuits dans le ventre de la Baleine, l'Ecriture en fait mention précise au chap. 12. ✝. 40. de S. Mathieu. C'est un miracle de la volonté de Dieu : mais il n'est point parlé que ce fut un miracle que le *in profundo Maris* de S. Paul. J'estime que c'est lorsque les 276. personnes firent naufrage dans l'Isle de Malte, dont parle le 27. chap. des Actes de S. Luc, c'est que pendant quatorze jours & quatorze nuits que durerent la tempeste & les vents, l'on avoit mis les prisonniers au fond de cale, crainte qu'ils ne se sauvassent, cela si vrai que le conseil des gens d'armes étoit de tuer les prisonniers : le Centenier voulant sauver S. Paul, empêchat ce conseil & on fit échoüer le Vaisseau pour gagner la Terre à nage, sur des ais & des morceaux du debris. Tous ceux qui ont été en Mer sçavent que le fond de cale est le fond d'un Vaisseau, qui est profond en dedans, & la Mer plus haute en dehors, ensorte que ceux qui sont au fond de cale sont constamment plus bas que la Mer qui porte le Vaisseau à flot ; & c'est assurement ce que S. Paul dit avoir été un jour & une nuit au profond de la Mer, & non pas qu'il ait voulu dire estre au profond d'un cachot de prison, ainsi que quelqu'uns ont avancé : je me fonde sur deux conjectures, l'une qu'immediatement avant que de dire qu'il a été au profond de la Mer, il dit qu'il a fait trois fois naufrage. *Ter naufragium feci.* Et ensuite par un discours qui est suivi, *nocte & die in profundo Maris fui,* ce qui a un sens parfait qu'il n'auroit pas, s'il avoit voulu dire un cachot de prison. La seconde conjecture, c'est que lorsqu'il entend parler d'avoir été mis en prison dans un cachot, S. Luc s'exprime très-clairement au chap. 16. des Actes, qu'après avoir été battu & foüetté, il fut commandé au Geolier de les bien garder, lequel ayant reçû ce commandement, *misit eos in interiorem carcerem, & pedes eorum strinxit ligno,* il mit Paul & Sylas au fond de la prison, & leur enferma les pieds au ceps. Voila les cachots bien distinguez, lorsqu'il en est parlé, ainsi le *profundo Maris*, n'est point un cachot : c'est assurement le fond de cale où S. Paul fut mis avec les autres prisonniers pendant la tempeste, de crainte qu'ils ne se sauvassent, dont il a parlé : je croi mes conjectures justes, sauf à changer d'opinion, lorsque je serai persuadé du contraire par de plus pressantes. Platon nomme l'Enfer, la prison de la Justice & de la vengeance Divine pendant l'Eternité. Ciceron dit aussi la même chose.

Je dirai par Analise aux prisons que Plutarque dans son Traité de la création de l'ame, parle de la sortie de l'ame, de la prison du corps. Le Sçavant Traité de la sagesse de Pierre Charron livre 1. chap. 15. traite de l'ame humaine en general, suivi par Hugues *Grotius*, dans son Traité *de jure belli & pacis*, Didier Erasme num. 22. de son Colloque de l'accouchée, dit que si le corps est le vêtement de l'ame, il y en a de bizarrement vetuës, & si le corps est le domicile ou la prison de l'ame & de l'esprit, il y en a grand nombre de mal logez : Noël Bede, Principal du College de Montaigu à Paris, écrivit contre les erreurs d'Erasme. Orphée appelle le corps la prison de l'ame. Empedocles & Zoroaster ont nommé la prison le sepulcre de l'ame, sur ce que Platon dans son Cratyle dit que *Soma* qui signifie corps, vient de *Sima* qui veut dire sepulcre. Socrates l'appelle la caverne & la carriere de l'ame : si l'ame est l'architecte de son domicile suivant les Philosophes, il faut dire que la belle ame fait le beau corps è *contra*.

Platon parlant de l'immortalité de l'ame en son Phœdon, au sujet de la prison de Socrates à Athenes, un certain Ctesiphon l'aïant lû se jetta de dessein du haut d'un mur en bas. Caton Dutique se tua d'un poignard sur le même sujet en Afrique. Josephe livre 7. chap. 34. *de bello Judaico* parlant de l'ame prisonniere, il raporte la harangue d'Eleazar à ses compagnons qui estoient prisonniers assiegez par les Romains dans le Château de Massada en Syrie, je soûtiens & dirai hardiment qu'en quelque esclavage qu'un homme soit retenu, il n'est point permis à personne de se donner la mort, ni tuer autrui, parce que Dieu défend l'homicide par un Commandement exprès, precis & positif. *Non occides* vous ne tuerez point.

Pytagore ce sage Grec disoit, il ne faut point sortir de la place donnée en garde par le Souverain Empereur, sans son congé ; il entendoit parler de Dieu qui défend de se tuer, ainsi que dit Ciceron en son Traité de la vieillesse. L'on peut voir les opinions des Philosophes touchant le siege de l'ame dans le corps, & si le corps est sa prison. Antoine Duverdier au livre 4. chap. 5. de ses leçons & Louis Guyon son continuateur tome 1. chapitre dernier, en ont fait une compilation suivis par Silhon & Theophile de Viau dans leurs Traitez de l'immortalité de l'ame. Louis Guyon parlant de la resurrection a montré l'erreur évidente, & l'abus de la fausse croiance des Juifs Saducéens qui la rejettoient, il determine dogmatiquement que le siege de l'ame est dans la teste, suivant S. Augustin, S. Jerôme & les autres Saints Peres qu'il raporte, qui sont des Traitez curieux que je passe pour être, ce sembleroit un peu éloignez de mon sujet.

Après avoir vû le Traité de l'excellence de l'ame de Dom Policarpe de la Riviere, Religieux Chartreux livre 2. discours 10. il m'est venu une pensée que je n'ai pû penetrer étant au dessus de ma portée & de la seule competence des Theologiens à qui je m'en rapporte, que j'expliquerai ici comme une question sublime à mes studieux Lecteurs en faisant l'exposition, je leur demande sur le chap. 8. ℣. 55. de S. Luc, où étoit l'ame de la Fille de Jaïre, Chef de la Synagogue des Juifs, entre la sortie de la prison de son corps & sa resurrection, & sur le chap. 11. ℣. 44. de S. Jean, que devint l'ame du Lazare pendant quatre jours que son corps fut dans le sepulcre, il est très-constant qu'il étoit mort, & son ame separée de son corps. Ce seroit une heresie que d'en douter, puisque le Texte sacré porte *jam fœtet*, il sent mauvais, *Lazarus mortuus est*, j'attendrai humblement leur solution que je croirai, n'étant point assez temeraire ni eclairé pour rien decider. L'opinion de Pline parlant des Ames livre 7. chap. 56. n'est point recevable, parce qu'il a raisonné en Philosophe Payen qu'il étoit, je recevrai leur decision avec respect, pourveu qu'elle soit conforme à ce que l'Eglise Catholique oblige d'en croire.

M. Simon Dolive du Menil livre 4. chap. 40. parle des morts volontaires & des peines qui y sont appliquées. Labeon aussi grave que doit être une personne de sa dignité, prononçant des Arrêts, dit que generalement toutes les Ames sont divisées au moment qu'elles sont separées du corps : ç'a été l'opinion de Ciceron, parlant de la mort de sa Fille dans le liv. 2. *de Legibus*. Le Prophete Habacuc chap. 2. ℣. 4. Les Hebreux disent que l'Ame est droite, lorsqu'elle est en repos, & qu'au contraire elle n'est point droite quand elle est agitée de divers combats. Aristote *de Anima*, René Descartes, Tourangeau, en son Traité des passions. Rohault son disciple en sa Physique partie 1. chap. 2. *Gassendi*, *Regius*, ont tous parlé de l'Ame, sans entrer dans les disputes infinies des Theologiens, des Philosophes, des Jurisconsultes & des Medecins : je croi que l'impossibilité qu'a l'homme de pouvoir comprendre la nature de l'Ame, c'est parce que Dieu l'a créée à son Image & semblance, qui est incomprehensible, ainsi qu'il a dit lui-même dans l'Exode 3. ℣. 14. *ego sum*, *qui sum*, c'est à quoi il faut se renfermer en toute humilité, puisque Dieu étant tout ce qu'il lui plaît par son essence, tous les attributs de sa Divinité sont Dieu même, suivant les Theologiens.

Les Grecs après la prise de Troye, firent une grande injustice en mettant à mort Astianax, fils d'Hector, sous pretexte de leur crainte qu'il ne lui prit envie un jour de venger son païs en faisant une prison de la Grece & de ralumer la guerre ; c'est de là que les Jurisconsultes ont avancé qu'il y avoit de certains rencontres, où il n'y auroit point d'injustice à faire périr des innocens, si leur mort importoit beaucoup au bien de tout un Etat : ils ont même passé plus avant, soûtenant que ce n'étoit pas un mal, après qu'un pere étoit condamné pour crime de léze-Majesté, au premier chef de punir de peine ses enfans, quoiqu'innocens de la faute : leur premier cas resiste dans sa solution aux autoritez de l'Ecriture rapportez *infrà* Tit. 27. Max. 10. Il est vrai que s'il y a du mal dans la guerre, souvent c'est pour ceux qui ne l'ont point merité, de même que dans le droit de represailles, ainsi que j'ai montré *supra* Tit. 11. Max. XXXVIII. & que je ferai voir au Tit. 17. Max. 20. & 26. & au Tit. 30. Max. 2. Qu'il y a des actions qui en elles-mêmes contiennent des malices ; cependant il y a des Loix qui les ont tollerées, cela est si vrai, que pour celles de ce genre, nous en voyons un Titre exprès au Code *quando liceat, sine Iudice se vindicare*. R. Choppin *de Domanio Franciæ lib. 3. tit. 25.* a traité du droit de Represailles. Julien Peleus *liv.* 8. action 5. dit que l'étroit du droit de Represailles fait compassion, parce que ce sont les Innocens qui sont ruinez, & qui souffrent par les Actes d'hostilité qui sont commis & exercez.

Nous tenons pour une maxime certaine, qu'il y a des rencontres (c'est le second cas) où s'agissant du salut total d'un Etat, l'on est forcé & contraint de se servir quelquesfois d'une vertu masle, en passant par dessus les regles de la prudence ordinaire, sans quoi, il seroit impossible de se garantir des maux pressans : alors il faut commettre quelque chose à la fortune ; rarement la Providence divine refuse son secours, lorsque la sagesse humaine qui est épuisée n'en peut point donner, en le demandant avec un esprit soûmis & un cœur contrit & humilié. *Matt.* 7. ⁊. 7. encore chap. 21. ⁊. 22. Marc 11. ⁊. 2. 4. Luc 11. ⁊. 9. *Joan.* 14. ⁊. 13. Jacob Ep. 1. ⁊. 5. 6.

Un Moderne a dit un bon mot, que tous les Privileges & Exemptions des Empereurs ne regardoient point les anciens Philosophes, parce qu'ils faisoient profession ouverte de méprifer les injures & les richesses, dont ils se railloient ; mais pour les Philosophes des derniers temps, les Sages ont fait un autre jugement de leurs dissimulations & de leurs vanitez, lorsqu'ils ont reconnus que l'argent qu'on leur donnoit étoit l'énergie de leurs argumens, Pluton les animant plus que Minerve, ainsi que je dirai au liv. 2. Tit. 36. Gerion Roy d'Espagne avoit trois corps & une seule ame : au contraire du Roy *Herilus* de Virgile Enæïde liv. 8. qui avoit trois ames dans un même corps.

I. Max. La Prison n'est pas donnée pour peine, & ne tient point lieu de peine, ainsi que j'ai dit dans l'explication du Titre, cependant les Juges doivent avoir quelque égard à la longue détention d'un accusé. Papon liv. 24. Tit. 9. Arrest 3. Bugnion liv. 2. Satyr. 39. des Loix abrogées : quelques fois dans les crimes d'Etat la prison est donnée pour peine. L'Edit du point d'honneur le porte, dont connoissent Messieurs les Maréchaux de France ; mais cela n'appartient à être ordonné qu'aux Cours Souveraines. Par une ancienne Ordonnance des Eaux & Forêts, il est dit parlant des condamnez qu'ils demeureront un mois en prison. Lisez la Requeste de Theophile, au Roy Louis XIII. qui est dans ses œuvres, où il nomme la prison l'enfer, & le sejour des morts. René Choppin, *Monasticon.* *lib.* 1. *Tit.* 3. num. 26. en rapporte un Arrest du 12. Juillet 1600.

II. Max. Ecroüe c'est le Brevet, Acte ou Registre du Geolier, sur l'emprisonnement que fait un Huissier, Sergent ou Archer, ou autre Officier de Justice de la personne contrainte, ou c'est un élagissement, charge, ou décharge des prisonniers, & dont le Geolier charge son Registre & Commentaire. Ce mot écroüe, suivant Bugnion vient du mot Latin, *Scrobs,* d'où dérive aussi le mot *Crotton,* qu'on appelle aussi cachot, il est deffendu au Geolier d'y mettre aucun prisonnier, sans un ordre exprès du Juge par écrit, à peine de punition, *nam carcerati humaniter tractari debent à custodibus.* Nôtre Ordonnance art. 19. un profond cachot d'où l'obscurité n'est jamais bannie par un seul rayon du Soleil, peut être appellé l'empire des morts, *Selon le langage des Poëtes.*

III. Max. Le Juge Royal, doit veiller & prendre garde aux prisons des Seigneurs de son Ressort & Jurisdiction, & avoir l'œil qu'elle soient bonnes, seures, & bien fermées, nettes, saines, & pourvûës de Geolier, ensorte que les prisonniers n'y soient point maltraitez, pour le coucher, boire & manger, il doit au moins les visiter les quatre Fêtes annuelles de l'année, la veille, il peut contraindre les Seigneurs, par saisies de leurs Terres, Justices & Seigneuries, à ce que dessus, suivant Bacquet, des Droits de Justice, chap. 18. *Cod. Theodof. L.*

ultim. de custod. reor. Cette Maxime est si juste, que l'Empereur en a fait une Loy expresse à l'endroit que j'ai marqué ; il seroit bien necessaire aux prisonniers que cette Loy fût suivie de point-en-point, car ils souffrent beaucoup, *infrà* Maxime 14.

IV. Max. Nôtre Ordonnance au Titre second, article 10. porte qu'il est deffendu expressément par les Ordonnances à qui que ce soit, de faire chartre-privée. Il faut neamoins excepter les cas permis de droit, comme sont les corrections du Convent, contre un Religieux fautif, discole d'un Pere à son Fils, du Maitre sur son Serviteur, du Mary sur sa Femme & sur son adultere, & d'un voleur arresté en flagrant délit, dans tous lesquels cas les personnes peuvent être retenuës & gardées en lieu asseuré pendant le tems necessaire, pour avertir & les mettre entre les mains de la Justice.

Pour le premier point de la Maxime, les Ordonnances y sont formelles & fort précises, & au surplus, la prison privée pendant ce tems est permise pour avoir le tems d'avertir la Justice ; ce n'est pas une peine, mais plus long-tems, cela seroit dangereux, parce que les esprits pourroient se tourner en fureur, Rebuffe sur l'Ordonnance Titre 52. des Geoliers. Bugnion en ses Loix abrogées en divers endroits. Papon livre 23. Titre 1. prison privée, &c. *Merlini Cocaii Poëta Mantuani, Maccaronice* 23. 24. 25. décrit la prison.

V. Max. La Partie civile n'est tenuë de fournir d'alimens à l'accusé qui est prisonnier, c'est le Domaine aux Justices Royalles, & les Seigneurs qui ont la Haute-Justice, dans les Sieges Subalternes ; sinon après le jugement qu'il ne tient plus que pour l'interest civil, suivant l'Article 23. de nôtre Titre de l'Ordonnace, parce qu'il y auroit de l'injustice que la partie s'incommodât pour faire du bien à celui qui lui a fait du mal. *Secus autem in foro poli.* La nourriture des accusez, suivant l'Ordonnance, est conforme à celle dont il est parlé au troisiéme Livre des Rois, chap. 22. ɣ. 27. où je renvoye les Lecteurs, & à Chenu en sa question 30. de l'incompatibilité des Benefices. Baquet des droits de Justice, Bouchel, prison. Bugnion en ses Loix abrogées. *Mitte virum istum in carcerem, & sustentate eum pane tribulationis & aqua angustiæ.*

VI. Max. La prison est reputée un lieu saint pour être à l'utilité publique & destiné à la Justice, pour punir les malfaicteurs : de maniere que pour le bris de prison, la peine est de mort, si le prisonnier étoit détenu pour crime capital, dautant que par le bris de prison, son crime s'est multiplié & compliqué, suivant les Loix Romaines, Bouchel en sa Bibliotheque & Papon du bris de prison, Ordonnance nouvelle, Titre 17. Article 25. Quant au bris de prison, il est necessaire d'instruire le procès cumulativement, tant sur le bris de prison, que pour raison du crime principal. Celui qui se sauve des prisons laisse à la verité une grande présomption contre lui d'être coupable du crime pour lequel il avoit été emprisonné, toutesfois s'il n'étoit bien prouvé, il ne doit pas être condamné pour ce crime, mais pour le bris de prison seulement, suivant les circonstances particulieres qui se rencontrent, prouvées au procès. Expilly chap. 247. de ses Arrests. Le Satyrique nomme la prison une nasse. *Si libitipam evaserit æger, delebit tabulas, inclusus carcere nassa* Juvenal 4.

VII. Max. S'il arrive qu'il soit donné & apporté à des prisonniers quelques ferremens par la porte ou par des fenêtres , avec lefquels on aura fait quelque ouverture & démolition , celui qui aura fourni ces ferrures fera puni de même que s'il avoit rompu les prifons , & fpolié les prifonniers des mains de la Juftice fuivant les Loix. François I. à Ys fur Til. Ordonnance en Octobre 1525. chap. 21. art. 5. Il faut toujours prendre le temperamment de la Maxime precedente , & fuivant la qualité du délit dont le prifonnier étoit accufé & eut été convaincu *infrà* Max. 12. *Ad libertatis recuperandæ cupiditatem exarciffe fruftra vigilat qui cuftodit eam. Pfalm.* 126. Remarque 8. fur les Plaidoyers de Frain.

VIII. Max. Si les prifonniers fe fauvent par la négligence ou de complot avec le Geolier , qu'ils fuffent coupables de crimes capitaux , le Geolier fera puni de mêmes peines que celles que meritoient les prifonniers. Que fi le prifonnier évadé n'étoit retenu que pour dettes , le Geolier fera tenu de payer la dette & puni pour fa faute à la difcretion du Juge. Mofnier *in verbo* Geolier , Concierge. Bouchel en fa Biblioteque , aux mots , élargiffement , Geolier. La Bibliotheque des Arrefts *in verbo* prifon. Le corps du Droit François livre 9. Titre 4. des prifons. *Columella* lib. 1. &c. S. Luc aux Act. 16. ỳ. 27. Bardet tom. 1. liv. 3. chap. 67. Coutume de Bretagne art. 683.

IX. Max. Un Concierge de prifon doit imiter l'Argus des Poëtes ; car les Geoliers doivent être fages & difcrets , foigneux & vigilans , ne doivent point maltraiter les prifonniers pour n'avoir aucune fuperiorité fur eux. Il leur eft très-expreffément deffendu par l'Arreft de Reglement que j'ay rapporté page 4. du nouveau Traité des Criées , de rien prendre ny exiger d'eux , ny de leurs amis pour les laiffer parler à eux fur le Preau & en tout autre lieu de la prifon, non plus que de les vouloir contraindre de fe mettre en penfion à leur table, lorfqu'ils ne font pas renfermez pour de grands crimes & par commandemens: mais feront tenus de laiffer entrer leurs vivres & ceux qui les apporteront librement & fans difficulté ; car autrement il y auroit de la vexation & de la concuffion d'exiger des prifonniers une chofe qui n'eft point dûë. La prifon eft un fejour affez trifte fans y ajouter encore tant de contraintes. Il y a une Declaration du 6. Janvier 1680. qui eft page 98. des Reglemens des Procureurs de 1694. Regiftrée au Grand Confeil. Frain Remarque 8. après fes Plaidoyers.

X. Max. C'eft un crime que de fpolier & enlever des mains des Sergens un accufé , pareil à celui de le faire fauver & évader de prifon ; parceque dès l'inftant qu'il eft arrêté par les Officiers de Juftice *videtur effe in vinculis.* Papon au procès criminel Titre 3. liv. 23. Le 3. Juin 1681. furent roüez vifs trois particuliers pour avoir forcé la chaine des Galeres & recours des Galeriens. Ordonnances touchant les rebellions anciennes & nouvelles rapportées au nouveau Traité des Criées page 29. Les Sergens Royaux ne peuvent executer les Jugemens ny Ordonnances des Juges des Seigneurs è.*contra.* Les Sergens des Seigneurs , ceux des Juges Royaux. René Choppin *de Domanio* lib. 2. Tit. 7. num. 3. M. le Premier Prefident le Maiftre en fon Traité des Criées chap. 1. Arrefts rapportez par Jean Chenu en fes Reglemens chapitres 133. 135. 153. fondez fur l'Ordonnance de Philippes le Bel de l'an 1312. article 18. De même les Notaires Royaux ne peuvent point inftrumenter dans les Juftices & Territoires des Seigneurs , que de leur confentement. Bardet en rapporte l'Arreft du 8. May 1618. liv. 1. chap. 21. de fon Recueil d'Arrefts.

XI. Max. Celui qui a en sa garde un prisonnier lequel meurt entre ses mains, répond de sa mort, & étant coupable est puni de mort. La Biblioteque des Arrests au mot de prison en rapporte un de la Chambre de la Tournelle du 19. Mars 1665. par lequel le Geolier des prisons de Chartres fut condamné & executé à mort, pour avoir laissé mourir un Curé prisonnier sans l'avoir assisté; car ou il y a dol ou il n'y en a pas : au premier cas il est puni comme homicide, au second cas s'il n'y a dol il y a toujours negligence dans sa fonction. La Maxime regarde les Prevôts, Huissiers, & Archers qui ont en garde un criminel : toutesfois elle concerne aussi les Geoliers, à moins que quand il n'y a pas de dol, le plus souvent on leur laisse en leur charge. Papon Titre 4. des Geoliers Arrest 2. *Quia sine culpa nisi subsit causa non est aliquis puniendus.* Arrest contre un Hôtelier & sa femme rapporté par Gouget fol. 268. qui avoient dépoüillé un hôte pour leur payer ce qu'il avoit dépensé, qui mourut de froid.

XII. Max. Un prisonnier mal retenu se peut sauver sans danger. Papon en ses Arrests liv. 5. du Droit de Marque Tit. 3. Arrest 3. cela pourroit passer au civil ; mais au criminel je ne le crois pas recevable, fondé sur les autoritez que rapporte Bartole sur le droit, joint aussi ce que je viens de remarquer aux precedentes Maximes 7. 8. 9. Il faut en ces rencontres considerer que le prisonnier qui a rompu & brisé les prisons, n'est pas punissable de peine capitale, suivant l'avis des Docteurs. Il est naturel de recouvrer la liberté, c'est à ceux qui ont la garde a veiller. Un oiseau en cage par le seul instint de la nature, se force a en rompre les barreaux pour sa liberté.

XIII. Max. Si le prisonnier qui a brisé les prisons est repris, l'on ne lui fait pas son procès sur le bris de prison, mais sur le crime pour lequel il est arrêté & accusé. Papon liv. 23. Titre du bris de prison *Boherius* Décision, &c. Il est au même état qu'auparavant le bris commis. Je ne puis à mon égard recevoir cette Maxime, sans dire ce que j'en croi; puisqu'il est certain que le bris de prison, suivant nôtre Ordonnance, est toujours un crime, & qu'il n'est pas purgé par la capture de l'accusé ; autrement il faudroit dire qu'un vol repris entre les mains du voleur il en fut quitte parce qu'on auroit recouvré la chose perduë, cela est visiblement faux : il y a toujours le crime en soi du bris de prison, pour lequel l'Ordonnance dit qu'on fera le procès au coupable par défaut & contumace Tit. 17. art. 25. qui est très précis. Le mépris de la Justice & le viol du lieu sacré reste toujours a punir : ainsi mon sentiment est que le crime dont il est accusé meritant la mort, sans accumuler le bris de prison, à la bonne heure que la Maxime ait lieu en ce cas là, puisqu'il ne peut que mourir une fois pour son crime; mais si le crime qu'il a commis ne merite pas la mort naturelle, je croirois qu'il seroit bon d'instruire le procès pour le bris de prison cumulativement avec le crime, & pour raison de cela multiplier la peine, avec d'autant plus de raison, que cette désobeïssance de violer les Arrests & Reglemens, accompagnée de bris de prison, est bien plus grande que n'est celle de ne pas garder un ban hors du lieu d'où il est ordonné qu'on doit s'abstenir, suivant le Jurisconsulte Marcellus en la Loy *Relegati. D. de pœnis.* & Ulpien *in l. sed & milites.* §. *scribit autem. D. de excusat. tutor.* Cependant un infracteur de son ban est condamné aux Galeres, suivant la Declaration du 31. May 1682. Registrée au Parlement le 17. Juin, & les femmes renfermées dans les maisons de force des

Hôpitaux,

Hôpitaux , par Declaration du 29. Avril 1687. Regiſtrée le 28. May.

XIV. Max. J'ay dit dans la Maxime 3. *suprà* que les Juges ſont obligez de viſiter les priſons des Juſtices qui relevent par appel devant eux ; mais à plus forte raiſon ils ſont tenus d'avoir l'œil ſur celles de leurs Sieges , & ſur tout tâcher d'expedier & juger les procès des priſonniers pour ſoulager le Domaine qui doit les alimens aux priſonniers & abreger la dureté de la priſon à un criminel privé du bonheur de l'Egliſe pendant ſa détention , tant les jours ſolemnels qu'autres. C'eſt pourquoi le Juge doit toutes autres affaires ceſſantes , ſuivant les Ordonnances qui lui enjoignent , qui ſont Villers-Coterefts art. 139. & 140. Orleans art. 63. & Blois art. 184. & nôtre Ordonnance Tit. 25. art. 1. Ordonnance d'Avril 1667. art. 2. diſpoſer toutes choſes, afin de tirer de priſon ceux qui ni ſont du moins retenus que pour peu de choſe. C'eſt une obligation à laquelle ils ſont abſtrains par les Loix du Royaume , tirées du Droit Romain , que j'expliquerai Tit. 26. Max. 11.

XV. Max. Lorſqu'un priſonnier eſt conduit ſur l'appel d'une Sentence dans la Conciergerie du Palais , ſi le Meſſager ou l'Huiſſier qui l'aura amené n'a pas le procès & la Sentence, il demeure auſſi priſonnier juſqu'à ce qu'il ait fait apporter le procès, pour le doute qu'on auroit d'un empriſonnement injurieux, ou de quelque ſurpriſe , ſuivant Bouchel au mot priſon , & le Code Henry Titre 20. des Informations & Decrets article 8. C'eſt pour cela que *Feſtus* parlant de S. Paul à Agrippa & Bernice , leur diſoit ce qui eſt remarqué par S. Luc au ch. 25. ℣. 27. des Actes, *Sine ratione enim mihi videtur mittere vinctum, & cauſas ejus non ſignificare.* A preſent nôtre Ordonnance y a pourvû au Titre 26. des Appellations articles 6. & 9. ainſi ce dernier uſage ordonné eſt actuellement ſuivi à la lettre *suprà* Tit. 8. Max. 30. ces choſes meritent d'être approfondies & des exemples. *infrà* Titre 28. Max. 20. *in fine.*

XVI. Max. Les heretiques & infidelles ne pouvoient être Gardes ni Concierges des priſons, ſuivant Bouchel. La Novelle 3. de Theodoſe : cela n'eſt que pour marquer les anciens uſages ; car aujourd'hui il n'y a plus en France de Religion que la veritable qui y ſubſiſte, & eſt exercée au moyen de l'Edit du mois d'Octobre 1685. qui eſt canoniſé par les gens de bien. Voyez les Antiquitez de Paris de Frere Jacques du Breul fol. 378. où il parle de Tablettes & de Greffe.

Pour dire d'où vient le mot de Greffier , il vient de *Grapharius* fait de *Graphare* , compoſé du mot *Grapharium.* Martial le met pour une écritoire. M. Eſtienne Paſquier dans ſes Recherches de la France liv. 4. chap. 14. en donne une autre étimologie. Nous trouvons pluſieurs Saints avoir été Greffiers. Saint Cronydan Martyr au deuxiéme ſiecle 27. Mars. S. Genés natif d'Arles , Greffier, Martyr au troiſiéme ſiecle 25. Aouſt. S. Apronien troiſiéme ſiecle, 2. Fevrier. S. Athanaſe , Martyr du troiſiéme ſiecle 3. Janvier. S. Claude , Martyr au troiſiéme ſiecle 20. Janvier. Liſez Juvenal en ſa Satyre 8. *& Theca Graphiaria.* Il faut voir comment Deſmarais & Diodati dans leurs Bibles heretiques , ſe ſont ſervis de ce mot pour exprimer une choſe propre à écrire , lorſqu'ils ont traduit en François le premier verſet du chapitre 17. de Jeremie : *le peché de Juda eſt écrit d'un Greffe de fer.* Il me ſemble que c'eſt l'éguille avec quoi on écrit ſur des tablettes de poche : dont ſe ſervit Zacharie étant devenu muet,

pour écrire le nom de Saint Jean son fils. Luc. 1. ꝟ. 63. C'est un petit fer pointu
appellé stile, dont S. Cassian fut martyrisé le 13. Aoust par des écoliers, étant
alors Evêque de Bresse, suivant Baronius. Il souffrit le Martyre en la Ville d'I-
mola en Italie. Et Frere Paolosarpi de Soane, de l'Ordre des Servites & Secretaire de la Republique de Venise, fut assassiné d'un stilet dans les ruës de Venise pour avoir ecrit pour la deffense de sa Republique, à l'occasion de l'excommunication prononcée en 1605. Recherches de la France liv. 4. chap. 14.
parle des Greffiers & Clercs des Greffes, des Notaires & Tabellions. Suivant
Æmilius Probus, l'Office des Greffiers appellez *Scriba* étoit mercenaire entre
les Romains.

TITRE XVI.

Des Interrogatoires des accusez.

EXPLICATION DU TITRE.

S Uivant les Docteurs, le mot Interrogatoire dérive du verbe interroger, *La-*
tine interrogo, scifcitor, percontor, verbum interrogo, noscendi causa ad-
hibetur. L'Interrogatoire est, *quæstio judicialis*, c'est où se fait l'anacrise, aussi
bien que dans l'information : de sorte que l'Interrogatoire est une des principales pieces necessaires dans un procès criminel. Il se fait à deux fins, l'une pour
tirer s'il se peut de l'accusé la verité du fait par sa confession, l'autre pour
connoître ses excuses & moyens de justification, suivant Bugnion en ses Loix
Abrogées liv. 1. Satir. 65. *Quoad illam vocem* accusé. Je l'ay expliqué *suprà*
au Titre 13. fol. 109. & je viens de les dénoter assez ci-dessus. Toutefois j'ajouterai que l'accusé de ce Titre est celui qui doit répondre au Juge étant en prison,
s'il y a un Decret de prise de corps contre lui : c'est répondre en état d'ajournement personnel de n'être pas en prison. Expilli chap. 35. de ses Arrests. Lorsqu'on est en Decret de prise de corps, c'est l'interrogatoire qui se fait dans la
prison ; car comme dit Asconius, *Quid est reum fieri, nisi apud Prætorem le-*
gibus interrogari ?

Il ne se peut rien dire de mieux sur l'interrogatoire des accusez, que ce qu'en
a dit S. Gregoire sur l'exposition du Passage du livre premier des Rois chap. 14.
ꝟ. 43. que j'abrege & y renvoye mes Lecteurs, &c. Jean Imbert liv. 3. chap. 10.
Dufail liv. 2. chap. 23. Chenu chap. 99. de ses Reglemens. Voyez tout au long
le Titre 20. *infrà* qui n'est pas long.

Il faut lire en cet endroit l'Edit donné à Villers-Coterests au mois d'Aoust 1539.
& remarquer en l'article 162. qu'avant cette Ordonnance les accusez ne se deffendoient que par la bouche de leurs Avocats : mais peu d'années après qu'elle eut
été promulguée, on fit le procès à l'Auteur. Il pretendoit se servir du ministere
d'un conseil, ce qui lui fut refusé. Par les memoires de ce tems-là, l'on voit
que non seulement on lui ôta la liberté de pouvoir répondre & subir interrogatoire par l'avis d'un Avocat ; mais même que toute communication lui fut inter-

dite, excepté celle avec le Greffier Masparault. Ainsi on lui tint la rigueur qu'il avoit enseignée, à la charge des accusez de se passer d'un conseil & de repondre par sa bouche *ipse deludet illusores.* Proverb. 3. ꝟ. 34. Nôtre Ordonnance article 8. de ce Titre, porte que les accusez de quelque qualité qu'ils soient, seront tenus de repondre par leur bouche sans le ministere du conseil, qui ne pourra leur être donné, même après la confrontation, nonobstant tous usages contraires qui sont abrogez, excepté dans les crimes qui sont specifiez par l'article de l'Ordonnance. Ce qui s'observoit avant l'Ordonnance de 1539. fut remarqué par M. Pussort Conseiller d'Etat, dans le procès verbal d'examen de nôtre Ordonnance sur l'art. 8. du Titre 14. & par M. Talon sur l'art. 3. du Titre de la conversion des procès civils en procès criminels.

Il y a de l'injustice de tracer le chemin pour faire tomber dans un parjure. Je parlerai à la Maxime 15. si l'on doit prendre le serment d'un accusé avant que de l'interroger, étant presque assuré qu'il jurera faux pour sauver sa vie. Ainsi c'est l'induire à faire un faux serment : c'est pour cela que cinq de Messieurs les P. Presidens du Parlement, qui sont MM. Lizet, le Maistre, de Thou, de Harlay & de la Moignon étoient d'avis que c'étoit un mal de faire jurer inutilement un homme qu'on sçavoit bien qu'il seroit un parjure, ainsi que cela est au long expliqué sur l'art. 7. Titre 14. de nôtre Ordonnance. *Julius Clarus* un des premiers Officiers du Senat de Milan au regne de Philippes II. parlant du serment qu'on prenoit d'un accusé, dit que jamais il ne lui a plû, pour être un sujet & prochain évident de le faire parjure. *Mihi certe hæc practica numquam placui: quia est manifesta occasio perjurii.*

Au regne de François II. M. * * * * ayant été arrêté, * * * * obtint du Roy qu'il lui seroit donné conseil après la confrontation, quoique l'article 162. de l'Ordonnance de Villers-Cotorets y resistât : on lui donna M. Pierre Robert & François Marillac celebres Avocats. M. de Thou en son histoire dit : *Suplice à Rege petit & impetrat, ut homines spectatæ eruditionis ac prudentiæ darentur, quorum consilio uteretur, nominati à Rege Petrus Robertus, & Franciscus Marillacus, celeberrimi in Foro Patroni.* Souvent la Cour nomme d'Office des Avocats pour plaider, écrire & conseiller un accusé, selon les occurrences des affaires, ayant pour partie une personne de credit & d'autorité, contre lequel personne ne veut plaider. Il ne seroit pas juste de laisser perir un accusé, faute d'être deffendu : cette grace n'est jamais refusée à personne ; mais ce secours ne vient qu'après la confrontation, qui est l'acte le plus necessaire dans un procès du grand criminel avec le secret, sur tout contre les calomniateurs, qui étoient exposez sous Theodose sur Mer dans un Vaisseaux, sans rame & sans voiles, n'ayant rapporté ny preuves ny temoins valables, qui sont les avirons de la procedure criminelle.

I. Max. Il n'appartient qu'au Juge seul d'interroger le criminel, assisté de son Greffier, qui redigera le tout par écrit : en quoi le Juge se doit servir de toute sa prudence & discretion ; parce qu'étant le milieu entre l'accusateur & l'accusé, il doit considerer non seulement la condamnation, mais aussi la justification de l'accusé. Ayrault rapporté par Bouchel en sa Biblioteque au mot Interrogatoire. Claude Bernard sur Lizet chap. 5. Bugnion liv. 4. des Loix Abrogées. Satir. 45. &c.

II. Max. L'Interrogatoire ne doit point être fait captieusement ny subtilement & en biaisant, c'est être sophiste, aversaire, & homme passionné. Il faut que le Juge fasse ses Interrogatoires avec gravité, d'un même ton de voix & suivant l'ordre de la narration des charges ; c'est-à-dire qu'il faut aller de droit fil sans surprendre, suivant Ayrault, Jean Imbert, *Julius Clarus*, *Imperator Constantinus in Tit. de Falsis*, *&c.*

III. Max. Le Juge ne doit proceder malicieusement en faisant un Interrogatoire ; de maniere qu'il semble suggerer à l'accusé ce qu'il doit repondre : comme s'il disoit, *n'est-il pas vrai que vous n'avez pas tué vôtre pere*, ou que vous n'avez pas fait cela. Par cette maniere, il induit l'accusé à dire une negative, & c'est ce que la Loy deffend. Ayrault, Despeisses, *Julius Clarus*, *Martianus*, *in l. 7. de custodia*, *&c.*

IV. Max. Le Juge doit être modeste & benin, ou plus severe, selon la qualité des crimes ; mais en tous cas és actes, & par exprès aux Interrogatoires : il doit garder une moderation & prudence de Juge. Claude Bernard sur Lizet. *Julius Clarus*, *&c. suprà* Max. 2.

V. Max. Le Juge ne doit abuser l'accusé, comme de lui promettre impunité lors de son Interrogatoire pour lui faire avoüer son crime, cela est captieux & deffendu ; car il n'est pas au pouvoir du Juge de lui tenir parole étant coupable, il ne le sçauroit absoudre, & l'on ne pourroit asseoir un jugement de condamnation sur cette confession ainsi extorquée. *Julius Clarus*, Imbert, Alciat *de verbor. signific. in verbo, Cavillari.* Le Juge ne jugeant pas seul, il ne pourroit pas le sauver. *infrà* Titre 27. Max. 6.

VI. Max. Par les Interrogatoires on découvre la verité, c'est pourquoi il ne faut obmettre aucunes circonstances, même lors des Interrogatoires qui se font à la question, Imbert liv. 3. en rapportant par le procès verbal la contenance de l'accusé, la couleur de sa face, rouge, ou blême, ses discours hors l'Interrogatoire, qui peuvent marquer l'interieur de son esprit & l'état de sa conscience : surquoi les Juges font leurs reflexions au jugement. Et lorsque l'accusé est detaché & qu'il est sur le matelas, on lui reïtere son Interrogatoire, s'il veut persister à ce qu'il a dit, ainsi que je dirai au Titre 21. Maxime 2. Il y a des accusez qui ont un front de bronze à nier tout, & comme a dit le Comique, ils dénieront avoir avallé une hote, & les bretelles leur sortent de la bouche.

VII. Max. Le Juge peut syncoper & couper les reponses d'un accusé en prenant ce qui le charge & rejettant ce qui le décharge : comme si l'accusé convient d'avoir tué un homme, ajoutant qu'il y a été contraint & necessité à son corps deffendant, lui ayant tiré un coup de pistolet auparavant. Le Juge doit en ce cas faire rediger par écrit toute la confession avec la cause que dit l'accusé, qui la mû de le tuer. *l. 1. cod. de custod. reor. ff. de regulis juris*, *&c. infrà* Tit. 30. Max. 2. Il y a d'artificieux accusez difficiles à connoître, qui ne sont ny chair ny poisson, ils sont Judelles ou Macreuses.

VIII. Max. La nouvelle Ordonnance article 11. de ce Titre, conforme à celle du Roy François I. à Villers-Coterests art. 111. Roussillon art. 35. Ordonnance de 1629. att. 27. & autres. Ayrault chez Bouchel *in voce* Audience, veut que les procès soient faits, instruits & jugez en Langue Françoise : cela se peut bien faire à un François ; mais si l'accusé est étranger qui parle Latin, ou une autre Langue qui

lui est familière & au Juge & au Greffier, il n'y a rien qui empêche que l'accusé ne
puisse être interrogé en Latin, ou dans la Langue qui lui est familière & au Juge
& au Greffier. Je trouve cependant plus à propos que le Juge fera prudemment
d'observer l'Ordonnance à la lettre en rigueur, avec cette précaution ce me semble, que dans les Interrogatoires & confrontations il fera mention comme il a
enquis l'accusé en Latin en presence de l'Interprete, & que l'accusé lui a répondu en Latin, ce qu'il redigera en substance en Langue Françoise ; car s'il falloit
un Interprete en Latin au Juge, il se condamneroit lui-même de ne le pas sçavoir. Il peut être un Juge de Village & l'ignorer : cela n'est pas fort extraordinaire, pouvant avoir du merite d'ailleurs, & il faut que tous les Juges qui jugeront entendent la Langue, dans laquelle l'accusé à répondu : c'est le plus seur
de suivre l'Ordonnance.

IX. Max. Claude Expilli Plaidoyer 26. dit que c'est un deffaut dans les Interrogatoires d'un accusé d'avoir oublié à lui demander s'il veut s'en rapporter
aux temoins qui ont déposé contre lui. Je n'estime pas cela si absolument necessaire que ce soit un moyen de nullité qui altere rien dans la procedure : car si
c'est un crime où il écherra peine afflictive, on ne manque pas d'ordonner le reglement à l'extraordinaire nonobstant les declarations de l'accusé, alors à la
confrontation ils se parlent en face. Que si le crime ne tombe pas en peine afflictive, on ne delaisse de juger l'affaire au fond, encore que l'accusé n'ait pas pris
droit par les charges, &c. *Non auditur perire volens, infrà* à la Maxime 12.

X. Max. Le Juge Royal ne peut oüir ny faire aucun Interrogatoire au Clerc
renvoyé, qu'en presence de l'Official ; mais lorsqu'il instrumente conjointement, s'il voit que le Juge Ecclesiastique par complot & connivence avec l'accusé ne l'interroge pas fidellement sur les faits pressans des Informations : il
le peut sommer sur le champ de le mieux interroger sur les faits qu'il lui met en
main, qu'il a tirez des informations dont il fait mention. Et si le Juge Ecclesiastique est refusant ou délayant, le Procureur du Roy en peut fort bien appeller
comme d'abus. Imbert liv. 3. *Cæcilius apud Aulugell. suprà* Titre 1. Max. 45.
Titre 27. Maxime 22. René Choppin de *Sacra Politia.* lib. 2. Tit. 2. num. 11.
13. & 17.

XI. Max. Tous procès criminels doivent être faits par les Juges, leurs Lieutenans, Assesseurs & Conseillers, & non par des Procureurs, Greffiers, Clercs
ou Commis, Notaires ny Sergens, tant aux Informations, interrogatoires, recollemens & confrontations, qu'autres endroits desdits procès criminels, à peine de suspension ou de privation de leurs Offices : d'autant que le Juge ne peut
substituer ny subroger d'autres pour faire sa fonction ; c'est à ceux du Siege,
suivant l'ordre du Tableau, à continuer & à parachever ce qu'il a commencé
en cas de recusation, absence, soit maladie, ou autre empêchement. De plus
les procès ne seront point instruits qu'en la presence du Greffier, sans y appeller le Geolier, Sergens, Clercs, serviteurs ny autres ; parce que les procedures
doivent être secrettes. D'ailleurs la presence des autres personnes pourroit produire l'inconvenient de rendre l'accusé plus assuré, ou de le faire tomber dans
une autre extrémité d'une apprehension & crainte de parler. *suprà* Tit. 8. Max.
14. 40. & 42. Chenu en ses Reglemens Tit. 2. chap. 2.

XII. Max. La confession d'un fait impossible contre le cours de la nature, doit être rejettée & ne fait nulle preuve contre l'Accusé : comme s'il difoit j'ai tué Galet & qu'il fe trouve en parfaite fanté : ou j'ai volé fur le Pont-Neuf de Paris nuitemment le 15. Juin 1704. & qu'il y ait une preuve claire qu'il étoit le même jour fur la Flotte de France devant Lifbonne, ces confeffions doivent être rejettées, & ne fervent de rien ; comme étant vifiblement fauffes, & impoffibles ; Brodeau fur Loüet lettre C. chap. 54. &c. *non auditur perire volens.* Peleus livre 8. action. 13 La confeffion en Matiere Criminelle d'un Accufé ne fait point de preuves contre lui, s'il n'y en a point d'autres, *& repetundarum &c.*

Jamais la nature ne produit des effets extraordinaires fans fe faire violence. L'on n'a point encore vû, & l'on ne verra pas un effet préceder fa caufe ; un Pere plus jeune que fon Fils, une chofe exifter par une autre qui n'eft pas encote, une quittance d'une dette qui n'eft créée que depuis. Un Baftiment conftruit en 1715. fur le deffein d'un Architecte qui eft né en 1720. Mais on a pû voir un pofthume né un an après la mort de fon Pere : cela ne contredit point les Regles de la Medecine, rapportées par M. Expilly, plaidoyé. 8.

Pour l'établiffement de cette Maxime fi importante, je ferai voir dans la Maxime 25. Titre 17. que perfonne n'eft crû à dire qu'il a commis un crime qui merite la mort ; il faut la preuve évidente du fait, *conftat de delicto.* Quintilien dit dans fa 31. Déclamation que cette confeffion eft une marque de folie, qu'il faut être yvre ou pouffé de fureur, ennuïé de vivre, infenfé & defefperé pour la faire. S. Cyprian, Severe Julian difent la même chofe dans d'autres termes, Tertulien Apologet. chap. 2. dit lorfqu'on fait le Procès à un acculé l'on ne prononce pas fa condamnation auffi-tôt qu'il a confeffé qu'il eft homicide, facrilege, inceftueux & ennemi de l'Etat, l'on examine les circonftances confiderant la qualité du fait, en quelle forte, en quel tems, & le lieu où le crime a efté commis, & l'on informe contre les complices, s'il y en a : il faut des preuves fuivant Julian. *L. in Criminibus §. Divus Severus ff. de quæftionibus. L. inde Neratius. ff. ad Legem Aquiliam cap.* 2. l'Arreft de 1569. contre un Chanoine de *** rapporté par J. Bodin livre 4. chap. 3. eft fingulier.

Saint Cyprian dit qu'on ne permet pas à celui qui veut mourir de le faire, ni de fe tuer, *cupientibus mori non permittitur occidi.* C'eft pour cela qu'à Athenes l'on gardoit la Cyguë pour donner à ceux qui pouvoient obtenir la permiffion de mourir comme Socrates fit, ainfi que je dirai au Titre 24. Max, 6. & 7.

J'ai raifon de dire qu'une accufation ni la confeffion de l'accufé ne le rendent pas criminel, c'eft la preuve. Il y en a de trois fortes, dont l'Empereur avertit les Accufateurs, en la Loy Finale, *Cod. de teftibus fciant cuncti Accufatores,* par des Titres, par des Témoins & par des Indices ; *& luce clarioribus.* Cette Loy a efté trouvée fi jufte, qu'elle a été tranfcrite toute entiere dans les Capitulaires de Charlemagne liv. 7. art. 186. Nous ne la regardons pas comme Loy Romaine, mais comme une Loy de l'ancien Droit du Royaume. Je l'expliquerai beaucoup plus au long à la fin du Titre 26. Dans les crimes legers, où il ne peut y avoir de condamnation à peines afflictives, l'Article 19. de ce Titre de nôtre Ordonnance permet à l'Accufé de prendre droit par les charges après avoir fubi interrogatoire, auquel cas il faudra fuivre l'article 20. & au fujet de l'article 21. de l'Ordonnance , je suis obligé de dire aux Lecteurs , qu'il y a une Declaration du 12. Janvier 1681. pour le Dauphiné, confirmée par une generale donnée à Versailles , le 13. Avril 1703. qui porte que s'il y a eu instruction à l'extraordinaire l'accusé sera interrogé derriere le Barreau , quoique les Conclusions ne soient pas à peine afflictive , dont il est parlé au Titre 26. article 15. de l'Ordonnance.

Je traiterai des morts violentes , recours à la Table. J'ai parlé de la cruauté que souffrit en Chrêtien Marc-Antoine * * pour sa vertu , au nouveau Traité des Criées fol. 431. Je n'oublierai pas de dire que le 12. Juin 1418. les * * tirerent de la Conciergerie du Palais , * * * l'écorcherent & l'exposerent au public pour être fidele au Roi. Beaucoup d'autres grands Hommes eurent le même sort , dont l'histoire n'a pû cacher les noms , ni Philippes de Commines , parlant des cruautez outrées de * * quoique fils naturel. L'histoire de Constantinople nous represente le vice , parlant des derniers Empereurs Grecs , dans leurs inhumanités envers les Chrêtiens , Emanuël, Empereur Grec fit entrer dans un lieu fermé Henry * * * Ambassadeur de Venise , en le forçant de regarder fixement une plaque de cuivre rougie au feu , jusques à ce qu'il eut fait fondre ses yeux *infrà* Max. 15.

XIII. Max. L'on peut interroger l'accusé prisonnier & instruire son procès , même les jours de Fêtes annuelles , & Dimanches , à cause que les preuves pourroient déperir & les témoins être detournez & leur évader. Prosper *Farinacius* Conseil 85. *supra* Titre 8. Max. 5. & Titre 12. Max 3. & 27.

XIV. Max. Une confession extrajudiciaire ne suffit pour asseoir une condamnation , si à la question l'accusé confesse , & qu'ensuite il dise que c'est la douleur qui l'a fait parler , & se dedit : l'on ne peut sur ce qu'il a dit dans les tourmens de la torture , prononcer une rude condamnation , s'il n'y a preuve concluante , d'ailleurs de faits précis. *Vide Hyppolytus de Marsiliis. sup. titul.* ff. *de quæst. in L. de minore versicul. & ultrà prædicta num.* 53. *fol.* 59. *&c.* Edits de Villers-Cotterest en 1539. article 164.

XV. Max. Celle-ci est la plus de consequence de tout le Titre , & je supplie les Lecteurs d'y bien reflechir. *Ubi est probabilis suspicio perjurii numquam est deferendum juramentum.* C'est pour cela que M. Pasquier liv. 4. chap. 3. de ses Recherches de la France , rapporte que Monsieur le Premier President de Thou interrogeant un criminel ne voulut point lui faire faire de serment , sçachant bien que pour sauver sa vie il jureroit faux : c'étoit aussi le sentiment de Monsieur le P. President de la Moignon , pour éviter le parjure d'un accusé , il est rapporé dans le Procès verbal de l'Ordonnance du mois d'Avril 1667. imprimé à l'Isle , Volume In-quartò , & *suprà fol.* 131. *Anna* Robert liv. 1. cap. 11. a traité des solemnitez du serment & raporte l'Arrest par lequel la Cour rejetta toutes les ceremonies superstitieuses & abusives : Noël du Fail liv. 1. chap. 14. liv. 2. chap. 292. Sebastien Frain rapporte le plaidoyer 112. & l'Arrest intervenu sur la demande du serment solemnel , *in præsentia Corporis Christi* , René Choppin , *de Sacra Politia lib.* 1 *tit.* 2. *num.* 3. parle de la forme du serment que le Connestable de S. Paul voulut exiger de Louis XI. qui dit qu'il n'en feroit rien. Ciceron dans ses Offices rapporte les raisons de ceux qui pretendoient que *Regulus* , pouvoit ne pas garder son serment : en voici une qu'ils proposoient en disant , *surquoi cette obligation seroit-elle fondée de garder son serment ?*

Est-ce que nous craignons que Jupiter soit en colere contre nous, & ne nous punisses Tous les Philosophes conviennent, tant ceux qui nient la Providence, que ceux qui l'admettent, que Dieu ne se met en colere contre personne, & ne fait de mal à personne, *nunquam Deum nec irasci, nec nocere.* Ciceron répond que cela est vrai, aussi n'est-ce point sur cela qu'est fondée l'obligation de garder son serment, mais sur la bonne foi & sur la Justice, *quod affirmate quasi Deo teste promiseris, id tenendum est, jam enim non ad iram Deorum quæ nulla est, sed ad justitiam & ad fidem pertinet.* Ces Payens ne croyoient pas que le violement du serment fut un peché, parce que Dieu en étoit offensé, mais seulement, parce que c'étoit manquer à la bonne foy & à la justice de ne pas faire ce qu'on avoit promis de faire en prenant Dieu à temoin de cette promesse, *supra* Tit. 8. Maxime 8. J'ai dit Maxime 12. *supra* qu'un fait impossible & contre nature doit être rejetté, en voici un tout particulier. Un Jardinier rend plainte contre deux particuliers nommez Pacolet & *Cœcus*, l'un aveugle de naissance, l'autre ayant perdu les deux jambes : qu'ils sont venus dans son jardin voler ses fruits, de quoi il fait informer, ils soûtiennent l'accusation calomnieuse, & la chose impossible ; l'aveugle disoit, je n'ai jamais veu ni jardin, ni autre chose ; l'autre disoit, je n'ai point de jambes pour marcher, *Hortulanus* Jardinier repliquoit que l'aveugle portoit sur son dos celui qui n'avoit point de jambes, & lui qu'il conduisoit de la main à droit & à gauche celui qui le portoit en quoi il n'y avoit rien d'impossible, tout cela étant facile & naturel à faire étans ensemble ; ce qu'ils n'auroient pû executer séparez l'un de l'autre, *Alciat emblemata mutuum auxilium* 160.

Lorsque le serment est necessaire en Justice, l'usage de France est que celui qui le doit faire, étant devant le Juge, si c'est un Ecclesiastique, il met la main droite sur son estomac, *manu dextra ad pectus apposita ;* Si c'est un Laïque, le Juge lui fait lever en l'air la main droite, nuë & sans gand, nuds teste, & dit, *Vous jurez & prommettez à Dieu sur la part que vous pretendez en Paradis de dire la verité ?* L'interrogé répond oüy. La formule du serment aux Ecclesiastiques est tirée du Canon, *Hortamur* 3. quæst. 9. cette maniere de jurer est prise de la Genese ; chap. 24. ℣. 2. de l'Exode, 22. ℣. 8. du Deuteron, chap. 6. ℣. 13. chap. 10. ℣. 20. où nous voyons que la forme de jurer dans l'ancien Testament, étoit *vivit Deus, vivit anima mea,* alors l'on metroit la main sous la cuisse, Genes. 24. ℣. 3. Le Serviteur d'Abraham jura ainsi, de ne prendre point de femme pour son fils Isaac des filles des Cananéens, chap. 47. ℣. 29. Jacob fit jurer de même Joseph son fils, de faire emporter ses os hors de l'Egypte. Dans l'Eglise primitive, on juroit, *testis est mihi Deus, Deum in voco testem,* à present, on leve la main, comme fit Abraham dans la Genese, 14. ℣. 22. *levo manum meam ad Dominum Deum excelsum.*

L'Arrest que j'ai rapporté Max. 12. contre un Chanoine de S. Tugal de *** fut rendu sur la propre declaration de l'accusé, c'étoit pour un empoisonnement sacrilege au plus haut degré qu'on puisse jamais commettre, dont il s'accusoit, *vide* liv. 2. Titre 6. Max. 8. 9. La confession d'un accusé écrite de sa main ne fait rien contre lui, comme la Cour le jugea par son celebre Arrest du 16. Juillet 1676. l'accusé disant l'avoir écrite dans les vapeurs

d'une

d'une fiévre chaude, il est vrai qu'elle fût condamnée ; mais ce fut sur les preuves qui étoient au Procès d'avoir empoisonné son pere, deux freres & sa sœur, & non point sur la confession écrite de sa main, qui fût trouvée sur elle lors de sa capture en la Ville de *Leodium*.

TITRE XVII.

Des Recollemens & confrontations des témoins.

EXPLICATION DU TITRE.

C'Est proprement ici où commence la procedure extraordinaire & où se forme la contestation, suivant les anciens Romains au dire de Laurens Bouchel en sa Biblioteque *in voce* contestation, ainsi que témoigne Macrobe, *jubent dicere,* &c. *Festus Pompeïus,* il faut convenir de cette verité, qu'anciennement à Rome lors que les acusations étoient publiques avant la Loy, *Cincia,* dont j'ay parlé page 263. de mon nouveau Traité des Criées, la forme de recoller & confronter les temoins n'étoit pas en usage, sinon pour leur faire reconnoître l'accusé, lequel pouvoit aussi reprocher les témoins. A present cette formalité de l'Ordonnance parmi nous est introduite, & par tant tout à fait necessaire & fondée en raison, cette forme de recoler & confronter qu'on appelle procedure extraordinaire équipole à la publication qu'on faisoit autrefois des Enquestes.

Recolemens sont appellez par Ulpien, *Budæus* & Ragueau sous ce mot en son indice, *testimonia revocata, iterata, repetita, recognita.* Le recolement dérive du verbe, *recolo, recolere,* le recolement n'est autre chose qu'une reprise avec réiteration & une repetition que fait le Juge au temoin de sa deposition pour voir s'il la veut confirmer, s'il y veut changer, diminuer ou augmenter. *L.* 3. §. *ideoque.* 1. ff. *de testibus, &c.*

Quant à la confrontation que Ragueau dans son indice appelle *Acarement,* c'est lorsque le Juge fait paroître l'un après l'autre les temoins oüis dans l'information devant l'accusé, qui est chargé par leur déposition, & qu'il lui fait faire lecture d'icelle en la presence du temoin qui a été repeté & recolé en sa deposition : ainsi la confrontation signifie mettre deux personnes en face l'un à l'autre, front à front, pour me servir du mot ; cela est fait à deux fins, dont il est parlé dans le Droit Civil & Canon. *L. si quis testibus* 17. *Cod. de testibus,* & *capit. licet* 9. *extra de probationibus, &c.*

A l'égard des temoins nous venons de les désigner assez ci-devant, & j'en parle en plusieurs endroits de ce livre & par exprès dans le corps du Titre 8. des Informations. J'ajoûterai neanmoins ici pour plus d'éclaircissement aux Lecteurs, que suivant Ragueau le temoin s'appelle aussi Recors, *latine, testis arbiter.* Le temoin dans nôtre Titre est appellé *alligatus testis,* dautant qu'ayant deposé en l'information, il s'est obligé au recolement & à la cons-

frontation qu'on le force de faire, je puis dire après cela que c'est le point
sur lequel roule tout le jugement de l'affaire, c'est pourquoi le Juge, le temoin & l'accusé ont bien à prendre garde ; quant au Juge, il doit observer
ce que dit Quintilien liv. 5. rapporté par *Budæus* en ses Pandectes, *capite
si postulaverit.* Le temoin doit aussi prendre garde à lui, *an sit ipse omni exceptione major ; Cicero in* 1. *divinatione, inverrem.* Au regard de l'accusé,
il doit prendre garde à bien & duëment reprocher le temoin, car de la bonté
de ses objets, & de la validité ou invalidité de ses reproches depend son
absolution ou sa condamnation, & c'est sur cela que Marc-Tulle Ciceron disoit il
y a long-tems, *pro Flacco benefestem interrogavit, accessit, reprehendit,* &c.
Jean Imbert liv. 3. chap. 12. 13. l'article 130. de l'Edit de Blois est à sçavoir
lorsque l'instruction se fait au Parlement.

L'Article de l'Ordonnance de Blois 130. porte, *Les Procès Criminels faits
& instruits en nos Parlemens en premiere Instance, ne seront rapportez par
celui qui aura fait les recollemens, confrontations, & instruits lesdits Procès,*
il sembleroit que la même chose se doit garder dans les Sieges qui jugent en
dernier ressort les cas Presidiaux & Prevôtaux : au Châtelet de Paris le Conseiller Clerc fait l'instruction au grand Criminel à son tour, suivant l'ordre
du Tableau, sa qualité de Clerc n'influant rien sur la validé de la procedure :
autre chose seroit de juger, *infrà* Titre 21. Maxime 13. Titre 27. Maxime
22. *supra* Titre 1. Maxime 40. L'Ordonnance de Charles V I I I. de l'an 1493.
porte que les Procès seront distribuez par les Presidens des Cours & par les
Juges en Chef des autres Juridictions. Que nul ne s'immiscera d'être Rapporteur,
ni Commissaire qu'il n'ait été prealablement nommé, defendant aux Greffiers
de bailler aucuns Procès aux Conseillers, s'ils ne leur ont été distribuez en
cette forme à peine d'amende arbitraire, de suspension & de perte de leurs
Offices : Les Presidens des Presidiaux ne font point l'instruction des Procès
Criminels, ce sont les Lieutenans Criminels par Arrest du 3. Avril 1573. portant
Reglement entre le President & le Lieutenant Criminel de Chartres : l'Office
de Conseiller Clerc dans les Presidiaux fut créée à la requisition du Clergé,
par le Roi Charles I X. au mois d'Aoust 1573. Chenu au Titre 3. de ses Reglemens. Bardet livre 1. chap. 42. rapporte l'Arrest qui confirma la Sentence
du Prevôt de Gentillly près Paris, qui étoit Beneficier, par laquelle il avoit
condamné un voleur de plomb au Bolus sous la custode, qui fut executée.

I. Max. Encore que l'accusé par les interrogatoires ait avoüé le crime, l'on
doit recoler & lui confronter les temoins, parce que l'Ordonnance le porte qui
peut être prise de ce que dit S. Jean Chrysostôme & Tertulien, ce qui est
confirmé par le Jurisconsulte *in l.* 1. §. *Divus Severus ff. de quæstionibus.* On
en doit user de même à l'égard de ceux qui prennent droit par les Charges,
dautant que pour asseoir un bon & juste jugement de condamnation, il faut
des preuves avec la confession de l'accusé, *confessio juncta probationem opera-
tur condemnationem.* Cela s'entend aux grands crimes où il échet peine afflictive, *secus in levibus,* où l'on ne doit pas proceder à l'extraordinaire ; j'ai
veu une confrontation où l'accusé disoit au temoin vous dites faux, car alors
que vous dites que la querelle arriva, je suis assuré que vous ne pouviez pas
être sur le pavé ! Hà répondit le temoin, il est vrai que j'étois en mon lit &

dormois profondément, mais si n'ai-je pas laissé de voir & d'entendre le coup que vous lui donnâtes sur la teste, sans toutefois pouvoir assurer bonnement s'il a porté & l'a touché : j'ay veu cela dans une affaire au Greffe de la Tournelle, chez M. Claude Amyot, Greffier.

II. Max. Le temoin qui a déposé est tenu au recolement & à la confrontation, & y peut être forcé ; que si néanmoins nonobstant les contraintes decernées contre lui il s'est évadé & n'a pû être obligé à venir, le procès sera jugé en l'état qu'il est, n'étant pas juste qu'un accusé croupisse & perisse en prison par la faute d'autrui : l'on a vû dans des affaires d'importance faire sortir des temoins hors du Royaume pour éviter la confrontation. Bernard sur le liv. 2. chap. 6. du procès criminel de Lizet. Ordonnance de Villers-Coterests de l'an 1539. art. 151. L'Empereur Gordian, &c. Jean Duluc lib. 12. Tit. 1. chap. 11. pour les contraintes qu'on peut exercer contre les temoins. *Vide suprà* Tit. 8. Max. 8.

III. Max. Si lors du recollement le temoin varie & change sa déposition dans des faits principaux & décisifs, de maniere qu'il reste peu ou point de charge contre l'accusé, il est inutile de le confronter. C'est pour cela que dans l'apointement à l'extraordinaire l'on prononce, afin d'être recolez en leurs dépositions, *& si besoin est confrontez* : & bien que cela ne rende point autrement la procedure vicieuse, d'autant que suivant la grande Maxime qui dit, que ce qui abonde ne vicie point. Toutesfois à quoi bon grossir & multiplier une procedure, sinon pour émolumenter & constituer des parties en frais de vacations & autres droits. Lizet au liv. 2. du Procès Criminel. Ordonnance 1539. art. 153. Bouchel Cod. Henry.

IV. Max. L'accusateur ou a son deffaut le Procureur du Roy peut faire joindre au procès d'autres procedures contre l'accusé. Masuer num. 7. Bouchel en sa Biblioteque *in verbo* confrontation. Toutesfois les temoins oüis és informations jointes incidemment & cumulativement, ne doivent point être recollez ny confrontez, à moins que l'on ne fit le procès à l'accusé sur le crime pour lequel elles ont été faites.

V. Max. L'on ne doit point confronter les temoins oüis sur des cas sur lesquels l'accusé n'est point interrogé ; car ce seroit une invention d'ôter indirectement aux accusez le moyen de se deffendre. Quintilien rapporté par Ayrault en son Procès Criminel. Duluc lib. 12. Tit. 1. cap. 11. & 12.

VI. Max. L'accusé doit être interrogé au plus tard 24. heures après son emprisonnement, ou qu'il s'est rendu volontairement prisonnier ; mais de vouloir immediatement après lui confronter les temoins sans lui donner le tems de respirer, c'est ce que l'humanité & la douceur ne peuvent permettre. Il faut garder quelqu'intervalle entre l'interrogation & la confrontation, qui ne soit ny trop long ny trop court, afin de faire la difference entre la précipitation & la longueur dans les crimes horribles & cruels : le public à besoin d'exemples promts pour arrêter les méchans.

VII. Max. Il faut marquer en marge de l'information lorsque le temoin aura été recolé, afin de ne se point méprendre, & éviter la confusion lors de l'examen & jugement du procès. François I. 1536. art. 42. *Laurentius Valla, Elegantiarum lib. 4. cap. 3. &c. suprà* Tit. 8. Max. 41.

VIII. Max. Autrefois l'accusé pouvoit demander que les temoins lui fussent

confrontez, fuivant l'ancien ufage abrogé rapporté par Lazare Ducroc au Stile
du Parlement Titre des Confrontations, & les Annotations fur le Procès Criminel de Lizet chap. 6. c'étoit qu'en ce tems-là il étoit affifté de cinq ou fix perfonnes lors de la confrontation, pour voir fi les temoins le reconnoîtroient
bien, en leur mettant tantôt l'une, tantôt l'autre de fes perfonnes devant les
yeux à la place de l'accufé. C'étoit le moyen pour découvrir fi fes temoins
avoient été corrompus & détournez. L'hiftoire de Saint Athanafe Patriarche
d'Alexandrie au Conciliabule de Tyr & de Tymothée, rapportée par Caffio-
dore, & celle de l'Hiftoire Romaine d'un *Aziaticus*, d'avoir voulu attenter
à la perfonne de l'Empereur, font merveilleufes pour foutenir cela ; mais comme ce procedé avoit des fuites très-dangereufes qui tendoient à furprendre
& faire tomber en erreur ; la Cour l'a condamné & deffendu par deux Arrefts
de la Tournelle, l'un par rapport contre le Lieutenant Criminel de Luzignan
du 25. Octobre 1698. l'autre contre un Confeiller de la Confervation de Lyon
à l'Audience le 17. Mars 1702. dans l'inftruction du procès du nommé * * * *
Maître Tireur d'or de la Ville de Lyon, dont je parleray plus au long *infrà*
Maxime 26. à caufe des confequences.

I X. Max. Il y a difference entre objets & reproches : les premiers l'on ne
peut reprocher ce qu'on peut dire contre la perfonne, finon s'il a été ami,
Avocat, ou domeftique, s'il y a affinité : les feconds font purs perfonnels.
L'Ordonnance au Titre que nous fuivons art. 15. fait la difference des uns &
des autres, & nous enfeigne la forme qu'il faut garder en la reception d'iceux.
Primo. Les objets font ceux qui font dans les premiers articles de la dépofition
du temoin, fur lefquels l'accufé doit être oüi avant que de donner fes reproches, Bouchel en fa Biblioteque *in verbo* Reproches, & les temoins ne peuvent
être valablement reprochez de parenté, quand ils font parens des parties en même degré, *Nam par affectionis caufa fufpicionem fraudis amovet.* Expilli Arrefts chap. 30. Les reproches contre les temoins font inimitables dans la Note
de M. le Prefident de Perchambault fur l'article 151. de la Coutume de Bretagne.

X. Max. La reconciliation ne détruit pas entierement l'objet de l'inimitié
paffée, dautant que fuivant le dire du Sage, il faut toujours fe deffier d'un ennemi reconcilié. A plus forte raifon l'objet de l'inimitié prefente eft pertinent ,
Jacobus de Bellovifu in rubrica de Judiciis num. 27. *&c. Non credas inimico
tuo in æternum, ficut enim æramentum, ærugius nequitia illius.* Ecclefiaftiq.
12. ℣. 9.

X I. Max. Le temoin addonné au jurement & au jeu, eft un bon reproche à
lui faire : de maniere que le reproche eft bon à propofer de dire que le temoin
eft un joüeur de profeffion & blafphemateur : en effet le jeu a des fuites &
reproches infinis, ainfi qu'a remarqué Grammaticus Confeil 12. num. 29. &
celui qui a moralifé fur Caton dans le Precepte *Aleas fuge.* A l'égard du blaf-
phême, il en porte peine d'infamie, fuivant les Edits & Ordonnances, &c.
infrà part. 2. Tit. 27. Max. 15. Les yvrognes font auffi reprochables, comme je
diray dans le milieu de l'explication du Titre 18.

X I I. Max. Lorfque la dépofition d'un temoin détruit celle d'un autre, c'eft
ce que les vieux Praticiens François ont nommé une preuve obftatrice, *Teftis
unus contradicens alteri, neutri credi debet.* C'eft pourquoi fi l'accufé ne le

remarque point, c'est au Juge à l'obſerver, Grammaticus Conſeil. 26. num. 22. &c. Job Bouvot tom. 2. fol. 485. au mot *inſtigans*, veut que le Procureur du Roy nomme ſon dénonciateur afin que l'accuſé puiſſe connoître ſi les temoins qui lui ſont confrontez ne ſont point parens de ſa partie ſecrette pour les pouvoir reprocher ; Arreſt du 26. May 1605. parceque le dénonciateur pourroit faire entendre ſes parens pour temoins & lui auſſi, ainſi faire perir un malheureux accuſé qui ſeroit innocent. *infrà* Titre 26. Maxime 8. liſez la Note rare du Preſident de Perchambault ſur l'art. 151. de la Coutume de Bretagne, & l'Arreſt du 3. Juin 1699. qui ordonne que le Procureur du Roy dira en ſecret au Juge le nom du dénonciateur implicitement.

Le Mercredi 3. Juin 1699. fut plaidé une cauſe à l'Audience de la Tournelle par M. Moreau Avocat, pour Marguerite * * * * & M. Veronneau pour * * * Procureur Fiſcal : il s'agiſſoit de ſçavoir ſi l'accuſé par un Procureur Fiſcal, pouvoit pendant le cours de l'appel de l'inſtruction du procès, obliger le Procureur Fiſcal de declarer à Meſſieurs les Gens du Roy le nom de ſon dénonciateur : cela fondé ſur ce que les informations étoient compoſées pour temoins du dénonciateur même, & de ſes proches parens : ce qui formoit un reproche invincible & indubitable contr'eux, qui ne pouvoit être juſtifié ny éclairci ſans ſçavoir le nom du dénonciateur. La Cour a reçû la partie de Veronneau oppoſante à l'Arreſt par défaut, & néanmoins ordonne qu'elle ſera tenuë de mettre au Greffe Criminel de la Cour la dénonciation dont eſt queſtion, pour être miſe és mains des Gens du Roy ; à ce faire contraint par toutes voyes duës & raiſonnables, même par corps, depens reſervez. Prononcé à l'Audience de la Tournelle par M. le Preſident de Bailleul le Mercredi 3. Juin 1699.

XIII. Max. Le temoin convaincu de faux dans une partie de ſa dépoſition, s'il eſt ſingulier quant à l'autre, ſa dépoſition eſt détruite entierement, *Quia qui peccat in uno, peccat in toto.* Julien Peleus queſtion 130. Grammaticus Conſeil 44. num. 10. &c. Prov. cap. 19. ℣. 5. 9. Ordonnance Civile 1667. Tit. 22. art. 11. Domat in-fol. pag. 241.

XIV. Max. Faber dit qu'en France, *exceptio excommunicationis non admittitur*, ainſi le reproche d'excommunication n'eſt pas reçû en quel crime que ſe ſoit, non pas même dans le crime d'Hereſie, Simonie, ni Leze-Majeſté. Le Docte Benedicti de Toulouſe, s'eſt fort élevé contre l'opinion de Faber; mais il faudroit ſçavoir au juſte qui eſt excommunié, ſuivant Moſnier *in voce* Enquête num. 77. Coutume d'Auvergne des reproches des temoins art. 4. chap. 8. &c. Chez les Romains un châtré n'étoit pas reçû à porter temoignage. Par l'Edit de Mars 1685. touchant la Police des Iſles Françoiſes de l'Amerique art. 30. les eſclaves ne peuvent point être temoins, ſoit en Matiere Civile ny Criminelle.

XV. Max. Entre pluſieurs accuſez, les reproches fournis par l'un d'iceux contre les temoins, ſervent aux autres accuſez qui n'en ont point propoſé à cauſe de la connexité de l'affaire. Cela ne s'étend pas juſques aux complices contumax, qui perdent cet avantage *in odium contumaciæ*, laquelle emporte avec elle une décheance de toutes ſortes d'exceptions. Ducroc, Bouchel, Tagereau, le Brun au Procès Criminel, &c. Par l'article 150. de la Coutume de Bretagne, les Vaſſaux & juſticiables ne peuvent être temoins pour les Seigneurs, que lorsqu'il y a necessité dans une affaire où il ne se trouve pas d'autres temoins.

XVI. Max. Il ne suffit pas de dire pour reproche à un temoin qu'il est accusé de crimes dans un procès qui subsiste contre lui, suivant *Joann. Lucius lib.* 11. *Tit.* 8. *de Testibus*, Arrest 2. Bugnion Loix Abrogées, &c. Les Païsans en Hongrie sont comme les esclaves. Ren. Choppin *in consuetud. Parif. lib.* 3. *Tit.* 4. *num.* 13. ils ne peuvent déposer contre les Nobles, *suprà* Titre 8. Maxime 18.

XVII. Max. Celui qui a fait entendre des temoins à sa requête pour lui, ne peut les reprocher, si en une autre affaire ils déposent contre lui, pour raison dequoi lesdits temoins sont appellez affidez, à moins que l'accusé ne fasse voir que depuis ses temoins sont devenus ses ennemis, ou ont commis un crime & ont été condamnez, ou qu'ils ont été corrompus par argent. Despeisses Tit. 4. des reproches de temoin. Papon Titre *idem*, *Jacobus de Bellovisu, &c.* Jean Duluc lib. 12. Tit. 1. chap. 12. Témoin qui vacille ne doit être crû. *Testis qui adversus fidem sua testationis vacillat non est audiendus*, l. 2. ff. *de testibus.*

XVIII. Max. Si un accusé après avoir subi les confrontations brise les prisons, les objets ou reproches par lui baillez contre les témoins qui lui ont été confrontez ne sont pas lûs ; car sa fuite est un temoin sans reproche contre lui. Despeisses en sa Pratique Judiciaire Tit. 2. des Deffauts, &c.

XIX. Max. Les témoins reprobatifs des reprobatifs ne doivent point être admis, parceque par ce moyen une procedure iroit jusques à l'infini : cela s'entend néanmoins quand il s'agit de peu. Masuer Titre des témoins num. 1. Imbert liv. 3. Louët & Brodeau lettre R. &c. la preuve lorsqu'il se voit une suspicion pressante de subornation de témoins que l'on veut reprocher ; mais cela s'admet plutôt *Judicis officio, quam parte requirente.* Lisez le President de Perchambault sur l'art. 151. de la Coutume de Bretagne.

XX. Max. La preuve imparfaite ne fait point une preuve parfaite, cela s'entend lorsqu'il y a plusieurs témoins d'entendus sur diverses chefs & qu'ils sont singuliers sur chacun fait : ils ne font point une preuve parfaite. La distinction que fait *Julius Clarus* là-dessus me plaît fort en sa question 63. *lib.* 5. num. 9. Il faut aussi remarquer que l'Auteur des Recherches de la France liv. 6. chap. 37. dit qu'il y a des cas, où pour le bien public qu'il explique, il est necessaire de passer par dessus les formalitez de Justice. C'est en ces rencontres où il faut réflechir sur la singularité des témoins, que *ubi agitur de probatione actus connexi, ut si unus testis probat de principio, alius de fine, tunc tales testes, etsi singulares, probant.* Masuer, Mosnier, le Brun, &c. dans les affaires difficiles. Le Poëte à dit par un jeu desprit, *Flectere si nequeo superos Acheronta movebo.*

XXI. Max. Deux ou plusieurs témoins qui font une preuve imparfaite déposant de faits singuliers, font une preuve parfaite ; c'est à sçavoir que de plusieurs indices joints ensemble, il s'en forme un indubitable contre l'accusé ; car soit de plusieurs indices, soit de plusieurs témoins singuliers, ils font toujours la preuve d'un homme sceleré. *Julius Clarus, &c.*

Ces deux precedentes Maximes seroient mieux placées sous le 27. Titre des

Sentences cy-après ; mais j'y remarquerai qu'elles font ici , ayant crû les y devoir mettre , à caufe des art. 8. 9. & 10. du Tit. dont je parle de nôtre Ordonnance Criminelle. *infr.* liv. 2. Tit. 15. Maxime 11. très-jufte à ce que deffus.

XXII. Max. Si les reproches font faux , fçavoir fi le témoin a action en réparation d'injures contre l'accufé. Voyez le Code d'Avril 1667. Tit. 23. art. 2. Mafuer *de injuriis* num. 11. *Boharius in confuetud. Biturig. &c.* Il y a diverfes circonftances dont on fe peut fervir , foit en déniant le crime, ou pour le diminuer , que la pratique enfeigne.

XXIII. Max. Les témoins valablement reprochez ne font pas pour cela infâmes , & ne peuvent point être compris dans les Sentences & jugemens qui font rendus contre l'accufé pour lefdits reproches : toute la peine contre le témoin , c'eft que fa dépofition eft rejettée. Bouchel en fa Biblioteque *in voce* reproche , &c. nouveau Traité des Criéés page 432.

XXIV. Max. Ce que Machoud des procedures criminelles & autres vieux Praticiens ont appellé accaration , eft proprement l'affrontation , ou pour mieux parler la confrontation des complices l'un à l'autre , ou de l'accufé à la partie civile , laquelle s'ordonne quelquefois pour les faire reconnoître , ou fuivant les autres circonftances qui y peuvent porter le Juge : cela eft rare à l'égard de la partie civile , mais eft plus ordinaire pour les complices lorfqu'ils s'accufent l'un l'autre , ou qu'ils fe contrarient dans leurs réponfes : comme de convenir d'avoir été prefens à la mort d'un homme , que l'un dit dans un pré , l'autre que ce fut dans un chemin , que l'un a avoüé ce que l'autre à denié , & c'eft à bon droit que cette confrontation fe fait : alors l'accufé a fes reproches libres contre le coaccufé , comme contre le témoin. Grammaticus en divers de fes confeils. La contradition des deux vieillards dans Daniel chap. 13. ⅴ. 54. & 58. fit leur conviction.

XXV. Max. Le reproche contre un témoin auquel on dit qu'il a été féduit & corrompu par argent eft bon , fuppofé que l'on ne dife point que le témoin ait depofé faux , ou qu'il ait promis de depofer contre verité. Au furplus quant aux reproches des témoins , voyez le Titre 23. de l'Ordonnance d'Avril 1667. Jean Papon liv. 9. Tit. 3. des reproches contre les témoins. Arreft 14. Panorme *in c. licet caufam de probatio. Bartol. in l. divus. ff. de re judic. exceptiones contra teftis, in fine lib.* 6. René Choppin dans la Preface fur la Coutume d'Anjou tome 3. folio 9. queftion 4. Arreft en marge du 19. Octobre 1531. Mafuer Titres 16. & 17. des preuves des témoins & des reproches, felon S. Matthieu chap. 28. ⅴ. 13. L'on ne peut jamais mieux prouver la corruption & la fauffeté de témoins qu'a fait S. Auguftin fur le Pfeaume 63. ⅴ. 7. *Dormientes teftes adhibes.* Ils depofent d'un fait arrivé , difent-ils , pendant qu'ils dormoient : furquoi il fe recrie , *vere tu ipfe obdormifti , qui fcrutando talia defecifti.* Il faut qu'on leur eut dit , ce qui marque bien qu'ils avoient été féduits & corrompus par argent pour depofer d'une chofe qu'ils declarent s'être faite pendant leur fommeil. Suivant les Philofophes il eft impoffible de rendre raifon de ce qui ne tombe point fous les fens. *Nihil enim eft intellectu quod prius non fuerit in fenfu* , comme j'ay montré *fuprà* Tit. 8. Max. 17.

Afin de fervir les endettez au liv. 2. Tit. 27. Max. 6. j'avertirai de lire le Traité de Lucien *Adverfus indoctum librorum emptorem.* Je rapporteray trois noms d'Auteurs dont les ouvrages font d'un grand fecours pour les mauvais debiteurs ; mais j'en ay oublié deux qui font d'une grande utilité pour les accufez, qui ne peuvent être mieux rapportez que dans cette Maxime, l'un eft *Brunaccino de Giovanni*, qui a compofé deux livres de Paradoxes pour juftifier les crimes & les reproches contre les témoins. Le premier eft intitulé *Arte del Ladro*, le fecond, *Modi del traditore*, l'autre eft, *Emilio Fossa*, qui a fait un livre intitulé, *Abattimento dellhonore* pour décrier l'honneur & prétendre excufer les crimes, en quoi je fuis d'un fentiment bien contraire ; puifque l'impunité qui eft la mere & la confervatrice de la licence, rend les crimes plus grands s'ils ne font punis : tout de même que la Grece eft la patrie des fables, & fes habitans les vrais peres nourriciers de tous les vices, fuivant Expilli en fes Arrefts chap. 155. num. 4.

REPROCHES GENERAUX.

C'eft ici l'endroit de ce Titre qu'on doit lire qui concerne les reproches generaux, parce que c'eft l'unique deffenfe des accufez, qu'ils ont droit de propofer lors de la confrontation des témoins qui leur font prefentez. Il eft d'une extrême confequence d'obferver la qualité des accufez & des témoins, pour découvrir les artifices d'un accufateur. Les Juges les plus fages, & les Republiques les mieux gouvernées, ont par fois rejetté les accufations, & pardonné à des coupables illuftres qui avoient bien merité du public, fuivant la Loy *ad beftias. D. de pœnis.* Le Prefident de Perchambault eft à voir en fes Notes fur le Tit. 8. de la Coutume de Bretagne.

Timoleon à Syracufe, & Epaminondas à Thebes furent deferez, ils mépriferent de repondre à ces accufations. La Republique de Syracufe voulut faire punir les témoins, & celle de Thebes eftima Epaminondas de ce dédain. *Claudius Marcellus* fut accufé devant le peuple d'entretenir la guerre contre Annibal par fes ennemis pour lui faire perdre fon employ. Il vint à Rome, où après avoir expofé fes fervices, au lieu d'entrer dans le détail de fa juftification pour fe purger de cette calomnie, les Juges le déchargerent, bien loin d'ajouter foy à l'accufation, & fut créé Conful pour la cinquiéme fois, & renvoyé par ordre exprès commander l'armée contre Annibal, Les procès criminels qu'on fit à *Metellus* & à Scipion l'Affricain pour le peculat, n'eurent pas une plus grande iffuë, fuivant Tite-Live Decade 4. livre 8. & Valere Maxime livre 2. chap. 5. Les Juges les juftifierent avec honneur confiderant leurs fervices, fans avoir égard aux plaintes faites contr'eux. Suivant ces nobles Maximes, Ciceron *pro Flacco*, parlant des perfonnes de marque, dit qu'il eft bon quelquefois de diffimuler, y ayant des accufations que le merite des coupables confond fans répondre, ou qu'il excufe fans juftification : ce qui porta le peuple Romain d'abfoudre Caïus, Pifon & *Murana* ; & que *Marcus Aquilius* reçut une pareille faveur, quoiqu'il fut convaincu d'avarice, & d'avoir diverti l'argent dans fon emploi : cela fondé fur ce qu'il avoit bien fait la guerre, & que de tels hommes étoient neceffaires à la Republique. Ce fut ce que Ferdinand de Tolede Duc d'Albe allegua, lorfqu'au retour de Flandres Philippes II. Roy d'Efpagne lui demandant compte des Finances durant fon Gouvernement des Païs-

Bas : le Duc se trouvant en peine de quatre cens mil écus , il dit les avoir employez en affaires secretes , à quoi la Junte ny le Conseil ne trouva pas lieu de
répondre , veu ce qu'il avoit fait suivant Strada. Le Duc d'Ossone dans sa dis-
grace étant prisonnier , pour toute justification , il ne dit jamais autre chose dans
son Placet , *Y seria Summa infelicitad que los calumniadores prevaleciffen
a la demonstrations attuales y verdaderas de tantos meritos. Vide Joannes
Francisc. de Ponte do Potestate pro Regis. Joannes Francis. Baptista de Torro.
Antonius Surgens, in Neapoli illustrata. Domat. Tit. 6. section 3.* des Preuves
par témoins suivant le Droit.

Par le procès verbal de Messieurs les Commissaires , lors de l'examen de la
presente Ordonnance le Titre 19. contenant sept articles , est intitulé *du Jugement des reproches ,* il n'a point eu de lieu sur ce qu'on dit qu'en voyant les
procès pour juger , les Juges faisoient leurs attentions sur les reproches , &
qu'il faudroit juger deux fois , si l'on separoit le jugement des reproches. Dans
le jugement des procès M. Pussort Conseiller d'Etat repliqua que cela s'observoit à Toulouse , au Grand Conseil , à la Cour des Aydes , & aux Requêtes
de l'Hôtel , nonobstant quoi il ne passa point , c'est pourquoi le Titre 19. est le
20. dans ce procès verbal.

On ne peut recuser tout un Presidial , ainsi qu'il fut jugé entre le sieur de
* * * President au Presidial de * * * & le sieur Jacques * * * Conseiller , sur les
Conclusions de M. l'Avocat General de la Moignon de Blan-Menil. MM. Gon-
douyn & Goran plaidans , le President appellant present & sa partie aussi perdit
sa cause contre le Conseiller. Par Arrest prononcé à l'Audience de la Tournelle
le Samedi 8. Avril 1713. prononcé par M. le President d'Aligre , assisté de Messieurs de la Moignon , Portail & Amelot Presidens & seize Conseillers à 11.
heures du matin. La condamnation fut fâcheuse , ce qui fait que je ne la rapporte pas.

C'est un reproche à faire à un témoin , qu'il est venu de bas lieu en fortune ,
que pour meriter les faveurs d'un accusateur qui l'employe , il se prostituë à
déposer pour lui plaire. Le Droit exclut des témoins de cette nature par cette
belle Loy du Code , *L. eos lib.* 4. Tit. 20. des Empereurs Diocletian & Maximian ,
*Eos testes ad veritatem juvandam adhiberi oportet , qui omni gratia & po-
tentatui fidem religioni judiciaria debitam possint praponere.* Il y a beaucoup
d'autres reproches que j'abrege , qu'on trouve dans Bodin liv. 4. chap. 2. de son
Fleau des Sorciers , ausquels j'ajouterai les reproches contre les Juifs & les Esclaves , & l'usage du Parlement de Grenoble dont j'ay suffisamment parlé *supra*
Titre 8. Max. 11. 16. & 41. cela est clairement prouvé par les Ordonnances. Je
mets au même rang ceux qui ont eu le foüet sous la Custode , qui est un bon
reproche : quoi qu'on m'allegue que ce n'est que par correction ; je répons par
trois raisons , que celui qui a eu le foüet , est infame & très reprochable. Il est
ordonné par les Juges par une condemnation , c'est l'executeur qui châtie : le
lieu où se fait cette correction à outrance , c'est la chambre de la question.
Toute personne qui a été corrigée par la main de tel correcteur par jugement est
infame , suivant *Decius* en son Traité des reproches des témoins. Masuer Tit. 17.
des reproches & des témoins.

L'ennui d'un fâcheux exil & d'une longue prison obligeren t *Liberius & Osius,*

deux grands Evêques, d'abandonner l'innocence de S. Athanafe, en foufcrivant
à fa condemnation, dont ils fe repentirent étant en liberté. *Ofius* Prefida aux
Conciles de Nicée & de Sardique. Il faut examiner fi les témoins n'ont point
dépofé par quelque chagrin, ou y étant contraints : puifque d'abord *ex viro
congreffu primo, mulier pofteriore factus. infrà* liv. 2. Tit. 2. Ciceron & Valere Maxime, difent que dans de fages Republiques on n'a pas crû aux témoignages d'excellens hommes qui en accufoient d'autres, dont le merite n'ap-
prochoit pas dès le moment d'une fufpicion de haine, d'inimitié, ou d'interêt
contre les accufez : fi le Senat de Rome n'ajouta pas foy aux *Cneus & Quintus
Cæpius,* aux *Lucius & Quintus*; Merelles contre *Quintus* Pompée : fi *Æ-
milius Scaurus* le plus grand homme de la Republique, ne fut pas cru contre
Caius Fimbria, ny contre *Caius Memmius,* fuivant Valere Maxime lib. 8.
chap. 5. lui qui gouvernoit toute la terre fans jurer, il ne lui fut pas poffible
de nuire à un feul homme avec le ferment. Si *Lucius Craffus* duquel la fimple
parole avoit autorité de témoignage, étant plein d'honneur & dans une haute
eftime de prudence, de vertu & de modération, avec tout cela ne fut néanmoins
pas reçû à dépofer contre *Marcus Marcellus,* beaucoup au deffous de fa
confideration, parce qu'ils étoient agitez d'une animofité & pouffez d'un efprit d'interêt ! Combien à plus forte raifon feront moins croyables des hommes
de fortune, que les Latins ont nommez *Hirudo Ærarii,* de dépofer contre
des perfonnes bien famées, & qui auront vécu fans reproches jufques alors ! A
quoi il faut prendre garde, fur tout fi l'on voit dans leurs interêts la caufe de
leurs dépofitions. *Si qui ob aliquod emolumentum fuum cupidius aliquid dicere videntur, iis credi non convenit.*

Pour condamner toutes les Loix divines & humaines, Imperiales & Royales,
foit en Matiere Civile ou Criminelle, deffendent d'avoir égard au témoignage
d'un feul homme, quand il feroit même digne de croyance & honoré de charges dans un grand Senat, aux Nombres *cap.* 35. ℣. 29. *Ad unius teftimonium
nullus condemnabitur,* au Deuteron. cap. 17. ℣. 6. cap. 19. ℣. 15. Matt. 18. ℣. 16.
Joann. 8. 17. Corinth. 2. 13. ℣. 1. Hebræo. 10. ℣. 28. Capitul. de Charlemagne
lib. 6. cap. 40. au Cod. *lib.* 4. *tit. de teftibus. l. Jurisjurandi religione fimili
modo fancimus, ut unius teftimonium nemo judicium in quacumque caufa
facile patiatur admitti : & tunc manifefte fancimus ut unius omnino teftis ref-
ponfio non audiatur, etiamfi præclara Curia honore præfulgeat.*

Le témoignage de oüi dire ne peut nuire à un abfent, parce qu'un parle,
quatre cens le peuvent oüir, toutes les Loix en conviennent : & entre un fi
grand nombre, il fuffit d'alleguer celle de Charlemagne au liv. 6. ch. 145. de fes
Capitul. *Teftes non abfentes neque per Epiftolam teftimonium dicant, fed præfentes, quam noverunt & viderunt, non taceant veritatem, nec de aliis caufis
teftimonium dicant, nifi de his tantummodo quæ fub præfentia eorum acta
effe nofcantur,* Le droit Canon au Decret 2. *Parte queft.* 9. *cap.* 16. *nec orum
voces tanquam plurium admittuntur, quos temporum quidem diverfitas fimul interfuiffe prohibuit.* Marcus Scaurus fut accufé par *Varius* Tribun du
peuple d'avoir pris de l'argent du Roy Mythridates, pour nuire à la Republique :
il alla au Senat, & pour toute juftification, Valere Maxime rapporte lib. 3. cap. 5.
qu'il dit, *Meffieurs, Varius dit que Marcus Scaurus, Prince du Senat, a*

reçû de l'argent du Roy *Mythridates pour deffervir la Republique : & Marcus Æmilius Scaurus dit le contraire, lequel croirez vous ?* Sur ces paroles le peuple touché, il fut abfous. J'ay prédit dans la Maxime 12. du Tit. précédent que perfonne n'étoit & n'eft reçû à dire qu'il a fait un crime qui merite la mort, il en faut la preuve évidente. Quintilien déclamation 31. dit que telle naturelle de confeffion étant une marque de folie, il faut être yvre ou pouffé de fureur, ennuyé de vivre, infenfé & défefperé pour la faire, c'eft un acte fouverain de mifericorde de conferver un homme malgré lui. Déclamation 41. *pro filio mifericodia maximum munus eft fervare nolentem.* S. Cyprian dit on ne permet pas à celui qui veut mourir de le faire, ni de fe tuer, *cupientibus mori non permittitur occidi.* Severe dit que les confeffions des coupables ne doivent pas être reçûës pour les condamner, fi le Juge n'a pas d'autres preuves qui l'inftruifent, Julian dit la même chofe, *L. in criminibus §. Divus Severus ff. de quæftionibus. L. inde Neratius ff. ad L. Aquil. cap. 9.*

Tertullien en fon Apologetique chap. 2. dit lorfque l'on fait le Procès à un Criminel, l'on ne prononce pas fa condamnation auffi-tôt qu'il a confeffé qu'il eft homicide, facrilege, inceftueux, ennemi de l'Etat : mais l'on examine les circonftances, confiderant la qualité du fait, en quel lieu, en quelle forte & en quel tems le crime a été commis, & l'on informe contre les complices, s'il y en a, *fupra* Tit. 16. Max. 12. A Athenes l'on gardoit la Cyguë pour ceux qui obtenoient la permiffion de mourir, ne leur étant pas permis d'en prendre qu'après que le Senat l'avoit ordonné.

XXVI. Max. J'ay parlé Maxime 8. des fuppofitions des perfonnes, où j'ay renvoyé à en traiter en cet endroit ici, il eft certain par les confequences infinies qui s'enfuivent que le huitiéme commmandement du Decalogue, Exod. 20. deffend de porter faux temoignage : mentir c'eft porter un faux temoignage de ce qu'on dit. JESUS-CHRIST qui eft la verité même, dit en S. Jean chap. 8. ℣. 44. que le Demon eft le pere du menfonge : le menfonge eft un peché, S. Jean Epift. 1. cap. 3. ℣. 8. dit qui fait le peché eft enfant du Diable. S. Paul écrivant aux Ephefiens cap. 4. ℣. 25. leur dit que toute menterie eft à fuir. S. Auguftin au liv. *de mendacio,* & S Thomas *cap. omne genus, & fi quis ad te diftinct. 22. quæft. 2. quæritur eodem 3. Canon. utilem 22. quæft. 2.* font d'avis qu'il ne faut jamais mentir de huit fortes de menfonges bien au long expliquez, quelque bien qu'il en puiffe arriver. Platon difoit que le menfonge étoit fuperflu aux Dieux, parce qu'ils n'en avoient pas de befoin que dans des rencontres, il étoit utile aux negocians, en pouvant avoir à faire, qu'ainfi on pouvoit quelque fois leur tollerer & le permettre *nudare fcelus aliquod.*

Ce qui eft illicite ne fe doit jamais accorder : ce n'eft pas affez que la fin d'un moyen foit honnefte pour s'en fervir lorfqu'il ne l'eft pas au total : je ne fçai qu'un cas dans lequel la diffimulation fe puiffe fouffrir ; c'eft lorfqu'il ne s'enfuit aucune tromperie & que les particuliers ni le public, non plus que le prochain, ne s'y trouvent point intereffez en ces trois efpeces, je tiens que ce ne font point des vices, mais plûtôt des effets de la prudence, ou des vertus qui en dérivent, dequoi toute perfonne qui gouverne peut fort difficilement fe paffer, ce qui arrivera fi la prudence vifant à fa confervation, fe fert de

la rufe & de l'aftuce pour cacher les chofes, felon les diverfes circonftances ;
foit du tems des lieux ou des perfonnes, de telle forte neanmoins, qu'il y ait
une perpetuelle confonance entre le cœur & la langue, l'efprit, les paroles
& la verité ; il faut toûjours fuïr à pleins voiles, comme font les Matelots
les écuëils, ces fortes de diffimulations qui n'employent & ne fe fervent de la
vanité des paroles que pour une fin trompeufe ; j'entens en un mot de celles
qui ont pour leur but principal de faire entendre ce qui n'eft pas, & qui
ne font point dans un autre deffein de faire concevoir ce qui eft vrai ; c'eft
pour cela qu'on peut par fois ufer & fe fervir de paroles indifferentes, & par
une diverfe fignification, entendre une chofe pour une autre, non pas dans
le deffein ni en vûë de tromper, mais feulement pour fe précautionner &
prévenir la tromperie, ou dans d'autres vûës & une fin licite & permife.
Lucien eft à voir dans fon Dialogue du menteur.

Le poil des peaux des chevreaux appliquées par Rebecca fur le col & les
mains de Jacob fon fils ; le pretexte du facrifice de Samuël ; la folie imaginaire de David devant Achis Roy de Geth ; la faute de Rachel à fon pere
Laban en lui emportant furtivemeut fes idoles & plufieurs autres femblables
que nous marque l'Ecriture. S. Luc cap. 24. ℣. 28. la Genefe cap. 18. ℣. 15.
cap. 20. ℣. 2. 26. ℣. 7. 27. ℣. 16. 31. ℣. 34. Jofué *cap.* 2. ℣. 4. *cap.* 6. ℣. 17.
21. & 25. Les Juges, *cap.* 4. ℣. 21. Le Livre premier des Rois, *cap.* 16 ℣. 2.
19. ℣. 17. 21. ℣. 13. Judith, *cap.* 10. ℣. 12. *cap.* 13 ℣. 8. Toutes ces chofes étoient
des deffeins de Dieu inconnus au hommes. Ainfi diffimulations licites, puifque ce n'étoit point dans la vûë de tromper étant la volonté du Seigneur.
Il y a même des gens qui ofent avancer qu'il y en a qui feroient tollerées,
quoiqu'elles fuffent dans la vûë de tromper, pourveu que la fin en fût conrûë ;
parce qu'en ce cas-là, ce ne feroit pas une malice, mais un avertiffement ;
ce qui paroît être des queftions Métaphyfiques incompréhenfibles pour les perfonnes qui ont en vûë la droiture & la verité, ce font des énigmes auffi difficiles à expliquer, que de cloüer la Rouë de fortune avec des cloux à tefte de
diamans.

La Prudence doit être la guide de nos actions, c'eft pourquoi je fuivrai
l'avis de Salomon, lorfqu'il a dit qu'il y a de certaines chofes où il ne faut
pas être trop jufte : felon S. Paul ; il y en a d'autres qui font permifes, cependant il n'eft pas toûjours expedient d'en ufer. Les Recherches de la France liv.
6. chap. 37. Auguftin Barbofa fur Gratian caufe 22. *quæft.* 2. *cap.* 14. 21. 22.
excufe les équivoques qui fortent de la fuperftition ou de l'ignorance. Erafme
a défini mentir, c'eft pour en tirer profit & fe garder d'être furpris.

Je n'entens pas parler de ces prudens qui ne negocient point crainte de banqueroute ; qui n'étudient pas crainte que la cervelle ne leur tourne ; qui ne
vent point à la gue re, ni fur mer crainte de perir ; ni voyager crainte de s
voleurs ; de ceux qui ne font rien crainte de malfaire ; & qui n'apprennent rien
afin de ne point travailler ; qui ont embraffé la profeffion lâche de tout ignorer, excepté les actions de la vie animalle, dont parle J. Baudoüin emblême 15.

Les fpeculatifs conviennent que le menfonge fied mal à un Prince ; mais ils
difent qu'il lui eft permis de taire la verité & de la tenir cachée en foi, & de
n'être pas leger dans la confidence de fes créatures à dire fon fecret, repre-

fenté dans les emblêmes par le Minotaure. ; afin que donnant lieu à la circonf-
pection, il ne puiffe être trompé. Que c'eft une précaution totalement neceff-
faire à un Prince pour maintenir la Paix dans ces Etats ; c'eft pourquoi les
manieres d'agir dont j'ay parlé, *font difent-ils*, de neceffité, principalement
dans les négociations, & lorfqu'on traite avec des perfonnes dont on a lieu
de fe méfier ; car c'eft dans ces rencontres que la diffimulation fur le vifage,
la défiance accompagnée d'une prudente équivoque dans les paroles font d'un
grand fecours, & ne font ajoûtent-ils que des barrieres & gardes de l'efprit, de
crainte qu'elles n'enveloppent le Prince, ou ne donnent lieu aux fraudes d'autrui,
principalement lorfque dans l'ufage des negociationsfes fortes d'artifices font hors
de tous deffeins de violer la foy publique ; l'ingenuité feroit folle, fi elle alloit
jufques à découvrir les replis du cœur. Un Etat coureroit trop de rifque, fi
l'on n'y apportoit pas quelque précaution : l'Art étant le principal inftrument
pour regner, ce feroit une fincerité par trop fcrupuleufe & par trop dangereufe pour les peuples que de vouloir dire toûjours fon fecret ; c'eft leur
raifonnement.

Après avoir lû ce que Tertulien a écrit de la verité, *jus publicum eft, cui*
nemo præfcribere poteft, non fpatia temporum, non patrocinia perfonarum, non
privilegia regionum, c'eft une maladie ordinaire aux efprits oyfifs d'écrire &
de dire leurs avis, voulant faire les fpeculatifs fur toutes fortes de chofes, en
s'inquiétant mal à propos des affaires publiques & en décidant dans les compagnies par des combats en idées des chofes les plus importantes.

Je demanderois volontiers à ces grands Maîtres, obfervateurs de l'art qui s'imaginent que toutes chofes font glorieufes, pourveu qu'elles élevent & qui étans
abandonnez de Dieu, qu'ils ont abandonné, font toûjours naufrages par leurs propres entreprifes, de vouloir accommoder leurs maximes & les belles fubtilitez,
dont ils donnent de telles leçons. Avec l'Ecclefiaftique chap. 2. ℣. 14. *væ duplici*
corde Apocalipf. 21. ℣. 8. & 22. ℣. 15. & S. Jacques dans fon Epîre, chap. 4.
℣. 8. *purificate corda duplices animo*, purifiez vos cœurs, vous qui avez
l'ame double & partagée ; cela leur feroit difficile & pour ne pas dire impoffible à concilier : fouvenez-vous ftudieux Lecteurs, je vous prie, du dire d'un
ancien, *omnia pro tempore, nihil pro veritate*, les menfonges fervent à fortifier les impoftures : ainfi que les échaffaudages fervent à élever les bâtimens.

Juftus Lypfius en fes Monitions & Expofitions politiques liv. 1. a laiffé un
exemple illuftre des dangereux effets du menfonge arrivé en la perfonne d'Athenaïs fille du Philofophe *Leontius*, laquelle étant parvenuë jufques à époufer
l'Empereur Theodofé le jeune, fut nommée *Eudoxia*. On fit prefent alors à
l'Empereur d'une pomme rare pour fa groffeur extraordinaire & exquife pour
fa bonté, cela fit qu'il l'envoya par pure amitié à l'Imperatrice : elle la receut, &
fans aucun deffein de mal, elle la donna à Paulin homme fçavant de laCour, qu'elle
confideroit, parce qu'elle étoit elle-même fçavante : Paulin ignorant d'où venoit ce fruit, par un pur motif de civilité va incontinent après l'offrir à l'Empereur comme une curiofité digne de lui être prefentée par fa rareté : d'abord
fa Majefté Imperiale admira la pomme, ne croyant pas que ce fut celle qu'il
avoit donnée ; mais depuis l'ayant reconnuë, elle devint la pomme de difcorde,
qui fut ajugée par Paris à la Déeffe Venus, dont parle Lucien dans fes Dialo-

gues des Dieux, comme préferant fa beauté à Junon & à Pallas, il en prît ombrage, il part à l'inftant, va trouver Eudoxia dans fon Apartement, il lui demanda adroitement dans l'indifference où étoit la pomme ; l'Imperatrice ne fçachant rien de ce qui s'étoit pafîé, elle fit réponfe fans y réflechir, où peut-être crainte que l'Empereur ne trouvât mauvais qu'elle l'eût donnée, elle lui dit qu'elle l'avoit mangée : l'Empereur la lui demanda une feconde fois, elle répondit la même chofe ; & en fit ferment ; à l'inftant ce Prince fe mettant tout de bon en colere, lui montra la pomme pour la faire rougir & convaincre de fon menfonge ; il la foupçonna d'un amour criminel, foit qu'il y fût excité par Pulcheria fa fœur, qui gouvernoit avant fon mariage avec Athenaïs. Il fit mourir Paulin, & envoya Eudoxia en exil en Jerufalem, d'où elle revint avec gloire, fon innocence & fa réputation remonterent avec elle fur le Thrône. L'Empereur donna ordre à Flavian Patriarche de Conftantinople, d'aller prendre Pulcheria & de la mettre parmi les Vierges voilées.

Comme les chofes ne profpererent pas fous l'adminiftration d'Athenaïs, Pulcheria fut rappellée au Gouvernement quatre ans après, qu'elle pofîéda jufques à fa mort avec beaucoup d'eftime, ayant fait trancher la tefte à *Cryfaphyus* qui avoit été caufe du rappel d'Eudoxia. Cette belle & fçavante Imperatrice ennuyée des changemens de la Cour s'en retourna de fon mouvement dans la Paleftine, où elle vécut & finit fa fainte vie : c'eft furquoi M. de Scuderi a fait fes Harangues 13. & 14. des Femmes Illuftres, qu'il a tirées du liv. qui a pour Titre *Flofculi Hiftoriarum.* Ce fut cet Empereur qui publia le Cod. Theodofien, où les anciennes Loix font corrigées & les nouvelles publiées.

Il eft bien difficile à dire la verité en certain tems, le menfonge & le larcin font proche parens, la nature en a produit les femences, & l'art les perfectionne au gré des hommes. Plutarque fait dire à Lifander General à Lacedemone, *quo Leonis pellis attingere non poteft Principi affuendam Vvlpinam.* Plufieurs ont experimenté cette Maxime fuivant la devife 43. de Saavedra en fon *Idea.* Erafme dans fon Colloque 8. *num.* 18. des merveilles de nature, dit que de fon naturel il a horreur du menfonge & de la vanité.

L'Imperatrice Eudoxia vifitant les SS. Lieux de Jerufalem, il lui fut fait un prefent des deux chaînes dont S. Pierre avoit été attaché en prifon par le commandement d'Herode, ce fut Juvenal Evêque de cette Ville qui les lui donna. Cette Imperatrice à fon retour en apporta une à Conftantinople & elle envoya l'autre à Rome, à fa fille Eudoxe, femme de l'Empereur Valentinian III. laquelle l'ayant portée au Pape, le S. Pere fit apporter celle dont le S. Apôtre avoit été lié à Rome par l'ordre de Neron : comme elle furent mifes l'une proche de l'autre, elle fe joignirent enfemble fi étroitement qu'il fembloit qu'elles euffent été forgées en un même tems & par le même ouvrier. Ce miracle augmenta la devotion des Chrétiens qui fut fuivi de plufieurs autres. Eudoxe fit bâtir une Eglife qui fut nommée Saint Pierre aux Liens, *S. Petri ad vincula,* où fes Chaînes font gardées, ainfi qu'un vrai tréfor dont l'Eglife Catholique fait un Office propre le 1. Aouft. Il y a un grand concours de peuples à Rome de plufieurs Païs & cette Bafilicate fert de Titre à un Cardinal. *Vide act. Apoftol. cap.* 4.

C'eft un malheur que de n'être appuyé que fur le merite d'autruy, c'eft un bâtiment soûtenu de colonnes de roseau qui tombe lorsqu'il fait grand vent : les échalas servent à soûtenir une vigne rampante ; si l'on n'a du merite personnel, il est inutile d'appeller la gloire de ses Ancêtres. Pour être bon Juge, il faut être familier de la verité, dans un fait douteux & délicat, ne point hesiter à la suivre, quant Phalaris seroit prêt de faire mettre dans son Taureau ; c'est le plus grand de tous les crimes à un Juge de préferer sa vie à la verité & à l'honneur de la Justice.

La feinte, la ruse & l'artifice ne sont que les fruits d'une fausse prudence, l'effet d'une délicatesse illegitime & la production d'un esprit bas & rampant, incapable de grandes affaires : de même que comme on peut se servir d'armes offensives & défensives, & qu'on peut tuer en ce tenant dans les termes d'une défense necessaire & legitime : ainsi en cas d'une pressante necessité, l'on peut employer des moyens qui ne seroient point permis ni legitimes sans cela.

C'est le tour de la plus fine prudence, que de faire accroire qu'on néglige les choses qu'on desire le plus ; feindre qu'on les tient indifferentes & même qu'on en a de l'aversion, c'est faire de même que les Cordiers qui travaillent à reculons & imiter les Rameurs qui tournent le dos où ils veulent arrriver. *Proverb.* 3. ℣. 34. *ipse deludet illusores.*

Il y a des gens qui imitent la Tarentule en se sauvant dans l'eau trouble, j'entens parler de ses personnes dont la condition languit dans le repos & la tranquilité publique, qui ne se relevent que par les troubles & dans les désordres : qui font leur bonheur en établissant leur fortune dans le naufrage & par la perte des autres. Toutes les finesses & les subtilitez ne sont que de fausses vertus & l'aversion des honnêtes gens ; ce qui faisoit écrire à Pitagore qu'il ne faloit jamais parler le dos tourné au Soleil, faisant allusion à la verité, parce que l'un & l'autre sont uniques. Je ne prétens point parler d'une prudence qui seroit fondée sur des artifices, qui souvent dégenerent & se tournent en fraudes & tromperies, dont il n'y a que trop d'exemples : mais je veux prouver que les choses extraordinaires dans la nature, font que les hommes sont dans l'admiration faute d'en connoître les causes. *Jacob. Epistol.* 1. ℣. 8. *vir duplex animo inconstans est in omnibus viis suis.* M. Godeau Evêque de Vence, est à voir dans ses Eloges historiques des Empereurs & des Rois où il fait l'Eloge de Pulcherie, qui épousa l'Empereur Martien qui succeda à Theodose, & fait voir que les nouvelles fâcheuses trouvent souvent les plus promts Couriers ; ces esprits forts se comparent à Ciceron & croyent être superieurs à Horace, *sed quantum distat ab illo.* Je conviens qu'il y a des tems que la folie est une sagesse, dit l'Ecriture *Ecclef. cap.* 10. ℣. 1. Les studieux Lecteurs jugeront, s'ils osent le faire, de ce que firent le Pape Fabien fermant la porte de l'Eglise à l'Empereur Philippes ; S. Martin à l'Empereur Maxime ; S. Ambroise à l'Empereur Theodose ; & S. Germain au Roi Aribert. J'ay veu de belles dissertations sur ces divers sujets Academiques traitant le pour & le contre.

L'esprit de duplicité & de feintise a été condamné par l'Eglise dans les Elcesaïtes, ce qui est condamné par S. Paul Rom. 10. ℣. 10. & S. Epiphane Héref. 19. chap. 2. Eusebe, Histoire Ecclesiastique liv. 6. chàp. 38.

Dans l'affaire dont j'ay parlé Maxime 8. l'on disoit à l'Audience de la Tournelle, que le Juge de la Conservation de Lyon avoit pû employer & se servir

de toutes sortes de voyes, pour tirer la verité des accusez, veu que l'Histoire
Ecclesiastique rapporte que Saint Athanase, Patriarche d'Alexandrie, lumiere de
l'Eglise Grecque, ayant été accusé au Conciliabule tenu à Tyr en 333. par une femme
débauchée, séduite & corrompuë par les Arriens, de l'avoir prise par force
& violée étant logé dans sa maison : Thimothée Prêtre, que cette femme ne connoissoit pas, feignit être Athanase : il lui fut confronté, à la confrontation
il lui dit, *Femme est-ce moi qui ay logé en vôtre maison & vous ay violée ?*
elle par des hauts cris & des larmes feintes, pour persuader qu'elle disoit la
verité, lui soûtint que c'étoit lui, & qu'elle en demandoit justice, en joüant
son personnage ; A l'instant le veritable Athanase parut devant elle : la friponne-
rie fut averée & découverte, l'imposture mise au jour, qui avoit été forgée
& inventée par les Arriens ses ennemis, pour le décréditer & perdre son innocence : ensuite par le Concile de plusieurs Provinces tenu à Sardique en Thrace
l'année 346. ce grand Saint fut rétabli dans son Eglise & triompha de la malice de ces cruels ennemis & de la méchanceté de cette femme : cela est tiré
de la Leçon 4. que l'Eglise chante à Matines, le jour de la Fête de S. Athanase
2. May *infrà* liv. 2. Tit. 1. Max. 8.

L'on proposa ensuite dans la même Audience, l'Histoire Romaine, au sujet
d'un certain *Aziaticus* accusé d'avoir voulu attenter sur la personne de l'Empereur ; en sa place on supposa à l'accusateur *un Chevalier.* Cet accusateur
lui soûtint que c'étoit lui : à l'instant le vrai *Aziaticus* fut representé, ce qui
fit découvrir la fourbe & la calomnie de l'accusation pour faire périr un innocent. De ces deux exemples, l'Avocat en tiroit ses consequences, que si cela
s'étoit fait autre-fois par des hommes aussi éclairez, qu'étoient ceux d'un
Concile & du Sénat Romain, le Juge de la Conservation de Lyon avoit pû
faire la même chose, sans prévariquer en rien, dans la vûe de découvrir la
verité & la mettre en son jour, dont je diray quelque chose autant que mon
sujet le pourra permettre.

A ces deux exemples illustres, on répliquoit que nos Loix & nos Mœurs ne
permettant point de cavillations, la Justice n'autorisoit pas les fraudes, ni les
tromperies qui alloient à surprendre quelqu'uns ; que dans tout ce procedé il pouvoit y avoir de la part du Juge de la Conservation de Lyon autant de dessein de
favoriser les accusez, comme de dire qu'il l'avoit fait, afin de découvrir la
verité ; que les solemnitez sont comme les cerceaux d'un muid, ainsi que parle
la Loy 3. *Cod. de Testam. milit.* Ce sont des liens, mais que de ses liens,
on ne devoit pas en faire des piéges pour surprendre les simples, vû que la Justice
résidoit plûtôt dans la simplicité que dans la finesse : l'aigle ne s'arrête pas
à prendre des mouches ; la fourmi ne se charge pas d'un arbre, elle se contente d'un esquille, il faut de la prudence, nos regles ne pouvant souffrir ni
tollerer ces manieres d'agir dont les consequences & les suites étoient tres-
dangereuses. L'affaire fut examinée & très-discutée par M. l'Avocat Général qui
conclut, suivant l'Arrest rendu contre le Juge de Lusignan, que j'ay rapporté
à la Maxime 8. qui le détermina. La Cour confirma l'information & le decret
rendu contre Henry Dargent, partie de la Barre l'aîné Avocat, & contre la
veuve Bunel partie de Moreau appellans, & les condamna en l'amende & aux
dépens, les renvoya en la Conservation de Lyon, pour leur faire leur Procès

fur l'accufation contr'eux formée, en complicité des fauteurs & adherans à la faillite & banqueroute du nommé Carran, par un autre Juge que celui qui avoit fait la confrontation du faux & fuppofé accufé, laquelle fut déclarée nulle, avec deffenfes à tous Juges d'en faire de femblables à l'avenir, ordonné que l'Arreft feroit lû & publié au Siege de la Confervation de Lyon. Que Samuël Benoift temoin auquel avoit été reprefenté le faux & fuppofé Carran, pour lequel plaidoit Tribolet feroit entendu, ayant foutenu que le Juge l'avoit furpris & induit en erreur par la fuppofition d'un homme pour le veritable accufé. Ferrari plaidoit pour l'accufateur, la prife à partie contre le Juge pour lequel Babel étoit chargé ne fut point plaidée lors de l'Arreft qui fut prononcé par M. le Prefident de Novion à l'Audience de la petite Tournelle le Vendredi 17. Mars 1702. J'étois prefent aux plaidoiries, les audiences durerent deux heures de Carême : Je trouve que les Avocats oublierent les Recherches de la France livré 6. chap. 35. & 36. qui font très-précis à l'efpece. Le menfonge & le larcin font proches parens, la nature en produit les femences, & l'art les perfectionne.

S'il m'eft permis de raifonner fur cette affaire auffi importante qu'eft le fujet, depuis qu'il y a des hommes l'amour & la guerre fe font introduits dans le monde, & depuis que la guerre & l'amour ont fait les occupations & les divertiffemens des deux fexes, l'amour a toujouts prêté fon flambeau pour allumer les plus cruelles guerres, il s'eft toujours commis une infinité de crimes contre la pureté, contre l'humanité & contre la juftice, fornications, adulteres, affaffinats, fodomies, vengeances, empoifonnemens, incendies, faux témoignages, calomnies, larcins, brigandages, trahifons, furprifes, avarices, injuftices, cruautez, voleries, les artifices, les violences, les tromperies, les fourbes, les impoftures, les proftitutions, les baffeffes, les vols, les parjures, les imprécations, les faux fermens, les homicides, & en un mot tout ce qui peut contenter l'efprit, remplir la paffion, & faire remporter la victoire dans l'un ou dans l'autre de ces efpeces de combats, n'a plus paffé pour des crimes fur le faux principe, que tout ce qui fert à vaincre eft innocent & permis, il n'importe fi on dérobe les palmes ou le myrthe, pourvû qu'on foit couronné : que ce foit par la fincerité ou la fraude, par la force ou par l'artifice qu'on faffe des conquêtes, pourvû qu'on foit le vainqueur, fuivant les maximes pernicieufes de l'indigne Auteur du Traité du Prince chap. 18. où il dit que le Prince doit couvrir fes fautes en châtiant les Miniftres, s'il le juge neceffaire, pour cacher fa conduite aux yeux du public. Maxime qu'il a tirée d'Euripide Grec, dont * * * faifoit fon bouclier, au dire de Ciceron. *Si jus violandum regnandi caufa violandum eft.* Il faut toujours avoir des pretextes pour innocenter fon procedé. *Vide Duluc lib.* 11. *Tit.* 2. *de dolo malo.* C'eft ce que le Taffe a montré dans fon Poëme de la Jerufalem Celefte, faifant parler Armide à Renaud : que tout eft permis en amour comme à la guerre, plufieurs, pourvû qu'ils réüfiffent, ne font pas de grands fcrupules fur les moyens. Lifez le chapitre 10. de Judith qui coupa la tête à Holophernes dans fa tante, lors qu'il affiegeoit Bethulie. Voyez le *Theatrum vitæ humanæ* de Beyerlynck, imprimé à Lyon en huit volumes, & le Tableau de Cebes, qui eft une des meilleures pieces que nous ayons des anciens.

Jean Bodin de Villenaux deputé en 1588. aux Etats de Blois, étoit d'autre

V

opinion que les deux Arrests que j'ay rapportez : il dit au chapitre 1. du liv. 4.
de son fleau des Sorciers , que pour découvrir les crimes les Juges ne suivent pas les résolutions dont j'ay parlé. Pour pretendre autoriser son opinion ,
il rapporte l'exemple des sages femmes d'Egipte au Roy dans l'Exode chap. 1.
Ⅻ. 16. 17. 18. & 19. il cite l'Hôteliere Rahab de la Ville de Jerico , qui cacha
les espions de Josué chap. 2. Ⅻ. 4. il dit qu'ils reçûrent leur loyer pour avoir
menti : il n'a pas entendu le passage en Hebreu : c'étoit un ordre secret de Dieu
qui étoit inconnu aux hommes. Rabi Moïse dit que Rahab avec tous ses parens
qui s'étoient retirez en son hôtellerie , non seulement furent sauvez après la
destruction de la Ville de Jerico ; mais qu'elle fut prise en mariage par Josué ,
comme rapporte Gilbert Genebrard sur les Antiquitez Judaïque de Josephe liv. 5.
chap. 1. S. Matthieu chap. 1. Ⅻ. 5. *Salmon autem genuit Booz de Rahab.* Que
le peuple plus il est ignorant , plus il se veut mêler de parler des choses au dessus
de ses lumieres. Je suis possible du nombre. Que l'amour a toujours prêté son
flambeau pour aider à allumer les guerres les plus grandes qui ayent jamais été.

    La fraude est de tous les tems & saisons : *fu il vincer sempre mai laudabile
cosa vinca si oper fortuna oper ingegno.* Que S. Jacques en son Epître 3. Ⅻ. 6.
appelle la Langue *Lingua est universitas iniquitatis.* Que le Sage aux Prov. 3.
Ⅻ. 34. *ipse deludet illusores.* Que S. Paul écrivant à Tite chap. 1. Ⅻ. 2. nous
dit que Dieu n'est point menteur , il est la verité même ; ainsi il n'avoit garde de
recompenser le peché de mentir , puisqu'il l'a si fort deffendu & puni expressément. Nous lisons au liv. 3. des Rois chap. 13. Ⅻ. 18. & suivans , que le mensonge
du Prophete , quoique fait à bonne intention , fut puni de mort. Nous voyons aux
Actes de S. Luc chap. 5. Ⅻ. 3. la punition grieve à l'instant par la mort subite ,
dans le moment qu'Ananias & Saphira sa femme eurent menti aux Apôtres , S.
Pierre leur disant , vous n'avez pas menti aux hommes , mais à Dieu. Il n'y a
qu'à lire les Epîtres de S. Paul , de S. Pierre , de S. Jacques , de S. Jean , aux endroits qui y sont marquez , pour être très - convaincu qu'il n'est pas permis de
mentir. Je croirois abuser de la patience de mes Lecteurs , si je m'arrêtois à
vouloir prouver cette grande verité , qui n'est contestée de personne , qui m'a-
prend qu'un Juge doit regarder la verité comme son étoile , sa boussole , & son
sistême.

    Bodin singulier dans ses sentimens chimeriques , ici comme dans sa Repu-
blique en idée , dit qu'un homme merite d'être pendu pour avoir dit la verité.
Dans l'hypotese qu'il suppose que voici : c'est lorsque cet homme enseigne à
un assassin ou seroit caché un innocent qu'il cherche par tout pour le tuer : il
persiste & soutient la résolution de certains Canonistes , qui disent que Abraham
ne conseilloit pas à Sara de mentir , de dire qu'elle étoit sa sœur , pour empêcher qu'il ne fut tué par les Ægiptiens, Gen. 12. Ⅻ. 13. mais qu'il vouloit seulement
que sa femme ne leur dit pas la verité : c'est ce qui seroit absurd & imperti-
nent , puisque c'est la même chose que de mentir ou ne pas dire la verité ,
mentiri est contra mentem ira , ainsi que disoit *Nigidus Figulus* , celui qui
dit autrement qu'il ne pense , il ment certainement , ainsi que firent Abraham ,
Sara , Jacob , l'Hôteliere Rahab , de même que font nos diseurs d'intentions
équivocques. S. Jacques me l'apprend en son Epître chap. 5. Ⅻ. 12. *Sermo vester,
est est , non non,* Anagrame *Joannes Bodinus , Andius sine homo.* Suivant A.
Baillet vies des SS. du vieux Testament.

Bodin conclut de ce qu'il a dit : il faut donc confesser par necessité , que c'est une chose necessaire , vertueuse & loüable que de mentir pour sauver la vie a un innocent que l'on cherche pour le tuer , & damnable de dire la verité , lorsqu'on découvre & que l'on enseigne à un meurtrier le lieu où il est caché pour l'homicider. Je sçay bien que Platon & Xénophon ont , dit-il , permis à ceux qui gouvernent de mentir , pour bien gouverner un peuple , de même qu'on fait aux malades & aux enfans pour les endormir. C'est ce qu'il soutient qu'il faut faire en Justice pour tirer la preuve de la verité cachée par un rusé & artificieux criminel : ce qui est opposé & contraire aux textes précis des saints Cahiers , & à tout ce que les Saints Peres ont tenus , sur tout S. Augustin en son livre *Contra mendacium* tom. 4. cap. 10. où il dit qu'il n'est jamais permis de mentir , quelque bien qu'il en pourroit arriver au monde. Les Espagnols appellent *Caranta maula* , ce que l'on appelle épouventail aux enfans , lorsqu'on leur fait peur du loup.

La providence Divine qui est évidente dans l'œconomie de l'Univers , est toute admirable dans la distribution de ses graces : elle veut qu'il y ait des riches & des pauvres , les uns au superlatif , les autres le diminutif , qu'il y ait des genereux & des craintifs , de la liberalité & beaucoup d'avarice : les uns sont nez pour commander , & les autres pour obeïr. *Altera servitio , pars altera nata videtur imperio.* Plutarque , tout Payen qu'il étoit , convient de cela en son Traité *de la fatale destinée.* Lucien en a fait un tableau fidele dans son Timon ou le Misantrope & le Songe du Coq. Plusieurs ont pris pour surnom , celui de leur Ville natale , soit pour cacher la bassesse de leur naissance , ou pour imiter les * * * de la Vieille Roche , que l'on peut comparer à ce pauvre homme d'Horace qui mettoit en ses biens tous les Vaisseaux qui abordoient au Port de Mahon , ou à ces richesses imaginaires du Psalm. 75. ᵥ. 6. *Dormierunt somnum suum , & nihil invenerunt omnes viri divitiarum in manibus suis.* Isaïe 5. ᵥ. 8. *Va vobis.* Les Ordonnances d'Orleans art. 110. de Blois 257. Tabourot du changement de surnom chap. 2.

Du côté de l'esprit , chacun croit en avoir , du côté des biens , il ne s'est point encore trouvé personne content : tout homme s'estime judicieux , aucun ne se trouve assez riche : dans la vie , la nature corrompuë fait que personne n'est satisfait , les richesses sont estimées , & la pauvreté blamée. *Vulgo ingens probrum est paupertas , magna gloria divitiis perfas nefasque partis abundare.* Je sçay peu d'écrivains qui ayent traité *ex professo* des privileges de la pauvreté ; car pour Seneque il ne lui appartenoit pas de philosopher là-dessus , lui qui avoit l'abondance de toutes choses , il lui étoit aisé d'en parler à son aise , ayant amassé de grands biens sous son Ecolier Neron ; puisque nous trouvons que Suilius & Dion lui reprochoient ses grandes richesses en terres , en or , en argent , & dans des meubles superbes , ayant cinq cens lits de bois de Cedre , aux pieds & colonnes d'yvoire. C'étoit dans le tems que S. Paul le voyoit à Rome à la Cour de Neron , ce qui fait connoître aux hommes qu'il y a une puissance souveraine , qui fait & dispose de l'avenir qu'elle gouverne. *Matth. cap.* 6. *Tobie cap.* 4.

Seneque éprouva par lui-même ce que c'étoit que la fortune , & les dangers qu'il y a de posseder si fort la faveur , comme le prouvent les SS. Cahiers. Tacite au 3. livre de ses Annales *Fato potentia raro sempiterna*, & M. Dupuy en son Histoire des Favoris, en donnent des exemples. L'Histoire d'Aman & de Mardochée à la Cour d'Assuerus. Les Rois d'Arius & d'Achis n'eurent pas la puissance de pouvoir deffendre la faveur de Daniel & de David : l'un fut banni & l'autre fut exposé aux Lyons, pour complaire aux Satrapes. Les exemples passez prouvent la fatalité du péril où se sont trouvez plusieurs dans tous les tems que nous voyons dans les écrivains : les plus grands favoris tombez du faîte de la fortune dans les profonds précipices de tous les malheurs. En Espagne, le Duc de * * en Angleterre, le Comte de * * en Hollande * * en Allemagne, le * * à Rome, le * * en Castille * * Sejan, sous Tibere, Seneque, sous Neron, Titien, sous Adrien, dont il étoit Gouverneur : en France * * * & nombre d'autres. Ce qui prouve la verité du Roy Prophête dans le Psal. 7. ℣. 16. *Incidit in foveam quam fecit.* & l'Histoire des Favoris de MM. Dupuy in-quarto.

Je trouve *Cornelius Benincasius*, & Symphorien Champier, Lyonnois, Auteur de la vie du Chevalier Bayard, qui ont écrit de la pauvreté : ce dernier à composé son grand Ouvrage, *du chemin de l'Hôpital.* Valere Maxime au livre 4. a fait un chapitre *de paupertate.* S. Matthieu chap. 19. ℣. 24. rapporte ces paroles : *& iterum dico vobis, facilius est funis Camelum perforamen acus transire, quam divitem intrare in Regnum Cœlorum.* Voilà l'éloge des pauvres.

Juvenal à écrit dans sa Satire 3. ℣. 152. qu'il a tiré de *Crates* dans Stobée,

> *Nil habet infœlix paupertas durius in se,*
> *Quam quod ridiculos homines, facit, exeat inquit.*

Aristophane *in Pluto*, appelle la pauvreté, une bête horrible & hideuse : il fait *Penia* la Deesse de la pauvreté, le pire de tous les maux.

L'Empereur au Code en la Loy 2. *Quando & à quibus quarta pars debetur*, donne le nom à la pauvreté de *vilitatem* : il assure qu'elle porte souvent l'homme à des choses basses & indignes d'un homme de bien, qui est la même plainte que faisoit ce pauvre dans Theognis Poëte Grec.

> *Magnum pauperies opprobrium*
> *Jubet, quidvis & facere est pati,*
> *Virtutisque viam deserit ardua.*

C'étoit ce qui faisoit que le pauvre dans le déclamateur, se vantoit si fort *sum inops censu, sed integer sine fabula.* Horace en sa premiere Epître, en parlant des Senateurs Romains. *Qui censum idoneum haberent, ex censu eligebantur.*

> *Si quadringentis sex septem millia desunt*
> *Est animus tibi, sunt mores, & lingua, fidesque,*
> *Plebs eris.*

Il y a des gens semblables à l'airaignée, qui ne file d'ordinaire qu'en des tems

pluvieux, obfcurs, & orageux. Les éleves hâtives que nous voyons, reffem-
blent aux fleurs des amandiers, qui tombent à terre au moindre froid. La fortune qui fe plait à former de rien fes créatures, a dans tous les âges accoutumé,
pour mieux faire connoître fon pouvoir, de prendre de fort bas ceux qu'elle
veut élever bien haut : ce qui a fait que les Généalogiftes ont inventé l'art
d'adopter ceux qui en font regardez, dans telle race qu'il leur plait de choifir,
pour flatter leur vanité. C'eft ce que fit en 867. Bafile le Macedonicn, qui de
Palefernier, devint le Prince, lui qui n'avoit toute fa vie gouverné que des
chevaux, ayant fait tuer l'Empereur Michel. Pour couvrir l'obfcurité de fa
naiffance, il fe fit dreffer une Généalogie, où il fe faifoit defcendre des Arfaci-
des, qui avoient été Roys des Partes, avec grande valeur & beaucoup d'éclat.
Que ces ambitieux apprennent que fous l'Empire d'Antonin, en moins d'une
année l'on vit *Cincius Fulvius* fait Conful & Gouverneur du Capitole, fes
fils Tribuns, & fa femme Gouvernante des Princeffes filles de l'Empereur
Que les vertus font les biens de l'ame, les fciences ceux de l'efprit, les ri-
cheffes, ceux de la fortune ; ainfi qu'a montré Charles Phernand, Moine de
Chezal-Benoift en fon Traité de la tranquillité. Tout eft incertain fur la terre,
les grandes fortunes qui ont le Soleil au vifage, ont d'ordinaire la glace fous
les pieds. Qu'avant l'an fini, dans un même jour *Fulvius* fut publiquement dé-
capité, fes enfans jettez dans le Tibre, fa femme bannie, fa maifon rafée, &
fes biens confifquez. Que Bellifaire qui foumit l'Afrique & les Vendales à
l'Empire fut fait aveugle pour fa récompenfe. Qu'ils fe fouviennent des chûtes
de Sejan & de Robert Comte de * * * fes illuftres criminels, perfonne n'eft
tombé d'une chûte fi furprenante. Qu'ils imitent & profitent de l'avis du fage
Pittacus, qui dedia une échelle au Temple de Metelin, pour fervir d'exemple
à tous les hommes de leur condition. Que fur la terre chacun ne fait que monter & defcendre, il n'y a que du plus au moins, & le loifir d'attendre pour le
voir. Que les petits devenus grands ne s'imaginent pas le devoir toujours être :
ny que les grands ne puiffent devenir petits : qu'ils fe fouviennent toûjours
qu'ils font hommes, & ayent prefent le traitement que reçû Juftinien II. de
Leoncc, & Bajazet de Tamerlan. Qu'ils fe difent fouvent, la fortune eft une
grande trompeufe en donnant des emplois & des honneurs, elle fait de perni-
cieux prefens : pour l'ordinaire elle vend cherement les chofes qu'il femble
qu'elle donne, temoin les exemples familiers de tous les tems : cela vient de la
corruption de la volonté de l'homme, qui n'eft pas de durée. L'Ecriture nous
apprend le changement du plus judicieux Prince qui ait été, dont la fainteté
& les vertus furent changées dans les dernicres années de fa vie. L'hiftoire nous
marque un portrait bien naturel du changement de volonté en la perfonne de
* * * *Tolluntur in altum, ut lapfu graviore ruant*, difoit Claudien des fai-
feurs de fortune. Annibal après la journée de Cannes, fe perdit & fón Armée
dans les délices de Capouë, & fon frere Afdrubal. *Rarus enim ferute fenfus
communis illa. . . . fortuna.* Il faut regarder la fortune comme un Palais dont
la façade, les pilaftres font fuperbes, & le dedans n'eft rien.

Tout l'or eft un métal par qui l'homme s'alie. . . . avec la folie.
Horace. *O cives cives quærenda pecunia primum eft, virtus poft nummos.*

Le marchand se plaint des pertes ; l'homme de Palais de l'embarras des Loix ; un soldat crie contre la fatigue de la Guerre ; le courtisan regrete la perte du tems employé inutilement ; le Religieux se plaint de son Cloître ; le prisonnier de sa captivité ; l'usurier de la longueur des jours & de l'année Bissexte ; les coquettes contre l'automne de leur visage, dont parle Lucien dans sa description de la ville du sommeil : il faut voir ce que dit Plutarque & Petrarque, parlant de la fortune. La patience & la pauvreté sont deux vertus que chacun loüe, que très-peu aiment & que personne ne cherche : lisez la Preface page 4, où je parle de la fortune de mes parens dans la verité. Voyez les Dialogues des morts de Lucien.

Tout est à Dieu, qui tient le cœur des Rois en sa main, il dispose des Batailles, des Couronnes, & des Monarchies. Rom. 13. ⍬. 4. Pour prouver que tout est au Prince, on allegue la Loy *Barbarius Philippus* ff. *de offic. Prætor.* Sur la fin Ulpian montre que les choses qui sont aux particuliers, sont au Prince, veu que la liberté donnée par son commandement au serviteur, a le même effet que si elle avoit été donnée par le maître. Accurse sur cette Loy dit, *inquit, omnia Principis esse intelligantur, verum est quoad protectionem.* Seneque *lib.* 7. *cap.* 5. *de Beneficiis* a aussi de même interpreté ces mots, *Omnia Principis esse, scilicet Imperio, sub optimo, inquit, Rege, omnia Rex Imperio possidet, singuli dominio Cæsar omnia habet, si scus ejus privata tantum ac sua & universa in Imperio ejus sunt, in patrimonio propria, quid ejus sit, quid non sit, sine diminutione Imperii quæritur ... ad Reges potestas omnium pertinet, ad singulos proprietas... Senec.* Cela fait de belles dissertations & des questions illustres entre les Jurisconsultes.

Justinian veut que generalement tout soit au Prince, par la Loy *Bene Azenone cod. de quadriem. præscript.* Martin l'interprete de la proprieté : Accurse remarque sur cette Loy, qu'il avoit donné ce sens à ces mots, & fait cette interpretation, *vel amore Principem roncaliæ alloquens.* Bulgarus & les autres Interpretes rapportent le droit du Prince à la seule jurisdiction & à la protection. C'est aussi dans ce sens que l'Empereur Antonin se disoit le maître du monde, *in lege deprecatio.* ff. *ad Legem Rhodiam de jactu*, protestant qu'il ne pouvoit par son autorité aider à celui qui avoit fait naufrage sur mer, sur laquelle la Loy *Rhodia* avoit le pouvoir, lui n'en ayant que sur la terre. M. Cujas explique encore beaucoup mieux cette Loy *Bene Azenoue*, dans laquelle parlant *de rebus fiscalibus & privatis*, il nous dit, *Omnia Principis sunt, quod non intelligat, inquit, omnia quæ sunt singulorum hominum, sed omnia fiscalia & privata, quæ sunt in proprio patrimonio Principis esse Principis.*

Benedicti, au lieu sus allegué num. 17. 18. dit, *Rex Franciæ in suo Regno & quâlibet parte ejusdem, suam habet de jure communi fundatam intentionem, solum quoad supremam jurisdictionem, seu ultimum resortum, quia nemo est qui ei non subsit, sed Rex Franciæ suam non habet jure communi fundatam intentionem & minus habent eam fundatam inferiores domini, quoad rerum proprietatem & dominium, quæ singulis pertinere possunt plène, libere & allodialiter, nisi probarentur, subjecta & servitiales, quæ probatio incumbit hoc dicenti.*

Sextus Aurelius Victor, comparant la rate au fisc dans la vie de Constan-

tin, dit que lorſqu'elle s'enfle, le reſte du corps s'amaigrit, *Fiſcum lienum vo-*
cans quod eo creſcente artus reliqui tabeſcant, Proverb. cap. 12. ℣. 7. *Domus*
autem juſtorum permanebit. L'on peint la fortune le pied ſur une boule pour
marquer ſon inſtabilité : ſouvent ſon caprice lui donne des tributaires pour eſclaves ſans merite & ſans vertu, ſuivant le livre divin de Severin Boëce, de la
conſolation de la Philoſophie qu'il compoſa durant ſon éxil à Pavie.

Philon Juif, au livre *de Plantatione Noë*, dit, *quamvis Principes, inquit,*
domini ſint poſſeſſionem totius regionis, etiam earum quæ privati juris ſunt ta-
men ſola habere putantur quæ ſuis procuratoribus commiſerunt à quibus re-
ditus annuos exigunt. Ainſi dans Hyggenus, le champ poſſedé par un particulier eſt appellé public, parce qu'étant mis en labour & en valeur il produit à
celui qui le cultive dequoi le nourrir, & dequoi payer le tribut au public, c'eſt
ce qui lui fait donner le nom de champ public : comme les Peripateticiens diſent que l'homme eſt plus à l'Eſtat qu'à ſa famille, parce qu'il doit la deffenſe
& ſon induſtrie au bien public par preference à celle de ſes parens.

Il faut lire René Choppin *de Domanio* lib. 1. Tit. 15. num. 15. Pour bien entendre la réſolution des Theologiens, qui diſent que Dieu ſeul a le droit d'ôter
la vie : & néanmoins qu'ayant établi des Loix pour punir les criminels, il a
rendu les Princes ſouverains dépoſitaires de ce pouvoir, & c'eſt ce que S. Paul
nous apprend dans ſon Epître aux Romains chap. 13. ℣. 4. lorſque parlant du
droit qu'ont les Souverains de faire punir les hommes, il le fait deſcendre du
Ciel, en diſant que ce n'eſt pas en vain qu'ils portent l'épée, parce qu'ils ſont
Miniſtres de Dieu pour l'execution de ſes vengeances contre les coupables.
Comme c'eſt Dieu qui leur a donné ce droit, il les oblige à l'exercer, ainſi qu'il
feroit lui-même, ce qui s'entend avec juſtice, ſuivant la même parole de S.
Paul, les Princes ne ſont pas établis pour ſe rendre terribles aux bons, mais aux
méchans. Quiconque veut n'avoir point de ſujet de craindre leur puiſſance, n'a qu'à bien faire ; car ils ſont les Miniſtres établis de Dieu pour le bien.
Cette reſtriction ne diminuë ny ne rabaiſſe pas leur puiſſance : au contraire elle
la releve beaucoup davantage, parce que c'eſt la rendre ſemblable à celle de
Dieu, qui ne peut point faire le mal, & eſt tout-puiſſant pour faire le bien : avec
cette difference entre Dieu & les Souverains, que Dieu étant la juſtice & la ſageſſe même, il peut faire punir ſur le champ qui il lui plaît & en la maniere qu'il
lui plaît ; parce qu'outre qu'il eſt le maître ſouverain de la vie des hommes, il eſt
certain qu'il ne la leur ôte jamais ſans connoiſſance de cauſe, étant incapable
d'injuſtice & d'erreur : mais les Princes doivent agir de la ſorte, parce qu'ils ſont
tellement les Miniſtres de Dieu & hommes ; ainſi les mauvaiſes impreſſions les
pourroient ſurprendre, les faux ſoupçons les pourroient aigrir, & les paſſions
les emporter : ce qui les engage eux-même à examiner les moyens humains,
& à établir dans leurs Etats des Juges auſquels ils ont communiqué ce pouvoir,
afin que l'autorité que Dieu leur a donnée ne ſoit employée que pour la fin pour
laquelle ils l'ont reçuë. Le Prince né pour le bien de ſes ſujets, ne veut être
dommageable que par la juſtice.

De maniere que pour punir un homme il faut agir tout enſemble & par l'autorité de Dieu & celle des Loix : ſinon ce ſeroit commettre un homicide de
faire punir un innocent contre les Loix, qui doivent être ſuivies dans la di-

ſtribution de la juſtice, qui ſont les veritables principes du repos & de la ſûreté
publique, reçûs dans tous les tems & les lieux où il y a des Loix. Il faut rendre
à chacun ce qu'on lui doit, honneur, tribut, ſoumiſſion, obéïr aux Souverains,
aux Magiſtrats & aux Superieurs, mêmes injuſtes, comme je diray liv. 2. Tit. 6.
Max. 8. parce qu'on doit toujours reſpecter en eux la puiſſance de Dieu qui les
a établis ſur nous : elle leur deffend encore plus fortement que les Loix çi-
viles de ſe faire juſtice à eux-mêmes : & c'eſt par ſon eſprit que les Rois chrêtiens ne ſe la font pas, même dans les crimes de Leze-Majeſté au premier chef,
& qu'ils remettent les criminels entre les mains des Juges, pour les faire punir
ſelon les Loix & dans les formes de la juſtice : ainſi que René Choppin a ſi
excellemment dit & remarqué à la fin des Privileges Royaux du Titre 29. *lib. 3.*
de Domanio Franciæ, ce qu'il a tiré des Politiques d'Ariſtote *lib. 3. cap. 6. & 12.*
Ne quis in ſua cauſa judicet. Prov. cap. 3. Louis XI. remit le Connétable
de * * au Parlement pour lui faire ſon procès.

Quand ce ne ſeroit que pour le bon ordre, il faudroit obſerver ce que je
viens de dire. Nous voyons que *Roſcius* pour lequel Ciceron fit ce beau Plaidoyer, étant Maître des Ceremonies aux Theâtres & Spectacles publics : il donna lieu à l'Edit pour les rangs & la difference des bans & des places d'un chacun :
deffenſes à toutes perſonnes de s'aſſeoir entre les Chevaliers, s'il n'avoit quatre
cens mil ſeſterces, c'eſt aujourd'hui mil livres de rente. Il établit aux jeux publics
quatorze ordres pour placer chaçun ſuivant les états & qualitez qui étoient à
Rome : cela produiſit des émotions & des brocards, que pluſieurs porterent
impatiemment, & trouverent odieux parmi le menu peuple toujours inſolent en
tous lieux & dans tous les tems : ce qui attira la haine ſur *Roſcius*; mais *Publius*
Scipio Africanus étant Conſul ſepara les places des Senateurs d'avec celle du
peuple aux ſpectacles. *At non iſta ſibi ſpectacula poſcit.* Parmi nous Dieu
veut & la religion nous ordonne d'obéïr & reſpecter les hommes ſelon leurs
prééminences, leurs pouvoirs & dignitez, ſur tout d'obeir au Souverain. *Spera*
in domino & fac bonitatem. Pſalm. 36. ℣. 3.

Qu'on n'objecte pas l'Hiſtoire d'Urie ; le jugement de Salomon pour l'enfant des deux femmes, & l'enlevement de la vigne de Naboth; parce que David
reconnut ſa faute par ſa penitence : ſon fils Salomon étoit doüé d'une ſageſſe ce-
leſte, dit l'Ecriture, & elle nous marque la punition d'Achab & de Jeſabel,
en vengeance de la mort de Naboth.

L'on ſoutient bien davantage, que toute action qui ſeroit commiſe contre une
Loy qu'on n'a point connuë & qu'on n'a jamais pû connoître, n'eſt ny une offenſe
contre Dieu ny contre la raiſon, non plus qu'un crime qui puiſſe être puni ; à plus
forte raiſon quand il n'y a point de Loy. Je le ferai voir démonſtrativement à la
fin du Titre 26. parlant des trois ſortes de preuves reçûës en Juſtice en Matiere
Criminelle. Rom. 5. ℣. 13. Dieu eſt la verité même, il n'eſt pas permis de penſer
qu'il ait jamais rien fait ny dit au contraire, non plus que de dire que le Soleil fait
la nuit, après ce que dit S. Paul aux Rom. *cap. 3. ℣. 4.* S. Jean en ſa 1. Epître *cap.*
3. ℣. 5 *Peccatum in eo non eſt.*

Les Docteurs diſent que le Prince eſt le maître des biens & de la vie de
ſes ſujets : donc il eſt au pouvoir du Souverain de laiſſer aller le cours
d'une condamnation à mort, ou de lui donner la vie : voilà comment ils l'ont
défini,

défini, que le Prince a droit de vie & de mort fur ces fujets : aucun Cafuifte
ny Jurifconfulte ne font au contraire de cela. Seneque a dit, *ad Reges po-*
teftas omnium pertinet, ad fingulos proprietas. Lifez les cinquante Privileges
Royaux rapportez par René Choppin *de Domanio* lib. 3. Tit. 29.

XXVII. Max. Nôtre Ordonnance art. 24. de ce Titre, parle que dans les
procès où il y aura des nullitez dans la procedure, ils feront refaits *quod ab*
initio vitiofum eft traftatu temporis convalefcere non poteft, aux dépens du
Juge qui aura commis la faute. Voyez le Code Henry au Titre 6. art. 24.
qui peccat in uno factus eft omnium reus. Ce Code Henry de l'inftruction des
criminels page 286. L'Ordonnance de Villers-Coterefts de 1539. art. 139. &
fuivans, qui ont reglé les peines contre les Juges qui auront mal inftruit les
procès criminels, *inodiofus qui cadit ab una fyllaba cadit à toto,* c'eft l'affaire d'un Juge, ce qu'il eft très-neceffaire de fçavoir, enfemble le Titre 25.
des prifes à partie de l'Ordonnance d'Avril 1667. & le Titre 3. *fuprà* du prefent Livre. M. Expilli chap. 10. de ces Arrefts, dit que le Juge doit d'office déclarer la procedure nulle fans qu'il foit demandé.

Arreft à l'Audience de la Tournelle du Mercredi 18. Juin 1704. M. de Novion Prefident plaidant, M. Louis Gondouin Avocat du demandeur, & M. Nicolas de la Barre pour le deffendeur. Jugé que le Juge payera la procedure
qui a été refaite, & rendra ce qui a été payé pour la procedure qu'il avoit faite qui a été caffée, & le furplus s'il y en a qui n'a pas été caffé, fera porté en
taxe par l'accufé qui a été condamné aux dépens.

Je fuis obligé en cet endroit de donner un avis important aux Juges en faveur des accufez : c'eft de bien prendre garde dans le cours de l'inftruction,
que les témoins ne foient parens ny alliez, ferviteurs ny domeftiques d'un dénonciateur, comme j'ay dit Titre 5. art. 35. & au prefent Titre Max. 12. *infrà*
Tit. 26. Max. 9. parce qu'il y a un Arreft du 3. Juin 1699. qui ordonne implicitement que le Procureur du Roy nommera en fecret au Juge le dénonciateur,
afin de prendre garde à la qualité des témoins : ce que l'accufé ne peut pas fçavoir & qui lui eft de confequence, parce que le dénonciateur pourroit lui-même
dépofer & fes proches parens, & par ainfi rendre un innocent coupable.

TITRE XVIII.

Des Lettres de Grace , Remiſſion & Abolition , de Pardon , Rapel de Ban , ou de Galeres , Commutation de peines , Rehabilitation pour eſter à droit , Réviſion de Procès , &c.

Formule de Lettres de Remiſſion.

LOUIS par la Grace de Dieu , Roy de France & de Navarre : A tous preſens & à venir. SALUT ; Nous avons reçû l'humble ſupplication de Pancrace Betille , ſieur de Sainte-Eſperanee , Capitaine au Régiment de Dragons de Caſtelet Sainte-Foy , âgé de quarante ans , faiſant profeſſion de la Religion Catholique Apoſtolique & Romaine : Contenant que le Lundy trois May 1706. &c. *Et le reſte des faits précis & déciſifs , de ce qui s'eſt paſſé que l'on extrait en ſommaire des informations ſur leſquelles il faut ſe conformer , & ſans les voir on ne peut point dreſſer les Lettres ; il faut auſſi exprimer la procedure qui a été faite contre l'accuſé , pardevant quel Juge , ſi l'accuſé eſt priſonnier , s'il y a une Sentence renduë par contumace contre lui , le genre de la condamnation , ou s'il n'y en a point , & la procedure tenuë juſques à l'obtention des Lettres ;* & dautant que le fait n'eſt arrivé que par cas fortuit dans le premier mouvement de la colere & les vapeurs du vin qui avoient ôté la raiſon au Supliant , qui d'ailleurs s'eſt toûjours bien comporté en tout autre rencontre , il a été conſeillé d'avoir recours à nos Lettres & de Nous faire très-humblement ſupplier de lui vouloir accorder nos Lettres de Grace , Rémiſſion & Pardon ſur ce neceſſaires ; A CES CAUSES , deſirant préferer miſericorde à rigueur de Juſtice ; Nous avons audit Betille Suppliant , quitté , remis & pardonné & de nôtre grace ſpecialle , pleine puiſſance & autorité Royale , quittons , remettons & pardonnons par ces Preſentes ſignées de nôtre main , le fait & cas tel qu'il eſt ci-deſſus expoſé , avec toute peine , amende & offenſe corporelle , civile & criminele qu'il pouroit avoir pour raiſon de ce encouruës envers Nous & Juſtice , mettant au néant tous Decrets , Défauts , Contumaces , Sentences , Jugemens & Arrêts qui pouroient être intervenus contre le Suppliant , le remettons & le reſtituons en ſa bonne fâme & renommée , en ſon Païs & en ſes Biens non d'ailleurs confiſquez , ſatisfaction préalablement faite à partie civile , ſi fait n'a été & s'il y écheoit , impoſons ſur ce ſilence perpetuel à nôtre Procureur General , ſes Subſtituts preſent & à venir & à tous autres. SI DONNONS EN MANDEMENT à nôtre Bailly du Château du Louvre & Artillerie de France & Arcenal de Paris , ou ſon Lieutenant Général , *mettre s'il eſt ſaiſi de la matiere ,* que ces Preſentes nos Lettres de Grace , Rémiſſion & Pardon il ait à enteriner , & de leur contenu faire joüir

& ufer ledit Betille Suppliant, pleinement paifiblement & perpetuellement, ceſſant & faifant ceſſer tous troubles & empêchemens à ce contraires, C A R tel eſt nôtre plaifir &afin que ce ſoit choſe ferme & ſtable à toûjours, Nous avons fait mettre nôtre Scel à cefdites Preſentes. Donné à Marly au mois de May l'an de grace 1706. & de nôtre regne leſoixante-quatriéme, au bas il y a L O U I S. Sur le reply le Secretaire d'Etat figne au milieu, après avoir mis, Par le Roy. Elles font ſcellées du Grand-Sceau en cire verte, avec des lacs de foye rouge & verte, à quoi le Sceau eſt attaché.

A la petite Chancellerie de même en cire verte du petit Sceau : c'eſt un Secretaire du Roy qui les fign e & le Réferendaire met, *Viſa Contentor* : ce qui diffère de celles du Grand-Sceau, fur leſquelles Monſeigneur le Chancelier remplit le blanc du lieu où elles font ſcellées & le nom du mois, *ſine die & Conſule*, fur le reply au coin il figne & audeſſous de ſa fignature il écrit de ſa main pour fervir de Lettres de Rémiſſion à Pancrace Betille.

A l'égard de ce qui s'expedie en Datterie à Rome concernant les Benefices Confiſtoriaux, le Sceau des Bulles eſt en plomb, qui s'expedient, la raiſon pourquoi il n'eſt point plus magnifique, *ne propter pretioſum metallum detur occaſio furandi.*

Il y a une Déclaration donnée à Saint Germain en Laye en forme d'Edit, au mois de Juin 1678. fignée L O U I S, & fur le repli par le Roy, Cᴏʟʙᴇʀᴛ, & à coſté fur le reply *viſa* Lᴇ Tᴇʟʟɪᴇʀ, par laquelle Sa Majeſté, ſçavoir faiſons &c. Nous pour les cauſes y portées & autres à ce nous mouvans, de l'avis de nôtre Conſeil & de nôtre certaine ſcience, pleine puiſſance & autorité Royale, avons dit, ſtatué & ordonné, diſons, ſtatuons & ordonnons par ces Preſentes fignées de nôtre main, voulons & nous plaiſt : Que nôtre Ordonnnance du mois d'Aouſt 1670. foit executée ſelon ſa forme & teneur. Et ce faifant quès Chancelleries établies près de nos Cours, les Lettres de Rémiſſion feront accordées feulement pour les homicides involontaires, ou qui feront commis dans la neceſſité préciſe d'une legitime défenſe de la vie, fans qu'en autre cas, il en puiſſe être expedié, *à peine de nullité*, & d'en répondre par nos Amez & Féaux Gardes-Scels defdites Chancelleries en leurs propres & privez noms. Sɪ ᴅᴏɴɴᴏɴs en Mandement à nôtre très-cher & Féal le fieur le Tellier, Chancelier de France, de faire lire & publier ces Preſentes, le Sceau tenant, & à nos Amez & Feaux Gardes-Scels eſdites Chancelleries, de les faire pareillement lire & publier, & de s'y conformer fans y contrevenir en aucune maniere. Car tel eſt nôtre plaiſir & ſcellé du Grand Sceau : confirmée par une autre du 22. Novembre 1683. Regiſtrée au Parlement le 3. Decembre enſuivant. Recuëil des Reglemens dès Procureurs fol. 116.

Arrest du Conseil qui ordonne que les Lieutenans Criminels des Siéges Présidiaux, seront tenus dans les cas énoncez dans l'Article 12. du Titre 1. de la Competence des Juges de l'Ordonnance Criminelle du mois d'Aoust 1670. de faire juger leur Competence.

Du 19. Juillet 1678.

Extrait des Registres du Conseil d'Etat Privé du Roy.

S U R la Requeste presentée au Roy en son Conseil, par Pierre Margellée de Bayencourt, de present prisonnier ès Prisons du Château de la Tour de Saint Bernard, contenant &c. A ces causes, requeroit le Supliant qu'il plût à Sa Majesté, &c. oüy le Rapport du sieur Paget Commissaire à ce député, & tout consideré : Le Roy en son Conseil, sans avoir égard à la Requeste dudit Margellée, a ordonné & ordonne que la Sentence du Lieutenant Criminel du Châtelet dudit jour 18. Mars 1678. sera executée selon sa forme & teneur : Ordonne néanmoins Sa Majesté qu'à l'avenir, les Lieutenans Criminels des Siéges où il y a Présidial, même ceux de l'ancien & du nouveau Châtelet de Paris, seront tenus dans les cas énoncez en l'article 12. du Titre 1. de la Competence des Juges de l'Ordonnance Criminelle du mois d'Aoust 1670. & conformément à l'article 17. dudit Titre, de faire juger leur Competence par jugement en dernier Ressort, & pour cet effet de porter à la Chambre du Conseil du Présidial, les charges & informations & y faire conduire les accusez pour être oüys en presence de tous les Juges, dont ils seront tenus de faire mention dans leurs jugemens, ensemble des motifs sur lesquels ils seront fondez pour juger la Competence, Faisant Sa Majesté très-expresses inhibitions & défenses ausdits Lieutenans Criminels de faire juger leurdite Competence dans les Chambres Criminelles, sous quelque prétexte que ce puisse être, à peine de nullité : Enjoint Sa Majesté à ses Procureurs desdits ancien & nouveau Châtelets, de tenir la main à l'execution du present Arrest, & d'informer Sa Majesté des contraventions qui s'y feront, à peine d'en répondre en leur propre & privé nom. Fait au Conseil privé du Roy tenu à S. Germain en Laye le 19. jour de Juillet 1678. Signé, la Guillaumie, & Commission sur icelui, signée & scellée du Grand-Sceau de cire jaune.

Arreſt du Conſeil qui ordonne que les Competences des Lieutenans Criminels des Châtelets feront rapportées en la Chambre du Conſeil du Préſidial : & que celles des Lieutenans Criminels de Robecourte & du Prevôt de l'Iſle , feront jugées comme il a été pratiqué par le paſſé.

Du 2. Septembre 1678.

Extrait des Regiſtres du Conſeil d'Etat privé du Roy.

L E ROY en ſon Conſeil, s'étant fait repreſenter l'Arreſt rendu en icelui le 19. Juillet dernier, par lequel entre autres choſes, Sa Majeſté auroit ordonné qu'à l'avenir les Lieutenans Criminels des Siéges où il y a Préſidial, même ceux de l'ancien & nouveau Châtelet de Paris, feront tenus dans les cas énoncez en l'article 12. du Titre 1. de la Competence des Juges de l'Ordonnance Criminelle du mois d'Aouſt 1670. & conformémeut à l'article 17. dudit Titre, de faire juger leur Competence par jugement en dernier Reſſort, & pour cet effet de porter à la Chambre du Conſeil du Préſidial , les charges & informations & y faire conduire les accuſez pour être oüys en preſence de tous les Juges, ainſi qu'il eſt au long porté par ledit Arreſt : Et vû par Sa Majeſté l'Extrait des Régiſtres de la Chambre du Conſeil du Préſidial de l'ancien Châtelet du 19. Aouſt 1678. par lequel, ſur ce que le ſieur Defita Lieutenant Criminel dudit Châtelet en execution dudit Arreſt du 19. Juillet y auroit porté les procedures faites contre la nommée Marie Aulmont, pour y faire juger ſa Competence, les Officiers dudit Préſidial auroient prétendu que les Competence ont le jugement des accuſez empriſonnez de l'Ordonnance dudit Lieutenant Criminel, du Lieutenant Criminel de Robe-courte, & du Prevôt de l'Iſle ne pouvoient être par eux rapportées en ladite Chambre du Conſeil & qu'ils ne pouvoient y aſſiſter & préſider , mais que ce devoit être par le Lieutenant Particulier, ou par l'un des Conſeillers qui ne ſont pas de ſervice en la Chambre Criminelle : Sur quoi la matiere miſe en délibération , il auroit été arrêté , qu'avant faire droit ſur le jugement de ladite Competence , ledit Regiſtre ſeroit porté à Monſieur le Chancelier, pour apprendre les intentions de Sa Majeſté , laquelle voulant pourvoir à ce que la Juſtice ne puiſſe être retardée ; Oüy le Rapport du ſieur Paget Maiſtre des Requeſtes , Commiſſaire à ce député & tout conſideré : Le Roy en ſon Conſeil, a ordonné & ordonne que l'Arreſt du Conſeil dudit jour 19. Juillet dernier ſera executé ſelon ſa forme & teneur , & que pour cet effet les Lieutenans Criminels de l'ancien & du nouveau Châtelet, & en leur abſence, récuſation ou autre légitime empêchement, ceux qui préſideront en la Chambre Criminelle , lorſqu'il échera de faire juger leurs Competences, rapporteront les charges & informations en ladite Chambre du Conſeil du Préſidial & y auront ſéance & voix délibérative , pour y être leſdites Competences jugées à leur rapport, ainſi que de raiſon. Et à l'égard du jugement des Competences deſdits Lieutenans Criminels de Robe-courte & Prevôt de

X iij

l'Ifle , ordonne Sa Majefté qu'il en fera ufé , comme il a été fait jufques à prefent ; fans qu'il y puiffe être rien changé , ni innové. Fait au Confeil Privé du Roy , tenu à Fontainebleau, le 2. Septembre 1678. figné au bas , la Guillaumie , & Commiffion fur icelui , figné & fcellé du grand Sceau de cire jaune.

Du Mois de Decembre 1678.

Declaration donnée à Fontainebleau en forme d'Edit au mois de Decembre 1678. *Signée* LOUIS ; & fur le reply : Par le Roy COLBERT, Et à cofté fur le reply *Vifa*, LE TELLIER, Sur la maniere dont feront reçûës au Grand Confeil les caffations demandées des Procedures des Prevôts des Maréchaux & des Préfidiaux ; ce qu'il faut fçavoir , en fuppofant pour obtenir des défenfes au Grand Confeil, la contravention aux Ordonnances , que les Prevôts ont inftrumenté hors leur Reffort ou détenu des Prifonniers en charte-privée.

René Choppin *lib.* 3. *Tit.* 29. *de Domanio* , a rapporté les cinquante Privileges Royaux attachez à la Couronne.

Les marques de Souverain , font de déclarer la Guerre & faire la Paix , fondre du Canon , fortifier des Places, faire des Magafins , lever des Gens de Guerre & impofer des Droits fur le Public ; faire des Loix , traitter des Alliances , battre Monnoye , donner Grace & Abolition , envoyer en Ambaffade & ne relever de perfonne que de Dieu & de fon épée. Par les Lettres de naturalité de légitimation & de grace, le Roy veut bien préjudicier à fes Droits en s'excluant de fucceder aux biens des aubains, des bâtards & des condamnez à mort. Voyez Ragueau en fon Indice lettre R. Droits Royaux , qu'il explique fort au long.

Du Mois de Decembre 1680.

Declaration en forme d'Edit du mois de Decembre 1680. Régiftrée au Parlement le 10. Janvier 1681. qui change l'addreffe des Lettres de Rémiffion en un cas particulier. Elle eft dans les Réglemens des Procureurs de 1694, *fol.* 104.

EXPLICATION DE CE TITRE.

COmme les Lettres Royaux font des marques de la Souveraineté auffi bien que de faire battre Monnoye, & de lever & impofer des Droits fur le public , je m'étendrai fur ce fujet, après avoir dit qu'un Juge peut dénier l'Audience à une partie fans injuftice, tel que feroit un contumax, qui ne feroit pas en érat dans les prifons fuivant la Loy, *fed etfi* §. *ait Prætor D. ex quibus caufis major.* & les fentimens d'Ulpian *Prætor poteft denegare Jurifdictionem fuam non obtemperanti.* Accurfe fur l'interprétation du même paragraphe *fupra* Tit. 3. Max. 12. R. Choppin *de Domanio lib.* 2. Tit. 7. eft à voir là-deffus *num.* 11. 14.

Les Juges doivent enteriner toutes les Requeftes qui font juftes & équitables fuivant le fentiment des Jurifconfultes fur la Loy *altiffimus D. de fervitut. ruftic. prædio* ; mais auffi lors qu'elles font injuftes & déraifonnables , ils doivent

en debouter les demandeurs , fuivant le Texte de la Loy *Imperatores illic ,
non habet rationem poftulatio tua D. de tutel. & ratio diftr.* Voyez au
au furplus Louis Guyon en fes diverfes Leçons tom. 1. & liv. 2. chap. 32. La
formule & la maniere d'enteriner des Lettres Royaux , ayant égard à icelles ,
font expliquées par le Jurifconfulte Paulus en la Loy *Titia.* §. *imperator. D.
delegati.* 2. où il dit *poft litteras Imperatoris noftri dubitari non oportere quin
in hac quoque fpecie de qua quæritur , fubveniendum liberis.* Voyez la
Maxime 5. de ce Tit.

Nous voyons que la formule & le ftile de l'addreffe des Lettres Royaux
obfervé dans les Chancelleries. LOUIS , &c. *A nôtre Bailly de* vient d'Ulpian
in L. 1. §. *fi pater D. de ventre in poff. mitten. illic , & ita Divus Adrianus.
Claudio Proculo Prætori refcripfit , ut fummatim de re cognofceret:* Et la
claufe , *Nous defirant fubvenir à nos Sujets , felon l'exigence des cas ,* eft
enfeignée par le Jurifconfulte en la Loy , *Divus D. de reftitutione in integrum. Divus Antoninus , Martio Avito Prætori de fuccurrendo ei qui abfens rem amiferat , in hanc fententiam refcripfit , & fi nihil facilè mutan-
dum eft ex folemnibus , tamen ubi æquitas evidens poffit , fuccurrendum eft ,*
Ulpian en la Loy , *cum quidam D. de acquir. hæred. Divus Pius refcripfit
Confulibus , ei fubvenire oportere.*

La claufe que l'on a coûtume de mettre dans les Letttes Royaux , *s'il vous
appert de ce que dit eft ,* fe trouve enfeignée par le Jurifconfulte en la Loy 2.
D. de Senatufonfultum Sillanian. & montrée dans la Loy , *Titia.* §. *Imperator. D. de lega.* 2. dont voici les termes , *fi liquet tibi Juliane chariffi-
me ,* & par le Jurifconfulte Calliftratus , *in L. Divus Adrianus , illic , ut fi
tibi probaverit , &c. rem feverè vindic. D. de re judic.*

Quant à la claufe qu'on infere , *Parties comparantes ou Procureurs pour
elles ,* eft enfeignée par Ulpian en la Loy *folent D. de alimentis , & cibas
lega ,* lorfqu'il dit *exemplum libelli dati mihi à libertis faville mifit vobis ,
fciens ad exemplum iftam rem pertinere , &c. quâ de causâ puto vos rectè
facturos fi convocatis faville hæredibus procuratoribus , ve eorum conftitue-
ritis cui à cæteris dari debeat pecunia , &c.*

Je pourrois dire avec fondement , que Ulpian le Corriphée des Loix , eft l'in-
venteur des formules de la narration & de la difpofition de certaines claufes
qui font inferées dans les Lettres en forme d'Edit , en la Loy *Divi fratres D.
de Jure Patron.* lorfque nous y lifons *Divi fratres in hæc verba refcripferunt : comperimus à peritioribus dubitatum aliquando , &c.*

Je puis encore avancer que le même Ulpian , & plufieurs autres Jurifconfultes nous ont tracé le chemin & enfeigné la forme dans laquelle doivent
être conçûs les Placets qu'on donne au Roy , & le narré des Requeftes qu'on
prefente au Parlement , & à tous les autres Juges , felon leurs dignitez ,
enfemble marqué la forme de répondre les Requeftes par la Loy , *fed addes ,*
§. *ult. D. locati , Imperator Antoninus cum divo Severo refcripfit ad libellum exceptoris in hæc verba : cum perte nonftetiffe proponas quominus locatas
operas Antonino Aquilio folveres , fi eodem anno mercedes ab alio non acce-
pifti , fidem contractus impleri equum eft. Addo L. ultim. illic , deinde neque
redire cuiquam poffunt permittere , id que Imperatores noftri Severus &*

Antoninus ad libellum Hermiæ refcripferunt, & L. cætera §. hoc Senatuf-
confultum; illic fed & divorum fratrum eft refcriptum ad libellum D. de Lege
1. ad hæc Julianus, in L. licet illic, & hoc Imperator Antoninus ad libel-
lum refcripfit, D. de ufu & ufufructu. Leg. & Calliftratus in L. 2. §. Item
illic, item divi fratres ad libellum Cornelii refcripferunt, &c. D. de jûre
fifci.

Tous les Edits & Ordonnances, Lettres patentes & Declarations qui font
émanées du Roy, font & doivent être lûes & publiées & enregiftrées en la
Cour de Parlement, ainfi que j'ai montré pag. 409. & 436. du Traité des Criées
imprimé en 1704. & fuivant ce que dit Ulpian en la Loy 1. *D. de rebus eo, quæ*
oratio in Senatu recitata eft Theophilo, & Clemente Confulibus, idibus Juniis,
& en la Loy *fed & milites* §. dernier, *illic hoc autem & incuriis eft promulga-*
tum. D. de excufatione Tutorum.

Le Roy à l'imitation de l'Empereur Adrian, ne fait acunes Loix ni Ordonnances fans l'avis & confeil des Princes, & des hommes les plus fçavans
& experimentez de fes Royaumes, qui font auprès de fa perfonne & de fes
Confeils, comme j'ai dit page 579. du nouveau Traité des Criées. C'eft ce
que nous enfeigne le grand Papinian en la Loy *Juris-peritos. D. de excufatione*
tutorum, Juris-peritos qui tutelam gerere cæperunt, in confilium Principum
affumptos optimi maximique Principes conftituerunt excufandos, quoniam circa
latus eorum agerent : Le Roy appelle en fon Confeil tous fes grands perfon-
nages lorfqu'il veut donner un Edit ou Ordonnance au public.

Ulpian dit à ce fujet fur la Loy *Item veniunt,* §. *præter hæc D. de petitio,*
hæredit. pridie idus Martias, Quintus Julius Baldus & Publius Ju-
ventius Celfus, Titius Aufidius, Oenus Severianus, Coufules verba fe-
cere de his quæ Imperator Cæfar Trajani Parthici filius, divi Nerve nepos,
Adrianus Auguftus.Imperator, maximufque Princeps propofuit, quinto nonas
Martias, que proximæ fuerunt, libello complexus quid fieri placeat, de qua
re ita cenfuerunt : cum antequam partes caducæ ex bonis rufticis à fifco pe-
terentur, &c.

La forme d'enregiftrer les Lettres Royaux & autres Actes en Juftice, eft
montrée par Ulpian en la Loy *fi peculium* §. *vicario ;* le Roy mande aux
Juges aufquels il les addreffe de les faire obferver, garder & entretenir &
qu'il n'y foit contrevenu, fuivant le dire de Callitrafte en la Loy 2. *illic,*
& hoc ita obfervari plurifariam principalibus conftitutionibus præcipitur. D,
de jure Fifci. Pline.livre 7. chap. 57. dit que les Aréopages furent les premiers qui firent mourir les hommes par juftice, c'eft où il traite des premiers
inventeurs de plufieurs chofes.

Caufa vinum optimum Potatum.

Après avoir veu le difcours curieux de Jean Baudouyn dans fon Recueil
d'emblêmes, c'eft le 15. Un petit trait d'hiftoire Anecdote ne déplaira pas au
Lecteur ftudieux fur le fujet de nôtre Titre, Charles IX. voulut faire ar-
racher les vignes voyant que la plûpart des Rémiffions qu'il octroyoit, eftoient
pour des crimes & homicides commis après la débauche du vin ; Jacquet fon
Bouffon

Bouffon l'attendit à la sortie du Confeil, & détourna Sa Majefté de fon deffein par la raifon que rapporte Louis Guyon tome 2. liv. 3. chap. 5. lui remontrant qu'il avoit déja affez d'ennemis pour la Religion, & qu'il en auroit un plus grand nombre s'il avoit tous les yvrognes de fon Royaume, ce qui fit rire le Roy & le divertit.

Nous lifons que Domitien fit un Edit pour extirper les vignes d'Italie. *Probus* les permit vers 280. aux Gaulois & aux Hongrois. Columelle dit que les vignes font de grand profit dans les terres qui y font propres : que de fon tems l'on en plantoit beaucoup en Efpagne & dans les Gaules *lib. 4. cap. 3.* L'experience nous fait voir ce qu'à écrit Varron, *lib. 1. cap. 8. de re ruftic.* que la dépenfe excede le produit, à moins que ce ne foit le Vigneron qui la faffe, une jeune plante bien cultivée rapporte, fi elle eft negligée elle ne produit rien, fuivant *R. Palladius*, ce qui a fait un proverbe, *la vigne n'eft propre qu'au Vigneron*, fi c'eft le Bourgeois qui paye les façons, labours, échallas, lié & bourgeonné, le fumier & les foffes ou provins, elle coûte beaucoup avant que *Spumet plenis vindimia labris.* C'eft ce que l'ufage apprend au liv. 5. *præception. felectarum de Agriculture*, dont on fait Auteur l'Empereur Conftantin. J'eftime que c'eft ce qui avoit obligé les anciens Marfeillois de faire une Loy qui ordonnoit que les femmes ne boiroient point de vin, felon Athenée, *lib. 10. Dipnofophiftarum.* L'Ordonnance de Charles IX. du 4. Février 1567. Tit. 3. art. 4. défend aux journaliers, mercenaires, ferviteurs & valets des Laboureurs des champs, l'ufage du vin, & ne le permet qu'à certains jours : cette même Police de France enjoint aux Officiers d'empêcher que dans leurs Territoires le labour & les femences des terres ne foient negligez, pour y planter des vignes, enforte qu'il y aït toûjours les deux tiers des terres pour le moins tenus en blairie, & que ce qui eft propre & commode pour les prez, fain-Foin & Luzerne ou Bourgogne, ne foit appliqué à faire un vignoble art. 146.

Suëtone rapporte dans la vie d'Augufte, que le peuple de Rome s'étant plaint de la cherté du vin, il leur fit réponfe, *fatis à genero fuo Agrippa provifum perduEtis pluribus aquis homines ne fitirent.* Ce jus eft le nectar dont les Poëtes ont immortalifé les Dieux de la fable, *fupra Tit. 17. Maxime 11. in fine* René Choppin Privileges Ruftiq. liv. 2. chap. 7. Doliv. liv. 2. chap. 16.

Mais c'eft affez parler de cela, revenons aux Lettres du Prince ; laiffons cultiver les vignes à qui voudra à la campagne ; les Graces font d'un grand fecours, dont je vais traitter, en priant les Lecteurs ftudieux d'excufer n'ayant écrit qu'après avoir lû le 14. liv. de Pline. Charlemagne fit une Loy contre les yvrognes, *ut nullus ebrius fuam caufam in malo poffit conquirere, nec teftimonium dicere, nec placitum comes habeat nifi jejunus.* Ecclefiaftiq. *cap.* 19. *v. 2. Vinum & mulieres apoftatare faciunt fapientes*, c'eft dans fes Capitulaires *lib. 2. cap. 6.* les foldats qui s'enyvroient étoient excommuniez & pour penitence condamnez à boire de l'eau, *ut in hofte nemo parem fuum vel quemlibet alterum bibere cogat & quicumque in exercitu ebrius juventus fuerit, ita excommunicetur, ut in bibendo folâ aquâ utatur qui ufque fe male feriffe cognofcat* il y a longtems que cela eft hors d'ufage. Jovet en fa Bibliotêque *in verbo* Crimes *num.* 15. parle de la punition des vignes coupées contre les coupables, *caufa vinum optimum potatum* aux Juges chap. 9. *v. 13.* il eft

Y

dit faisant parler la vigne , *non quid possum deserere vinum meum , quod lætificat Deum & homines,* Psalm. 103. ℣. 15. *Et vinum lætificet cor hominis.* Un ancien Auteur écrit que si les passions des hommes & leurs affections rencontroient leurs effets dans la nature comme dans leurs volontez , on ne verroit sur la terre que des vignes pour contenter les yvrognes , des minieres d'or pour satisfaire les avares , des armes pour plaire aux furieux ; ainsi de même de toutes autres passions , *hiante avaritia homo.* Auguste ayant entendu les plaintes & le murmure que faisoit le peuple Romain de la cherté du vin , fit réponse que son gendre Agripa y avoit pourvû par les belles fontaines qu'il avoit fait construire à Rome , il n'avoit point lû les deux passages que j'ay rapportez , *vinum lætificet cor hominis, satis à genero suo Agripa provisum perductis pluribus aquis homines ne sitirent ,* rapporte Suétone d'Auguste , comme j'ay dit , lisez encore je vous prie , amy Lecteur , l'Ecclesiastique chap. 19. pour voir les maux que produit l'yvrognerie *vinum & mulieres apostatare faciunt sapientes.*

Toutes les Lettres de ce Titre de l'Ordonnance sont comprises sous le mot de Grace , qui est comme le genre qui renferme les autres especes. *Laurentius Valla* liv. 4. chap. 18. de ses Elegances , y donne plusieurs mots Latins. Les Docteurs & Criminalistes les nomment *Diplomata , Rescripta , Concessiones & Beneficia Principum.* Il n'appartient en France qu'au Roy seul de les accorder , *solus enim Rex in Regno Franciæ potest facere Gratiam ,* que Seneque a remarqué comme un droit de Souveraineté , ainsi que j'ay dit en plusieurs endroits du nouveau Traité des Criées , où je renvoye , & sur tout dans la page 436. qui satisfera les Lecteurs. R. Choppin *de Domanio Franciæ lib. 2. Tit. 7. num. 11. & Consuetud. Parif. lib. 3. Tit. 3. num. 25.*

Il y a deux sortes d'Abolitions , la generale & la speciale : la générale est une Amnistie donnée à tout un Païs , à une Nation , à une Ville qui ont offensé de dessein la Majesté du Roy & de l'Estat , dont je parlerai au Titre 23. La premiere fut donnée pour la rebellion d'Athenes. Il est aussi parlé *de Generali abolitione* dans le livre 9. du Code : c'est de l'abolition qu'il est dit , *omnium rerum veniam dare nullius petere ,* celle-ci ne gît en aucune connoissance de cause , il faut suivre ce qui est ordonné & disposé par icelle , comme étant émanée du plain pouvoir du Roy , & la partie civile ne peut point proposer contre icelle aucun moyen d'incivilité , d'obreption , ny de subreption , il n'y a point d'interpretation à faire ; que s'il en étoit besoin , il faudroit suivre le sentiment des Docteurs , qui disent que les bien-faits du Prince sont toûjours interpretez largement & non autrement : pourquoi celui qui a obtenu de semblables Lettres , est toûjours favorable à être entendu , *Beneficia Principum plenissime sunt interpretenda , late non stricte.* Amnistie , l'abolition speciale de laquelle l'Ordonnance semble vouloir parler , équipolle à la Remission , & c'est alors de l'enterinement de celles-ci que la partie civile est reçûë à donner ses moyens d'obreption & de subreption , dans lesquels elle peut remarquer l'interpretation & la contradiction qu'il y a entre l'exposé des Lettres & le contenu aux informations , *Princeps enim nunquam præsumitur concedere non concedenda.* C'est ainsi que l'entend l'Ordonnance , il faut voir en ces Lettres ce qui est aussi porté par la Loy *an preces veritate nitantur.* Cela se rapporte fort bien à la clause qui étoit inserée dans les Edits des Préteurs, *si qua mihi justa causa videbitur ;* c'est pourquoi par les Ordonnances anciennes & la nouvelle, il est deffendu aux Juges d'avoir égard aux Lettres si elles ne sont veritables & conformes aux informations dans le recit des faits : la même chose est exposée dans les Loix du Code *lib.* 10. *&c.* Jean Papon liv. 24. Tit. 17. Jean Imbert liv. 3. chap. 17. de ses Instituts forenses & chap. 18.

Des Lettres de remission l'on peut dire les mêmes choses que de l'abolition generale, il n'y a qu'à y ajoûter que ces Lettres ne s'obtiennent que pour des crimes capitaux, dont les peines sont la mort art. 2. de nôtre Titre, pour les homicides involontaires ou commis dans la necessité d'une legitime deffense de la vie. La Novelle de l'Empereur Valentinien *de homicid. casu,* porte cette restriction en termes exprès : *le* Sceau de ces Lettres est de cire verte, en lacs de soye rouge & verte, soit au petit ou grand Sceau, avec le mois & l'année : & celles du grand Sceau sont sans la date du jour de l'impetration, elles procedent de la pleine puissance & souveraine autorité du Roy, & sont signées d'un Secretaire d'Etat, suivant la Déclaration du 22. Novembre 1683. Registrée le 3. Decembre ensuivant.

Les Lettres de pardon sont appellées Lettres de Justice au cas de droit, elles s'obtiennent aux Chancelleries qui sont prés des Parlemens, dont le motif n'est que de grace speciale, & non d'autorité Royale comme aux precedentes. Elle ne s'accordent que pour les homicides casuels, ou pour parler comme l'Ordonnance pour le cas esquels il n'échet peine de mort, qui ne peuvent pourtant être excusez, c'est pour cela que l'Ordonnance dit, qui ne peuvent être excusez conformement à cette regle du droit, *sine culpa nisi subsit causa, non est aliquis puniendus ;* toutefois & par exprès les Juges de rigueur, qui sont les premiers Juges, ne peuvent pas excuser un cas, & c'est sur cela que le celebre Docteur André Alciat se récrie *de verborum significatione in lege aliud* 132. *lege absentem.* ff. *de pœnis,* & par cette raison il faut avoir recours à la faveur & au benefice du Prince, que les Cours Souveraines peuvent départir sous son nom, & son Sceau attaché à des Lettres de pardon. Imbert, Bernard, Tagereau, Bouchel & Ducroc, dans leurs Stiles & Praticiens, lesquelles Lettres s'expedient comme les autres Lettres de Justice à simple queuë en cire jaune, signées d'un Secretaire du Roy, avec la datte du jour, du mois, de l'année & le lieu de l'impetration où elles ont été accordées & scellées.

Pour ester à droit, nôtre Ordonnance explique suffisamment qu'elles sont ces Lettres. Sçavoir qu'elles sont pour les accusez qui ont negligé de leur representer pendant les cinq ans après le jugement de leur contumace qui sont expirez. Peu de personnes ignorent que suivant les anciennes Ordonnances & nôtre nouvelle, les condamnations pecuniaires, amendes & confiscations par contumace sont reputées contradictoires après les cinq années expirées. Titre 17. art. 29. & 31. Toutefois le Roy se reserve à faire grace aux défaillans par le moyen de ces Lettres pour ester à droit, lesquelles ont la force & l'effet de mettre l'impetrant en état de se pouvoir purger comme auparavant la condamnation, sauf les frais & dépens de la contumace, les amendes & interêts civils. Papon liv. 24. Titres 16. & 17.

Ces Lettres pour ester à droit, s'appellent aussi Lettres Royaux, *rescriptum*

Principis. Il ne se trouve point de Loy que celui qui est condamné par contumace pût effacer sa condamnation en se representant après les cinq ans : tout au contraire, & en effet, celui qui a méprisé l'Ordonnance & la voix du Magistrat, qui a negligé celle des Loix, qui a fui le Sanctuaire de la Justice, lequel a oüi & connu la condemnation de ses forfaits, & qui pendant plusieurs années a perseveré dans ce mépris, doit être destitué de tout autre secours que de la faveur & de la grace du benefice du Prince, qui par l'octroi de ses Lettres ne va qu'à proteger l'innocence, de laquelle la deffense est imprescriptible, comme étant du droit naturel. Que si l'accusé se trouve coupable, on ne laisse pas de le punir, car les Lettres du Prince sont en cela d'autant plus équitables, qu'elles ne sont pas octroyées & accordées pour absoudre & empêcher la punition du crime dont l'accusé est convaincu étant clairement prouvé. Elles éteignent seulement la condemnation qui pourroit être intervenuë, *ficta juris probatione ob contumaciam* : c'est pourquoi elles sont nommées Lettres pour ester à droit, d'autant que par icelles l'accusé est seulement renvoyé *ut causam dicat, respondeat, iudicio sistat,* & en se representant *extinguit judicatum.* Baquet des droits de Justice chap. 16. num. 4. sauf les reserves de l'Ordonnance pour l'amende & les interêts civils & les frais de la contumace qu'il faut refonder. Quand à la condamnation de la peine corporelle & à la confiscation, elles sont mises au neant ; car la derniere attire l'autre, & toutes deux y concourent : que si l'impetrant ne se represente point, ces Lettres sont & demeurent sans effet, & les condamnations restent en leur force & vertu. J'en mettrai la formule au Titre 29.

Rappel de Galeres ou de bannissement, suivant Ragueau *in voce* Bannir : le rappel présupose une condamnation precedente aux Galeres ou à un bannissement. Le bannissement est un terme general qui comprend toutes les differentes especes selon leurs diverses significations des mots Latins, *exilium, bannum, relegatio, deportatio & alia omnia.* Quant au mot *de ban* dont est composé celui de bannissement, il est pris pour une proclamation publique, qui nous apprend que de trois dictions Françoises qui sont a, ban, donner, nous en avons fait une seule, que nous disois abandonner. Ce mot a diverses significations qu'on trouve dans les Auteurs : je dirai qu'il se prend ici pour bannissement ordonné pour peine par Sentence ou Arrest. Bouchel & Ragueau *in verbo* Ban, éxil est interdiction de certains païs, lieux, Ville, Province, ou hors le Royaume.

Touchant la condamnation aux Galeres, nous ne trouvons point dans les Loix qu'il soit parlé de cette peine, ni dans tout le Droit Civil. Ragueau en son indice *in verbo* Galeres, Expilli Plaidoyer 29. le rappel des Galeres & d'un Bannissement, c'est quand le Roy rappelle par ses Lettres dans un Païs celui qui en avoit été banni ou envoyé aux Galeres pour crime par les Juges : rappel de ban *dicitur etiam ius postliminii, ad metallum, ad latomas, ad opus publicum, deportatio insulam, ad munus gladiatorum interdictio aqua & ignis præcipitatio saxi tarpei & similia,* parce qu'il n'y avoit pas encore de Galeres. *Vide* la page 530. du nouveau Traité des Criées.

Commutation de peines : ce mot commutation vient du verbe *Commuto, commutare, mutare, convertere,* connuë ici d'une peine dans une autre, toutesfois beaucoup moindre ; car cette commutation est toûjours favorable au con

damné *& fit in melius*, comme de la mort naturelle en mort civile, de banniſſement, priſon perpetuelle, ou de ſervir le Roy dans ſes Armées un certain
tems à ſes depens, des Galeres étant invalide, au foüet, à la fleur de lys, ou au
banniſſement *& hujuſmodi alia*, *ſecus autem* de la commutation qui ſe fait és
Cours par Juſtice *nam fit in pejus*, comme de la converſion de la peine pecuniaire en corporelle. Il eſt a remarquer que le Roy n'ôte rien de l'infamie par ſes
Lettres de commutation, comme je dirai dans les Maximes, de maniere que la
commutation de ce Titre eſt un moyen en tiers, entre la condamnation & la
grace entiere, dautant que le Roy fait grace à la verité d'une peine au condamné, néanmoins il ne veut pas que le crime demeure entierement impuni : c'eſt pourquoi ſa Majeſté ſubroge une autre peine en la place. Il y a cela à remarquer entre
les Lettres d'eſter à droit & celles de commutation de peines : que les premieres
ne concernent que les défaillans condamnez par deffaut & contumace, & les
autres ne regardent que les preſens condamnez à peine par Sentence contradictoire & Arreſt ou jugement ſouverain.

Lettres pour purger la memoire d'un deffunt, dont je traiterai Titre 19.

Réhabilitation, préſuppoſe une infamie precedente dont un coupable eſt
noté par une condamnation renduë par jugement contre lui : c'eſt la réhabilitation que les anciens appelloient *eximere nota*. Comme par une condamnation le coupable eſt devenu ſerf de la peine & eſt mort civilement & par conſequent incapable de tous actes civils ; auſſi par la réhabilitation il eſt rendu
au ſiecle capable de tous actes ; il eſt vrai que M. Claude Expilli en ſon Plaidoyer 29. ne veut pas qu'il y ait aujourd'hui parmi nous des ſerfs de la peine :
cependant il eſt certain qu'ils ſont liez par une condamnation. Les Lettres de
réhabilitation regardent toutes ſortes d'Officiers interdits & déclarez incapables d'exercer aucunes charges, ſoit de Judicature ou de Finance, le Roy remet
les condamnez, les réhabilite, & reſtituë par ſes Lettres contre la condamnation,
en les rétabliſſant dans la fonction & exercice de leurs offices, comme ils étoient
auparavant la condamnation pour les pouvoir exercer : mais elles vont encore
plus avant ; car par les mêmes Lettres, le condamné eſt réintegré dans la
poſſeſſion & joüiſſance de ſes biens, remis & rétabli dans ſa bonne fame & renommée. Il n'y a point de reſtriction dans cette reſtitution, ſoit à l'égard d'un
Officier, ſoit d'un autre perſonne réhabilité, *ſane & reſtituere Princeps dicitur
cum ordini & dignitati reſtituit itemque famæ.*

Réviſion de procès, Réviſion, *eſt quod viſum fuerat iterum videre* : elle
eſt ici au lieu d'un appel, & à cette fin que les mêmes Juges qui ont jugé le
procès examinent de nouveau avec attention l'affaire, après quoi ils peuvent
changer leur premier jugement par un ſecond. Celui qui eſt mal fondé en réviſion eſt condamné aux amendes envers le Roy & la partie, ſuivant l'article 28.
de nôtre Ordonnance. Les Juges peuvent changer le jugé s'il y a lieu, ſoit
en tout ou en partie, ſuivant les cauſes & circonſtances qu'on leur fera remarquer de nouveau, comme il eſt arrivé par un Arreſt ſolemnel rapporté par Jean
Papon du 11. Octobre 1556. liv. 19. Tit. 8. art. 9. & un plus reſſent rendu aux
Requeſtes de l'Hôtel en 1699. le 2. Septembre, contre les Juges du Préſidial *de
Petromantalum*, dont j'ay parlé page 70. du nouveau Traité des Criées, où je
renvoye les Lecteurs.

A l'égard du mot procès, c'eft ce que les Loix & les Docteurs ont appellé *lis aut quæſtio conteſtata & judicata :* cependant par le moyen des Lettres du Roy, l'exception *de rei judicatæ* n'a point de lieu. Anciennement on appelloit la réviſion des procès *Juſtitium remittere, cum priſtinam ſ facultatem tractandarum litium publice reſtituebant.* En Matiere Criminelle ce qu'on appelle réviſion de procès, c'eſt ce qu'on appelloit en Matieres Civiles propoſition d'erreur deffendu par l'article dernier de l'Ordonnance d'Avril 1667. dont parle l'Ordonnance de Blois art. 146.

Je ne puis oublier Azon, qui meritoit bien des Lettres de remiſſion, étant un Docteur celebre, lorſqu'il enſeignoit le Droit à Bologne, où il compoſa ſon Commentaire *Summa Azonis,* dans lequel il s'aida des œuvres de Placentin. Sa mort digne du regret des ſtudieux eſt extraordinaire : le Lecteur ne ſera pas fâché de l'apprendre d'Eſtienne Tabourot chap. 6. des Entens trois, Azon dans la chaleur d'une diſpute jetta un chandelier à la tête de ſon diſputant, dont il mourut : ce Docteur eſt arrêté & conſtitué priſonnier, l'on lui fit ſon procès extraordinairement, encore que l'accident fût arrivé ſans aucun deſſein de tuer ; ainſi l'action étoit très-pardonnable, ſuivant la diſpoſition de là Loy *ad beſtias D. de pœnis,* qui veut la moderation de la peine d'un coupable lorſqu'il a merité & excellé en public par quelque ſcience ou art. Pendant ſa priſon les écoliers lui rendoient viſite l'aſſurant de leurs ſollicitations & du credit de leurs parens & amis, lui diſant que l'inſtruction de ſon procès étoit une formalité de Juſtice qui ne devoit pas le chagriner : Azon ſoit par l'ennui & la longueur de ſa priſon, ou par ce qu'il étoit prévenu & rempli de ſon ſçavoir, ſans faire reflexion leur repondit bruſquement, *ad beſtias, ad beſtias,* voulant leur marquer que ſon abſolution & ſa ſûreté étoient dans cette Loy *ad beſtias,* ayant merité du public par ſon ſçavoir, excellant dans la ſcience du Droit. Cette reponſe ayant été rapportée au Podeſta, les Juges qui ignoroient tout-à-fait la diſpoſition de cette Loy, s'imaginerent qu'il les inſultoit & les mépriſoit juſques au point de les traiter de bêtes : enſorte que pour ſe venger de ce prétendu affront, ils le condamnerent à mort, & le priverent des honneurs de la ſepulture, ayant été executé. Son grand merite fut cauſe qu'on le mit dans un tombeau de pierre, élevé dans une rue proche de la grande Place de la Ville de Bologne, marqué dans le livre des délices de l'Italie de M. Muiſſon ; ainſi fut honteuſe la fin de la cariere de celebre Docteur, par l'impericie des Juges, en le condamnant à perdre le jour par la main infame d'un *mortis exactor,* ce qui eſt un grand avertiſſement pour la reception des Officiers de Juſtice lors de l'examen.

Papinien le premier des Juriſconſultes qui ait été, fut tué pour n'avoir pas voulu faire une harangue, afin d'excuſer l'Empereur Antonin Baſſien Caracala, d'avoir aſſaſſiné ſon frere Getat dans le ſein de ſa propre mere, afin de regner ſeul, après il l'épouſa, faiſant ſa femme de la veuve de ſon pere ſa maratre. Ce ſçavant Juriſconſulte floriſſoit ſous Severe, ſes diſciples furent Ulpien, Jules Paul, Pomponius, & Modeſtin en grand eſtime ſous Alexandre Severe fils de Mammée. L'Empereur Antoine, Prince des plus ſages & éclairez qu'ait eu Rome, ce qui lui fit donner le ſurnom de Philoſophe, eſtimoit ſes Conſeillers Scevole, Mutien, Ulpien & Marcel, tous gens de rare merite qu'il avoit tirez du College des Jurisconsultes. Minutius Felix , qui de celebre Avocat devint dans son *Octavius* l'illustre deffenseur de la Religion Chrétienne , Bartole étoit de Sentin en Umbrie , Balde de Perouse , Jason & Alciat Milanois , Oldrad de Laudi , Ancharanus de Bologne , & les autres dont les vies ont été recuëillies par Gui Pancirol de Padoüe , & de Graverol de Nismes.

I. Max. C'est une Maxime univerſellement reçuë , que toutes les Lettres de grace du Roy ne touchent point à l'interêt de la partie civile ny d'aucun autre ; c'est pourquoi ces Lettres portent toûjours la clauſe ordinaire. *Quittons, par-donnons & remettons ; &c. ſatisfaction faite à la partie civile , ſi fait n'a été.* La peine est donc reſervée à la Loy , la grace au Prince , ſauf le droit d'au-trui : cependant le Prince *cauſa ſubſiſtente* peu remettre le tout , *veluti propter bonum pacis , aut utilitatem publicam , quæ præferenda eſt utilitati privato-rum.* M. de Perchambaut ſur l'art. 655. de la Coutume de Bretagne est à voir.

I I. Max. L'on ne peut condamner un rémiſſionnaire en une amende envers le Roy , dautant que par les Lettres , Sa Majesté a remis tous ſes interêts ; mais bien en quelque ſomme pour faire prier Dieu pour le repos de l'ame du deffunt , & à aumoner , ſuppoſé que les Lettres ſoient enterinées, Jean Bacquet des droits de Juſtice chap. 16. num. 1. &c. & à des interêts civils envers les heritiers d'un deffunt ſelon ſa qualité , & la veuve & le nombre de ſes enfans, s'ils ſont parties.

I I I. Max. Les Seigneurs Hauts-Juſticiers ſous pretexte du droit de confiſ-cation qui leur pourroit revenir par une condamnation à mort , ne peuvent point leur oppoſer à l'enterinement des Lettres d'abolition , de remiſſion , pardon , rappel de Galeres , banniſſement perpetuel , & autres qui emportent la confiſ-cation accordées à leurs juſticiables & domiciliez qui ont été condamnez ; par-ce que le Roy s'est reſervé ſur tous les Hauts-Juſticiers , le droit , le pouvoir & l'autorité de donner toutes ſortes de Lettres , preferant miſericorde & grace à Juſtice ; ainſi que j'ay fait voir page 436. du noüveau Traité des Criées , ou je renvoye les Lecteurs qui n'en ſeront pas fâchez. René Choppin ſur la Cou-tume de Paris lib. 3. Tit. 3. num. 24. Duluc lib. 12. Tit. 10. *de ſententiam paſſis & reſtitutis.*

I V. Max. La grace a cet effet, que lorſque ſa Majesté la fait de ſon mouve-ment ſouverain, pleine puiſſance & autorité Royalle par Lettres d'abolition , re-miſſion , pardon , ou autres, après une condamnation par Arreſt , ou Jugement Souverain qui emporte une confiſcation de biens ; deſquels les Seigneurs ou autres confiſcataires ſe ſeroient emparez, *nihilominus* , le rémiſſionnaire rentre dans tous ſes biens , ſi par les Lettres la peine est remiſe , les confiſcataires ſont tenus de rendre les biens à l'impetrant qui leur avoient été adjugez par la con-fiſcation & leur en laiſſer la poſſeſſion & joüiſſance libre au moyen de ſes Let-tres , la confiſcation étant éteinte par leur enterinement , leſquelles portent or-dinairement le rétabliſſement de l'impetrant dans tous ſes biens , autrement il y auroit quelque choſe à redire , *tum enim valent quantum ſonant.* Baquet *quo ſupr.* , *&c.* des droits de Juſtice chap. 16. num. 1. *Staphiletus de litteris gratiæ.* Jean Duluc. lib. 12. Tit. 16.

V. Max. Les rémiſſions ne doivent être enterinées qu'avec le Procureur du Roy & la partie civile, s'il y en a , la veuve & les heritiers du deffunt, tous autres

ne font pas reçus à intervenir , fuivant Baquet des droits de Juftice chap. 7. Jean
Papon liv. 24. Titre 17. Arreft 9. &c. la préfentation s'en doit faire par l'impetrant dans trois mois après l'obtention : autrement, dit l'article 35. de l'Ordonnance de Moulins : ne voulons que ceux qui auront obtenu de Nous Lettres de
grace , pardon , ou remiffion s'en puiffent aider après les trois mois de la datte
d'icelles , encore qu'elles euffent été données par Nous és entrées de nos Villes ,
& nonobftant les Lettres de furannation qui feront par eux impetrées. Nôtre
Ordonnance en ce Titre art. 16. ajoûte paffé le tems de trois mois deffendons
aux Juges d'y avoir égard , & ne pourront les impetrans en obtenir de nouvelles, ny être relevez du laps de temps. Balde parlant de la forme de prefenter les
Lettres de rémiffion en France par les accufez qui les ont obtenuës pour être
enterinées , dit *capite nudo , genibus flexis & pro Tribunali.* L'article 23. de
nôtre Ordonnance en ce Titre , fe garde peu éxactement , & c'eft furquoi pourroit tomber & s'appliquer le *male obfervatur,* dont je parlerai au Tit. 29. au bas
de la formule des Lettres. Expilli en fes Arrefts chap. 152.

VI. Max. Il y a de belles circonftances à obferver dans les graces , *Princeps
quos abfolvit notat*, d'où il faut inferer que les recidives dans les crimes font
plus dangereufes qu'aux maladies , fuivant Charondas fur le Code Henry liv. 7.
Titre 13, conformement à Loy *nemo 3. in fin. cod. de Epifcop. audiens* ; auffi
la rémiffion qui fe donne par privilege , coutume , ou en l'honneur d'un Saint ,
tel que le privilege S. Aignan à l'entrée de Meffieurs les Evêques d'Orleans , la
Fierte S. Romain le jour de l'Afcenfion , qui fe trouve au long raporté dans les
Recherches de la France liv. 9. chap. 42. que l'on donne à Roüen , eft toûjours
refufée à celui qui a fouvent commis des crimes. Chaffeneuz au Titre des Juftices Coutume de Bourgogne, §. *fimples larcins :* Que fi celui qui a eu grace
une fois retombe dans le crime & a recours au Prince une feconde fois , il
doit y être fait mention de la premiere, où l'on pourroit les accufer de fubreption : de forte que pour fortifier la Maxime ainfi que j'ay commencé, je dirai
après le Poëte Ovide , *demi pœna poteft, fed femper culpa manebit.* Lifez page
436, du nouveau Traité des Criées, & Jean Dulnc lib. 12. Tit. 1. chap. 8. Charondas étoit fufpect à M. Mainart, Expilli Arreft 220.

VII. Max. En toutes fortes de Lettres du Prince , on doit expofer le fait
tel qu'il eft dans les informations pour leur validité , afin qu'elles ne foient
point arguées de fubreption ny d'obreption, autrement elles ne feroient pas
enterinées, puifque le Roy mande aux Juges qui doivent le faire , *s'il vous
apert du contenu aux Lettres qu'elles foient conformes à la verité des informations , en ce cas procederez à l'enterinement, &c.* Nôtre Ordonnance en
ce Titre art. 1. Anciennement à Grenoble les Avocats faifoient le paranimphe
d'un accufé lors de la prefentation de fes Lettres. Expilli chap. 152.

VIII. Max. Il eft deffendu par les Ordonnances à Meffeigneurs les Gardes
des Sceaux , de fceller aucunes graces ny Lettres pour des cas dans lefquels
l'on ne peut impofer aucunes peines corporelles , il eft enjoint aux Juges d'en
débouter les impetrans avec amende : la raifon en eft que le délit n'eft pas
confiderable où il n'échet peine afflictive. Code Henry Titre des Lettres de grace
& de rémiffion. Papon liv. 24. Titre dernier des graces. La Province de
Haynaut avoit en Proverbe *de n'être fujette qu'a Dieu & au Soleil.*

IX. Max,

IX. Max. Toutes Lettres de grace après la mort du Roy qui les a octroyées font de nul effet, fi elles ne font enterinées ou confirmées par le Roy fucceffeur à la Couronne fi elles ne l'étoient pas, parce que toutes graces font perfonnelles, *omnes enim confervationes expirant morte concedentis.* Peleus queftion 149. *Joannes Faber*, *&c.* Voyez la Déclaration du Roy fur les rémiffions du 22. Novembre 1683. Regiftrée le 3. Decembre enfuivant, page 116. des Réglemens des Procureurs.

X. Max. Les Princes Etrangers ne peuvent donner grace à un François encore que le délit foit commis fur leurs Terres, daurant que la Loy du Prince oblige le fujet délinquant, même hors de fes Etats, Maxime *fi id expreffum eft.* Il faut pourtant reftraindre la Maxime aux délits commis par contravention aux Loix du Prince du délinquant, *fecus*, aux contraventions, aux Loix établies par le Prince du lieu du délit. Expilli Plaidoyer 24. de l'Homeau des droits Royaux liv. 1. Titre 9. &c. *Traftatus de litteris gratia*, *Staphilæi ex probi recognitione. Antonius Corfet Siculus*, Traité *de poteftate Regia.*

XI. Max. Si quelque criminel fe rend prifonnier dans l'efperance d'obtenir fa rémiffion à la nouvelle entrée du Roy en quelque Ville, dont j'ay parlé page 436. du nouveau Traité des Criées, & fi depuis le coupable entre en défiance de l'obtenir à caufe de l'énormité de fon crime, il demande que les prifons lui foient ouvertes, ne voulant pas attendre l'entrée, fi c'eft avant l'obtention des Lettres de rémiffion, on lui doit permettre l'iffuë franche & libre ; mais fi c'eft après les Lettres fcellées & prefentées à l'Audience qu'il en a requis l'enterinement & juré qu'elles contiennent verité, qu'il s'en veut fervir, il doit refter en prifon jufques à l'entiere difcution ; car par la préfentation de ces Lettres, il s'eft rendu fujet à la Juftice du lieu auquelil s'eft volontairement rendu prifonnier à fon profit ou dommage. Bouche! *in voce* rémiffion, le Brun livre 2. Papon livre 24. Titre 17. & dernier Arreft 7. &c. Ces circonftances arriverent lors de l'entrée de Meffire Pierre du Cambout, depuis Cardinal de Coiflin, qu'il fit étant Evêque d'Orleans, le jour de S. Luc 18. Octobre 1666. & à l'entrée de Meffire Louis Gafton Fleuriau, Evêque d'Orleans, qu'il fit le premier jour de Mars 1707. & comme c'eft une chofe curieufe, j'ay mis la teneur des Lettres, ainfi qu'il enfuit.

Formule des Lettres de Rémiffion que donne Monfieur l'Evêque d'Orleans à fon avenement à l'Evêché.

LUDOVICUS GASTO FLEURIAU, miferatione divina & Sanfta Sedis Apoftolicæ gratia. Epifcopus Aurelianenfis, utriufque facri Regis Confiftorii Confiliarius. Univerfis præfentes Litteras infpefturis, Salutem in eo, qui eft omnium confcientiarum fcrutator, & miferorum refugium, qui innumerabilibus criminibus & deliftis illaqueatos antiqui ferpentis fuafu, dolo & fuggeftione, benigniffimo fuo finu fovet & refocillat, itaque veftigiis Domini noftri Jefu Chrifti, inhærentes (fomnis quippe aftio Chrifti noftra eft inftruftio :) Et nos non ignari fragilitatis & fortis hominum, Pfalmifta 101. clamantes v̄. 14. Ignofce nobis Domine, quoniam cognovifti figmentum noftrum. Et quod vitia quantò fortius defæcata fuerint, *tantò mitiora evadunt , nam Petri abnegatione non refriguit amor , sed incredibili ardore crevit & vires atque incrementum suscepit : sic tales evasuros speramus , qui supplices ad nos deprecatis pœnitentiam , misericordiam & absolutionem petentes , confugiunt. Quum itaque ex Privilegio, præminentiis , libertatibus & prærogativis ab antiquo hactenus observatis, Episcopi Aurelianenses soliti sint in suo solemni & jucundo adventu ad Urbem & Ecclesiam Aurelianensem, & valeant ac possint omnes & singulos prisonarios carceribus , tam ecclesiasticarum quam sacularium ejusdem Civitatis & Urbis Curiarum & Jurisdictionum pro crimine & forefactis per eos commissis & perpetratis detentos liberare, pœnasque inflictas eisdem & infligendas remittere & abolitioném , gratiam , misericordiam & absolutionem plenariam de criminibus & delictis eorum quantumcumque gravibus & enormibus impertiri , ipsique Judices. tam Ecclesiastici , quàm saculares , omnes & singulos prisonarios criminales à se detentos, eorumdemque judicum Commentarienses , Custodes , & Geolarii carcerum sub porta Burgundiæ die nostri jucundi introitus nobis adducere , ipsique interesse, juramentaque ibidem solemniter præstare , se malitiosè suis in carceribus & vinculis neminem detinere , seu aliquos criminosos in fraudem alienasse seu occultasse teneantur & hâc die datæ præsentium nostrum in Urbe, Civitate, & Ecclesia Aurelianensi primùm jucundum introitum nobis facientibus , Magister Jacobus Delagogué Officialis noster , & Magister Petrus Proust Baillivus nostri Episcopatus , necnon Nobiles & circonspecti viri Domini Magistri Guillelmus de Trois secundus Præses Sedis Præsidialis in absentia primi Præsidis & locum tenentis Baillivatus Aurelianensis : Bartholomæus Thoinart rerum criminalium Judex ; Elias de la Fons, Prætore ejusdem Urbis ; Franciscus Jacobus le Grand in dictis Sede Præsidiali & Baillivatu, Procurator Regius : Franciscus Lethoré, in dictâ Præturâ Aurelianensi Procurator Regius ; Claudius Cahouet de Senneville ; Ludovicus Baillard de la Noüe ; Marescallorum Franciæ indicto Baillivatu Aurelianensi Præfecti : Joannes Courlesvaux Regiorum & Petrus Chevalier Ecclesiasticorum carcerum respectivè custodes, omnes & singulos vinctos & pro crimine in suis prædictis carceribus detentos nobis adduxerint juramentaque in talibus requisita præstiterint : inter illos prisonarios nobis oblatus est dilectus in Christo* Seraphin de Rodomont de Tramblevif, natif de la Tremblade Diocése de la Rochelle, Gonverneur pour le Roy * * * *in trigesimo nono ætatis suæ anno constitutus, oneratus criminibus & delictis latius in ejus confessione contentis, cujus tenor sequitur.*

Il faut exposer le fait tel qu'il est par les informations ; *Notum igitur facimus , quod auditâ ejusmodi confessione , attendentes quod sancta Mater Ecclesia , nemini claudit gremium ad se redeunti , quodque multi qui primos motus refrænare cupiunt gratiis Principum & Prælatorum ac aliis certis de causis à commissis à se criminibus & delictis liberantur : præstito etiam prædictum* Seraphin de Rodomont de Tramblevif, *juramento quod fidem Catholicam, Apostolicam & Romanam profitetur , & quod prædictum factum seu crimen ex rei veritate exposuit* (nam volumus præsentes nullas esse , nisi factum superius narratum veritate nitatur) *dictum* Seraphin de Rodomont de Tramblevif, *postquam ex more supplicationi solemni nostri jucundi adventus , & Missarum sacrificio in nostra Cathedrali Ecclesia per nos in Pontifi-*

*calibus celebrato interfuit, atque in area noſtræ domus Epiſcopalis prandium
ſumpſit, coram nobis præſentem, veniam, gratiam & miſericordiam corde
contrito poſcentem & requirentem ac genibus flexis exiſtentem ab omnibus
criminibus & deliĉtis ſuperius confeſſis & declaratis liberamus & abſolvi-
mus, eidemque priſonario fore faĉta prædiĉta, cum omni emenda, offenſa ac
pœna corporali & civili, quæ propter hoc eidem venirent imponenda, fa-
mamque, bona capta ac ſaiſita reſtituimus, remiſimus & remittimus, illum-
que liberatum ac pœnitùs abſolutum ab eiſdem criminibus ac deliĉtis,* Jure
& intereſſe civili partium dumtaxat ſalvo, *dicimus & declaramus & in his
ſcriptis pronunciamus ſilentium perpetuum quibuſcumque Judicibus ſæcula-
ribus & Eccleſiaſticis quacumque autoritate fungentibus de præmiſſis im-
ponentes, & injunĉtâ per nos eidem priſonario pœnitentia ſalutari, quam
pro modo culpæ vidimus injungendam, in quorum fidem præſentes Litteras ſignavimus, & per Secretarium noſtrum ſignari, ſigilloque noſtro
juſſimus & fecimus communiri. Datum Aureliæ, in Palatio noſtro Epiſco-
pali, die primâ menſis Martii, anno Domini milleſimo ſeptingenteſimo ſepti-
mo. Signatum.* †LUDOVICUS GASTO, *Epiſcopus Aurelianenſis.*
Et à côté eſt écrit, *De Mandato Illuſtriſſimi & Reverendiſſimi Domini mei Domini Aurelianenſis Epiſcopi.* VALLET, & ſcellé. *In ceræa rubra.*

Meſſieurs les Evêques d'Orleans ont des cas réſervez par les Ordonnances
pour leſquels ils ne peuvent donner de Grace; mais j'ay été ſurpris de voir
deux choſes 1. d'en donner pour le crime de faux & l'adultere dont j'ay lû
les Lettres, 2. que leurs Lettres ne ſont point aſſujetties à l'enterinement
d'aucun Juge, vû que les Graces que le Roy octroye, ſoit au grand
ou au petit Sceau, les impetrans ſont obligez de les preſenter à l'Audience du Juge auquel elles ſont addreſſées nû tête & à genoux & de déclarer qu'elles contiennent verité, qu'il a donné ordre de les obtenir & veut
s'en ſervir, en faiſant ſerment le tout dans les délais de l'Ordonnance, & qu'il
ſoit priſonnier à peine de nullité, ainſi elles ſont ſujettes à l'examen, & ſi
elles ne ſont pas conformes aux informations, le Juge en peut débouter l'impetrant, comme l'on voit arriver ſelon les cas. Duluc Liv. 12. Tit. 1. chap 8.

Ceux qui ont écrit en faveur de ce privilege, ont prétendu & dit que ces
Lettres de Meſſieurs les Evêques d'Orleans ne ſont ſujettes à aucun enterinement ni examen, il ſuffit de les faire ſignifier par un Huiſſier au Procureur du Roy, ou au Procureur Fiſcal du lieu où l'on a fait le Procès & à
la partie civile, s'il y en a une; parce que ces Lettres ne touchent point aux interêts civils, ſuivant la clauſe qui y eſt, *Jure & intereſſe civili partium dun-
taxat ſalvo.* Voyez *Annales Eccleſiæ Aurelianenſis. Car. du Sauſſey Epiſcop. Tullenſis.*

Il eſt vrai qu'on peut les attaquer d'obreption & de ſubreption & voici l'ordre
qu'on y devoit garder Après que l'impetrant les a fait ſignifier celui, qui y
a interêt donne ſa Requête au Roy & à Noſſeigneurs de ſon Conſeil, expo-
ſitive qu'on lui a fait ſignifier le 20. Avril dernier, à la Requeſte de Seraphin
de Rodomont dit Tramblevif, des Lettres obtenuës de Monſieur l'Evêque
d'Orleans, en faveur de ſon joyeux avenement à l'Evêché, ſur un faux expoſé,
qu'elles ſont obreptices & ſubreptices. En cela ſa religion a été ſurpriſe, ſans

quoi il ne les auroit pas accordées pour un crime excepté par les Ordonnances , comme eft celui de l'impetrant. A ces caufes conclura le Suppliant à être
reçu appellant comme d'abus de l'obtention defdites Lettres, & les parties renvoyées au Parlement du Reffort dans lequel le crime a été commis pour juger
ledit appel. Surquoi eft rendu Arreft, par lequel le Roy en fon Confeil, fur
le rapport fait de la Requefte par un de Meffieurs les Maiftres des Requefte ,
reçoit le Suppliant appellant comme d'abus de l'obtention defdites Lettres,
& pour faire droit aux parties fur ledit appel comme d'abus, les renvoye au
Parlement dans le Reffort duquel le crime a été commis, auquel Sa Majefté
en attribuë toute Jurifdiction & connoiffance & icelle interdite à tous autres
Juges. Voilà ce qui établit la Jurifdiction.

L'Arreft expedié & figné & fcellé, la partie qui pourfuit le fait fignifier
avec affignation à l'impetrant des Lettres dans les délais de l'Ordonnance,
fuivant la diftance des lieux pardevant le Parlement où eft ordonné le renvoy & l'on y fait les procedures que l'on feroit fur l'oppofition à l'enterinement des Lettres de rémiffion qu'on auroit obtenuës au Sceau , toûjours
avec la partie & Monfieur le Procureur Général, auquel le tout fera communiqué;
parce qu'en Matiere Criminelle , il y a prefque le feul intereft , & eft la veritable
& legitime partie & fur tout dans les appellations comme d'abus, il eft la partie
la plus neceffaire en requerant fa jonction pour la vindicte publique.

D'autres ont pratiqué une procedure plus abregée, dans laquelle il y a moins
de frais à faire, qui eft telle. Après que l'impetrant a fait fignifier fes Lettres
à la partie civile ou au Greffe de la Jurifdiction où le procès a été fait , le
Procureur du Roy ou le Procureur Fifcal ou la partie civile qui reconnoiffent par la lecture qu'elles font obtenuës fur un faux expofé , contraire
aux informations , ils font emprifonner l'expofant en vertu du decret qui a été
décerné contre lui ; il eft interrogé & ne manque point d'oppofer fes Lettres,
alors le Juge les examine & y procede de la maniere qu'il feroit fi elles étoient
accordées par Sa Majefté : que fi par l'examen il fe trouve que l'expofé des
Lettres eft contraire à ce qui eft prouvé par les informations, ou qu'elles font
pour un crime pour lequel les Ordonnances n'en octroyent point , alors le
Juge prononce fans avoir égard aux Lettres dont il déboute l'impetrant & le condamne à mort ou à une moindre peine, telle que merite le crime, fuivant
les Ordonnances, & enfuite on apporte le Procès & l'on conduit le prifonnier
en la Conciergerie du Palais fur l'appel de la Sentence , afin que le Parlement
par fon Arreft la confirme ou infirme *è contra*, fi les Lettres font veritables dans
leur expofé & conformes à ce qui eft prouvé par les informations & octroyez
pour un crime de la qualité de ceux qui font rémiffibles par les Ordonnances,
en ce cas le Juge ordonne que l'impetrant joüira du contenu en icelles & dans
tous les deux cas il fait droit fur les interêts civils , voila ce qui s'eft fait.

Le Lundy après midy 11. Avril 1707. l'on amena à la Conciergerie du Palais
Louis * * * Laboureur à * * * appellant de la Sentence renduë au Bailliage de
* * * le 8. Avril 1707. par laquelle il eft condamné à la rouë , quoiqu'il eût
des Lettres de Monfieur l'Evêque d'Orleans, fur la pourfuite de Dame Louife
de * * * veuve de Claude * * * Ecuyer Confeiller & Secretaire du Roy tant en
fon nom que comme tutrice de leurs enfans, pour avoir ledit * * * attendu de

guet-à-pend le fils dudit * * * son Seigneur dans le Cimetiere, & d'un coup
de fusil le tua. C'étoit parce qu'il lui avoit défendu de chasser. M. Portail
Raporeur. Arrest à la Tournelle du Mardy 7. Juin 1707. confirmatif.

Pour parler du privilege de Messieurs les Evêques d'Orleans, il faut convenir de la verité revelée dans les Actes des Apôtres, que les Evêques qui sont
les principaux Ministres de l'Eglise ont été établis par le Saint Esprit pour la
gouverner, ce qui fait que dans leurs Sacres, ils reçoivent avec la grace sancti-
fiante la plenitude des dons de l'Esprit de Dieu, & sur tout la plénitude
de la charité pour le salut des hommes, laquelle ne veut pas la mort des pé-
cheurs, mais plûtôt leur conversion. Il est heureusement arrivé de cela, que
dès les premiers tems, après que l'Empereur Constantin eût rendu la paix à
l'Eglise, les Evêques crurent être obligez par leur ministere d'interceder auprès
des Princes & des Magistrats, afin d'obtenir la grace & la délivrance des criminels, même après leur condamnation, afin qu'ils pussent les porter à faire
penitence & leur procurer un vrai retour à Dieu par l'amendement de leur vie
& le changement de leurs mœurs.

Une conduite si sainte fut approuvée par un Decret du Concile de Sardique
de l'année 347. composé de plus de 300. Evêques, suivant Saint Athanase,
ce decret qui est le 8. Canon de ce Concile est rapporté le 35. dans le Cod.
des Canons de l'Eglise Romaine en ces termes : l'Evêque Osius a dit, comme
il arrive souvent que ceux qui sont opprimez ou qui étans coupables de quelques crimes sont condamnez à l'exil ou à quelqu'autre peine, ont recours à la
misericorde de l'Eglise, il est juste de les secourir & de demander leur grace ;
trouvez bon qu'il en soit fait un Decret : tous les Peres répondirent nous trouvons bon que le Decret en soit fait, *Placet ut & constituatur.*

C'est dans cet esprit qu'en 388. S. Ambroise obtint de l'Empereur Theodose
le rappel de plusieurs exilez, la sortie des prisons, & la grace de mort à plusieurs autres, dont il le remercia dans sa lettre 29. Ce Pere de l'Eglise en parlant sur ce sujet dans un de ses Sermons sur le Pseaume 118. dit, ô vous qui
êtes Prêtre du Seigneur, délivrez celui qu'on mene à la mort : je veux dire
délivrez-le, en vous rendant son intercesseur & demandant grace pour lui :
Et vous ô Empereur délivrez-le, en signant la grace qui vous est demandée,
& par ce moyen vous briserez les liens de vos pechez. S. Chrisostome parle de la
même maniere dans une de ses Homelies sur S. Matthieu où il dit, nous pouvons
nous addresser aux Princes & leur demander grace pour les criminels, même
les condamnez. Il assure qu'en l'année 387. Flavien Patriarche d'Antioche alla
trouver l'Empereur Theodose à Constantinople, pour être intercesseur en faveur de sa Ville Episcopale, au sujet de ce que dans une sédition, les Habitans avoient renversé & traîné par les ruës la statuë de l'Imperatrice Flaccille,
il rapporte les paroles remarquables dont il se servit vers l'Empereur que j'a-
brege en cet endroit, ainsi que les deux celebres Loix que firent publier en 386.
les Empereurs Theodose Valentinien II. & Arcadius, par lesquelles ils ordonnoient
l'ouverture des prisons aux criminels en faveur de la Fête de Pâques, à l'exception de ceux que l'énormité de leurs crimes empêchoit de les secourir : sçavoir,
1. Les assassins 2°. Les adulteres 3. Les criminels de leze-Majesté 4. Les
Astrologues magiciens & empoisonneurs 5. Les faux monnoyeurs, &c. ces cas

font exceptez pour le privilege S. Romain par l'Edit de Henry le Grand de 1607.

Le respect & la considération que les Empereurs Chrétiens avoient pour les Evêques, leur faisoit accorder la grace aux criminels, voyant les prieres & follicitations qu'ils faisoient en faveur de ces malheureux, que leur charité desiroit de convertir à Dieu : c'est pour cela que par la seconde des deux Loix des Empereurs Theodose & Honorius, il est ordonné que les portes des prisons soient ouvertes à chacun Evêque qui va visiter les prisonniers, pour soigner les malades, nourrir les pauvres, consoler les innocens, & étant instruit de la gravité des crimes de chacun des coupables, il employe suivant le droit en leur faveur sa mediation auprès des Juges. Ces deux Empereurs délivrerent des prisons & du supplice ceux qui avoient enseigné aux Barbares la maniere de construire des Vaisseaux dont ils tourmentoient l'Empire ; ce qu'ils firent à la priere & à la consideration qui leur en fût faite par Asclepade lors Evêque de la Ville de Chersonese, d'où étoit Plutarque.

Constance qui vivoit du tems de S. Germain d'Auxerre, dont il a fait l'Histoire de sa vie, rapporte que ce saint Prélat étant à Ravenne en 448. passant devant les prisons, les prisonniers le sçûrent & éleverent leurs voix, le priant de les vouloir secourir. Le Saint Evêque pria le Geolier de le laisser-entrer pour les instruire & consoler. Ce Geolier le refusa, ferma la porte sans lui répondre : à l'instant le Saint fit sa priere, les portes de la prison & des cachots s'ouvrirent, les chaînes tomberent des mains des criminels qu'il emmena dehors comme des trophées de sa charité, il demanda & obtint leur grace de l'Empereur Valentinien. Venance Fortunat, Evêque de Poitiers, dans la vie de S. Germain Evêque de Paris, rapporte que ce Prélat passant à Orleans en 570. délivra par les prieres qu'il fit à Dieu, les prisonniers qui réclamerent son secours du fond des cachots. Ce miracle se fit par l'ouverture des portes de la prison, qui s'ouvrirent d'elles-mêmes la nuit, & les criminels s'allerent refugier en l'asile de l'Eglise de S. Aignan : ce qui est un exemple remarquable, par rapport & au sujet de la Ville d'Orleans. S. Gregoire de Nazianze, par ses follicitations obtint de Nemesius Gouverneur de Capadoce, la grace d'un nommé Valentin. S. Isidore de Damiette obtint de même celle de Rustique par ses prieres auprès d'Ausonius. Sulpice Severe dit dans la vie de S. Martin, qu'il effraya si fort par une vision miraculeuse le Comte Avitien à Tours, où il étoit sur le point de faire mourir un grand nombre de criminels, qu'il le força de les mettre tous en liberté. S. Augustin fit encore plus par la seule force de ses raisons : il obligea le Tribun Marcellin, & Macedonius Vice-Roy d'Afrique, de reconnoître le droit dont les Evêques étoient en possession, d'interceder pour les criminels, & d'obtenir leur délivrance lorsqu'ils la demandoient, comme il marque dans son Epître. Messieurs les Cardinaux ont un plus grand privilege à Rome, dit René Choppin *de Domanio lib. 1. Tit. 7. num.*

L'usage fondé sur la Religion des Empereurs Chrétiens & la charité des Evêques, passa de Grece en France. Il y en a un ancien monument dans une Lettre de Clovis, qu'il écrivit en 507. à tous les Evêques du Royaume, touchant les prisonniers faits dans la guerre contre les Gots qu'il vainquît, où il leur offre la délivrance de tous les prisonniers, qu'ils lui recommanderont par Lettres scellées de leur anneau. Dans le premier Concile d'Orleans tenu en 511. derniere année de la vie de Clovis , il ordonna que les homicides , les adulteres & les voleurs refugiez dans l'Eglife & la maifon de l'Evêque , l'on ne pourroit les en tirer, fans avoir auparavant juré fur les Saints Evangiles de ne leur faire aucune peine , & quiconque violeroit ce ferment feroit privé de la Communion Ecclefiaftique , & du commerce civil des fidelles.

Flodoard Hiftorien , dit que S. Remy Archevêque de Rheims , obtint du Roy Clovis la grace d'un Gentilhomme criminel de Leze-Majefté; & au fiecle fuivant en 626. le Concile de Rheims confirma le Decret du premier Concile d'Orleans , y ajoûtant que les criminels délivrez par les follicitations des Evêques , avant que d'être mis en liberté , promettroient d'accomplir la penitence qui leur feroit impofée fuivant les Canons de l'Eglife & des Conciles.

Charlemagne au chapitre 90. du livre 5. de fes Capitulaires , qui eft le Canon 39. du Concile de Mayence , que ce grand Empereur Roy de France convoqua en l'an 813. il eft ordonné pour conferver l'honneur dû à Dieu & à fes Saints , que perfonne n'ofe prendre un criminel refugié dans l'Eglife pour lui faire fouffrir la mort ou autre peine , exhortant les Evêques & Pafteurs de donner leurs foins afin d'obtenir fa grace , en réparant les torts qu'il a caufez. Le Pape Jean VIII. par une de fes lettres demanda à l'Empereur Charles le Chauve , la grace de Madelger , coupable d'un homicide , afin que lorfqu'elle fera accordée , ce criminel puiffe recevoir & accomplir une penitence falutaire pour expier la tache mortelle du crime par lui commis , & que fon ame foit fauvée au jour du Jugement univerfel.

De toutes ces Loix , l'on convient de bonne foi qu'il y a de l'obfcurité dans le privilege de MM. les Evêques d'Orleans de délivrer les criminels à leur entrée, & que le privilege eft fingulier : ce qui provient d'une origine particuliere & de l'antiquité & de la poffeffion immémorialle où ils font d'en joüir. L'origine fe tire de l'Hiftoire de l'Eglife Sainte Croix d'Orleans , dont parle M. René Choppin *de Sacra Politia.* Lorfque S. Aignan Evêque voulut faire fon entrée vers 390. il demanda à Agrippin Gouverneur de la Province , fous les Empereurs Valentinien II. Theodofe & Arcadius , qu'il lui accordât la délivrance des criminels enfermez dans les prifons de la Ville en faveur de fon avenement à l'Epifcopat : ce Gouverneur le refufa. Il arriva que du haut d'une maifon une groffe pierre lui tomba fur la tête qui le bleffa à mort : il fe fit auffi-tôt porter en fon logis par fes domeftiques , perdant fon fang & prêt à mourir. S. Aignan ayant appris cet accident , animé de charité , alla vifiter & confoler ce Gouverneur , & faifant le figne de la Croix fur fa playe , par fa vertu miraculeufe il arrêta le fang , & le rétablit au même inftant en parfaite fanté : alors Agrippin s'apperçût que Dieu l'avoit puni pour fon refus fait à S. Aignan , & entrant dans les fentimens de reconnoiffance de la grace qu'il venoit d'obtenir par les prieres du Saint Prélat , il lui octroya la délivrance des criminels qu'il lui avoit demandée : qu'on ne dife pas qu'en cette narration, les fauxbourgs font plus grands que la ville.

L'on avoüe que c'eft de-là qu'on a jugé & fondé la croyance , que par la Conceffion de ce Gouverneur & de fes Succeffeurs qui l'ont continuée vrai-femblablement en faveur de S. Profper & des autres Evêques d'Orleans après S. Aignan , comm'auffi par la conceffion de nos Rois de la premiere Race , ce privilege a toûjours eu fon effet fans interruption , & a paffé jufques à prefent à

Messieurs les Evêques d'Orleans : ce qui est dit sur la foi de deux anciens Manuscrits qui sont parmi les Chartes des Eglises de Sainte Croix & de S. Aignan d'Orleans, & sur les Annales Ecclesiastiques de ce Diocese, qui rapportent ce fait miraculeux, & plusieurs autres de la vie de ce Saint Prélat, écrite par S. Sidoine Apollinaire, Evêque de Clermont, où il le compare pour ses miracles, en lui donnant le nom de très-grand, très accompli en vertus & en merite à S. Germain d'Auxerre, & à S. Loup de Troyes. Ce que recite S. Gregoire de Tours qui a écrit 120. ans après sa mort, où il parle de la délivrance d'Orleans par ses prieres, qui étoit assiegée par Attila Roy des Huns. Florus en parle en sçavant Diacre de l'Eglise de Lyon, dans les additions au Martyrologe de Bede vers l'an 840. Comme S. Aignan étant un des plus illustres de son siécle en sainteté & en miracles, son élection à l'Episcopat étant toute miraculeuse, par un enfant qui ne parloit point, & qui après avoir tiré un billet d'élection, le nomma trois fois par son nom. Tout cela seroit rapporté par les premiers originaux, s'ils n'avoient pas été brûlez en l'an 865. que les Normands ravagerent & brûlerent les Eglises d'Orleans, tous les Livres & les Titres, & Registres de leurs Privileges, qui sont restez par la tradition & la possession. René Choppin *de Sacra Politia lib.* 1. *Tit.* 7. *num.* 29. *Car. du Sauffey, Annales Ecclesia Aurelianensis.* Choppin dit qu'il faut reconnoître ce que Glaber Rodulphus, Moine de Cluni a laissé par écrit, que l'Eglise d'Orleans une des plus grandes de France tomba par terre par cas fortuit, qu'elle fut rebâtie par Arnoulphe qui en étoit Evêque en 1088. livre 2. de l'Histoire dudit Arnoulphe, qui n'est point encore imprimé, au Titre *de portento Urbis Aurelianæ mirabili.* Elle n'est point encore rétablie des derniers troubles de la Religion.

Ce fait d'incendie, dont l'on accuse d'ordinaire les Chapitres, de l'appeller à leur secours, n'est pas ici avancé sans preuve ; car en l'année 884. Gautier Evêque d'Orleans ayant presenté une Requête narrative d'icelui au Roy Carloman, après une information exacte, sa Majesté lui accorda des Lettres Patentes confirmatives des Privileges accordez par les Rois ses Predecesseurs à l'Eglise Cathedrale de Sainte Croix, & lui permit d'en obtenir la confirmation du Pape. L'original de ces Lettres est dans les Chartes de cette Eglise, & imprimez page 148. du tome 8. du *Spicilegium* de Dom Luc d'Acheri, sçavant Benedictin. Vincent de Beauvais en son Miroir Historial rapporte trois miracles de S. Aignan, dont l'un est celui de la guerison du Gouverneur Agrippin, ce qu'il dit avoir tiré des Chroniques de Hugues, Religieux de l'Abbaye de Fleury sur Loire, qui vivoit en 1100.

Sur la possession immemorialle des Evêques d'Orleans de délivrer les criminels à leur entrée, il y a Yves Evêque de Chartres qui écrivoit vers 1899. à Sanction Evêque d'Orleans, touchant la délivrance d'un criminel qu'il avoit accordée à sa priere le jour de son entrée : il en parle comme d'une coutume établie & en usage depuis long-tems, la confirmation de ce privilege est encore tirée des Arrests. Il arriva en 1322. que le Bien-heureux Roger Lefort, Evêque d'Orleans, ayant été troublé par le Prevôt de la Ville sur la délivrance des criminels au jour de son entrée, il en porta sa plainte au Parlement qui en rendit son Arrest en Latin, suivant l'usage du tems que regnoit alors Charles IV. par lequel la Cour mande & enjoint au Bailly d'Orleans où à son Lieutenant, qu'il

ait

ait à contraindre le Prevôt d'Orleans ou son Lieutenant, de conduire à la porte de Bourgogne les criminels, & y remettre audit Evêque les susdits prisonniers, & à lui prêter le serment qu'il n'en retient ny cache aucuns, ainsi qu'il est accoutumé. Fait en Parlement le 10. jour d'Avril entre les Arrests prononcez au Parlement qui a commencé le Vendredi lendemain de la Fête de S. Martin d'hyver, l'an 1322. tiré & extrait des Registres du Parlement. *Signé*, DU TILLET.

Cet Arrest fut rendu après une information, & a toûjours été executé, comme il paroît par les procès verbaux d'entrée des Evêques d'Orleans, & est marqué précisement dans le procès verbal de l'entrée de Messire Hugues de Fay en 1365. que le Prevôt d'Orleans s'étant presenté devant lui, auroit prêté serment & juré sur les Saints Evangiles, que suivant l'ordre qu'il avoit reçû de Philippes Duc d'Orleans, oncle du Roy Charles V. il lui remettoit entre les mains sans dol & sans fraude tous les criminels détenus dans les prisons. En l'année 1402. le Roy Charles VI. confirma le privilege des Evêques d'Orleans par ses Lettres Patentes, qui sont dans le Tresor des Chartes du Roy, Registre 157. Par ces Lettres au commencement & à l'entrée, sont exprimées les Lettres d'abolition & de graces accordées par Foulques de Chenac, Evêque d'Orleans, le jour de son entrée qu'il fit le 19. Juillet 1384. & non pas en 1334 en faveur de Guillaume Blin, d'Ozoir sur Loire, coupable d'un homicide. Il est dit ensuite, Nous après avoir vû lesdites Lettres & reconnu toutes & chacunes des choses qu'elles contiennent, comme ayant force de choses justement jugées, les loüons & approuvons, & par grace speciale de nôtre part, les confirmons par ces Presentes. Mandons au Bailly d'Orleans & à tous autres nos Justiciers du ressort dudit Duché, qu'ils ayent à faire joüir de nôtre presente grace Guillaume Blin, d'Ozoir sur Loire, dénommé aux susdites Lettres, & à ne l'inquieter nullement pour raison du contraire : & afin que nos Presentes Lettres demeurent fermes & stables pour l'avenir, nous y avons fait apposer le Sceau de nos Armes. Donné à Paris au mois d'Avril l'an 1402. & de nôtre Regne le vingt-trois. *Signé* CHARLES, *& plus bas* ; Par le Roy en son Conseil, & scellé. J. SALLANT.

Il y a un Arrest du Parlement de Bourdeaux de 1522. gardé au Tresor de l'Evêché d'Orleans, par lequel il paroît que Mathurin Rancé ayant obtenu sa grace de Messire Jean Cardinal de Longueville, Evêque d'Orleans, pour un homicide par lui commis, avoit été mis prisonnier & condamné à mort par le Juge de Salignac, dont la Sentence avoit été confirmée par le Senechal de Limoges, fût renvoyé absous & déclaré avoir bien & duëment obtenu la rémission de son crime par les Lettres à lui accordées par le sieur Evêque d'Orleans : surquoi il n'est pas inutile de remarquer la forme de cet Arrest. Le Parlement de Bourdeaux fit faire une enquête touchant la notorieté & la verité du privilege des Evêques d'Orleans, suivant une commission rogatoire qu'il adressa à la datte du 17. Fevrier 1522. au Baillif d'Orleans. Cette enquête composée de deux cens témoins, comme il est porté par l'Arrest qui ensuit : FRANÇOIS par la Grace de Dieu Roy de France, à tous ceux qui ces presentes Lettres verront. Salut : sçavoir faisons, qu'en la cause pendante en la Cour de nôtre Parlement de Bourdeaux, entre Mathurin Rancé appellant des Sentences, tant du Juge ordinaire de la Justice de Salignac qui l'auroit debouté de l'effet des Lettres d'abolition par lui obtenües de nôtre Amé & feal Conseiller Evêque d'Orleans, & l'auroit condamné à raifon d'un homicide par lui commis, à être pendu & étranglé, que de celle de nôtre Senechal de Limoges ou de fon Lieutenant qui auroit confirmé ladite Sentence du Juge de Salignac d'une part , & entre nôtre Amé & Feal Confeiller Jean d'Orleans, Evêque d'Orleans auffi d'autre part. Vû les pieces produites par nôtre Procureur General qui s'en eft rapporté à la Cour , parties oüies & appointées en droit : Nôtredite Cour après avoir vû ledit procès & toute la procedure faite en confequence avoir entendu ledit Rancé en fes moyens d'appel: vû auffi les titres & pieces produites à l'Audience par ledit Evêque touchant fes droits, a mis & met ladite appellation & tout ce dont eft appel au néant, & au furplus a enteriné & enterine lefdites Lettres d'abolition & le contenu d'icelles : en foi dequoi nous avons fait mettre nôtre Sceau aux prefentes. Donné à Bourdeaux en nôtre Parlement le premier jour du mois d'Avril 1522. avant Pâques , & de nôtre Regne le neuviéme. Par Arrêt de la Cour , *Signé* MESNIER, & fcellé de cire jaune.

HENRY II. par fes Lettres données à Chambort le 4. Mars 1556. adreffées au Doyen & Chanoines de l'Eglife Sainte Croix d'Orleans, au fujet de l'entrée de Meffire Jean de Morvilliers nouvel Evêque : fa Majefté reconnut & confirma le privilege de la délivrance des criminels, en difant ; Nous lui avons permis & accordé que le jour de fa nouvelle entrée, il joüiffe de tous les privileges prééminences & prérogatives , dont ont par ci-devant joüi fes Predeceffeurs Evêques , & par fpecial qu'il puiffe délivrer tous les prifonniers qui fe trouveront ce jour-là és prifons de la Ville d'Orleans pour crimes & délits, & leur en bailler Lettres de rémiffion & pardon, tout ainfi que de bonne coutume en ont joüi & ufé fes Predeceffeurs Evêques d'Orleans. Mezeray page 1487. en parle.

Par Arreft du Confeil privé tenu à S. Germain en Laye le 6. Avril 1670 Signé Maiffat Greffier, au Rapport de M. Poncet de la Riviere , rendu fur la Requête de Robert * * * contenant un grand expofé porté par la Requête fignée de Labrouffe Avocat : Le Roy en fon Confeil faifant droit fur ladite Requête & interprétant l'Arreft du Confeil du 29. May 1668. a ordonné & ordonne que le Suppliant joüira des Lettres par lui obtenuës dudit fieur Evêque d'Orleans du 19. Octobre 1666. fans qu'il foit tenu d'obtenir Lettres de confirmation de fa Majefté , & en confequence a fait & fait inhibition & deffenfes de faire aucune pourfuite contre le Suppliant , pour les faits contenus aufdites Lettres, qu'aux Requêtes de l'Hôtel fouverainement & en dernier reffort à fins civiles feulement, aufquels fa Majefté en attribuë toute Cour, Jurifdiction & connoiffance , & icelle interdite à tous autres Juges. Fait au Confeil privé du Roy, tenu à S. Germain en Laye le 6. Avril 1670.

Juftinianus Imperat. Novel. Conftit. 81. *cap.* 2.

> *Omne bonum , five à Deo advenit hominibus ; five ab Imperio*
> *Sequente Deum , dicet effe manfurum.*

L'Archevêque d'Ambrun vouloit s'attribuer le droit de donner des Lettres aux criminels lors de fon entrée , & les Seigneurs du Païs du Maine ont autrefois prétendu pouvoir donner des rémiffions pour les crimes commis par leurs habi-

rans fur leurs Terres , mêmes les cas Royaux , ainfi qu'il paroît par le Procès
verbal de la Coutume art. 51. & 56. ce qui n'avoit pas la vraye femblance , puifque cela fut dénié aux Princes & Princeffes du fang Royal. Expilli Plaidoyer 32.
Les Reines ont le droit de donner fous le nom du Roy , des rémiffions aux criminels lors de leurs entrées dans les Villes , fuivant Pierre Guenois fur le Titre 3.
num. 12. de la pratique de Mafuer , en difant par les Ordonnances du Roy
Henry II. données à Paris au mois de Novembre 1549. & de Charles IX. à
S. Maur des Foffez en May 1566. Il eft ordonné que la Reine aura , joüira ,
& ufera de pareils & femblables privileges que le Roy , & fera reçûë à plaider
en la Cour de Parlement par Procureur , comme nous par le nôtre. Du Tillet
par ces Memoires rapporte l'Edit de Henry II. & dit que la Reine à fon entrée és Villes du Royaume , peut délivrer tous prifonniers , faifant par fon Procureur General , comme le Roy fait par le fien. Arrefts à cette fin de la Cour
des 10. Juin 1331. 18. May 1400. 28. Aouft 1415. Papon liv. 24. Tit. 17. Arreft 7.
R. Choppin parle des mêmes privileges, Coutume de Paris lib. 3. Tit. 3. num. 25.
in fine.

M. Simon Dolive aux Remarques fur l'action dixiéme de la partie trois de
fes œuvres , & R. Choppin de *Sacra Politia lib. 2. Tit. 3. num. 13.* alleguent que
les Princes du Sang difoient que leur premiere entrée dans une Ville du Royaume devoir être honorée du même privilege ; mais par Arreft du Parlement de
Paris cela leur fut dénié, conformément aux anciens Reglemens: ils en rapportent
un extrait tiré du fecond Regiftre des Ordonnances Royaux , verifiez au Parlement de Touloufe , rendus fur la demande de Madame Anne de France , fille
du Roy Louis XI. époufe de Pierre de Bourbon , Seigneur de Beaujeu. La Cour
a déliberé que icelle Dame ne peut délivrer les prifonniers de la Conciergerie
du Palais , fans avoir Lettres expreffes du Roy nôtre Seigneur , attendu les anciens Reglemens , par lefquels apert que nul Prince ou Princeffe de ce Royaume
ne dehors, fors que le Roy nôtre Sire, la Reyne , Monfeigneur le Dauphin ne dé-
livrent jamais aucuns prifonniers de ladite Conciergerie fans Lettres expreffes
du Roy. Fait en Parlement après Pâques le 21. Avril 1483. *Solus enim Rex in Re-*
gno Franciæ poteft facere gratiam. René Choppin *de Domanio lib. 2. Tit. 7.*
num. 11.

M. le Preftre page 729. rapporté en la Biblioteque des Arrefts *in verbo* prifon
perpetuelle num. 3. il eft parlé d'un Arreft du 30. Avril 1610. qui a jugé que les
accufez de fauffe monnoye , incendie , affaffinats , fortileges , inceftes , voleries,
guet-à-pend , fauffetez , empoifonnemens & autres crimes énormes : & les
prifonniers detenus pour réparations & dettes civiles , ne joüiroient point de
l'entrée du Roy & de la Reine dans une Ville. J'ay remarqué dans les Ordonnances cinq cas pour lefquels nos Roys ont déclaré ne vouloir point donner de
rémiffion à caufe de la noirceur des crimes qui bleffent le droit naturel & divin. Ce font le duël , les affaffinats préméditez , tant aux auteurs , qu'à ceux
qui fe loüent dont j'ay parlé *in verbo* volonté punie , le rapt de violence ,
l'empoifonnement, ceux qui excedent les Juges faifant leurs fonctions : il y a
encore les voleurs de grands chemins , les fauffaires , incendies , avortemens ,
faux témoins , faux monnoyeurs , fodomites , &c. R. Choppin fur la Coutume
de Paris lib. 3. Tit. 3. num. 25. *Joannes Galli quæft. 390.*

A a ij

Mucho hablar nueze, rascar cueze.

Mezerai parlant d'une action royalle du Roy Robert, dit qu'un criminel est réputé avoir sa grace, si le Souverain le fait manger à sa table. Ordonnance de Moulins art. 22. de Blois art. 274. contre les Gouverneurs de Dauphiné, qui prétendoient donner des rémissions.

XII. Max. Si le mari qui tuë sa femme la surprenant en adultere, obtient ensuite des Lettres d'abolition pour raison de son crime, après que ses Lettres sont enterinées, il acquiert non seulement les biens de la communauté, pour ce qui en pouvoit appartenir à sa femme ; mais aussi les acquêts & conquêts, suivant le don mutuel qu'ils s'en pourroient être faits, & à l'égard des propres il n'y a rien. La raison pourquoi il acquiert les biens de la communauté acquêts & conquêts, c'est que par les Lettres d'abolition il est remis au même & semblable état qu'il étoit auparavant l'homicide de sa femme. *l. 1. cod. de sentent. pass.* Quant a ce qu'il n'a rien aux propres, c'est par la raison de la Loy, *si ab hostibus. ff. soluto matrimonio.* Julien Peleus liv. 6. action 1. Arrest du 10. Avril 1603. Annotations de M. Pierre Liset sur le chap. 8. du livre 2. André Tiraqueau *de Legibus connubi.* Barnabé Brisson au Traité de l'adultere, Louis Charondas liv. 7. réponse 134. &c. R. Chop. *de Domanio* lib. 1. Tit. 8. num. 7.

XIII. Max. En cas d'homicide, celui qui a fait le coup ayant obtenu des Lettres de remission, il est necessaire à celui qui a été present à l'action d'obtenir des Lettres de pardon. Il faut supposer sur cela une assistance qui ait contribué à l'action, & non d'une assistance simple sans aucun dessein & qui n'est point criminelle ; mais quant il s'est declaré pour un parti, il lui est necessaire d'obtenir des Lettres de pardon, dautant qu'il ne s'ensuit pas que parce que le coupable a obtenu des Lettres de rémission cette faveur soit salutaire à tous les autres accusez *de persona autem ad personam non fit extenno*, il est vrai que le complice ne peut-être convaincu d'avoir tué le deffunt après l'aveu que le coupable en a fait par ses Lettres ; mais quoiqu'il en soit, il ne peut pas s'exempter de quelque condamnation, & par consequent il faut qu'il s'y soumette & encoure le hazard, ou qu'il ait recours à la clemence du Roy, ce qui est plus sûr pour lui. Il faut encore présupposer que l'homicide ait été commis dans une rixe & sans préméditation, parce que s'il y avoit eu de l'aide & un dessein formé, il ne seroit pas moins coupable & punissable que s'il avoit tué le deffunt : & pareillement il faut encore supposer que le mort n'ait eu qu'un seul coup. Claude Henrys livre 4. question 9. Despeisses *lib. 2.* des graces & rémissions *sub finem.* Papon liv. 24. Titre 17. &c. Jean Duluc est précis pour l'établissement de la Maxime lib. 12. Tit. 8. chap. 1. *de pœnis ambianis more maiorum comparatum, &c.*

XIV. Max. Si un Clerc est impetrant des Lettres de rémission du crime à lui imposé pendant son déclinatoire proposé en la Cour, aux prisons de laquelle il étoit prisonnier, & requiert ensuite au même Siege l'enterinement de ses Lettres de grace & rémission ; la Cour a de coutume de faire droit préalablement sur l'enterinement auparavant que de juger son privilege de Clericature : car si la rémission est jugée bonne, elle absout & délivre l'impetrant ; ainsi le déclinatoire est inutile ; que si elle se trouve obreptice ou subreptice, elle le

déboute de l'effet & enterinement d'icelle & le renvoye au Juge d'Eglise, *velut*
ad extremum refugium ; que si la grace n'est pas au point d'être enterinée , &
qu'il soit necessaire sur icelle de faire de longues-procedures : on laisse icelles à
l'Official , auquel on renvoye l'impetrant en ce qui est de sa competence pour
l'instruction faite & renvoyée en la Cour avec le prisonnier , être procedé par
elle à l'enterinement : cela se fait par le Juge Laïque, il n'y a que le Roy seul
qui puisse donner grace au Clerc. Papon liv. 24. Titre 17.

XV. Max. Les Juges en enterinant des Lettres de grace ne doivent pas prononcer en ces termes : *Nous ayant égard aux Lettres de rémissions , avons or-*
donné telle & telle chose , mais doivent prononcer , *avons icelles enterinées pour*
joüir par l'impetrant du contenu en icelles , &c. ou le débouter & le condamner en telle peine ou amende. Baquet des droits de Justice chap. 16. &c. Cette
prononciation est prise du Jurisconsulte Paulus en la Loy *Titia §. Imperator.*
D. delegati 2. post litteras Imperatoris nostri dubitari non oportere quin in hac
quoque specie de qua queritur subveniendum sit liberis.

XVI. Max. Tous impetrans Lettres de grace, doivent avant que d'être reçûs
à l'enterinement d'icelles , refonder les frais & depens de la contumace , & les
provisions adjugées à la partie. Je ferois néanmoins là-dessus quelque difficulté,
parce que nôtre Ordonnance apporte une exception Tit. 17. de ceux faits art. 19.
au contraire , elle semble y déroger , joint qu'il peut y être pourvû avant l'é-
largissement du rémissionnaire , qu'on peut pour cela retenir prisonnier. La Rocheflavin lettre L. & tout le Titre des Lettres de grace , &c. Moulins art. 28.
Amboise art. 10. Duluc lib. 12. Tit. 1. num. 7.

XVII. Max. Les Prevôts des Maréchaux ne peuvent enteriner aucunes Lettres de nôtre Titre , aussi le Roy ne leur en adresse-t-il point. Papon livre 4.
des Prevôts des Maréchaux Titre 13. Arrest 4. Bouchel en sa Biblioteque *in voce*
Prevôt , &c. Nôtre Ordonnance en ce Titre art. 12. 13. 14. Déclaration en Décembre 1680. qui a changé l'adresse des Lettres en un cas , elle est folio 104. des
Reglemens des Procureurs imprimé en 1694.

XVIII. Max. Un Officier ou autre personne publique qui est banni pour
crime & qui obtient ensuite des Lettres de rappel de ban , n'est pour cela remis
dans l'exercice de sa charge , parce que par ce rappel le Roy n'entend pas remettre l'impetrant en aucune charge ny honneur. Tout homme banni est infame , nonobstant le rappel , même il ne peut répeter ses biens confisquez , si les
Lettres ne le portent expressément. La Rocheflavin Titre du rappel de ban, lettre
R. Arrest 2. Guy Coquille question 11. &c.

XIX. Max. Il est deffendu à tous Capitaines de Galeres , leurs Lieutenans,
& à tous autres , de retenir ceux qui y feront condamnez plus que le tems porté par les Arrests ou jugemens de condamnation , sur peine de privation de leurs
états : ils le peuvent encore moins faire après les Lettres de rapel de Galere : car
ce seroit un crime de Leze-Majesté qui seroit beaucoup plus grand , parce qu'en
l'un & l'autre cas , c'est offenser le Roy ; mais à plus forte raison d'aller directement contre les ordres de sa Majesté. Code Henry Titre du rappel de ban & de
Galeres. *Iulius Clarus , Farinacius , &c.* Ordonnance de Blois art. 200. *infrà*
liv. 2. Tit. 29. Max. 3.

XX. Max. La personne qui a été condamné à mort, laquelle ensuite obtient des Lettres de commutation de peine, il eſt toujours mort civilement & ne peut point contraƈter mariage : que s'il en faiſoit & contraƈtoit un, j'eſtime le mariage bon, & que les enfans provenans de ce mariage, ne peuvent point ſucceder, quelque bonne foy qu'il y ait du côté du pere ou du côté de la mere ; que ſi cette perſonne ſe trouve mariée lors & au tems de la condamnation & commutation de peine, le mariage contraƈté n'eſt pas diſſout par une mort civile arrivé par une condamnation, dautant que les Lettres de commutation de peine ne rendent pas une perſonne capable, & le premier Arreſt ou Jugement de condamnation demeure toujours *quoad condemnationem civilem.* Voyez mon nouveau Traité des Criées page 531. Loüet & Brodeau lettre E. Chaſſeneuz ſur Bourgogne Titre des Juſtices *in verbo.* s'il n'a grace, num. 110. Loüet L. *& ibi multa authoritatis.* Maxime 10. du Titre ſuivant eſt à voir ſur cet endroit. Tout cela doit s'entendre dans les cas, que par les Lettres l'impetrant n'eſt pas reſtitué au ſiecle en ſes biens & en ſon honneur & bonne renommée. M. Dolive liv. 5. chap. 8. a établi que les effets de la mort civile ne ſont pas tels que ceux de la mort naturelle, *de differentia mortis civilis & naturalis.*

XXI. Max. J'ay parlé cy-devant des mots d'obreption & ſubreption Max. 7. il faut que je touche en ſommaire ce que c'eſt, ce qu'ils ſignifient, & qu'elle force & effet ils ont, après Budeus *Annot. reliquis in pandeƈtas, in hiſce verbis. Forlingerius in Elegant, Proſper, Farinacius, Conſil.* 47. & les Loix du Digeſte & du Droit Canon : tous ſe rapportent aux deux verbes *de ſimulo & diſſimulo.* Le premier regarde la ſubreption & le dernier l'obreption : par l'un l'on extorque la grace du Prince, par l'autre on l'a ſurpris par un faux expoſé de la verité du fait, ce qui produit la nullité des Lettres ; parce que ſi l'on avoit expoſé la choſe comme eſt le fait, l'on ne les auroit pas obtenuës, ainſi que contient l'expoſé des Lettres, *s'il vous apert de ce que deſſus ;* ainſi étant contraire, c'eſt enſeigner aux Juges à ny avoir aucun égard ; *Nam volumus præſentes nullas eſſe, niſi faƈtum, ſuperius narratum veritate nitantur.* Ce qui a fait dire à S. Auguſtin, *qui Principi mentitus fuerit careat impetratis : Areſta Amorum* 51. parlant des Lettres ſurpriſes en Chancelerie de ſubreption & obreption. Je dis que la clemence & la juſtice des Rois imitent celle du Ciel qui abolit les péchez étans confeſſez ſincerement avec un regret de les avoir commis.

XXII. Max. J'ay parlé en la Maxime 20. des enfans procréez du mariage de ceux qui ſe marient après une condamnation à mort, ſuivant l'article 6. de l'Ordonnance du mois de Novembre 1639. Je parlerai de cette fameuſe Ordonnance au livre 2. Tit. 16. en là Maxime 10. & pour ce qui concerne les mariages clandeſtins. Les ſtudieux Leƈteurs verront encore la Max. 4. du Titre 29. du même livre 2. Pour ne rien obmettre, ils verront s'il leur plaît, *Gentiani Herveti Aurelii, Oratio ad Concilium, qua ſuadetur, ne matrimonia quæ contrahuntur à filiisfamilias ſi ne conſenſu eorum in quorum ſunt poteſtate, habeantur deinceps pro legitimis, ad Joannem Morvillerium Auralia Epiſcopum.* Ce ſçavant Doƈteur étoit le Théologien du Cardinal de Lorraine, lors du Concile de Trente : il étoit d'Orleans, & Chanoine à Reims, il mourut à Trente en 1563. ayant écrit une lettre ſur le ſujet de la réſidence dans les Benefices, qui étoit un des principaux points qui agitoit le Concile. A. Alphonſe

Salmeron Jefuite, Théologien du Pape, dattée de fon lit à Trente le 28. Mars
1563. & une feconde au Cardinal Staniflaüs Hofius, Evêque de Vvarmie en Pologne, qui étoit un des Préfidens du Concile, *vide infrà* liv. 2. Tit. 16. Max. 4. 8.
Bardet liv. 1. chap. 29. liv. 2. chap. 32. & 90. liv. 3. chap. 27. tome 2. liv. 1. chap.
45. liv. 6. chap. 18. Ainfi pour me réduire, je dis que l'obreption s'entend lorfque l'on déguife & tais la verité, la fubreption eft lorfqu'on expofe faux, ces
deux mots femblent être univoques.

TITRE XIX.

Des deffauts & contumace.

EXPLICATION DU TITRE.

DEffauts & contumaces femblent être fynonimes & paffent pour tels, néanmoins puifque l'Ordonnance met ces deux mots au Titre, il faut qu'ils
foient diffemblables, ou du moins qu'il y ait quelque difference : je vais effayer
à le découvrir. Dans cette penfée je diray que le deffaut regarde le plaignant,
& la contumace l'accufé, fuivant la difference qu'en font les Docteurs, par
les mots de Budée & de Ragueau en fon indice, défaut : *eremodicium & vadimonium, eremodicium enim deferit actor, & vadimonium reus.* Cela fe
pourroit dire en Matiere civile, mais non pas en Matiere criminelle ; car l'Ordonnance ne parle pas des deffauts des plaintifs, & ils ne font pas compris dans
le corps du Titre : en effet ils ont Procureur en caufe pour fuppléer à leur deffaut, & le Procureur du Roy eft toujours prêt, & ne manque point à les relever
& agir fous leur nom, & à leurs frais & depens, s'ils ne fe font point défiftez
d'être parties fur leur plainte dans le tems de vingt-quatre heures prefcrit par
l'Ordonnance. Il eft donc certain que les deffauts regardent les accufans ; mais
pour les féparer de la contumace, il eft neceffaire de voir de quelle maniere & en
quel tems l'accufé tombe en deffaut, & enfuite dans la contumace, par où je puis
difcerner l'un d'avec l'autre.

L'accufé eft dans la verité en deffaut, foit lorfqu'il a été dûëment affigné &
qu'il ne fe prefente pas, ou quant après avoir comparu il ne dit rien, & de même s'il a été arrêté il brife les prifons & s'enfuit, ou s'il ne revient plus après
s'être foumis, & qu'il eft à cette fin dûëment appellé *vadimonio fcilicet obftric-
tus vadimonium deferit.* Les deux derniers cas fentent la contumace ; car il y
a plus que deffaut : c'eft pourquoi je m'arrête au premier chef pour le rencontrer, fur lequel il eft vrai de dire que l'accufé ne fe reprefentant pas, peut faire deffaut & n'être point contumax : par exemple, lors d'une abfenfe qui l'excufe en quelque façon, dont il eft parlé dans les Loix de l'Exoine *fuprà* Tit. 13.
fol. 109. de maniere que l'abfent peut n'être pas contumax, mais le contumax eft
toujours abfent. il faut voir là-deffus qu'elle eft cette abfence qui le peut valablement excufer, qu'on trouve *l.* 1. ff. *de requirendis reis & l. abfentem.* ff. *de
pœnis.* Ayrault en fon Introduction judiciaire contre le contumax partie 2. Alciat

de verborum significatione in l. absentem. 199 *&c.* Papon livre 24. Titre 15.
Imbert livre 3. chap. 3. 4. Il y a des causes dans le Droit Romain qui n'excusent
point parmi nous : il y a une autre cause d'absence qui excuse la contumace, comme la guerre ou la contagion , bref tous les accusez qui ont de justes éxoïnes ,
contre lesquels l'on donne à la verité deffaut , non pas pur & simple , mais sauf le
tems de l'éxoïne qui en fait la difference claire.

Ce n'est pas aussi une contumace mais un deffaut de ne point comparoir aux
assignations données à cette fin , en vertu d'un decret d'ajournement personnel
pour répondre en personne : dautant que l'introduction à la contumace n'est
qu'après les assignations en cas de ban , ensuite du decret de prise de corps.
Enfin on ne peut à mon sens appeller proprement contumace que de faillir aux
assignations données en cas de ban de quinzaine & huitaine ; car ce n'est que
deffaut , ainsi qu'on va voir dans l'explication de ce qui fait la contumace. Il
me reste seulement à dire ici , *sauf les exceptions & restrictions que je viens de
remarquer* , que le deffaut approche fort de la contumace, & sont plus que cousins germains , je puis les nommer freres ; car *frater enim quasi , fere alter* , ils
descendent tous deux en ligne directe de l'obéïssance qui est dûë à la Justice ,
& désobeïssent à ses commandemens , c'est pourquoi je les vais absorber & confondre l'un avec l'autre.

Deffaut , *dejectio* , vient du verbe *deficio* , *deficere autem* , *desistere est* , *&
aductu alterius recedere & quasi debellare.* Les Romains ne condamnoient
personne à mort par contumace aux Actes chap. 25. ℣. 16. S. Jean chap. 7. ℣. 51.
idem , & ce que j'ay dit sur ce sujet page 441. du nouveau Traité des Criées
y est précis , touchant les condamnations renduës par contumace executées en
effigie. A Rome un accusé n'étoit point condamné que ses accusateurs ne fussent
presens. Actes 23. ℣. 35. *suprà* Titre 3. à l'Explication.

Quant à la contumace , tous les Docteurs tels que *Laurentius Valla, Elegant.
lib.* 4. *cap.* 6. Ayrault , Masuer , Budée , &c. tous en ont parlé suivant le Droit
Romain : selon nos mœurs & aux termes du Titre de nôtre Ordonnance, la contumace se prend devant & après le jugement : j'ay expliqué ce qu'elle est quant
elle precede , il me suffit de dire qu'après le jugement elle opere & a plusieurs
effets , qui sont compris dans le corps du Titre de l'Ordonnance.

I. Max. La regle que le contumax est convaincu , n'est pas reçûë dans toute
la rigueur ; car il faut outre la contumace de la preuve pour condamner l'accusé , ou du moins de forts indices pressans & concluans & indubitables par la raison naturelle , qu'il est meilleur dans le doute d'absoudre un coupable , que de
condamner un innocent : ce n'est pas qu'il faille une preuve aussi forte , concluante & necessaire contre un contumax , que contre un accusé present , puisque la
fuite fait présumer le criminel fugitif être coupable : il est pourtant besoin de
quelque preuve *pro substantia judicii.* Edit de Villers-Coterests en 1539. art. 165.
est à sçavoir.

II. Max. Le contumax ne peut point être condamné sans preuve ; car s'il n'y
en avoit aucune il faudroit l'absoudre : la raison est dautant que celui qui veut
être purement absous , *innocentem se probare debet* , joint que l'absolution a un
effet de retour contre l'accusateur pour les dommages, interêts & depens envers
l'accusé , & réparation de la calomnie, dequoi le contumax se rend indigne par

fa fuite, *Indignus enim eft auxilio legis, qui contra legem peccat*; mais au cas qu'il n'y ait aucune preuve à caufe de la contumace, au lieu de prononcer par abfolution, je voudrois ordonner un plus amplement informé ou laiffer la procedure en l'état qu'elle eft, finon impofer filence à la partie, & mettre les parties fur l'accufation hors de Cour & de procès; quoique de toutes les formules de prononcer, je tiens celle de plus amplement informer la plus reguliere. Bouchel *in voce* abfolution, Ayrault en fon inftruction de contumace partie 2. &c. Il faut voir la Declaration du mois de Decembre 1680. Regiftrée le 10. Janvier 1681. elle eft page 104. du Recüeil des Reglemens des Procureurs, imprimé in-quarto en 1694. c'eft en forme d'Edit concernant les délais des procedures dans les deffauts & contumaces.

Il me fouvient que l'expedient trouvé dans l'Areopage d'Athenes, qui étoient des Juges éclairez, fe peut marquer ici bien à propos : Aulugele au Livre 12. chap. 7. e fes nuits attiques, le rapporte que voici. Cn. Dolabella, Proconful en Afie pour les Romains, il lui fut amené de Smyrne une femme qui avoit empoifonné fon fecond mary & un fils qu'il avoit, elle convenoit du fait, & foûtenoit qu'elle avoit eu raifon de le faire, parce qu'ils avoient tué le fils qu'elle avoit de fon premier mariage qui ne les avoit jamais offenfez étant encore fort jeune; Dolabella fe trouva embaraffé à juger cette affaire, il mit à la decider au Confeil où perfonne n'ofoit donner fon avis dans le doute de cette affaire, cependant l'empoifonnement dont l'accufée convenoit ne pouvoir demeurer impuni : ainfi étant chargée de deux morts, elle ne pouvoit être abfoute d'un crime fi noir : d'un autre côté elle ne pouvoit être condamnée pour avoir puni deux meurtriers méchans & déteftables dignes de mort d'un innocent affaffiné, dont elle avoit vengé le meurtre de fon propre enfant; Dolabella renvoya la décifion de cette difficulté au Juge du Senat d'Athenes, Perfonnes éclairées dans la décifion des affaires importantes, lefquelles après l'examen du fait & la matiere mifes en déliberation, ordonnerent que les parties comparoitroient au Senat de ce jour à cent ans. C'étoit ordonner un veritable plus amplement informé.

La Maxime feroit pernicieufe & fauffe de dire qu'on peut toûjours fans preuve condamner un abfent par coutumace; parce qu'il ne meurt pas, que c'eft la peine d'un contumax & que lorfqu'il fe reprefente on lui fait de nouveau fon procès. Il n'eft jamais permis de violer la verité, ni trahir la Juftice, parce qu'elles ne fe défendent point, comme s'il ne falloit point fçavoir avant que de juger le titre de l'accufation & s'il y a des preuves contre celui qui eft accufé concluantes du crime au Procès pour le condamner : une condamnation eft toûjours infamante, quoique par contumace, elle refte : fi le condamné ne fe reprefente dans les cinq ans de l'Ordonnance elle devient contradictoire : ainfi il faut donc voir s'il y a des preuves, il arrive fouvent qu'un innocent peut paroître coupable & qu'il ne l'eft pas, quoiqu'il foit accufé. *Innocens videri poteft, mifer non poteft effe.* C'eft pour cela que *Lucius Apuleius* avoit bonne raifon de dire *initio Apologetic.* 1. Que tout innocent pouvoit être accufé, mais qu'il n'y avoit que les coupables convaincus par les preuves qui duffent être condamnez. *Quippe in fimulari qui vis innocens poteft, revinci mihi nocens non poteft.* D'ailleurs les Juges font obligez & tenus par le droit & fuivant les Loix des Empereurs Diocletian & Maximian de suppléer les reproches de droit & de fait qui se rencontrent dans un Procès qu'un absent pourroit proposer, soit aux qualitez & contre les personnes des témoins, s'ils sont parens ou infâmes, encore qu'il ne les propose point par sa bouche, ni par un Avocat, vû qu'ils sont obligez, *ex officio*, de casser & annuller une procedure qui est malfaite & contre l'Ordonnance, encore que cela ne leur soit point requis ni demandé par personne ; nôtre Ordonnance y est précise art. 8. Titre 14. fondée sur le Code *lib. 2. Tit. 11. ut quæ desunt. L. nan dubitandum est Judicem, si quid à litigatoribus vel ab his qui negotiis assistunt m.nus fuerit dictum id supplere & proferre quod sciat Legibus & Juri publico convenire,* M. Simon Dolive du Menil, a bien raisonné là-dessus dans ses questions liv. 3. cap. 2. *S. Joann. cap. 7. v. 51. & cadit nunquid Lex nostra judicat hominem nisi prius audierit ab ipso & cognoverit quid faciat.*

Les Jurisconsultes ont douté si un Juge devoit suppléer par ses lumieres les moyens obmis par les Avocats & les Procureurs pour leurs cliens. Un Docteur Allemant de l'Université de Marpurg-en-Hesse, a donné un Traité intitulé *Otthonis Philippi Zaunschlifferri. J. U. L. Judex supplens seu discussio de officio judicis. Marpurg. in-quarto.* Il prouve que le Juge est obligé de le faire ; c'est une de ses questions principalles, le reste n'est qu'une discution dans tout l'ouvrage de ce que le Juge doit observer en détail dans chacune des procedures en particulier. *L. unica Cod. ut quæ desunt Advocatis partium, Judex suppleat.* Je trouve tant de Paradoxes dans les Livres des nouveaux Jurisconsultes qui ont écrit depuis un siecle, qu'il n'y a point de difference entre leurs opinions & les erreurs populaires remarquées dans la Médecine par Joubert, Médecin de Montpellier.

Qu'on ne dise point qu'un soupçon suffit pour condamner selon les occurrences des affaires & la qualité des preuves du plus au moins *pro modo probationum.* Cet usage seroit opposé & contraire extrêmement à l'esprit du droit & de la Justice, sans parler des grands inconveniens qui s'en ensuivroient : jamais il ne doit être pratiqué que lorsqu'il y a de forts indices & de veritables preuves. La crainte de la prison fait peur aux plus innocens : la Loy désire que les indices approchent de la verité pour convaincre un accusé : une absence ne fait point de preuve, l'on ne condamne personne *pro modo suspiciorum*, ainsi un homme censé craint de se mettre en danger & de s'exposer à son ennemy & à la merci de faux témoins & de rester en prison au péril de sa vie, ce qui est la cause de son absence, d'où l'on ne peut tirer aucune consequence pour prononcer la moindre condamnation contre lui sans preuve, l'on est toûjours coupable lors qu'on est dans la puissance d'un ennemy : en ces rencontres l'imprudence est plus grande qu'un crime, & quelque innocent que soit un accusé, il pourroit se contredire par le grand nombre d'interrogatoires qu'on lui feroit par affectation pour l'embarasser. Nous voyons souvent en Matieres Civiles qu'un demandeur est débouté de sa demande *par deffaut* sur son plaidoyer par la simple lecture des défenses fournies par le deffendeur. Pourquoi donc en Matiere Criminelle les Juges ne suppléeroient-ils pas les moyens qui pourroient être proposez par un absent, lorsqu'il y a jour à le faire, puisque comme j'ay dit, nôtre Ordonnance au Tit. 14. art. 8. oblige les Juges en conscience, par leur devoir & la religion, d'examiner avant le jugement s'il n'y a point de nullité dans la procedure.

III. Max. La contumace peut faire préjudice à un accusé, mais ne peut nuire à un tiers, toutesfois elle opere contre le prefent qui eft comparant, qu'il faut qu'il attende que la contumace de l'autre foit inftruite, afin que fon Procès & le fien foient jugez cumulativement par une même Sentence, *Julius, Clarus, Farinacius*, &c. n'étant pas jufte qu'un prifonnier foit perpetuellement prifonnier fous pretexte de la contumace contre les abfens *infrà* Tit. 22. Max. 13.

IV. Max. L'on trouve dans Mafuer au Tit. 3. des deffauts & contumaces, dans Jean Imbert Livre 3. chap. 3. tout ce que l'on peut défirer avec ce Titre de nôtre Ordonnance fur les contumaces, le rems qu'elle s'obtient & court, les délais qu'il faut obferver & lors que l'on ne peut point le faire, enforte que pour ne rien répeter j'y renvoye mes Lecteurs. Par l'article 9. de l'Ordonnance, l'affignation fe fait à cri public. Plutarque dans la vie de *Caius Gracchus*, dit que les Romains le faifoient de même, il n'y a que deux délais de quinzaine & huitaine.

V. Max. Par l'Ordonnance de Charles IX. donnée à Moulins en 1566. art. 24. 25. 26. il eft tres-expreffement défendu à toutes fortes de perfonnes de cacher & receler aucuns accufez appellez à ban & cri public, à peine de délit & de femblable punition que meriteroient les accufez; dautant que c'eft participer au mal que d'en empêcher la punition & receler & donner afile aux méchans, ce que les Ordonnances ont toûjours improuvé & condamné, je necrois pas que cela foit pris à la rigueur de la lettre, fur tout lorfque c'eft un proche parent.

VI. Max. Un Eccléfiaftique contumax ne peut être contraint au payement des frais & dépens de la contumace, fi le cas pour lequel il a été condamné n'eft privilegié : la raifon eft que leur contumace ne peut avoir plus d'effet que leur confentement; or ils ne peuvent renoncer au privilege du Clergé, ni confentir & proroger la Jurifdiction du Juge Lay, comme j'ay montré clairement pag. 67. du nouveau Traité des Criées en 1704. & par confequent il faut qu'il y ait du cas privilegié pour obliger à réfonder les frais de la contumace bien faits fuivant l'art. 19 du Tit. 17. de nôtre Ordonnance.

VII. Max. Pour faire que la condamnation pecuniaire contre un contumax foit réfondée avant qu'il puiffe être oüy, il faut appeller de la Sentence du premier Juge, pour le chef de la réparation & interêts civil feulement, car après que la Cour a confirmé la Sentence par Arrêt, l'accufé n'eft plus reçû à purger fa contumace fans réfonder la réparation civile & les frais de contumace, cela eft indubitable quand l'accufé appelle. Bouchel en fa Biblioteque *in voce* réparation. Imbert Liv. 3. &c. Duluc *lib.* 12. *Tit.* 1. *cap.* 7.

VIII. Max. L'Ordonnance veut que le contumax réfonde en fe reprefentant aux articles 18. & 19. du Titre 17. les frais d'icelle bien faits, cela s'entend à l'égard de la partie civile, fi elle en a fait, & non à l'égard du fifc. Machou, Bacquet, &c. Jean Duluc *lib.* 12. *Tit.* 1. *cap.* 7. L'art. 19. du Tit. 17. de nôtre Ordonnance porte une exception fur quoi il faut refléchir.

IX. Max. L'Ordonnance porte que fi le contumax fe reprefente dans l'année de l'execution du jugement, main-levée lui fera faite de la faifie & execution de fes meubles & immeubles &c. & s'il ne compare pas dans les cinq ans de l'execution, il perd les fruits de fes heritages faifis & annotez, lefquels font aquis en pure proprieté à qui ils appartiennent fuivant qu'il fera ordonné par les Juges. Code Henry , deffauts & contumaces , &c. & les condamnations feront réputées contradictoires & vaudront comme ordonnées par Arreft fous les exceptions portées aux art. 26. & 28. de nôtre Ordonnance.

X. Max. Le condamné à mort par contumace aux galeres perpetuelles , ou qui aura été bannni à perpetuité du Royaume , qui décedera après les cinq années fans être reprefenté ou avoir été conftitué prifonnier , fera réputé mort civilement du jour de l'execution de la Sentence de contumace art. 29. de nôtre Ordonnance. La mort du pere & de la mere du condamné arrivant un an après la condamnation par deffaut , les cinq ans de l'Ordonnance n'étant pas encore paffez , il pourroit heriter s'il fe reprefentoit & étoit juftifié dans le tems fatal de la Loy , parce que les condamnez à mort par contumace ne font réputez morts civilement qu'après que les cinq ans de l'Ordonnance font expirez , mais pendant tout le tems qu'ils peuvent juftifier leur innocence , *quamdiu poffunt in integrum reftitui* , que l'Ordonnance a fixé à cinq ans : j'eftime qu'ils font capables de recuëillir les fucceffions qui leur échéent pendant cet intervalle ; ce qui eft conforme à l'efprit & au fens de nôtre Ordonnance qui a voulu donner fufpenfion & relâche de peine à ceux qui contre les formes de l'ancienne Jurifprudence étoient condamnez à mort par contumace fans avoir été oüis en leur deffenfe , ainfi que j'ay dit par l'explication de ce Titre. La Cour le jugea ainfi par Arreft du 11. Décembre 1608. rapporté fur M. Loüet lettre C. *num.* 25. qui permit aux créanciers d'un condamné à mort par contumace , pour le payement de leurs dettes , de faire faifir dans le tems de cinq ans les droits fucceffifs échûs à leur debiteur depuis fa condamnation executée.

L'Ordonnance de grace a donnné cinq ans aux condamnez par contumace pour fe reprefenter & juftifier leur innocence , pendant lefquels tout eft en fufpend. Le Concile de Trente feff. 9. cap. 19. *nifi coram proprio ordinario intrà quinquennium* , ont accordé aux Religieux cinq ans à compter du jour de leur Profeffion pour pouvoir reclamer & faire annuller leurs vœux , ainfi que porte le Concile : que fi ce tems fatal s'écoule fans qu'on ayt rien fait , tout eft confommé & je ne fais pas de difficulté de dire aux termes de l'Ordonnance que le condamné par contumace n'a point fuccedé à fes pere & mere , & les enfans provenus d'un mariage qu'il auroit contracté pendant fa contumace ne peuvent rien prétendre dans les biens des fucceffions de leurs ayeuls , comme j'ay dit dit dans la 20. Maxime du Titre précedent & que je dirai *infrà* Tit. 27. Max. 14. ce que j'ay très-bien prouvé page 531. du nouveau Traité des Criées par la Jurifprudence des Arrefts qui en font la folidité , rapportez par Anne Robert liv. 4. chap. 16. Pierre Bardet Maximes, de l'Homeau Livre 3. des droits des particuliers chap. 28. Claude Expilly plaidoyer 29. Simon Dolive Liv. 5. chap. 7. René Choppin fur la Coûtume d'Anjou , *Liv. 3. cap. 2. Tit.* 5. *num* 22. & plufieurs autres , tout cela fondé fur l'article 28. de l'Ordonnance de Moulins en 1566. & l'art. 10. de l'Edit donné à Amboife au mois de Janvier 1572. verifié en la Cour le 26. Février enfuivant. R. Chpppin en fon Traité des privileges ruftiques. *Lib. 3. part. 3. cap.* 11. §. 6. rapporte une queftion d'où l'on peut argumenter fur nôtre efpece.

Pierre Bardet rapporte dix Arrefts pour la réclamation des vœux dans les

cinq ans *reclamaverit*, d'où j'ay argumenté pour les cinq ans de nôtre Ordonnance en faveur des contumax. Je réitere aux ſtudieux Lecteurs, de voir ici la
Déclaration en forme d'Edit, donnée à S. Germain en Laye au mois de Decembre
1680. Regiſtré au Parlement le 10. Janvier 1681. qui eſt à la page 104. des Reglemens des Procureurs, imprimez en 1694. concernant les délais des procedures
dans les deffauts & contumaces. Le Roy ayant expliqué & marqué ſes intentions,
interpretant & ajoûtant aux articles 2. 3. 7. 9. du Titre 17. de nôtre Ordonnance.
Sa Majeſté déroge auſſi à l'article 14. du Titre 16. de la même Ordonnançe, &
veut qu'à l'avenir ne pourra l'adreſſe d'aucune rémiſſion être faite aux Sieges
Préſidiaux où la competence aura été jugée , que l'accuſé n'ait été oüi lors du
jugement de la competence & qu'il ne ſoit actuellement priſonnier, & à cet
effet ſeront le jugement de competence & l'écroüe attachez ſous le contreſcel
deſdites Lettres. Il eſt inoüi de condamner qui que ce ſoit au monde ſans preuve
& ſans conviction, *ſupra* Maxime 2. Le contumax eſt celui qui ne comparoît
point après avoir été appellé valablement ; car ſi la procedure eſt nulle ; il ny
a point de contumace.

TITRE XX.

Des ſourds & muets, & de ceux qui refuſent de répondre.

EXPLICATION DU TITRE.

MOnſieur Dolive liv. 5. chap. 18. a écrit la maniere de pouvoir entendre
un muet par des ſignes. Muets & ſourds, ſont ici ceux qui le ſont involontairement par accident ou naturellement : les premiers ne peuvent point
parler au Juge à cauſe de l'indiſpoſition de l'organe de leur langue. A l'égard
des ſeconds, il eſt inutile au Juge de parler, dautant qu'ils n'ont point les facultez de l'oüie pour entendre. Les premiers ne peuvent point leur expliquer ny
rendre raiſon de leur fait par le défaut de la langue ou de ſes organes, *lin-*
gua enim eſt interpres animi. Les ſourds ne peuvent comprendre ce qu'on déſire
d'eux ayant les oreilles bouchées, qui ſont comme les fenêtres de l'entendement, le ſon de la voix du Juge ne peut aller juſques à eux : c'eſt pour cela
qu'on leur crée un Curateur pour ſuppléer à leurs défauts, les deffendre ſur le
délit qu'on leur impoſe, & répondre aux chefs d'accuſation. Il ſemble qu'on
pourroit comparer les muets & ſourds aux enfans & aux furieux : toutesfois
l'Ordonnance ne parle que des muets & ſourds qui ont la raiſon bonne & ſont
capables de commettre & de concevoir le bien & le mal.

Ceux qui refuſent de répondre ſont les muets volontaires, qu'anciennement
par erreur on traitoit comme des contumax ; mais par Arreſt du premier Decembre 1663. cette forme de proceder fût blâmée. La Cour en auroit à ce ſujet ordonnée une autre, confirmée par celle que l'Ordonnance nous preſcrit,
& bien qu'il y ait de la contumace & du mépris de vouloir répondre en muet,
ne diſant rien, néanmoins il ne peut être traité comme abſent, puiſqu'il eſt

present : c'est donc avec raison que l'Ordonnance a établi une procedure toute particuliere contre lui dautant plus équitable que par le refus de répondre il ne se condamne, ny ne se justifie : pour cela il ne doit pourtant pas éviter la punition de son crime, c'est pourquoi on instruit son procès en sa presence pour le convaincre, & s'il se passe quelque chose à son désavantage, cela est irréparable à son égard, il se le doit imputer à lui-même, à sa pertinacité & à son silence volontaire de n'avoir pas voulu répondre aux interpellations du Juge, ny obéir à l'Ordonnance.

I. Max. Il est certain qu'on peut instruire le procès des muets & des sourds qui sçavent lire & écrire avec la plume : sçavoir de faire rédiger par écrit au Greffier l'article de l'interrogatoire, & lui faire lire ensuite à l'accusé, lequel peut mettre & inserer sa réponse, de même à la confrontation : mais on ne peut point faire & instruire le procès par des gestes & des signes, parce qu'on ne peut apprendre par-là les faits justificatifs de l'accusé, ny ses reproches contre les témoins; en l'un & l'autre cas, il faut un Curateur. Ayrault rapporté par Bouchel en sa Biblioteque *in voce* Audiance, ils ne peuvent point être condamnez ny appliquez à la question, comme je diray à la Maxime 4. Les interroger par gestes, ce seroit imiter par dérision les Pantomimes de Théatre, faire d'un acte serieux une farce.

I I. Max. Il y a des accusez si malicieux qu'ils sçavent fort bien feindre d'être muets & sourds, foux & furieux; c'est pour cela qu'avant que de leur pourvoir d'un Curateur, il faut faire une sommaire information du passé, pour sçavoir si l'accusé est tel qu'il affecte de paroître, & depuis quel tems cela est arrivé. J'ajoute ici que si l'accusé avoit sçû si bien feindre d'être muet & sourd, fous & furieux sans l'être, & qu'on lui eut fait son procès sans s'en donner de garde, le procès n'auroit pas moins de force pour cela, suivant M. Pierre Ayrault, *l. unic. in princip. cod. de rei uxor. actionibus, &c.* Il s'en trouva un qui joüa fort long-tems le rôlle d'un muet : à la fin le Juge lui ayant demandé combien il y avoit que l'accident lui étoit arrivé d'avoir perdu la parole, il répondit qu'il y avoit deux mois : il n'en fallut pas davantage pour découvrir la fourberie du personnage, il se nommoit Nego. Lorsqu'on ne veut rien accorder de ce qu'on démande, on ny répond rien : ceux qui sçavent bien entendre, c'est assez leur répondre en ne répondant rien du tout.

I I I. Max. Les muets & sourds qui se sont contrefaits doivent être punis des peines ordinaires, s'ils se trouvent coupables de dol & fraudes : s'ils sont muets & sourds de nature, ils ne peuvent être appliquez à la question, parce qu'il seroit inutile de les faire souffrir pour découvrir la verité qu'ils ne peuvent dire. Cela est conforme aux Annotations de *Julii Clari suprà quest.* 60. *num.* 8. *&c.*

I V. Max. Aux Instituts *lib.* 3. *Tit.* 20. *de inutilibus stipulationibus* §. 7. *mutuum*, interroger un muet ou un sourd par signes, ce seroit par dérision imiter les Pantomimes de Théatre, & d'un acte serieux en Justice, en faire une farce de Bateleurs & de Saltinbanques, *Quis es iste senex, delirus, furdus, & absurdus qui facta audax, imo temerarius judicat.* S. Jacques chap. 3. de son Epître a parlé des proprietez de la langue.

Pline liv. 23. chap. 8. dit que le jus de grain de Laurier distilé dans les oreil-

les avec vin vieil & huile rofat , eft bon contre la furdité qui eft accidentelle.
François Petrarque dans fes Difcours moraux liv. fecond entretien 25. à parlé de
la perte de l'ouïe , & dans la troifiéme partie entretien 10. il traite de la perte
de la langue & de la parole. Le Prophete Royal Pfalm. 118. ℣. 131. *os meum
aperui.* Les anciens Philofophes ont crû que la nature ne fubfiftoit que par le
repos & dans la guerre, que dans la paix & dans le trouble , en quoi ils fe
font trompez. Voyez le liv. 1. des Inftituts Titre 23. *de Curatoribus ,* ¦*Tutor.
in forem habenti datur in locum fufpecti, in locum excufati , relegati , furiofi ,
muti, furdi.* Antoine Duverdier en fes diverfes leçons liv. 7. chap. 9. 10. a parlé
de l'excellence & proprieté de la main.

M. Dolive à l'endroit que j'ay cité, effaye de perfuader par les Poëtes, qu'on
peut s'exprimer par fignes & par geftes de la tête , des yeux , du vifage , des
mains ; en baiffant la tête , c'eft accorder à ce que l'on demande , qu'on dit en
Latin *annuere :* un vieillard en penchant la tête en bas , c'eft confentir à ce
qu'on défire : hocher la tête fur les deux épaules en pagode , c'eft un refus ;
tendre la main vers l'eftomac, c'eft confentir ; la jetter en dehors , c'eft re-
pouffer & rejetter la propofition ; avancer la main & la retirer à foi, c'eft le
figne d'appeller quelqu'un qui eft éloigné ; baiffer la main vers la terre , c'eft
demander qu'on faffe filence dans un tumulte de voix ; joignans les deux mains
comme pour prier Dieu , c'eft demander grace ; lever la main droite en haut ,
c'eft affirmer la verité. Tout ce que les Poëtes ont dit ne fuffit point pour condamner un accufé, il faut d'autres preuves : ainfi je voudrois que M. Dolive
nous eût enfeigné la maniere de faire entendre le Juge à un accufé par fignes
veritables & fenfibles , & que le Juge eût pû l'entendre.

TITRE XXI.

Des Jugemens & procès verbaux de queftion & torture.

EXPLICATION DU TITRE.

Ugemens , l'affaire ne fe termine pas encore ici , c'eft pourquoi ce jugement
n'eft qu'interlocutoire , l'on fait l'accufé Juge dans fa propre caufe, il n'a
qu'à ne rien dire , cependant il ne faut pas moins de folemnité en ce jugement
qu'au diffinitif, foit pour la vifite du procès , foit pour le nombre des Juges
qui font pour le juger, lefquels ne doivent pas moins prendre garde à l'un qu'à
l'autre : la queftion en quelque façon tient lieu de peine, dautant qu'une Sentence qui condamne au banniffement ou aux Galeres , eft plus douce que celle
qui va à la queftion , parceque l'accufé peut par le tourment de la torture
confeffer le fait *& fic* condamné à plus, & par les autres peines la vie lui eft
affurée. Arreft rapporté par M. Bouguier lettre S. num. 17. nouvelle Ordonnance
Titre 25. des Sentences & Arrefts art. 13. &c. *infrà* Tit. 27. Max. 7. 8. nouveau
Traité des Criées fol. 433.

Procès verbaux , nous avons expliqué ces mots folio 56. Titre 6. des procès verbaux des Juges : j'ajouterai feulement ici que c'eft la rélation que fait le Juge de tout ce qui fe paffe depuis que le patient eft appliqué à la queftion, jufques à ce qu'il en foit tiré. Je puis auffi y comprendre l'interrogatoire qui doit être fait à l'accufé avant d'être mis à la queftion, & le détail de fes paroles, geftes, contenance, variations, difcours & vacillations du condamné à la torture, les traits de corde qu'il lui a fait donner, & les pots d'eau : fi fe font les brodequins, les coins frappez, dequoi j'ay parlé page 433. du nouveau Traité dés Criées ; enfin l'on fait un procès verbal de queftion, contenant la defcription précife, véritable & naturelle de toutes les circonftances qui peuvent arriver & furvenir en cet état, foit dans la maniere de donner la queftion, fuivant l'ufage des Jurifdictions, foit pour les interrogatoires du Juge, & les réponfes de l'accufé, & tout ce qui concerne l'état du patient ; dont de tout le Juge doit dreffer fon procès verbal qu'écrit le Greffier, *quia ejus verbis non creditur, nifi ex proceffu appareat.*

Queftion, vient du verbe *quæro*, *unde Antiqui rem quæfitam dicebant.* Quant à la torture, tous les Docteurs la confondent avec la queftion, & n'en font point de différence ; ainfi il femble que queftion & torture font finonimes : que s'il y a quelque diffimilitude en ces mots, je n'en fçai point d'autre, à moins que la queftion *datur ad finem*, & que la torture eft le moyen pour y parvenir : la douleur de la queftion eft pour chercher la verité, & la torture l'extorque & force à la dire : la queftion menace, & la torture frappe : toutesfois parceque ces deux mots paffent par tout pour univoques, je ne perdrai point le tems à les divifer ; c'eft pourquoi je n'ai qu'à dire que comme la queftion tend à découvrir la verité par le tourment, la torture tâche de l'avoir par le fentiment de la douleur qu'elle fait reffentir.

En 1681. Monfieur Nicolas, l'un des premiers Officiers du Parlement de Befançon fit imprimer en Hollande un in-octavo, qui a pour titre *Si la torture eft fûre pour verifier*, où il prétend prouver qu'elle eft nouvelle & inutile, parce qu'un coupable ne dira rien pour fauyer fa vie ; qu'elle eft cruelle, parce qu'un innocent qui y a été appliqué eft eftropié & perclus le refte de fes jours. Je lui replique en ce tems-là, qu'elle eft très-ancienne, écrite dans l'ancien Teftament & dans le Droit Romain ; qu'elle eft très-neceffaire dans certains rencontres que les Juges examinent avec reflexion pour découvrir & tirer la verité d'un rufé & artificieux criminel dans les crimes qui font obfcurs & faits de nuit. S. Jerôme dit, *quia veritatem magis exprimunt tormenta.* Jean Papon liv. 24. Titre 9. Jean Imbert liv. 3. chap. 14. elle fert à découvrir les complices d'un crime commis par plufieurs, ce qui feroit difficile fans fe fervir de cet expedient. Je ne puis approuver la Coutume de Mantoüe, ou fur la commune renommée, il fuffit de quatre témoins qui dépofent par oüi dire d'un fait qui merite la mort pour condamner à la queftion. Lifez l'article 163. de l'Edit de Villers-Coterefts, & l'Edit donné à Angoulême le 20. Novembre 1542. Regiftré au Parlement le 12. Fevrier 1542. pour connoître quels procès criminels feront apportez au Parlement, nôtre Ordonnance au Titre 26. art. 1. des appellations.

I. Max. La queftion n'eft ordonnée que fur de preffans & comme indubitables indices, c'eft pourquoi les Juges y penfent bien avant que de l'ordonner. En Italie on la donne aux Ecelefiaftiques lorfque le crime eft énorme. Platine

fe

se plaint fort de la rude question que lui fit donner & à ses conjurez le Pape Paul II. pour découvrir un crime d'Etat. L'Ordonnance de Louis XII. deffend de condamner à la question, s'il n'y a un témoin sans reproches, & des indices concluans.

II. Max. La confession d'un accusé faite dans les tourmens de la question ordonnée avec indice, ne lui préjudicie en rien, lorsque hors de la question étant sur le matelas & interrogé d'abondant, s'il persevere & insiste en ce qu'il a dit, il déclare que ç'a été pour faire cesser les douleurs qu'il enduroit, qu'il se désiste de ce que les tourmens lui ont fait dire, qu'il n'est pas vrai. *Julius Clarus, Farinacius, Boherius decisiones Burdigal. 90. num. 10. &c.* Jean Bodin liv. 4. chap. 3. de son fleau est à sçavoir .& M. Estienne Baluze dans les vies des Papes d'Avignon page 599. rapporte plusieurs raisons, pour montrer que les douleurs de la question obligent quelquefois des accusez à avoüer des crimes qu'ils n'ont pas commis : ainsi les Juges doivent bien réflechir sur les procez verbaux de question. Charron n'aprouve pas la question en sa sagesse liv. 1. chap. 4. num. 7. mais il raisonne sur un faux principe, en supposant qu'on la donneroit sans preuve, & la premiere Maxime ci-dessus est toute contraire.

III. Max. Il faut du moins un témoin de *visu* & plusieurs indices pressans jusques à trois pour condamner un accusé à la question ; car l'Ordonnance ny les Docteurs criminalistes ne disent point au singulier *indice*, mais au plurier *indices*, & s'il faut encore qu'ils soient pressans & forts ; c'est pourquoi ils sont dits indices, *ab indicando quia quasi demonstrant* : cependant parce que *in judiciis non potest dari certa regula*, il les faut prendre des circonstances de la chose ou des personnes, lesquelles circonstances les Juges ne sçauroient trop bien peser. *infrà* Max. 9. S. Jean 8. ℣. 17. *Quia duorum hominum testimonium verum est.*

IV. Max. Bartole est d'avis qu'en crimes occultes & cachez, la conjecture & la présomption suffisent, non pas pour la condamnation à mort, mais pour tout autre *citra mortem. l. actor. c. de probat.* il est suivi des Canonistes *in c. qualibet de accusationibus.* Je la trouve trop dangereuse, puisque la Sainte Ecriture demande deux ou trois témoins d'un fait, aux Nombres chap. 35. ℣. 29. Deuteronome chap. 17. ℣. 6. chap. 19. ℣. 15. S. Matthieu chap. 18. ℣. 16. S. Jean ch. 8. ℣. 17. S. Paul 2. Corinthiens chap. 13. ℣. 1. aux Hebreux 10. ℣. 28. La Loy Romaine requiert ce nombre de témoins. *l. tibi numerus. ff. de test.* la Loy derniere au Code *de probationibus.* La Glose dit *luce meridiana clariores.* Un seul témoin quoique *omni exceptione major*, n'est pas suffisant s'il n'y a des indices pressans pour faire condamner un accusé à la question, puisqu'il ne rend pas même une chose probable, suivant les bons Philosophes, la raison en est marquée *suprà* fol. 102. au Titre 12. des Decrets, Maxime 2. tirée de Papon liv. 24. Titre 9. de la question, Arrest 2. de M. Jean Coras chap. 7. Bugnion des Loix abrogées liv. 2. section 137. &c. Voyez précisément ici le Titre 27. Maxime 38. *infrà.*

V. Max. L'assertion d'un blessé perseverant jusqu'à la mort, n'est pas suffisante pour condamner un accusé à la question suivant toutes les Loix, parce qu'il se peut tromper, avoir de la haine, & que c'est dans sa propre cause, s'il n'y a des indices de présomptions violentes d'ailleurs, ce sont autant de circonſtances ſur leſquelles les Juges doivent bien reflechir, & qu'il y ait outre cela un témoin précis.

VI. Max. Il en eſt autrement lorſque le mourant décharge l'accuſé, diſant que ce n'eſt pas lui, ou qu'il a excité & cherché la querelle dans laquelle il a été bleſſé, qu'il n'avoit aucune querelle, diſpute, ny inimitié contre lui; parce qu'alors la choſe eſt bien differente de la Maxime precedente, l'on préſume toûjours pour l'accuſé, ici le bleſſé le décharge, cela eſt ſuivant Joſeph en ſes Antiquitez Judaïques. *Grammaticus Conſeil* 14. *num.* 7. 8. *& multa ibi authoritatis.* La décharge d'un mourant par ſon teſtament en faveur d'un accuſé eſt très-conſiderable, liſez Tobie ſon teſtament & les préceptes qu'il donne à ſon fils. Platon lib. 11. *de legibus*, dit que s'il étoit crû jamais, on n'ajouteroit de foi aux teſtamens faits en mourant *& per morientes*. Il eſt rare de trouver un teſtament ſemblable à celui d'Evaruvias, qui mourut fort pauvre à Athenes ſans biens, ayant ſa mere fort vieille décrepite, & une jeune fille, les Lecteurs jugeront de ſon teſtament. Le teſtateur fit un legs de ſa mere à un de ſes amis, le priant de la nourrir & entretenir le reſte de ſes jours : il legua ſa fille à un autre ami, le ſuppliant de la doter & marier honnêtement lorſqu'elle ſeroit en âge : ce teſtament fut trouvé auſſi extraordinaire que celui de Ziſca, dont je parlerai; mais ces deux amis accepterent chacun leur legs, qu'ils executerent exactement, & furent très-eſtimez de leur charité & d'être de veritables amis : le public admira la prudence d'Evaruvias d'avoir fait choix de tels amis, ayant pourvû à ſa mere & à ſa fille par la confiance qu'il eut en eux. La Coutume de Normandie a bien prévû l'état de la foibleſſe humaine par l'article 422. crainte qu'on n'abuſe de l'eſprit d'un mourant. *Vide* Taillepié en ſes Antiquitez de Roüen.

Par le procès verbal de Meſſieurs les Commiſſaires ſur nôtre Ordonnance, M. Puſſort dit que la queſtion préparatoire lui avoit toujours ſemblé inutile. M. le Premier Préſident de la Moignon, dit que nous avons reçû cette belle Maxime des Romains, auſquels Tertullien dit *apud tirannos*, qu'il voyoit de grandes raiſons de l'ôter, mais qu'il n'avoit que ſon ſentiment particulier.

VII. Max. Il ne faut pas toujours ajoûter toute la foy à un mourant ſur le gibet, parce qu'il y en a qui ſont méchans juſqu'au précipice, l'eſprit leur tourne & veulent avoir des compagnons de leur honte & de leur ignominie, qui eſt une triſte conſolation. Antoine Deſpeiſſes Titre des queſtions : de ſorte que leur dire ne peut ſervir tout au plus que pour arrêter un homme, & d'ailleurs c'eſt peu de choſe s'il n'y a d'autres indices urgens ; ainſi cela eſt bien éloigné d'être ſuffiſant pour condamner à la queſtion. Voyez l'Ordonnance art. 3. auquel la Maxime n'eſt point contraire, parce qu'elle ne comprend pas celui qui eſt dans les tourmens de la queſtion. *infrà* Titre 27. Max. 16. Les hommes au dernier periode de la vie ne ſont pas d'un eſprit fort ſerain, temoin le teſtament du fameux Ziſca, qu'il fit après avoir chaſſé, (quoiqu'il fut aveugle.) L'Empereur Sigiſmond commandant les Bohêmes rebelles, il fit bâtir la Ville de Tabor, & par ſon teſtament il ordonna qu'après ſa mort il fut écorché, & que ſa peau fut conroyée, dont on feroit un Tambour, & qu'au ſon les Troupes Imperiales fuiroient toutes épouventées, de même qu'au bruit d'un Tambour fait de la peau d'un loup, un troupeau de moutons ſe met en fuite, d'où André Alciat à tiré ſon emblême 170. *vel poſt mortem formi doloſi* : auſſi eſt-il trivial qu'un drap

fait de la laine d'un mouton qui a été mangé d'un loup, de cette étoffe fort
toujours des poux : comme de l'urine d'un coq sur la pouffiere s'engendre
de petite vermine, laquelle faute étant sur ses deux pieds de derriere, *Pu-
lex.* Les erreurs dont je parleray maxime 10. viennent des succeffeurs de Ticho-
brahé, que la déformité du visage est une marque de celle de l'ame : qu'il faut
se défier d'une mauvaise phifionomie, & qu'il faut se garder de quatre choses, du
fard du langage, de l'amorce des presens, du desir du gain, & de l'ignorance
affectée. Je ferai voir par démonstration les abus des Astrologues & Astronomes
dans leurs speculations liv. 2. Titre 36. à n'en pas douter.

Tous ces testamens ne font pas à comparer à ceux dont parle S. Jean Chryso-
stome *sermo* 67. *de diversis testamenti locis*, ny à celui de Michau le Coq,
Patiffier de Paris, qui se souvint en mourant que sa femme l'avoit menacé de
lui marcher sur le ventre après sa mort, il ordonna d'être enterré debout.

VIII. Max. Les complices ne font preuve, soit pour l'innocence ny la condamnation d'un accusé ; néanmoins les joignant avec d'autres moindres indices
dans des circonstances particulieres en chacune affaire dûement affurées fans
reproches *sufficiunt ad torturam* dans des crimes énormes : c'est de cette forte
qu'il faut entendre Jean Papon liv. 24. Titre 8. & ce que j'ay dit page 540. du
nouveau Traité des Criées, qu'il y a huit fortes de crimes, dans lesquels les accusez chargent : il en est de même de la contumace de l'accusé avec d'autres indices, *quia in incertis & non certis, locus est conjecturis* : il faut dans ces cas
obferver si les témoins ne font point coupables eux-mêmes du crime dont ils ont
dépofé ; car alors leur témoignage seroit suspect & nul, suivant les Loix du
Code au liv. 9. Titre 1. *lib.* 19. des Empereurs Valens, Valentinian & Gratian,
aux Capitulaires de nôtre Roy & nôtre Empereur Charlemagne *lib.* 7. *cap.* 354.
dans la partie 2. du Decret *quæst.* 11. *cap.* 1. *neganda est accusatis licentia cri-
minandi, priusquam se crimel quo præmuntur, &c.* Les indices doivent avoir
de la liaison & du rapport au fait dont il s'agit, comme seroit la fumée qui fort
d'une cheminée, est un indice preffant qu'il y a du feu : un homme qui rappor-
teroit un acte de rénonciation qu'il auroit fait à la succeffion de son pere, &
qui néanmoins se trouveroit en poffeffion de tous les biens de cette même fucceffion, sans autre titre que celui de fils, c'est un indice certain qu'il est heritier
filius ergo hæres. Coutume de Paris article 317. voyez l'art de proceder de M.
Lafferé Confeiller fol. 257. aux reflections *question* 12. où il est parlé des indices.

IX. Max. Le nombre des témoins est fupplée felon Thomas *Grammaticus*,
Balde, *Julius Clarus, Farinacius, &c.* pour ordonner la question par de forts
indices, mais non pas pour la condamnation à mort. Pour moi j'estime l'interlocutoire à la question un jugement terrible, comme j'ay dit aux 3. & 4. Maximes, c'est pourquoi je voudrois prefqu'autant de preuves pour condamner à la
question, comme pour les Galeres perpetuelles. Papon liv. 24. Tit. 7. *Et sic erant
duo testes, qui poterant sufficere, p r text. in dicto capit. fin. de test. cog.*

X. Max. Les indices tirez du nom & surnom d'un accusé, du païs, conversation, frequentation & de la phifionomie & reffemblance, & de la réputation,
peuvent être de quelque confideration, mais non pas pour condamner. *Nomen* se
peut prendre pour nom & renom. Balde dit qu'un nom deshonnête & une méchante phifionomie, font indices d'iniquité, *suprà* Max. 7. Je ne sçai pas où il a pris

Cc ij

ces resveries, ce ne peut être dans la fatalité des noms au livre 4. chap. 26. des Recherches de la France : comme si l'homme étoit le maître de son nom & de sa taille venant au monde, soit en Sicille, dans l'Isle de Corce, ou en Neustrie, & s'il ressemble à Polyphême, ou à Pluton. Nous avons vû un procès de cette qualité contre M. Pestallozzi, Procureur General des Monnoyes.

XI. Max. La question ordonnée sur des indices sans un témoin précis, seroit vitieuse, quant bien dans la suite elle découvriroit la verité, parceque la Loy ne le veut pas, & en l'ordonnant on se met au hazard d'estropier un malheureux accusé, *qui est innocent* pour le reste de ses jours, qu'il passeroit en souffrant des maux dans tous ses membres, il s'en faut tenir aux regles. Le nouveau Traité des Criées fol. 433. est digne de la lecture des studieux. *infra* Maxime 22. Recherches de la France liv. 8. chap. 31.

XII. Max. Il y a deux sortes de questions, l'ordinaire & l'extraordinaire. L'ordinaire est la moitié de l'extraordinaire, quatre pots d'eau & le petit treteau seulement. Pourquoi l'on dit & l'appelle la moderée ; c'est lorsqu'on use du tourment le plus doux, comme de serrer seulement les doigts dans une vis d'un chien de la plaque d'un fusil, où on met la pierre, ou un étau de Serrurier, ou autre instrument *& similia.* L'extraordinaire, c'est avec les brodequins les jambes entravées dans des ais & des coins, pour les serrer à coups de maillet, ou à l'eau étendu sur le treteau en avallant jusques à neufs pots d'eau, d'une pinte chacun : les patins à huile approchez au feu, suspendu en l'air, attaché par les mains derriere le dos, ayant des poids aux pieds comme une forme d'estrapade & autres semblables, suivant l'usage des Sieges, Cours & Jurisdictions. La gehenne ou la malaise sont hors d'usage, un accusé aimoit autant mourir : on garde celles dont l'on se servoit anciennement dans la Tour de Mongommeriau Palais : elle se donne encore beaucoup plus violente en Espagne, comme j'apprens de deux Auteurs : le premier *Alphonso de Acevedo Commentaria in Hispanicas constitutiones* : le second est *Pratica civil y criminal, conforme à la nueva recapilation por Gabriel de Monterrozo.* La gehenne est un mot très impropre pour vouloir signifier la torture, étant toute une autre chose, ainsi qu'il est expliqué par l'Auteur de la Preface du testament imprimé à Mons. Dans le ressort du Parlement de Roüen on met des fers entre les doigts des mains & des pieds qu'on serre, & l'on enleve par-là le corps en l'air.

XIII. Max. Julien Brodeau sur George Loüet lettre B. Arrest 1. le Concile de Tolede & les anciens Docteurs, disent qu'un Juge Ecclesiastique peut condamner & faire appliquer à la question : ils se fondent sur ce que cela se pratique dans les Tribunaux d'Italie ; mais il faut disent-ils, que ce soit avec une telle moderation, qu'il ne s'en ensuive aucune effusion de sang, & que la torture ne soit si severe & cruelle, que celle dont se servent les Juges Laïques. Je soutiens hardiment & suis assuré qu'à la Tournelle du Parlement, on ne confirmera jamais la Sentence d'un Official qui auroit condamné à la question, aux Galeres, ou au bannissement, suivant René Choppin *de Sacra Politia lib. 2. Tit. 3. num.* 14. Innocent de Ciron, Chancelier de l'Université de Toulouse, en ses Paratitles sur le Droit Canon. Quand un homme est étendu attaché par les poignets & les pieds avec de grosses cordes à demi contourné, à des boucles de fer scellées en terre & au mur à trois pieds de haut bandé sur un chevalet,

comment empêcher que les nerfs roidis, les veines ne se rompent selon la foiblesse
du temperament du malheureux; puisqu'il y en a qui ont eû les membres disloquez
& rompus *infra* Titre 27. Maxime 22. *supr.* Titre 1. Maxime 40. Imbert Liv. 3.
chap. 21. *num.* 9. Papon Liv. 24. Tit. 9. Frain, Remarque 10. sur ses playdoyers.

Arrest du 29. May 1544. qui cassa la Sentence renduë par Messire Jacques
le Roy, Archevêque de Bourges, qui avoit condamné des Prêtres aux galeres, qui
est rapporté par Berault sur la Coûtume de Normandie, au Titre des Fiefs art.
143. par Jean Chénu Titre 1. chap. 1. de ses Reglemens, par Laurent Jovet
en sa Biblioteque *in verbo* appel comme d'abus *nnm.* 6c. *vide* Pierre Bardet
Liv. 1. chap. 42. où il rapporte la Sentence du Prevost de Gentilly qui étoit Beneficier, qui condamna un voleur de plomb au foüet sous la custode, qui fut confirmée par Arrest & executée ensuite. J'ay parlé à la Maxime 10. des rêveries
de Balde qui étoit né à Perouse & avoit été Precepteur du Pape Gregoire XI.
nommé Pierre de Beaufort, qui fut celui qui reporta le Saint Siege d'Avignon
à Rome en l'an 1374. L'Aphorisme d'Hypocrates *extremis morbis extrema
remedia sunt optima.*

XIV. Max. La question se donne, & toutes sortes de personnes y sont condamnez sans aucune distinction de sexe ni de qualitez : je sçai bien que selon
le Droit Civil & Canon par la Loy *milites* & la Loy *Divo Marco c. de
quæstionibus*, les Soldats & les Décurions, les Prêtres mêmes n'étoient point
torturez à cause de l'excellence de leurs dignitez : mais aujourd'hui en France
tous accusez indistinctement y peuvent être condamnez & appliquez sans aucune difficulté, hommes, femmes, garçons & filles, vieux & jeunes ayant l'âge
de l'Ordonnance, qui permet de les punir : Nobles & Roturiers, Prêtres & Sé-
culiers, Réguliers & Laïques : il faut surseoir aux femmes enceintes jusques
aprés leurs couches, par la raison que quand il y a une preuve d'un crime,
cela exclut de tout honneur, dont l'accusé étant convaincu ne peut joüir : c'est
pour cela qu'un Prêtre condamné à mort n'est plus dégradé comme anciennement, parce qu'il s'est corrompu par son crime. En Italie les Ecclesiastiques
souffrent ces peines, comme j'ay dit parlant de Platine, la raison en est, *quia
reatus omnem excludit dignitatem, nec honos ei servatur qui se in tantum
fœdus deduxit.* La preuve de ma Maxime est tirée de la quest. 46. *de Joannis
Galli*, il n'y a qu'à prendre la peine de lire.

XV. Max. S'il y a plusieurs condamnez à la question, il faut commencer
par les plus foibles, comme s'il y a des femmes, les appliquer avant les hommes :
si le pere & le fils sont condamnez, il faut appliquer le fils le premier, parce
que cela intimide le pere, ainsi des autres desquels on croit pouvoir plus facilement tirer la verité, *à suspectissimo incipiendum & à quo facillime, posse
verum scire Judex crediderit.*

XVI. Max. Il ne faut pas qu'un condamné à la question boive ni mange
rien dix heures avant que d'y être appliqué, *ut in defectu virium citius con-
fiteatur, Julius Clarus. §. finali.*

XVII. Max. Un Juge habitué & accoûtumé à faire donner la question, & qui
sçait bien ses fonctions, ne doit pas interroger l'accusé, s'il n'a pas commis
l'homicide *d'un tel*, en terme special ; mais il doit *generaliter* lui demander
s'il n'a pas commis un homicide, afin qu'on lui demande ensuite, qui étoit

le mort , à quel jour , l'heure & l'endroit , avec quelles armes ; parce que l'on rapporte en jugeant toutes ces circonstances & on examine si elles sont conformes à ce qui est prouvé au Procès.

X V I I I. Max. C'est une regle generale & certaine en Matiere Criminelle , qu'un accusé qui est suffisamment convaincu de crime capital , ne doit point être condamné ni appliqué à la question quoiqu'il ait nié & désavoüé son crime , on ne le doit faire en ce cas , que l'orsqu'on voit au Procès qu'il a des complices qu'il ne veut pas nommer , ni indiquer ; mais il doit être jugé diffinitivement daurant que comme j'ay dit , que la question tient lieu de peine , plus grandes que les galeres & le bannissement , & par ainsi elle ne doit pas s'ordonner sans de forts & pressans indices , *quasi veritatem demoustrantia* , parce que l'accusé peut avoüer ce qu'il n'a pas fait *& sic* être condamné à mort ; comme j'ay dit Maxime 2. c'est pour sçavoir les complices suivant la Loy *& si certus* , *D. ad Senatusconsultum Silanian.* Surquoi le Jurisconsulte *Paulus* dit , *& si certus sit percussor , tamen habenda est quæstio , ut cædis mandator inveniatur , utique autem ipse maxima quæstioni dabitur.*

De même par la raison des contraires , l'accusé étant pleinement convaincu du fait , ne doit être condamné à la question ; parce que c'est lui faire grace , en ce que s'il a bonne bouche il évite la mort , ou la plus grande peine que meritoit son crime : ainsi le Juge se trouvera embarrassé qui aura condamné l'accusé à la question qui n'est qu'un préparatoire , le pouvant juger diffinitivement , à cause qu'il y a preuve concluante. Papon Liv. 24. Tit. 9. de la question. Arrest 1. Mosnier , *in verbo* crime *num.* 17. nôtre Ordonnnance en ce Tit. art. 2. *Farinacius , Angelus , Julius Clarus , &c.*

X I X. Max. Le Juge qui fait donner la question doit observer avec moderation le bon temperament qu'a le patient qui y est appliqué , *innocentiæ vel supplicio salvus reddatur* , & pour cette effet il considerera la force ou la foiblesse de celui qui souffre , l'âge , le sexe & la santé , *& sic de aliis* , à moins de cela , s'il excede dans la torture , de maniere que le malheureux vienne à mourir ou en demeure estropié le reste de ses jours , le Juge en sera fort en peine , suivant Lebrun en son Procès criminel. *Jacobus Debellovisu* , &c. ayant la conscience plus timorée que le Juge , dont parle S. Luc au chap. 18. ℣. 2. C'est pour cela que le Procès verbal de question *doit contenir très-exactement* , le regard , la mine & le visage , la contenance , l'assurance ou la crainte de l'accusé , les gestes , le ton de la voix , la chaleur ou l'indifference de son discours , & toutes les circonstances qui peuvent faire juger si ses paroles sont étudiées ou naturelles , qui marquent la sincerité où découvrent l'artifice & font distinguer la dissimulation d'avec les expressions sinceres & veritables : tout cela aide beaucoup à la décision du Procès , sert aux Commissaires de la question & à tous les autres Juges pour le jugement lorsqu'on fera la lecture du Procès verbal à la Chambre , afin que les Juges puissent mieux connoître la verité & juger des pensées & des intentions de l'accusé.

La prudence doit être le nort de toutes les actions des Juges , suivant les 19. réflexions de la premiere partie de l'art de proceder. Hypocrates dit en ses aphorismes , *extremis morbis , extrema remedia sunt optima.* Seneque dit *malam conscientiam non bene vultus tegit : te conscientia stimulant maleficio-*

rum tuorum, temetus examinat Judiciorum atque Legum, quocumque aspexeris, ut furiæ fic tuæ tibi occurrunt injuria, quæ te respirare non finunt, ob orte funt lachrymæ, dirigit animus fublatum eft intercepto fpiritu corpus : dat pœnas quifquis expectat, quifquis autem meruit expectat in mala confcientia nulla res præftat fecurum. Tacite au 15. Livre de fes Annales *ipfæ mœftus & magna cogitationis manifeftus erat ; quamvis lætitiam vagis fermonibus fimularet* & au 2. de fes hiftoires *nimiùs pavor confcientiam arguebat.* Ciceron pro *Rofcio Amerino, expalluit notabiliter quamvis femper palleat.* Ovide *& color & fanguis animufque relinquit euntem.*

Apullée dit, *lib.* 10. fort élegamment *ingens ex inde verberonem corripere trepidatio, & invicem humanis coloris fuccedit pallor infirmus, perque univerfa membra frigidus fudor emanabat, tunc pedes incertis alternationibus commovere modo hanc modo illam partem fcalpere capitis, & ore femiclaufo balbutiens nefcio quas, affamias effutire, & cum nemo prorfus à culpa vacuum merito crederet revelafcente prorfus aftutia conftantiffime negare, & accerfire mendacii medicum non definit qui propter judicii religionem cum fidem fuam coram lacerari videret, multiplicato ftudio verberonem illum contendit redarguere, donec juffu magiftratuum minifteria publica contrectatis nequiffimi fervi manibus &c.*

Un accusé dans les fers fon ame eft agitée de divers mouvemens, il faut fonger à fon falut & toutes les rêveries des Philofophes Payens & l'impoffibilité que nous avons à comprendre, la nature de l'ame eft une preuve évidente qu'elle eft faite à l'image de Dieu qui eft incomprehenfible à l'homme, ainfi qu'il dit Exod. 3. *ego fum qui fum.*

XX. Max. L'on demande à qui il appartient de faire appliquer à la queftion pour avoir révelation des complices ; *torqueri nemo poteft in caput aliorum, nifi plene fuerit confeffus aut convictus de delicto* toutefois cette Maxime eft contraire à la Loy *reperitio* 16. §. *is qui* ff. *de quæftionib.* C'eft pour cela qu'il faut reftraindre la Maxime aux feules Cours Souveraines, car je ne crois pas que les autres Juges le puiffent ainfi ordonner, à moins qu'il n'y eût des raifons bien preffantes pour cela, fuivant *Farinacius* Confeil. 11. *num.* 13. il faut ici entendre la Maxime de la queftion avant le jugement de mort, après quoi les Lecteurs verront l'article 3. de nôtre Ordonnance fur le prefent Titre : les premiers Juges y peuvent condamner, mais ils ne le peuvent faire executer qu'après qu'il y a Arreft confirmatif de leur Sentence.

XXI. Max. S'il arrive que par la queftion on n'a pû rien apprendre de l'acusé, tellement qu'il n'y a pas de preuves fuffifantes pour le condamner pour les indices reftans, en ce cas fera fait droit fur fon élargiffement, fi le Procureur du Roy eft feul partie, que s'il y a une partie civile, les parties feront réglées à proceder en Procès ordinaire, fi la matiere y eft difposée. Il femble que c'eft l'efprit de l'art. 2. du Tit. prefent de nôtre Ordonnance, dont je me rapporte aux Lecteurs après avoir obfervé *documentis vel indiciis ad probationem indubitatis & luce clarioribus L. fin. Cod. de probationibus,* d'ordinaire on condamne aux galeres ou à un banniffement *vide* Villiers-Cottereft. art. 164.

XXII. Max. Un condamné à la queftion qui l'a foufferte fans rien avoüer, & duquel enfuite l'innocence eft averée, ne peut prétendre de dommages &

interêts contre fa partie accufatrice , s'il n'y avoit une calomnie prouvée &
une fubornation de témoins ou autres fraudes faites au Procès par l'accufateur ;
c'eft ce qui a été jugé par les Arrefts , que le plaignant *qui habet juftam caufam*
ne devoit être puni comme calomniateur. La Biblioteque des Arrêts *in verbo*
accufé *num.* 18. autres Arrêts donnez dans deux affaires qui ont fait grand
bruit au Palais, l'un de la Dame * * * le 26. Juin 1693. l'autre des filles du
nommé * * * les deux accufez avoient fouffert la queition , dont l'un mourut
fans rien avoüer : dans la fuite leur innocence parut.

C'eft une regle certaine, n'y ayant point de malice , les plaintifs ayant eu
droit de rendre plainte , lifez le nouveau Traités des Criées aux pages 440.
537. pour être perfuadez de ces Maximes tirées des Ordonnances de nos Rois.
Pline écrivant à Macrinus Epift. 6. *lib* 7. Sebaftien Frain plaidoyer 37. eft à voir.

Il n'y a que les calomniateurs qui doivent être condamnez *fupr.* Maxime 11.
Recherches de la France Livre 8. chap. 31. Ciceron difoit parlant du calomniateur , *vaticinius , homo noftra civitatis audaciffimus , gulofus , factiofus ,
fordidus accufator , &c.* M. Servin Livre 3. *num.* 99. Recherches de la France
Livre 6. chap. 35. 36. Chenu Centurie 1. *quæft.* 82. Peleus Livre 4. action 37,
Livre 8. action 73. Anne Robert Livre 1. chap. 4. Sorel dans fon Hiftoire des
larrons Livre 1. chap. 37. Livre 2. chap. 6. Mezerai en fon abregé *in-quarto*
édition 1. page 1345. Mais fi au contraire fans fujet on rend plainte, un accufateur ne peut prouver le titre de fon accufation , il eft condamné aux dommages & interêts , comme il eft arrivé en 1709. dans l'efpece que voici. Le
nommé Turnus avoit époufé la niéce de la Damoifelle des * * * veuve d'un
Officier Subalterne du R. des G. il eut procès contre elle pour avoir le bien
de fa femme ; enfuite il dit qu'ayant envoyé fes deux enfans l'un âgé de trois
ans , l'autre de 5. ans dîner chez la Damoifelle des * * ils avoient été empoifon-
nez , l'un vomiffant & l'autre mort au bout de 20. jours, il le fait ouvrir fans
Ordonnance de Juftice, Le Médecin & le Chirurgien difent qu'il eft mort du
poifon. Turnus rend plainte , fait informer, decret contre la veuve des * * *
elle eft emprifonnée , le Procès inftruit n'y ayant pas de preuve elle eft abfoute ;
& elle demande fes dommages & interêts ; l'affaire eft plaidée deux Audiences à la Tournelle par M. Nivelle le fils, pour Turnus & M. Dumont , fils, pour
la veuve des * * * Monfieur l'Avocat Général Joly portant la parole , Turnus
fut condamné en cinq cens livres de dommages & interêts , après un long
examen , par Arreft prononcé à l'Audience de la Tournelle par Monfieur le
Préfident de Maifons affifté de Meffieurs de la Moignon & Portail Préfidens ,
& dix Confeillers , le Samedy 20. Avril 1709. j'étois à l'Audience où l'on avan-
ça cette fauffe & pernicieufe Maxime qu'on foûtint avec opiniatreté qui eft très-
dangereufe , qu'on étoit dans l'ufage au Châtelet de faire entendre pour témoin un dénonciateur , qui feroit à dire qu'on entend la partie , puifque par
l'évenement l'accufé étant abfout , il eft jugé être calomniateur, ainfi a un notable interêts de faire réüffir fa dénociation.

Par Arreft de la Tournelle au rapport de Monfieur Thomas Dreux , Confeiller , le 14. May 1709. M. Nicolas * * * Curé de * * * appellant d'une Sentence
qui avoit abfout Bernard de * * * a été declaré non-recevable en fon appel,
condamne en l'amende & aux dépens. Il étoit dénonciateur : ainfi il a été pré-
cifemen

cisement jugé la question nuë , qu'un dénonciateur n'est pas partie capable pour appeller d'une Sentence d'absolution , il n'y a que le fisc qui a la correction en main qui le peut faire , étant ce dénonciateur sans interêts , il le faut punir de sa calomnie , *vide* Titre 22. Maxime 8. Lucien dans son discours de la calomnie , dit que le trône de la calomnie est dans la Cour des * * * ou regne l'envie & la haine , le mentir & la flaterie.

TITRE XXII.

De la conversion des Procès civils , en Procès criminels & de la reception en Procès ordinaires.

EXPLICATION DU TITRE.

GUillaume Budée a dit avec raison , que les grands frais font le naufrage des patrimoines. Conversion vient du verbe , *converto convertere autem est* une chose en une autre : Procès soit le civil , soit le criminel , *dicitur lis vel etiam quæstio , suntque finonyma.* Le Procès ne se prend pas seulement ici , *prout lis contestata ,* mais bien plus justement *pro causa vel instantia causæ.*

Procès civils qu'on appelle aussi Procès ordinaires font bien differens des Procès criminels : les premiers s'instruisent ordinairement , & les seconds extraordinairement. Les premiers s'intentent par action , les seconds par une plainte & accusation suivant Ragueau au mot Procès civils lettre P. la Loy 1. *ff. de public. judic.* en fait aussi la division quand elle dit , *non omnia judicia publica sunt , &c,* Après cela il faut tirer cette conclusion de ce que je viens de dire , que l'Ordonnance à bon droit veut cette conversion des Procès civils en Procès criminels , *Civilis namque Criminalem , nec impedit , nec tollit.* C'est pourquoi je dirai quelqu'autre chose du Procès criminel , suivant que je le trouve dans les Auteurs.

Procès criminel , je viens d'expliquer bien avant ce qu'il est , j'ai aussi expliqué en plusieurs endroits des Titres précedens l'adjectif de criminel , ensorte qu'il me reste ici peu de chose à dire , à sçavoir que le Procès Criminel est dit être Procès extraordinaire , *quia extra ordinem fieri dicitur ,* c'est celui dont parle Quintilien dans sa déclamation 331. *capitis judicia habent suam formam , &c.* Or comme il est facile de juger , ce Procès n'est qu'incident au Procès civil , en quoi il n'y a rien qui s'implique , parce qu'il peut devenir criminel , & le criminel être converti en civil , soit pour les circonstances qui sont inherantes au Procès civil , soit pour celles qui peuvent y survenir dans la suite , *namque de novo emergunt , novo egent auxilio ;* d'ailleurs la cause ne laisse point d'être criminelle , *etiamsi de crimine civiliter agatur ,* & pour conclusion , il est vrai de dire que le Procès criminel fait surseoir ici le civil , autrement il se trouveroit si cela n'étoit , que la conversion ne se feroit pas. Jean Imbert Livre 3. chap. 11. & 15. 16.   D d

Reception en procès ordinaire *fit vice verſa* de l'extraordinaire, c'eſt-à-
dire, que de l'accuſation l'on deſcend à l'action, que d'un Procès criminel
en en fait un civil, non pas purement ici, car il y a un ſauf, qui eſt une re-
ſerve pour pouvoir retourner à l'extraordinaire, s'il y échet, c'eſt ce que
nous diſons au Palais, civiliſer l'affaire, & les criminaliſtes appellent cela publication de Procès, *Julius Clarus quaſt.* 49. & 61. *per totum & ejus annot.*

Je puis dire auſſi que cette reception en Procès ordinaire approche fort de
la comperendination des Anciens, ſuivant Aſconius, *comperendinatio utriuſ-*
que partis recitatio erat. Ayrault rapporté par Bouchel en ſa Bibliotheque,
in voce jugement; enfin par cette reception en Procès ordinaire les parties ſont
reçuës à s'expliquer & s'étendre, écrire & articuler leurs faits plus amplement
qu'ils n'auroient fait ni pû faire à l'extraordinaire; de ſorte que l'accuſé a gagné
ſon Procès plus qu'à demi par cette converſion, il peut même chanter victoire
ſi l'accuſateur n'apporte de nouvelles pieces : il faut auſſi remarquer que l'accuſé n'eſt point reçû en Procès ordinaire avec le Procureur du Roy ou celui
du fiſc qui ſeroient ſes parties, l'on le juge, ſoit par abſolution de l'accuſation, ſoit par une condamnation. Jean Papon Livre 24. Titre 5. Villiers-Cotte-
reſt eſt à voir dans ſon Edit de 1539. article 164.

I. Max. Ce Titre fait aſſez voir que l'inſtruction des Procès civils convertis
en Procés criminels, appartient aux Lieutenans Criminels, il eſt de même de la
réception en Procès ordinaires, Chenu de la Juriſdiction Criminelle Titre 6.
chap. 21. 23. &c. Jean Imbert Livre 3. chap. 11. 15. à moins que la Cour en
civiliſant l'affaire n'ordonne par ſon Arreſt & pour proceder à fins civiles,
renvoye les parties pardevant, &c. *è contra* du criminel en civil, ce qu'elle
fait ordinairement en prononçant. Ulpian a parlé de la converſion des Procès
criminels en civils en la Loy 1. §. dernier *D. de Abigeis*, *infrà* Max. 10. 11.

Notre Ordonnance Titre 20. article 3. permet aux Juges de convertir les
Informations en Enquêtes, & permet à l'accuſé d'en faire de ſa part; mais l'on
ne convertit pas des Enquêtes en Informations, ainſi que je dirai Maxime 10.
ce que le Juge de * * avoit fait qui a été caſſé par Arreſt de la Tournelle du
31. Mars 1708. que je vais dire. Charles * * mary de Marie, le ſieur de
la * * ſe plaignant de ſa femme tous deux âgez chacun de vingt ans, il lui
fait donner aſſignation au Siege de * * pour voir dire qu'il demeurera ſé-
paré d'avec elle; & quoique cette demande fût aſſez nouvelle, elle fournit de
défenſes, déniant les faits de mépris & de chagrin qu'il alléguoit pour obtenir
ſa ſéparation. L'on plaida les parties preſentes à l'Audience, le Juge appointa
les parties & permis à elle de faire enquêtes dans les formes & les délais portez
par l'Ordonance.

Le ſieur * * fit ſon Enquête, ſa femme ſort de ſon logis, n'en fait point;
mais elle lui fait faire deux ſommations qu'il ait à la reprendre & à la traiter
maritallement, cela eût peu de ſuite pour s'y arrêter en cet endroit.

Par l'Enquête du mary, quatre témoins domeſtiques dépoſent que la femme les a
fort ſollicitez de mettre dans ſon verre, lui donnant à boire chacun ſeparément,
l'un du poivre, l'autre du ſuc de chenilles écraſées, *eruca* de la pierre à cautere,
& de l'eau-forte. Le Juge ſans formalitez de procedures de contumace, rend des
Sentences hors de propos, & par la diffinitive, déclare la femme atteinte &

convaincuë d'avoir voulu attenter ſur la perſonne de ſon mary , la prive de ſes droits & conventions qu'il adjuge au mary : ordonne qu'elle ſera enfermée le reſte de ſes jours dans un Convent , & qu'il lui ſera payée 300 livres de penſion viagere , à quoi on oblige le mary.

Toute cette procedure étoit nulle & inſoûtenable de déclarer une femme atteinte & convaincuë ſans plainte ni information , ſoit de la part du mary , ſoit de celle du Procureur du Roy , & encore d'avoir converti une Enquête en information contre l'Ordonnance. Elle met ſa cauſe au rôle ſur l'appel qu'elle interjetta de toute cette procedure en la Cour , & la veille de la playdoirie elle ſe met en état dans la Conciergerie du Palais. M. Dupleſſis Avocat , fils de ſon Procureur, plaida pour elle , M. Quillet plaida pour le mary intimé, Monſieur l'Avocat Général le Nain convint que toute cette procedure étoit nulle & inſoûtenable réſiſtant à l'Ordonnance , ne pouvant jamais être défenduë; mais que paroiſſant que c'étoit une femme qui avoit voulu attenter ſur la perſonne de ſon mary , cela étoit trop de conſequence dans le public pour n'être pas approfondi, il prît ces concluſions ſur leſquelles l'Arreſt intervint qui les ſuivit entierement en prononçant.

La Cour pour faire droit ſur la demande en ſéparation , les parties ſe pour-voiront faiſant droit ſur l'appel de la partie de Dupleſſis a déclaré toute la pro-cedure faite par le Juge de * * nulle à l'exception du decret de priſe de corps. Ordonne que ſon Procès lui ſera fait & parfait par le Lieutenant Criminel de * * & à cet effet ayant égard aux concluſions du Procureur General , or-donne qu'à la Requeſte du Subſtitut du Procureur General au Siége de * * pourſuite & diligence de la partie de Quillet , la partie de Dupleſſis ſera tranſ-ferée ſous bonne & ſure garde , des priſons de la Conciergerie du Palais , en celles de * * Pourra ledit Lieutenant Criminel de * * entendre de nouveau les témoins oüys en l'Enqueſte qui ſervira de mémoire ſeulement , & tous les autres qui ſeront adminiſtrez , & ſur toutes les autres appellations , hors de Cour. Prononcé aprés trois Samedy de playdoiries , en l'Audience de la Tournelle , par Monſieur le Préſident Charron de Menars , aſſiſté de Meſſieurs de Longueïl , d'Aligre , de la Moignon & Portail Préſidens , & quatorze Conſeillers le Samedy 31. Mars 1708. elle fut transferée à * * par le Meſſager le Samedy 20. Avril 1709. depuis cela fut renvoyé au Préſidial de * * le mary mourut , cela eſt reſté ſans pourſuite.

II. Max. Seconde Maxime qui fait voir les cas qui peuvent porter & mouvoir les Juges à la converſion des Procés civils en criminels è *contrà*. Ils ſont tous rapportez par Farinacius en ſon Conſeil 12. *num.* 22. Conſeil 44. & aux Addi-tions des Conſeils 46. 50. 53. 85. & dans *Julius Clarus* en ſes Annotations , où je renvoye & à la Maxime 9. *infrà.*

III. Max. Les Procés civils convertis en Procés criminels ſe doivent vuider enſemble & cumulativement ; mais il faut obſerver que ce qui con-cerne le criminel, ſoit préalablement diſpoſé & en état d'être jugé le premier, ſuivant l'Ordonnance de Villers-Cotterefts , aſt. 140. Machou du Procés cri-minel, *Julius Clarus* , &c.

IV. Max. Le Juge qui a connu du Procés criminel , peut incidemment connoître du civil qui deſcend du même fait. Voyez la Maxime ſuivante ſur la fin, quand le Juge n'a pas prononcé sur le crime ; c'est l'avis des Auteurs que je viens de rapporter sur tout dans les Siéges où le Juge est Civil & Criminel.

V. Max. En matiere de troubles & de malefices le Juge peut incidemment connoître du civil, & par cumulation de toutes les choses qui peuvent survenir dans le cours de la procedure criminelle : de même que le Lieutenant Civil du Châtelet de Paris , permet d'apposer le scellé sur les effets d'un homme absent, cela est civil dans la suite, il se trouve que c'est un faillite , il fait le Procés au Banqueroutier & le condamne à mort, comme nous avons vû à Paris le 30. May. 1673. 31. Janvier 1682. & ainsi des autres rencontres expliquées dans les Docteurs par leurs œuvres, & un dernier Arrest celebre rendu les Chambres assemblées le 3. Avril 1705. *infrà* Livre 2. Titre 13. Maxime 8. le premier qui se fit nommer riche, fit banqueroute. Pline Livre 33. chap. 10. Il avoit nom Crassus.

V I. Max. Lorsqu'on reçoit les parties en Procés ordinaires, il y a trois choses à considerer, 1. Que l'accusé n'est élargi qu'en donnant caution, 2°. Qu'il n'y a point de publication d'Enqueste. 3°. Que c'est toûjours à la charge de reprendre l'extraordinaire s'il y échet. Ayraul rapporté par Bouchel , &c. *supra* au Titre 11. Maxime 16.

V I I. Max. Les mêmes témoins qui ont été oüys dans le Procés extraordinaire peuvent aussi être oüys dans le Procés ordinaire. Les Romains le pratiquoient suivant Ciceron dans sa premiere Verrine. Code Henry de l'instruction des Procès criminels Titre 6. art. 7. Ayrault dans la Biblioteque de Bouchel *in verbo* Jugemens , Procés criminel , Reproches , Annotations sur le chap. 5. du Procés criminel de Lizet &c. En Matiere criminelle les procedures faites en l'Officialité ne peuvent faire foy devant le Juge Royal; en Matiere Civile elles peuvent y être reçuës suivant Imbert , Enchiridion *verbo* Actes. Simon Dolive en ses questions Livre 1. chap. 23. 24.

V I I I. Max. Les Sentences par lesquelles les parties ont été reçuës en Procés ordinaires, doivent être comme les diffinitives prononcées 1 . A la partie civile & 2°. au Procureur du Roy, avant que de le faire à l'accusé , afin que s'ils veulent en interjetter appel ils le puissent faire, & par ce moyen arrêter l'élargissement du prisonnier, dautant que par cette Sentence l'accusé est quasi absous & par ainsi la partie civile ou le Procureur du Roy en peuvent interjetter appel, suivant Imbert en sa Pratique Livre 3. &c. Il n'en est pas de même d'un dénonciateur qui ne peut appeller de la Sentence d'absolution de celui qu'il avoit dénoncé : le fisc seul le peut faire. Arrest notable rapporté Maxime 22. du Titre précedent. L'on ne condamne point à la question sans preuve, ainsi ce que je vais dire est comme impossible.

I X. Max. Il y a plusieurs moyens pour porter les Juges à recevoir les parties en procès ordinaires. 1°. Après la question lorsque l'accusé n'a rien avoüé, qu'il y a une partie civille , & qu'il ne reste aucuns indices suffisans pour le condamner à quelque peine. 2°. Quand l'accusé est reçû en ses faits justificatifs, dequoi je parleray au Titre dernier de ce livre. 3°. Il est plus ordinaire & duquel seul nôtre Ordonnance a parlé article 3. de ce Titre , c'est lorsque le Juge voit que les faits articulez & posez par le plaignant ne sont pas bien prouvez ny juſtifiez, ou quand le fait duquel il s'agit n'eſt pas de la nature & ne merite point d'être pourſuivi extraordinairement, où ſi l'accuſé par ſes réponſes aux inter-rogatoires qui lui ont été faits, a allegué des raiſons judicieuſes & pertinentes de non proceder, & des réponſes préciſes pour faire voir ſon innocence de l'accuſation : ſoit auſſi parceque l'accuſation eſt contre une veuve accuſée d'avoir diverti les biens après le mari mort, par des fins de non recevoir & autres ex-cuſes & moyens attenüans & amoindriſſans le fait ; enſorte qu'iceux étant bien verifiez & prouvez, il n'y a pas le moindre ſoupçon de crimes, *nam cauſa deliſti ceſſante, ceſſat præſumptio deliſti.* Imbert livre 3. Ducroc au Stile du Par-lement, Lizet, Tagereau & Bernard ſur icelui, &c. Les cas de cette Maxime ſe rencontrent d'ordinaire dans la ſpoliation des biens d'une ſucceſſion, au liv. 2. Titre 26. *vide.*

  X. Max. Les preuves faites dans un procès à l'ordinaire après qu'on y a été re-çû reſtent à l'extraordinaire, & ſubſiſtent en cas que dans la ſuite il ſoit repris ; car l'un dépend de l'autre & n'en doit être fait qu'un même procès joint & cu-mulé : de maniere que les témoins nouvellement entendus dans une enquête doivent être oüis dans une information de nouveau, & ſont extraordinairement recolez & confrontez ; dautant que ce qui ſe trouve fait à l'extraordinaire doit ſubſiſter à l'ordinaire pour le fond de la verité, *è converſo ne continuitas cauſæ dividatur.* Il en eſt autrement des actes faits au civil devant le Juge Civil, ſuivant *Julius Clarus lib. 5. quæſt. 54. num. 1. quia acta facta in judicio civili, non fa-ciunt fidem in criminali,* ſuprà Max. 7. D'ordinaire la Cour converti les infor-mations en enquêtes lorſqu'elle renvoye les parties pour proceder à fins civiles, ſuprà Max. 1. & permet à l'accuſé d'en faire de ſa part.

  XI. Max. L'on ne peut point civiliſer deux fois un même crime, car après avoir repris l'extraordinaire il ſeroit contre le bon ſens de regler une ſeconde fois les parties à l'ordinaire, ſuivant Pierre Ayrault : que s'il y a eu occaſion de reprendre l'extraordinaire, il ne peut que quelque condamnation ne s'en enſui-ve : comme auſſi après la converſion d'un procès criminel à l'ordinaire, ſi l'ac-cuſateur ne rapporte point d'autres preuves contre l'accuſé, ſon abſolution eſt infaillible avec condamnation de dommages, interêts & dépens. L'on ne conver-tit point une enquête en information ; car en criminel on va du plus au moins, & non du moins au plus ; c'eſt pourquoi en cas de converſion du civil en cri-minel, les témoins oüis dans une enquête, on les doit entendre par la voye de l'information.

  XII. Max. La procedure criminelle périt dans les procès ou les parties ont été reçüës en procès ordinaires, ainſi que feroit une procedure civile par trois années : dautant que par la reception en procès ordinaire, c'eſt un préjugé qu'il n'y a point de preuve du crime. Loüet Arreſt lettre P. chap. 37. & Julien Brodeau, Machoud chap. 11. *Juſtinianus in l. Properandum cod. de judic. num. 55.* Rigault *de præſcriptionibus aruernorum art.* 15. il parle de la preſcri-ption pour les païs Coutumiers, &c. *infrà* Titre 27. liſez les Maximes 40. & 41. Les inſtances Royalles ne périſſent point ſuivant René Choppin *de Domanio lib. 3. Tit. 29. num. 56.* c'eſt-à-dire les inſtances dans leſquelles le Roy a interêts. Fraiń Plaidoyer 83. a traité de la péremption.

  XIII. Max. S'il y a pluſieurs complices accuſez d'un même crime, dont aucuns sont fugitifs & contumax, que doit faire le Juge ? en ce cas il faut commencer par l'instruction de la contumace contre les absens, & en jugeant icelle, recevoir par le même jugement le present comparant en procès ordinaire, si la matiere y est disposée, suivant *Julius Clarus.* §. *finali quæst.* 40. *num.* 7. & les Annotations de divers Auteurs, &c. *Farinacius Consil.* 85. *num.* 100. *pagina* 420. sinon le juger pour son crime, suivant les preuves qu'il y en a au procès, *suprà* Tit. 19. Max. 3.

TITRE XXIII.

De la maniere de faire le procès aux Communautez des Villes, Bourgs & Villages, Corps & Compagnies.

EXPLICATION DU TITRE.

JE ne veus pas parler ici de ces Communautez imaginaires, semblables à la Republique de l'Isle d'Utopie, dont Thomas Morus a écrit à son plaisir, où il dit que les Habitans des Villes avoient de coutume de visiter leurs terres les uns après les autres, qu'ils s'employoient aux affaires de la Communauté. Il nous assure qu'il n'y avoit point de famille en cette Republique en idée, qui n'eût au moins en hommes & femmes quarante personnes & deux serviteurs à gages, ausquels un pere & une mere de la famille commandoient, comme il y en a encore à present au fond de Labre au Pui d'homme, vers Clermont & ailleurs : qu'environ à trente familles il y avoit un Intendant à regir : que de chacune famille vingt personnes retournoient demeurer à la Ville après avoir demeuré deux ans aux champs : que pour les remplacer vingt nouveaux revenoient de la Ville, afin d'être élevez & instruits par ceux qui y étoient restez pendant un an pour être dressez & sçavans dans l'agriculture pour pouvoir instruire les autres l'année suivante, de crainte qu'il ne se trouvât en un même tems que des nouveaux venus ignorant le labourage, tout iroit de travers.

Je prétens suivre nôtre Ordonnance, & enseigner la maniere de faire le procès aux Communautez des Villes, Bourgs & Villages, Corps & Compagnies, lesquels elle a reglé que j'expliquerai, après avoir remarqué que Thomas Morus duquel je viens de parler, est celui qui étoit Juge Civil de Londres, dont Erasme fait mention au livre 10. dans son Epître *ad Vvlricum Huttenum*, c'est Vvlric Hutten qui a fait des ouvrages sous le nom déguisé *Abydenus Corallus*, observant par le Lecteur, qu'une populace est autant inconstante que la fortune, c'est pourquoi un ancien l'appelloit *Belluam multorum capitum.* Voyez le livre d'Antoine de Guevare, du mépris de la Cour, & de la loüange du Village : ainsi que les trois de la vanité du monde, de Diego de Estella Espagnol. La haine ou la flaterie étans les écüils ordinaires qui font faire naufrage à la verité, j'écris sincerement pour laisser la liberté entiere aux Lecteurs d'en croire ce qui leur plaira, après qu'ils auront vû les Memoires de * * * chapitre.

fecond, fonds, où il dit que le peuple vulgaire qui diffère peu dans fes raifonne-
mens generaux des bêtes, ne tendant point fes vûës au-delà de fes interêts, aura peine à comprendre les principes des Ordonnances qui concernent les veritables motifs des Loix touchant les Communautez. Il a voulu parler des Republiques de Platon, de Ciceron, & des deux Chanceliers d'Angleterre, Morus
& Bacon, & de Jean Bodin député du Bailliage de Provins aux Etats de Blois
en 1588.

J'ay parlé au Traité des Criées fol. 409. qu'au Roy feul appartenoit le pouvoir d'établir les Corps de mêtiers avec Statuts : j'ajoute ici *Nifi Senatufcon-
fulti autoritate, vel Cæfaris Collegium, vel quodcumque tale Corpus coïerit,
contra Senatufconfulta, Mandata & Conftitutiones Collegium celebrant. l. 3. ff.
de Colleg. & Corp. illud Collegium nifi fpeciali privilegio fubnixum fit, hære-
ditatem capere non poffe dubium non eft. l. 8. cod. de hæred. inftitut.* Nous
trouvons dans le chapitre 33. des Capitulaires de Charlemagne, une deffenfe
très-précife d'affembler ny ériger aucun corps politique dans le Royaume, quand
même il feroit compofé de Prêtres, fans l'ordre du Roy : voici ce qui eft dit,
*Interdicimus ut omnes Saxones generaliter conventus publicos non faciant,
nifi forte miffus nofter de verbo noftro, eos congregare faciat.* Nous voyons
par l'article précis de l'Ordonnance de Janvier 1629. qu'il porte ce qui eft bien
juftifié par plufieurs autoritez dans le chapitre 32. des preuves des libertez de
l'Eglife Gallicane, & par l'Edit donné à S. Germain en Laye au mois de Decembre 1666. Regiftré au Parlement le 31. Mars 1667. fuivi du Reglement du
4. Avril enfuivant : que les Reguliers ne peuvent s'établir en quelque endroit
que ce foit du Royaume fans permiffion du Roy, & le confentement de l'Evêque Diocefain & de tous les intereffez, après que les Lettres de permiffion auront été verifiées au Parlement : ce qui emporte la prohibition de pouvoir bâtir
des Eglifes qu'après les Patentes enregiftrées.

Toutes Dignitez & Officiers ne peuvent fortir du Royaume, fans permiffion
du Roy art. 178. de l'Ordonnance de 1629. Meffieurs les Evêques ne le peuvent
auffi fuivant le Canon 28. du Concile de Cartage de 397. qui fait deffenfes aux
Prélats d'entreprendre des voyages au-delà de la Mer, fans le confentement du
Diocefain Métropolitain, duquel ils doivent avoir une lettre formée, fuivant le
chapitre 19. de nos libertez Gallicanes. Yves de Chartres Epift. 256. *ad Pafcha-
lem Pontificem Maximum,* dit que Godefroi Archevêque de Roüen, obtint
la permiffion par faveur du Roy d'Angleterre alors fon Seigneur, *ut poffet in
propria perfona fedem Apoftolicam vifitare.*

La maniere, c'eft ici la forme que nous prefcrit nôtre Ordonnance pour faire le procès aux Communautez des Villes, Bourgs & Villages. De cette forme
j'en ay parlé dans la Preface de ce Livre ; ainfi je ne crois pas devoir rien ajoûter crainte de fatiguer les Lecteurs par des repetitions ennuyeufes. Je dirai feulement que dans les Tribunaux un procès fait fans avoir fuivi les formalitez
prefcrites par les Ordonnances eft nul, & ne peut être appellé procès *& in totum corruit quia non aliter fieri poterat.* Je pourrois auffi prendre le mot de
maniere dont fe fert l'Ordonnance pour le *formula* des anciens, que nous
appellons *ftile ;* car bien que ce ftile confifte à expliquer & fuivre ce que nous
avons accoutumé de faire & de pratiquer ; néanmoins *formula litium exequen-*

darum recte. Or cette forme prescrite par l'Ordonnance, doit être gardée & observée inviolablement.

Faire le procès, cela s'entend de l'instruire & juger suivant les Loix du Royaume, *est ipsa criminalis causa recto ordine judicanda, &c.* En plusieurs Villes & Bourgs, la Justice est sur les Halles, d'où l'on dit, *vendit ubique Forum merces vel jura clienti.*

Communautez, est un terme general qui comprend tous les habitans, ou corps commun de ceux qui demeurent assemblez, unis & resséans dans une Ville, Bourg, Village & Hameau, ou Escars ; ceux qui composent & font le corps de ces assemblages de personnes, suivant Alciat, Ragueau & les autres Docteurs. Ce mot de communauté d'habitans à plusieurs noms, Assemblée, Conseil, Congregation, & parce que cette communauté a transgressé & blessé les Loix contre ce qui lui est propre, suivant sa définition, elle est aussi prise ici suivant les Constitutions de *Ludovicus Romanus, quomodo in crimin. Lezæ Majestatis pro communitate delinquente, nam Universitas potest delinquere.* Les habitans de cette communauté ont plusieurs noms chez Laurens Valla, *Eleg. lib. 4. cap. 83. cohabitantes, cives, concives incolæ. Gens* de ce dernier mot sont appellez Messieurs les Gens du Roy. Enfin une communauté est un corps qui ne meurt jamais, ou pour mieux dire avec M. Pierre Ayrault en son procès criminel des cadavres, c'est un corps qui meurt, mais qui renaît tous les jours : les uns décedent, les autres naissent ; ainsi l'espece & les individus subsistent, c'est pourquoi on la puni *ad exemplum,* sur les auteurs & principaux chefs du mal, quelquefois *ad memoriam,* pour une revolte ou rebellion aux Loix : on abbat les portes & les murs des villes & les forteresses, on les prive de leurs droits, privileges, immunitez, prérogatives, préséances, on change leur état & gouvernement *& hujusmodi multa.* Cela suffit à cet égard pour l'explication du Titre de nôtre Ordonnance ; mais puisqu'elle parle des Villes, Bourgs & Villages, Corps & Communautez, les Lecteurs ne seront pas fâchez pour leur satisfaction, que j'explique séparément ce que c'est chacun en son particulier, après qu'ils auront vû Jean Papon liv. 24. Titre 10. des peines.

Ville en Latin, c'est *Civitas,* & comme ce mot est homonime & équivoque, il en faut chercher un autre qui lui convienne mieux : je l'appelleray *Oppidum,* puisque ce nom lui est convenable, mais il est trop general pour lui être bien propre ; de maniere que Ville n'a point de nom Latin qui lui soit plus convenable que celui *d'Urbs,* du moins pour l'explication de mon Titre ; car quoique Virgile au trois livre de son Æneide veüille que *sola Roma Urbs possit dici, & oppida cætera omnes Urbes,* cette difference qui pouvoit être bonne du tems que Rome florissant gouvernoit la terre, à present elle ne l'est pas. Les grandes Villes de France ne le souffriroient pas, si M. Nicolas Catherinot Avocat du Roy à Bourges vivoit, il le disputeroit à Rome, en faveur de sa Ville, après ce qu'il en a écrit. Virgile ne donnoit pas seulement de son tems ce nom à Rome ; puisqu'il dit *centum Urbes habitant magnas.* D'ailleurs suivant *Laurentius Valla* que j'ay cité, *Elegant. lib. 4. cap. 20. Urbs est quicumque locus muris munitus.* Cela peut fort bien être adapté à toutes les Villes qui font pour l'ordinaire enceintes de murs & fermées de portes. Je dis donc que *Urbs* est une Ville qui compose l'assemblée & la demeure de plusieurs Citoyens

distinguez

diftingué de la campagne ; & pour conclufion, quant au chef les Communautez
des Villes *funt habitatores hujus urbis.* Lifez le Traité d'Architecture de Nicolas Catherinot, après Vitruve.

Bourg , pourroit être de même appellé *Oppidum* , parce qu'il y a nombre de
Bourgs qui font clos & entourez de murs & fermez de portes ; mais aujourd'hui
fuivant Ragueau & Luitprand *in voce* Bourg , parmi nous, Bourg , marque une
Ville non claufe de murs ny de foffez , comme on dit Nogent-le-Rotrou au
Perche , être le plus grand Bourg de France , & la Haye en Hollande , le plus
grand de l'Europe peuplée. Bourg peut-être auffi dit *Vicus* , dont je vais parler dans l'explication du mot Village , tant y a que du mot Bourg , vient celui
de Bourgeois , *is eft qui in Burgo habitat* , fuivant les origines de Gilles Menage, d'Ifidore , de Goropius , de Dufrefne , Ducange & de Henry de Valois ,
en fon *Notitia Galliarum* , qui eft un ouvrage admirable fur cette Matiere.

Village, fuivant Ragueau en Latin , *Villa, inde villani, qui villas collunt, &c.*
Il y a bien de la difference entre villain & vilein , comme on verra dans Varron *lib. 1. de re ruftica* , où je renvoye les Lecteurs pour ne les pas ennuyer par
des termes de Grammaire où il me faudroit entrer pour expliquer ces chofes
qui fembleroient pueriles & niaiferies. Village, c'eft *Pagus* , d'où eft dérivé le
mot de *Pagegie.* Les habitans des Villes, Bourgs, ou Villages , font un corps
chacun à part , *corpus enim nomen generale eft ad omnes fimul cohabitantes , &c.*
Les Arabes qui campent fous des tantes ne font d'aucune efpece.

Corps & Compagnies paffent pour univoques , le plus fouvent on les confond
enfemble dans la maniere de parler : l'Ordonnance ne les met pourtant pas tous
deux ici qu'il n'y ait quelque difference , c'eft ce qui m'oblige de chercher à
pouvoir le connoître. Je ne puis pas dire que les Communautez dont je viens
de parler (qui font un corps à la verité) foient comprifes ici fous ce mot , puifque nôtre Ordonnance les a diftinguez auparavant par fon Titre , fous celui de
Communauté. Je dirai donc que ces Corps font ces trois Ordres qui compofent
les Etats du Royaume, le Clergé, la Nobleffe & le Tiers-Etat , non ; car encore
bien que chacun de ces trois Etats faffent un Corps diftinct & feparé ; néanmoins il eft conftant que nôtre Ordonnance ne s'étend pas jufques à ceux-là ;
de même les Parlemens & les Cours Souveraines font auffi un Corps chacun en
fon particulier , lequel eft compofé de plufieurs Claffes ou Chambres , que nous
pouvons appeller Compagnies détachées de leurs Corps : mais apparemment
l'Ordonnance n'a pas entendu aller fi avant ; non plus que de vouloir parler de
ces grands Corps d'Armées , lefquels font compofez d'autres parties qui font
Corps , quand elles font féparées chacun. Je m'explique par l'exemple d'un Regiment qui fait Corps , & eft compofé de nombre de compagnies ; & comme ce
Corps & Compagnies font ambulatoires , l'Ordonnance ne les Comprend pas ,
dautant quelle femble n'avoir voulu parler que des Corps & Compagnies fixes
& permanentes : joint que ces Corps & Compagnies ont leur Juftice Militaire , & que les Chefs & Officiers de ces Corps difputent la Juftice ordinaire. Ces
Corps n'ont point de Syndics , car les Officiers fupléent & font au lieu & place , & font auffi refponfables des fautes de ceux aufquels ils commandent. Où
trouverai-je donc les Corps & Compagnies defquels parle nôtre Titre ? ce fera

E e

dans les Villes dont j'ay parlé, dans lesquelles il y a des Univerfitez pour les Sciences, des Colleges, des Chapitres, des Convens, des Religieux & des Moniales, des Juftices particulieres, & Corps de Métiers, & encore des Bailliages, Préfidiaux, Elections, Juftices ordinaires, Congregations & Confrairies, Greniers à Sel. Quant au Corps, il eft certain que l'Univerfité en fait un bien confiderable, qui comprend une infinité de perfonnes, & d'autres Corps auffi en particulier; tels que font les Facultez de Théologie, du Droit, de la Medecine & des Arts qui renferment les Mathematiques & l'Aftrologie, les Doyens, Docteurs, Profeffeurs, & Ecoliers, & les Marchands & Artifans Jurez qui y font occupez compofent ce Corps. Un College fait encore un Corps, & eft compofé de plufieurs Claffes, & de diverfes perfonnes : *Collegium eft quando fimul cohabitant & fimul colliguntur.* Un Chapitre eft dit un Corps compofé de plufieurs membres, comme des Dignitez, Chanoines, Chantres, Enfans de Chœur : on en peut dire autant des Convens, des Cénobites & Monialles, & pour faire Corps, à le prendre dans la rigueur, il faut fuppofer qu'il y ait plufieurs membres divifez en parties.

A l'égard du mot Compagnies, fe font plufieurs Convents, Congregations & affociez affemblez en un lieu : on peut appeller les Préfidiaux Compagnies, plutôt qu'un Corps, parce qu'il n'a qu'une chambre compofée de peu de perfonnes : que fi quelqu'uns veulent que ce foit un Corps à caufe de leur degré au deffus des Juftices ordinaires qui y relevent & en dépendent, du moins on ne peut nommer Corps les Bailliages, Prevôtez, Eaux & Forefts, Elections, Officialitez, & Juftices ordinaires, bien que compofées de divers Officiers; cela s'entend de chacun Siege en particulier, qu'on ne peut nommer proprement être Compagnies. Ces Congregations qu'on appelle des Pénitens & autres, n'ont point d'autres noms que des Compagnies & Societez: enfin toutes les affociations & Confrairies des Corps de Métiers ou autres, ne font que des Compagnies, & ne peuvent être dites *Corps*, que très-improprement. André Alciat *in lege Neratius, Collegia quid rei facra caufa conveniant, ea & Scholæ & Confraria appellantur.* René Choppin partie 1. queftion 6. de fa Préface fur la Coutume d'Anjou, a traité quels font les Corps des Villes, fi fe font des Communautez qui puiffent faire des Loix. Minos a pris fes Loix de Jupiter; Lycurgues les reçût d'Apollon; Zeleucus de Minerve; & Numa de la Nymphe Ægerie.

Dans l'enfance du monde la nature étant fortie pour ainfi dire du berceau, après que les premiers hommes épars çà & là, menant une vie fauvage eurent quitté leurs cabanes pour faire focieté, ils chercherent pour leur bien commun à fe joindre enfemble, afin de fe mieux deffendre contre leurs ennemis : quelques-uns ne pouvant fe contenir dans un bon ordre, il fut neceffaire d'établir des peines contre ceux qui contreviendroient aux regles de l'union. Pour cela on donna la puiffance de les faire executer à celui qui fut choifi & trouvé entre tous le plus homme de bien. Le refpect qu'on rend à la vertu fut le prémier degré qui fut gardé pour arriver à la domination; mais comme cela n'étoit pas fuffifant pour contenir les éfprits difcoles dans le devoir, celui qui avoit l'autorité fut contraint de tenir & d'affecter une conftante feverité, afin d'imprimer la crainte dans les ames des méchans, où il n'y avoit point de bonté. C'eft de là que prirent naiffances la Majefté des Empires & des Royaumes, d'où dépendent la regle & le salut des sujets. *Vide* livre 2. des Instituts Tit. 1. *de rerum divisione, & acquirendo ipsarum dominio.*

Dans la suite cette autorité étant tombée dans les mains des personnes qui abusoient de leur charge, les plus habiles des corps remontrerent aux peuples les mauvais déportemens de celui qui leur commandoit, il les porterent dans la résolution de secoüer le joug de l'obéïssance. Aussi-tôt le peuple toûjours inquiet, se mit sous la conduite & discretion de ses grands personnages qui les séduisoient : cela ne réüssit pas plus heureusement ; car par la suite du tems, on reconnut qu'au lieu d'un homme chassé, il falloit subir la Loy de plusieurs tyranneaux, qui partageoient entr'eux l'autorité souveraine : mais leurs propres dereglemens, les meurtres, les brigandages, les saccagemens & toutes les violences de ceux qui pensoient avoir la licence de tout faire impunément, ayant fait voir aux peuples à leur dommage, combien cette maniere de gouverner étoit dangereuse, & qu'un corps ne pouvoit être composé tout de têtes, qu'il lui falloit des bras & des jambes, & des membres qui obéïssent l'un à l'autre par raison, la médaille fut retournée, les peuples revinrent au gouvernement Monarchique, comme étant le meilleur entre tous. Lorsque plusieurs obéïssent à un seul par une proportion conforme chacune à son état & sa dignité, ainsi que j'ay clairement montré par l'avis sur les Coutumes au Traité des Criées, montrant la necessité des Loix, qu'il s'en faut tenir à ses quatre unitez dont parle S. Paul dans son Epître aux Ephesiens chap. 4. ℣. 5. S. Pierre 1. Epître cap. 2. ℣. 17. un Dieu, une Foy, un Roy, une Loy.

Depuis que le Soleil éclaire nos travaux,
La puissance des grands ne veut point de rivaux,
La foi ne paroit point où regne plus d'un maître,
Et chacun se croit seul assez digne de l'être.

Homere a dit, *Non bonum est plures gubernatione unus Dux.*

Souvenez-vous de voir les Leçons diverses de Louis Guyon tome 3. livre 3. chap. 17. 18. Le genre humain compose la societé universelle divisée en plusieurs nations, qui ont à present leurs gouvernemens separez. *Vide* la 15. Satyre de Juvenal, & la devise 21. de Saavedra Faxardo en son *Idea de Principe Christiano Politico.* Justinian aux Instituts, dit *lib. 2. Tit. 1. §. & quidem* quatre choses sont communes, surquoi M. Cujas *sunt quarum usus & utilitas Jure Gentium communis est omnibus hominibus.* Recherches de la France, & Mezeray dans l'Histoire de Clotaire II. ont parlé de l'origine de nôtre Langue, & dans l'Histoire de Philippes Auguste, de l'origine des noms.

Je n'ay point prétendu parler de ses societez burlesques des Pertantineux à Paris ; de ceux d'Orleans de la poule à quatre œufs ; des enfans de quatre heures à Amiens ; des Goulifats à Montargis ; des Mirandolins de Joigni ; de la Gueuze à Boulogne sur Mer ; & à Montreüil des enfans de la Lune ; & de la Messe de minuit à Clermont en Auvergne, &c. Instituts *lib. 3. Tit. 26. de societate, quale de illicitis factionibus timeri solet.* Jovet en sa Biblioteque *in verbo* jeux de réjoüissance.

I. Max. Pour sçavoir quant & comment une Communauté peut manquer &

délinquer, & comment on la punit, avec les exceptions qui s'y trouvent, il faut voir *Julius Clarus lib.* 5. §. *final. quæst.* 16. *num.* 7. 8. 9. *annot. super eandem quæst. Bohærius in tractatu de seditiosos.* §. 7. *num.* 6. *ubi fuse*, &c. Jean Papon liv. 24. Titre 10. Arrest premier qui est très-notable. Mezeray in quarto page 943. *infra* Max. 5. Lisez l'exemple de Carthage au nouveau Traité des Criées fol. 392.

I I. Max. Pour decreter contre des Communautez les informations qui ont été faites, il ne faut pas decreter contre tous, mais seulement contre les chefs & les plus apparens & qui sont en charge en la Communauté lors du délit, si tant est que toute la Communauté ait délinqué en la maniere que je viens de dire en la Maxime précédente suivant les Auteurs ; alors la Communauté élit un Syndic pour répondre suivant l'Ordonnance & la Loy qui dit *Universitas in capitalibus respondet per Syndicum*, il faut aussi decreter les particuliers les plus criminels, il en faut aussi user de même à l'égard des personnes assemblées par troupes, contre tous lesquels il n'est pas besoin de decreter, mais contre les plus coupables. Il y a pourtant apparence qu'au premier cas il faut decreter contre la Communauté en la personne de tel & tel, & ensuite dans le même decret y comprendre les particuliers coupables ; la raison de cela est qu'il y auroit trop affaire de les appeller tous *singulatim*, & s'ils se deffendoient tous, *diversis exceptionibus*, lors ils seroient particuliers & non Communauté. Imbert liv. 2. Papon liv. 7. Tit. 2. Arrest 2. Charondas liv. 3. réponses 83. &c. R. Choppin Coutume de Paris lib. 3. Tit. 3. num. 10.

I I I. Max. Lorsque les Communautez ont établi un Syndic ou Procureur, *non sufficit citare Syndicum*, &c. cependant suivant l'article 2. du Titre de nôtre Ordonnance, au deffaut du Syndic, le Juge peut nommer d'office un Curateur ; mais parce que ce n'est pas précisément dans le cas de la Maxime, & qu'il se pourroit rencontrer que la Communauté ne seroit pas coupable de la contumace du Syndic, la précaution enseignée par les Docteurs seroit bonne de citer la Communauté pour faire venir leur Syndic, ou en créer un autre pour suppléer à son deffaut, & au refus d'en créer un autre, alors le Juge créeroit un Curateur. Voilà ce qui me sembleroit le plus expedient en semblable rencontre.

> *Souvenez-vous François de ranger sous vos Loix*
> *Les peuples de la terre.*

I V. Max. Les Communautez Corps ou Compagnies contre lesquelles il y aura eu une condamnation, ou seulement des procedures faites, surcises, ou délaissées pendant longues années au dessous de la péremption & prescription, elles pourront être continuées suivant les derniers erremens, & la Sentence executée, si aucune est intervenuë, & ne peuvent point les habitans de ce tems alleguer le moyen vulgaire de choses faites entre d'autres personnes. J'en ay marqué les raisons dans l'explication du Titre, ausquelles j'ajoûte celles du Texte, qui sont marquées *in l. proponebant. ff. de iudic.* Papon liv. 7. Tit. 2. Arrest 1. &c. René Choppin en ses Privileges rustiques lib. 3. part. 3. chap. 2. 3.

V. Max. Pour les peines contre les Communautez, l'article 4. de nôtre Titre de l'Ordonnance enseigne assez aux Juges de la maniere qu'ils les prononce-ront, c'est à quoi je m'en tiens. Joseph en ses Antiquitez Judaïques, nous rap-porte les paroles de l'Empereur Tite, *in obsidione Hierusalem.* Papon liv. 24. Titre 10. Arrest premier, Mezeray in-quarto page 943. l'exemple de Carthage, nouveau Traité des Criées page 392. René Choppin *de Domanio* lib. 1. Tit. 7. num. 16. punition de Bourdeaux, Merindol & Cabrieres.

VI. Max. Le Procureur élû ou Syndic d'une Communauté doit avoir Procu-ration passée pardevant Notaire, au moins de dix Habitans ; car ce nombre fait un peuple ; ensorte que s'ils n'étoient que neuf, ils seroient comme particuliers, suivant Lazare Ducroc au Stile du Parlement : cependant André Alciat *de ver-borum significatione in l. detestatio* 40. §. *unicus fin.* n'est point de sentiment que dix personnes fassent un peuple, mais font une troupe & assemblée, & parce que ce n'est qu'une dispute de nom qui ne déroge pas à la Maxime, il faut qu'elle passe en sa force avec précaution de faire faire la procuration en plus grand nombre de dix, s'il se peut, eu égard au nombre des Habitans qui font & compo-sent la Communauté, si elle est nombreuse.

TITRE XXIV.

De la maniere de faire le procès au cadavre, ou à la memoire d'un deffunt.

EXPLICATION DU TITRE.

AU Titre precedent j'ay expliqué ce que c'est que *la maniere*, & qu'est-ce que c'est que de faire le procès à une Communauté ; par consequent il ne reste ici qu'à expliquer ce qu'on entend par cadavre, & la memoire d'un deffunt, & pourquoi l'Ordonnance regle qu'on fasse le procès. Coutume de Bretagne art. 631. Didier Erasme de Roterdam en ses Colloques, dit que cadavre, *cadaver* en Latin, c'est le corps d'un mort ; ici c'est le corp d'une per-sonne qui s'est homicidée elle même, *qui mortem oppetiit*, où pour parler se-lon le Titre du Digeste *mortem sibi conscivit*, & selon que porte le Canon *pla-cuit* 12. *causa* 24. *quæst.* 5. *extra de sepulturis*, Hegesipus *lib.* 5 *de excid. Hie-rosolim. cap.* 17. Le Canon 17. du Concile d'Auxerre, *quicumque se propria voluntate in aquam jactaverit.*

Memoire, Latin *memoria*, se prend ici passivement, suivant *Laurentius Valla Elegant. lib.* 2. *cap.* 1. *id est memoria mei, & non memoria mea ; nam sicut*, & deffunt *latine*, *deffunctus*, suivant le même *Valla*, *est hic is qui reus obiit non tamen illata morte, sed fatali & naturali*, &c. après cela il semble qu'il seroit extraordinaire de faire le procès aux morts, *quia cum mortuis nisi larvas non luctari* ; d'ailleurs, *per mortem extinguitur omne crimen.* Néan-moins il n'est rien de plus juste, de plus sérieux & de mieux inventé, en ce que *male tractando & mortuos terremus viventes*, joint que l'homicide de soi-même doit être puni en tant qu'il se peut. Ayrault en son instruction judiciaire au mot *cadaver*. Bacquet des droits de Justice chap. 7. num. 78. dit qu'il n'est rien de plus juste que de maudire, condamner, & punir en tant qu'il se peut faire le corps mort, ou la memoire de celui qui étant vivant a offensé par son crime la Majesté de Dieu, & la puissance souveraine du Roy, soit par duël, ou dans une rebellion faite à la Justice avec force ouverte, dans le rencontre de laquelle il aura été tué : en quoi les Docteurs & la Loy sont conformes à l'Ordonnance. Ciceron *in Philippic.* Justinien *de publicis judiciis Instit. lib.* 4. *Tit.* 18. §. 3. *l. Julia Majestatis cod.* & Ayrault, Bacquet & autres que j'ay rapportez, Papon liv. 24. Titre 14. Entre les Romains, faire le procès aux morts, s'étoit accuser leur memoire, c'est ici la même chose ; car quoique nôtre Titre porte de faire le procès au cadavre, ou à la memoire du deffunt ; néanmoins il n'admet point de différence entre l'un & l'autre, à cause de la conjonction *vu*, par laquelle il laisse l'alternative de faire l'un ou l'autre, *aut ipsa ambo simul ambigit.* En effet, l'un ne va point sans l'autre, ils sont tellement joints que l'on ne sçauroit faire le procès au cadavre, sans le faire à la memoire du deffunt *è converso* ; car soit que le cadavre soit extant, ou qu'on fasse le procès à la memoire, on garde les mêmes formalitez dans l'instruction, & dans la prononciation de la Sentence, laquelle se rend toujours en l'un & en l'autre cas contre le deffunt, comme mort coupable, &c. ainsi que je dirai dans les Maximes. Par consequent il n'y a pas d'autre difference, sinon qu'en l'execution, d'autant que le cadavre extant après l'avoir fait trainer sur une claye dans les ruës, on le feroit pendre par les pieds à une potence à la place publique, & y ayant resté quatre heures, il seroit jetté à la voirie *& similia*, ce qui ne se peut faire qu'en effigie & figurativement quand on fait le procès à la memoire, à moins que de deterrer les ossemens, si on les peut trouver, les faire brûler & en faire jetter les cendres au vent, si le cas le merite, & ensuite si on jugeoit qu'il suffiroit de les faire tirer du lieu benit du Cimetiere des Chrétiens, le faire & les jetter à la voirie, ainsi que je diray dans le cours des Maximes.

Je ne parle ici que de l'homicide de soi-même, au second Livre je traiterai du crime de Leze-Majesté, Titre 11.

I. Max. L'homicide de soi-même se commet en diverses façons, de la plûpart desquelles parle le Canon *Quicumque se propria voluntate in aquam jactaverit, aut collo ligato se suspenderit, aut de arbore præcipitaverit, aut ferro percusserit, aut qualibet alia occasione, voluntaria morte se tradiderit, istorum oblata non recipiantur.* Or la cause impulsive de l'homicide volontaire provient, *aut conscientia criminis, aut tædio vitæ, aut in patientia doloris.* La derniere de ses trois causes n'est pas ordinairement punie, parce qu'elle provient le plus souvent de fureur, manie, phrenesie, ou autre maladie connuë des Medecins, qui rend l'homicide involontaire de soi-même : & quant aux deux autres cas, ils sont toûjours punis, comme vous allez voir en lisant *Jacobus de Bellovisu, in rubric. de his qui se occider. num.* 114. 115. Bacquet des droits de Justice chap. 7. num. 18. & Charondas liv. 9. réponse 31. &c. Coutume de Bretagne article 631. Crenutius, dit que l'arbre où Phillis, fille de Licurgus, Roy de Thrace, se pendit par desespoir de l'absence de Demophoon, devint sec, & que son espece se perdit : il a erré, car c'étoit un amandier ; il vouloit dire celui du traître Judas, ou bien le Plane qui est en Phrygie, auquel Marsias se pendit de dépit d'avoir été vaincu par Apollon, pour avoir temerairement contesté la gloire du prix de la Musique à ce Maître violon.

Marsiaque timet manum & rudentem,
Tanta molis erat, longevam extendere litem.

II. Max. Ceux qui se tuent eux-mêmes, *conscientia criminis*, se sentant coupables d'un crime, pour éviter la punition de la Justice, soit pendant l'instruction de leur procès, soit après le jugement portant condamnation de mort, sont traînez sur une claye par les rües, & ensuite pendus à une potence par les pieds dans le marché, & y ayant resté quatre heures, le cadavre est jetté à la voirie. Bertrand d'Argentré sur la Coutume de Bretagne, en traitant des crimes, par même raison ils sont privez de la sepulture des fidelles, dont j'ay parlé page 511. du nouveau Traité des Criées, suivant le Canon *placuit quest.* 5 Cause 23. de plus leurs biens sont acquis & confisquez aux Seigneurs Hauts-Justiciers : cependant le Droit Romain rapporté par M. Dolive liv. 1. chapitre 40. n'admet point la confiscation, lorsque celui qui s'est precipité n'étoit point accusé ny prévenu de crime. De cette opinion il y a plusieurs Docteurs qui veulent que le crime de cet homicide, fut-il capital ou autrement, que les biens passent aux heritiers du sang : de même de ceux qui meurent en un combat de duël ; mais je tiens que par la mort de ces derniers, la confiscation est infaillible : il en faut dire autrement de ceux qui auront été tuez dans une rebellion faite à Justice avec force ouverte. Coquille question 16. la Rocheflavin *in verbo* confiscation, &c. Imbert liv. 3. chap. 22. num. 17. Jean Papon liv. 24. Tit. 13. & 14. Ren. Choppin *de Domanio lib.* 1. *Tit.* 8. *num.* 18. *infra* Titre 27. Max. 14.

III. Max. Celui qui *tædio vitæ* s'ennuyant de vivre se procure la mort, doit être aussi pendu par les pieds, comme les précedens, *& traditur sepulturæ caninæ & nulla prorsus pro illis in oblatione commemoratio fiat, neque cum psalmis ad sepulturam eorum cadavera deducantur*, mais les biens de ceux-ci ne sont point confisquez, suivant les Auteurs que j'ay rapporté dans la Maxime précedente. Papon Livre 22. Titre 10. Jerem. cap. 22. ⱴ. 19. *sepultura asini sepelietur, putrefactus & projectus extrà portas Jerusalem.* Jean Lebret, Ermite, d'esprit simple, s'ennuyoit de boire & de manger, vouloit mourir.

IV. Max. Ceux qui se tuent étant en fureur, *impatientia doloris mortem sibi consciverunt*, comme dans la phrenesie ou hipocondres & lunatiques, il ne doit point être fait de procès en ce que la cause les excuse assez, suivant les Auteurs rapportez, particulierement à l'égard de ceux qui n'ont ny esprit, volonté, ny propos pour délinquer dans le crime. Papon livre 24. Titre 14. même contre ceux qui ont pris de ce jus qui évapore la raison & excite le sommeil, que l'on nomme l'*opium Doville.*

V. Max. La fureur excuse toujours, en voici un bel exemple, ainsi que M. Maïnart le rapporte liv. 4. chap. 51. en ses notables questions. Le nommé Roquetaillade ayant été condamné d'avoir le cou coupé au Salin, par Arrest de Toulouse pour avoir tué sa femme, un des parens du condamné ayant au sortir de la Chambre, fait voir au Rapporteur par de bonnes pieces la folie du condamné à mort; le Rapporteur rentra dans la Chambre, & rapporta la Requête & les pieces du parent du condamné; ce qui auroit mû la Cour à suspendre l'execution de l'Arrest, ensuite dequoi peu de tems après le condamné étant mort de maladie dans la prison, cela fit un procès à cause de la confiscation de ses biens, fondée sur l'Arrest de mort qui l'avoit adjugée : néanmoins par l'Arrêt qui intervint, les biens furent adjugez aux heritiers du deffunt. Charondas livre 9. répon. 52. La Rocheflavin rapporte un autre exemple d'un furieux, lettre F. liv. 2. Titre 12. Arrest 1. Je remarque trois choses dans ses Arrests, 1°. La fureur excusée dans un grand crime, 2°. Un Arrest dont l'execution est surcise contre les regles de l'Ordonnance 3. La confiscation adjugée & puis révoquée. Je parlerai au Livre second plus au long des délits des furieux, & par exprès aux Titres de l'homicide, où je traiterai des délits qu'ils peuvent commettre sur les autres : cependant j'ay mis ici cette Maxime sur la rencontre de la precedente pour en tirer ma conclusion, que la fureur excuse l'homicide de soi-même; que la folie, la manie, la melancolie, l'hypocondre, le lunatique, &c. en font tout autant : c'est pour cela que les phrenetiques, ou ceux qui par l'ardeur & la violence d'une fievre chaude ou impatience & vehemence des douleurs, font choses semblables, ne sont point exclus de la sepulture des Chrétiens, ny des honneurs de l'Eglise, comme j'ay dit page 511. du nouveau Traité des Criées. Le Vendredy 20. Mars 1705. on traîna sur la claye & ensuite pendu par les pieds, * * * en vertu d'un Arrest, qui s'étoit tué d'un coup de pistolet. Ce qui est pris de l'exemple de ce que fit Tarquinius Priscus, rapporté par Pline liv. 36. chap. 15. *vide* M. Dolive actions Forenses partie 3. action 15. très-précise à la Maxime qu'il a traité liv. 1. chap. 40. de ses questions notables de droit. Le Sieur de la Martiniere en sa Connétablie part. 3. chap. dernier section 2. fol. 981.

V I. Max. Comme c'est le devoir du Juge de faire le procès au cadavre de celui qui s'est homicidé volontairement, suivant la Rocheflavin lettre D. liv. 2. Titre 2. Arrests 1. 2. il doit aussi bien prendre garde avant que de le punir sur le corps mort, ou par la confiscation des biens, si l'homicide est volontaire, crainte de deshonorer la memoire du deffunt & faire injure à sa famille; autrement, le Juge seroit lui-même blâmé & condamné en des réparations & amendes : comme je vois en l'exemple que rapporte M. de la Rocheflavin, d'un homme qui fuyant une troupe d'Archers & de Sergens, se seroit par malheur précipité involontairement; c'est pourquoi *semper initium spectandum est, quod est rei cujusque pars præstantissima.* Il faut chercher & creuser dans la pensée du mort s'il se peut, & fouiller dans ce qu'il pouvoit vouloir, si sa volonté a été déterminée à faire du mal; c'est ce que le fisc doit prouver, & c'est aussi ce que le Lecteur va voir dans la Maxime suivante : cependant il faut prendre pour regle que l'homicide de soi-même dénote toujours & fait présumer une folie precedente, suivant Seneque liv. 5. de la constance *quæritis infamia, argumentum & ipse se voluit occidere.* Imbert liv. 3. chap. 22. num. 17. A Athenes l'on gardoit de la ciguë pour ceux qui obtenoient la permission de mourir, comme fit Socrates; & en Angleterre George Duc de Clarance s'étouffa dans une pipe de malvoisie, où il se précipita.

V II. Max. Le fisc doit prouver la qualité de l'homicide de soi-même, & s'il
est

eſt volontaire ou non, ſuivant lesAnnotations ſur *Julius Clarus quæſt.* **8.** *num.* **116.** *pag.* **197.** *& ibi author. multa.* Bartole, Balde, &c. Seneque ayant obtenu de Neron ſon écolier, de choiſir le genre de ſa mort, il ſe fit ſaigner aux bras & aux pieds, ce fut la grace qu'il pûr obtenir de celui qui fit ouvrir le ventre de ſa propre mere.

VIII. Max. Celui qui a fait tous ſes efforts pour ſe tuer ſoi-même & qui n'a pú y arriver par le ſecours des perſonnes qui l'ont empêché, retenu & détourné, *puniatur tamen perinde ac ſi delictum conſummaſſet*, j'eſtime qu'il doit-être puni au deſſous d'une peine extraordinaire, parce que je doute ſi la volonté ſans l'effet doit être punie en ce cas-là, vû que nôtre Ordonnance ny les anciennes n'en ont point parlé : d'ailleurs à moins que d'un acte bien proche de l'effet ſur lequel il y auroit toujours à douter ; comment pourroit-on prouver cette volonté, ſinon par la confeſſion de l'accuſé *non auditur perire volens*, à moins que d'inferer quelque folie de la part du confeſſant ? que s'il dénie, il doit être crû en partie, la Loy ne préſume pas que perſonne veüille répandre ſon ſang, cela dépend beaucoup des circonſtances qu'il faut bien examiner, & avoir pitié de la foibleſſe de l'eſprit humain. * * * étant priſonnier au Châtelet, extirpa tout ce qui le faiſoit homme, on ne lui en dit rien, par l'Arreſt qui intervint ſur ſon appel à la Tournelle, le Lundi 22. Aouſt 1689.

IX. Max. Un Prêtre qui s'eſt homicidé lui-même, *ni metu crim.nis, ſed tædio vitæ* ſuivant Julien Peleus action 1. doit être renvoyé devant le Juge d'Egliſe, ſi le renvoi en eſt requis, parce qu'en cela il n'y a point de cas privilegié. *Doctor. in c.degradatio pœnis in ſexto.* Liſez la Maxime ſuivante. Celui dont j'ay parlé à la Maxime precedente, ſe coupa avec un couteau le 3. Juillet 1689. tout net.

X. Max. Il n'eſt pas permis de ſe tuer pour éviter un mal, ſuivant les Annotations *de Julius Clarus, ſup. quæſt.* **68.** *num.* **115.** ſelon S. Paul dans ſon Epître aux Hebreux 3. ℣. 17. Ciceron *in ſomnium Scipionis*, *&c.* Dolive livre 1. chap. 40.

XI. Max. Il y a divers autres crimes qui doivent être punis, ſur les morts coupables de les avoir commis ; tels ſont les homicides de ſoi-même, l'héréſie, le crime de Leze-Majeſté divine & humaine, au premier & ſecond chef, le duël, les empoiſonneurs, parricides, ſacrileges, ſorciers, *& alia magna crimina in quibus licet quoad pœnam corporalem ſævire in cadavera.* Il eſt vrai qu'il faut ſe renfermer dans les cas portez par l'article premier de l'Ordonnance & la ſuivre, puiſque les Juges ne peuvent point leur en départir. Dolive liv. 1. chap. 40. De 113. Empereurs qu'a eu Rome, il n'y en eut que deux qui moururent dans leur lit, tous les autres moururent de morts violentes.

XII. Max. L'on fait le procès à la memoire d'un mort *ad perpetuam rei memoriam*, afin de laiſſer une note generale & éternelle à la poſterité du crime contre celui qui l'a commis ; par exemple à l'égard des Nobles, les déclarant roturiers & leurs deſcendans, abbatant leurs ſtatuës, & briſant leurs armoiries, démoliſſant leurs maiſons, coupant leurs bois, ſupprimant les noms des coupables à jamais. Ayrault Traité des cadavres ; Recherches de la France liv. 9. chap. 27. Frere Jacques du Breül en ſon Théatre des Antiquitez de Paris liv. 2. pag.613. &c. *Gallus* en ſes Arreſts au Stile Latin du Parlement, *ſuprà* Tit. 11. Max.18. *in fine.*

XIII. Max. L'Ordonnance préfcrit l'ordre qu'il faut garder en faifant le procès à un cadavre, ou à la mémoire d'un deffunt, jufques à la Sentence diffinitive. Ayrault en fon procès judiciaire aux cadavres livre 4. Jean Bacquet des droits de Juftice chap. 7. num. 17. Mais il y a auffi de la formalité à obferver, quant à la prononciation de la Sentence ; car ce n'eft pas l'heritier qu'on condamne, (s'il eft partie au procès) en cette qualité, non plus que le Curateur, ny le cadavre, pas même la memoire : le jugement doit être conçû en termes preterits ; que le deffunt eft mort coupable de s'être homicidé lui-même, ou d'autre pareil cas, dont il fera trouvé coupable : pour réparation dequoi, nous difons, &c. de même dans d'autres cas portez par le Droit, qui veulent qu'on condamne & profcrive la memoire, *& memoria rei etiam poft mortem damnatur.*

TITRE XXV.

De l'Abrogation des appointemens, écritures & forelusions en Matiere Criminelle.

EXPLICATION DU TITRE.

A Brogation, defcend à ce que je croi, de *Rogatio eum præpofitione, &c.* fuivant *Laurentius Valla, Elegant. lib. 2. cap. 29. Joachinus Fortius, de ufu voce.* Alciat *de verborum fignificat. in lege derogat. 102. &c.* quant au mot .*Rogatio,* il faut monter bien haut pour le trouver jufques à l'ancienne Rome dans les Auteurs que je viens de citer qui ont donné l'explication, dont l'effet eft ici, que les appointemens, écritures & forclufions cy-devant permifes par les anciennes Ordonnances font abrogez, *nunc contraria conftitutione abrogantur.*

Après cela il faut remarquer que nôtre Ordonnance contient des préceptes affirmatifs, par lefquels elle enjoint, & des negatifs dans lefquels elle deffend. C'eft de ces derniers qu'eft le Titre que j'expliquerai de mon mieux : & comme il eft befoin de fçavoir les premiers pour les fuivre & obferver, il eft auffi neceffaire de connoître les feconds, pour n'y point contrevenir, & afin de l'éviter : c'eft pour cela qu'il ne fera point hors de propos d'expliquer ce que c'eft qu'appointemens, écritures & forclufions.

Appointemens, fuivant Ragueau, étoit l'Ordonnance préparatoire du Juge, par laquelle il recevoit les parties à une plus ample contestation, ou parce que leurs faits étoient contraires, & dont il falloit faire la preuve, ou parce que le different ne fe pouvoit juger fur le champ, & que la matiere requeroit être mife en déliberation & y faire reflexion avec confeil, ou pour inftruire mieux l'affaire & la difcuter & éclaircir par les écritures, moyens & réponfes des parties, fuivant le dire d'André Alciat *de verbor. fignificatione.* Après quoi il feroit inutile & fuperflus d'expliquer toutes les diverfes fortes d'appointemens, dont l'ancienne pratique fe fervoit : cela ne ferviroit qu'à embroüiller, étans inutiles &

abrogez : & pour ceux qui font à prefent permis & en ufage , nôtre Ordonnance les indique affez dans le corps du Titre , & l'on en a la connoiffance fuffifamment par le moindre ufage qu'on a du Palais : d'ailleurs ce feroit s'écarter de mon deffein , puifque je me renferme & me reftrains à l'explication de ce qui eft feulement contenu au Titre ; c'eft pourquoi je conduirai mes Lecteurs aux autres parties dont il parle.

Ecritures , c'eft le mot general qui comprend toutes les autres mentionnées en l'article 2. de ce Titre , & comme elles font diverfes , auffi ont-elles plufieurs noms dans les Loix rapportées par *Buaæus Annot. prioribus in Pandectas* , & André Alciat de même, Bugnion en fes Loix abrogées liv.3.Synt. 51. liv. 5.cent.12. On appelloit les écritures *contradictorum diffolutiones* , & de plufieurs autres noms , *quod longum dinumerare effet* : & comme ces écritures ne produifoient rien en fubftance , finon que de groffir & multiplier les frais, embroüiller une affaire , & miner des parties par des procedures inutiles & fans aucune neceffité, puifque le jugement d'un procès ne fe peut fonder & établir que fur les pieces fecrettes , & que tout le refte n'eft que chicanes & paroles inutiles , *ac per multiloquium, à quo vix mendacium abeft.* Toutes ces raifons que l'Ordonnance du mois d'Avril 1667. Titre 14. des conteftations en caufe, article 3. & l'Ordonnance fur laquelle j'écris du mois d'Aouft 1670. dans tout le Titre 23. tirées des Inftituts de l'Empereur liv. 4. Titre 14. *de Replicationibus* §. 1. ont dérogé & abrogé la plûpart de fes écritures en Matieres Civiles ; mais ici la nôtre les a abrogez & abolis entierement , fauf à fe pourvoir par Requête fi l'on veut , dans laquelle les parties peuvent alleguer , demander , repliquer , répondre , dire & produire ce que bon leur femble avec les pieces juftificatives qui y font attachées. Il y a une Déclaration du 10. Aouft 1669. qui deffend d'ordonner que les parties conteiteront pardevant les Rapporteurs.

Forclufions , c'eft quand le Juge déboute l'accufateur ou l'accufé des deffenfes d'écritures , d'informer , produire , contredire , & qu'il lui dénie le délai qu'il requiert , fuivant Ragueau & Imbert en fa pratique au mot *forclufions.* J'ay expliqué au Titre premier de ce Livre ce que c'eft que *Matiere Criminelle* , où on aura recours. *Forclufiones funt quafi Foro exclufiones, funt autem privationes & exclufiones beneficii diei ut vocant , &c.*

Pour conclufion de mon Titre , je dirai fuivant la Loy finale au Code *de Legibus* , & le Titre fecond des Inftituts , *de Jure naturali Gentium & Civili,* que le Roy abroge les anciennes Loix , de même qu'il peut en faire des nouvelles ; & à plus forte raifon lorfque l'utilité publique eft évidente , ainfi qu'elle eft ici par le retranchement de tant d'abus & de fuperfluitez dans les procedures , de maniere que je puis bien appliquer en cet endroit à Sa Majefté , ce que difoit autrefois Artaxerces Roy de 127. Provinces , parlant de lui-même , dans la lettre qu'il envoya aux Juifs , au §. 9. rapportée par S. Jerôme au chapitre dernier du Livre d'Efther. On a vû dans tous les tems des changemens dans les Loix. *Deus ex iis quæ in veteri Teftamento ftatuerat, mutavit in novo.* Dans tous les tems les Loix ont été abolies & changées pour le bien des peuples , ainfi que j'ay fait voir page 369. du nouveau Traité des Criées en 1704. où je renvoye les Lecteurs ; & par une confequence neceffaire, les Loix qui font nuifibles & contre l'interêt public doivent être revoquées & changées en de meil-

leures : de forte que nous ne pouvons dire autre chofe de l'abrogation faite par
nôtre Titre des procedures , finon que c'eſt une faveur faite au public, qui eſt
fondée en raifon & pour fon utilité , *cum omne ſtatutum propter utilitatem pu-*
blicam introductum dicatur favorabile.

I. Max. L'Ordonnance article premier de nôtre Titre, femble à la verité abroger toutes fortes d'appointemens en Matiere Criminelle : il y en a pourtant
qu'elle n'abolit pas, comme font ceux par lefquels on reçoit les plaintifs, qui
ont déclaré dans leurs plaintes vouloir leur faire partie, à fe défifter & départir
dans les vingt-quatre heures ; comm'aufſi quand on les admet par acte fubfe-
quent à être partie civile, après qu'ils ont déclaré par leur plainte ne le vouloir pas être : de même les appointemens pour venir à l'Audience fur les inci-
dens de la caufe au principal, celui que le Juge fera tenu de vaquer en perfonne
à l'interrogatoire de l'accufé , article 2. Titre 14. des interrogatoires enfin tous
autres apointemens pour accelerer l'inſtruction du procès avant la conteſtation
d'icelui , c'eſt-à-dire avant la confrontation, où l'on peut dire que c'eſt proprement où fe forme la conteſtation ; car l'Ordonnance ne doit s'expliquer que des
appointemens après la conteſtation qui admettent les parties en une controverfe
inutile , qui ne fait que groffir le procès & retarder le jugement, fuivant *Fari-*
nacius Confil. 65. num. 113. &c. par des volumes d'écritures inutiles , qui ne
fervent qu'à obfcurcir la verité & à confommer les parties en frais : dont l'on peut
dire *farrago indiſtincta ſcripturarum.*

II. Max. L'Ordonnance n'établit aucune peine contre les contrevenans au
Titre en ce qu'elle y a preſcrit : toutefois il ne faut pas laiffer d'inferer que l'acte
par lequel il y eſt contrevenu, & tout ce qui eſt fait enfuite ne foit nul ; il y a
même dequoi douter fi toute la procedure n'eſt point nulle & vicieufe, bien
que les autres formalitez y ayent été obfervées, fuivant l'article 24. du Titre 15.
des recollemens & confrontations. Pour moi j'eſtime que l'Ordonnance ne mettant point ici préciſément la peine de nullité , comme elle a fait en divers autres
endroits, qu'il n'y a que le feul acte de contravention qui foit nul, & ce qui s'eſt
enfuivi , mais non ce qui a precedé fait en bonne forme, parce que cet acte n'eſt
point afferant ni eſſentiel au procès , & qu'on en eſt quitte en les rejetant ou la-
cerant , & que le reſte qui eſt de la fubſtance doit demeurer. *Gloſſa in l. 1. verbo*
libellis &c.

III. Max. Par l'article 3. du Titre de nôtre Ordonnance, il eſt permis aux
parties de donner leurs Requêtes, dans lefquelles elles pourront expliquer, dire
& produire ce que bon leur femblera , & y attacher les pieces juſtificatives ;
cela eſt fuppléer *per æquipollens* à ce que l'Ordonnance abrege d'autre part ,
fauf que par ceci le jugement du procès ne peut point être retardé : de maniere
qu'au moyen de ces Requêtes refpectives, on peut comprendre tout ce que la
Rhetorique de *Ioachinus Fortius , in ſua Rhetorica & idem Rhetores omnes*
peut dicter à l'efprit, foit pour fortifier l'accufation ou la deffenfe des parties,
pofons ici cette queſtion, *qua oritur ex intentione accuſatoris , & reſponſione*
defenſoris, laquelle comprend plufieurs parties, *puta rationem defenſoris, fir-*
mamentum accuſatoris depulſionem & infirmationem , de toutes lefquelles le
Juge tire enfuite fes conjectures, *& ideo hoc appellatur conjecturalis conſtitu-*
tio vel judicatio. Mais pour mieux réduire le tout en acte & en pratique , il

faut prendre la procedure dans son commencement , & dire que la plainte est l'intention de l'accusateur, dans laquelle il met en avant , par exemple que sa femme a été tuée par Nicodeme, il fait informer par le Juge ; lequel decrete prise de corps, l'accusé est arrêté.

Là-dessus on interroge Nicodeme , il répond qu'il est vrai qu'il a tué Lucrece, femme de Collatin , comme contraint & forcé pour se deffendre du péril où elle l'avoit jetté ; cela s'appelle *ratio defensiris* : on communique ensuite l'interrogatoire à la partie civille , laquelle repond par Requête que l'accusé est coupable du meurtre , parce qu'il a excedé les bornes d'une legitime deffense, qui s'apelle *moderamen inculpatæ tutelæ* , & cette replique *vocatur firmamentum accusatoris*. Il y a quelque chose de semblable dans la Biblioteque de Bouchel *in verbo* attenuer. Après on recole les témoins & on les confronte à l'accusé, lequel avant le jugement donne sa Requête, répond à tout, & diminuë les faits tant qu'il peut, concluant qu'il ne peut être puni, parce que la deffense est naturelle & permise, *& hoc dicitur depulsio*. L'accusateur répond par une autre Requête, où il agrave le fait & charge l'accusé , disant qu'il n'est pas permis de tuer , d'où il conclut à une somme pour ses interêts civils & aux dépens du procès , sauf au Procureur du Roy pour la vindicte publique : *& hoc est infirmatio, de quibus omnibus nascitur conjecturalis constitutio, an sit , quid sit , & quale sit , si iure an injuria factum sit.* Dés le 27. Aoust 1666. la Cour avoit fait & donné un Arrest de reglement pour abroger les procedures en Matieres Criminelles , qui est rapporté fol. 420. du nouveau Traité des Criées, *& suprà* Tit. 4. Max. 23.

IV. Max. Quoique le Droit Romain ne décide pas en France comme Loi ; en païs coutumier, l'on s'en sert pour le raisonnement. J'estime que le motif de l'Edit de l'an 1606. touchant le Velleyen & l'Autentique *si qua mulier* ; la Déclaration du 21. Avril 1664. concernant la liberté donnée aux femmes de pouvoir s'obliger dans les quatres Provinces de Droit du ressort du Parlement , & l'art. III. de l'Ordonnance de Villers-Cotterests en 1539. qu'on écrira & conractera en François , ont été pour ôter les subtilitez du droit , qui n'étoient que des pepinieres à procès ; & pour faire cesser les plaintes des femmes d'avoir été surprises, n'entendant pas les Loix ny le Latin. Duverdier liv. 7. chap. 3. en ses diverses leçons. Dom Diego Saavedra Faxardo parlant de l'utilité des Loix, Devise 21. de son *Idea de Princip. Christiano Politico* , au sujet de la longueur des procés, par la multitude d'écritures causées inutilement , par les Loix nombreuses du *fuero juzgo* , il dit que ces Loix furent reformées par le retranchement de diverses procedures inutiles ; que la seule necessité obligea la Reine Isabelle à executer ce remede de son propre mouvement, aidée du conseil de gens doctes & experimentez , ce qui lui réüssit assez heureusement ; ce fut à l'imitation de l'Empereur Justinian , qui employa son Chancelier Tribonian & deux Professeurs Théophile & Dorothée pour composer les Instituts , tirez & extraits du Fatras & Farrago des anciennes Loix au nombre de 22000. Cela est plus admiré en nôtre siecle qu'imité : voyez s'il vous plaît mon avis sur les Coutumes au nouveau Traité des Criées imprimé en 1704.

❈

F f iij

TITRE XXVI·

*Des Conclusions diffinitives des Procureurs du Roy,
ou de ceux des Justices Seigneuriales.*

EXPLICATION DU TITRE.

PAr toutes nos Ordonnances anciennes & nouvelles, on ne peut faire instruire ny juger un procès criminel sans les Officiers du fisc , leurs conclusions sont dites ainsi , parce qu'après que le procès a été communiqué au Procureur du Roy ou Fiscal , il fait le vû de toutes les pieces : l'Ordonnance y ajoûte le mot de *diffinitives* , par où il est facile d'inferer que le Procureur du Roy , ou celui des Justices Seigneuriales a plusieurs autres conclusions à prendre dans le cours de la procedure avant celles-ci. J'en trouve cinq que le Juge ne lui sçauroit ôter, puisque indispensablement l'Ordonnance les lui accorde. 1 . Sur les informations avant que de les décreter. 2°. Aux élargissemens des prisonniers. 3°. Aprés les interrogatoires des accusez. 4°. Après les délais sur les assignations données a des contumax. 5°. Après le recollement des témoins lors de la contumace, sans parler de celle-ci , & sans y comprendre plusieurs autres communications qui doivent lui être faites ; comme sont les revelations des témoins sur des Moni-toires ; des procès verbaux du Juge sur la contestation faite par l'accusé , au sujet des pieces à lui presentées pour reconnoître , & d'autres pour servir de com-paraison ; la communication des exoïnes & des pieces produites par les parties lors de l'enterinement des Lettres de rémission ou pardon & autres obtenuës par un coupable,

Quant au mot diffinitives, il fait assez voir que le Procureur du Roy , ou ce-lui des Seigneurs , n'ont plus à prendre d'autres conclusions dans le même pro-cès après celles-là , & pour cette raison elles peuvent être dites finales : *Quia finiunt , terminant , perficiunt , complent , conficiunt , & absolvunt omnes alias.* Ces conclusions diffinitives sont appellées par *Budæus* rapporté par Bouchel en sa Biblioteque *in verbo Conclure , postulationes advocationis Regiæ* , comm'aussi conclure diffinitivement , *est curiam in consilium mittere , epilogum nuncupare.* Coutume de Bretagne Titre 25. des crimes & amendes.

Nos Procureurs. Dans la rigueur , il n'y a que Messieurs les Procureurs Ge-neraux des Cours Souveraines qu'on puisse nommer Procureurs du Roy , ceux des Sieges inferieurs ne sont que leurs Substituts ; néanmoins par antonomaze on les appelle Procureurs du Roy , à l'exception des Substituts , de ses Substi-tuts en titre d'Office dans les Jurisdictions où il y en a , lesquels retiennent tou-jours ce nom. Ragueau en son indice , Procureur du Roy , *olim Procurator Fisci vel Cæsaris qui & curator Cæsaris & rationalis.* Ceux des Justices des Sei-gneurs , immanquablement sont les Procureurs Fiscaux , ou de la Seigneurie ; mais pour le mieux connoître , il faut sçavoir ce que c'est que Justice patrimo-nialle ou des Seigneurs.

Juſtice Seigneurialle, eſt bornée par un Territoire & Diſtrict de Juriſdiction. En France la Juſtice a été accordée par les Rois aux Seigneurs de Fiefs, Bacquet & Chaſſeneux ſur Bourgogne au Traité des Droits de Juſtice, diſent qu'en ce Royaume perſonne n'a Juriſdiction ſans permiſſion & conceſſion du Roy, & ne peut conſtituer Magiſtrat ſans l'autorité du Prince Souverain. L'on fait de trois ſortes de Juridictions Seigneurialles, la Haute, la Moyenne & la Baſſe : ſans m'arrêter à éplucher en inſtitutaire, ne parlant pas à des Ecoliers, je n'ay qu'à dire en ce qui concerne nôtre Titre. Les Seigneurs qui poſſedent une de ces trois Juridictions ſuivant l'Homeau des droits des Seigneurs Titre 2. ont le pouvoir de faire & d'inſtituer des Officiers dans leurs Terres & principalement par l'Ordonnance d'Orleans art. 82. & l'Ordonnance de Paris du mois de Janvier 1629. art. 112. par exprès. Le Procureur dont parle le Titre de nôtre Ordonnnance qui eſt dit Procureur de la Juſtice Seigneurialle , ce Procureur a les mêmes noms que celui du Roy, ſauf qu'au lieu de *Cæſaris aut Regis*, *eſt tantum Procurator Domini*, & l'un & l'autre de ces Procureurs ſuivant Raguçau *in verbo* Promoteur, & la Biblioteque des Arreſts au même mot, peuvent accuſer un homme qui a fait un crime & une mauvaiſe action ſoit privée ou publique, ſans attendre qu'il y ait un dénonciateur, & faire informer ſuivant les Ordonnances que j'ay rapportées au nouveau Traité des Criées page 539. & Chenu Titre 14. chap. 11. 12. 13. 14. à peine de prévarication ; de maniere qu'il leur appartient de faire la pourſuite des crimes pour la vindicte publique : ils ſont les ſeuls Conſervateurs du bien public & ils ont la tuition & la défenſe des droits des abſens, des veuves & des orphelins. Jean Imbert liv. 3. chap. 19. & 20. Edit concernant les taxes des Juges des Seigneurs du mois de Juillet 1704. régiſtré.

Je ne répeterai rien de ce que j'ai prouvé page 457. du nouveau Traité des Criées, qu'il n'eſt point permis aux particuliers offenſez de conclure à aucune peine afflictive. Pluſieurs ſçavent que quand un homme nous auroit ruinez, brûlé nôtre maiſon, eſtropiez, tué nôtre pere, frere &c. qu'il ſe diſpoſeroit à nous aſſaſſiner, & nous perdre d'honneur, la Juſtice n'écoûteroit pas la demande qu'un plaignant feroit de la mort d'un coupable : l'on reçoit la plainte & l'on fait droit ſur ſes dommages & interêts civils : il n'y a que dans le crime d'adultere ſeul dans lequel le mary conclud à des peines afflictives contre ſa femme étant convaincuë, *Procurator fiſci eſt vind.x publicus diſciplinæ publicæ.*

De maniere que pour pourſuivre la vengeance d'un crime & faire punir le criminel les Loix ont établi des perſonnes publiques qui le demandent de la part du Roy ou plûtôt de la part de Dieu, qui l'a ordonné : ce n'eſt par aucun interêt, ni par feinte, que les Roys & les Princes Chrétiens ont étably des Juges & fait des Ordonnances & Reglemens : ça été pour proportionner les Loix Civiles à celles de l'Evangile rapporté par S. Mathieu chap. 5. ℣. 21. *non occides*, *qui autem occiderit*, *reus erit judicio*, & de crainte que la pratique exterieure de la juſtice ne fut contraire aux ſentimens interieurs que les Chrêtiens doivent avoir de leur prochain, ſans bleſſer la charité dont a parlé ſaint Paul aux Corinthiens Epître 1. chap. 13. Claude Expilly playdoyer 32. *numero* 9.

Après une preuve complette de l'accusation, & une instruction parfaite dans les formes prescrites par les Ordonnances, ces personnes publiques demandent la mort du coupable ou autres peines proportionnées au crime : on ne lui porte pas pour cela le poignard dans le sein, la vie des hommes est trop importante, on y agit avec plus de respect, les Loix ne l'ont pas soûmise à toutes sortes de personnes ; mais seulement aux Juges, dont on a connu la probité, & examiné la suffisance, lors de leur reception : un homme seul ne suffit pas pour condamner à mort, ni à aucune peine, il en faut trois au moins devant les premiers Juges & qu'aucun de ce nombre n'ait été offensé par l'accusé, de crainte que la passion & la colere n'altere ou ne corrompe son jugement ; afin que l'esprit soit plus pur, on observe que les jugemens soient rendus le matin à jeun, tant l'on apporte de soin pour préparer les Juges à une action si grande, où ils tiennent la place de Dieu, dont ils sont les Ministres, pour ne condamner que ceux qu'il condamne lui même ; c'est pour cela qu'afin d'agir comme de fidelles dispensateurs de cette puissance divine d'ôter la vie à un homme, ils n'ont la liberté de juger que suivant les dépositions des témoins & les Ordonnances, en suivant toutes les formes qui leurs sont prescrites ; de maniere qu'ils ne peuvent prononcer en conscience, que selon les Loix, ni juger dignes de mort que ceux que les Loix y condamnent. Instituts *lib.* 4. Titre 17. *de officio Judicis super est.*

I. Max. Le Procureur du Roy ne peut donner les Conclusions sans l'Avocat du Roy, & par exprès les diffinitives, suivant les Reglemens de la Cour rapportez par Chenu aux endroits que j'ay remarquez, Code Henry Titre 11. Bouchel *in verbo* Avocat ; mais il n'y a que le Procureur du Roy qui les signe, & c'est ce qui donne lieu au dire du Palais, le Procureur du Roy a la plume & l'Avocat du Roy la parole, & en cas de contraires avis, le Procureur du Roy l'emporte, & dans la playdoirie, c'est l'Avocat. La Maxime est conforme à la Loy *ultima Cod. de Avocat. fisci.* Biblioteque des Arrests au mot Procureur *num.* 36. Au Parlement Monsieur le Procureur General n'en communique point, s'il ne veut, à Messieurs les Avocats Generaux, excepté dans les affaires concernant le Domaine de la Couronne.

II. Max. En cas de récusation, maladie, absence ou autre empêchement legitime du Procureur du Roy, l'Avocat du Roy fait les fonctions, sans que le Procureur du Roy puisse mettre un Substitut en sa place pour exercer sa Charge, Code Henry des Avocats & Procureurs du Roy, Titre 11. Chenu en ses Reglemens, &c. Tit. 14. chap. 80. 90. 91. 92. Domat, Tome 2. Tit. 6. des Avocats.

III. Max. Il est deffendu aux Avocats & Procureur du Roy à peine de privation de leurs Offices, & d'amende arbitraire, d'exiger rien directement ni indirectement des parties civiles, & des accusez & prisonniers pour donner leurs conclusions, ni tenir les parties en longueur sous aucun prétexte que ce soit, sauf à leur être fait taxe par le Juge, s'il y a lieu, *L. laudabile Cod. de Advocat. divers. judic.* &c. le Procureur du Roy pour les épices de ses conclusions prend les deux tiers de ce que prend le Juge pour celle de la Sentence. Ordonnance d'Orleans art. 79. Moulins art. 20. & 36. *infrà* liv. 2. Titre 25. Maxime 9.

IV. Max. Les Gens du Roy accusateurs par calomnie, avec haine, dol,

fraude

fraude, ou concuffion, font punis, s'ils n'ont point un veritable dénonciateur. Papon fur la Coûtume de Bourbonnois §. 63. Imbert dans fa pratique. Duchalard fur l'art. 88. de l'Ordonnance d'Orleans, Bouchel *in voce* accufer, Loüet lettre P. Bugnion liv. 5. cent. 1. des Loix abrogées, &c. Biblioteque des Arrefts au mot Procureur *num.* 16. 21. 26. Il faut bien diftinguer l'Arreft du grand Confeil qui déchargea M. Peftalozzi, dont j'ay parlé au Titre 21. Max. 10.

V. Max. Les Procureurs du Roy ne peuvent être pris à partie, quelque animofité qu'il y ait, lorfqu'il y a une partie civile. Bouchel lettre P. *in voce*, Procureur du Roy & Avocats du Roy, &c. Chenu Titre 14. chap. 80. & 90. *fupra*, Titre 3. Max. 11. où j'ai fait voir le contraire folidement.

V I. Max. Tous les Procureurs du Roy font tenus de faire Regiftre de leurs Conclufions, & de l'envoyer tous les ans à Monfieur le Procureur General pour faire apparoir de leurs diligences, afin qu'il leur envoye fes ordres pour faire juger les affaires criminelles & vuider les prifons, & auffi afin d'avoir recours audit Regiftre en cas de befoin. Code Henry; Arreft du 30. Juillet 1618. rapporté par Aymon en fon Commentaire fur la Coûtume d'Auvergne au Titre des crimes & délits, *ne graviora facinora deficientibus, forte accufatoribus impunita remaneant, &c.*

Au Titre fuivant Maxime 6. la peine de la Roüe eft ancienne, puifque S. Jerôme rapporte qu'Apollonius Senateur de Rome, ayant été accufé d'être Chrétien du tems de l'Empereur Commode, fon accufateur qui étoit fon efclave, fut condamné par le jugement de Perennis, Préfet du Prétoire, fuivant la Loy de l'Empereur qui puniffoit de mort les accufateurs des Chrétiens, à avoir les os brifez. Commode vivoit vers 181. *Vide* le Tit. 27. Max. 6. & 38. fur la fin.

V I I. Max. Tous Subftituts font tenus d'avertir Meffieurs les Procureurs Generaux, chacun dans leur Reffort, de toutes les affaires de conféquence, qui regardent & touchent l'intereft du Roy & du Public, pour en faire plainte à la Cour & y pourvoir en diligence par fa prudence. Lazare Ducroc au Style du Parlement Tit. des Subftituts page 129. &c. *infrà* lifez la Max. 18. du Tit. 28.

V I I I. Max. Après qu'un accufé a obtenu jugement d'abfolution, il peut demander au Procureur du Roy qu'il ait à lui nommer fon dénonciateur, afin d'avoir fon recours contre qui il appartiendra pour fes dommages & intereft & dépens. Le Procureur du Roy eft tenu de lui nommer : d'ordinaire les Procureur du Roy pour éluder cette demande, declarent qu'ils n'ont aucun dénonciateur, que ce qu'ils en ont fait a été pour le dû de leur Charge à quoi ils font obligez par les Ordonnances que j'ay rapportées dans l'explication du prefent Titre : cela ne fuffit pas, fi l'on voit qu'il y ait calomnie, comme j'ay marqué en l'explication de ce Titre, tiré de l'Ordonnance d'Orleans art. 73. Bacquet des droits de Juftice chap. 7. *num.* 24. 25. Code Henry, Bouchel *voce* dénonciateur Bugnion, Duaren, &c. la Maxime fuivante, Imbert liv. 3. chap. 1. *fupra* Tit. 17. Max. 12.

I X. Max. Le Procureur du Roy, comme j'ay dit, n'eft pas toûjours tenu d'attendre un délateur, ni même de le nommer, car il y a des cas dans lefquels le devoir de fon Office le charge d'en faire informer & en pourfuivre la punition. Addition en la Coûtume d'Auvergne Titre des injures, des crimes & délits art. 11. Coûtume de Bretagne des crimes, Bugnion liv. 5. fatyr. 13. des

Loix abrogées : Charondas sur le Code Henry art. 2. Ordonnances d'Orleans
art. 63. 73. Blois art 184. Ordonnance de la Marine en 1681. Titre 3. art.
5. Les crimes dont ils feront informer, sont les crimes publics, comme les
revoltes, seditions populaires, flagrans délits; mais pour autres cachez &
couverts, tels que sont l'usure, la concussion, le crime de faux, empoisonnement & autres semblables, il faut que le Procureur du Roy ait un dénonciateur, afin que si l'accusé est absous, il lui nomme son délateur : autrement
il seroit tenu en son propre & privé nom des dommages, interêts & dépens,
s'il y avoit de la calomnie, comme il fut jugé par Arrest en 1672. contre le
Procureur du Roy au Siége de la Ville de Civ, pour le nommé Tainiffuoc, accusé de crime faux, & ce que j'ay dit au nouveau Traité des Criées page 537.
où je renvoye. Les Flamans se servent du mot Zorcrias pour signifier des malices
noires, dès trahisons & des actions indignes d'un homme d'honneur.

X. Max. Les Juges ne sont aucunement obligez dans leurs jugemens de
suivre les Conclusions du Procureur du Roy : comme aussi s'ils sont negligens
pour favoriser un accusé de ne pas poursuivre : les Juges peuvent ordonner
ce qui est necessaire jusques à l'entiere instruction du procès, suivant Machoud des procedures criminelles : n'ayant que faire d'attendre la discretion
& la volonté du Procureur du Roy, pour ordonner ce que l'Ordonnance
leur enseigne pour faire leurs devoirs, sinon lorsqu'il s'agît de la liberté d'un
prisonnier, ou des conclusions diffinitives ; & au cas qu'il ne veüille pas en
donner dans le tems de l'Ordonnance, le Juge peut faire communiquer le
procès à l'Avocat du Roy, & au deffaut de celui-ci à l'un des Avocats anciens,
suivant leur réception, après que l'accusé a fait deux sommations de donner
des Conclusions au Procureur du Roy du Siége.

XI. Maxime Les Procureurs du Roy sont priez & les Procureurs Fiscaux
invitez par l'Auteur de ne pas perdre un moment dans les instructions des
Procès Criminels pour donner ensuite leurs Conclusions diffinitives telles qu'ils
les trouveront à propos & de justice ; cela est fondé sur les Ordonnances d'Orleans, art. 63. & de Blois art. 184. tirées des Loix des Empereurs Gratian,
Valentinian & Théodose, ne prescrivant rien tant aux Magistrats & aux Juges
que d'ouvrir les prisons aux captifs, soit par un prompt châtiment ou par une
absolution après une preuve convaincante, ou la justification de leur innocence, c'est d'où vient qu'en Matiere Criminelle la Justice ne vacque point
même en tems de vacations, ni les Festes, *Cod. lib.* 9. *Tit.* 4. *l. de his quos
tenet carcer inclusos id aperta definitione sancimus, ut aut convictos velox
pœna subducat, aut liberandos custodia diuturna non maceret, supra* Tit.
15. Max. 14. L'Edit de Villers-Cotterest, art. 139. 140. est précis à la Max.
& nôtre Ordonnance Titre 25. art. 1. enjoint à tous les Juges sans exception,
de juger les affaires Criminelles par préference à toutes autres : c'est pourquoi
je supplie les Juges ordinaires de ne rien negliger, car je suis certain que si
cela venoit à la connoissance de Monsieur le Procureur General, il ne manqueroit pas par ses grandes lumieres & l'application avec laquelle il fait toutes
les fonctions de sa Charge, de les faire mettre dans leurs devoirs, en faisant
réformer tous les prétextes d'éloignemens, comme étant défendus & condamnez par les Edits, Ordonnances & Déclarations du Roy, Arrests & Regle-

mens, cela étant à la charge du public, & des sujets de Sa Majesté, dont il
est le Protecteur aussi bien que le Conservateur & défenseur des droits des absens, des orphelins, des veuves & de l'Eglise, le plus éclairé & rigide sur
l'observance des Loix fondamentales de l'Etat.

DES TROIS PREUVES RECUES
en Matiere Criminelle.

*Résolutions sur les trois sortes de preuves reçües en Justice en Ma-
tiere Criminelle, pour fonder une condamnation I. Point.
Si les Juges peuvent prononcer une condamnation à mort sur un
crime, pour lequel il n'y a point de Loy : cela a été traité au 2.
Journal du Palais du Jeudy 15. Décembre 1672. sans rien résoudre
II. Point.*

PREMIER POINT.

C'Est une chose sans exemple, comme contraire à la raison, de vouloir
condamner sans preuves un accusé, à cause qu'en certain rencontres
il y a des matieres où il est difficile de trouver des témoins : quoique la Loy
combate & s'éleve toûjours pour la punition des crimes & des mauvaises actions, elle favorise autant qu'elle peut, les accusez lorsqu'ils sont plus malheureux que coupables, ce qui entretient la force & la vigueur de l'ordre
public ; la pureté de la Justice ne peut souffrir qu'un accusé soit condamné
à mort sans preuves, parce que ce n'est point l'accusation, ni même la confession d'un crime que feroit un accusé qui le rend criminel, ce sont les
preuves.

En Matiere Criminelle nous ne recevons que trois sortes de preuves, même il
n'y en a que deux certaines, dont je parlerai dans la suite. L'Empereur dans
la Loy finale au Code *de testibus*, en avertit les accusateurs & dénonciateurs,
*sciant cuncti accusatores eam se rem deferre in publicam notionem debere
quæ instructa sit apertissimis documentis, vel munita idoneis testibus, vel
judiciis ad probationem indubitatis, & luce clarioribus.*

Que tous ceux qui veulent intenter une accusation capitale, sçachent qu'ils
n'y feront point reçûs, s'ils ne la prouvent en cette maniere, soit par des
titres sans contredits, par des témoins sans reproches, ou par des indices
indubitables plus clairs que la lumiere du jour.

Cette Loy a été trouvée si juste & convenable à nos mœurs qu'elle a été
transcrite tout au long dans les Capitulaires de Charlemagne livre 7. art. 186.
ainsi il ne faut pas la regarder comme une Loy des Empereurs Romains, mais
comme l'ancien droit du Royaume, c'est ce que les Docteurs distinguent par
ces mots, Preuve litteralle, Preuve testimonialle, Preuve conjecturalle : ce
sont ces trois sortes de Preuves sur lesquelles seules on peut asseoir & fonder une

condamnation de mort. Il y a trois fortes de veritez , celle de la nature , celle de l'imagination & celle de la parole , qui fe font *per tractatum* , *per teftes* , *per famam* , fuivant les Docteurs ; mais les principes du raifonnement font auffi peu certains que ceux des Mathématiques font infaillibles. Les raifons qui femblent les plus fortes & qui font en quelque façon démonftratives , ne font pas toujours concluantes comme je ferai voir dans la fuite , & fuivant Monfieur l'Avocat General Talon , dans les Arrefts de Bardet tome 2. liv. 5. chap. 2.

DE LA PREUVE LITTERALLE.

LA Preuve litterale eft celle qui réfulte des pieces où le crime eft prouvé immediatement par la foy & par la propre autorité des pieces authentiques , de forte que pour faire une Preuve litterale , il faut qu'il y ait deux conditions : la premiere que les pieces qui fervent de titres contiennent & prouvent par la lecture immediate le fait dont il s'agit , c'eft à-dire , s'il eft queftion d'injures , qu'elles contiennent précifément les injures ; s'il s'agit de débauche , de féduction ou de fubornation , qu'elles contiennent précifément les faits de la débauche , de la féduction ou de la fubornation : car fi ces pieces ne contiennent rien du crime dont il s'agit , & qu'on s'en ferve feulement pour en prendre des inductions ou en tirer des confequences par des conjectures , alors cette forte de preuve n'eft point une preuve litterale du crime , ce n'eft tout au plus qu'une preuve de conjecture , qui ne doit être confiderée en foi que comme une conjecture & un indice , qui eft une preuve fort foible pour une condamnation.

La feconde condition neceffaire , eft qu'il faut que les pieces que l'on rapporte faffent foi par leur propre autorité ; car fi elles ne le font pas , l'on peut dire que ce n'eft point une preuve litterale ; dautant que ce ne font pas les pieces qui prouvent ; mais la preuve vient ou des témoins ou des indices qui leur font donner créance : ainfi cela tombe dans l'efpece de la preuve teftimonialle ou conjecturalle par le deffaut de l'autorité qui doit être intrinfeque & qui frappe le Lecteur en lifant la piece. Lorfqu'elles fe trouvent dans les coffres d'un accufé , il faut aprés le fcellé appofé , le lever & en faire une defcription , les nombrer , cotter , & parapher en prefence de l'accufé , s'il fe peut , & du fifc , dont de tous le Juge dreffe fon procès verbal qu'il dicte à fon Greffier ; fans toutes ces formalitez , l'accufé a un beau champ de dire qu'il n'y a eu rien de plus facile que d'en fouftraire & en mettre & fuppofer d'autres en leur place , comme il arrive toujours lorfqu'on a manqué à le faire fuivant l'Ordonnance.

L'integrité du Magiftrat ne fuffit pas en ce rencontre , il faut qu'il foit exact fuivant l'Ordonnance d'Aouft 1670. Tit. 14. art. 10. qu'il empêcheroit dans la multitude des pieces qui ne feroient ni nombrées , cottées , ni paraphées , d'y mettre ou ofter ce que l'on voudroit , diroit un accufé. Il eft certain qu'un Juge ne peut obmettre ces chofes fans donner prife fur fa probité : ainfi il eft indifpenfable à lui de faire une bonne & fidelle defcription de tout ce qu'il trouve fous un fcellé , qu'il prétend faire fervir à la conviction d'un accusé, c'est-de-là que tout ce qui est rapporté doit tirer son autorité : l'ordre qui s'est toujours observé dans les Procés Criminels est suivant l'Ordonnance criminelle que j'ay marquée , que l'on interroge l'accusé sur les pieces qu'on prétend faire contre lui, l'on lui represente celles qu'on veut employer , ensemble les hardes & meubles servant à la preuve ; il les voit & les explique & repond sur le champ : le Juge les paraphe & l'accusé, sinon sera fait mention de la cause de son refus. De tout ce que dessus, il est très-constant & il en résulte qu'on ne peut tirer des pieces que des inductions par conjectures , & quand elles seroient reconnuës dans toutes les formes, elles ne pourroient en tous cas faire preuve que de ce qu'elles contiennent. *Instrumentum nil aliud probat quam illud quid continetur in eo* , ainsi que dit Balde sur la Loy *as probationem C. de probationibus*.

De la Preuve testimoniale.

Dans la Preuve testimoniale il y a pareillement deux conditions qui sont également essentielles ; la premiere que les témoins qui déposent d'un fait , comme d'une chose qu'ils sçavent de pleine certitude pour y avoir été presens & l'avoir vû eux mêmes , *Inquisitio fiat per examinationem testium dicentium se affuisse iis quæ gesta sunt , & vidisse quæ tunc agebantur , Authentiq. de Sanctiss. Episcop. cap. 2.* Car si le témoin ne déposoit, sinon que d'avoir oüi dire la chose à autrui, ou si la connoissance qu'il a est vacillante & incertaine , sa déposition n'est plus capable de former une preuve par témoin , parce que le *oüi dire* ne fait qu'une simple conjecture : l'incertitude ne forme que des doutes , & tout ce qui en resulte n'est point un témoignage complet pour asseoir une condamnation,

La seconde condition essentielle, est que les témoins doivent être concordans & n'avoir que comme une même voix sur une même action ; car si ce sont des témoins singuliers qui déposent d'un seul fait , & n'ont personne qui se rencontre de déposition avec eux sur ce même fait, en quelque nombre que puissent être ces témoins, ils ne font aucune preuve concluante s'il ne s'en trouve au moins deux qui ayent vû la même chose , cela est des regles les plus certaines de la Jurisprudence. 2. Corinth. cap. 13. ℣. 1.

Je tire ces Maximes de la plus constante & la plus pure disposition des Textes du Droit Civil, dont je me sers pour les autoriser : elles se trouvent renfermées dans les Loix Attiques, par un passage colligé par M. Samuël Petit, qui ont été données au Public il y a environ 50. ans. Cette Loy du passage porte que les témoins ne déposent que des choses où ils ont été presens , & qui se sont passées à leurs yeux, *Eorum quibus interfuerunt & fieri videbunt testimonium dicunt.* L'on peut dire qu'un témoin doit-être à l'égard des choses dont il dépose , ce que la glace d'un miroir est à l'égard des objets qu'elle represente : il doit rapporter les choses dans leur état véritable sans les augmenter, diminuër, ny alterer en aucune maniere que ce puisse être : cela ne peut pas être s'il dépose des choses qu'il n'a pas vûës ; car comme la glace du miroir ne peut recevoir que les especes des choses qui lui sont presens , le témoin ne peut de même recevoir une connoissance parfaite que des choses qui se passent à ses yeux : & comme cette glace seroit fausse si elle representoit à ceux qui la considerent des objets qui ne font pas devant elle , le témoin seroit un faux témoin s'il rapporte des choses qu'il n'a pas lui-même vûës , & où il n'auroit pas lui-même été present ; car des oüi dire font peu de chose.

Le grand Maître de la verité parlant de son témoignage à Nicodeme, Prince des Juifs , en S. Jean chap. 3. ⱴ. 11.   veut qu'ón le croye , parce qu'il a vû & sçû ce qu'il disoit aux Juifs. *Amen amen dico tibi , quia quod scimus loquimur & quod vidimus testamur,* En verité en verité je vous dis , que nous ne disons que ce que nous sçavons bien , & que nous ne rendons témoignage que de ce que nous avons vû. Isaïe 11. ⱴ. 3. comme si la certitude de la science qui est necessaire pour former un témoignage ne pouvoit être produite que par la vûë. C'est pour cela que nous voyons que Saint Jean commence ses Epîtres en donnant créance au témoignage qu'il va rendre de la verité , *Quod audivimus , quod vidimus oculis nostris , quod perspeximus & manus nostra contrectaverunt de verbo vita.* Nous vous annonçons ce que nous avons oüi , ce que nous avons vû de nos yeux , que nous avons regardé avec attention , & que nous avons touché de nos mains : d'où les Docteurs ont pris occasion d'établir pour regle , que le témoin doit connoître les choses dont il dépose immédiatement , & par les sens corporels , & la Glose sur la Loy *Testium. Cod. de testibus , testis debet reddere rationem dicti sui per sensum corporalem puta visum.* Tout cela est si constant que comme un témoin qui n'auroit pas été present à l'action ne seroit pas consideré , aussi la Loy ne veut pas qu'il soit censé present , s'il n'a vû ce qui s'est passé , *& quia visu res percipiuntur non censetur testis fuisse presens nisi videria,* c'est la Loy *diem proferre Cod. de creditor ,* ainsi le oüi dire d'un témoin sans avoir vû , ne peut former un témoignage pour condamner à mort , ny n'est pas suffisant pour produire dans l'esprit une connoissance parfaite qui merite le nom de preuve , suivant ce que porte le Canon 147. du Concile de Carthage, *Ne adversus aliquem dicat qui demonstrativè probare non possit.* Dix témoins qui déposent tous de faits singuliers passez entr'eux & l'accusé chacun à leur égard ne font aucune conviction qui satisfasse le Juge , & ces témoins ne doivent être pas plus considerez qu'un seul ; parce qu'en quelque nombre que les témoins puissent être , il faut pour faire une preuve concluante, qu'il se trouve plusieurs témoins qui ayent vû ou entendu une seule & même chose. Tant de témoins singuliers contre un accusé de differens faits font bien naître dans l'esprit que c'est un méchant homme ; mais cela ne suffit pas pour fonder une condamnation contre lui , parce qu'il n'y a point en Matiere Criminelle de demie preuve , comme il n'y a point de demie verité ; ainsi que j'établiray dans la suite de ces Maximes.

Le Lecteur ne sçauroit désirer de moi un exemple plus décisif. & qui soit plus remarquable que celui qui est marqué en l'Epître 9. d'Arnould, Evêque de Lizieux , au Pape Adrien IV. par laquelle il lui rend compte de l'execution de la commission qu'il lui avoit envoyée pour faire le procès à l'Abbé de Jumiéges , qui étoit accusé par ses Religieux de trois crimes énormes. 1. de Sodomie. 2. de Simonie. 3. de vol. Voici de quelle façon ce Prélat écrit au Pape , par sa lettre qui merite d'être lûë toute entiere dans ses propres termes. Arnoud entend cinq témoins qui déposent chacun de faits singuliers , & quoi que ce soit d'un même crime , néanmoins la déposition d'aucuns ne se rencontre jointe avec celle d'un autre fur le même fait pour former une preuve, *quinque fingula de fin-gulis actibus fingulare teftimonium perhibent nec aliqua earum aliquis cum alia percepit.* Ce que cet Abbé a fait à chacun en particulier, eft tout different, s'il étoit dépofé par deux témoins, & demeure un crime privé ; c'eft ce que Arnoud a dit écrivant, *Porro de duobus qui fimiliter , in unius fed alterius actus teftimonio procefferant, &c.* C'étoient deux témoins qui parloient du mê-me fait, mais fur d'autres perfonnes. Il cherchoit pour la preuve du procès au moins deux témoins qui fe fuffent rencontrez avoir vû ou entendu la même chofe, parce que cela lui manquoit. Il conclut qu'il lui fembloit que tout ce qui fe pouvoit recüeillir & tirer des informations ne fuffifoit pas pour établir une preuve juridique, ny fonder une condamnation ; mais fimplement pouvoit for-mer quelque préfomption ; parce que les dépofitions fingulieres en quelque nom-bre qu'elles foient, ne font pas capables de produire une preuve convaincante dans l'efprit des Juges, ny a les porter à prononcer une condamnation à mort, ainfi que je dirai autant que mon fujet le permettra.

De la Preuve conjecturalle & préfomptive des indices.

Pour la Preuve des indices ou Preuve conjecturalle, c'eft generallement une toute autre forte de preuve que les deux précedentes, n'étant ny litteralle ny te-ftimoniale, ce n'eft pas qu'elle ne puiffe dépendre affez fouvent des Titres & des témoins ; mais c'eft de Titres & de témoins, ou dont la foi n'eft fondée que fur celle d'autrui, ou qui ne découvre pas immédiatement le fait dont il s'agit, & qui ne nous en apprennent que des circonftances, defquelles l'on fe peut fervir par raifonnement à découvrir la verité, *cognoverit quia faciat.* Joan. 7. ℣. 51. *fuprà* Tit. 21. Max. 8. *arrefta amorum* 21. *de judiciis.*

Il faut remarquer que toutes fortes d'indices ne font pas reçûs en Matiere Criminelle pour faire preuve : il n'y a que les indices manifeftes, évidens, ne-ceffaires & indubitables plus clairs que le Soleil. Ariftote en fes Rhetoriques à Alexandre chapitre 13. dit qu'il y en a de deux fortes, les uns qui forment une fcience, & les autres qui ne fondent qu'une fimple opinion : la Loy défire les premiers, car elle demande des indices indubitables plus clairs que le jour : elle veut de ces indices qui forment la fcience, & qui concluent par une con-fequence fi neceffaire, qu'il foit impoffible que la chofe foit autrement qu'ils la font voir. De ce nombre font tous les effets qui ne peuvent être produits que par une feule caufe ; car dés le moment qu'un effet ne peut être imputé qu'à une feu-le caufe, il eft facile de deviner la caufe par fon effet par une confequence indu-bitable, qui forme une fcience certaine : la fcience étant une connoiffance des caufes par leurs effets, de même que les effets fe connoiffent par leurs caufes.

Et pour ce qui eft de tous les effets qui peuvent être attribuez à diverfes cau-fes, ce ne font jamais des indices indubitables, ne formant aucune fcience, mais de fimples doutes ; parce que pouvant fignifier également deux diverfes chofes, ils tiennent toujours l'efprit partagé entre les deux. S. Thomas dans fa Somme part. 3. queft. 60. art. 3. dit fort bien là-deffus, *id quo multa fcantur eft fig-num ambiguum, & per confequens fallendi occafio.* Balde appelle ces fortes d'indices d'impertinens moyens qui ne prouvent rien. *Per media impertinentia non fit probatio*, fur la Loy 22. *Cod. de probationibus* : parce que dit-il, qu'encore que l'effet ou le moyen foit certain , il ne conclut rien d'affuré pour en faire connoître la caufe.

Pour éclaircir de mon mieux au Lecteur ce qu'il vient de lire , voici l'efpece de la Loy fur laquelle Balde a parlé ainfi qu'il a fait. Un homme foutenoit que Crifpini étoit efclave , & pour le prouver , il montroit que la mere & le frere de ce même Crifpini avoient vécu dans l'efclavage. La Loy dit que cette preuve eft ridicule , parce que la liberté n'eft pas toujours l'effet d'une feule caufe. Si Crifpini n'a pas obtenu la liberté de fa naiffance , peut-il pas l'avoir euë par le hazard, ou de fa bonne fortune.

Il faut demeurer d'accord que tous les effets qui peuvent être attribuez à deux caufes differentes , ne font point du nombre des indices indubitables , ils ne forment jamais de fcience , mais feulement de fimples doutes ; parce que pouvant également fignifier deux chofes diverfes , ils tiennent toujours l'efprit partagé entre les deux , comme j'ay dit ; la raifon eft parce que du moment qu'ils peuvent être imputez & appliquez à deux diverfes caufes , il eft du tout impoffible de s'affurer de laquelle des deux ils font les indices : cela peut être comparé à un fruit qu'on n'a point vû cuëillir , s'il n'y a dans un païs qu'un feul arbre de l'efpece du fruit , il eft aifé de conjecturer furement en le voyant fans déviner , qu'il a été cuëilli à cet arbre : mais s'il y a deux arbres tous pareils qui produifent du fruit femblable , on ne peut pas tirer la conjecture fans incertitude , auquel des deux arbres il a été pris , à moins que de l'avoir vû cuëillir. Ainfi lorfqu'on voit un effet qui ne peut être produit que par une feule caufe , il eft facile de juger de la caufe par fon effet : que s'il peut être imputé à deux caufes , l'on ne peut par le bon fens ny la raifon l'attribuër à l'une des deux caufes qu'avec un doute bien fondé : & le doute devient encore plus grand , fi l'efprit fe trouve partagé entre un plus grand nombre de caufes. Tellement qu'en un mot on peut dire de toutes fortes de conjectures , qu'elles s'éloignent de l'efpece des indices indubitables par autant de degrez qu'il y a de caufes differentes , dont elles peuvent être les effets. Voilà qu'elles font les trois preuves legitimes que nous recevons en France dans les Matieres Criminelles , hors defquelles la Loy n'en admet aucune , c'eft furquoi les Juges feront s'il leur plaît réfléxion.

Un témoin qui vacille ne peut ny ne doit être crû , dit la Loy 2. ff. *de teftibus*, *teftis qui adverfus fidem fua teftationis vacillat , non eft audiendus.* Il eft certain que les Juges ne peuvent juger que felon les chofes qui font alleguées & prouvées *fecundum allegata & probata* , l'on ne dit point *præfumpta*, ils ne peuvent même en qualité de Juges , ainfi que je dirai au Titre 27. Maxime 1. faire aucune confideration fur ce qui eft de leur connoiffance particuliere , quoiqu'elle fut telle : que quand ils auroient vû de leurs propres yeux commettre l'action , ils n'en feroient pas plus affurez. L'on ne peut douter néanmoins qu'une telle connoiffance ne foit incomparablement plus forte que toutes les préfomptions , puifqu'elles ne font fondées que fur ce qu'on infere de quelques circonftances qui font toujours douteufes. Il faut donc s'en tenir à la regle , qui eft que quelques commencemens de preuves qui puiffent avoir été établies contre un accufé , & de quelques préfomptions qu'elles puiffent être appuyées , tant qu'il manque quelque chofe de ce qui eft neceffaire pour rendre

une preuve abſolument complette , les Juges ne peuvent leur diſpenſer d'ordonner un plus amplement informé , ou de prononcer ſur l'abſolution.

L'on pourra m'objecter qu'on ne condamneroit jamais , par exemple un Confeſſeur qui auroit ſéduit & corrompu ſa Pénitente , parce que c'eſt un cas où
l'on ne ſçauroit voir la verité toute claire , on ne la voit , pour ainſi dire , que de
biais étant envelopée ; & comme les Aſtrologues ont de certains inſtrumens ,
qui bien qu'ils ne nous faſſent pas découvrir les Aſtres à plain , ils nous y ſont
néanmoins remarquer de certaines choſes , par le moyen deſquelles nous tirons
quelque aſſurance de la verité. Ainſi dira-t-on , il y a de certains argumens dans
les crimes , par le moyen deſquels nous ne découvrons pas tout-à-fait la verité ;
mais en s'en ſervant d'aides , nous l'entrevoyons pour ainſi dire , & d'où nous tirons des connoiſſances qui doivent dans ce rencontre nous ſervir de preuve pour
nous déterminer dans un jugement en Matiere Criminelle.

Jean Bodin liv. 4. chap. 4. de ſon fleau des Sorciers , a parlé des préſomptions.
Je tiens que ſans témoins elles ne décident rien : Salomon s'en ſervit entre les
deux femmes pour connoître la véritable mere de l'enfant. Il avoit reçû la ſageſſe : l'Empereur Claude commanda à la mere d'épouſer celui qu'elle d'nioit
pour ſon fils. Alphonſe Roy de Naples , ſur ce qu'un pere dénioit ſon fils , ordonna qu'il fût vendu à un Marchand de Barbarie , il le reconnut ; l'une ne voulut
point l'épouſer , l'autre ne voulut pas le voir partir pour être Eſclave.

Je répond que quiconque voit une choſe enveloppée , il ne voit pas la choſe ,
il ne voit que l'enveloppe , il voit le contenant & non pas ce qui eſt contenu. Il
n'y a que la preuve qui ſoit capable de nous découvrir la verité : ce qui ne la découvre qu'à demi , ne peut paſſer pour une preuve , parce qu'il ne montre pas la
verité , mais il laiſſe à la deviner. De quelque maniere qu'on la faſſe entrevoir aux
Juges , ou c'eſt en telle ſorte qu'ils ſont aſſurez que c'eſt elle , ou c'eſt en telle ſorte qu'ils ne ſont que leur en défier : au premier cas c'eſt une preuve , au ſecond
c'eſt une ſimple défiance & un ſoupçon. A cet égard , voici ce qui ſe trouve décidé de l'ancien Droit de la France au livre 7. des Capitulaires de l'Empereur
Charlemagne ; *Nullum quis ſuſpicionis arbitrio judicet prius quis probet , &
ſic judicet peſſimum namque eſt , & periculoſum quemquam de ſuſpicione judicare , cum alioqui quæ vera ſunt non tamen credenda ſint , niſi quæ manifeſto
judicio convineantur.* L'on ſçait bien que la preuve eſt tantôt plus forte , tantôt
plus foible ; que la défiance dans un tems eſt mieux fondée , dans un autre elle
eſt plus mal fondée ; mais ſoit que la preuve ſoit plus forte ou plus foible c'eſt
toujours une preuve : ſoit enfin que la défiance ſoit tantôt plus juſte , & enſuite
moins raiſonnable , ce n'eſt jamais qu'une défiance ; ſurquoi là-deſſus il y a deux
petites obſervations à faire qui ne fâcheront pas le Lecteur ſtudieux.

La premiere , c'eſt la grande difference qu'il y a entre les preuves dans les Matieres Criminelles , & les preuves aux Matieres Civiles. Il faut dans les premieres que le Juge ſoit pleinement éclairci , & dans les ſecondes il n'a pas beſoin de
tant de lumieres : c'eſt ce qui fait dire à Lyſias que les Juges de l'Aréopage d'A-
thenes affectoient dans leurs jugemens de s'arrêter principalement aux choſes
vrais-ſemblables , & de juger ſelon le bon ſens : mais dans les affaires capitalles ,
il n'y a point de Juges qui ne cherchent des preuves toujours claires pour n'être
pas ſurpris : c'eſt d'où vient que S. Paul en ſa 1. Epître aux Corinth. chap. 4. ℣. 3.

Hh

dit, *Mihi autem pro minimo est ut à vobis judicet aut ab humano die, sed neque meipsum judico.* Pour moi je me mets fort peu en peine d'être jugé par vous ou par quelque homme que ce soit, je n'ose pas même me juger moi-même : le Grec au mot *humano die,* dit jour humain, comme opposé au jour du jugement dernier qui sera accompagné d'une pleine lumiere claire comme le jour qui n'est pas dans le jugement des hommes. Dans les Matieres Civilles au contraire l'on embrasse des présomptions, lesquelles le plus souvent ne prouvent rien & font seulement capables de donner du soupçon. M. Cujas sur la Loy *in Bonæ cod. de rebus creditis, argumenta quæ fidem judici non faciunt, sed eum in suspicionem inducunt,* il rapporte pour exemple la comparaison d'écritures, *Comparatio litterarum quæ per se fidem non facit ;* cependant l'on juge là-dessus de la verité d'une piece. Il n'en est pas de même en Matiere Criminelle : tout ce qui ne prouve rien & qui n'est capable que de donner du soupçon doit être absolument rejetté : la Loy ne reçoit d'indices que ceux qui font manifestes, indubitables, & pour ainsi dire qui font marquez avec les rayons du Soleil.

La seconde observation est qu'encore que la Loy mette les indices qui font indubitables pour la troisiéme espece des preuves qu'elle reçoit en Matieres Criminelles, il ne faut pourtant pas s'imaginer que ces indices faffent une preuve parfaite & suffisante pour fonder une condamnation diffinitive, il n'y a que les titres & les témoins qui foient des preuves parfaites : les indices quelques indubitables qu'ils puiffent être, ne font toujours qu'une preuve imparfaite ; c'est pour cela que M. Cujas dans ses Paratitles du Code *de Probationibus,* dit qu'à parler juste, il n'y a que deux sortes de preuves, sçavoir les Titres & les Témoins, *Duos præcipuæque probationum species instrumenta, & persona,* & quand la Loy parle elle-même des preuves parfaites, elle ne compte que ces deux-là pour être de pareille force & autorité. La Loy 15. au Code *de fide instrumentorum in exercendis litibus eandemvim obtinent, tam fides instrumentorum quam depositiones testium.* Il se trouve des Textes qui égalent la foi des indices aux Titres & aux Témoins ; mais ce n'est qu'en Matiere Civile, lorsqu'il s'agit d'une proprieté ; encore faut-il que ces indices foient indubitables. *Indicia certa quæ jure non respuuntur,* dit la Loy 19. *Cod. de rei vindicat. non minorem probationis fidem quam instrumenta continent, ideo si de proprietate domus ambigis,* il y a encore plus, car la Loy même qui regle les preuves en Matiere Criminelles qui font reçûës, compte les indices indubitables, parmi les Titres & les Témoins dans cette Loy *sciam accusatores* que j'ay allegué page 235. Mais le Lecteur remarquera s'il lui plaît, qu'elle ne parle pas des preuves parfaites & qui font suffisantes pour asseoir & fonder une condamnation : elle parle seulement des preuves qui font recevables & legitimes ; car il y a deux conditions necessaires en une preuve : l'une que la preuve soit legitime ; l'autre qu'elle soit parfaite ; qu'elle soit legitime pour pouvoir fonder une juste accusation & donner lieu au plaintif & accusateur d'intenter son action, sans courre la rixe de tomber dans la peine des accusateurs calomniateurs ; qu'elle soit parfaite pour fonder & asseoir une condamnation diffinitive contre l'accusé qui le condamne & juge criminel ; mais les indices & les présomptions ne peuvent servir tout au plus qu'à joindre comme des preuves imparfaites, pour en jugeant y avoir tel égard que de raison.

Dans la Loy *sciam cunɛti accusatores*, il n'eſt pas queſtion de preuves qui peuvent fonder une condamnation diffinitive, mais ſeulement de celles qu'un accuſateur apporte pour faire recevoir ſon accuſation & éviter la peine d'être jugé calomniateur : cela ſe voit dans les termes de la Loy, qui ne s'addreſſent pas aux Juges, mais aux accuſateurs, *sciam cunɛti accusatores.* Elle ne dit pas qu'il ſuffit de ces preuves pour condamner ainſi ſeulement pour porter une accuſation en Juſtice, *eam rem ſe deferre in publicam notionem debere.* C'eſt auſſi ce que remarque M. Cujas ; car après avoir dit qu'il n'y a que deux ſortes de preuves parfaites, ſçavoir les Titres & les témoins, il dit, l'on y peut ajoûter les indices, comme étant du nombre des preuves legitimes ; c'eſt dans le même endroit de ſes Paratitles qui a été cité, *His addi poſſunt argumenta, ſigna, judicia quæ jure non reſpuuntur, & hæc genera legitimarum probationum,* il dit ſimplement qui ſont legitimes & non pas parfaites ; car il n'y a que les deux premieres qui le ſoient. C'eſt ſur cela qu'un ſçavant homme du dernier ſiecle M. Patru, diſoit que ce ſont les deux yeux de la Juſtice pour bien connoître la verité : & en effet nous liſons au livre 10. de l'Hiſtoire d'Ethyopie d'Heliodore, que toutes les choſes du monde ne peuvent être aſſurées que par deux voyes, ſoit par l'autorité des Titres, ou par la foi des témoins. Domat en ſes Loix Civiles liv. 3. Tit. 6. des preuves & des préſomptions.

Voici deux obſervations qui doivent paſſer pour deux Maximes très-conſtantes, l'une qu'il n'y a que les indices indubitables reçûs par la Loy en Matiere Criminelle ; l'autre qu'encore qu'ils y ſoient reçûs, toutesfois ils n'y ſont pas une preuve parfaite & entiere, *ſemi plena probatiò quæ nulla eſt, quæ nihil probat.* C'eſt en quoi il faut ne pas ſe tromper ny abuſer ; car il y en a qui croyent que deux demies-preuves font une preuve entiere : ç'a été l'erreur étrange de quelques Interpretes, leſquels ayant vû que l'on appelloit une preuve entiere & parfaite celle qui découvre parfaitement la verité, ils ont appellé ſemi-preuve, celle qu'ils ont crû ne découvrir la verité qu'à demi ; cependant qu'eſt-ce qu'une verité à demi-découverte ? Les Poëtes ont parlé des demi-Dieux des anciens ; mais liſez les écrivains ſerieux. Qui a jamais oüi dire ny vû une demie verité ? ce qui eſt vrai n'eſt-il pas entierement vrai, & ce qui n'eſt vrai qu'a demi, n'eſt-il pas entierement faux ? c'eſt le ſentiment de M. Cujas ſur la Loy 3. *Cod. ad legem Juliam Majeſtatis, ut veritas ita probatio ſcindi non poteſt quæ non eſt plena veritas, eſt plena falſitas, quæ non eſt plena probatio, planè nulla eſt probatio.* Surquoi Jean Papon a fait d'excellentes remarques au liv. 24. Tit. 8. de ſes Arreſts, parlant des preuves, préſomptions & indices au criminel, ce qui ne peut être ennuyeux à voir aux Lecteurs. Il dit que les Juges n'ayant en main pour la preuve du mâlefice autre choſe que des indices & préſomptions encore qu'ils ſoient indubitables & vehemans, ſi ne doivent-ils juger à la vraye & ordinaire peine, tout ainſi que s'il y avoit des témoins dépoſant l'avoir vû ; ainſi ils doivent incliner à quelque douce & gracieuſe condamnation : ce ſont ces propres termes, & pour les appuyer il cite Balde, Accurſe & Aretin, comme les garants de ſon opinion. Je conviens qu'il demeure d'accord qu'il y a des indices qui concluent par une conſequence neceſſaire & qui peuvent produire la ſcience ; mais ce qu'il faut bien encore obſerver en Matiere Criminelle, c'eſt que la ſcience des Juges, ny la convention même de l'accuſé ne ſuffiſent pas toujours pour prononcer une condamnation.　　　　　　　　　　　　　　Hh ij

Il y a deux fortes de fciences, auffi bien qu'il y a deux fortes de convictions ; il y a la fcience qui produit une certitude morale ; il y a la fcience qui produit une certitude Phyfique ; la fcience qui produit une certitude morale, eft celle qui dépend du raifonnement, & telle eft la fcience qui n'eft fondée que fur des indices & préfomptions : la fcience qui produit une certitude Phyfique eft celle qui dépend immediatement des fens, telle qu'eft celle des témoins qui ont vû commettre le crime : ces deux differentes efpeces de fciences forment les deux differentes efpeces de conviction, conviction morale & conviction Phyfique : or la fcience & la conviction morale font bien capables de fonder un jugement en Matiere Civille ; mais elles ne fuffifent jamais en Matiere Criminelle pour affeoir une condamnation diffinitive contre un accusé, en voici la raifon : elles fuffifent en Matieres Civilles, parce qu'il n'eft jamais queftion que du droit des parties, & que les queftions de droit font de la dépendance de la morale ; mais elles ne font pas fuffifantes dans une queftion capitale, parce que dans ces queftions il ne s'agit que du fait, & que les queftions de fait ne font point de la jurifdiction de la morale, mais feulement de la pure connoiffance de la Phyfique qui confifte dans l'experience & les preuves.

Cette diftinction n'eft pas fimplement véritable, mais elle eft encore neceffaire & importante pour l'intelligence des Textes de Droit, par lefquels nous voyons que la Loy dit, qu'encore qu'un accufé foit convaincu, on ne peut pourtant pas le condamner à mort, & qu'il faut avoir de plus fortes preuves : que veut dire cela ? c'eft-à-dire qu'il faut qu'il foit convaincu par une conviction morale, telle que celle qui refulte des indices manifeftes & indubitables, qui ne forment qu'une femi-preuve, en y joignant la preuve Phyfique ; c'eft en cette maniere que continuë M. Cujas, en expliquant la Loy 3. *Cod. ad Legem Juliam Majeftatis,* qui porte *licet convictus aftrictiore Inquifitione defendatur & tormentis fubdatur convictus, non quidem plene alioquin ftatim damnaretur, fed imperfecta probatione fcilicet manifeftis indiciis.* Nonobftant tous les indices indubitables qui forment une conviction, la Loy ne veut pas qu'un accufé foit condamné à mort diffinitivement, mais feulement être appliqué à la queftion dans les Païs où elle eft en vigueur.

SI ON PEUT CONDAMNER A MORT
sans une Loy.

Si les Juges peuvent condamner à mort pour un crime pour lequel il n'y a aucunes Loix ni Ordonnances dans le Royaume, il en est parlé au Journal du Palais, du Jeudy 15. Décembre 1672. sans en être rien déterminé.

SECOND POINT.

JE dirai aprés Guy Pape, décision 29. *supremi Judices possunt quæ potest Princeps*, que le Parlement étant dépositaire de l'autorité Royale dans l'administration & distribution de la Justice, proportionne les chatimens & les peines à l'énormité des crimes dans les cas de sacrileges, inceste, bigamie & autres dans lesquels les Ordonnances du Royaume n'ont prononcé aucunes peines ordinaires.

Pour bien examiner cette question de sçavoir si on peut condamner à mort pour un crime lorsqu'il n'y a aucune Loy, il faut supposer un crime comme seroit celui *d'un Confesseur qui séduit sa Penitente au Confessionnal* ; car pour les autres, nos Ordonnances y ont pourvû. Il faut encore examiner le nom de ce crime, pour sçavoir comment on l'appellera & voir si dans les Loix & les Ordonnances du Royaume, il y a quelque peine établie sur laquelle on puisse prendre pied pour condamner un Confesseur à mort, supposé qu'il fut valablement convaincu d'être coupable.

Cette question a fait le sujet d'une dissertation qui est dans le Journal du Palais du Jeudy 15. Décembre 1672. sans qu'il y ait rien de résolu par les Auteurs, n'ont plus que par M. Danty dans son Traité des Preuves par Témoins.

Le nom de ce crime supposé pour hypothese, se trouve déclaré dans les Bulles de l'Inquisition données par les Papes pour l'Espagne, où ce crime est connû, dont je parlerai au Livre 2. Titre 34. en voici les termes, *sollicitatio à Confessariis dum in ipsa confessione mulieres pœnitentes as obscœnos actus provocant ut provocare tentant.* Ce mot *sollicitatio* est tiré de la Loy 3. *de noxali actio* qui est des Empereurs Diocletian & Maximian, où il est parlé *de servis sollicitatis,* id est *seductis* & encore plus expressément dans la Loy 1. ff. *de extraordinariis criminibus,* où nous lisons, *Alienarum nuptiarum sollicitatores* de ceux qui s'efforcent de séduire & corrompre les femmes mariées : le vrai caractere de ce crime, est d'attenter à la pudicité de celles qui se confessent en leur administrant le Sacrement de Penitence, & pour sçavoir si cet attentat doit être réparé par la peine de mort ; il faut que j'établisse deux propositions. La premiere que le Juge ne peut legitimement asseoir une condamnation de mort, s'il n'y a une Loy expresse qui impose cette peine au crime qu'il veut punir. La seconde que dans les crimes qui interessent di-

H h iij

rectement l'honneur de Dieu & celui de son Temple , comme est celui de l'abus & de la prophanation des Sacremens , il ne peut écheoir de peine de mort-naturelle , si celui qui les commet n'encourt auparavant la mort Canonique. François I. disoit d'ordinnaire qu'il commandoit à ses sujets , & les Loix aux Rois. Je soûtiens que toute action qui est commise contre une Loy qu'on n'a point connuë & qu'on n'a jamais pû connoître, n'est ni une offense contre Dieu, ni la raison non plus qu'un crime qui puisse être puni *inculpate* : Romains *cap.* 4. ℣. 15. *cap.* 5 ℣. 13. *cap.* 7. ℣. 7. Saavedra Faxardo devise 21. a traité des Loix.

C'est une Maxime infaillible qu'il faut une Loy qui propose la mort contre un crime avant que de pouvoir en punir le coupable, *pœna non irrogatur nisi quaquaque lege vel quo alio jure specialiter huic delicto imposita est, l. 13. ff. de verborum significatione.* A Athenes l'on faisoit faire un serment solemnel aux Juges en les recevant de ne condamner personne qu'aux peines portées par les Loix, *Ut pœna reis damnatis secundum Leges infligatur.* Dans Julius Pollux *Onomasticon* liv. 8. la peine de mort est une peine contraire à la nature , parce qu'elle tend à détruire son ouvrage avant le terme qu'elle a limité , il faut donc une Loy pour l'établir , car tout ce qui est établi au monde , ne le peut être qu'en deux manieres , ou par la nature , ou par la Loy ; la nature n'a point permis à l'homme , de tuer l'homme , il ne peut donc tirer cette puissance & ce pouvoir que de la Loy. Voici deux rares exemples & singuliers que je tire des Régistres du Parlement ; comme de la source la plus pure de toute la prudence humaine dans la Jurisprudence.

Le premier est qu'anciennement on ne condamnoit personne à mort pour le crime de faux ; mais la fréquence d'un crime de si pernicieuse conséquence obligea le Parlement au regne du grand Roy François I. de requerir & instamment prier Sa Majesté d'envoyer une Déclaration pour pouvoir condamner à l'avenir à mort , les Notaires & les Témoins qui seroient convaincus de faux ; mais l'on jugea que pour ordonner une peine de cette qualité, il falloit quelque chose de plus solemnel qu'une simple Déclaration. Le Roy François I. fit un Edit à Argenton exprès au mois de Mars avant Pâques 1531. qui fut bien & duëment verifié au Parlement le 23. Avril aprés Pâques 1532. dont j'ay parlé *supra* au Titre 11. dans la Préface de cet Edit. Il est formellement marqué entre autres choses , que les Loix , ni les Ordonnances précedentes n'obligeant pas ces personnes-là non plus que les autres à une peine si rigoureuse , il étoit necessaire qu'il décernât ses Lettres patentes pour l'établir , & par le dispositif, Sa Majesté ordonne que de-là en avant tous ceux qui seroient atteints & juridiquement convaincus d'avoir fait & passé de faux Contrats , & porté faux témoignage en Justice seroient punis & executez à mort , ce qui a été depuis confirmé par un autre Edit donné à S. Germain en Laïe au mois de Mars 1680. dont j'ay parlé au Titre 11. Maxime 36. L'on ne peut desirer de moi deux témoignages plus augustes pour soutenir & fonder ma proposition , qu'à moins qu'il n'y ait une Loy qui déclare expressément la peine de mort naturelle pour un crime , il n'est pas loisible ni au pouvoir des Juges d'y condamner celui qui s'en trouveroit convaincu ; car où il n'y a point de Loy il n'y a point de peché suivant S. Paul écrivant aux Romains chap. 5. ℣. 13. *cap.* 7. ℣. 7. *ubi enim non est Lex nec prævaricatio*, Rom. 4. ℣. 15.

Le second exemple est récent & familier, comme j'ay marqué liv. 2. Tit. 21. & approche fort de l'hypotese que j'ay pris ; parce que c'est un même cas de sacrileges & de prophanations des Sacremens. Personne ne doute point que le crime de bigamie ne soit un sacrilege & un abus tres-grand du Sacrement de Mariage. Dans l'Etat tout ceux qui étoient atteint & convaincus d'avoir épousé deux femmes vivantes, étoient condamnez irrémissiblement à mort, même *cum figuris* on leur attachoit deux quenoüilles ; cependant il n'y avoit pour cela, ni Loix, ni Ordonnances, c'étoit une Jurisprudence que l'on a remarqué qui s'étoit établie depuis les Edits de pacification, en haine de ceux qui faisoient profession de la défunte R. P. R. Dans les derniers tems l'on a fait réflexion que les Arrests ne faisoient point de Loix, sur tout dans les Matieres Criminelles, & qu'il falloit une Ordonnance pour réprimer cet abus par la terreur du dernier supplice : tellement qu'à la Chambre de la Tournelle, sur l'appel d'une Sentence de condamnation de mort renduë par le Bailly du Chapitre de l'Eglise de Paris, qui avoit pris pour juger les plus celebres Avocats, après avoir déliberé sur la qualité de ce crime, & de la peine dont aucuns auroient été d'avis de ne point suivre les l'Arrests, n'etant fondez sur aucune Ordonnance. L'affaire ayant été fort discutée & les avis rapportez dans la Sentence : la Cour se seroit départie de la severité de ces anciens Arrests, & après avoir infirmé la Sentence de condamnation de mort, Elle auroit arrêté que le Roy seroit très-humblement supplié d'envoyer une Déclaration pour décerner à l'avenir la peine de mort contre les bigames convaincus. L'on ne peut pas après cela me demander rien plus précis pour lespece que j'ay proposée, où il s'agît de sacrileges, d'abus, & de prophanation de Sacremens, que la Cour avoit de tout tems condamné & puni les coupables du dernier supplice ; cependant sur cette seule reflexion que les Arrests ne font point de Loy en Matiere Criminelle & que la peine de mort ne peut être établie & fondée que sur une Ordonnance expresse verifiée, elle a changé sa Jurisprudence & ne condamne plus les bigames à la mort, ainsi qu'il est public, comme j'ay remarqué livre 2. Titre 21. dans l'explication du Titre & à la 1. Maxime.

Pour contenter les Lecteurs, il ne sera pas inutile d'appuyer ces deux exemples celebres, & ce que j'ay dit d'un raisonnement solide qui trouvera sa place ici. Personne ne peut révoquer en doute, que le crime ne soit une espece de contrat, par lequel le coupable le commettant, s'oblige à la peine de la Loy ; car l'obligation naît du délit, tout de même que du contrat, disent les Jurisconsultes fondez sur le Tit. 1. du liv. 4. des Instituts *de obligationibus qui ex delicto nascuntur*, de même qu'il seroit absurde que celui qui s'oblige par un contrat ne sceut pas toutes les conditions de son Traité : il seroit contre l'apparence que celui qui s'oblige commettant un crime ne sceut pas toutes les conditions de cette sorte d'obligation, c'est-à-dire les peines portées & écrites par la Loy, principalement lorsqu'elles sont aussi importantes que celles où il s'agît de la perte de la vie : car il n'y a personne si stupide qu'elle soit, qui ignore que tout crime merite punition ; c'est pourquoy nous voyons que tous les Legislateurs, après avoir proposé leurs Loix, n'ont jamais manqué d'y ajoûter le supplice, dont ils entendent que les contrevenans fussent punis. Nous lisons dans la Genese chap. 2. ℣. 17. *ne comedas in quacumque enim die comederis ex eo, morte morieris.* Dieu qui avoit créée l'homme, & qui par consequent avoit la puissance de le détruire, ne voulut pas néanmoins le punir de mort après sa désobéïssance, qu'il ne lui en eût auparavant imposé la peine par une Loy expresse. Il pensoit que ce n'étoit pas assez de lui défendre de manger du fruit de l'arbre de science, s'il ne lui apprenoit en même tems quel devoit être le genre de son supplice, au cas qu'il contrevint à sa défense.

Il n'y a que le seul crime d'homicide auquel il semble que la mort soit naturellement dûë, dautant que par l'équité naturelle, ou par cette juste proportion qui doit être entre le crime & la peine, qui est le fondement du Talion, quiconque tuë paroît être digne de mort & celui qui répand le sang d'autruy semble ne le pouvoir payer de moins que du sien ● cependant le Talion a eu besoin d'un Legislateur pour l'établir. Nous voyons dans l'Exode que Dieu en donna le precepte par une Loy positive ; & par le chapitre 4. de la Genese, comme dans la Loy de nature, Caïn qui devoit périr suivant la Loy du Talion, puisqu'il avoit fait périr son frere Abel : il ne fut pourtant pas puni de mort, parce que la Loy n'avoit point encore été établie contre son crime.

Comme la perte de la vie est irréparable, il faut avant que d'en pouvoir asseoir la condamnation avec une certitude morale infaillible, que le coupable soit digne de mort, & par consequent il faut être assuré que la Loy a établi cette peine contre son crime ; car un homme n'est digne de mort qu'en consequence de la Loy, & S. Paul écrivant aux Romains, chap. 5. ℣. 13. & au chap. 7. ℣. 7. *sed peccatum non cognovi nisi per Legem*, qu'il n'a point connû le peché que par la Loy ; ce n'est aussi que par elle qu'on sçauroit connoître la peine, il dit dans un autre endroit, le peche seroit mort sans la Loy : par-là il veut dire qu'il ne meriteroit aucune peine, & ne seroit pas même peché, s'il n'y avoit point de Loy : donc c'est la Loy qui fait connoître le peché ; d'où il s'ensuit que pour imposer une peine à un crime & le connoître, il faut qu'il y ait une Loy précise qui l'établisse.

Une seconde proposition est encore aussi constante, qui est que dans le for Séculier l'on ne peut pas punir de mort naturelle un crime purement Ecclésiastique, comme est celui que j'ay pris pour mon hypothese, que les Loix de l'Eglise ne puniront pas de la mort Canonique : pour cela, il faut observer que dans l'ancienne Loy il n'y avoit point de crimes legers, toute transgression de la Loy de Moïse étoit punie de mort ; mais dans la Loy de grace, les grands crimes ont été separez d'avec les plus legers : Dieu les avoit réduits à un fort petit nombre de trois seulement, que les Apôtres ont marquez dans l'Epître Circulaire qu'ils écrivirent de Jerusalem ; qui sont l'idolatrie, l'homicide & la fornication ; c'est de-là que S. Jean dans sa premiere Epître Canonique chap. 5. ℣. 16. dit qu'il y en a qui commettent des pechez à la mort, pour lesquels il défend de prier : il entend par-là des crimes extraordinaires qui meritoient le retranchement du corps de l'Eglise, & l'excommunication qui est la mort Canonique, par laquelle on est privé de la participation de tous les merites des Saints ; & de participer aux prieres de l'Eglise, l'on étoit

banni

banni de la Communion des Fideles pour jamais : ainsi dans l'Eglise aussi bien que dans l'Etat il y a eu deux sortes de morts, la mort spirituelle causée par les crimes ordinaires, & la mort Canonique causée seulement par ces trois grands crimes. C'est d'où est venu cette varieté qui se trouve dans les Canons & les Constitutions des Eglises particulieres, entr'autres les Canons du Concile Eliberitain en 304. tenu en Espagne, qui semblent passer à l'excès : ordonnant que ceux qui auront commis des pechez d'idolatrie, d'homicide, ou de la chair, soient bannis à perpetuité de l'Eglise, & même qu'en mourant ils soient abandonnez sans être secourus d'aucun remede, c'est un des plus rigoureux qu'il y ait, qui peut jetter dans le désespoir une ame.

Les Canons du Concile d'Ancyre en 315. du 1. Concile de Tolede en 400. & de Valence en 524. ne sont pas si severes, ils enjoignent qu'on refuse aux coupables la reconciliation tout le reste de leur vie, jusques à ce qu'ils soient arrivez près la mort : c'est pourquoi S. Pacian, sçavant Evêque de Barcelonne, dans la belle exhortation qu'il adresse aux Pénitens, il tient ces sortes de criminels pour des personnes désesperées & mortes Ecclesiastiquement, comme l'on a de coutume de dire, que quelqu'un est mort civilement, lorsqu'il est privé & déchû pour jamais ou pour un long espace de tems de tous les Droits Civils, de Citoyen & de Bourgeoisie, & qu'il est retranché de la Communauté, de la République, par un jugement souverain de bannissement perpetuel du Royaume, ou aux galeres perpetuelles ; ce qui emporte toûjours confiscation de biens ; de même aussi celui qui pour ses crimes étoit banni pendant le cours de la plus grande partie de sa vie de la Communion des Fideles, étoit totalement abandonné & tenu pour mort, d'une mort Ecclesiastique, tant qu'il n'étoit plus regardé comme un Enfant de l'Eglise, & ne joüissoit d'aucun droit ni privilege affecté à cet Etat. Un Confesseur accusé de mauvais commerce avec sa Pénitente, n'encourt pas pour cela la mort Canonique, s'il n'est convaincu de l'avoir connuë charnellement ; & lorsqu'il n'a fait que simplement la solliciter, il n'y a point d'autre peine que la deposition seulement.

Rien ne fait mieux pour le crime de mon hypothese, que ce que nous lisons dans la seconde Apologie *de fuga* de S. Athanase. De son tems il y avoit un abus qui s'étoit introduit & souffert dans l'Eglise, qui étoit que les Prêtres retiroient dans leurs maisons certaines femmes dévôtes dont ils prenoient la direction, & ces femmes s'appelloient *Agapeta Concelibes.* Le scandale suivi du désordre parût bientôt dans l'Eglise, & ce fut ce qui donna lieu au 3. Canon du 1. Concile de Nicée, tenu en l'année 325. sous le Pape S. Silvestre, au sujet de l'Apostasie d'un certain *Leontius* que l'on destinoit Evêque d'Antioche, lequel au rapport de Saint Athanase *cum accusatus fuisset de commercio cujusdam mulieris jussusque sæpius ut ab ejus contubernio abstineret,* continuant toûjours ce commerce honteux, il fut déposé : son obstination dans son crime le jetta dans le parti des Arriens, ce faisant Chef de parti contre l'Eglise.

Les Peres étant assemblez à Nicée par ce scandale, arrêterent dans le 3. Canon de ce Concile, d'interdire aux Ecclesiastiques toute conversation de ces sortes de femmes, qui sont qualifiées *subintroductæ mulieres ;* parce qu'elles s'introduisoient dans leurs maisons sous des titres & des prétextes specieux & des noms de piété & de dévotion ; mais il n'y eut point d'autres peines établies que celle de la déposition ; cependant c'étoient des Directeurs de filles dévotes. En ces tems-là les Prêtres prenoient des libertez avec les femmes & les filles, qui feroient aujourd'hui rigoureusement défenduës & très-severement punies, le Chapitre *abſit* 11. *quæſt.* 5. porte *Sacerdotum fœminas baſiandi actus non ſumi ſolet in malam partem*, & ce qui est admirable, c'est que la glose assure en ce rencontre, *Clericum amplexum fœminam debere interpretari eam benedicendi cauſa feciſſe*, d'où vient qu'en ce point tous les Canonistes s'accordent, que les Confesseurs ne doivent pas être punis extraordinairement que lorsqu'ils consomment le crime avec leurs Pénitentes, c'est un inceste en directe qui emporte la mort Ecclesiastique. Le chap. *ſi quis* 30. *quæſt.* 1. *non debet Epiſcopus, aut Clericus commiſceri cum mulieribus quæ ei ſua fuerint peccata confeſſa, ſi forte hoc contigerit, ſic pœniteat, quomodo de filia ſpirituali*, ce qui est tiré de Symmaque, *Omnes quos impœnitentia accepimus ita filii noſtri ſunt, in baptiſmate concepti.* Or la peine de l'inceste en directe par le droit divin & le droit naturel, c'est la mort, ce que nous observons dans le Royaume. Lisez la Bulle du S. Pape Pie V. *contra ſollicitantes.* Bullaire de Laërce Cherubini, & l'Arrest du 23. Juin 1673. *infrà* Titre 30. Max. 6. qui y est précis liv. 2.

Ce fut à ce que je croy, ce Concile de Nicée qui porta nôtre Saint Roy Louis I X. à donner son Ordonnance, portant que les Maisons des Cloîtres ne pourroient être occupées que par les Chanoines *& offenſiones & ſcandala quæ in contuberniis, atque convictu hominum Ecclesiaſticorum cum Laicis præſertim matrimonio junctis oriri ſolent, tollentur* : les Conciles de Bordeaux de l'an 1582. de Bourges 1584. & les Arrests l'ont perpétuellement jugé, que l'on trouve dans les Reglemens de Jean Chenu Titre 1. chap. 16. & depuis jugé par un Arrest celebre sur la poursuite de M. Itier Châtelain, Chanoine de l'Eglise Métropolitaine de Paris, du 20. Avril 1655. Journal des Audiences. liv. 8. chap. 11.

Saint Paul écrivant aux Corinthiens, que Strabon dit qui étoient naturellement dissolus dans sa 1. Epître chapitre 5. dit, c'est un bruit tout public qu'il y a de l'impureté parmi vous, & une telle impureté qu'il ne s'en commet point de pareille parmi les payens, jusques-là qu'un d'entre vous abuse de la femme de son pere. En vertu de la puissance & de l'autorité que j'ay de JESUS-CHRIST, j'ay prononcé ce jugement, que celui qui est coupable de ce crime soit livré au demon : cela veut dire qu'il soit retranché de la Communion de l'Eglise, suivant l'esprit de l'Apôtre ; parce que ceux qui sont excommuniez & hors de l'Eglise sont au pouvoir & exposez aux invasions de Satan, c'étoit un inceste consommé sujet à la mort canonique : mais si ce Corinthien n'avoit simplement que sollicité sa belle-mere par des discours ou quelque action d'attouchement déshonnête, S. Paul n'auroit pas lancé contre-lui le foudre de l'excommunication, puisque sur le rapport que lui fit Tite son Disciple, du regret & de la repentance que ce particulier avoit de sa faute, il ne voulut plus lui ordonner aucune peine. En effet les discours ne faisant qu'exprimer ce qui se forme dans la pensée, & ce qui se conçoit dans l'entendement, ne sont pas sujets à des peines, suivant la Loy 18. ff. *de pœnis*, qui dit *cogitationis pœnam nemo patitur.* Il seroit con-

tré le bon ſens de vouloir entendre cette Loy d'une ſimple penſée qui neſeroit
jamais ſortie de la bouche de celui dans l'eſprit duquel elle a été conçuë , puiſqu'il
n'y a ny preuve ny lumiere , & que la choſe étant auſſi obſcure que ſi elle n'étoit
pas , elle ne peut par conſequent être miſe en queſtion , ny le cas porté en juſtice. C'eſt donc une neceſſité abſoluë qu'il faut entendre cette regle & cette
Maxime d'une penſée connuë pour avoir été dite & confiée à quelqu'un peu
diſcret.

Lorſqu'on fait quelque action ou acte pour executer cette penſée , alors voici
la diſtinction faite par S. Thomas. Alexandre de Hales , qui vivoit avant S. Thomas , & Jean Scòt qui vécut depuis , & tous les autres qui tiennent le premier
rang dans l'Ecole : ou bien l'on conduit ſon deſſein & ſon acte juſques à la conſommation de ſon crime ; en ce cas-là , il eſt indubitable qu'on doit être puni ,
où l'on ne va pas juſques à la conſommation de la choſe : dans cet autre cas, il
faut diſtinguer ſi l'on ne conſomme pas le crime , parce qu'on ne le veut pas faire , il faut pardonner ; ou ſi c'eſt parce qu'on ne le peut pas faire après avoir
fait tous ſes efforts pour y arriver, alors l'on doit punir , non pas de la derniere
peine , mais ſuivant la qualité des efforts qu'on a faits. C'eſt ce qui eſt bien vé-
rifié & établi par les Bulles que les Papes ont données de tems en tems , adreſſées
aux Commiſſaires Generaux du Tribunal de l'Inquiſition pour faire le procès
aux Confeſſeurs, dont j'ay ſuffiſamment parlé au livre 2. Titre 34. elles ſe trouvent recuëillies dans un traité aſſez ſingulier , fait exprès pour l'inſtruction des
procès ſur cette matiere dans le Tribunal de l'Inquiſition, compilées par *Rode-*
ricus Acugna, Archevêque de Tolede , Primat d'Eſpagne , qui en eſt l'Auteur.
Entr'autres Bulles il en rapporte deux de Pie I V. & de Gregoire X V. la premiere eſt adreſſée *Archiepiſcopo Hiſpallenſi ,* Seville , *in regnis Hiſpaniarum*
hæreticæ pravitatis Inquiſitori Generali, qui commence ainſi. *Cum ſicut nu-*
per non ſine animi noſtri moleſtia accepimus quod diverſi Sacerdotes in Regnis
Hiſpaniarum curam animarum habentes , aut alias audiendis confeſſionibus
pœnitentum deputati, in tantam proruperint iniquitatem ut Sacramento Pæ-
nitentiæ in actu audiendi confeſſiones abuſantur mulieres , videlicet pœniten-
tes ad actus inhoneſtos alliciendo & provocando in divinæ Majeſtatis offen-
ſam & Eccleſiæ ſcandalum. Nos in animum inducere nequeuntes quod qui
de Fide Catholica recte ſentiunt Sacramentis in Eccleſia Dei inſtitutis abu-
tantur, aut illis injuriam faciant fraternitati tuæ per preſentes committimus
& mandamus quatenus per te vel per alium deputatum contra omnes &
ſingulos Sacerdotes dictorum regnorum de præmiſſis quomodolibet diffamatos
diligentes inquiras , ac culpabiles repertos juxta exceſſum ſuorum qualitatis
(pro ut juris futuri) punias eos etiamſi & pro ut de jure fuerit debita pre-
cedente degradatione ſecularis judicis arbitrio puniendos tradendo. Datæ Romæ.
Voyez les Conciles de Latran , de Mayence , contre ceux qui revelent les Con-
feſſions. Henriquez , Diana , Navare , Soto , Acugna Archevêque de Brachara.

La ſeconde de Gregoire X V. eſt plus étenduë & plus longue de beaucoup , il
y eſt parlé non ſeulement comme Pape, mais comme Prince temporel ; il y eſt fait
une Ordonnance & Stile pour la forme de proceder dans l'inſtruction des procès,
& pour l'impoſition des peines , laquelle eſt conçuë en ces termes, *Ne in fu-*
turum de pœna, his delictis imponenda, & le reſte qui eſt dans le Formulaire

que j'ay cité , *Datæ Roma die* 30. *Augusti Pontificatus nostri anno secundo.*
Voyez le chapitre 5. de la replique du Cardinal du Perron au Roy d'Angleterre.

Ce qui est très-remarquable dans cette Constitution , c'est que le Pape comme
Prince temporel ordinaire, non seulement parle de la peine, mais aussi des preuves:
pour la peine l'on voit que ce crime si atroce qu'il puisse être dans ces circonstances , n'est pas puni de mort, & pour la preuve en recevant les témoignages singuliers , c'est une marque assurée que regulierement ils doivent être rejettez. Après
tout ce que j'ay dit , si les Juges veulent absolument condamner un accusé à mort
pour un crime, il faut qu'ils en trouvent des vestiges dans le Droit Canon,
& une Loy précise dans les Loix du Royaume , qu'ils en voyent & examinent
les Textes qui y seront exprès & que la verité soit claire & évidente , par la
preuve de titres autentiques, ou par témoins au nombre de l'Ordonnance :
que si cela ne se rencontre point , mettant à part toutes les circonstances desquelles j'ay parlé , & étant constant parmi nous que les Juges ne sçauroient faire des Loix.

Mon sentiment est que les Juges ne peuvent condamner personne à mort
pour un crime pour lequel il n'y a aucunes Loix ny Ordonnances dans le
Royaume , *veritas temporis filia.* Je finis ces Maximes par les paroles du
Roy Josaphat , qu'il donna aux Juges qu'il créa au Royaume de Juda , qui sont
rapportées au 2. livre du Paralipomen chapitre 19. ℣. 6. *Regardez à ce que
vous ferez , vous n'exercez point la justice des hommes , mais celle du Seigneur , & ce que vous jugerez retombera sur vous , ayez la crainte du Seigneur & faites diligence en tout ; il n'y a point d'iniquité en Dieu , ny ac-
ception de personnes , ny convoitise de presens ,* ainsi que j'expliquerai au Titre
suivant à la fin de la Maxime 38. suppliant les Juges qu'il y ait une preuve
complette suivant les Loix , & non pas des preuves Metaphysiques , comme
l'on parle dans l'école , de cas qui n'arrivent jamais , & qui peuvent se rencontrer ; mais qui très-assûrément je puis dire aussi impossibles que seroit d'a-
vancer qu'à force de remuer & broüiller ensemble les caracteres d'une Impri-
merie d'un castin dans les autres , les lettres pourroient se trouver arrengées de
suite , & composer un ouvrage. Seneque le Tragique disoit , *quod quisque fecit , autorem scelus repetit , suoque premitur exemplo nocens.* Chacun souffre
le mal qu'il a fait souffrir aux autres ; les crimes tombent sur la tête de leurs
auteurs , & les coupables trouvent en eux-mêmes un exemple qui justifie leurs
supplices. Je propose mon avis , *Salvo melius senscientis judicio.* Je demande grace à mes studieux Lecteurs en les priant de voir *Joannes Langhecrucus
in speculo , de vita & honestate Clericorum & Canonicorum de Beneficiorum
pluralitate ,* & Gratian qui rapporte les Canons 22. & 23. de la distinction 5. &
les 10. & 20. de la distinction 18. avec ce qui est ordonné distinction 82. pour
la pénitence des Prêtres touchant l'impureté. Antonius Augustinus à la fin de
son Epitome a rapporté les Pénitentiaux pour les peines. Jean Morin de l'Oratoire repette les mêmes choses , y ajoutant les Pénitentiaux des Evêchez de
France , contenant la taxe des pénitences pour ces pechez lorsqu'elles étoient
publiques. Il y a long-tems que l'usage en est passé. Louis Elie Dupin a donné en
1707. chez André Pralard , Libraire traduit en François , le Traité Latin de

Guillaume Barclai Anglois, Docteur au Pont-à-Mouſſon, répondant à celui du Cardinal Robert Bellarmin, *de poteſtate ſummi Pontificis, in rebus temporalibus*, ſur lequel nous avons ce beau Plaidoyer de M. l'Avocat General Servin, & l'Arreſt du Parlement du 26. Novembre 1610. Ce grand Magiſtrat qui fût la gloire de ſon ſiecle, l'ornement du Bareau, comme la fleur des plus éloquens, & qui fera l'admiration de nos neveux, merite nos ſoupirs & nos regrets ſur ſa mort, qui arriva étant aux piez de Louis le Juſte, lorſqu'il tenoit ſon lit de Juſtice au Parlement, pour la vérification de l'Edit contre les duëls le 24. Mars 1626. Cet eſprit ſi bien fait avoit par ſa prudence diſſipé & chaſſé les tenebres & l'ignorance, qui par la malice des tems & la négligence du ſiecle precedent, avoient enſeveli les ſciences. Nôtre conſolation eſt que la mort eſt commune à tous les hommes ; les Palais des Rois ne ſont pas plus exemts de ces coups que les cabanes des Bergers. Tout finit dans l'Univers, le jour de la naiſſance eſt un pas vers le tombeau ; ainſi ne nous plaignons point d'une choſe que tous les ſiecles ont vûs & que tous les ſiecles verront, puiſque qui doit naître c'eſt pour mourir, l'un étant auſſi ordinaire & naturel que l'autre ; l'un meurt dans la proſperité des biens, l'autre dans l'indigence ; riche & pauvre tout eſt égal dans la region des morts : le riche ſous un ſuperbe tombeau n'eſt pas moins la pâture des vers, que le pauvre dans la foſſe. *Et vermes operient eos.* Job. 21. ℣. 26. *Omnia moriuntur, mortis dies incertus.*

> *En ce jour étonnant qui du ſein de la poudre*
> *Fera ſortir nos os à leur chair raſſemblez,*
> *Les Bergers & les Rois également troublez*
> *Craindront de cet Arreſt l'épouventable foudre.*
> *Les abimes ouverts des celeſtes rigueurs*
> *D'un tremblement égal rempliront tous les cœurs,*
> *Où l'auguſte Croix ne ſera point empreinte ;*
> *Mais ceux qui à preſent ſuivent ſon étendart,*
> *Verront lors tout fremir d'une trop juſte crainte*
> *Et dans ce grand effroi n'auront aucune part.*

La vie eſt l'image & l'echo de la mort, on n'a jamais oüi d'echo répondre plus fidelement à la voix que la mort repond à la vie, bonne ou mauvaiſe, *geminatio verborum.* Lucrece à dit *ſex etiam aut ſeptem loco vidi reddere voces.* Peleus queſtion 150.

TITRE XXVII.

Des Sentences, Jugemens & Arrests.

EXPLICATION DU TITRE.

SEntence, c'est ici la définitive, elle vient du verbe *sentio*, suivant le *specu-Slator*. Rebuffe, Alciat, *Laurentius Valla*, Bartolle, &c. L'Empereur au livre 4. des Instituts apprend au Titre 18. que l'instruction des procès criminels est bien differente des civils, soit dans leur institution, soit dans leur instruction, *publica judicia, &c.* Jugement se prend ici pour Sentence ou condamnation, mais non pas pour la procedure ou conduite du litige ; de maniere que Sentence & jugement sont sinonimes en cet endroit ; & partant on peut dire les mêmes choses du jugement que de la Sentence que je viens d'expliquer. J'ajouterai seulement que Jugement, *dicitur judicium & etiam juridicium quia in facto & causa jus est positum. Alciat de verbor. signif. in l. inter hæc verba 179. l. final. cod. de probat. l. illicitas. §. veritas. ff. de Offic. Præfect.* Il me semble encore à dire que l'Ordonnance fait difference entre Jugement & Sentence, ayant mis l'un & l'autre par son Titre : pour moi je n'en sçai point, si ce n'est qu'un Jugement seroit rendu à l'Audience, & une Sentence par rapport ; car je ne connois point que ces deux mots ayent deux diverses significations, sinon que Jugement a plus d'emphase que Sentence, & pour cette raison on attribuë le premier aux Juges en dernier ressort, comme Jugement Prévôtal, ou Présidial, & des autres Juges inférieurs. L'on dit communément la Sentence du Bailly de... du Juge de... &c. Imbert liv, 4. chap. 3. 4. 5. 6. Coutume de Bretagne Titre 25. des crimes & amendes.

Arrest. Latin *Senatusconsultum, Arresta, & Placita Curiæ.* Voyez le nouveau Traité des Criées page 20. C'est le dernier & souverain jugement auquel il faut s'en tenir & s'arrêter, contre lequel n'y a de voye d'appel. *Budæus* & Ragueau. L'origine du mot Arrest vient assûrément du Grec, & pour la Matiere dont je traite, ce sont des Arrests de la Chambre de la Tournelle, lorsque se font des Sentences renduës aux Matieres où il y a peines afflictives dont il y a appel ; car pour celles où il n'y a que des dommages & interêts : l'on appelle cela au Palais, *du petit criminel,* sur l'appel desquelles l'on conclut comme en procès par écrit, qui est jugé dans une des cinq Chambres des Enquêtes où il se trouve distribué. Jean Papon liv. 24. Titre 10. a traité des peines convenables à chacun crime. Jean Imbert liv. 3. chap. 7. 15. 21. Deuteron. 16. ⅴ. 18. *Jean Duluc lib.* 11. *Tit.* 8. *de pœnis.*

I. Max. C'est ici la décision & la définition de l'affaire par le jugement du procès où il s'agit de la vie, de la liberté, honneur, réputation & biens du prévévenu & des familles entieres ; c'est pourquoi les Juges doivent murement examiner toutes choses avec intégrité, & n'avoir point d'autres vûës, ny se propofer d'autres confiderations que la Juftice, fuivant Claude Bernard fur Lizet & ils doivent juger felon ce qui eft allegué & prouvé au procès s'ils fçavent chofes contraires à ce qui eft prouvé : ils doivent s'abftenir de juger contre leur propre connoiffance, quoiqu'il foit meilleur de juger felon les Loix & les preuves que de fa particuliere fcience. *Julius Clarus, & idem omnes.* S. Paul aux Galathes chap. 3. ꝟ. 19. 1. à Timoth. 1. ꝟ. 9. Le Maître de la verité même parlant à Nicodeme, Prince des Juifs, fuivant S. Jean 3. ꝟ. 11. lorfqu'il parle de fon témoignage, il veut qu'on le croye, parce qu'il a vû & fçû ce qu'il difoit aux Juifs. Ifaïe chap. 11. ꝟ. 3.

S. Jean commence fes Epîtres Canoniques pour affurer fon témoignage de la verité : il faut que vous me croyez parce que je parle de ce que j'ay vû de mes propres yeux, & de ce que j'ay touché de mes propres mains. *Juftitias judicanti;* mais la foibleffe de l'homme ne peut pas dire de même, parce qu'il peut fe tromper. Voyez l'Art de proceder de M. Lafferé Confeiller, fol. 256. queftion 11. aux réfléxions.

II. Max. Dans un fait douteux il faut toujours être doux ; de maniere que le Juge doit plutôt pancher *dubiis* du côté de l'accufé que de la partie civile, & incliner à la peine la plus douce, fur tout dans les crimes qui font arrivez par malheur : il faut néanmoins excepter les crimes énormes & noirs, en la punition defquels le Juge ne fçauroit être trop fevere ni exceder. *l. 5. ff. de pœnis Inftit. lib. 4. Tit. 18. de publicis judiciis.*

III. Max. Il eft certain que *in dubis quod minimum eft fequimur*, hors de ce cas il faut juger dans la rigueur, fuivant le dire du Sage aux Proverbes 17. ꝟ. 15. Il y a pourtant certains rencontres qui doivent mouvoir le Juge d'adoucir ou augmenter la peine dans fes jugemens, fuivant Mafuer Titre des preuves num. 5. &c. c'eft furquoi il faut bien réfléchir, étant un des principaux devoirs des Juges.

IV. Max. Il eft enjoint à tous Juges, fuivant l'Arreft de Reglement des Grands-jours d'Auvergne du 10. Decembre 1665. de prononcer contre les accufez dûëment convaincus, fuivant la rigueur des Ordonnances, fans qu'ils puiffent moderer ny changer la peine pour obliger les accufez d'acquiefcer à leurs jugemens ; à peine en cas d'abus & de contravention d'amende arbitraire, d'interdiction, & déclarez incapables de poffeder Charges de Judicature, *& fi Judex non vindicat reperrum, tegere ut confcius criminofa feftinat.* Jean Imbert liv. 3. chap. 21.

V. Max. La regle qui porte *probationes debent effe luce meridiana clariores. l. final. cod. de probationibus*, s'entend de deux témoins irréprochables : il y a même des cas où l'on peut paffer outre à la condamnation, avec un bon témoin & trois indices indubitables, comme dans les crimes nocturnes ; du moins cela eft certain pour condamner à la queftion. Annotations fur Mafuer num. 37. au Titre *de probationibus, &c. fuprà* Tit. 8. Max. 32. Coutume de Bretagne Titre 8. des Preuves.

VI. Max. La Maxime que les peines font arbitraires en France, fe doit expliquer des peines extraordinaires ; car pour celles qui font reglées par les Ordonnances ou Arrefts des Cours Souveraines, les Juges inferieurs ne peuvent pas s'en départir, & dans les cas où il n'eft point pourvû par les Ordon-

nances & les Arrests, l'on a recours aux Loix & aux Coutumes , & ce qui ne
se trouve point determiné par la Loy *hodiæ.* ff. *de pœnis. Joannes Lucius* liv. 12.
Tit. 8. *de pœnis.* Que s'il faut prendre cette Maxime que les peines sont arbitraire en quelque plus grande force , c'est pour le genre de mort *& non citra* ,
comme si un homme devoit être roüé & qu'on le condamne à être pendu , au
dire de Masuer , le Juge peut faire grace de la peine & non de la vie , suivant
Mosnier Titre des Sentences criminelles : cela appartient aux Cours Souveraines , Juges d'équité , & non aux Juges inferieurs qui sont abstraints aux Ordonnances & aux Loix du Royaume , à peine de désobéïssance. *Judex enim non po-*
test facere gratiam nec augere pœnam. Jacobus de Bellovisu , de Sententiis cri-
minali num. 10. Coutume d'Auvergne Titre des injures , &c. *Necessarium qui-*
dem est naturæ condolere à lege autem & justitiæ regula discedere magis perni-
tiosum. Traité des Criées fol. 438. *supra* Titre precedent Max. 6.

VII. Max. Suivant nôtre Ordonnance au Titre dont je parle article 13. *Jaco-*
bus de Bellovisu , Julius Clarus , Joachinus Fortius , Papon Titre 10. des peines au liv. 24. &c. La peine capitale, c'est la mort naturelle ou civille , *sed stricte,*
c'est la peine du sang que les Loix expliquent par differens noms & sous divers
mots , dont je ne ferai point de détail , recours aux Auteurs que j'ay rapportez.
Celle qui est rapportée au liv. 3. des Machabées chap. 2. v. 22. est singuliere. Les
condamnations à mort sont *tristes sententiæ.* Duluc lib. 12. Tit. 8. *de pœnis.*

VIII. Max. Les peines sont multipliées contre les infracteurs & désobéïssans
aux Ordonnances , cela s'entend lors qu'un condamné à un bannissement ne
garde pas son ban & revient avant le tems : en ce cas il y a les Déclarations verifiées en la Cour , rapportées *supra* Titre 15. Max. 13. fol. 128. qui le condamne
aux Galeres , & les femmes à être renfermées dans l'Hôpital General. Je croi
que cela suffit , car elles sont executées exactement. L'Ordonnance ne parle point
des peines du Pilori , du carcan , couper ou percer la langue , le foüet sous la
Custode , le blâme , réparation à genoux à l'Audience. M. Bouguier lettre S.
num. 17. & escheler , pourquoi il y en a une rüe du Temple , & celles dont parle
du Breül en ses Antiquitez de Paris in-quarto fol. 49. *Numellarum.* J'apprend de
Julien Peleus livre 3. action 89. qu'il y a une peine qu'il appelle le sault des Boulangers. Il y avoit à Châteaudun au coin du Marché , une espece d'échelle d'E-
strapade ou de Pilori pour punir par jugement des Echevins , & y attacher les
Boulangers qui avoient vendu de mauvais pain ou qui n'étoit pas de poids ,
& qui par fraude & malice avoient contrevenu & violé les statuts de leur mêtier.

Je trouve dans *Joannes Galli* quest. 328. un Arrest du 7. Avril 1314. rendu con-
tre des Juifs , dont l'Histoire est rapportée fort au long fol. 239. du Théatre des
Antiquitez de Paris , par frere Jacques du Breül , que voici en sommaire. Des
Juifs ayant volé Denis de Machault , jeune enfant , furent condamnez à le faire revenir , & en dix mille livres *Parisis,* qui seroient employez à bâtir le petit
Pont , attenant le petit Châtelet de Paris , où seroit mis près la porte de l'Hôtel
Dieu une Croix de pierre , & une plaque attachée qui contiendroit la condamnation , portant que des dix mille livres , il en seroit donné cinq cens à l'Hôtel
Dieu , & pour les neuf mille cinq cens restans , qu'ils seroient employez à bâtir
le Pont , sans pouvoir être employez ailleurs : outre cela la Cour bani les Juifs
hors

hors du Royaume & confifca leurs biens , après que les dix mille livres auroient
été payez pour employer audit Pont, non autre part. Si les ftudieux Lecteurs
font curieux d'autres antiquitez , ils verront le même du Breül fol. 554. *Joann.*
Galli queft. 328. ou l'Arreft qui condamna les Juifs d'avoir le botru par trois Samedy en trois lieux ; l'on y élevoit des échaftaux afin que le public put le voir.
Les queftions 143. 155. 182. le vieux Coutumier de Normandie chap. 5. Ragueau
en fon indice *in verbo* Sergent à l'épée. Recherches de la France liv. 8. chap. 19.
& 39. Noël Fail, Confeiller à Rennes, liv. 3. chap. 275. de fes Arrefts, Sebaftien
Frain Plaidoyer 42.

I X. Max. Celui qui fait le mal & celui qui y coopere & confent font punis de
même, s'ils péchent également , finon qui fait plus de mal doit être plus griéve-
ment puni , à moins que le confentement ne foit exprès , ou proceder plûtôt de
quelque négligence que de malice & propos delibéré , fuivant les regles de droit,
& *l. quid quid* 48. ff. *de regulis Juris* , *&c.* Coutume de Bretagne art. 625. La
Juftice feculiere qui a dans les crimes la feverité des peines pour fon partage , ne
peut fe départir de la rigueur des Loix.

X. Max. Chaque coupable eft puni de fon crime , car le fils n'eft pas puni pour
fon pere , ni le pere pour fon fils : c'eft pour cela qu'on dit que les faures font
perfonnelles , fi ce n'eft en crimes de Leze-Majefté , la peine s'étend fur toute une
famille. Recherches de la France liv. 3. chap. 42. Arreft celebre du 29. Decembre
1594. Jean Papon liv. 24. Tit. 12. *infr.* au liv. 2. Tit. 11. Max. 9. où il y a plufieurs autoritez de l'Ecriture. René Choppin Coutume de Paris lib. 3. Tit. 3.
num. 25.

X I. Max. J'ay prouvé page 555. du nouveau Traité des Criées , que felon
les circonftances la volonté eft punie fans effet , comme dans les crimes de Leze-
Majefté , affaffins , duëls , ceux qui fe loüent pour battre quelqu'un , ou qui ont
loüé & autres crimes énormes pour lefquels nôtre Ordonnance au Titre 16. des
Lettres d'abolition art. 4. ne veut pas qu'il foit donné des Lettres , le Roy commande aux Cours de n'y avoir aucun égard, cela eft tiré des anciennes Ordonnances que j'ay rapportées qui portent *la même chofe , qui venit ex nihilo definit in*
nihilum. Ordonnance de Blois art. 195. M. Expilli Plaidoyer 25. num. 34. Duluc
liv. 12. Tit. 8. *de pœnis.* Le premier Fevrier 1685. fut exécuté * * * pour avoir loüé
des braves pour battre * * * , au lieu de cela ils l'allerent déceler fans rien faire ,
ils lui foutinrent , & par Arreft il fut condamné. S. Auguftin dit *voluntate facti ,*
non voluntate peccati.

X I I. Max. Le criminel qui devient furieux pendant l'inftruction , doit être
comme il étoit lors de fon délit ; à l'égard des premiers Juges cette Maxime
eft infaillible fuivant les Loix du Digefte au Titre *de pœnis* , pour les Juges
des Cours fouveraines, ils peuvent l'adoucir comme il leur plaît , après qu'ils
ont ordonné une information être faite à la Requefte de Monfieur le Procureur
General, pour connoître s'il n'y a point d'affectation , les furieux font comparez par tout à des morts; & par confequent la fureur étant prouvée,on ne fait pas
mourir un mort , l'on ordonne qu'il fera enfermé , cela eft de la feule competence
& du pouvoir des Cours fouveraines. C'eft ce que le Parlement ordonna par Arreft
notable du 12. Juillet 1702. dont je parlerai au Tit. 30. du liv. fecond Max. 7.

X I I I. Max. Si le criminel qui n'a pas de quoi payer étoit puni de corps,

il s'enfuivroit de-là que la peine pecuniaire pourroit être convertie en corporelle, de même qu'une réparation adjugée pourroit être commuée en peine :
cependant page 120. du nouveau Traité des Criées, j'ay fait note de l'Arreſt
plaidant Annæ Robert ſur l'appel d'une Sentence du Juge d'Amiens, qui avoit
condamné un particulier de jeûner pour acquiter une condamnation pecuniaire,
par lequel elle fût infirmée & défenſes à lui de le plus ordonner : j'eſtime que
cette commutation en peine appartient ſeulement aux Cours ſouveraines, ou
aux Juges en dernier Reſſort & non à d'autres, & partant cela ne ſe peut faire
par des Juges inferieurs, Julien Peleus action 98. liv. 4. & action 17. liv.
7. l'Arreſt contre le Juge d'Amiens, eſt rapporté par Annæ Robert liv. 2. chap.
15. du 14. Janvier 1586. Il y en a un de contraire dans les Arreſts de Jean
Papon liv. 8. Tit. 5. Arreſt 7. Jean Duluc liv. 12. Tit. 8. chap. 4. *ſupra* Tit.
5. Max. 7. les Faux-Sauniers ſont condamnez à 300 liv. d'amende & faute
de payer ils ſont mis à la chaîne pour trois ans de galeres. Pour ne rien répeter
ſur les confiſcations, voyez *ſupra* au Titre 24. la ſeconde Maxime.

XIV. Max. Par la Coûtume de Paris art. 183. qui confiſque le corps
confiſque les biens. Jean Bacquet chap. 11. des droits de Juſtice, Bretagne
Tit. 25. de la Coûtume, de maniere que les enfans d'un condamné ne peuvent
demander part & portion ni legitime ſur les biens de leur pere executé, pas
même de nourriture & alimens : la raiſon de cela eſt pour démouvoir les
hommes de délinquer par la perte de leurs biens, auſſi bien que de leurs perſonnes, cette perte de biens n'eſt pas moins ſenſible à la plus part des condamnez qui ont des deſcendans que celle de leur vie, du moins la terreur en eſt
grande pour les autres *oderunt peccare mali, formidine pœnæ*. La diſpoſition
des Loix Romaines eſt pourtant contraire à celle de la Maxime Tit. 24. Max.
ſupra, Dolive liv. 2. chap. 12. mais comme elles n'ont de vertu en France ; il
faut néanmoins ſe tenir : Coûtume de Normandie art. 277. Arreſt en explication de cet art. rendu à Roüen le 26. Aouſt 1558. Jean Duluc liv. 12. Tit.
10. R. Choppin ſur la Coûtume de Paris l. 3. Tit. 3. *num.* 23. 24. 25.

XV. Max. Celui qui enfraint l'Aſſurement & Sauve-Garde doit être puni de
peine capitalle, ſi les défenſes de l'enfraindre ſont ſur peine de la vie, à tout
le moins il doit être puni de peine corporelle & exemplaire, ſi l'infraction eſt
faite quant au corps ; que ſi l'infraction eſt faite quant aux biens, la punition
eſt d'amendes arbitraires, ſelon la qualité des perſonnes & exigences des cas ;
que ſi celui qui a obtenu ſauvegarde, aſſurément, ou ſauf conduit (cès trois
mots ſont ſynonimes) ſe trouve bleſſé, battu ou mort, il eſt à préſumer que
celui contre lequel étoit l'Aſſurement a fait le coup, s'il ne fait apparoir de
ſon innocence : Coûtume d'Auvergne Titre 10. chap. 1. 2. 3. 4. 5. 6. 7. 8. &
Aymon en ſes notes ; Bretagne Tit. 25. de la Coûtume. L'Homeau liv. 1. des
droits Royaux chap. 14. Louchel *in verbo* Aſſurement : aprés cela, je ne m'é-
tend pas d'avantage ici, car j'eſpere parler de l'Aſſurement & Sauve-Garde au
liv. ſecond Titre de Leze-Majeſté, que vous pourrez voir ; cependant il faut
remarquer par les Coûtumes dont je parle, la maniere de bailler Aſſurément
& Sauve-Garde, dans laquelle maniere on ne ſçauroit être trop circonſpect,
il n'appartient qu'au Juge Royal de la donner, *quia eſt ſecuritas à Principe
conceſſa*, ainſi que je montrerai en ſon lieu, liv. 2. Tit. 11. Max. 11. où je

renvoye les Lecteurs & à R. Choppin *de Domanio Franciæ lib.* 2. Tit. 7.
num. 21. & Titre 8. *num.* 11.

XVI. Max. La Déclaration de l'homicidé faite en faveur de l'accusé ne le
peut pas faire innocent, ſi d'ailleurs il y a des preuves ; un mourant dit cela,
parce qu'il faut pardonner : de même quand un condamné à mort décharge
au gibet ſon complice, & par même raiſon des contraires, d'autant qu'il s'enſuivroit que les uns & les autres ſeroient témoins en leurs propres cauſes,
comme nous avons dit d'ailleurs, *Julius Clarus, Grammaticus ſupra* Tit.
21. Max. 7.

XVII. Max. Au liv. 2. Tit. 23. Max. 2. je parlerai des peines à Avignon.
La peine d'un crime qui merite la rouë en France eſt ſinguliere & eſt pareille
en Italie, & comme elle eſt affreuſe, je dirai qu'elle s'appelle *Maſſola.* Lorſqu'un accuſé eſt convaincu & condamné il eſt conduit au lieu deſtiné pour
le ſupplice, il eſt mis contre un poteau les yeux bandez *obductio capiti* , &
à l'entour il y a des pieces de bois auſquelles ſont attachées des crochets
de fer. Le Confeſſeur parle au Patient à l'oreille, & après qu'il lui a donné
la bénédiction, auſſi-tôt l'Executeur qui a une maſſuë de fer, telle qu'on s'en
ſert dans les échaudoirs, en donne un coup de toute ſa force par la tempe du
malheureux qui tombe mort, à l'inſtant *mortis exactor* qui a un grand coû-
teau lui coppe la gorge qui le-rempli de ſang, ce qui fait un ſpectacle horrible à regarder, il lui fend les nerfs vers les deux talons, & enſuite lui ouvre
le ventre d'où il tire le cœur, le foye, la ratte & les poûmons qu'il attache
à ſes crochets de fer, & le coupe & diſſecte par morceaux qu'il met aux autres crochets à meſure qu'il les coupe, ainſi qu'on feroit ceux d'une bête.
Regarde qui peut regarder une choſe ſemblable qui fait frémir à oüir dire,
c'eſt tout autre choſe à le voir !

Nôtre Ordonnance Criminelle Titre 14. art. 21. & Titre 26. art. 15. parle
de l'interrogatoire ſur la ſellette dans les cas qui y ſont expliquez , & comme
les Juges qui n'ont point fait l'inſtruction doivent oüir les accuſez avant que
de juger. Le Roy donna une Déclaration le 12. Janvier 1681. pour le Reſſort
du Parlement de Dauphiné ſeulement ; mais depuis en ayant reconnu la conſequence, Sa Majeſté en a donné une generalle pour tout le Royaume, à Ver-
ſailles, le 13. Avril 1703. regiſtrée en la Cour le 28. du même mois, portant
que s'il y a eu une inſtruction faite à l'extraordinaire, l'accuſé ſera interrogé
derriere le Bareau , quoique les Concluſions ne ſoient pas à peines afflictives,
en conformité de quoi il y a eu Arreſt à la Tournelle le Samedy 15. Juillet
1708. plaidant MM. Pequet & Macé, ſur les Concluſions de Monſieur
l'Avocat General de la Moignon de Blancmenil, Monſieur de Menars Préſident qui a caſſé une procedure où cela n'avoit pas été obſervé, avec in-
jonction aux Juges de le faire à l'avenir & que l'Arreſt ſeroit publié.

Il n'y a que les Juges Royaux qui puiſſent condamner aux galeres, les Juges
des Seigneurs ne le peuvent pas faire, ainſi que je vais le démontrer par le
ſentiment des Auteurs , & le prouver par les Arreſts ſans réponſe. Les Galeres
en France ſont au Roy : les Officiers ne connoiſſent point les jugemens des
Juges des Seigneurs, un Juge de Seigneur ne peut étendre les peines , ni bannir
plus loin que l'étenduë de ſa Juridiction & hors ſon Territoire ; ainſi il n'a

aucun droit ni pouvoir pour se faire obéïr sur les Galeres commandées par les Officiers du Roy.

Je remarque avec Machoud traitant des Matieres Criminelles chap. 23. & Jean Chenu en sa question 45. qu'un condamné aux galeres est mort civilement pendant qu'il est forçat, qu'il est privé de tous les actes *qui sont civiles ;* la raison en est *qui à capite minutus est, & sic mortuus civiliter.* Jean Imbert liv. 3. cap. 21. *num.* 9. La peine des galeres est plus longue que celle de la mort *quia Regis est corporalem infligere pœnam dare, ejus enim imperii sunt animæ, & Regis corpora,* on ne peut pas dire cela des Seigneurs, dont les Juges ne peuvent bannir qu'à tems & hors leur Territoire simplement, & non point à perpetuité ni hors du Royaume, il n'y a que les Juges Royaux qui le puissent faire, parce que le Roy est seul Souverain qui n'a point d'autres bornes que celles de ses Etats ; ainsi les Juges des Seigneurs ne peuvent condamner ni envoyer personne aux galeres, parce qu'ils n'y ont aucun pouvoir, Territoire ni Jurisdiction. R. Choppin *de sacra politia lib.* 2. *Tit.* 3. *num.* 12. fait voir que leur étenduë ne va pas jusques sur les Terres de la Couronne.

La Conference des Ordonnances liv. 9. Titre 19. §. 11. rapporte l'Edit du Roy Charles IX. de l'an 1564. de la peine des galeres : elle ne pouvoit être ordonnée pour un moindre tems que de dix années. Par l'art. 200. de l'Ordonnance de Blois, il est porté qu'il ne sera plus accordé aucun rappel de ban ou de galeres à ceux qui ont été condamnez par Arrest des Cours Souveraines par la clémence de nos Rois. Ces deux Edits ont été modifiez suivant Anne Robert liv. 4. chap. 16. de ses Arrests. Monsieur de Langle Conseiller à Rennes, est à voir au chap. 15. de son Traité *Otii.* Monsieur Noël du Fail Conseiller au même Parlement liv. 3. chap. 273. de ses Arrest rapporte un Arrest du 2. Octobre 1608. qui jugea qu'un rappellé des galeres, n'étoit pas rétabli dans la possession de ses biens, contre l'opinion de Bertrand d'Argentré appliquée sur l'article 658. de la nouvelle Coûtume de Bretagne, par la raison que dans les Letres de rappel la réintegrande dans les biens n'étoit pas exprimée ni portée ainsi que le Roy ne l'avoit point voulu faire.

Antoine du Verdier dans ses diverses leçons liv. 2. chap. 18. a parlé de ceux qui inventerent les galeres. Aujourd'hui c'est un usage établi à la Tournelle qu'un condamné aux galeres n'est point condamné envers le Roy en une amende, par la raison que payant la peine de son corps pour son crime, ses biens n'en souffrent point ; ce qui est tiré de ce qui se gardoit chez les Romains rapporté par Jean Imbert liv. 3. chap. 17. *num.* 8. que lorsque le corps souffre la bourse est en repos. *Vide infrà* la Max. 10. du Titre suivant.

Tous les Seigneurs ayant la Haute-Justice, leurs Juges peuvent condamner aux peines portées en la Max. 8. *supra* & en celles de la Max. 2. Tit. 23. liv. 2. *infra.* Pline liv. 16. chap. 18. dit que le Bouleau croît en France, où la Justice rend cet arbre formidable aux larons, parce qu'on s'en sert pour les fustiger, en faisant des verges pour les corriger de leurs fautes.

A l'égard du carcan, les Lecteurs studieux seront payez de leurs soins, s'il leur plaît de vouloir prendre la peine de lire cinq Auteurs. Le vieux Coûtumier de Normandie chap. 5. Ragueau en son indice *Sergent à l'épée.* Recherches de la France liv. 8. chap. 39. Monsieur Noël du Fail en ses Arrests liv.

3. chap. 275. & Sebaftien Frain en fes plaidoyers de Bretagne plaidoyer. 42.

Maſuer Tit. 6. *num.* 18. des Juges : Jean Papon liv. 7. Tit. 7. Arreſt 33. parlans des Hauts-Jufticiers & des droits qui leur appartiennent, font un detail des peines aufquelles ils peuvent condamner des coupables convaincus ; il n'y eſt nullement parlé de celles des galeres ; c'eſt ce qu'ils n'auroient pas oublié en traitant des genres des peines, ce n'a point été par obmiſſion, il faut croire que ça été plûtôt parce que cette peine n'eſt que de la feule competence des Juges Royaux.

François Ragueau en fon indice des droits Royaux *in verbo* envoyer aux galeres & M. Claude Expilly Plaidoyer 29. ont épuifé cette matiere, fuivis par Job Bouvot Avocat à Dijon, pag. 7. de fon Commentaire fur la Coûtume de Bourgogne, où je renvoye les curieux Lecteurs. Horace fe fert du mot *verna* pour dire efclave né en la maifon du Maître.

Claude Henrys, Avocat à Mombrifon, en fes Arrefts, tom. 1. liv. 2. chap. 4. queſtion 31. rapporte un Arreſt notable du 20. Juillet 1641. qui défend aux Juges des Seigneurs de condamner aux galeres. Par Arreſt au rapport de Monfieur Thomas Dreux, Confeiller, du 25. Janvier 1707. fur l'appel de la Sentence du Bailly de Chevreufe, qui avoit condamné Martin * * aux galeres, la Sentence fut infirmée ce fut pour la forme, puifque la Cour condamna l'appellant aux galeres, c'eſt ce qu'on en peut croire & que le Juge des Dames n'y avoit pû condamner, Monfieur le Préfident de Novion préfidant lors de l'Arreſt.

Comme l'Arreſt de Henrys eſt un reglement fait & publié dans le Reſſort de la Cour fur le requifitoire de Meſſire Mathieu Molé lors Procureur General décedé premier Préfident & Garde des Sceaux de France, j'expliquerai le fujet & les termes de la prononciation. La Cour *fait défenfes aux Juges des Seigneurs de condamner à la peine des galeres, comme n'appartenant qu'aux Juges Royaux, ordonne que l'Arrêſt fera publié dans tous les Bailliages & Senechauſſées du Reſſort dans un mois.*

Le fait qui y donna lieu, fut qu'un nommé le Preſtre, dit S. Germain, ayant été condamné aux galeres par le Bailly de S. Lazare à Paris, pour un crime commis en fon Reſſort ; le condamné acquiefça à la Sentence fuivant l'ufage de ce tems là. Un Archer nommé Labaire, le tira des prifons de S. Lazare, fous prétexte de le conduire à la Tour S. Bernard : au lieu de cela l'Archer & le Prifonnier difparurent & font encore à revenir. L'Arreſt decrete prife de corps contre le coupable & fes complices, l'Archer qui l'avoit tiré de prifon & le Geolier de S. Lazare, tout cela étant de complot. L'on ne peut pas mieux établir la Maxime que par ce celebre Reglement qui fait défenfes aux Juges des Seigneurs de condamner à la peine des galeres, ainfi que j'ay étably & clairement prouvé, par ce qu'on vient de lire. En Latin *Ergaſtulus* eſt un Efclave, *Ergaſtulum*, la Tour S. Bernard, *Ergaſtularius* c'eſt le Concierge.

Dans l'origine des Edits & Magiſtrats *Curules*, & des Juges *Pedanes* La différence eſt que les premiers dans les grandes actions publiques faifoient leurs triomphes fur des Chariots, n'y ayant point encore de Caroſſes ni de Berlingues, ni Chaifes, & les derniers Juges inferieurs alloient à pied, d'où vient le mot de Juges Pedanez à quo ad quem que j'ay expliqué par la Max. 32. du Titre 1. qui merite d'être luë.

K k iij

XVIII. Max. Le Juge qui banni de ſa Juridiction ou du Royaume, le banniſſement n'a lieu que pour l'étenduë de ſon Territoire ; parce qu'il n'a pas de Juriſdiction plus avant, ainſi ne peut bannir au de-là, il n'y a que les Cours ſouveraines & les Juges en dernier Reſſort qui ſoient competens pour le pouvoir faire, ainſi que j'ay montré page 530. du nouveau Traité des Criées, où je renvoye, par ce que j'ay fait voir, ſuivant Loüet, Brodeau, Coquille, Expilly, que les bannis à perpetuité hors du Royaume ſont incapables de tous actes civiles, & partant ne peuvent point ſucceder, n'ont pas la faculté de faire un retrait lignager, parce que la mort civile équipole à la naturelle ; on a douté s'ils pouvoient leur marier, ſuivant l'opinion de ceux qui tiennent que *matrimonium contractum licet non diſſolvatur per mortem civilem propter condemnationem , nihilominus contrahendus impeditur.* J'ay dit page 531. du Traité des Criées, que le Mariage étoit bon & valable *quod ad fœdus* , que les enfans étoient legitimes ſans contredits ; mais que ſuivant l'art. 6. qui eſt précis de l'Ordonnance 1639. qu'ils étoient incapables de la ſucceſſion de leur pere, & que la femme ne pouvoit demander aucunes conventions ni doüaire : cela eſt à diſtinguer de celui qui n'eſt banni que pour un tems, ou du Reſſort d'une Juridiction, car il peut agir par Procureur & eſt capable d'effets civils. Expilly plaidoyer 29. *num.* 32. 33. Recüeil des queſtions jugées *num.* 49. Gatier en ſon Praticien *fol.* 487. & en ſon Stile du Parlement *fol.* 23. & 403.

Honoré * * * étoit appellant d'une procedure faite contre lui à Poitiers par Maître * * * ci-devant Curé dudit * * * qui l'accuſoit de vol, de juremens, de blaſphêmes, viol & de violences & étoit auſſi appellant comme d'abus d'un Monitoire obtenu par ledit Curé de * * * de l'Official de Bourges, contenant les mêmes faits dans lequel ledit * * * étoit déſigné. L'affaire fut plaidée au Rôle de la Tournelle & jugée le Samedy 28. Juillet 1714. M. Dupleſſis pour l'appellant, M. Gaudin Avocat du Curé intimé. L'appellant diſoit pour moyens ſur l'appel ſimple, que le Curé intimé étoit non-recevable en ſon accuſation, parce que les faits dont il avoit compoſé ſa plainte ne le regardoient point ; qu'il y étoit ſans interêt n'étant pas le vengeur public : d'ailleurs qu'il étoit banni par Sentence confirmée par Arreſt de la Cour du mois de Mars dernier, ſur l'appel comme d'abus : qu'il y avoit abus étant déſigné dans le Monitoire, ainſi abus & amende ſuivant nôtre Ordonnance au Tit. 7. des Monitoires, art. 4. M. Gaudin diſoit que c'étoit de faux témoins qui l'avoient fait bannir, Monſieur Chauvelin, Avocat General, reprit tous les moyens & ſuivant ſes Concluſions, la Cour mit les appellations & ce au néant, émendant, évoquant le principal & y faiſant droit, déclara le Curé non-recevable en ſon accuſation & ſur l'appel comme d'abus, dit qu'il y a abus ; condamne l'intimé en cent livres d'amende ſuivant l'Ordonnance & en tous les dépens, ſauf au Subſtitut du Procureur General à rendre plainte s'il le juge à propos par l'Arreſt prononcé par Monſieur le Préſident de la Moignon aſſiſté de Meſſieurs Portail & Amelot Préſidens & dix Conſeillers à l'Audience de la Tournelle, le Samedy 28. Juillet 1714.

XIX. Max. Les Juges Royaux & tous autres Juges, *in proceſſu criminali* doivent toujours condamner aux dépens les accuſez qui ſuccombent, s'il

y a une partie civille, suivant Masuer & Bacquet : que s'il n'y avoit que le
Procureur du Roy ou le Procureur Fiscal de partie au procès contre les accusez, l'on ne peut point condamner les accusez convaincus du crime aux
dépens vers le Roy, ny vers les Seigneurs, *quia fiscus gratis laborat*, & encore moins les Officiaux, lorsque dans les procès il n'y a eu que le Promoteur
de partie. Il y en a divers Arrests de la Tournelle prononcez à l'Audience par
Monsieur le Président de Novion, que je n'ay pas besoin de rapporter étants
sans nombre, fondez sur la Maxime *quia Ecclesia non habet fiscum*, sur des
appellations comme d'abus des Officiaux de Nevers, du Mans, de Lyon, de
Sens, de Paris, &c. *infrà* liv. 2. Tit. 30. Max. 7. 8. Moulins art. 36.

X X. Max. Les amendes pour crimes & délits sont solidaires, surquoi Imbert, Machoud, Papon, Baquet & autres tiennent que celui qui a entierement payé l'amende, tant pour lui que ses complices, ne peut avoir recours
contr'eux par la raison, *l. 1. §. plane. ff. de tutel*, que celui qui a payé un crime & délit où il a participé, est indigne de rien repetter. Outre les Loix ils rapportent des Arrests : néanmoins je tiens meilleure l'opinion de ceux qui estiment
que le complice qui a payé pour les autres a action en répétition contre chacun d'eux pour leur portion virile & non solidaire : que si celui qui paye, paye
sous le nom d'un ami, il prend la cession des droits de celui auquel il fait le payement qui a obtenu la condamnation, & en ce cas-là, il est subrogé de droit par
la Déclaration du Roy Henry le Grand, du mois de May 1609. en vertu dequoi
il est en droit d'exercer les droits contre les condamnez solidairement, &c. *infrà*
Max. 42. Frain Plaidoyer 39. juge que la veuve d'un mort a la moitié de l'interêt civil, encore qu'elle renonce à la Communauté.

X X I. Max. Lorsque par un même jugement il y a une amende adjugée au
Roy & des interêts civils adjugez à la partie pour dommages & interêts, la réparation civile est payée avant l'amende du fisc sans difficulté, c'est une chose indubitable, & je ne ferois que répeter cette question que j'ay traitée au long page
534. du nouveau Traité des Criées, où je renvoye mes Lecteurs, la raison en est
marquée en la page 547. du même Traité : ainsi Imbert, Bouchel, Eugnion &
les Loix Romaines sont ici surérogatoires. Jean Duluc liv. 12. Tit. 9. *pœnis fiscalibus creditores præferri*, par le chapitre 15. des Coutumes de Hainault, un interêt civil est puni par peine de corps. *Vide* le chap. 9. du Traité des Criées de
l'usage d'Hollande.

X X I I. Max. Les Juges d'Eglise ne peuvent point condamner des coupables
aux Galeres, j'en ay parlé *suprà* page 204. Titre 21. Maxime 13. où il faut recou-
rir. J'ajouteray ici que les Juges Royaux ne peuvent les assister à de pareils jugemens à peine de suspension : à present ils instruisent conjointement, & lors du
jugement chacun juge dans son Tribunal ; ainsi Chenu en ses Reglemens de
l'ordre Ecclesiastique chap. 1. & au Titre des Justices non Royalles de M. Claude
Henrys au tome premier livre 2. chap. 4. question 31. il sembleroit de n'être plus
en credit, ny le Canon *si nos incompetenter 2. quæst. 7. quia Regum est corporalem infligere pœnam, Sacerdotum spiritualem inferre. suprà* Titre 1. Maxime 45. Tit. 16. Max. 10. Imbert liv. 3. chap. 21. num. 9. Innocent de Ciron
Chancelier de l'Université de Toulouse, en ses Paratitles sur le Droit Canon.
Remarque 10. sur les Plaidoyers de Frain.

XXIII. Max. Le Juge d'Eglife ne peut point abfoudre un accufé d'homicide , *& ex hoc fit irregularis ,* parce qu'en quelque façon il s'eft immifcé dans la connoiffance d'un délit qui merite la peine du fang. *Item tales Sententiæ abfalutoriæ funt meri imperii quod Judex Ecclefiafticus non habet.* Jean Imbert liv. 3. chap. 9. *omnia jura in fcrinio pectoris ,* difent les Ultramontains. C'eft ici l'endroit de rapporter deux Arrefts notables rendus en l'Audience de la Tournelle , en faveur de deux Prêtres accufez , qui ont jugé que lorfque le Juge Royal a abfous un Prêtre accufé , & que l'Official l'a déclaré atteint & convaincu du crime , fur l'appel la Cour confirmant la Sentence du Juge Royal , elle juge qu'il y a abus dans la Sentence du Juge d'Eglife , parce qu'il entreprend fur la Jurifdiction Royalle en prenant connoiffance du cas privilegié , & ne peut prononcer que fur le délit commun , qui eft feulement de fa competence : voici le fait de fes deux Arrefts & les accufations qui y ont donné lieu.

M. Jofeph de Bruno, Prêtre du Diocefe de Grenoble , étant Secretaire & Aumônier de Meffire Charles Antoine de la Garde de Chambonas , Prince de Donzeyre , Evêque & Comte de Viviers , fut accusé par ce Prélat de lui avoir volé dix mille écus , il le fit emprifonner en l'Officialité de Paris , pour le délit commun, & en porta la plainte pour le cas privilegié au Châtelet : cette affaire fut pourfuivie avec grande chaleur , tant au Châtelet qu'en l'Officialité ; il y eut des informations faites en vertu de commiffions rogatoires par le Curé du Pont S. Efprit , & par un Confeiller du Siege Royal du Pont S. Efprit, Bruno ayant appellé de toutes ces procedures au Parlement , & porté fes appellations à la Tournelle. M. Jacques Dumont plaida pour lui , M. Louis Nivelle plaida pour M. l'Evêque de Viviers , M. Joli de Fleuri Avocat General; la caufe dura fept Audiences , & par l'Arreft prononcé par M. le Préfident de Novion le Samedy premier Mars 1704. La Cour en tant que touche les appellations comme d'abus , dit qu'il a été mal , nullement & abufivement procedé, ftatué & ordonné , tant en l'Officialité de Paris , que par l'Official d'Ufez , & le Curé de la Ville du Pont S. Efprit , commis en confequence de la commiffion rogatoire accordée à la partie de Nivelle par l'Official de Paris : & faifant droit fur les appellations fimples des procedures extraordinaires faites , tant par le Lieutenant Criminel du Châtelet , qu'en la Juftice Royale du Pont S. Efprit ; ayant égard à la Requefte de la partie de Dumont , à fin d'évocation du principal , a mis les appellations & ce dont a été appellé au néant , émendant , évocquant le principal,& y faifant droit , renvoye la partie de Dumont de l'accufation contre lui intentée par la partie de Nivelle : ordonne que fes écrouës feront rayez & biffez , condamne la partie de Nivelle en tous les dépens , pour dommages & interêts vers la partie de Dumont : fauf à la partie de Nivelle à intenter action civille , pour le compte qu'il prétend lui devoir être rendu par la partie de Dumont ; & à la partie de Dumont d'intenter pareillement action civile pour le payement de ce qu'il prétend lui être dû par la partie de Nivelle , & pour la reftitution de fes meubles , livres , habits , papiers , linges & hardes , ainfi qu'ils aviferont bon être , défenfes refpectives au contraire : & fauf au Promoteur de l'Officialité de Paris de rendre telle plainte qu'il avifera bon être contre la partie de Dumont , *pour correction de mœurs feulement ,* s'il y échet , pardevant l'Official de Paris , autre que celui qui a fait la procedure déclarée abufive. Prononcé le premier Mars 1704. *Signé ,* DE LA BAUNE Greffier,   Au

Au second Arrest M. * * * Prêtre, Chanoine & Organiste de S. Hilaire de Poitiers, fut accusé par Jaquette Braud, jeune servante, de lui avoir fait un enfant ; l'affaire fut poursuivie pour le cas privilegié pardevant le Lieutenant Criminel de Poitiers, où n'y ayant aucune preuve il fut absous, & la Braud condamné aux dépens ; le Promoteur joint avec la plaignante poursuit le délit commun pardevant l'Official du Chapitre de S. Hilaire, qui est exemt de la Jurisdiction Episcopale : Sentence intervient qui déclare * * * atteint & convaincu d'avoir fait l'enfant, le condamne en des peines Canoniques, de jeûner, dire des prieres, & se retirer dans un Seminaire.

Voilà * * * absous par le Juge Royal, & déclaré atteint & convaincu par le Juge d'Eglise, ce qui est tout opposé ; il interjette appel au Parlement de la Sentence de l'Official comme d'abus : Jaquette Braud & le Chapitre S. Hilaire prenant le fait & cause de leur Promoteur, interjettent appel simple de la Sentence du Lieutenant Criminel, qui a renvoyé * * * absous : ces appellations sont portées à l'Audience de la Tournelle, & plaidées pendant trois Audiences par M. Guillet de Blaru, Avocat de * * * intimé & appellant comme d'abus ; Filz Avocat pour Jaquette Braud, & M. Favier Avocat du Chapitre S. Hilaire, appellans de la Sentence du Lieutenant Criminel, & intimez sur l'appel comme d'abus de * * * de la Sentence de l'Official. M. Joly Avocat General portant la parole, suivant ses conclusions par l'Arrest prononcé par M. le President Charron, le Samedi 30. Juillet 1707. La Cour faisant droit sur l'appel comme d'abus, dit qu'il y a abus, condamne la Braud & le Chapitre S. Hilaire aux dépens, & faisant droit sur l'appel simple, a mis les appellations au néant, condamne les appellans en l'amende & aux dépens, sauf au Promoteur de S. Hilaire à rendre telle plainte qu'il avisera bon être contre * * * *pour correction de mœurs seulement s'il y échet*, & non point pour aucun cas qui soit privilegié jugé par l'Arrest : ce qui prouve que lorsque le Juge Royal a absous d'un cas privilegié, l'Official est incompetant d'en connoître ny rien prononcer sur ce que le Juge Royal a décidé. Lisez le Traité du Cardinal Robert Bellarmin imprimé à Rome en 1610. qui a pour Titre *Tractatus de potestate summi Pontificis in rebus temporalibus, adversus Guillelmum Barclaium.* Le Plaidoyer de M. Louis Servin Avocat General du 26. Novembre, & l'Arrest du Parlement sur icelui du même jour l'an 1610. & le Traité de Louis Elies Dupin, Docteur de Sorbonne, intitulé *de la puissance Ecclesiastique, & de la Temporelle*, imprimé in-octavo, par André Pralard, Libraire à Paris en 1707.

X X I V. Max. Les Sentences renduës les jours des Fêtes, quand bien elles seroient justes, doivent être cassées sur l'appel. *l. 2. l. omnes 7. & l. ultim. cod. de Feriis. l. 1. & 6. ff. eodem.* Mosnier. Titre des Sentences, Bugnion des Loix abrogées. *l. 1. Satyr. 80. l. non distinguemus. §. 1. de Feriis, &c.* Papon liv. 4. Tit. 13. Arrest 5. Noël Dufail liv. 1. chap. 16.

X X V. Max. Il est deffendu à tous Juges de moderer les peines & amendes portées par leurs Sentences, sur peine de nullité de leur jugement, & de satisfaire eux-mêmes au contenu des Sentences de condamnation, & d'être pris à partie ; parce que page 391. du nouveau Traité des Criées, j'ay montré qu'une Sentence étant au Greffe, signée, le Juge qui l'a renduë n'y peut plus toucher, il n'y a que la voye de droit, & à plus forte raison il ne peut pas moderer les peines qu'il a prononcées, encore moins si elle a été prononcée à l'accusé.   L l

XXVI. Max. Toutesfois si avant l'expedition il reconnoît l'erreur visible sur laquelle il s'est fondé, il peut y changer, y faire former opposition par un appel converti, & sur icelui y réformer ; mais il faut que ce soit avant la pronontiation, car après *nescit vox missa reverti*, & sur tout en Matiere Criminelle, suivant tous les Auteurs que je me contente d'indiquer. Henry II. à Fontainebleau en 1554. au Corps du Droit François Titre 6. Loy 9. Mosnier au Titre des Sentences, Peleus action 20. au liv. 5. Mosnier au mot Juge, §. 64. Bouchel en sa Biblioteque au mot Sentences, §. *Sententia retractationis* & autres Auteurs : de maniere qu'il n'y a que le Juge d'appel qui soit en droit & en pouvoir de la reformer, les premiers Juges qui l'ont renduë ny pouvant plus toucher.

Et à l'égard des jugemens en dernier ressort, s'il paroît de l'innocence de l'accusé condamné, les Juges qui auront jugé doivent écrire au Roy ou à Monseigneur le Chancelier leur erreur, & ce qui sert à prouver l'innocence. Cependant il y en a qui tiennent que le Juge peut corriger sa Sentence, même après la prononciation, pourveu que l'appel interjetté d'icelle n'ait pas encore été relevé ; la raison qu'ils en rendent est qu'il vaut mieux que le Juge corrige lui-même ce qu'il a fait que s'il étoit corrigé par ses Superieurs après de grands frais faits. Pour moi j'estime que cela ne se peut point faire en Matiere Criminelle, & quant au Civil les inconveniens seroient plus grands que l'utilité qu'on propose ici, je n'en dirai rien *sed ipsi viderint*. J'avertis seulement les Juges de prendre garde de tomber dans la faute du Consul Pison, elle est rapportée par Seneque en son Livre de *Ira*.

XXVII. Max. L'Evêque ny son Official ne peut seul décider ny juger un Prêtre sous prétexte d'un crime par lui commis, sans être assisté d'autres Ecclesiastiques, dequoi parlent au long les Edits & Ordonnances que j'ay rapportées page 545. du nouveau Traité des Criées ; car non seulement il ne peut pas juger seul la cause d'un Clerc, mais de quelque personne que ce soit, autrement sa Sentence est nulle, suivant les Arrests rapportez en la Biblioteque des Arrests au mot Official, & les Canons *Episcopus nullius causam audiat, &c.* Imbert liv. 3. chap. 7. 8. 9.

XXVIII. Max. Pour les jugemens Présidiaux, il faut de necessité absoluë qu'il y ait sept Juges, car au dessous de ce nombre le Jugement seroit nul, suivant leur Edit de création, & l'Ordonnance de nôtre Titre art. 11. conforme à la Loy *l. 2. ff. de Decretis ab ordine faciendis*, quoique ce ne soit ici qu'un exemple & non une Loy. Moulin art. 46. *suprà* Tit. 4. Max. 10. Il faut que les sept Juges soient nommez dans le jugement. Traité des Criées fol. 429. 430. 432. & 580. Expilli en ses Arrests chap. 256. L'Ordonnance Criminelle Titre 25. art. 12. porte, *les jugemens soit diffinitifs ou d'instruction passeront à l'avis le plus doux, si le plus severe ne prévaut d'une voix dans les procès qui se jugeront à la charge de l'appel & de deux dans ceux qui se jugeront en dernier ressort.* Au civil s'il ne passe que d'une voix, cela fait partage. Lisez Jean Imbert liv. 4. chap. 5. François Ragueau en son indice *in verbo* partage, la Biblioteque des Arrests au mot Pratique num. 3. de Cambolas liv. 2. chap. 47. Ragueau au mot partage, dit qu'au criminel il n'y en a point, cela passe à l'avis le plus doux.

XXIX. Max. Il est requis pour la validité d'une Sentence, qu'elle soit conçuë & prononcée en termes convenables au Juge qui la rend ; de sorte que si des

Juges inferieurs la prononçoient & dreſſoient en des termes qui n'appartiennent qu'aux Cours Souveraines , comme de dire , La Cour , elle ſera infirmée & deffenſes à eux de plus ſe ſervir de ce terme ; s'ils diſent encore *ſans note d'infamie,* cela leur ſera deffendu , parce qu'ils ne peuvent pas faire que celui qu'ils déclareront atteint & convaincu d'un crime infamant , ils puiſſent prononcer *non notetur infamia ,* ny mettre encore , *ſans tirer à conſequence ,* non plus que de dire , *avons renvoyé les parties en la Cour ,* ny juger *pour certaines cauſes & conſiderations à ce nous mouvans ,* dit a été , *& pour cauſe ,* ny des mots *nonobſtant l'appel ,* ou *nonobſtant oppoſitions ou appellations quelconques ,* même de prononcer , *a mis & met l'appellation & ce dont a été appellé au néant ;* enfin la Sentence doit être claire & intelligible ſans aucunes paroles ſuperfluës & qui puiſſent faire équivoques , & qui demandent des interprétations : ainſi que ces teſtamens miſtiques appellez *teſtamentum cæcum* qui ont plus beſoin d'un devin que d'interprete , ny des enigmes : telle que fut la réponſe de certains Caloyers Grecs , à celui qui lui demandoit pourquoi ils ne parachevoient pas de bâtir leurs maiſons , ce fut de dire que c'étoit faute de gruës. Les paraboles ne ſont pas des hiſtoires qu'on ſoit quelquefois obligé de ſuivre , vû par exemple qu'il faudroit imiter ce décoſteur œconome d'iniquité du chap. 16. ꙟ. 9. de S. Luc. David ce ſert de Pſeaumes ; Salomon de Proverbes ; Pithagore de Symboles ; Æſope d'Apologues ; Menander de Comedies ; Lucie de Satires ; Publius Sirus de Mimes ; Valere d'exemples ; Seneque de lettres ; Alciat d'emblêmes : à préſent on a ſi bien retenu les ambages des Romains , qu'il n'eſt preſque point de Loy qu'on ne fraude. *C. Licinius* avoit reglé la quantité de terres que chacun pouvoit poſſéder en propre : il fut le premier qui contrevint à ſa propre Loy,il ne devoit poſſéder que cinq cens journaux de terres,il en avoit mil, ſçavoir cinq cens ſous ſon nom , & pareille quantité ſous le nom de ſon fils , ce qui lui attira une condamnation ou multe d'amende. Les ſerfs ne pouvoient être appliquez à la torture pour dépoſer contre leur maître , on les affranchiſſoit , une vierge ne pouvoit être conduite au ſuplice , ny un impubere auſſi , ainſi que je dirai au livre 2. Titre 17. Maxime 2. de la fille de Sejan , l'on la faiſoit violer par l'executeur , & on donnoit la robe d'homme à l'impubere afin de les faire mourir : L'Empereur Tibere étoit fort entendu dans ces belles ſubtilitez. L'hiſtoire marque qu'anciennement les Prélats alloient à l'Armée , ſous le prétexte ſpecieux de ne point abandonner leur Souverain,& parce que le Pape leur défendoit de porter un glaive tranchant , pour éluder cette deffenſe on portoit une Clave ou Maſſuë militaire , parce qu'en aſſommant le ſang n'étoit point répandu : dans la ſuite des tems , de ſiecle en ſiecle , l'on a trouvé le ſecret d'éluder les deffenſes des Loix par des fiſtions & des adoptions : enfin par des *diſtingo ,* & des *fideicommis ,* des direſtions d'intentions & par des probabilitez , on a trouvé les moyens de frauder les heritiers & des créanciers en faiſant paſſer les biens d'une famille dans des mains étrangeres , & les Benefices de divers Titulaires par des unions à un ſeul contre le dernier Concile. Toutes ces choſes ne s'accordent non plus avec la juſtice & la bonne foi , que l'Elephant & le Dragon , le Cheval avec le Chameau , la Baleine & Loudre , le Dauphin & le Crocodille , le Baſilic & le Furet , le Serpent & le Heriſſon. Eraſme entretien 8. des merveilles de nature en parle qu'il a pris de Licoſtenes. Il eſt vrai qu'on ne mettoit point à la torture les serviteurs pour déposer contre leurs maîtres ; mais l'on exceptoit trois cas où ils le pouvoient être, le crime de Leze-Majesté, inceste & l'adultere, *quæstionem de servis contra domino haberi non oportet, exceptis Majestatis & adulterii criminibus*, dit la Loy 1. *Cod. de quæstionib.* & la Loy *consensu. §. servis. Cod. de rapt. de servis nulla lege quæstio est in dominum nisi de incestu, ut fuit in Claudium.* Du Breül en ses antiquitez de Paris folio 1283. rapporte que Jean * * * Archevêque de * * * fut tué à la bataille d'Azincourt en Artois, sous Charles V I. Turpin Archevêque de * * * alloit à la guerre, ce qui fut cause que le Pape Adrien I. écrivit à Charlemagne de ne le plus permettre aux Prélats dans le dixiéme siecle, *tam Episcopi quam Abbates armati ad bella procederent hostes cœderent & cœaerentur ab ipsis.*

Nous voyons dans l'histoire que l'Archevêque de Sens & l'Evêque de Châlons furent pris prisonnier avec Jean II. lors de la bataille de Maupertuis près Poitiers le 19. Septembre 1356. un Mercredi.

Le Clergé d'Espagne paye au Roy *Lexcuzado*, c'est un droit pour ne point envoyer ny aller à la guerre. Le stile Latin de la Cour *pars 7. num. 61.* rapporte l'Arrest rendu contre l'Evêque de Limoges, qui prouve que le Clergé étoit tenu d'aider au Roy en tems de guerre. Nous avons vû que le Roy mettoit des Oblats dans les Abbaïes, nos Livres en font mention : c'étoient de vieux Soldats invalides ; ce droit a été converti en don gratuit. M. Cambolas livre 6. chap. 41. a rapporté plusieurs prétextes dont on se servoit pour éluder les Loix, c'est à l'endroit où il traite la question *si un Conseiller Ecclesiastique peut tenir un Benefice Cure.* Il rapporte *multa placita & alias plurimas authoritates,* qui ont décidé & reglé que non : cependant nous avons vû dans Paris M. * * * Curé de S. Paul, & M. * * * Curé de S. Martial, tous deux Docteurs en Théologie. Je finirai cet endroit par les paroles de S. Jerôme, *Tibi dico ô Sacerdos, de Altari vivere & non luxutiari, Lex brevis sit, velut emissa divinitus vox, jubeat non disputet.* Despeisses Titre 11. des Sentences *num.* 42. Peleus liv. 4. action 42. Arrest du 15. Mars 1594. Bacquet des droits de Justice, Bouchel en sa Biblioteque Titre des Sentences, Seneque Epître 94. parlant de la Loy, &c. *infrà* part. 2. Titre 30. Maxime 7.

Generalement parlant, on ne punit point les impuberes, parce que *furtum vel aliud crimen sine intellectu & voluntate admitti non potest, l. 1. ff. si quadrupes pauper.* étant présumez sans volonté suffisantes. Les impuberes peuvent être poursuivis pour crimes, *si proximi sunt pubertati & quando malitia supplet ætatem.* Cela a été jugé à Bourdeaux par Arrest qui condamna un enfant à être suspendu sous les aisselles pour avoir de nuit ouvert la porte d'une maison à des voleurs.

Par Arrest du Parlement du 22. Decembre 168;. l'on suspendit à la Grêve sous les aisselles pendant deux heures, un petit garçon de la Ferté Bernard, pour avoir mis du poison dans un pot au feu par ordre de son pere, dont il mourut quatre personnes ; ensuite étant détaché, il eut le foüet & fut renfermé à l'Hôpital General. Hors cela *impuberes nullius criminis capaces sunt.* La Cour a jugé à l'occasion de deux enfans d'Estampes, qui avoient en joüant fait brûler un enfant comme un cochon : l'Arrest les renvoya *ad patrum verbera.* Bardet liv. 1. chap. 9. trois enfans de Poissi. liv. 1. chap. 46. & 107. tome 2. folio 193.

XXX. Max. Aucuns Magistrats ne font obligez de faire mention dans leurs Sentences de ce qui les a mûs ou incitez à condamner ou absoudre les perfonnes accufées, l'affaire dependant du fait, des preuves, raifons & démerites mentionnez au procès, fuivant Bugnion en fes Loix abrogées liv. 2. Cent. 198. *Julius Clarus* §. *final. lib.* 5. *quaft.* 93. *num.* 2 Toutefois aux condamnations il faut ajoûter la caufe generalle *de dûëment atteint & convaincu d'avoir, &c.* fans pourtant fpécifier par tant de témoins ou par fa confeffion, & cela s'entend encore des condamnations à peine afflictives ; car pour les autres de peines pécuniaires l'on peut fuivre l'ufage de prononcer en Matiere Civile, difant le fait pourquoi l'on adjuge une fomme, fuivant Ulpien en la Loy 2. *au §. ignominiæ caufa. D. de his qui notantur infamiæ.*

XXXI. Max. Dans les grands crimes & délits graves, les Juges Royaux & ceux des Seigneurs ne jugeant pas en dernier reffort, ne peuvent point renvoyer les accufez abfous faute de preuve ; mais on doit laiffer la procedure en l'état qu'elle eft, fans la juger s'il fe peut : que fi les parties preffent le jugement parce qu'une fois il faut fortir d'affaire, on peut juger de cinq manieres. 1 . Qu'il fera plus amplement informé, cependant l'accufé élargi, à la charge de fe reprefenter, qui eft la maniere la plus affûrée en ce cas. 2°. On peut prononcer fur l'abfolution, non pas purement, mais en difant nous avons renvoyé abfous l'accufé quant à prefent : cette formule de prononcer eft du Jurifconfulte Paulus en la Loy *Statius florus,* §. *Cornelio Felici, D. de Jure fifci. Sed fi nondum dies fideicommiffi veniffet, quia poffet prius ipfe mori, vel etiam mater alias re. acquirere, repulfus interim apetitione.* 3 . L'on peut impofer filence au Procureur du Roy jufques à nouvelle preuve, c'eft ce qui s'appelle *filebit proceffu.* 4°. On peut ordonner que les prifons feront ouvertes à l'accufé, fans ajoûter autre chofe ; mais cela fentiroit faire du Souverain. 5°. ou par un hors de Cour. Bouchel en fa Biblioteque lettre A. *in voce* abfous, lettre R. *in verbo* Renvoi. Arreft du 8. Janvier 1540. La Rocheflavin Titre des Graces, Bouchel *in verbo* Jugement, Peleus liv. 6. action 19. Imbert liv. 3. de fa Pratique, &c. Papon liv. 24. Tit. 15.

XXXII. Max. Pour l'abfolution, il y a ici quelque difference à la Maxime précédente : dans les Matieres Criminelles auffi bien qu'aux civiles *actore non probante reus abfolvitur.* Cette regle eft infaillible pour les Juges en dernier reffort : au regard des autres il y a une interprétation à faire pour la concilier avec la Maxime precedente ; car pour les moindres délits il n'eft point de difficulté que les Juges inferieurs ne puiffent abfoudre : & quant aux crimes graves, il faut remarquer qu'ils ne peuvent renvoyer l'accufé abfous, qu'au regard de la partie civile ou du dénonciateur, & non du Procureur du Roy : c'eft pourquoi il faut obferver cette formalité dans la prononciation en renvoyant l'accufé abfous, d'inferer dans la Sentence cette claufe, *pour le regard de la partie civile ;* car fi le Procureur du Roy eft feul partie, il faut s'en tenir à la Maxime précédente, laquelle s'entend proprement des crimes graves dans lefquels il eft feul partie, où il ne refte de preuve que quelque préfomption du crime : & celle-ci fe doit entendre d'une accufation fauffe & temeraire de partie privée fans apparence de crime, mais au contraire qui eft vifiblement calomnieufe : par confequent il eft plus que raifonnable qu'un accufateur temeraire & calomniateur

Ll iij

foit tenu envers celui qu'il a par malice accufé de fes dommages, interefts & dépens , même du Talion fi l'accufation étoit d'un crime capital ; car en ce cas-là elle n'eft point abrogée , & quoiqu'il en foit, la peine des temeraires dénonciateurs & calomniateurs eft fuffifamment établie par les Loix que j'ay rapportées page 537. du nouveau Traité des Criées, & par Jean Imbert , Philbert Bugnion, Charles du Molin, Confeil 43. num. 5. & la Maxime 36. ci-deffous. S. Paul aux Galates chap. 3 ⅴ. 19. 1. Epift. à Timothée chap. 1. ⅴ. 9. Arreft au Rapport de M. Thomas Dreux, Confeiller, du 14. May 1709. qui déclare un dénonciateur non recevable en fon appel d'une Sentence d'abfolution , parce qu'il n'eft pas partie capable pour le faire ; il n'y a que le fifc feul , c'eft la peine de fa calomnie qu'on punit.

XXXIII. Max. Une Sentence qui prononce un plus amplement informé, c'eft prefque une abfolution ; car fans attendre un jugement diffinitif, l'accufé peut former la demande en dommages & interêts contre fes accufateurs , fauf s'ils ne font la preuve dans le tems ordonné à faire prononcer fur fa demande. *Boffius* au Titre des Sentences num. 6. Bouchel en fa Biblioteque au mot *abfous* en rapporte un Arreft, Imbert liv. 3. Papon , annotations fur *Julius Clarus quæft. 61. num. 6. &c.* Je voudrois qu'il y eut auparavant un jugement diffinitif d'abfolution , cela me paroît plus régulier. *fupra* Tit. 5. Max. 35.

XXXIV. Max. L'accufateur peut à la verité tranfiger avec l'accufé, & la tranfaction eft bonne pour de legers délits, mais non pour de grands crimes, du moins à l'égard du public, article 19. du Titre de nôtre Ordonnance. Il eft remarquable qu'après la tranfaction & le pardon de l'accufateur, fon action eft éteinte, il n'y peut plus revenir, ny reprendre la pourfuite du procès. Il a toujours été tenu pour infame à un honnête homme de prendre de l'argent & de tranfiger d'un crime public fait à fon honneur, *pretio non precibus*, & encore plus à l'accufateur, fuivant la parole expreffe de l'ancien Teftament qui le deffend aux Nombres chap. 35. ⅴ. 30. Il eft vrai que l'un & l'autre des contractans confeffe fa turpitude, l'accufateur fa lacheté, & l'accufé fon crime ; mais le point d'honneur eft aujourd'hui bien relâché, l'on fe tire toujours d'affaire à prefent pour de l'argent c'eft le nœud & le grand dénouëment de toutes les chofes du monde. Voyez la Maxime fuivante, & tout cela eft couvert par le beau précepte de la Réligion, qu'il faut pardonner à fes ennemis, & le plus fouvent ce n'eft rien de cela , mais le vrai eft *pecunia obediunt omnia.* Ecclef. 10. 19.

XXXV. Max. En France dans le train du monde la partie civile peut tranfinger fans infamie, perte, ni incommodité, par cette raifon vulgaire que le Procureur du Roy a feul en main la vindicte publique. *l. tranfigere. 18. Cod. de tranfactionibus.* & Bouchel *in voce* accord. Il n'en faut pas même excepter aucun cas à l'égard de la partie civile , car elle ne tranfige que de fon intereft ; mais au contraire c'eft pleine preuve contre l'accufé, tant capital que foit le crime. *l. quoniam 5. ff. de his qui notantur infamia*, de maniere que dans les délits graves la tranfaction eft de foi nulle, & nonobftant icelle l'accufateur qui a tranfigé peut agir, & l'accufé être traité & pourfuivi comme auparavant ; mais pour empêcher cela, les Praticiens ont inventé une ceffion de droits & actions à un tiers que prend l'accufé contre lui , dont je vais parler après qu'on aura lû l'explication du Titre 26. concernant le droit des Procureurs du Roy & des Seigneurs Hauts-Jufticiers.

XXXVI. Max. J'ay renvoyé par la Max. 32. à celle-ci, où je dirai qu'il
est certain que la partie offensée peut faire une cession & transport de ses
droits & actions à un tiers, & que le cessionnaire peut poursuivre le procès
& le jugement d'icelui en cette qualité, suivant Bouchel *in dictione* Cessions
d'Actions & Pierre Ayrault; Jean Imbert liv. 3. mais on ne lui adjuge point de
réparation, ains seulement le prix de sa cession pour le plus *idque nomine*
communi, sans lui donner le nom de réparation civile, & sans execution ni
contrainte par corps, d'autant que l'interêt du cessionnnaire est tout pur pécuniaire & procede de sa cession, & consequemment si l'accusation se trouve
fausse, le cessionnaire n'est point excusable de calomnie comme pourroit être
l'accusateur, car la douleur ou une autre cause juste peut excuser celui-
ci, *L. qui non probasse 3. Cod. de calumniatoribus*, ou peut-être il étoit obligé de former cette accusation par quelqu'autre raison. *L. 2. Cod. de calumnia-*
tor. Mais à l'égard du cessionnaire de droits, il n'y a rien qui le puisse excuser s'étant fait de Feste, en prenant une cession de droits litigieux sans avoir
aucun interêt au fond, sinon pour gagner & avoir le plaisir de faire des procès
de mouvement de gayeté de cœur, & par ainsi il doit porter la peine d'un
calomniateur. *L. si cui 7. in princ. ff. de accusat. & inscript.* &c. du Verdier
en ses leçons liv. 7. chap. 6.

XXXVII. Max. Quoique le Procureur du Roy soit seule partie, on ne
laisse pas d'adjuger & affecter une partie des biens du condamné aux affligez
complaignans qui n'ont pû se rendre parties, ni faire les frais du procès
à cause de leur pauvreté. Bouchel en la diction Cession, *Jacobus de Bellovisu*,
&c. il veut du moins qu'il y ait une plainte renduë de leur part, Hevin 39.
Plaidoyer y est précis, *infrà* liv. 2. Tit. 5. Max. 2.

XXXVIII. Max. Il faut que les Juges tachent de convenir en opinant
& se rangent à la meilleure opinion & raison en examinant les choses requises & necessaires pour la condamnation, quelques fois ce ne sont pas les
meilleures qui font pancher le bassin de la balance, souvent ce sont des raisons
qui ne sont pas écrites au procès qui déterminent les Juges qui ont des lumieres particulieres que n'ont pas les autres hommes, mais il faut que les
preuves soient concluantes.

Ayant plus amplement dit dans l'Explication du Titre précedent de la maniere qu'on procede au jugement d'un procès criminel, j'ajoûterai ici que pour
prononcer une condamnation à mort contre un accusé ou une moindre peine,
il faut que les preuves soient claires par les dépositions des témoins sans se
servir de surprises, ainsi que j'ay observé au Titre 17. Max. 8. ny avoir recours à la nécromancie, ni aux incantations : c'est une impieté condamnée au
Deuteronome chap. 18. & par le chap. 28. du premier livre des Rois, lorsque
Saül voulant sçavoir l'issuë de la bataille contre les Philistins, demanda la
sorciere de la ville d'Endor pour évoquer l'ame de Samuël. Virgile au liv.
4. de son Ænéide, & Marsille Ficin *lib. 16.* chap. 5. de l'immortalité des ames :
ainsi que le Poëte Lucrece, tiennnent pour veritable qu'un meurtrier passant
par dessus le cadavre d'un mort qu'il a tué, à l'instant la plaïe saignoit sans
lui avoir touché en passant : ce qui a été approuvé par diverses Sentences
des Juges. Plusieurs Docteurs celebres en l'un & l'autre Droit que je nommerai,

font de ce fentiment, en prenant cette préfomption pour un argument &
un indice preffant & concluant contre l'accufé, qui eft fuffifant pour le condamner à la queftion, cependant S. Jean 8. ℣. 17. dit *qu.a duorum homi-
minum teftimonium verum eft.*

Ils difent que par cette voye qu'ils nomment *cruentation*, plufieurs homicides ont fouvent été découverts, de quoi je parlerai en la feconde Partie
Tit. 6. Max. 5. fur quoi quelqu'un pourra dire que cela ayant été pratiqué
anciennement, il pourroit être bien fait aujourd'hui, fauf à la prudence des
Juges à y faire toutes les réflexions neceffaires. Ces Docteurs font, *Paris de*
Puteo in Syndicat. in verbo tortura, Hypolitus de Marfiliis. Confill. 14. num.
2. vol. 1. & Confill. 91. num. 3. & 4. Confill. 100. num. 4. vol. 2. Angelus
in tractatu de homicidiis. 10. Johannes de Navifanne, in fylva nuptiar, Ni-
colaus Bœerius, Decifion. 619. num. 1. fupra Tit. 11. Max. 4. Toutes ces chofes
meritent d'y réflechir *de unguento armario, & cruentione cadaverum, Franco-*
furti 1593. infra lib. 2. Tit. 6. Max. 5.

La Loy *non auditur perire volens*, ne veut pas qu'on croïe celui qui veut
mourir, fans qu'il y ait des preuves, & qu'il paroiffe du crime, tel qui viendra dire, j'ay tué un homme, & qu'il ne paroit point de corps de délit, doit
être traité en foux, L. *abfentem* ff. *de pœnis L. 2. cum Gloff. de iis qui ante*
Sententiam mortem a été pratiquée par les Payens. J'ay lû dans Tertulien
qu'un Proconful d'Afrique tenant fon Audience, il faifoit dire tout haut par
fon Huiffier Audiencier fuivant la Coûtume, s'il y avoit des Chrêtiens pour
les punir; à l'inftant plufieurs levoient la main à fin de mourir, pour
marquer qu'ils étoient du nombre. Le Proconful les voyant fi réfolus
à mourir Martyrs volontaires, leur difoit, allez vous jetter dans la Mer,
précipitez-vous du haut des maifons & des montagnes dans les précipices,
ou vous pendez aux arbres, cherchez ailleurs qui vous condamnera à mort.

Julien, Empereur Apoftat, faifant fa demeure à Paris, fut furnommé *Mi-*
fopogon, étant ennemi des Barbares, avant fon Apoftafie avoit été Religieux,
il fut fait Clerc *Anagnofte*, c'eft-à-dire Lecteur en l'Eglife de Nycomedie,
voyant une jeune femme Juifve de naiffance qui étoit Chrétienne tenant
fon enfant à fa mamelle, qui couroit au fupplice pour être martyrfée, il fit
défenfes de faire mourir les Chrêtiens, non pas par un efprit d'humanité, mais
parce que les autres Chrétiens les faifoient Saints & comme des Dieux après
leur mort au martyre.

Après l'examen du procès fi par les preuves qui en réfultent fondées fur
l'ordre de Dieu & les Ordonnances les Juges condamnent un coupable à
mort & font neceffitez d'abandonner fon corps au fupplice, en le mettant à
la garde de celui qui ne les conferve qu'une demie journée, *mortis exactor*,
dont a parlé un Auteur moderne, l'Arreft du Conneftable de S. Paul du 19.
Décembre 1475, ordonne de grace que le corps feroit enfeveli en Terre-
Sainte. Recherche de la France, liv. 6. chap. 10. c'eft la figure en bronze qui
eft au côté gauche du grand Autel des Cordeliers de Paris. Voyez les Arrefts
de *Joannes Lucius lib. 12. Tit. 11. de fes Arrefts de cadaveribus punitorum*,
où il dit que les corps de ceux qui font punis par Juftice, que peu ou point,
on ne permet être mis en fépulture, ceux qui font jugez être criminels de

Leze-

Leze-Majefté : alors la Religion oblige d'avoir foin de leurs ames criminelles avant que de les mener au fupplice , & c'eft parce qu'elles font criminelles que les Juges font plus obligez d'en prendre le foin , de forte qu'on ne les envoye à la mort qu'après leurs avoir adminiftré & procuré les moyens de pouvoir regler leur confcience par une fincere confeffion.

Anciennement l'Eglife Gallicane ne donnoit point de Confeffeurs à ceux que la Juftice condamnoit à mort. Mezeray dit qu'en cela elle fuivoit les anciens Canons , qui ne rendoient point la fainte Communion à ceux qui étoient diffamez par des crimes énormes ; le Moine Sigebert dans fa Chronique , Jean Imbert dans fa pratique liv. 4. chap. 6. Bernard Automne dans fes notes fur cet endroit , & René Choppin *in confuetudin. Parifienf. lib, 3. Tit. 3. num* 25. enfeignent que par Lettres Patentes du Roy Charles V I. du 12. Février 1396. qui font enregift.ées dans le livre verd du Châtelet ; il ordonna que le Sacrement de Confeffion feroit adminiftré aux condamnez à mort , ce qui ne fe faifoit point auparavant en plufieurs endroits du Royaume . & qu'un Prêtre les affifteroit pour les admonefter de leur falut , encore qu'ils ne le demandaffent pas : ce qui eft conforme au Concile de Vienne , *in Clement. I. de pœnitent.* & au Droit Canonique , *in Canone quæfitum* 13. *quæft.* 2. *capit. fuper eo , de hæretic. in fexto.* L'on attribuë l'honneur de ces Patentes avoir été octroyé à la priere & follicitation de Pierre de Craon , qui les obtint du Roy : c'eft le même dont parle Rabin Malingre & Corrozet au chap. 20. des antiquitez de Paris , fuivis par Frere Jacques du Breül en fon Théatre des antiquitez de Paris *folio* 815. & duquel Mezeray fur l'année 1392. difent tous que Pierre de Craon ayant été banni & condamné par contumace pour réparation de l'atttentat commis à la perfonne d'Olivier de Cliffon , Conneftable de France fous Charles V I. Ses belles & fpacieufes maifons qui étoient fcituées proche de l'Eglife de S. Jean en Greve furent rafées & démolies de fond au comble : que le fond de la terre fut employée à la fépulture des Paroiffiens , & l'on enferma les places d'autres maifons abbatuës pour accroître le dernier Cimetiere de l'Eglife de Saint Jean , qui eft proche le Marché qu'on appelle aujourd'hui à Paris le Cimetiere S. Jean. R. Choppin en rapporte d'autres exemples dans fon Commentaire de la Coûtume de Paris à l'endroit que j'ay cité après du Breül en fon Theatre *fol.* 609. 613. & Mezerai *in-quarto* 1. Edit. *fol.* 511. 623. 634. Recherches de la France liv. 6. chap. 3. execution finguliere faite à Dijon par Arreft du Parlement du 11. May 1625. rapportée tout au long au Mercure François tome 11. *folio* 526. La maifon de Pierre * * fut rafée , démolie & abbatuë en vertu de l'Arreft du Parlement du 7. Janvier 1595. pour le tres-méchant & tres-déteftable parricide de * * * fon fils. Duluc *lib.* 12. Tit. 8. *cap.* 2. *de pœnis.*

La préfomption que ce fût Pierre de Craon qui obtint ces Patentes du Roy , c'eft que fa Majefté lui pardonna , & que ce fut lui qui fit dreffer une Croix de pierre fur le chemin proche le lieu de Monfaucon , où les malheureux condamnez s'arrêtoient pour fe confeffer , que les Peres Cordeliers de Paris furent ftipendiez pour le pieux & tres-charitable office d'entendre les confeffions : ce font à préfent les Docteurs de Sorbonne , la Lettre 14. de Louis de Montalte & les Notes de Vvendrokius ont parlé de la confeffion des condamnez à

M m

mort, elle eſt datée du 23. Octobre 1656. & fort préciſe ſur la matiere qui y eſt traitée.

Dans ces tems reculez l'on n'executoit point les condamnez dans les Villes, cela étoit tiré de la Police pratiquée par les Hebreux, comme il eſt marqué au Levitique chap. 24. ℣. 14. parce qu'ils eſtimoient qu'elles euſſent été polluës par le ſupplice d'un criminel. Les condamnez d'avoir la teſte tranchée étoient executez en divers endroits : on menoit le condamné à mort à pied devant le jour, *orto jam ſole*, au lieu où l'execution devoit être faite à cet effet. Liſez les Recherches de la France *liv.* 8. chap. 40. 41. Fail partie 3. chap. 275. Frain plaidoyer 42.

A * * * l'on coupe la teſte avec la hache qui eſt gardée dans la Tour, près la Tamiſe dans une des places publiques de la Ville ordonnée par la Sentence : & pour les autres genres de ſupplices, ils ſe font à Tybvvrn, éloigné de demie lieuë de la Ville. Liſez François Ragueau en ſon indice des droits Royaux, aux mots, décapiter, écheller, écorcher, écarteler, eſſoriller, flâtrer, flétrir, geolier, gibet, le Deuteronome chap. 21. ℣. 22. Joſué chap. 8. ℣. 29. chap. 10. ℣. 26. Jean Papon en ſes Arreſts liv. 24. Titre 14. Claude Expilly plaidoyer 25. & ce que j'ay dit parlant d'un Vaſſal qui offence ſon Seigneur. Juvenal a dit *nemo malus fœlix*, l'art. 24. du preſent Tit. de nôtre Ordonnance, porte que *le Sacrement de Confeſſion ſera offert aux condamnez à mort, & ils ſeront aſſiſtez d'un Eccléſiaſtique juſques au lieu du ſupplice.* Jean Papon liv. 4. Tit. 13. Arreſt 5. & M. Noël du Fail liv. 1 chap. 16. de ſes Arreſts de Bretagne, rapporte des executions à mort faites les jours de Dimanche & d'une Fête ſolemnelle, cela ne ſe feroit pas à preſent, puiſque l'Egliſe abhorre tellement le ſang, qu'elle Juge indigne du miniſtere des Autels ceux qui auroient aſſiſté & été des Juges, *étans Prêtres*, à un jugement de mort qui ſeroit irréguliers, quoique le jugement fut accompagné de toutes les circonſtances religieuſes que j'ay remarquée, d'où il eſt facile de concevoir quelle idée elle peut avoir d'un criminel homicidè, dont la ſeule reſource eſt dans la miſericorde du Seigneur, *complanare domum.* Charles de * * * fut puni comme Pierre de Craon. Jean Duluc *lib.* 12. Tit. 8. chap. 2. Recherches de la France *lib.* 3. chap. 29. du Breüil 613.

Je ne répeterai rien de ce que j'ay dit & expliqué page 429. du nouveau Traité des Criées, ſur la difficulté de ſçavoir *ſi les Juges des Seigneurs doivent être graduez*, cela y eſt bien expliqué, il ſuffit de renvoyer à l'article dix du preſent Titre de nôtre Ordonnance, & à ce qu'en a écrit René Choppin dans ſes privileges des perſonnes de campagne, liv. 3. Partie 3. chap. 1. où il prouve que quelque fois les Ruſtiques ſont admis au jugement des procès civils & criminels, & que cela s'eſt fait & pratiqué depuis la création du monde chez toutes les nations. J'ay dit que pluſieurs Parlemens jugent au nombre de ſept Juges, Toulouſe, Grenoble, Dijon, Aix, Bretagne, que le Parlement peut en vaccations juger à huit Juges par l'Edit d'Aouſt 1669. tant au Civil qu'au Criminel, ce qu'il n'a point voulu faire : qu'il faut que les Jugemens à mort paſſent de deux voix, & autres obſervations tres utiles à ſçavoir, où je renvoye les ſtudieux Lecteurs. *Valerius de differentiis utriuſque fori.* Expilly en ſes Arreſts chap. 256.

Charles Loyſeau a fait un Traité de l'abus des Juſtices de Village. Jean
Chenu en ſes Reglemens Tit. 31. parle des Juſtices Subalternes & des Officiers d'icelles. Laurent Jovet en ſa Biblioteque des Arreſts en rapporte pluſieurs au chap. 13. ſous le mot, *Juges. Joannes Lucius lib. 6. Tit. 5.* a traité
ae honorariis Judicum, & au Titre 10. *de ſecundaris , vel non regiis ,*
Traité des Criées fol. 28. eſt a voir en ce lieu, après M. d'Olive liv. 1. chap.
38. 39. René Choppin *in privilegiis ruſticorum lib. 3. part. 3. chap. 1. num. 5.* eſt
fort du ſentiment de Loyſeau , lorſqu'il dit que ceux qui vivent aux champs
ont une ame ſi baſſe & ravalée que ſi l'état avoit beſoin d'eux , ils ont telle horreur des affaires de la Ville qu'ils ſe retirent de la vûë des habitans, comme font les Taupes & les Chauve-ſouris de la clarté du Soleil : & quoi permet-
troit-on à ces gens ſi baſſement champêtre d'être enrôlez en l'aſſemblée des
ſages , il faut les priver des honneurs à l'exemple des Romains ; c'eſt ce que fit
le Parlement de Bourdeaux par Arreſt du 7. Septembre 1536. en privant des Villa-
geois de l'Echevinage de la Ville-Neuve , ſuivant *Bœrius, deciſion. Burdegal.*
272. la Biblioteque des Arreſts *in verbo* Juges num. 138. rapporte un Arreſt du
Parlement de Dijon , tiré de Job Bouvot , du 18. Janvier 1616. par lequel il fut
jugé qu'un Maire non Gradué ne pouvoit condamner un criminel , pas même
inſtruire ſon procès , & qu'il devoit appeller avec lui des Graduez pour en
faire l'inſtruction : nôtre Ordonnance confirme cela lorſqu'elle enjoint d'appeller trois Graduez , quand il n'y en aura pas dans le Siége ou l'on juge du
crime.

A Breſlavv ſur l'Oder en Sileſie, c'eſt tout au contraire , le Senat eſt compoſé
de quinze Patriciens , onze de qualit: Noble , & quatre pris des Corps de Métier,
Braſſeurs de Biere , Merciers , Drapiers & Bouchers. Dans les Cantons Suiſſes ,
ce ſont tous les Artiſans qui rempliſſent les emplois & font les affaires publiques
dedans & déhors leur Etat. *Idem* dans la Hollande ce ſont les Marchands & Né-
gocians gros riches.

Nous ne voyons pas en huit ſiécles un de ces miracles de nature que les Hiſtoriens nous diſent qui étoient fréquents autrefois , pourquoi cela , ſi ce n'eſt
qu'il ne faut pas croire ce qu'ils ont écrit que ſur de bon témoignage. Cincin-
nat dit un écrivain , délivra un Conſul & ſon Armée qui étoient aſſiegez. Il
fut tiré de la charruë , & élevé à la Dictature , il eut la Pourpre & fut Empereur , il quitta cela & retourna gouverner ſes bœufs & quatre arpens de terre
qu'il avoit de ſon patrimoine : cela eſt bien facile à dire , mais plus difficile à
croire ; l'on ne quitte pas ainſi un Empire ; les Grecs en ont bien inventé d'autres , dont Pline tout Pline qu'il eſt , n'a pas voulu être garant , comme il dit liv. 7.
chap. 1. ſur la fin , c'eſt pourquoi au liv. 12. chap. 19. il qualifie l'antiquité de
fabuleuſe , & nomme Hérodote le Prince des menteurs ; & au liv. 19. chap. 5. il
dit que les Grecs ont été toujours grands menteurs.

Des écrivains ont dit que Demoſthenes , qui fut la gloire des Grecs & de ſon
ſiecle , étoit fils d'un Coutelier , ſuivant Plutarque dans ſa vie. Trebellius Pollio
dans la vie de l'Empereur Marcus Septimius qui ne regna que trois jours , dit
qu'il étoit fils d'un Maréchal , auquel Poſthumimus & Lollianus ſuccederent.
L'Empereur Maximus étoit fils , ſi l'on veut en croire Eutropius liv. 9. cap. 2.
d'un Maréchal. Capitolin en ſa vie, dit qu'il étoit *ignobili genere.* Paul Jovet par

M m ij

l'éloge qu'il fait de Marc-Antoine Sabellic qui vivoit en 1500. & qui a docte-
ment écrit tant de bons livres, dit qu'il étoit fils d'un Serrurier. Jacques Cujas,
la fleur des plus sçavans Jurisconsultes & l'étonnement de la posterité, étoit fils
d'un Tondeur de draps de la Ville de Toulouse. Homere met le forgeron Tychius,
qui fit le bouclier d'Ajax entre les Dieux Ulcan fils de Jupiter & de Junon : d'autres Historiens ont écrit que les deux Maximiens, pere & fils, Balbinus & Probus,
furent tuez par ceux qui les devoient conserver. Gratien & Valentinien le jeune,
deux freres, furent poignardez, l'un par ses Legions, l'autre par son Associé à
l'Empire. Les Scipions, Camillus, Rutillius, & grands nombres d'autres étoient
estimez du peuple, sans parler de Themistocles, de Miltiades, de Cimon & d'A-
ristides, de Thezée, de Salmon, d'Annibal & de Lycurgues ; c'étoient de veritables Citoyens cheris par les Concitoyens durant leur vie, comment sont-ils
morts. Jupiter chassa son pere de son Royaume, Nicomede fit mourir le sien
no mé Prisias Roy de Bithinie, qui vouloit faire tuër son fils Ptolomée, sur-
nommé Philopater, parce qu'il fit massacrer son pere, sa mere & ses freres, &
sacrifia à sa cruauté Euridice sa femme, & abandonna son Sceptre d'Egipte à
ses courtisanes, ensorte qu'il n'avoit que le nom de Roy, pendant qu'elles re-
gnoient en effet. Orestes tua Clitemnestre sa mere, Agripine mourut de la main
de Neron son fils, Thessalonice fut poignardée par son fils Antipater, Hippolite
pour sa chasteté fut mis à mort par Thezée, Philippes Roy de Macedoine fit
tuer son fils Demetrius, un autre Ptolomée fit périr deux de ses enfans ; comme ce nom étant fatal pour la cruauté, Alexandre & Aristobulus, les deux fils
d'Herodes & celui de Constantin qui fut empoisonné par ordre de son pere
pour ne lui être pas infidelle en favorisant les recherches de sa maratre. Maleus
chef des Carthaginois fit attacher son fils Carthalon à une croix ; Medée est trop
connuë pour parler de ses cruautez ; Laodice Reine de Capouë, fit mourir
cinq enfans qu'elle avoit pour gouverner l'Estat sans contradicteur, elle s'ôta
des heritiers pour n'avoir point de rivaux. Phraates Roy des Parthes, pour regner seul, fit mourir Orode son pere, trente freres & un fils qu'il avoit. Je
rapporterois nombre de pareilles histoires, si j'y donnois croyance ; mais dans la
verité elles tiennent plus de la fable que de la vrai-semblance : ainsi je ne suis
pas d'opinion qu'on doive croire infailliblement aux Poëtes ny aux Astrologues.
Dans le Christianisme & dans les certitudes de la Foi, il ne se faut pas fier aux
augures & aux pronostiques, parce qu'on ne donne point de pouvoir aux astres,
comme faisoient les Payens, crainte d'en ôter au Maître qui leur a donné l'être
& leurs influences, tout dépend de la main qui a tout fait, & la Providence
Divine n'a exclus personne d'avoir recours à sa misericorde, pour faire de nous
ce qu'il lui plait selon sa sainte volonté. Matth. 7. ℣. 7. à quoi il s'en faut tenir
sans murmurer. Il y auroit une trop grande legereté de nier tout ce qui est
écrit, de même il y auroit par trop de crédulité qui passeroit jusques à une évidente superstition de vouloir tout croire : il n'est rien de si vrai que toutes les
Fables du Paganisme sont fondées sur quelque verité : il est aussi vrai que toutes les Histoires prophanes sont mêlées de faussété ; ce sont deux grands écüeils
de tout croire & ne rien croire. Toutes les choses extravagantes ou extraordinaires doivent se reduire au bon sens. Varon a distingué trois sortes de tems,
l'inconnu, le fabuleux & l'historique, dont je parlerai à mes Lecteurs, sans

prétendre rien à l'éloquence, mais plutôt à la veracité, c'est-là mon intention.

Ce qui s'écrit des tems inconnus & fabuleux qui se sont écoulez entre le Deluge de d'Eucalion & les Olimpiades se doit prendre sainement, à quoi il faut reduire ce que l'on va lire qui est historique & poëtique mêlé de Fables dont on a composé la Métamorphose, la Mitologie & l'Histoire Poëtique, où l'on trouve les railleries que les écrivains ont faites des Dieux fabuleux des anciens.

Le Deluge d'Eucalion; l'embrazement du chariot de Phaëton; l'enlevement d'Europe par Jupiter; le Serpent de Cadmus; les changemens de Progne & de Philomelle; le rapt de Ganimede; la chimere de Bellerophon; l'architecture par l'archet d'Amphion; l'aventure d'Arion porté par un Dauphin; la musique d'Orphée; les travaux d'Hercule; la Toison d'or; les Voyages d'Ænée, & cinq cens autres actions pareilles rapportées par Ovide Higin. L'Abbé de Maroles & les autres Mithologistes se doivent entendre historiquement, c'est à quoi ils ont donné un tour spirituel en décrivant toutes ces fables, ainsi que les sçavans studieux verront dans Tertulien, Palephate, Clement d'Alexandrie, Minucius, Felix, Arnobe, Lactance, Prudence, Fulgence, Noel des Comtes, Renouart & les autres qui ont critiqué & montré le ridicule, réfutant les resveries du Paganisme débitées sous des voiles. Pierre Charon livre 1. de la Sagesse traitant de l'homme. Louis Guyon tome 1. liv. 3. chap. 14. de ses diverses leçons parlant de la Musique, disent que la Lyre d'Orphée, la Harpe d'Amphion *trahitur dulcedine cantus*, l'Hercule Gaulois, &c. tout cela est au dire d'Horace *omne tulit ponctum qui miscuit utile dulci*. Plutarque au banquet des sept Sages, Lucien dialogue des Dieux.

Les sages suffisent dans le gouvernement pour reduire les hommes qui seroient plus sauvages que les bêtes. Robert Gaguin, Histoire de Louis le Gros, fait vivre Jean d'Estemps 361. années. Virgile pour orner son Poëme, parle de la Reine Didon, ce sont des visions ainsi que je prouverai plus bas. Les Historiens & les Poëtes parlent de tout selon leur idées, souvent par interêt; c'est pourquoi il leur est ordinaire de mêler la violence & la cruauté des Tirans avec la modération & la clemence des Princes legitimes, afin que d'un coup d'œil on voye la difference qu'il y a des bons d'avec les mauvais, pour faire concevoir de l'horreur des vices & de la vénération pour les vertus, qui font la felicité & le repos des hommes : d'aucuns écrivent par passion & venalité sans scrupule d'offenser & violer la verité, dit *Minucius Felix*.

Il ne faut pas mettre au rang de ces fables, les allegories sacrées des SS. Cahiers, comme sont la Verge de Moïse, l'Echelle de Jacob, l'adoration qu'il fit du bâton de Joseph, *& adoravit fastigium virgæ ejus*, les sept étoilles de l'Apocalipse 1. ℣. 16. les vertus des 12. Patriarches gravez aux quatre rangs du Pectoral du Grand Prêtre, les deux Seraphins d'Isaïe 2. ℣. 6. le commandement fait à Ezechiel de manger, le Livre, le Veau d'or, les accoutremens misterieux du Grand Pontife écrits au vingt-huit d'Exode, le Serpent d'airain, le Buisson ardent, la Toison de Gedeon, le Lion de Samson, l'Essein des mouches à miel, l'Epouse aux Cantiques, &c. Il n'est permis à personne d'y entrer, non plus que dans la Prophetie d'Habacuc, pourquoi les bons sont fort affligez & dans la pauvreté pendant que les méchans font dans la joïe , dans la profperité & l'abondance des biens. Ecclef. 8. ℣.14. Ce font des fecrets de Dieu qu'il faut adorer en captivant fon efprit. Proverb. 25. ℣. 27. Tertullien dans fon Apologetique du fecond fiecle répondant aux Romains chap. 41. difoit, celui qui a deftiné de faire à la fin des fiecles le jugement de tous les hommes & leur diftribuer leurs récompenfes ou les peines eternelles , ne met point de difference entr'eux avant que le tems foit venu ; il ne fait point par avance la féparation des bons d'avec les méchans , il la referve lors de fon dernier jugement en attendant ce jour, il traite égale-ment le genre humain , foit en lui faifant fentir fa douceur ou fa colere , il a vou-lu que tous les maux & les biens fuffent communs entre les gens de bien & les prophanes , afin que dans cette focieté du monde chacun éprouvât fans diftinc-tion fa clemence & fa féverité. David , Pfalm. 72. parle de la profperité des mé-chans, en montrant l'illufion & y faifant voir leur folie.

Les Egyptiens toujours mifterieux pour marquer la fcience, mettoient en hie-rogliphe un crible qui fepare le bon grain d'avec l'ivroïe. S. Matthieu nous apprend qu'il ne faut point pénétrer dans les decrets de la Providence ny les ju-gemens du Ciel chap. 13. *Deus fuperbis refiftit , fimilibus autem dat gratiam ,* dit S. Jacques chap. 4. ℣.6. S. Pierre 1. Epift. 5. ℣.5. S. Paul 2. Cor. 10. ℣. 5.chap. 2. de fa 1. Epift. aux mêmes. L'Ecclef. 10. ℣. 7. dit que l'orgüeil eft haï du Ciel & des hommes. La punition d'Ozias le prouve au 2. Paralipom. 26. ℣. 16. il eft nommé Azarias au 4. liv. des Rois chap. 15. qui fut puni de la lepre pour fa témé-rité & fon orgüeil d'avoir entrepris fur l'Office Sacerdotal. Le Pfalm. 35. ℣. 6. & aux Romains 11. ℣. 33. L'on voit les jugemens du Ciel font incomprehenfibles & les voyes impoffibles à trouver.

Le capital des grandes actions eft vrai ordinairement , les circonftances font fauffes, ce qui fait douter. *Troja capta eft* paffe pour vrai , *Troja capta eft equo ligneo* eft faux & fabuleux jufqu'au badin , Homere le debitant pour rire : il faut lifant de telles puerilitez avoir quelque dragme de bon fens , jointe a une doze d'incrédulitez. S. Auguftin & Lactance traiterent d'infenfez & de foux ceux qui difoient qu'il y avoit des Antipodes. Le Pape Zacharie excommunia S. Virgile pour avoir foutenu qu'il y en avoit , ainfi que je diray fur la fin de cette première Partie : aujourd'hui on n'en doute plus depuis que Chriftophe Colomb en eft de retour ; mais on ne croit plus ces peuples monftrueux de Strabon, de Pline , de Solin Aulugelle & des Grecs : l'on ne reconnoît point de Ciclopes ayant un œil au milieu du front ; les Monopodes qui ne marchoient que par bonds en faütant ; les Sciopodes qui fe fervoient de la largeur de leurs pieds pour parapluye & om-brettes ; les Aftomates qui ne vivoient que de parfums & n'alloient jamais au baffin ; les empefteurs qu'on ne pouvoit approcher fans caffolette ; le Phenix qui fe brûle & renaît de fes cendres ; la méprife de Meffire Jacques Amiot, Evê-que d'Auxerre, qui a découvert dans Plutarque , des peuples de la Terre Auftra-le qui ne fe nourriffoient que de cerveaux de Phénix , des brebis d'or, non des pommes du jardin des Hefperides ; le Pelican qui fe perce pour fes petits ; l'Ai-gle qui éprouve fes Aiglons dans l'air à fupporter les rayons du Soleil ; la con-ception & parturition de la Vipere ; l'Ourfe qui en léchant donne la forme a fes petits , qui appaife fa faim en léchant fes pieds ; cent & cent fauffes vertus & qualitez attribuées aux pierres prétieufes. L'impofture des Auteurs & la crédulité des Lecteurs ont autorisé ces niaiseries qu'il faut mettre avec Jean Destems & la Mellusine, cela est bon à marier ; ainsi qu'Ænée avec la Reine Didon, qui est une erreur dans l'époque qu'on en fait de quelque siécles Cronologiques, par la rélation historique de Virgile, ce qui marque la fable de son Æncïde, puisque Didon vivoit plus de deux cent cinquante ans après la venuë d'Ænée en Italie, s'il est vrai qu'il ait jamais été à Trapani & à Cumes en Lusitanie, *Cicile* Ælian *variæ Histor.* Pline *lib.* 9. *cap.* 8. en ont dit bien d'autres, sans parler des peuples Cynocephales de Louis Guyon tome 1. livre 4. chap. 3. de ses Leçons.

Pour prouver le peu de foi des Ecrivains Grecs, Herodote que Pline nomme le Prince des menteurs, marque qu'en Etyopie il y a un pré sur lequel à toutes les heures du jour sont dreffées des tables chargées de viandes les plus délicieuses que l'apetit sçauroit désirer, étant un don des Dieux ; ce qui a fait appeller ce pré la *table du Soleil.* Dans ce qu'on lira ici chacun pourra choisir & croire ce qu'il lui plaira, ou le méprifer, cela est au choix de son esprit : je ne prétend point de mendier le suffrage des Lecteurs, leur jugement est libre ; je les supplie seulement de me rendre la justice qu'ils voudroient recevoir sans prévention ny partialité : je fais le paralelle de mon Livre à un bois dans lequel on ne trouve pas toujours aux extrémitez les arbres les plus beaux ; mais le voyageur marchant plus avant, il apperçoit des Chênes prodigieux, & des Sapins d'une hauteur démesurée.

Valere le Grand, parlant de Varron, le fait sortir de l'échaudoir de son pere pour l'élever au Consulat ; Abdolomius, suivant Quinte-Curfe, labouroit aux champs, les Tyriens lui porterent leur Couronne & les ornemens Royaux ; Primiflaüs Roy de Bohëme, suivant *Æneas Silvius*, fut tiré de la charruë pour le mettre sur le Trône ; Bamba, Laboureur, ayant été fait Roy d'Espagne par le Pape Leon, chassa les Maures, suivant *Ritius lib.* 2. *Hispaniarum Reg.* Valere Maxime *lib.* 3. *cap.* 4. dit que Tullus Hottilius, & Licinius Empereur de Rome, étoient tous deux enfans d'un Laboureur : Egnatius *lib.* 3. *cap.* 4 écrit que Otthoman, d'où sortent les Turcs Empereurs, étoit fils d'un Laboureur. Les studieux sçavent combien Herodote & les Grecs nous ont laissé de semblables fables, qu'un homme d'esprit peut ne pas croire sans blesser le respect qui est dû aux véritables histoires de l'antiquité.

La fortune qui produit des effets si extraordinaires que toute la raison humaine ne sçauroit éclaircir, marque bien que l'homme a tort de s'orgüeillir de fausses apparences qu'il ne connoît pas, suivant plusieurs exemples que je rapporterai, qui mettent tous les Philofophes *à quia.* Que dire de Darius, Roy de Perfe, ce grand Conquerant qui étoit fils d'un Charretier ; Cambifes, d'un Vacher ; Antipater, Roy de Macédoine, fils d'un Bâteleur : Arfacés, Roy des Parthes, d'une mere publique ; Sibarice, valet de Cabaret ; Théophane, Roy Delidie, Chartier ; Tamberlan, fils d'un Porcher ; Abdolomius, Jardinier ; Agatocle, fils d'un Potier de terre ; Remus & Romulus leur origine est dans les fables ; Tarquin, Prifcus & Tullius Servilius étoient enfans d'Efclaves ; Augufte étoit petit fils du Changeur Reftion, & de Nebuden Boulanger, son ayeul maternel ; Maximain étoit fils d'un Serrurier ; Martius étoit Forgeron ; Gallenius fils d'un Berger ; Elius Pertinax, Marchand de bois ; Diocletian, fils d'un Libraire ; Eonefius fils

d'un Maître d'Ecole ; Orelien fans origine ; Valentinien étoit fils d'un Cordier ;
Vefpafien avoit été Maquignon ; & Severe fils d'un Laboureur. L'Hiftoire Sainte nous apprend que Saül cherchoit les ânes de fon pere Cis , qui étoient éga-
rez lorfqu'il fût élû Roy d'Ifraël ; David étoit Berger : il n'y a qu'à parcourir
Ciaconius & Platine , Hepheftion & Craterus , de fimples foldats furent favoris
d'Alexandre ; Hermias , d'Antiochus ; Heraclides de Philippes de Macedoine ;
Vipfanius Agrippa, d'Augufte ; Sejan de Tibere ; Policlette & Tigellinus de Neron ; Perennis & Cléander de Commode ; Narciffe & Pallas de Claudius ;
Plautian de Severe ; Conftantin d'Alexius Augelus ; Matthieu Lange de Maxi-
milien ; Mercure Catinare de Charle-Quint ; Alvaro de Luna, de Jean Roy de
Caftille , & nombre d'autres fortis de naiffance obfcure qui ont fait la meilleure
partie des maifons les plus illuftres de leur tems ; ce qui a fait dire un bon mot
à Platon & à l'Abbé de Maroles dans fon Livre des Généalogies , qui marque que
perfonne ne peut être le juge de fon mérite ny de fa vertu , & que cela dépend
de la verité & du public , qui feuls en font la décifion , fuivant les Saints Cahiers,
qui a femetipfo loquitur , gloriam propriam quærit : celui qui parle de foi-même
cherche fa propre gloire.

Au Titre 16. Maxime 6. & Titre 27. Maxime 6. j'ay expliqué comme l'on doit
entendre que les peines font arbitraires en France , l'adminiftration de la Juftice
rendant l'ufage des Loix neceffaire pour la punition des crimes. Il eft de l'autorité du Roy de pouvoir établir de nouvelles peines, foit en les rendant plus fé-
veres , ou les moderer par fa clemence , felon que les conféquences ou la fréquence des crimes peuvent y obliger , *l.* 16. §. *pen.* ff. *de pœnis. D. l.* §. *ultim.*

La preuve des fables que les Anciens nous rapportent & qu'il ne faut pas toujours les croire , dont j'ay parlé , fe prend de Bartole le premier des Jurifconfultes de fon tems , qui fut annobli pour fon mérite , par l'Auteur de la Bulle d'or ,
l'Empereur Charles IV. lui donnant pour armoiries *d'or à un Lyon à deux queües.*
Ce Jurifconfulte nous rapporte dans le dernier volume de fes œuvres page 612.
le procès de la nature humaine contre le diable. *Tractatus* 10. *quæftionibus ,
vent ilata coram Domino noftro Jefu Chrifto , inter Virginem Mariam ex una
parte , & diabolum ex alia parte.* Je ne fçai pas où il a trouvé un procès auffi curieux , en voici un autre.

Martin Luther d'Iflebe , au Comté de Mansfeld , qui de Religieux ce fit Apoftat , à fait imprimer les Conferences & les Converfations qu'il dit avoir euës
avec le Diable , après lefquelles il fortit de l'Ordre où il étoit entré , ayant été
Prêtre quinze ans , enfeignant la Théologie à Vvittemberg : il ne faut pas être
furpris de ce qu'il fit après avoir eu un fi brave maître , je ne crois pas que perfonne de bon fens foit obligé de croire ce qu'il a écrit fortant d'une telle
école.

Tous ceux qui font conftituez en dignitez de Juges , doivent toujours avoir
dans la memoire les deux Sentences qui font peintes au bas du Crucifix de la
Grand'Chambre du Parlement , tirées de l'Ecriture Sainte. La premiere , *Videte
quid faciatis , non enim hominis exercetis judicium, fed Domini & quodcumque
judicaveritis , in vos redundabit.* 2. *Paralip.* 19. ℣. 6. La feconde , *Facite judicium & juftitiam , quod fi non audieritis verba hæc in memetipfo juravit,dicit
Dominus , quia in folitudinem erit domus hæc. Jerem.* 22. ℣. 3. 5.

Je

o

Je ne puis revenir de ma surprise, de voir qu'anciennement en France representation n'avoit point de lieu pour succeder tant en ligne directe que collaterale, suivant le Moine Sigebert, qui pour décider cette question, voyant les doutes des Docteurs, cela fut remis au combat de deux vaillans combatans, qui furent choisis pour soutenir le pour & le contre : celui qui soutenoit la representation fut le vainqueur : ce qui fit que l'Empereur Othon I. donna un Edit conforme rapporté au chap. 1. & 20. du liv. 4. des Recherches de la France : cela ne peut pas mieux se soutenir que les Sentences de Bridoye, Juge de Mesle & de Panzovv qu'il rendoit au hazard des dez, après avoir amené chance pour le demandeur & pour le deffendeur, qui étoit une preuve aussi foible que celles dont je parlerai au liv. 2. Tit. 11. Max. 12. Cette representation à succeder est encore alleguée dans la Coûtume de Chauny, articles 36. 75. Ponthieu art. 8. Senlis art. 141. & plusieurs autres.

Suivant le statut de Florence, les proches parens mâles excluoient les filles de la succession des choses scituées en cette Province de Toscane, qui étoient reglées par le droit du Territoire, suivant l'argument de *Julius Paulus in l. si res mobilis petita sit*, & par celui d'Ulpian, *D. de rei vindic. in l.35. §. rerum autem Italicarum* D. de hæred. *instituendis*. Ce statut fut fait par Laurent de Medicis, chef de la Republique en 1478. en haine duquel les Pazzi firent la conspiration contre la maison de Medicis, parce qu'un de la famille des Pazzi avoit épousé une fille de la maison de Borromeo très riche.

Philippes de Commines chapitre 122. de ses Memoires de l'Histoire du Roy Louis XI. a parlé de cette conspiration, & de la grande & fatale sédition qui arriva à Florence. Nôtre Coûtume de Paris articles 13. 19. 25. 322. 326. portent que les mâles excluent les femelles en pareil degré dans les fiefs. Il y a nombre d'autres Coûtumes semblables : il semble que cette disposition soit tirée du livre des Nombres chapitre 27. ℣. 4. 8. où l'ordre de succeder établi parmi les Juifs, étoit que les femelles ne succedoient point qu'au défaut des mâles qui conservoient le nom des familles, qui se perdoit n'y ayant que des femelles : c'est pour cela que chacun se marioit dans sa Tribu afin d'y conserver les biens dans les familles sans en sortir, suivant le chapitre 36. des Nombres.

Les réfléxions sur tout ce qu'on vient de lire qui se presentent à l'esprit, font qu'un Juge doit bien examiner sa conscience crainte d'être surpris, & de se juger lui-même avant que de juger le procès d'un accusé, & voir si sa conscience ne lui reproche rien ; car qui juge les autres ne doit rien avoir en lui : le premier qui jette la pierre est bien hardi. S. Jean chap. 8. ℣. 7. Il faut sur tout se souvenir de ces deux autres Passages des Saints Cahiers, si justes en cet endroit que je ne puis les obmettre, écrits dans l'Ecclésiastique. Le premier *cap. 7. ℣. 6. Ne demande point d'être fait Juge, si tu ne peus par vertu rompre totalement les iniquitez.* Le second *cap. 20. ℣. 30. Les presens & les dons aveuglent les yeux des Juges, & font retirer leurs corrections en la bouche comme le muet.* Salomon demandoit à Dieu la sagesse & les lumieres necessaires pour bien Juger le peuple, 4. *Reg. cap. 3. ℣. 9* & encore au chap. 9 de la Sapience, ce que David son pere avoit demandé pour lui à Dieu au Psalm. 71.

XXXIX. Max. Pour les taxes aux Juges, ceux qui instruiront les procès criminels où il écherra taxe, ils pourront eux-mêmes pour leur travail faire leurs taxes. Dans les Préfidiaux & en dernier reffort, fe font les Préfidens qui préfident aux Jugemens, & aux autres Siéges, par les Lieutenans aux Confeillers, & les Confeillers aux Lieutenans en telle modération que faire ce devra, parce qu'en quelque façon ce point eft delicat, en ce qu'on eft toujours tenté du penchant de la nature corrompuë à ne fe faire point de juftice du côté de fon interêt. Code Henry des procès criminels Tit. 6. art. 22. Ordonnance de Moulins art. 5. nouveau Traité des Criées pages 406. 411. Edit de Blois art. 127. 129. Arreft à la Tournelle contre les Juges de.... à l'Audience du Vendredy 12. Avril 1709. deffenfes de prendre des épices n'y ayant ny récolement ny confrontation.

XL. Max. Tous crimes font éteints par la mort de l'accusé, excepté ceux de Leze-Majefté & le duël, comme j'ay prouvé au nouveau Traité des Criées page 440. pourveu que l'accufé foit mort avant le jugement : hors de ces exceptez, tout eft éteint, même la partie ne peut prétendre de dommages, interêts & depens à moins que le deffunt ne fe fût enrichi par fon crime au préjudice de la partie, fuivant *Julius Clarus, quæft, 51. num. 15. 16. 17.* Guy Coquille queftion 7. &c. en ce cas-là les heritiers font tenus des dommages, interefts & depens comme en cas de vol, ufure, peculat, concuffion, faux, abigeat, & *fimilia.* Louët & Brodeau lettre A. Arreft 18. & 25. font de ce fentiment dans un endroit : ils paffent encore plus avant, fçavoir que la peine eft éteinte, enfemble la confifcation des biens ; mais que pour la réparation civile, elle peut être demandée avec dommages, interefts & dépens par les heritiers du deffunt à ceux du coupable : c'eft furquoi Coquille a fait fa diftinction, ou le délit a augmenté les biens du délinquant;en ce cas-là il n'y a pas de difficulté où le délit a apporté du dommage à la partie, tel que feroit un incendie & autre crime femblable, en ce cas l'heritier eft tenu en confcience des dommages & interefts, où le délit a été commis par vengeance, auquel cas tout eft éteint par la mort de l'accusé ; enfin il s'en faut tenir à la Maxime certaine, que la peine & le crime eft éteint par la mort arrivée avant le jugement, & fi le crime n'eft pas de ceux exceptez par les Ordonnances. *infrà* liv. 2. Tit. 23. Max. 12. *fuprà* Tit. 22. Max. 12. à la Maxime fuivante.

XLI. Max. Je ne crains point de repeter ici ce que j'ay dit au Traité des Criées pages 440. & 540. au fujet de la prefcription des crimes qui ne font point de ceux exceptez par les Ordonnances, par ce que je dirai chofes nouvelles tirées des Loix Romaines, de Loüet & Brodeau, d'Expilli, Chenu, Peleus, Mofnier, de l'Homeau, dans tous leurs ouvrages que j'ay examinez & que j'eftime être longs à rapporter, offrant lorfqu'on en aura befoin d'en inftruire & marquer les endroits fur les mémoires qu'on voudra me donner, pour foulager ceux qui n'ont pas le rems de les chercher par leurs grands emplois dans les affaires. Jean Imbert liv. 3. chap. 10. num. 9. Jean Papon liv. 24. Tit. 11. Jean Chenu Centurie 1. queftion 83. Il faut pourtant remarquer que le dommage ne doit être réparé fuivant un Arreft du 29. Avril 1571. rapporté avec plufieurs autoritez par R. Choppin en fes Privileges des Ruftiques lib. 3. part. 2. chap. 1. num. 5. qui jugea qu'un coupable d'un crime étant mort fans avoir été accusé, fon heritier fut déchargé de payer l'intereft civil pour la réparation pécuniaire du crime. Faber in §. *ult. Inftitut. de perpet. & temporalibus actionibus. lib. 4. Tit. 12.*

C'est une maxime certaine, constante & universellement approuvée , que tous crimes se prescrivent par vingt années ; la prescription court même en faveur des absens comme des presens, majeurs & mineurs, tant pour la peine que pour l'interêt civil , & l'on est mal fondé à le demander après vingt-ans , quoiqu'il y ait eu des poursuites faites auparavant & condamnation de mort , supposé qu'il s'agit *dit-on* , de parricide & crime attroce. Il est vrai que Julien Peleus liv. 5. action 6. tient qu'après vingt-ans une mineure peut demander la réparation civile. *Julius Clarus* passe plus avant, disant que toute action civile , dont celle d'un interêt civil descend, dure trente ans ; mais cette Jurisprudence est variable. Les derniers Arrests rapportez par Loüet , Brodeau , Chenu , Expilli , ont jugé que la prescription de vingt-ans en Matiere Criminelle étoit si favorable , que non seulement le crime pour attroce qu'il fût demeuroit éteint & l'interêt civil *pro persecutione rei privata & rei familiaris :* de maniere qu'il ne s'agit que de sçavoir depuis quel tems commence à courir cette prescription, & s'il n'y a rien qui la puisse empêcher , pourquoi elle est établie ; à l'égard du premier point *Julius Clarus* dit qu'elle prend son cours du jour du crime commis ; cela est veritable si les procedures faites dans le tems ne l'empêchent : surquoi Jean Chenu part. 2. question 38. rapporte Arrest que les procedures & même une condamnation à mort est éteinte & assoupie après quarente ans , cet Arrest est douteux après les vingt-ans ; car c'est une question si cet Arrest prend la prescription depuis les vingt-ans ou des quarente ans dans l'espece de cette affaire. Julien Peleus liv. 3. action 49. & liv. 4. action 13. 14. est plus précis & rapporte deux Arrests sur la prescription de vingt-ans , nonobstant les poursuites & Sentence de mort ; de maniere qu'il s'en faut tenir là , & à l'Arrest de la Tournelle que j'ay rapporté du 6. Juillet 1703. que le crime se prescrit après vingt-ans , soit qu'il y ait eu des poursuites & Sentence , suivant Mosnier Titre des Prescriptions num. 24. Il me reste seulement de rendre raison pourquoi la prescription a été établie au criminel ; sçavoir que les hommes peuvent amender leur vie pendant le cours d'un si grand nombre d'années, & que l'accusé a souffert assez durant un si long-tems , bourelé par tant de terreurs, d'aprehensions & de peines : joint qu'autrement ce seroit faire ouverture à la calomnie & opprimer l'innocence , parce qu'il seroit impossible aux accusez , après de si longs espaces de tems, de trouver des témoins pour pouvoir déposer des faits concernant leur justification ; ce qui me fait conclurre *præscriptio est patrona generis humani ad utilitatem publicam introducta*, dit Cassiodore , *lib. 5. variar. epist. 37.* Expilli Plaidoyer 27.

Il s'est presenté une question au Palais partagée entre les Consultans au sujet de la prescription dans l'espece suivante qu'il faut lire. Un Pere & son Fils tuent un homme, l'on leur fait leur procès par contumace , ils sont condamnez à mort & en 12000. liv. d'interêts civil solidairement, la Sentence est executée par effigie, ces faits sont constans.

Pour le payement des 12000. liv. d'interêts civil l'on fait saisir réellement les biens du Pere, parce que la condamnation est solidaire , & il y a eu des poursuites continuelles il a été impossible d'être payé.

Au bout de 32. ans le Fils est revenu, on lui a demandé les 12000 liv. la condamnation étant solidaire : il a dit j'ay prescrit le crime & l'interêt civil qui procede du crime ; puifqu'ayant prefcrit le crime , à plus forte raifon j'ay prefcrit l'interêt civil qui eft la fuite de la condamnation.

On répond à cela que le crime eft prefcrit & non pas l'interêt civil, ils font differents , il faut diftinguer l'un d'avec l'autre fans prévention , c'eft furquoi les Avocats ont été partagez.

Quant à moi pour dire mon opinion quoique foible , je fuis d'avis par deux raifons que le Fils ne peut fe difpenfer de payer la condamnation étant folidaire. La premiere , qu'on convient qu'entre coobligez folidairement les pourfuites faites contre un des coôbligez empêche que les autres ne puiffent acquerir de prefcription , c'eft un principe vrai dont l'on eft d'accord.

La Seconde , qu'ici c'eft une affaire civile , puifque l'on dit *interêt civil* pour le payement du quel on ne peut pas faire vendre les biens en la Tournelle , ains en la Grand'Chambre comme dette civile ; ce qu'étant certain la dette étant civile pour caufe d'un crime *Inftit. lib.* 4. Tit. 1. les pourfuites faites contre le Pere folidairement condamné pour être payé militent contre le Fils qui n'a pû acquerir de prefcription , puifqu'on convient qu'en Matiere Civile les pourfuites faites contre un des coôbligez folidairement , militent contre fes coobligez pour les empêcher d'acquerir prefcription la dette étant purement civile & diftinguée du crime dont il ne s'agit plus étant prefcrit.

Ouy , mais dit le Fils , il faut bien diftinguer une dette qui a été contractée par des coobligez & une condamnation folidaire ; parce qu'en contractant ils font comme Procureurs les uns des autres , à quoi ils fe font obligez foli-dairement de leur confentement & volonté & par une condamnation, cela eft forcé & contre leur volonté. A quoi je répond qu'on contracte en Juftice comme pardevant Notaires , la Juftice l'a fait en condamnant folidairement deux perfonnes , & cela produit le même effet : que s'ils étoient folidairement obligez pardevant Notaires ; n'importe que cela provienne d'un crime , puifque cela eft civilisé , ainfi il faut toûjours le confiderer comme dette civile , ne s'agiffant plus du crime : je perfifte en mon avis ayant veu le Titre 1. du liv. 4. des Inftituts.

A l'égard de la prefcription il faut 30. ans lorfque le jugement par contumace a été executé en effigie. L'Arreft notable en eft rapporté par Bardet tome 1. liv. 2. chap. 39. qui eft précis à l'efpece. Il rapporte tome 2. liv. 1.chap. 14. l'Arreft du 11. Mars 1632. par lequel la Sentence de mort executée en effigie fe prefcrit par 30. ans feulement , au tome 1.liv. 3. chap. 12. il rapporte l'Arreft du 29. Juillet 1628. par lequel la Cour a jûgé que les Sentences de provi-fions & les taxes de dépens obtenuës contre Pierre * * * de Pontoife déce-dé , ont été déclarées executoires contre fa veuve & heritiers, même ordonné que l'on procederoit à fins civiles pour les réparations *alterum utilitas privatorum , alterum vigor publica difciplina poftulat. L. locatio §. quod illi-citè de public. & vectig.* le Traité des Criées fol. 441. J'ay parlé fort au long de l'effet des effigies qui interompt la prefcription de 20. ans pour les crimes, & de la maniere que cela eft executé, & leur origine & ce qui y donna lieu.

X L I I. Max. J'ay fait voir page 441. du Traité des Criées que ce n'eft point l'ufage en France de donner un condamné à mort à une fille qui de-mande à l'époufer , parce que le public veut être vangé & le crime puny en execution des Arrefts des Souverains, le coupable doit fubir la peine qu'il a

contractée en commettant le crime ; les prévenus d'un même crime condamnez
enfemble à une même fomme , ou chacun d'eux en de femblables fommes &
aux dépens, cela eft ordinairement folidaire , le folvable paye pour l'infolvable,
comme j'ay dit *suprà* Max. 20. mais s'ils font condamnez féparément en des
amendes differentes, il en eft autrement , parce qu'à lors chacun doit payer
fon amende féparément lui feul ffans qu'on puiffe s'addreffer aux autres. La
Rocheflavin en fes Arrefts liv. 2. Titre 4. Arreft 6. Papon liv. 7. Titre 3.
Arreft 3. *& fic obfervatur.* Papon liv. 22. Tit. 6. Arreft 8. & liv. 24. Tit.
10. Arreft 14. & Tit. 17. Arreft 14. Expilly chap. 135. Jovet en fa Biblioteque
in verbo condamné condamnation , amende *num.* 16. Cette regle de ne point
donner un condamné à mort à une fille qui demanderoit à l'époufer , eft établi par tous les Auteurs que j'ay rapporté ; mais fi je cherche en creufant
le fondement , l'origine , je croi qu'elle pourroit venir des Déclamateurs Grecs
ou des Orateurs Latins qui ont fait des efpeces pour controverfer & en compofer des difcours oratoires & faire des pieces d'éloquences fur la queftion
de fçavoir quelle peine pourroit encourir un homme & à quoi il doit être condamné pour avoir ravi une fille , le Lundy & le lendemain une autre. La difficulté feroit de ce que la liberté étoit donnée à la fille enlevée ˙de demander la
mort de fon ravifleur ou de le retenir pour fon mary legitime : dans ce rencontre l'on fuppofoit qu'une des filles enlevées concluoit à la mort du ravifleur ˌ
& l'autre au contraire le demandoit pour fon époux & être fon legitime mary.
Dans cette contrarieté d'une chofe impoffible , les Déclamateurs & les Rheteurs
qui nous ont laiffé leurs ouvrages ont ainfi raifonné, *utrique nubere non*
poteft ,- ab utrique certè mori poteft. C,a été fur cela que les Jurifconfultes
que j'ay rapportez ont écrit, furquoi peuvent être fondez les Arrefts & la Jurifprudence qui eft obfervée parmi nous : ainfi toutes les affaires ont deux faces
& peuvent être foûtenuës & défenduës nonobftant l'art. 58. de l'Ordonnance
d'Orleans , ce qui a fait dire , qu'on pouvoit foûtenir une affaire contre fon
opinion , pourveu qu'on eût l'avis d'un Auteur grave & probable qui eftimât
qu 'elle pouvoit être foûtenuë.

J'ay parlé folio 391. du nouveau Traité des Criées , de l'autorité des Arrefts :
elle eft fi confiderable en Matiere Criminelle que j'en rapporterai quatre exemples bons à fçavoir. Premierement un Arreft du 14. Avril 1442. rapporté par Jean
Papon liv. 19. Tit. 8. Arreft 1. par lequel un condamné à faire amande honora-
rable ne voulant point dire les paroles, fut condamné à être mis au Pilori pendant quatre Samedy. Le fecond du 17. Avril 1529. rapporté par Jean Bodin , en
fon fleau des Sorciers , liv. 4. chap. 5. folio 473. in-octavo. Arreft qui condamnoit Jean Berkin a faire amande honorable , refufant de dire les paroles, il
fut condamné a être brûlé vifs, ce qui fut auffi-tôt executé. Le troifiéme Arreft
du 27. May 1632. rapporté par Pierre Bardet tome 2. liv. 1. chap. 28. un condamné à faire amande honorable n'ayant pas voulu proferer les paroles, fut condamné aux Galeres à perpetuité , fes biens confifquez : il fut rendu à l'Audiance
fur les Conclufions de Monfieur l'Avocat General Bignon , qui dit qu'il méritoit
la mort. Nôtre Ordonnance Tit. 25. art. 22. eft à voir en cet endroit , fur ce dont
j'ay parlé. Arreft du 31. Juillet 1714. qui condamne Matthieu * * * à être banni
& fuftigé de verges au devant de la porte du Baillage & par les Carrefours de

la Ville de * * * pour avoir refusé de ſe mettre à genoux & demander pardon
au Procureur Fiſcal des injures qu'il lui avoit dite en l'Audiance de * * * où il
eſt Lieutenant, qu'il étoit condamné de faire par Sentence du Bailly de * * *
confirmée par Arreſt, après que ledit Bailly lui avoit fait trois fois les interpellations de ſatisfaire à la condamnation, au lieu de cela il lui diſoit des ſotiſes,
qu'il ſe ..... de la Juſtice, qu'il repetoit ſouvent, contenuës au procès verbal du
Bailly qu'il envoya au Parlement ; & ſur la lecture ſans oüir ledit * * * la Cour
pour ſa déſobeïſſance aux Arreſts, & ſon impudence, la condamné au botru.

J'ay dit fol. 511. du Traité des Criées, qu'on ne donne point la ſepulture aux
executez ſans la permiſſion du Juge. Janus ſe plaint qu'on vend la ſepulture aux
morts: c'eſt imiter Caron ou le Contemplateur de Lucienqui ne les reçoit dans ſa
barque qu'en payant leur paſſage. Quatre choſes ſont communes à tous les hommes ; l'eſprit aux vivans ; la terre aux morts; la mer à ceux qui n'avigent ; le riva-
ge à ceux qui font nauffrage : ce qui lui fait dire pourquoi donc vendre la ſepulture en terre ? il faudroit auſſi vendre l'air qu'on reſpire, la mer pour floter, les
rayons du Soleil qui nous éclairent, les ombres de la nuit & le clair de la Lune,
toutes choſes également communes qu'on ne peut pas mettre à l'encan ny en violer
& deffendre l'uſage, ſans vouloir vendre la liberté & le droit des gens, M. Cujas
dit, *ſunt quarum uſus & utilitas jure gentium communis eſt omnibus homini-*
bus. Inſtit. lib. 2. Tit. 1. §. 1. & quidem. Jovet *in verbo* Curé. Ordonnance
d'Orleans art. 15. Louis Guyon en ſes Leçons tome 1. livre 3. chap. 12. livre 5.
chap. 3. 4.

TITRE XXVIII.

Des Appellations,

Magiſtratus Chriſtianus, ad integerrimos Judices, Pariſienſis Senatus.

EXPLICATION DU TITRE.

LA Sentence dont j'ay parlé au Titre precedent étant prononcée, celni qui
croit avoir été mal jugé, les Loix lui ont donné le ſecours d'en pouvoir interjetter appel, ſoit qu'il ait raiſon ou non ou pour prolonger ſa vie, s'il a été
condamné à mort après les Lettres de rémiſſion : c'eſt le ſeul remede de droit
que Balde appelle le Theriaque des oppreſſez contre le venin des Juges, *l.* 1.
Cod. ſi de M. ſçavoir les Matieres Criminelles qui doivent être relevées directement és Parlemens outre nôtre Ordonnance, Liſez l'article 163. de l'Edit de
Villers-Coterefts, & l'Edit donné à Angoulême le 20. Novembre 1542. Regiſtré
au Parlement le 12. Fevrier 1542. où cela eſt expliqué & dont j'ay parlé *ſuprà* au
Titre 2. Maxime 28.

L'appel eſt pour garentir les condamnez de la rigueur des premiers Juges ; car elle peut être moderée & adoucie par les Cours Souveraines. Loüet lettre P. Arreſt 14. *Tutiſſimum eſt refugium ſacrum ; uſtitia Conſiſtorium :* auſſi eſt-ce pour cela que les anciens Praticiens les appelloient Juges d'équité & de conſcience , à la difference des inferieurs qui ſont abſtraints à la Loy , *Canon. ſi quis Judicem.* 21. *cauſa* 2. *quæſt.* 6. Il eſt vrai que les condamnez aux peines capitales n'ont pas beſoin de cela , car quoiqu'ils n'appellent point , les Juges inferieurs ne ſçauroient paſſer outre à l'execution de leur Sentence : il eſt de leur devoir auſſi-tôt après qu'elle eſt renduë d'envoyer le priſonnier, le procès, & la Sentence en la Cour de Parlement , à la Conciergerie , ſuivant nôtre Titre de l'Ordonnance art. 1. 6. & les Arreſts : de maniere que les appellations dont elle parle , ſont proprement des appellations *à minima* des Procureurs du Roy ou Fiſcaux ou d'une partie civile : que s'il ne s'agit pas de peines afflictives , elles ſont pour toutes les parties *de judice inferiori ad Judicem medium aut ad ſupremum* , au choix néanmoins de la partie appellante & accuſée ; car il peut appeller ou executer lé jugement lorſqu'il n'y a pas de peine afflictive prononcée. Il faut encore remarquer que les appellations de ce Titre ſont au regard des Sentences préparatoires & interlocutoires, auſſi bien que de la ſimple procedure & d'un Decret contre des Sentences diffinitives. Jean Imbert liv. 4. qui contient ſix Titres utiles à ſçavoir , Jean Papon liv. 19.

Appellation , ſuivant Bugnion , Bouchel , Alciat , Papon , & par les Loix du Digeſte *appellatio, provocatio* , eſt dite une ſuſpenſion de la Juriſdiction du premier Juge par invocation de celle du Juge Superieur : pour raiſon du grief prétendu reçû par la premiere Sentence , on doit ſurſeoir à l'execution par la reverence de l'appel aux Supérieurs & aux Ordonnances du Royaume ; car nôtre Ordonnance contient pluſieurs cas dans leſquels l'on peut paſſer outre à l'execution des Sentences nonobſtant l'appel , & même il n'a point d'effet ſuſpenſif pour arrêter la procedure & retarder l'inſtruction du procès hors ces cas : l'appel au criminel & par exprés des peines afflictives a bien un plus grand effet qu'au civil ; car au criminel *extinguit judicatum* , comme je dirai dans la premiere des Maximes : au civil il n'eſt que dévolutif ou tout au plus ſuſpenſif ; c'eſt pourquoi la définition *ab effectu* qu'en donne Alciat *lib.* 1. *de verborum ſignificatione* convient merveilleuſement ici, *appellatio eſt primæ Sententiæ, quæ in pendenti fit reſciſio.* L'appellation ici eſt à deux fins. 1 . Pour conſerver l'équité & la deffenſe de l'accuſé. 20. Pour faire corriger le mal-jugé que prétend l'appellant par la faute du Juge, ſurquoi les Juges Souverains ont à prononcer , ainſi que dit Papon au Prologue du Recüeil de ſes Arreſts , & dont j'ay parlé pages 90. 254. 389. 580. du Traité des Criées. Duluc *lib.* 11. *Tit.* 10. *de appellationibus. l.* 1. ff. *de appellationibus.*

Si un Dioceſe s'étend en divers Parlemens , Meſſieurs les Evêques ſont tenus d'établir des Officiaux particuliers dans les lieux hors de leur Ville Epiſcopale afin d'éviter la confuſion, ſuivant les Ordonnances de Moulins art. 76. & de Blois art. 61. ils ſont nommez Officiaux Forains.

Les Appellations des Sentences des Officiaux ordinaires vont au Métropolitain, & de lui au Primat , à la difference de ceux qui ſont nommez Forains dans le chap. 2. *de reſcriptis* aux Clementines qui ſont inſtituez en des lieux du Dioceſe pour être du Reſſort d'un autre Parlement que la Ville Epiſcopale : leurs appellations vont à l'Evêque qui les a commis, ainſi qu'il eſt amplement traité dans le chap. 2. *de conſuetud.* au Sexte : leur pouvoir finit par la mort de l'inſtituant, ou par leur révocation. Ils doivent être Licentiez & Graduez ſuivant le Concile de Trente Seſſion 24. chap. 10. *de reformatione*, & l'Ordonnance de Blois art. 45. & Jovet en ſa Biblioteque au mot Official. *Cependant* j'ay vû plaider differentes fois à l'Audience de la Tournelle des Apppellations de l'Official Forain de Gueret à la Marche, qui eſt du Dioceſe de Limoges, ſitué dans le Reſſort du Parlement de Bordeaux, ſans que l'Evêque de Limoges, ni le Métropolitain euſſent rien jugé, poſſible étoit-ce, parce que c'étoient des appellations comme d'abus.

I. Max. Le condamné hors les cas Prévotaux & Préſidiaux peut toûjours appeller d'une Sentence. L'appellation en Matiere Criminelle a un plus grand effet qu'au Civil, ici elle ne fait que ſuſpendre le jugé & dévolut au Superieur ; au Criminel *extinguit judicatum*, l'appellant peut faire teſtament valable & s'il meurt le crime eſt éteint, s'il n'y a point eu d'Arreſt ſur l'appel l'heritier eſt capable d'acquerir, de joüir de ſon bien, de recueïllir ſes droits, ſa ſucceſſion & tous autres actes effets civils, ne plus ne moins qu'auparavant la condamnation, nonobſtant la Loy *poſt contractum* ff. *de donationibus*, qui eſt oppoſée quand les biens ſont confiſquez par la Sentence, pourveu qu'il meurt ſur l'appel, ou qu'il ſoit abſous & non autrement, comme j'ay prouvé dans le nouveau Traité des Criées, par les Loix aux pages 534. & 547. où je renvoye les Lecteurs. Duluc liv. 11. Tit. 10. chap. 15. Villers-Cottereſt art. 163. & l'Edit donné à Angouleſme, dont j'ay parlé par l'explication du Titre du 20. Novembre 1542. René Choppin en ſon Traité des Privileges des Gens de campagne, *lib. 3. part. 3. cap.* 7. Pierre Bardet en ſes Arreſts tome 2. liv. 4. chap. 11. On convient de la Max. qu'un condamné à mort peut ſur l'appel faire un teſtament valable. M. Dolive liv. 5. chap. 7. de ſes queſtions notables de Droit *ſuprà* Tit. 19. Max. 10.

I I. Max. Les premiers Juges doivent prendre garde, lorſqu'il y a deux informations de part & d'autre, de juger qui demeurera accuſateur & accusé, & juſques-là ſurſeoir à paſſer outre, s'il y a appel de leur jugement par celui qui eſt déclaré être l'accusé, dautant que ce grief ſeroit comme irréparable en ce que prétendant être accuſateur, il ne ſeroit pas juſte tant qu'il pouroit eſperer cet avantage qu'on l'obligeât de proceder comme accusé, c'eſt pourquoi il faut defferer à ſon appel, ſuivant Claude Henrys Tit. des Offices liv. 1. queſtion 30. *Jacobus de Bellovuſu in rubric. de appel. quæſt.* 85. bien autoriſez d'Arreſts & d'autoritez, &c.

III. Max. Les Juges ne peuvent paſſer outre à l'inſtruction des Procès Criminels quand il y a appel de leurs Sentences, par leſquelles les accuſez ont été reçûs en leurs faits juſtificatifs & des reproches où les parties renvoyées à fins civils en procès ordinaires, parce que ces ſortes de Sentences détruiſent ce qu'il pourroit y avoir de preuves au procès contre l'accusé, pour en chercher d'autres pour ſon abſolution, & ainſi comme c'eſt le même grief de la Maxime précedente, il faut auſſi rapporter la même raiſon, ſuivant Neron ſur l'Edit de Henry I I. en 1554. touchant la Juriſdiction des Lieutenans Criminels.

nels, Chenu de la Juftice en general chap. 2. nombre 34. Bugnion des Loix abrogées liv. 3. Syntagma 45. addition fur Mafuer &c. Les appellans comme d'abus ne peuvent être élargis pendant l'appel que fur le veu des informations, l'Ordonnance de Blois art. 60.

I V. Max. Les appellations interjettées des Juges ordinaires des Sentences & Jugemens de torture, mort civile ou naturelle, fuftigation, mutilation de membres, banniffement perpetuel ou à tems, galeres à tems ou perpetuelles, amendes honorables, condamnation à œuvres publiques, pillory, écheler, carcan, le foüet fous la cuftode, langue coupée, ou levre fenduë, à la roüe, écarteler, brûler, effortiller, admonefté, blâmé & autres peines qui feroient afflictives, ne fe relevent point par relief d'appel, il faut comme j'ay dit dans l'explication du Titre, faire conduire le Prifonnier à la Cour, avec le procès & la Sentence *fecus* des appellations des autres Sentences renduës en Matieres Criminelles qui ne portent point condamnation de peines afflictives, comme les peines pecuniaires, la procedure extraordinaire, le decret de prife de corps ou ajournement perfonnel, & autres Sentences interlocutoires dont les appellations fe doivent relever par Lettres de relief d'appel, ou un Arreft de défenfes qui reçoit appellant & tient pour bien relevé; la pourfuite eft peu differente des appellations en Matieres Civiles, tant pour les ajournemens, intimations, anticipations, défertions, appel d'incompetence & appellations verbales & Procès par écrit. Bouchel en fa Biblioteque, Crimes, Imbert. Lazare Ducroc. Stile en Parlement. Mofnier. Papon liv. 19. Bugnion des Loix abrogées liv. 3. Syntagma 35. Jean Duluc liv. 11. Tit. 10. chap. 15. Pline liv. 16. chap. 18. dit que le Bouleau croît en France où la Juftice rend cet arbre formidable aux méchans, dont on les corrige.

V. Max. Tout ce qui fe fait depuis l'appel interjetté d'une Sentence au préjudice dicelui, quoique l'intimation & exhibition du relief ne foit faite aux cas où on le doit faire, c'eft un attentat à l'autorité de la Cour, & le Juge ayant fait fon fait propre de celui de la partie, il peut en ce cas être pris à partie *& quafi litem fuam defendere tenetur.* Rebuffe, Bugnion, Mafuer, Expilly en fes Arrefts chap. 37. &c. *Tractatus de appellationibus in criminali contrà Carpzovium Bremæ 1684. apud* Leopold Mæftrand, *Typograph. Imperiali l. 6. Digeftis de injufto rapto.*

V I. Max. Si le Juge inferieur dont eft appel, ou la partie entreprennent par attentat quelque chofe au préjudice de l'appellation, il en faut interjetter appel en adherant, mais l'attentat doit être promptement montré par informations faites, *ex ordinatione Curiæ,* efquelles ne doit être contenu autre chofe que le fimple fait d'attentat fans autre chofe, autrement elles font nulles, Bouchel *in voce* attentat : ancien Arreft du Parlement du 11. Janvier 1535. &c. le fault des Boulangers à Châteaudun, peine dont parle Pelcus liv. 3. action 89.

V I I. Max. L'on dit qu'il n'eft pas permis d'appeller du Juge devant qu'il ait fait fon Office, on peut appeller du dény d'une provifion ou du dény de juftice & de fon incompetence devant le Juge Superieur, afin qu'il faffe ce que l'Inferieur pouvoit & devoit faire, & qu'il n'a point fait : comme de dénier une provifion fur un rapport en Chirurgie & d'alimens, fuivant

O o

Imbert liv. 3. d'un dény de Justice ou d'incompétence, à quoi il faut joindre le rejet des Requestes qu'il fait au lieu de les joindre & appointer pour y faire droit ; mais en quelque façon il faut qu'il apparoisse du refus fait par le Juge, soit par des actes ou des significations qui lui ont été connuës, & à quoi il n'a point voulu satisfaire, ni statuer en déniant la Justice ; car la simple allégation ne suffiroit pas, il faut une preuve en Justice.

L'appel de dény de Justice suivant Jean Papon liv. 19. Tit. 1. Arrest 30. est lors qu'un Juge est long à tenir les parties plus qu'il ne doit à leur faire droit ; mais avant qu'on puisse appeller comme de dény de Justice, il faut faire des sommations par trois huitaines au Juge, suivant l'opinon *d'Abbas in C. cum causam de offic. delegati in extravagantes.* Il y a un Arrest du 18. Janvier. 1532 *Stephan. Aufrerius* au Style Latin de la Cour, chap. 22. Masuer au Titre 1. des Ajournemens *num.* 19. & Tit. 35. *num.* 4. des Appellations. *Joannes* Imbert en ses Institutions Forenses liv. 2. chap. 5. *num.* 7. François Ragueau en ses droits Royaux *in verbo* dény de Justice, page 70. Pierre Guenois sur Imbert liv. 2. chap. 5. *num* 7. Ils ont tous rapporté l'usage de la pratique qui s'observoit dans les anciens tems que les Juges pouvoient être pris à parties suivant les Ordonnances ; mais depuis il est arrivé de grands changemens par l'Ordonnance du mois d'Avril 1667. Tit. 25. des prises à partie, art. 2 il est dit sur le refus des Juges de juger, ils seront sommez de le faire aux lieux marquez : l'art. 4. porte qu'après deux sommations de huitaine en huitaine aux Juges ressortissant nuëment au Parlement, & de trois jours en trois jours pour les autres Siéges. La Partie pourra appeller comme de dény de justice, & faire intimer en son nom le Rapporteur ou celui qui doit présider, lesquels seront condamnez en leurs noms aux dépens dommages & intérêts des Parties, s'ils sont déclarez bien intimez, lequel Juge ne pourra plus être Juge du différend sur les peines portées par l'article 5. qu'il n'y a qu'à lire : tout ce que dessus est pris de la regle qu'un Juge peut être intimé en son nom, s'il differe de rendre la Justice à ceux qui lui demande, étant obligé de la rendre par le devoir de sa Charge, sans être pressé comme ce mauvais Juge de la Parabole dans S. Luc chap. 18. lequel après avoir long-tems differé de rendre justice à une veuve qui lui demandoit, n'en voulant rien faire, il dit en soy-même *& si Deum non timeo nec hominem revereor, tamen quia molesta est mihi hæc vidua, vindicabo illam ne in novissimo veniens sugillet me.* L'Ordonnance du mois d'Avril 1667. Tit. 6. art. 4. a reglé où se vuideront les Appellations de dény de Renvoy & d'Incompetance, les folles Intimations & Désertions d'Appel ; mais en Matiere Criminelle tout cela se vuide au Parquet, parce que Monsieur le Procureur General y est toûjours la Partie principalle & necessaire, sans lui on ne peut rien décider : il en est de même que sur les Appellations comme d'abus & sur les Requestes Civiles, qu'on ne peut prendre aucun Reglement sans lui : un condamné à mort qu'il ait interjetté appel, ou non, il ne peut renoncer, il faut envoyer le condamné avec son Procès en la Conciergerie de la Cour, suivant nôtre Ordonnance au Tit. 26. art. 6. *Vide* Bardet au liv. 1. chap. 56.

Par l'art. 1. du Tit. 26. de nôtre Ordonnance toutes les Appellations de Sentences préparatoires, interlocutoires & diffinitives de quelque qualité

qu'elles foient font portées en la Cour, & l'art 6. explique que ce font les
Sentences portant condamnation de peine corporelle, de galeres, de banniffement à perpetuité ou d'amende honorable; il fembleroit que pour les autres
Sentences un accusé pourroit y acquiefcer : l'on n'y parle point de condamnation de mort.

Cependant par le Procès verbal de Meffieurs les Commiffaires d'examen
de l'Ordonnance au Tit. 19. des procès verbaux de queftion, Monfieur Talon,
dit fur l'art. 6. qu'un accusé n'a pas la liberté d'acquiefcer à une Sentence
portant condamnation à peine afflictive, pas même à un banniffement à tems,
ce qui donna lieu à l'art. 7. de l'Ordonnance.

Dans toutes les Ordonnances il n'y a point eu de difpofition plus incertaine où feroient portées les Appellations, que celles reglées par l'art 1. de
nôtre Titre, car par l'art. 22. de l'Edit de Cremieu fait le 19. Juin 1536. les
Appellations étoient portées pardevant les Baillifs & Sénechaux trois ans aprés;
cela fut changé par l'art. 163. de l'Edit de Villers-Cotterefts, fait le mois
d'Aouft 1539. Le Parlement eft feul competant de connoître des Appellations
au Grand Criminel. Par l'Edit donné à Angoulefme le 20. Novembre 1541.
regiftré au Parlement le 12. Fevrier 1542. qui fut fait fur les remontrances
de Monfieur le Procureur General Brulart, de la part du Parlement, le Roy
François I. regla les Matieres Criminelles qui feroient portées *recta* au Parle-
lement, d'avec celles des Juges ordinaires, cela fut confirmé & modifié par
un Edit de Henry II. de 1552. qui fut enfuite interpreté par une Déclaration
donnée à Compiegne en 1553. En l'année 1620. Louis XIII. donna une Déclaration qui fut régiftrée au Grand Confeil, portant de ce dont les Baillifs &
Prevôts pourroient connoître & d'autres rendus dans tous les tems avant &
depuis, qu'on trouve dans *Joann. Lucius lib.* 11. *Tit.* 10. *cap.* 15. dans les Réglemens de Jean Chenu Tit. 6. chap. 23. enfin l'article 1. du Tit. 26. de nôtre
Ordonnance a été fait pour le bien public, afin d'abreger les degrez de Jurifdictions & pour éviter les frais & le tranfport des Prifonniers en divers
Tribunaux qui caufoient la ruine des Parties, finon pour les Matieres legeres
pardevant les Juges d'appel; mais dans les accufations pour crimes qui meritent peine afflictive fuivant cet art. elles doivent être portées directement
dans les Cours, chacune à fon égard & pour les petites affaires dans les
Cours ou pardevant les Baillifs & Sénechaux au choix & option des accufez.

VIII. Max. La Partie Civile peut pour fon interêt particulier appeller en
ce qu'on ne lui a pas affez adjugé, quoique le Procureur du Roy ne foit
point appellant. Bouchel en fa Biblioteque, au mot Appellations, S. Auguftin
en fon Épître 160. La peine du crime regarde le Procureur du Roy ou celui
du Fifc & non la partie civile, ainfi que j'ay dit par l'explication du Tit. 26.
fuprà n'y ayant que fon interêt civil qui le concerne.

IX. Max. L'appellant de la Sentence d'un Juge depuis fon appel, com-
paroiffant pardevant ce même Juge en lui demandant quelque chofe pour
raifon du même fait, il femble par-là que ce feroit tacitement renoncer à
fon appel, fuivant Mafuer en fes exceptions contre les appellations. Ranchin
en fes Décifions Confeil 328. part. 3. Nôtre Ordonnance au Tit. 25. des Sentences, Jugemens & Arrefts art. 3. leve ces difficultez & qu'on ne peut les

oppofer comme fins de non-recevoir à l'appellant, quoique faites avec les accufez volontairement & fans proteftation depuis leurs Appellations *fuprà*, *vide*
Maxime 5.

X. Max. L'Appellant d'une Sentence portant condamnation d'une peine corporelle ou à infamie, n'eft point condamné à l'amende du fol appel, quoique
fon appel foit jugé fans fondement, fuivant Defpeiffes Tit. 12. des Appellations
fondé fur la Loy 3. *Cod. ad legem Corneliam de ficcariis, &c.* Ces vieux
Collecteurs d'Arrefts ne font plus à la mode; car le contraire fe pratique à
la Tournelle aujourd'huy, & par une nouvelle Jurifprudence qui s'y eft introduite qui n'étoit pas de leur tems, un condamné aux galeres n'eft point
condamné en une amende envers le Roy; puifque le fervant de fon corps comme
forçat, il ne fert pas de fa bourfe *fuprà*, Tit. 27. Max. 17. Cela eft tiré
des Romains, fuivant Jean Imbert liv. 3. chap. 17. *num.* 8. Amende porte infamie en un cas par nôtre Ordonnance Tit. 25. art. 7.

XI. Max. Celui qui appelle des Juges Royaux, n'eft pas exemt de la Jurifdiction de celui dont il appelle, excepté pour la caufe dont eft appel. Philbert
Bugnion en fes Loix abrogées liv. 6. Collect. 31. Jean Papon liv. 19. Titre des
Appellations Arreft 3. Il y a pourtant certains Païs Coûtumiers où il en eft
autrement au regard des Juges des Seigneurs Jufticiers, de maniere que
celui qui appelle des Juges des Seigneurs en ces Païs Coûtumiers, il eft exemt
du Juge, *pendente appellatione* en toutes ces caufes tant en demandant que
défendant. R. Choppin *de domanio Franciæ lib.* 2. Tit. 8. *num.* 3. a traité cette
queftion qu'il a prife du Chapitre *præterea, cap. ad hæc propofuit de ap-
pellat. &c* Alexandre III. & *Panormitanus*, fur tout dans les petits Siéges où
il n'y a qu'un feul Juge pour rendre la Juftice.

XII. Max. L'appel eft recevable du jugement du Prevoft des Maréchaux
qui a jugé pour l'abfolution des accufez, bien qu'on ne puiffe appeller quand
il a condamné, voyez là-deffus les Maximes 11. & 21. du Tit. 4. des Prevôts
des Maréchaux. Bouchel en fa Bibliotêque *in verbo.* Prevôt. Papon *quo fuprà*
Arreft 17. &c. & la Déclaration de Décembre 1678. *fuprà* Tit. 18. *fol.*
166. qui regle les caffations qui feront demandées au Grand Confeil.

XIII. Max. Les Appellations comme de Juges incompetans font réfervées à la
Cour de Parlement, ainfi que les Appellations comme d'abus fuivant Peleus liv.
6. action 12. Laurent Bouchel aux mots, *Abus, Appellations* Un Ecclefiaftique
peut plaider fon appel d'un decret d'ajournement perfonnel comme de Juge incompetant fans comparoir en perfonne, fuivant Peleus liv. 3. action. 50. &c.

XIV. Max. L'Avocat du Roy étant mal affigné en défertion d'Appel, il
faut s'en prendre au Procureur du Roy s'il eft feul partie, parce que la procedure fe fait fous fon nom, *imo vero omnia crimina, &c.* L'Avocat du Roy ne
paroît prefque pas aux Conclufions diffinitives : autre chofe feroit fi l'Avocat du Roy avoit fait la pourfuite en l'abfence du Procureur du Roy fous fon
nom, auquel cas il feroit peut-être bien affigné. Mofnier *in verbo* Docteur
num. 25. Arreft du 5. Mars 1562. *Benedicti in capite Rainutius, in verbo mortuo itaque teftam. num.* 120. Le Procureur du Roy doit défavoüer la procedure ou la foutenir ; ainfi c'eft lui dont je traiterai, s'il peut tomber en défertion. *infrà* Max. 18.

XV. Max. Si un appellant du Decret de prise de corps ou de Sentence interlocutoire est débouté de son appel , suivant Despeisses au procès criminel Titre 13. Bacquet des droits de Justice chap. 7. num. 22. il doit être condamné aux dépens envers le Roy , si la poursuite a été faite à la Requête du Procureur du Roy ; parce que telles frivolles appellations interjettées par les prévénus , ne doivent point être à la charge ny à la foulle du Roy , ny du Haut-Justicier : si c'étoit du tems de ces Docteurs que cela se faisoit , l'usage est tout contraire aujourd'hui , parce que le fisc *gratis litiger.* nonobstant leur belle distinction , que c'est quand il accuse , mais non quand il deffend hors de ses limites & à ses frais , suivant la *Glose in cap. ad nostram & infra extra , do appellationibus.* Ordonnance de Moulins art. 36. nôtre Ordonnance Tit. 14. art. 16. Tit. 25. art. 16. & 17.

XVI. Max. En Matiere criminelle la partie civile doit faire porter le procès en cas d'appel & non l'accusé , *quia non tenetur contra se arma parare,* & au deffaut de la partie civile , c'est au Procureur du Roy , & en conséquence de cela l'executoire du port du procès se délivre contre la partie civile : que si le Procureur du Roy est seul partie , il doit aussi faire porter le procès , sans qu'en ce cas-là il y ait executoire délivrée pour le port & la conduite du prisonnier contre l'accusé , mais contre le Domaine du lieu où le prisonnier a été jugé. Charles VIII. Ordonnance 1493. art. 105. Louis XII. 1507. art. 102. François I. 1535. chap. 13. art. 17. Charles IX. 1560 Ordonnance d'Orleans art. 56. le Brun liv. 2. Tit. de la prison de son procès criminel , nôtre Ordonnance Tit. 25. art. 17. & Tit. 26. art. 14. Tit. 28. art. 7. *infrà* Tit. 30 Maxime 6. Duluc lib. 12. Tit. 1. cap. 13. *Vide* nôtre Ordonnance Tit. 25. art. 16. 17.

XVII. Max. Sçavoir si le Fermier des amendes du Roy peut être pris à partie & intimé par un appellant qui a été condamné à l'amende quoiqu'il y ait un Procureur du Roy qui ait requis & conclu. Il est certain que si la recepte des amendes n'est pas en office comptable , & que se soit une ferme à forfait , le profit des amendes va au Fermier , & que le Fermier est au lieu & en la place de celui auquel la Justice appartient , ainsi doit plaider en son nom : que si c'est un Office comptable , comme il y en a de créés par Edit de 169 . l'on se doit contenter sur l'appel de poursuivre contre le Procureur du Roy seul , suivant Papon liv. 24. Tit. 16. & autres rapporté au mot *Amende* en la Table de son Recüeil d'Arrests , où je renvoye sur l'appel , l'appellant ayant réüssi , il poursuit celui qui avoit reçû l'amende pour la restitution.

XVIII. Max. Le Procureur du Roy n'est relevé de la désertion suivant l'Arrest rapporté par Jean Papon liv. 19. Tit. 6. Arrest 7. ce qui lui a donné sujet de s'élever bien haut que cela étoit étrange , par la raison que le Procureur du Roy ne pouvoit point tomber en deffaut ny désertion , parce qu'il est toujours prêt à son devoir , & Monsieur le Procureur General à le soutenir par exprès aux choses qui sont de son fait & ne dépendent que de lui ; c'est pour cela que les appellations comme d'abus ne périssent point , parce que M. le Procureur General y est toujours partie necessaire pour soutenir les droits & libertez de l'Eglise Gallicane.

XIX. Max. Il est des grandes regles que l'abus ne se couvre point , suivant Pierre Rebuffe , Charles Fevret , Jean Auboux , Ducasse & Milletot , que l'on

peut interjetter appel comme d'abus en cinq cas rapportez par Laurent Jovet en
sa Biblioteque des Arrests *in verbo* Appel comme d'abus num. 51. qu'en Matiere
Ecclésiastique il ny a aucun appel simple à former lorsqu'il y a trois Sentences
conformes , sçavoir de l'Evêque , de l'Archevêque & du Primat : cela est suivant
le Concordat fait à Bologne la Grace , au mois d'Aoust 1516. entre Leon X. &
François I. au chapitre intitulé *de causis majoribus* , ce qui a été amplement décidé par Fra Paolo Sarpi art. 48. de son Traité des Benefices ; par David dans
son Livre des Jugemens Canoniques des Evêques , & par le Docteur Gerbais en
son œuvre Latin , qui a trouvé place dans l'Index de Rome. Le sentiment des
Ultramontains est que ce qui est lié sur terre est lié au Ciel , ainsi point d'abus.
Les Appellations où M. le Procureur General est partie ne tombent point en
désertion ny péremption , & l'on ne peut prendre d'appointemens au Conseil sur
les rolles dans ces sortes d'appellations , non plus que sur les Requêtes civiles
qu'il ny consente , à peine de nullité de la procedure. Il faut voir les Recherches
de la France liv. 3. chap. 33. 34.

XX. Max. Il n'est pas inutile de remarquer ici que Justinian , qu'on peut
proposer pour l'exemple d'integrité & de justice , recommande au Code la pratique de la Loy de Zenon au Prefet *Arcadius* , qui veut que les Juges consultent
le Prince pour juger un homme de condition , c'étoit pour exercer la clemence
en cas qu'il fut condamné , mais s'il étoit trouvé innocent , la même Loy ordonne aux Juges de l'absoudre , sans en avertir le Prince , en punissant la calomnie
de l'accusateur. *Ultionis autem tantis inferenda dignitatibus modus , non nisi
in Principis residebit arbitrio , cum sit certum oportere accusatoris calumniam
reo protinus absolvendo inconsulta quoque nostra severitate , prout leges san-
ciunt coërceri. Cod. l. quoties vira.*

Cette sainte Constitution est digne de tous les Empereurs , Rois & Souverains
de la terre de ne vouloir pas que les Juges retiennent un innocent jusqu'au retour d'un Courier qu'ils envoiroient en Cour : c'est pourquoi les Loix veulent
qu'un accusé soit absous faute de preuves suffisantes ; il vaut mieux absoudre
cent coupables que de faire souffrir un innocent dans la captivité. *Alioqui satius est à quocumque dimitti criminosum , quàm in sontem damnari. l. absentem. ff. de pœnis.* & selon Trajan , *satius est impunitum relinqui facinus no-
centis , quàm innocentem damnari.* Charlemagne liv. 7. chap. 186. de ses Capitulaires , dit que les Juges doivent dans les affaires ambiguës prononcer en faveur des affligez laissant à Dieu dans le Ciel le jugement de ce qui est caché
pour le déveloper. Justinian n'a renouvellé les Constitutions de Théodose &
Gratian que pour guider les Juges. *Que tous les accusateurs sçachent qu'ils ne
doivent rien déferer au public qui ne soit soutenu de témoins irréprochables ,
& verifié par des actes en forme ou par des indices très-clairs & plus évidens
que la lumiere. Lege sciant cuncti accusatori , Cod. de probationibus.* Il faut
que les Juges observent ce que Theodoric Roy d'Italie , prescrivoit à Marcel
son Avocat Fiscal. Marchez toujours pour nous plaire dans les voïes de la Justice , n'opprimez pas les innocens par calomnies , & ne vexez personne par des
recherches injustes. *Cassiod. lib. 1. Epist. 22. Tertulien Apologet. cap. 2.*

Les Princes sont moins severes que les Loix , leur réputation & leur gloire
sont de mettre leur indulgence au dessus , en donnant par le pardon un éclat & un

relief à leur vie , plus grands que ceux qu'aportent le Sceptre & la Couronne , comme disent les Empereurs Valentinian & Theodose. *Leg. digna vox. Cod. de leg. & constit.* Personne ne doit oublier les loüanges que merita Trajan d'avoir déclaré en plain Senat , *Qu'il ne vouloit pas qu'une chose lui fut permise , qui ne l'étoit pas aux autres : qu'il n'avoit jamais fait & ne feroit rien contre les Loix qu'il juroit de suivre toûjours ;* pourquoi Pline lui dit dans son Panegyrique , *Magnum erat hoc cum promitteres , majus postquam præstitisti.* Il est toujours bon de suivre la gloire & la pompe des Loix , & dans des rencontres imprévûs les Juges Souverains peuvent selon les circonstances en adoucir la rigueur en faveur des pauvres malheureux coupables.

L'Histoire d'Angleterre nous apprend que Henry III. ayant fait poursuivre avec chaleur le procès de Hubert , Grand Justicier du Royaume , & étant sollicité de le faire condamner , le Prince se souvenant des Loix qui ne le permettent pas sans preuve , répondit aux ennemis de l'accusé , *qu'il aimoit mieux être estimé trop bon , que d'etre severe à l'endroit de celui qui avoit rendu service à l'Estat.* Il remit le prisonnier en liberté , à la caution de quatre Comtes , & en possession de toutes les terres que le Roy Jean son pere lui avoit donnée.

Henry VII. ayant fait arrêter & constituer prisonnier dans la Tour de Londres , Gerard , Comte de Killdare , Vice-Roy d'Irlande , sur des émotions populaires qui lui étoient imputées , ce Prince ayant trouvé que les preuves n'étoient pas complettes , aima mieux pancher du côté de l'absolution , le rétablissant dans ses emplois , ne le croyant pas criminel , par ce qu'il l'avoit fait arrêter , ny coupable pour avoir été accusé. Par cette prudence ce Roy acquit plus de renom à sa postérité que la rigueur ne lui eut donné d'aprobateurs : cela est fondé sur ces regles que la gloire d'un Prince se nourrit & croît de celle de ses sujets : qu'il est de l'honneur d'un Roy que les personnes qu'il a élevées dans les hautes dignitez soient au dessus des calomnies qu'on leur imputeroit , soit par jalousie ou afin de faire davantage estimer le choix qu'il auroit fait en les élevant , *ut illud magis æstimemur elegisse quod cunctos dignum est approbare ,* que disoit le Roy Theodoric à Eugene, suivant Cassiodore : c'est pourquoi les Juges ordinaires prendront bien garde qu'après avoir absous un accusé d'un crime qu'on lui impute , ses ennemis ne lui en cherchent un autre , comme Tacite remarque dans la vie de Tibere , que *Antistius Vetus* ayant été justifié , ses accusateurs pour le perdre le chargerent du crime de Leze-Majesté.

Les Juges Souverains imiteront la justice & la gloire du Senat de Rome , dont parle Ciceron *pro Murana ,* la grande puissance de Caton l'ancien l'ayant porté d'accuser *Servius Galba ,* aussi bien que celles de *Lucius Cota , & Publius Affricanus* qui avoit ruiné Carthage & Numance : ces accusations servirent plus à la justification des accusez , qu'à les faire condamner ; parce que les Juges & Senateurs Romains qui assisterent aux Jugemens , crurent qu'ils devoient pourvoir à l'absolution des accusez à cause du formidable credit de leur accusateur , afin de les tirer de l'oppression où l'on plonge les foibles , & ôter par-là l'esprit & la croyance qu'on eût assûrément tirée de leur condamnation , & que de tels accusez avoient plutôt succombé sous la puissance de leur accusateur , que sous le poids & la grandeur de leurs crimes.

J'ay vû juger à la Tournelle qu'il n'y a que les Officiers du Parlement qui

ont le privilege d'être jugez par le Parlement affemblé en Corps, M. de la * *
Confeiller au Parlement de * * & M. Avocat General au Parlement de * *
furent déboutez de leur déclinatoire : le premier proceda en la Cour , l'affaire
y étant pendante ; le fecond renvoyé au Châtelet , où étoit l'inftance en bris de
icellé. R. Choppin *Monafticon. lib. 1. Tit. 2. num. 15. lib. 3. Tit. 2. num. 26. 27.
Confuetud. Parifienf.*

Pour derniere obfervation l'on ne porte point le duëil d'un homme profcrit.
Les Romains après la Bataille de Canne , firent rendre une Ordonnance au Senat,
qui fixa le duëil à trente jours. En 1588. il y eut un Edit en Efpagne pour faire
ceffer le duëil qu'on y portoit au fujet de la grande infortune arrivée à la Flotte
que Philippes II. envoyoit contre Elizabeth d'Angleterre , compofée de 250.
voiles qui périt par les tempêtes proche l'Ifle de Vvigth. Lucien en fon difcours du duëil fe mocque des extravagances qu'on y fait, plutôt par coutume que
par raifon.

La prifon & la Jurifdiction ordinaire font deffenduës très étroitement contre
les perfonnes publiques qui joüiffent du droit des gens, tels font les Ambaffa-
deurs , les Envoyez , & les Réfidens des Couronnes , des Princes , & des Répu-
bliques , mêmes aux Députez des Affemblées des Eftats en quelque endroit
qu'on les convoque & affemble , tant en y allant qu'en revenant , & pendant le
fejour qu'ils font dans le lieu de l'affemblée , ils doivent joüir d'une fureté in-
violable , fans qu'il leur puiffe être fait aucune violence : c'eft ce qui s'obferve
aux Dicttés d'Allemagne, aux Cortes d'Efpagne, au Parlement & dans les Comi-
rez d'Angléterre , fuivant l'Ambaffadeur de Vvicquefort liv. 1. fections 3. & 27.
Ce qui arriva le Lundy 13. Septembre 1694. dans l'Hôtel de M. * * Ambaffadeur
de la Republique de * * en eft une bonne preuve. Vôyez le chap. 2. du nouveau
Traité des Criées.

Suivant l'article 6. du Titre 26. de nôtre Ordonnance, par le Reglement du
Parlement donné fur le réquifitoire de M. le Procureur General le 5. Avril 1664.
pour le port du procès & la conduite du prifonnier en la Conciergerie fur l'appel , il eft taxé quatorze livres par jour , à compter huit & neuf licuës en hiver,
& dix lieuës en Efté par chacun jour ; fauf s'il eft befoin d'efcorte , crainte de
la fpoliation du prifonnier a y être pourvû , ainfi qu'il appartiendra. Les Meffa-
gers prétendent être en droit feuls de pouvoir conduire les prifonniers fur l'appel,
& prennent de gros executoires ; mais qu'on y forme oppofition, la Cour les reduit
aux taxes de fon Reglement.

Au grand criminel un Gentilhomme peut demander pour être jugé l'affemblée
des Chambres , ou ne la point demander : s'il la demande , c'eft la Grand'Chambre & la Tournelle jointes. M. le P. Préfident préfide au Jugement, les Prêtres ont
le même privilege ; s'il ne la demande point, ils font jugez à l'ordinaire, fuivant
M. Pafquier en fes Recherches , livre 4. chap. 6. 7. Les privileges ne fe donnent
que pour déroger au droit commun , ils ne doivent point être au dommage d'autrui , ny pour enrichir celui qui gratifie. S. Paul 2. Corinth. 8. ❡. 13. Il eft a défirer que la conceffion de certains privileges foit rare : il femble fouvent qu'ils ne
foient accordez que pour donner plus de liberté à vexer le public & mal-faire
fans être repris. R. Choppin *de Sacra Politia lib. 2. Tit. 1. num. 6.*

Les Poëtes font Juges des enfers Pluton , frere de Jupiter & de Neptune , lui

donnant

donnant pour femme la Déeſſe Proſerpine , fille de Cerés : Minos Rhadamante
& Eacus dont Lucien fait des railleries dans ſes Dialogues des Morts , & ſon
diſcours du deüil : ce que l'Auteur de l'Hiſtoire Poëtique a beaucoup plus étendu,
où je renvoye les ſtudieux Lecteurs liv. 1. chap. 13.

TITRE XXIX.

Des procedures à l'effet de purger la mémoire d'un deffunt.

EXPLICATION DU TITRE.

J'Ai ci-devant expliqué en pluſieurs endroits de ce Livre ce que c'eſt que des
procedures , & ſpécialement au Titre 4. des Prevôt des Maréchaux & au
Titre 23. au mot *Maniere* ; enſorte qu'il ne me reſte qu'à ajoûter ici que cette
procedure eſt la pratique & la forme particuliere qu'il faut garder pour purger
la memoire d'un deffunt. J'ai auſſi expliqué au Titre 24. de ce Livre ce que c'eſt
que *memoire* où il en a été parlé, comme d'une memoire honteuſe , abominable,
criminelle & condamnable ; mais ici on y vient comme par repriſe pour la faire
voir toute autre ; ſçavoir bonne, innocente & ſans tache : c'eſt ce que le mot
purger dénote aſſez à ceux qui ont quelque teinture des affaires. Jean Imbert
liv. 3. ch. 17. n. 2. ſupr. Tit. 1. Max. 18. *in fine.* Purger la memoire d'un deffunt , c'eſt ſuivant les Juriſconſultes, *purgare memoriam innocentiam , exiſtima-
tionem defuncti , & ſemper haredis intereſt defuncti aſtimationem depurgare ;*
car tous les crimes ont cela que non ſeulement ils rendent infames ceux qui les
commettent, maisils notent auſſi par quelque réfléxion les familles des coupables
condamnez, ou celles dont ils ſont iſſus ; dautant que comme il y a de certaines
maladies du corps qui ſont propres & hereditaires aux familles , il y a auſſi des
vices qui ſont les maladies de l'ame qui ſe tranſmettent ſouvent aux deſcendans ,
& ſont communes à toute une race. Par conſequent c'eſt un privilege & une faveur fort notable aux parties & parens heritiers d'un deffunt condamné comme
coupable & criminel de pouvoir purger ſa memoire & ôter cette méchante renommée de ſon prétendu crime ſur toute ſa famille , & par ce moyen faire revenir avec le nom , la renommée & les biens éclipſez de l'hérédité du deffunt par la
condamnation portant confiſcation d'iceux. Il y a quelque choſe de neceſſité
aux heritiers de purger la memoire , ſuivant les Loix du Code qui ont déclaré indignes d'une heredité ceux qui ne faiſoient pas réparer l'honneur du deffunt ; de
même qu'un fils indigne de ſucceder à ſon pere qui le laiſſoit périr en priſon
ſans le retirer le pouvant faire : enfin cette faveur de pouvoir purger la memoire d'un deffunt eſt de l'Ordonnance dont je traite , mais encore de la Loy *heredem e uſdem poteſtatis eſſe , cujus fuit defunctus,* c'eſt ce que j'expliquerai
dans les Maximes après avoir vû des Arreſts qui ont rétabli la memoire des condamnez. Papon liv. 22. Tit. 2. Montaigu & autres , nouveau Traité des Criées
pages 456. 532.

P p

I. Max. Les enfans mineurs d'un condamné par contumace pour un homicide & decedé dans les cinq ans, par Arrest des Grands-jours de Lyon en 1596. rapporté par Julien Peleus liv. 8. action 27. furent reçûs à purger la memoire de leur pere sans consigner, néanmoins la saisie tenant. Il est vrai que cela est long-tems avant nôtre Ordonnance, laquelle suivant l'Ordonnance d'Amboise art. 10. veut en l'article 4. de nôtre Titre, qu'avant de faire aucune procedure, les frais de Justice seront aquitez & l'amende consignée ; ainsi il faut suivre ce qu'elle a reglé ; peut-être qu'en faveur de la minorité on pourroit faire quelque chose ; mais elle n'en dit rien, il n'y a que les seules Cours Souveraines qui soient en pouvoir de cela. R. Choppin des Privileges Rustiques, liv. 3. part. 2. chap. 1. num. 5. rapporte plusieurs autoritez & un Arrest du 29. Avril 1571. qui jugea qu'un coupable mort sans avoir été accusé, son heritier fut déchargé de payer la peine pecuniaire dûë pour le crime.

I I. Max. Si le condamné à mort par contumace decede avant les cinq ans, les parens du deffunt peuvent être reçûs à purger sa memoire jusques à trente ans, *sciendum est nulla temporis præscriptione causâ defensione, summoveri eum, qui requirendus adnotatus est :* que s'il est decedé après les cinq ans, il faut obtenir des Lettres du Roy suivant l'Ordonnance, ce qui se peut faire pendant les trente années : de maniere qu'il y a plus de tems pour purger l'innocence d'un accusé, qu'il n'y en a pour prescrire le crime. Mosnier Titre des Prescriptions *num.* 34. de l'Homeau liv. 3. chap. 6. Imbert liv. 3. chap. 10. *num.* 7. &c. R. Chop. sur la Coutume d'Anjou liv. 3. chap. 2. Tit. 5. *num.* 22.

I I I. Max. Il est certain que les heritiers d'un deffunt sont reçûs à purger sa memoire en quelque état & maniere qu'il ait été condamné, soit par contumace, soit qu'il ait été condamné & executé à mort, soit que le procès ait été fait à son cadavre ou sa memoire condamnée : il semble néanmoins que l'Ordonnance n'entend parler que de ceux qui ont été condamnez par contumace. Les Arrests de Papon qui ont rétabli la memoire, c'étoit de personnes executées à mort. La Rocheflavin Titre 2. Arrest 2. la verité étant la reine des vertus, l'on peut la recevoir en tout tems & purger la memoire d'un executé à mort s'il étoit innocent, pour rétablir l'honneur flétri de sa famille ; mais il faut obtenir des Lettres à cette fin au Grand Sceau *suprà* Titre 18. à l'explication folio 173. en voici la Formule incontinent.

I V. Max. Les Arrests de Jean Papon sont en son Recüeil liv. 13. Tit. 1. Arrests 11. 12. & liv. 22. au Titre 2. qu'il a tirez du Livre du Président Lalouette, de la Noblesse de la Maison de Couci, dont le procès est rapporté par M. Dupuy, Bibliotequaire du Roy Louis XIII. à la fin de divers Traitez servant à l'Histoire de France qu'il a donnez au public, imprimez *vol. in-quarto*, à Paris, chez la Veuve de Mathurin Dupuis, rüe S. Jacques à la Couronne en 1654. L'on ne fait pas un grand scrupule de mentir pour excuser un mort. J'ai dit sur la foy de Pline au Titre 27. Max. 38. fol. 271. *suprà*, que les Grecs ont toujours été grands menteurs : il dit que la Grece fut nommée *Achaïa* par les Latins. La Grece en général contient la Macedoine, l'Epire, la Thessalie, l'Achaïe & le Peloponese que les Ottomans appellent Romelie. La grande Grece *Græcia magna* fait partie de l'Italie, les deux Calabres, citerieure & ulterieure, la Basilicatte. Suétone dit *ad Kalendas Græcas*, que c'est une maniere de parler par metaphore,

Pour fignifier qu'une chofe ne fera jamais, parce que les Grecs n'ont point de
Kalendes, comme les Latins appelant le premier jour de chacun mois, *nouvelle
Lune*. Lon compte autrement à la Daterie à Rome.

Formule de Lettres pour purger la memoire d'un deffunt.

LOUIS par la grace de Dieu, Roy de France & de Navarre : à nos Amez &
Feaux Confeillers, les Gens tenans nôtre Cour de Parlement, SALUT. Nôtre
amé & féal Jean de * Chevalier, Seigneur de la * fils & heritier de Ifaac de *
fon pere, vivant Capitaine d'une Compagnie Franche dans nôtre Regiment
de * faifant profeffion de la Religion Catholique, Apoftolique & Romaine,
Nous a fait remontrer que fur certaine accufation intentée contre fon pere au
Siege Royal de * pour raifon du meurtre commis en la perfonne de Jean *
dit Lilette, & fur la dépofition de faux témoins, fans que fondit deffunt pere
eut pû être reçû dans fes faits juftificatifs, il auroit été condamné à mort par
Sentence renduë audit * le..... depuis lequel tems Gridelin ayant été pris &
convaincu, non feulement dudit meurtre par lui commis en la perfonne dudit *
Lilette, mais encore de celui de Jacques * dont il auroit eté accufé, conjointement avec les faux témoins : lefquels par leur teftament de mort, pour décharger leur confcience, auroient déclaré, reconnu & avoüé ; fçavoir François Panurge, que c'étoit lui qui avoit tué ledit de * Lilette, & que ledit *
de * n'y étoit point, & les deux autres faux témoins auroient déclaré avoir
dépofé faux, ayant été corrompus, féduits & fubornez par Fracaffûs de la Lam-
proye & Oudin des Antomures, dans les caves * de la Galere, étant à boire :
par le moyen defquelles déclarations l'innocence dudit deffunt * eft entierement reconnuë, & ne peut point être revoquée en doute : ce qui oblige le Suppliant, fils d'icelui Ifaac * d'avoir recours à nous pour nous fupplier de lui
permettre de juftifier l'innocence & purger la memoire de fon pere & proceder contre les coupables, ainfi qu'il fera trouvé jufte & de raifon : Nous requerant très-humblement pour cet effet nos Lettres qui lui font neceffaires, fuivant nos Ordonnances. A CES CAUSES, voulant traiter favorablement le Suppliant & connoître la verité : Nous vous mandons que nôtre Procureur General
& les parties intereffées appellées pardevant vous, s'ilvous appert de ce que
dit eft, que l'expofé foit dans la verité & d'autres circonftances, tant que fuf-
fire dôive : vous en cés cas receviez le Suppliant à juftifier ledit deffunt Ifaac *
fon pere, & à purger fa memoire du fait qui lui avoit été impofé, pour lequel
il a été condamné * nonobftant ladite condamnation & chofes qui y feroient
contraires : defquelles nous l'avons relevé & relevons par ces Prefentes. Vous
mandons en outre proceder contre les coupables du fait, & des circonftances
& dépendances ainfi que trouverez & verrez être à faire par raifon & juftice ;
le tout en payant, acquitant, & confignant l'amende & les frais de Juftice,
au defir de l'article 4. du Titre 27. de nôtre Ordonnance du mois d'Aouft 1670.
recevant le Suppliant à propofer fes autres moyens que trouverez juftes : fauf
à nous après à pourvoir aux Lettres de rétabliffement de la memoire dudit Ifaac *
& pour fa bonne fame & renommée de fa famille s'il y échet. Mandons au
premier nôtre Huiffier ou Sergent fur ce requis, faire pour l'execution des

Presentes, tous actes & exploits requis & necessaires , sans demander autre permission,*Visa*, ny *Pareatis* que ces Presentes, de ce faire lui donnons pouvoir :
Car tel est nôtre plaisir. DONNE' à Marly l'an de grace 1714. le 15. May , &
de nôtre Regne le soixante-treize. *Signé*, LOUIS, & sur le repli par le Roy,
PHELYPEAUX, & scellé du Grand Sceau de cire jaune.

   Suivant nôtre Ordonnance du mois d'Aoust 1670. Titre 27. article 4. il faut
avant que de faire aucune procedure que les frais de Justice soient acquitez, &
l'amende consignée au desir delarticle 3. du même Titre : que les Lettres soient
communiquées & copie laissée à Monsieur le Procureur General : que les parties
civiles s'il y en a , soient assignées dans les délais de l'Ordonnance pour proceder & voir enteriner lesdites lettres , dont l'on donne copie avec l'assignation &
procedé suivant & dans les délais prescrits par l'Ordonnance civile d'Avril 1667.
ainsi que j'ai dit.

   Les droits de Justice sont grands, *malunt re carere quam propter eam liti-
gare*, suivant le Jurisconsulte sur la Loy 4. §. 1. *D. de alienat. Jud. mut. caus.*
Anciennement on disoit à Rome ce que nous pouvons redire , sans blesser ny
offenser personne, *omnia in Tribunalibus venalia, si nihil attuleris , stabis ami-
ce foras* : ce qui a fait écrire à un Jurisconsulte du siecle passé , *male observatur
hoc Senatusconsultum à dicta curia Amanuensibus ut in hac collectione confi-
cienda sæpe expertus sum.*

   Au Titre 17. de nôtre Ordonnance des défauts & contumaces , l'article 19.
porte que les frais de contumaces seront payez par l'accusé, après avoir été taxez
en vertu de l'Ordonnance , sans que faute de payement il soit sursis à l'instruction & jugement du procès , ce qui est tiré de l'article 20. de l'Ordonnance de
Roussillon , de l'article 28. de celle de Moulins , & de l'article 10. de celle d'Amboise. *Joannes Lucius lib.* 12. *Tit.* 1. *cap.* 7. L'on doit entendre que le payement
se doit faire lorsqu'il y a une partie civile qui les aura faits , & non point s'il n'y
avoit que le fisc. *Vide* nôtre Ordonnance article 26. du même Titre : *le male
observatur* s'applique sur l'article 23. Titre 16. de nôtre Ordonnance qui n'est
pas observé exactement , ainsi que j'ai dit *suprà* au Titre 18. Max. 5.

Formule de Lettres pour être reçû à Ester à droit.

LOUIS par la grace de Dieu, Roy de France & de Navarre , à
   SALUT. Nôtre amée Anne-Marie * * âgée de 52. ans, faisant profession de
la Religion Catholique , Apostolique & Romaine , Nous a fait très-humblement
remontrer que sur certaine accusation intentée contr'elle au Présidial de * *
pour raison du meurtre commis dans les personnes de Marie & Marguerite * *
la nuit du Mercredy au Jeudy 8. Avril 1708. lesdits Présidiaux auroient déclaré
le cas être de la competance d'un Jugement Présidial , & decreté ajournement
personnel contre la Suppliante , laquelle auroit purgé par l'interrogatoire qu'elle
auroit subi le 8. May ensuivant : depuis lequel ayant apprehendé l'horreur de la
prison & les témoignages de faux témoins , elle se seroit absentée , ce qui auroit fait le prétexte d'une procedure violente , nulle & précipitée , & instruit la
contumace contr'elle , & par Jugement Présidial du . . . . Juillet ensuivant , ils
ont déclaré la Suppliante contumace , d'avoir eu part dans l'assassinat desdites

Marie & Marguerite * * & condamnée à mort , & l'ont fait effigier , ce qui a fait que la Suppliante n'a osé se representer : & comme elle est très-persuadée de son innocence , elle voudroit se mettre en état pour se justifier de cette calomnieuse accusation ; mais parce que les cinq années de la contumace, dont il est parlé par les articles 18. & 29. du Titre 17. de nôtre Ordonnance du mois d'Aoust 1670. sont expirées sans s'être representée, la Suppliante désireroit se mettre en état pour justifier son innocence, & à cette fin a recours à Nous pour lui permettre d'ester à droit en lui accordant nos Lettres de permission de se representer en Justice qui lui sont necessaires, nonobstant les cinq années écoulées depuis le Jugement de contumace rendu contr'elle executé en effigie , humblement requerant icelles. A ᴄᴇs ᴄᴀᴜsᴇs, voulant traiter la Suppliante favorablement, & lui donner moyen de justifier son innocence, vous mandons de la recevoir à ester à droit, & à se purger du crime qui lui est imputé au sujet de la mort desdites Marie & Marguerite * * nonobstant les cinq années écoulées depuis le Jugement de contumace rendu contr'elle ; duquel laps de tems nous l'avons relevée & relevons par ces Presentes : sauf les interêts civils, amendes & frais de contumace, tout ainsi qu'elle auroit pû faire auparavant le Jugement de contumace : & commandons au premier nôtre Huissier ou Sergent sur ce requis, faire pour l'execution des Presentes tous Actes & Exploits de Justice requis & necessaires, ainsi qu'il appartiendra, sans demander autre permission *visa* ny *pareatis* que ces Presentes, nonostant clameur de Haro, Charte Normande , & autres choses à ce contraires, de ce faire donnons pouvoir : Car tel est nôtre plaisir. Dᴏɴɴᴇ́ à Marly le premier Juin l'an de grace 1714. & de nôtre Regne le soixante - treiziéme. *Signé*, Lᴏᴜɪs, & sur le repli, par le Roy, Pʜᴇʟʏᴘᴇᴀᴜx, & Scellé du Grand Sceau de cire jaune.

TITRE XXX.

Des Faits justificatifs.

EXPLICATION DU TITRE.

Faits justificatifs pour le dire en abregé suivant la Rhetorique de *Fortius*, d'Alciat *de verborum significatione* & les Loix, regardent toutes sortes d'exceptions de l'accusé contre les témoins & leurs dépositions, de quoi j'ay parlé au Tit. 17. des recollemens & confrontations des témoins ; mais l'accusé est tenu de prouver ses exceptions, soit contre les témoins, soit au regard de tous les autres chefs qu'il a alleguez pour sa justification, suivant Papon liv. 14. Tit. 5. Jean Imbert liv. 3. chap. 13. &c.

I. Max. C'est une Maxime en Matiere Criminelle, que ce qui peut servir de remede à un accusé ne peut pas être rejetté par le Juge, non pas même du consentement de l'accusé. Masuer Tit. *de renunt. num.* 2. *Joannes Andreas in cap.* 1. *de rescriptis, &c.* parce que si un accusé donnoit un tel consentement,

ce seroit une folie en quoi la prudence du Juge ne doit avoir aucun égard, *supra*
Tit. 4. Max. 8. Julien Peleus liv. 8. action 73.

I I. Max. La confession de l'accusé se doit diviser, tant en causes Civiles,
qu'en Criminelles, suivant Jean Bodin liv. 4. enforte que si l'accusé confesse
avoir tué, mais qu'il l'a fait à son corps défendant, étant attaqué,
le premier chef de sa confession sera tenu pour verifié étant dit par des
témoins pour preuve indubitable, le second qu'il fait pour sa décharge, n'est
pas tenu pour verifié; mais il faut que l'accusé verifie ses faits justificatifs
autrement, sinon doit être condamné; à moins que d'avoir des Lettres de
Rémission de la clémence du Roy. J'en viens de rendre raison sur la fin de
l'explication du present Titre, & j'en parlerai encore mieux dans la dixiéme &
derniere Maxime de ce Titre : il faut bien observer si l'accusé a tué à son corps
défendant un voleur qui l'attaque sur un chemin. Instituts *lib.* 4. Tit. 3. §. 2.

Il n'est pas inutile d'observer en cet endroit que la Maxime des Plaideurs
n'est pas toûjours veritable, lorsqu'ils ont souvent dans la bouche ce brocard
*qu'en Matiere Civile la confession doit être prise en son entier, integralle-
ment, sans pouvoir être divisée ni syncopée*, cela ne peut sortir que de l'ignorance, puisqu'il y a des rencontres dans lesquels elle peut être divisée dans
la plus étroite rigueur sans violer les regles. J'en trouve deux Arrests cé-
lebres dans M. Pierre Bardet, qui ont bien distingué les cas, le premier Tome
1. liv. 3. chap. 109. du dernier May 1630. le second au chap. 120. du Jeudy
1. Aoust 1630. remarquez & expliquez selon le Droit par M. Claude Beroyer
dans la page 617. de son addition aux notes sur ces Arrests; ainsi ce n'est
pas une Maxime que ce brocard sur lequel on doive s'arrêter un moment, &
ne peut proceder que de trois principes que j'expliquerai, qui sont de l'ignorance, de l'entêtement, ou d'un faux zele pour abuser les personnes qu'on engage à soûtenir des Procès.

Nous voyons des simples Praticiens qui font souvent l'application d'un principe qu'ils auront oüy dire d'une espece particuliere, à toutes sortes d'affaires,
& d'especes qui n'y ont nul rapport, sans en connoître la différence & dis-
parité; ce qu'ils appliquent des faits generaux à des faits particuliers selon
leur opinion, ou suivant qu'ils en ont besoin; cela ne peut sortir que de
l'imperitie : ce sont ces sortes de personnes, que Lucien vouloit taxer dans
son Traité *adversus indoctum librorum emptorem.* François Petrarque a parlé
de ceux qui achetent des Livres & se font des Biblioteques considerables qui leur sont inutiles : André Alciat en a voulu toucher quelque chose
par son Emblême 189. *dives indoctus*, c'est d'où Jean François, Prince de
l'Amirande a pris occasion de dire qu'il ne connoissoit rien plus fol entre les
mortels qu'un ignorant qui se croit habile, qui n'a que la vanité, l'orgueïl
& la superbe en partage, sans vouloir demander, pensant ternir la réputation
qu'il croit avoir en lui.

Mais il ne faut pas s'étonner des préventions de ces sortes de Praticiens :
les uns c'est par un entêtement qui leur tient lieu de raison unique; d'autres prétendent par leur pertinacité prouver leur zele à ceux qui les employent. Au
milieu de tout cela il arrive souvent qu'ils engagent ces personnes à intenter ou soûtenir de mauvais Procès, dans lesquels ils succombent avec dépens,

ce qui cauſe la ruine des Familles plûtôt que de prendre un bon conſeil.

Generalement parlant, le brocard que la confeſſion ne ſe diviſe point eſt faux ; car le contraire ſe garde tant en Mariere Civile que Criminelle, ſelon les circonſtances qui ſont à la prudence du Juge : il y a des choſes permiſes & qui ſont licites en public, qui ſont défenduës & ſeroient tres-dangereuſes en particulier ; l'intereſt public purge le crime, comme j'ay prouvé clairement. Un concordat qui ſeroit ſuſpect de ſimonie, dès le moment qu'il eſt homologué en Cour de Rome, il n'eſt pas permis de penſer à l'attaquer, tout eſt purgé ſans plus d'examen, ſuivant les Ultramontains, autrement il n'y auroit jamais de fin. Il étoit permis en public à Athenes de donner la Cyguë préparée à ceux qui étoient las de vivre, & qui avoient obtenu des Aréopages la permiſſion de mourir : ç'auroit été un crime puni de mort d'en donner en particulier ſans l'ordre du Senat, un Criminel condamné à mort il n'eſt pas permis de le tuer, il faut que cela ſe faſſe dans l'ordre des Loix & les regles établies par la Juſtice.

III. Max. L'accuſé après avoir dénié le crime eſt recevable en tout état de cauſe avant le jugement diffinitif à propoſer des faits juſtifficatifs, ſuivant *Boærius deciſion* 164. *num.* 10. *uſque in finem.* Campagne *quæſt.* 67. J'eſtime que propoſant ces faits juſtificatifs par les interrogatoires ſur la ſellette, ils doivent être reçûs en cas qu'il n'y ait pas de preuves concluantes contre lui au Procès.

IV. Max. L'*alibi* eſt le plus preſſant, le plus fort & peremptoire de tous les faits juſtifficatifs qu'on peut propoſer, lequel ſe doit entendre ſelon la diſtance des lieux pour être recevable & pertinent. Annotations ſur Monſieur Liſet au chap. 6. du Procès Criminel. Bouchel en ſa Biblioteque *in voce* Témoin, §. *publicatio teſtium* page 1118. Je croy que c'eſt de Papon ou de Coras, Conſeiller à Toulouſe & Profeſſeur en Droit en l'Univerſité, que l'a pris Bouchel. Un homme à Lyon le 1. Avril, il eſt impoſſible que le même jour il ait aſſaſſiné un homme dans Paris.

V. Max. L'ignorance excuſe d'elle-même & juſtifie les accuſez, ſurquoi je remarque qu'il y a de deux ſortes d'ignorance, l'une de droit & l'autre de fait : celle de droit eſt invincible & involontaire *ignorantia juris naturalis omnibus adultis damnabilis eſt.* Can. *turbatur.* Tous les Saints Peres, les Docteurs & Juriſconſultes ſont d'accord que l'ignorance du Droit naturel ne s'excuſe point. Inſtituts *lib.* 4. *Tit.* 3. §. 3. Celle de fait, eſt lorſqu'un homme voyant quelque choſe de loin remuer dans un gros buiſſon, il croit que c'eſt un repere ; il tire & tuë un homme qui y étoit ſans le ſçavoir, ou quand on trouve quelque choſe qu'on croit être à ſon parent qu'on l'emporte & qui ſe trouve être à autrui, &c. Regles de Droit *lib.* 6. André Alciat *lib.* 1. *num.* 114. *de verborum ſignificatione, Divus Ambroſius in exhamerc.* A l'égard de l'*alibi* ne ſe pas méprendre aux dates en Angleterre & en Holande, à cauſe des dix jours *Gregoriens,* un homme pourroit être à Paris & à Londres le même jour.

VI. Max. Le Fils ne peut être convenu pour ſon Pere, ni le Pere pour ſon Fils pour les frais de l'enquête des faits juſtificatifs, à la preuve deſquels ils ont été reçûs nonobſtant ce qu'on auroit pû propoſer, ſuivant un Arreſt du 2. Juin 1559. rapporté par Claude Expilly. Arreſt 57. où il dit que *Bene-*

dicti & Fernand semblent, avoir tenu le contraire en ce qu'ils disent ; mais outre, dit-il, que nous ne suivons pas leur doctrine, c'est qu'elle est contraire au Droit écrit, d'ailleurs l'Ordonnance qui veut que la Partie ou le Procureur Fiscal fournisse pour l'enquelte ordonnée d'office pour l'accusé, *s'il n'a de quoi fournir*, c'est un remede qui décharge le Pere ; aussi l'Ordonnance de Villers-Cotterests en 1539. art. 159. 160. & nôtre Ordonnance au Titre en question art. 7. dit que l'accusé sera tenu de consigner, *s'il le peut faire* ; sinon par la Partie civile, par le Roy ou les Engagistes des Domaines Royaux ou par les Seigneurs Hauts-Justiciers, chacun à son égard : ainsi la Loy s'oppose aux raisons de ces deux Docteurs, par la regle *ne Filius pro Patre, & Pater pro Filio conveniant, suprà* Tit. 8. Maxime 41. & Tit. 28. Maxime 16.

VII. Max. L'accusé pour la preuve de ses faits justificatifs, se peut aider des domestiques, parens & même de témoins qui lui ont été confrontez, & qu'il a lui même reprochez, sans pour cela se départir de ses reproches Lazare Ducroc au Style du Parlement. Papon en ses Arrest liv. 9. Tit. 1. des preuves. Arrest 35. liv. 24. Tit. 5. *num.* 11. un témoin produit pour justifier l'innocence qui dépose precisément, *je croi*, cela prouve pour l'accusé à le justifier.

VIII. Max. Les témoins nommez par l'accusé, & ouys par le Juge sur les faits justificatifs ne peuvent être récusez : car bien que l'accusé les ait nommez, ce n'est pas lui qui les a produits, mais le Procureur du Roy ; cependant le Procureur du Roy les peut reprocher après la nomination de l'accusé, suivant Despeisses, des reproches des témoins, Tit. 10. art. 4. Arrest du 28. Aoust 1545. Jean Papon, liv. 24. Tit. 5. Arrest 8. & 11.

IX. Max. Les réponses de purs négatifs sont *in probabilis*, de maniere que si l'accusé en propose en purs négative, il n'a que faire de preuve, parce que c'est une Maxime infaillible que deux droits singuliers qui vont contre le droit commun ne concourent point sur un seul sujet en une même personne d'admettre à la preuve d'un fait qui est impossible, ce seroit introduire & accumuler deux choses impossibles, approuver ce que la raison & les regles du Droit ne sçauroient souffrir : la preuve n'est que pour les reproches des témoins, & ce seroit une grande faute, & une lourde absurdité au Juge de lui octroyer une commission pour informer, afin de l'admettre à faire la preuve de son fait négatif qui ne se peut prouver ; de plus l'accusateur pourroit par-là détruire & gâter les preuves du Demandeur, *L. actor* 23. *Cod. de probat. Canon. accusator ultima quæst.* 5. Ayrault rapporté en la Biblioteque de Bouchel *in voce* preuve.

X. Max. S'il y a un mort, l'accusé ne peut pas être reçu à la preuve de ses faits justificatifs, quand même il en auroit proposé & allegué de pertinens, car il faut qu'il obtiennne des Lettrres de Rémission ou de Pardon du Roy, ainsi que j'ay dit en la seconde Maxime de ce Titre, & l'on verra encore par exprès le Titre 27. des Sentences, Jugemens & Arrests aux Maximes 31. & 32. cependant j'observe ici que la presente Maxime est seulement au regard des Juges inferieurs qui sont Juges de rigueur, & non à l'égard des Cours Souveraines, *quibus licet mitigare leges & mitius judicare.* L'Ordonnance même n'en exclut pas absolument ni précisement les premiers Juges : il faut voir le Président de la Rocheflavin *in verbo* Graces, Tit. 7. art. 2. Machoud des pro-

cedures

cedures Criminelles chap. 23. & réfléchir lorſque c'eſt un *alibi* propoſé par l'accuſé qui paroît recevable , car s'il obtient des Lettres , c'eſt convenir du fait & détruire l'*alibi*.

Toûjours il faut que ce ſoit pour juſtifier un innocent & non point un coupable : le plus ſage d'entre les hommes nous dit dans ſes Proverbes chap. 17. ℣. 15. *qui juſtificat impium & qui condemnat juſtum abominalis eſt uterque apud Deum.* Qui juſtifie le méchant & celui qui condamne le juſte , l'un & l'autre ſont abominables devant Dieu ; ce qui faiſoit que ce ſage Roy demandoit à Dieu les lumieres & un cœur docile pour bien juger & diſcerner le bien & le mal , ſçachant que la préſomption eſt la mere de l'ignorance & la ſource des erreurs. *Reg.* 3. *cap.* 3. ℣. 9. *Pſalm.* 71. *Sapience* 9.

X I. Max. Tous crimes ſont perſonnels ainſi que j'ay montré Titre 14. Max. 12. Tit. 27 Max. 10. & à la Maxime 6. du preſent Titre , & ainſi je n'ay pas parlé Tit. 12. Max. 16. de l'Ordonnance que cite Jean Imbert liv. 3. chap. 13. *num.* 8. qui rend les Maîtres civilement reſponſables des crimes & délits de leurs domeſtiques : je doute fort que les Maîtres en fuſſent tenus par corps , ce ſeroit une choſe injuſte à moins qu'ils ne l'euſſent fait par leur ordre & commandement , veu que chacun eſt puni pour ſon crime perſonnel. Ils ne pourroient tout au plus être tenus que de répondre civilement des crimes & délits qu'ils commettront par leur ordre , étant à leur ſervice , dans les cas exprimez par la Déclaration du mois de Decembre 1544. qu'il rapporte. C'eſt ce qu'il faut diſtinguer & examiner. Inſtituts *lib.* 4. *Tit.* 8. *de noxalibus actionibus* §. 3. *Dominus.* Le Maître étoit liberé en abandonnant l'eſclave au plaignant pour le délit , il n'étoit pas juſte que les Maîtres fuſſent tenus pour leurs eſclaves au par deſſus de leur valeur. Inſtit. *lib.* 4. *Tit.* 9. Un pere n'eſt tenu que civilement & non pénalement des fautes & délits de ſes enfans. C'eſt ainſi qu'il faut entendre les Loix , & tous les Réglemens que j'ay rapportez , dont je ne répeterai rien : j'ajoûterai ſeulement que déſavoüant ſon domeſtique & en l'abandonnant il en ſeroit quitte , ainſi que faiſoit celui qui abandonnoit ſon eſclave qui avoit fait le dommage & délit ; mais l'Empereur avertit , Tit. 8. §. 7. qu'on ne peut abandonner que l'eſclave pour être quitte , & non les enfans , veu que les anciens interpretes des Loix enſeignent qu'on pouvoit pourſuivre les enfans de famille pour leurs crimes : ainſi il faut diſtinguer le délit du domeſtique *neſciente Domino* d'avec *ſciente Domino.* Au premier cas le Maître ſera abſous , au ſecond cas il ſemble qu'il ſeroit tenu de payer le dommage. *L. ſi ſervus* ff. Inſtituts. *lib.* 4. *Tit.* 5. Joſué *cap.* 7. ℣. 24. rapporte un exemple qui fait trembler , de ce qu'il executa contre Achan & ſa famille pour avoir manqué à l'Ordre de Dieu , qui ſeul connoît les cœurs & les pechez cachez.

EDIT

Touchant la Police des Isles de l'Amerique Françoise.

Du mois de Mars 1685.

LOUIS par la grace de Dieu, Roy de France & de Navarre : A tous presens & à venir : SALUT, comme nous devons également nos soins à tous les Peuples que la Divine Providence a mis sous nôtre obéïssance , Nous avons bien voulu faire examiner en nôtre presence les mémoires qui nous ont été envoyez par nos Officiers de nos Isles de l'Amerique , par lesquels ayant été informez du besoin qu'ils ont de nôtre Autorité & de nôtre Justice pour y maintenir la discipline de l'Eglise Catholique , Apostolique & Romaine , & pour y regler ce qui concerne l'Etat & la qualité des Esclaves dans nosdites Isles , & désirant y pourvoir & leur faire connoître qu'encore qu'ils habitent des climats infiniment éloignez de nôtre séjour ordinaire , nous leur sommes toûjours present , non seulement par l'étenduë de nôtre puissance , mais encore par la promptitude de nôtre application à les secourir dans leurs nécessitez. A CES CAUSES de l'avis de nôtre Conseil & de nôtre Certaine science , pleine puissance & autorité Royale , nous avons dit , statué & ordonné , disons , statuons & ordonnons , voulons & nous plaît ce qui ensuit.

Les dix premiers Titre du livre 1. des Instituts qui parlent de la maniere dont usoient les Romains envers leurs esclaves , regardent cet Edit. Les Titres 7. 8. 9. 18. du liv. 3. en sont la suite. Le liv. 4. Tit. 3. de Lege Aquilia , Tit. 8. de noxalibus actionibus , quoique les Loix Romaines ne décident point , je m'en sers pour le raisonnement.

ARTICLE I. Voulons & entendons que l'Edit du feu Roy de glorieuse mémoire nôtre très-honoré Seigneur & Pere du 23. Avril 1615. soit executé dans nos Isles , ce faisant enjoignons à tous nos Officiers de chasser hors de nos Isles tous les Juifs qui y ont établi leur résidence , ausquels comme aux ennemis déclarez du nom Chrêtien Nous commandons d'en sortir dans trois mois , à compter du jour de la publication des Presentes , à peine de confisca-tion de corps & de biens.

I I. Tous les Esclaves qui seront dans nos Isles seront baptisez & instruits dans la Religion Catholique , Apostolique & Romaine. Enjoignons aux Ha-bitans qui acheteront des Negres nouvellement arrivez d'en avertir les Gou-verneurs & Intendans desdites Isles dans huitaine au plus tard , à peine d'a-mende arbitraire , lesquels donneront les ordres necessaires pour les faire instruire & baptiser dans le tems convenable.

I I I. Interdisons tout exercice public d'autre Religion que de la Catholique , Apostolique & Romaine , voulons que les contrevenans soient punis comme rebelles & désobéïssans à nos Commandemens. Défendons toutes assemblées pour cet effet, lesquelles nous déclarons conventicules, illicites & séditieuses, sujets à la même peine, qui aura lieu, même contre les Maîtres qui les permettront ou souffriront à l'égard de leurs Esclaves.

IV. Ne seront préposez aucuns Commandeurs à la direction des Negres, qui ne fassent profession de la Religion Catholique, Apostolique & Romaine, à peine de confiscation desdits Negres contre les Maîtres qui les auront préposez, & de punition arbitraire contre les Commandeurs qui auront accepté ladite direction.

V. Défendons à nos Sujets de la R. P. R. d'apporter aucun trouble ny empêchement à nos autres Sujets, mêmes à leurs esclaves dans le libre exercice de la Religion Catholique, Apostolique & Romaine, à peine de punition exemplaire.

VI. Enjoignons à tous nos Sujets de quelque qualité & condition qu'ils soient d'observer les jours de Dimanches & Fêtes qui sont gardez par nos Sujets de la Religion Catholique, Apostolique & Romaine. Leur défendons de travailler, ny faire travailler leurs Esclaves esdits jours, depuis l'heure de minuit jusqu'à l'autre minuit, soit à la culture de la terre, à la manufacture des sucres, & à tous autres ouvrages, à peine d'amende & de punition arbitraire contre les Maîtres, & de confiscation tant des sucres que desdits Esclaves qui seront surpris par nos Officiers dans leur travail.

VII. Leur défendons pareillement de tenir le marché des Negres & de tous autres marchez lesdits jours sur pareilles peines, & de confiscation des marchandises qui se trouveront alors au marché & d'amende arbitraire contre les Marchands.

VIII. Déclarons nos Sujets qui ne sont pas de la Religion Catholique, Apostolique & Romaine incapbles de contracter à l'avenir aucun mariage valable. Déclarons bâtards les enfans qui naîtront de telles conjonctions, que nous voulons être tenus & réputez, tenons & réputons pour vrays concubinages.

IX. Les hommes libres qui auront un ou plusieurs enfans de leur concubinage avec leurs esclaves, ensemble les Maîtres qui l'auront souffert, seront chacun condamnez à une amende de deux mille livres de sucre; & s'ils sont les maîtres de l'esclave, de laquelle ils auront eu lesdits enfans: voulons qu'outre l'amende, ils seront privez de l'esclave & des enfans, & qu'elle & eux soient confisquez au profit de l'Hôpital, sans jamais pouvoir être affranchis. N'entendons toutefois le present article avoir lieu, lorsque l'homme n'étoit point marié à une autre personne durant son concubinage avec son esclave, épousera dans les formes observées par l'Eglise sadite esclave, qui sera affranchie par ce moyen & les enfans rendus libres & legitimes.

X. Lesdites solemnitez prescrites par l'Ordonnance de Blois articles 40. 41. 42. & par la Déclaration du mois de Novembre 1639. pour les mariages, seront observées tant à l'égard des personnes libres que des esclaves, sans néanmoins que le consentement du pere & de la mere de l'esclave y soit necessaire, mais celui du Maître seulement.

XI. Défendons aux Curez de proceder aux Mariages des esclaves, s'ils ne font apparoir du confentement de leur Maître. Deffendons auffi aux Maîtres d'ufer d'aucunes contraintes fur leurs efclaves pour les marier contre leur gré.

XII. Les enfans qui naîtront de mariage entre efclaves, feront efclaves & appartiendront aux Maîtres des femmes efclaves, & non à ceux de leur marié, fi le mari & la femme ont des Maîtres differens. *S. Paul ad Gal.4 ℣. 31. Itaque fratres non fumus ancilla filii, fed liberæ.*

XIII. Voulons que fi le mari efclave à épousé une femme libre, les enfans tant mâles que filles fuivent la condition de leur mere, & foient libres comme elle, nonobftant la fervitude de leur pere ; & que fi le pere eft libre & la mere efclave, les enfans feront efclaves pareillement.

XIV. Les Maîtres feront tenus de faire mettre en Terre-Sainte dans les Cimetieres deftinez à cet effet, leurs efclaves baptifez : & à l'égard de ceux qui mourront fans avoir reçû le Baptême, ils feront enterrez la nuit dans quelque champ voifin du lieu où ils feront decedez.

XV. Deffendons aux efclaves de porter aucunes armes offenfives, ny de gros bâtons, à peine du foüet, & de confifcation des armes au profit de celui qui les en trouvera faifis, à l'exception feulement de ceux qui feront envoyez à la chaffe parleur Maître, & qui feront porteurs de leurs billets, ou marques connuës.

XVI. Deffendons pareillement aux efclaves apartenans à differens maîtres, de s'atrouper, foit le jour ou la nuit, fous prétextes de nôces ou autrement, foit chez un de leurs Maîtres ou ailleurs, & encore moins dans les grands chemins ou lieux écartez, à peine de punition corporelle, qui ne pourra être moindre que du foüet & de la fleur de Lys, & en cas de frequentes recidives & autres circonftances agravantes, pourront être punis de mort : ce que nous laiffons à l'arbitrage des Juges. Enjoignons à tous nos fujets de courir fus les contrevenans, de les arrêter & conduire en prifon, bien qu'ils ne foient Officiers, & qu'il n'y ait contr'eux encore aucun decret.

XVII. Les Maîtres qui feront convaincus d'avoir permis ou tolleré telles affemblées compofées d'autres efclaves que de ceux qui leur appartiennent, feront condamnez en leur propre & privé nom, de réparer tout le dommage qui aura été fait à fes voifins à l'occafion defdites affemblées, & en dix écus d'amende pour la premiere fois, & au double au cas de récidive.

XVIII. Deffendons aux efclaves de vendre des cannes de fucre, pour quelque caufe ou occafion que ce foit, même avec la permiffion de leur Maître, à peine du foüet contre les efclaves, & de dix livres tournois contre leurs Maîtres qui l'auront permis, & de pareille amende contre l'acheteur

XIX. Leur deffendons auffi d'expofer en vente au marché ny de porter dans les maifons particulieres pour vendre aucunes fortes de denrées, mêmes des fruits, legumes, bois à brûler, herbes pour leur nourriture & des beftiaux à leurs manufactures, fans permiffion expreffe de leurs Maîtres par un billet, ou par des marques connuës, à peine de révendication des chofes ainfi venduës, fans reftitution du prix par leurs Maîtres, & de fix livres tournois d'amende à leur profit contre les acheteurs.

XX. Voulons à cet effet que deux perfonnes foient prépofées par nos Officiers dans chacun marché pour examiner les denrées & marchandifes qui feront apportées par les efclaves, enfemble les billets & marques de leurs Maîtres.

XXI. Permettons à tous nos fujets habitans des Ifles, de fe faifir de toutes les chofes dont ils trouveront les efclaves chargez lorfqu'ils n'auront point de billets de leurs Maîtres, ny de marques connuës pour être renduës inceffamment à leurs Maîtres, fi les habitations font voifins du lieu où les efclaves auront été furpris en délit, finon elles feront inceffamment envoyées à l'Hôpital pour y être en dépôt jufques à ce que les Maîtres en ayent été avertis.

XXII. Seront tenus les Maîtres de fournir par chacune femaine à leurs efclaves âgez de dix ans & au-deffus pour leur nourriture, deux pots & demi mefure de païs de farine de Magnoe, ou trois caffave pefans deux livres & demie chacun au moins, ou chofes équivallans, avec deux livres de bœuf falé ou trois livres de poiffon ou autres chofes à proportion, & aux enfans depuis qu'ils font fevrez jufques à l'âge de dix ans la moitié des vivres cy-deffus.

XXIII. Leur deffendons de donner aux efclaves de l'eau de vie de canne guildent, pour tenir lieu de la fubfiftance mentionnée au precedent article.

XXIV. Leur défendons pareillement de fe décharger de la nourriture & fubfiftance de leurs efclaves en leur permettant de travailler certain jour de la femaine pour leur compte particulier.

XXV. Seront tenus les Maîtres de fournir à chacun efclave par chacun an deux habits de toille ou quatre aulnes de toille au gré defdits Maîtres.

XXVI. Les efclaves qui ne feront point nourris, vêtus & entretenus par leurs Maîtres felon que l'avons ordonné par ces Prefentes, pourront en donner avis à nôtre Procureur & mettre leurs mémoires entre fes mains, fur lefquels & même d'office, fi les avis lui en viennent d'ailleurs, les Maîtres feront pourfuivis à fa Requefte & fans frais, ce que nous voulons être obfervé pour les crieries & traitemens barbares & inhumains des Maîtres envers leurs efclaves. *Inftituts lib.* 1. *Tit.* 8.

XXVII. Les efclaves infirmes par vieilleffe, maladie, ou autrement, foit que la maladie foit incurable ou non, feront nourris & entretenus par leurs Maîtres, & en cas qu'ils les euffent abandonnez, lefdits efclaves feront adjugez à l'Hôpital, auquel les Maîtres feront condamnez de payer fix fols, par chacun jour pour leur nourriture & entretien de chacun efclave.

XXVIII. Déclarons les efclaves ne pouvoir rien avoir qui ne foit à leur Maître, & tout ce qui leur vient par induftrie ou par la liberalité d'autres perfonnes ou autrement à quelque titre que ce foit, être acquis en pleine proprieté à leur Maître, fans que les enfans des efclaves, leur Pere, & Mere, leurs parens & tous autres libres ou efclaves puiffent rien prétendre par fucceffion, difpofition entre-vifs ou à caufe mort, lefquelles difpofitions nous déclarons nulles, enfemble toutes les promeffes & obligations qu'ils auroient faites, comme étant faites par gens incapables de difpofer & contracter de leur chef.

XXIX. Voulons néanmoins que les Maîtres foient tenus de ce que les efclaves auront fait pas leur ordre & commandement, enfemble ce qu'ils auront geré & négotié dans la boutique, & pour l'efpece particuliere du commerce, à laquelle les Maîtres les aura prépofez : ils feront tenus feulement jufques à concurrence de ce qui aura tourné au profit des Maîtres ; le pecule defdits efclaves que leur Maîtres leur auront permis en fera tenu, après que leurs Maîtres en auront déduit par préference ce qui pourra leur en être dû, sinon que le pecule consistant en tout ou partie en marchandises, dont les esclaves auront permission de faire trafic à part, sur lesquelles leurs Maîtres viendront seulement par contribution au sol la livre avec les autres créanciers.

XXX. Ne pourront les esclaves être pourvus d'Offices ni de Commissions ayant quelques fonctions publiques, ny être constituez agens par autres que leurs Maîtres, pour agir & administrer aucun négoce ny arbitre, en perte, ou témoins, tant en Matiere Civile que Criminelle & en cas qu'ils soient ouys en témoignage, leurs dépositions ne serviront que de mémoires pour aider les Juges à s'éclaircir d'ailleurs, sans que l'on en puisse tirer aucune présomption ny conjecture ny adminicule de preuve. *Un Maure Grenadin disoit en faveur de ceux de sa nation, que l'Univers ne produit des hommes, que pour leur donner des esclaves,* & la nature n'engendroit que des matieres à les rejoüir.

XXXI. Ne pourront aussi les esclaves être partie, ny en jugement, ny en Matiere Civile, tant en demandant que défendant, ny être partie Civile en Matiere Criminelle, & de poursuivre en Matiere Criminelle la réparation des outrages & excès qui auront été commis contre les esclaves.

XXXII. Pourront les esclaves être poursuivis criminellement, sans qu'il soit besoin de rendre leur Maître partie, sinon en cas de complicité : & seront lesdits esclaves accusez, jugez en premiere Instance par les Juges ordinaires & par appel au Conseil Souverain sur la même instruction, avec les mêmes formalitez que les personnes libres.

XXXIII. L'esclave qui aura frappé son Maître, ou la Femme de son Maître, sa Maîtresse, ou leurs enfans avec contusion de sang, ou au visage, sera puni de mort. *Incipit Epistola 1. Beati Pauli Apostoli ad Timotheos cap. 6. quicumque sunt sub jugo servi Dominos suos omni honore dignos arbitrentur, &c.*

XXXIV. Et quand aux excès & voyes de fait qui seront commis par les esclaves contre les personnes libres : Voulons qu'ils soit severement punis, même de mort s'il y échet.

XXXV. Les vols qualifiez, même ceux des chevaux, cavalles, mulets, bœufs & vaches qui auront été faits par les esclaves, ou par ceux affranchis, seront punis de peines afflictives, même de mort si le cas le requiert.

XXXVI. Les vols de moutons, chevres, cochons, volailles, cannes de sucres, poix, Maignoc ou autres legumes faits par les esclaves, seront punis selon la qualité du vol, par les Juges qui pourront s'il y échet, les condamner à être battus de verges par l'Executeur de la Haute-Justice, & marquez à l'épaule d'une fleur de lys.

XXXVII. Seront tenus les Maîtres en cas de vol ou autrement de dommages causez par leurs esclaves, outre la peine corporelle des esclaves, réparer les torts en leur nom, s'ils n'ayment mieux abandonner l'esclave à celui auquel le tort a été fait, ce qu'ils seront tenus d'opter dans trois jours, à compter du jour de la condamnation, autrement ils en seront déchûs. *Instituts lib. 4. Tit. 8. de noxalibus actionibus §. 3. Dominus.*

XXXVIII. L'esclave fugitif qui aura été en fuite pendant un mois à compter du jour que son Maître l'aura dénoncé en Justice, aura les oreilles coupées, & sera marqué d'une fleurs de lys sur une épaule : & s'il récidive un autre mois à compter pareillement du jour de la dénonciation, aura le jaret coupé & sera marqué d'une fleur de lys sur l'autre épaule, & la troisiéme fois il sera puni de mort.

XXXIX. Les affranchis qui auront donné retraite dans leurs maisons aux esclaves fugitifs, seront condamnez par corps envers leurs Maîtres en l'amende de trois cens livres de sucres par chacun jour de rétention.

XL. L'esclave puni de mort sur la dénonciation de son Maître non complice du crime pour lequel il aura été condamné, sera estimé avant l'execution par deux des principaux habitans de l'Isle qui seront nommez d'office par le Juge, & le prix de l'estimation sera payé au Maître pour à quoi satisfaire il sera imposé par l'Intendant sur chacune teste de Negre payant droit, la somme portée par l'estimation, laquelle sera regalée sur chacun desdits Negres, & levé par le Fermier du Domaine Royal d'Occident pour éviter à frais.

XLI. Défendons aux Juges, à nos Procureurs & aux Greffiers de prendre aucune taxe dans les Procès Criminels contre les esclaves, à peine de concussion.

XLII. Pourront pareillement les Maîtres, lorsqu'ils croiront que leurs esclaves l'auront merité, les faire enchaîner & les faire battre de verges ou de cordes, leur défendant de leur donner la torture, ny de leur faire aucune mutilation de membre, à peine de confiscation des esclaves & d'être procedé contre les Maîtres extraordinairement.

XLIII. Enjoignons à nos Officiers de poursuivre criminellement les Maîtres ou les Commandeurs qui auront tué un esclave sous leur puissance ou sous leur direction, & de punir le Maître selon l'atrocité des circonstances, & en cas qu'il y ait lieu de l'absolution, permettons à nos Officiers de renvoyer tant les Maîtres que Commandeurs absous, sans qu'ils ayent besoin de nos graces.

XLIV. Déclarons les esclaves être meubles, & comme tels entrent en la communauté, n'avoir point de suite par hypoteque, & partager également entre les coheritiers sans préciput ny droit d'aînesse, n'être sujets au douaire Coutumier, au Retrait Féodal & Lignager, aux Droits Feodaux & Seigneuriaux, aux formalitez des Decrets, ny aux retranchemens des quatre Quints, en cas de disposition à cause de mort ou testamentaire.

XLV. N'entendons toutesfois priver nos sujets de la faculté de les stipuler propres à leurs personnes & aux leurs de leur costé & ligne, ainsi qu'il se pratique pour les sommes de deniers & autres choses mobiliaires.

XLVI. Dans les saisies des esclaves seront observées les formalitez prescrites par nos Ordonnances & les Coûtumes pour les saisies des choses mobiliaires. Voulons que les deniers en provenant soient distribuez par ordre des saisies : & en cas de déconfiture au sol la livre, après que les dettes privilegiées auront été payées, & generalement que la condition des esclaves soit réglée en toutes affaires, comme celles des autres choses mobiliaires aux exceptions suivantes.

XLVII. Ne pourront être saisis & vendus séparément, le Mary & la Femme & leurs enfans impuberes, s'ils sont tous sous la puissance du même Maître, déclarons nulles les saisies & ventes qui en seront faites, ce que nous voulons avoir lieu dans les allienations volontaires , sur peine que feront les allienateurs d'être privez de celui ou de ceux qu'ils auront gardez qui seront adjugez aux acquereurs , sans qu'ils soient tenus de faire aucun supplément du prix.

XLVIII. Ne pourront aussi les esclaves travaillant actuellement dans les sucreries, indigoteries, & habitations , âgez de 14. ans & au dessus jusques à soixante ans, être saisis pour dettes, sinon pour ce qui sera dû du prix de leur achat , ou que la sucrerie ou indigoterie ou habitation dans laquelle ils travaillent soient saisis réellement ; défendons à peine de nullité de proceder par saisie réelle & adjudication par decret sur les sucreries , indigoteries ny habitations, sans y comprendre les esclaves de l'âge susdit & y travaillant actuellement.

XLIX. Les Fermiers Judiciaires des sucreries , indigoteries ou habitations saisies réellement conjointement avec les esclaves , seront tenus de payer le prix entier de leur bail, sans qu'ils puissent compter parmy les fruits & droits de leurs bail qu'ils percevront, les enfans qui seront nez des esclaves pendant le cours d'icelui qui n'y entrent point. Instituts. *lib.* 2 *Tit.* 1. §. 37. *Partus vero ancillæ in fructu non est itaque ad Dominum proprietatis pertinet.*

L. Voulons que nonobstant toutes conventions contraires que nous déclarons nulles , que lesdits enfans appartiennent à la partie saisie si les créanciers sont satisfaits d'ailleurs ou à l'adjudicataire s'il intervient un decret , & qu'à cet effet , mention soit faite dans la derniere affiche avant l'interposition du decret des enfans nez des esclaves depuis la saisie réelle : que dans la même affiche il sera fait mention des esclaves décedez depuis la saisie réelle dans laquelle ils auront été compris.

LI. Voulons pour éviter aux frais & aux longueurs des procedures, que la distribution du prix entier de l'adjudication conjointement des fonds & des esclaves & de ce qui proviendra du prix des Baux judiciaires, soit fait entre les Créanciers selon l'ordre de leurs privileges & hypoteques , sans distinguer ce qui est provenu du prix des fonds, d'avec ce qui est procedant du prix des esclaves.

LII. Et néanmoins les droits Féodaux & Seigneuriaux ne seront payez qu'à proportion du prix des fonds : *il faut en ce cas faire une ventilation des fonds & des esclaves.*

LIII. Ne seront reçûs les Lignagers & les Seigneurs Féodaux à retirer les fonds decretez, s'ils ne retirent les esclaves vendus conjointement avec les fonds , ni les adjudicataires à retenir les esclaves sans les fonds.

LIV. Enjoignons aux Gardiens Nobles & Bourgeois , Usufruitiers, Admodiateurs & autres jouïssans des fonds , ausquels sont attachez des esclaves qui travaillent , de gouverner lesdits esclaves comme bons peres de familles, sans qu'ils soient tenus après leur administration de rendre le prix de ceux qui seront décedez ou diminuez par maladies, vieillesse ou autrement sans leur faute & sans qu'ils puissent aussi retenir comme les fruits de leurs profits, les enfans nez desdits esclaves durant leur administration, lesquels nous voulons être conservez & rendus à ceux qui en seront les Maîtres & Propriétaires : *supra art.* 49.

LV. Les Maîtres âgez de vingt ans pourront affranchir leurs Esclaves par
tous

tous actes entre-vifs ou à cause de mort , sans qu'ils soient tenus de rendre raison de leur affranchissement ny qu'ils ayent besoin d'avis de parens , encore qu'ils soient mineurs de vingt-cinq ans.

LVI. Les enfans qui auront été faits legataires universels par leurs Maîtres , ou nommez Executeurs de leurs Testaments , ou Tuteurs de leurs enfans , seront tenus & reputez , & les tenons & réputons pour affranchis.

LVII. Déclarons leurs affranchissemens faits dans nos Isles , leur tenir lieu de naissance dans nos Isles , & les esclaves affranchis n'avoir besoin de nos Lettres de naturalité pour joüir des avantages de nos Sujets naturels dans nôtre Royaume , Terres & Païs de nôtre obéïssance , encore qu'ils soient nez dans les Païs Etrangers.

LVIII. Commandons aux affranchis de porter un respect singulier à leurs anciens Maîtres , à leurs Veuves , & à leurs Enfans , ensorte que l'injure qu'ils auront faite soit punie plus grievement que si elle étoit faite à une autre personne : les déclarons toutefois francs & quittes envers eux de toutes autres charges , services & droits utils que leurs anciens Maîtres voudroient prétendre , tant sur leurs personnes , que sur leurs biens & successions en qualité de Patrons.

LIX. Octroyons aux affranchis les mêmes droits , privileges & immunitez dont joüissent les personnes nez libres , voulons qu'ils meritent une liberté acquise , & qu'elle produise en eux , tant pour leurs personnes que pour leurs biens , les mêmes effets que le bonheur de la liberté naturelle cause à nos autres Sujets.

LX. Déclarons les confiscations & les amendes , qui n'ont point de destination particuliere par ces Presentes nous appartenir , pour être payez à ceux qui sont préposez à la recette de nos revenus. Voulons néanmoins que distraction soit faite du tiers desdites confiscations & amendes au profit de l'Hôpital établi dans l'Isle où elles auront été adjugées.

SI DONNONS EN MANDEMENT à nos Amez & Feaux les Gens tenans nôtre Conseil Souverain établi à la Martinique , Garde-Louppe , Saint Christophle , que ces Presentes ils ayent à faire lire , publier & enregistrer & le contenu en icelles , garder & observer de point en point selon leur forme & teneur , sans y contrevenir ny permettre qu'il y soit contrevenu en quelque sorte & maniere que se soit , nonobstant tous Edits , Déclarations , Arrests & Usages à ce contraires , ausquels nous avons dérogé & dérogeons par cesdites Presentes. Car tel est nôtre plaisir , & afin que ce soit chose ferme & stable à toûjours , nous y avons fait mettre nôtre Scel. DONNE' à Versailles au mois de Mars , mil six cens quatre-vingt cinq , & de nôtre Regne le quarante-deuxiéme. *Signé*, LOUIS *& plus bas* : Par le Roy , COLBERT. *Visa*. LE TELLIER. Et scellé du GrandSceau de Cire verte en lacs de soye verte & rouge Collationné à l'Original , signé DU METS.

Leu, publié & enregistré le present Edit , oüy & ce requerant le Procureur General du Roy , pour être executé selon sa forme & teneur , & sera à la diligence dudit Procureur Geneneral envoyé copies d'icelui aux Siéges Ressortissants du Conseil , pour y être pareillement , lû , publié & enregistré. Fait & donné au Conseil Souverain , de la Coste Saint-Domingue , tenu au petit Gouave , le 6. May 1687. *Signé*, MORICEAU & au dessus est écrit , Colla-

R r

tionné par nous Notaire Royal au Siége de Léogane de l'Isle Espagnolle, soussigné sur une autre à Nous representée & à l'instant renduë & délivré la presente expedition au sieur Louis Benoist, Procureur General & special du sieur Liboré de Closneuf pour lui valoir & servir ce qu'il appartiendra, cejourd'huy 14. Avril 1701. *Signé*, F R A N C Q, avec paraphe. Collationné à son Original en papier ce fait rendu par moy Greffier de la Chambre du Domaine & Trésor au Palais à Paris, ce 10. May 1702. *Signé*, B R O C Q U E T Greffier.

EDIT DU ROY,

En forme de Lettres Patentes, pour l'établissement du Conseil Souverain & de quatre Siéges Royaux dans la Coste de l'Isle de Saint-Domingue en l'Amerique.

Du mois d'Aoust 1685.

L OUIS, par la grace de Dieu, Roy de France & de Navarre : A tous presens & à venir. S A L U T, Sçavoir faisons que les Peuples qui habitent l'Isle de Saint-Domingue dans l'Amerique, ont témoigné pour nôtre service toute fidélité & obéïssance, dont ils ont donné des marques en toutes les occasions à nos Sujets, qui ont servi à y établir une Colonie très-considerable; ce qui nous a porté à donner nos soins, & à une application particuliere afin de pourvoir à tous leurs besoins : Nous leur avons envoyé plusieurs Missionnaires pour les élever à la connoissance du vrai Dieu, & les instruire dans la Religion Catholique, Apostolique & Romaine : Nous avons tiré de nos troupes des Officiers principaux pour les commander, les secourir & les défendre contre leurs ennemis, & ce qui nous reste à regler est l'administration de la Justice, & établissement des Tribunaux & des Siéges en des lieux certains, en la même maniere & dans les mêmes termes, & sous les mêmes Loix qui s'observent par nos autres Sujets afin qu'ils puissent y avoir recours dans leurs Affaires Civiles & Criminelles en premiere Instance & en dernier Ressort : A c e s c a u s e s de l'avis de nôtre Conseil, & de nôtre certaine science pleine puissance & autorité Royale. Nous avons créé & établi créons & établissons par ces Presentes, signées de nôtre main dans la Coste de l'Isle de Saint - Domingue de l'Amerique, un Conseil Souverain & quatre Siéges Royaux qui y ressortiront. S ç A V O I R, ledit Conseil dans le Bourg de Gouave à l'instar de ceux des Isles de l'Amerique, qui sont sous nôtre obéïssance, lequel sera composé d'un Gouverneur, nôtre Lieutenant General dans lesdites Isles, de l'Intendant de la Justice, Police & Finances dudit Païs; du Gouverneur Particulier de ladite Coste, de deux Lieutenans pour nous, deux Majors, douze Conseillers nos

Amez : à sçavoir, les Sieurs Moreau, Beauregard, de Maresuaud, de Dammartin, Boisseau, Coutard, le Blond, de la Gaupiere, Beauregard du Cap, des Chauderays, de Merixfraude, & Bellichon ; d'un nôtre Procureur General & un Greffier. Donnons pouvoir audit Conseil Souverain de juger en dernier Ressort, tous les Procès & differents, tant Civils, que Criminels, mûs & à mouvoir entre nos Sujets dudit Païs, sur les Appellations des Sentences de nosdits Siéges Royaux, & ce sans aucuns frais, lui enjoignons de s'assembler pour cet effet à certains jours & heures, & aux lieux qui seront par eux avisez les plus commodes au moins une fois le mois. Voulons que le Gouverneur nôtre Lieutenant General ausdits Isles, préside audit Conseil & en son absence les Sieurs, l'Intendant de la Justice, Police & Finances, que le même Ordre soit gardé en ladite Isle, que le Gouverneur Particulier de ladite Coste, lesdits Lieutenans pour nous, les deux Majors, & les douze Conseillers prennent leurs séances & président en cas d'absence les uns des autres, dans le même rang que nous leur avons donnez, & que l'Ecriture marque dans ces Presentes & leur tienne lieu de Reglement pour leur honneur. Voulons néanmoins que l'Intendant de la Justice, Police & Finances audit Païs, lors même que le Gouverneur nôtre Lieutenant General ausdits Isles sera present audit Conseil présidera & qu'il demande les avis, recueille les voix & prononce les Arrests, & qu'il ait au surplus les mêmes avantages, & fasse les mêmes fonctions que le Premier Président de nos Cours, & en cas d'absence de l'Intendant, que le plus ancien de nos Conseillers prononce, avec les mêmes droits, encore qu'il soit précedé par nos Gouverneur, Lieutenans, & Majors. Seront les quatre Siéges Royaux à l'instar de ceux de nôtre Royaume de chacun un Senechal, un Lieutenant, un nôtre Procureur & un Greffier seront établis, sçavoir un audit lieu du petit Gouave, où la Jurisdiction se tiendra, sur le grand & petit Gouave, le Rochelois, Nipes ; la grande Anse, & l'Isle des Vaches, & l'autre à Léogane qui comprendra depuis les établissemens de l'Auchalle, un autre au Port Pé, contiendra depuis le Port François jusques au Mouleur Encolas, & toute l'Isle de la Tortuë, un autre au Cap, dont le Ressort sera depuis du Nord qui tend vers le Sel. Si donnons en mandement, au Gouverneur nôtre Lieutenant General de l'Isle, en son absence au Gouverneur de la Tortuë & Coste de Saint-Domingue, qu'après lui être apparu des bonnes vies & mœurs, conversation, Religion Catholique, Apostolique & Romaine, de ceux qui devront composer lesdits Conseils Souverains, qu'il aura pris le serment en tel cas requis & accoûtumé, ils les mettent & instituent dans les fonctions de leurs Charges, les faisant reconnoître & obéïr de tous ceux, ainsi qu'il appartiendra. Mandons particulierement aux Officiers dudit Conseil Souverain, de faire de même, ensemble les Officiers desdits Siéges Royaux. Car tel est nôtre plaisir ; En témoin de quoi Nous avons fait mettre nôtre Scel à cesdites Presentes. Donne' à Versailles au mois d'Aoust 1685. & de nôtre Regne, le quarante-troisiéme, *Signé*, LOUIS *& plus bas.* Par Le Roy COLBERT. *Visa* LE TELLIER, Et scellé du grand Sceau de Cire verte, en lacs de soye verte & rouge. Délivré & transcrites sur la minute étant dans un Régistre contenant les Ordres & Déclarations du Roy pour les Isles de Saint-

Domingue, déposé au Convent des Petits Peres de la Place des Victoires à Paris, où est gardé minutte, *Signé* DE CLERAMBAULT, Secretaire de la Compagnie.

ARREST

Qui a Jugé que les Requêtes Civiles prises contre les Arrests du Conseil Souverain de Saint Domingue y doivent être plaidées, & non point au Parlement de Paris.

Du 16. Février 1705.

Extrait des Regiftres du Conseil d'Eftat privé du Roy.

ENtre Marin Buttet, & Magdelaine Yvon son épouse, François, André & Jeanne Lechat, heritiers beneficiaires de deffunt Jacques Yvonsieur Deflandes, Lieutenant de Roy au Gouvernement de Saint Domingue, demandeurs aux fins de la Requête inferée dans l'Arrest du Conseil du 2. Juillet 1703. & exploit d'affignation donnée en consequence le 6. dudit mois d'une part, & Leger Pellé Bourgeois de Paris, au nom & comme Tuteur de Leger & Jacques Pellé ses enfans, deffendeurs d'autre part, sans que les qualitez puiffent nuire ny préjudicier aux parties. VEu au Conseil du Roy l'Arrest dudit Conseil dudit jour 2. Juillet 1703. intervenu sur la Requête defdits Buttet, Yvon & Lechat, tendante à ce qu'il plût à Sa Majesté, fans s'arrêter aux Lettres en forme de Requête civile du 6. Septembre 1701. obtenuës par ledit Pellé, ny à l'Ordonnance de Vienne mise au bas de la Requête par lui presentée au Parlement de Paris, afin d'entherinement desdites Lettres signifiées le 5. Decembre audit an, qui feront déclarées nulles, avec tout ce qui s'en eft enfuivi, concernant lefdites Lettres de Requête civile, comme contraires à l'Ordonnance de 1667. lefdits Buttet & Confors foient déchargez des pourfuites & procedures contr'eux faites audit Parlement de Paris, pour communiquer ou plaider fur les mêmes Lettres : faire deffenfes audit Pellé de les continuer à peine de mil livres d'amende, & de tous dépens, dommages & interêts : par lequel Arrest il a été ordonné que ledit Pellé audit nom feroit affigné aux fins de ladite Requête, pour parties oüies être ordonné ce qu'il appartiendra : enfuite eft l'exploit d'affignation donné en confequence le 6. dudit mois de Juillet. Requête & Ordonnance du Conseil, qui commet le sieur d'Herbigny, Confeiller du Roy en ses Conseils, Maître des Requêtes de son Hôtel, pour Rapporteur de l'Inftance du 31. dudit mois de Juillet. Apointement de reglement signé en l'Inftance le 3. Aouft 1703. contenant les conclufions dudit Leger Pellé audit nom de Tuteur, à ce que lefdits demandeurs fuffent déclarez non recevables & mal fondez en leur demande & conclufions avec dépens. Procès verbal dudit ſieur d'Herbigny, au bas duquel eſt ſon Ordonnance, qui ordonne la ſignature dudit appointement du même jour 3. Aouſt. Productions reſpectives deſdits Buttet, Yvon & Lechat, & dudit Pellé audit nom. Inventaires deſdites productions, contenans les avertiſſemens des parties. Copies des Lettres Patentes du mois d'Aouſt 1685. par leſquelles Sa Majeſté a créé & établi un Conſeil Souverain & quatre Sieges Royaux dans la Côte de l'iſle de Saint Domingue. Copie collationnée d'une Sentence renduë par le Sénéchal de Léogane le premier Aouſt 1699. entre Jean du Garos, Curateur aux ſucceſſions vacantes du Siege de Léogane en cette qualité, faiſant pour les heritiers du ſieur Deſlandes, demandeur afin de partage contre Leger & Jacques Pellé, heritiers de Marie Ciret, veuve dudit ſieur Deſlandes, & le ſieur de Villars, comme Procureur bien-veillant deſdits Pellé ; par laquelle il a été déclaré le contrat de mariage deſdits Deſlandes & ſa femme, n'avoir force & lieu que pour don mutuel : en conſequence il a été ordonné que tous & chacuns les biens meubles qui étoient en commun entre leſdits Deſlandes & ſa femme, conformément audit contrat, ſeroient diviſez & partagez à frais communs entre ledit du Garos audit nom, & leſdits Leger & Jacques Pellé, moitié par moitié, pour par ledit du Garos tenir compte de ce qui lui reviendra aux heritiers dudit ſieur Deſlandes. Copie d'Arreſt du Conſeil de Saint Domingue, rendu entre Leger & Jacques Pellé, appellant de la Sentence du Juge de Léogane, du premier Aouſt 1699. & ledit du Garos intimé, par lequel ladite Sentence a été confirmée avec amende & dépens. Ledit Arreſt datté du 5. Octobre audit an 1699. imprimé d'une Sentence renduë le 21. Mars 1702. en la Chambre du Domaine à Paris, entre ledit Leger Pellé Tuteur de ſes enfans, & Marin Buttet & Conſors ; par laquelle entr'autres choſes il eſt dit qu'ayant égard aux fins de non recevoir deſdits Buttet & Conſors, reſultans de l'Arreſt du Conſeil de Saint Domingue dudit jour 5. Octobre 1699. Les biens meubles, & immeubles & effets de la Communauté qui a été entre ledit deffunt Yvon Deſlandes, & Marie Ciret ſa femme. Enſemble les Negres, que la Chambre a déclaré faire partie deſdits meubles, ſeront partagez par moitié entre leſdits heritiers Yvon, Deſlandes, & les heritiers de ladite Ciret. Ordonné en conſequence des offres de Pellé, que les deux habitations de la grande Riviere & de la Frelate y jointe, qui appartenoient audit Yvon Deſlandes, ſeront baillées & délivrées auſdits Buttet & Conſors, en l'état qu'elles étoient lors du contrat de Mariage dudit Deſlandes avec ladite Ciret, pour en joüir comme de choſes à eux appartenantes avec reſtitution de fruits. Sentence renduë par le Juge de Léogane le 19. Octobre 1699. entre ledit du Garos, en qualité de Curateur gerant la ſucceſſion de Jacques Yvon ſieur Deſlandes, & Antoine Hercules de Villars, Procureur bien-veillant deſdits Leger & Jacques Pellé, qui nomme des arbitres pour faire le partage des biens des ſucceſſions deſdits Deſlandes & ſa femme. Trois Sentences renduës par le Juge de Léogane les 9. Novembre 1699. 4. Mars & 9. Decembre 1700. Autre Sentence du Juge de Léogane du 25. Novembre audit an, renduë entre le nommé Benoît, Procureur General & ſpecial de Cloſneuf, & de Leger Pellé pere, & Guillaume Dougé, Curateur aux ſucceſſions vacantes de Léogane, au lieu de du Garos decedé ; portant que Buttet ſera mis en cauſe. Sentence renduë au Châtelet de Paris le 17. Juin 1699. entre Marin Buttet

& Consors d'une part , & Leger Pellé Bourgeois de Paris , ci-devant Juge Civil & Criminel du petit Gouave , pere & Tuteur de Leger & Jacques Pellé ses enfans mineurs , par laquelle il est ordonné que dans six mois Pellé sera tenu de faire apparoir du contrat de Mariage d'entre lesdits Deslandes & sa femme , bien & duëment legalisé ; qu'il prétend contenir la donation entre-vifs des biens du prédecedé en faveur du survivant , sinon sera fait droit sur l'absolution de sa demande , & dés-à-present & sans y préjudicier , & aux deffenses contraires desdits Buttet & Consorts : il a été ordonné que par provision partages seront faits entre les parties des biens des successions & communauté d'entre lesdits deffunts Deslandes & sa femme ; & à cet effet s'y transporteront les parties , ou envoyeront chacun personne avec procurations en ladite Colonie de Saint Domingue , pour faire le recouvrement des biens & effets desdites successions & communauté ; faire faire les estimations des habitations , immeubles , marchandises & effets desdites successions ; pour ensuite distinguer ce qui est propre , & être les effets de communauté partagez par moitié. Copie collationnée du contrat de Mariage d'entre Jacques Yvon , sieur Deslandes , Major en la Côte de Saint Domingue , fils de Mathurin Yvon , & de Marie Guesnau d'une part , & Damoiselle Marie Ciret , fille de Jean Ciret , & Agnés Petit ses pere & mere ; par lequel entr'autres choses les parties ont stipulé qu'il y auroit communauté de biens entr'eux , & se font en outre fait donation mutuelle & respective de tous les biens qui se trouveront en essence , tant meubles qu'immeubles , lors de la dissolution dudit futur Mariage , en cas qu'il n'y ait point d'enfans pour le survivant d'eux , être heritier general & universel de tous les biens de leurdite communauté , à condition de payer les dettes , & est ledit contrat datté du 26. Juillet 1684. Deux Arrests du Conseil de Saint Domingue des 3. Janvier & 7. Mars 1701. Requeste de Marin Buttet au Juge de Léogane du 17. Novembre audit an , à l'effet d'obliger du Villars à rendre compte : deffenses dudit du Villars du 7. Decembre. Requeste presentée au Parlement de Paris le 13. Juillet 1702. par Pellé Tuteur de ses enfans , tendante à ce qu'en procedant au Jugement de l'instance d'apointé à mettre d'entre les parties , sur les deffenses requises par Pellé d'executer la Sentence de la Chambre du Domaine , ledit Pellé en tant que besoin seroit incidemment reçû opposant à l'execution de l'Arrest du Conseil de Saint Domingue du 5. Octobre 1699. même à toute la procedure sur laquelle il est intervenu ; faisant droit sur ladite opposition , déclarer le tout nul , & en consequence que Pellé audit nom , joüira de la donation universelle des biens de communauté d'entre lesdits Deslandes & sa femme par leur contrat de Mariage. Arrest du Parlement de Paris du 27. Juillet audit an , intervenu en ladite instance d'apointer à mettre , qui reçoit Buttet & Consors appellans de la Sentence du Domaine ; & cependant on ordonne que ladite Sentence sera executée par provision , à la caution juratoire desdits Buttet & Consorts , joint les Requêtes dudit Pellé aux appellations. Lettres de Requête civille obtenuës le 6. Septembre 1702. en la Chancellerie près le Parlement de Paris , par Leger Pellé , au nom & comme Tuteur de Leger & Jacques Pellé ses enfans mineurs , contre l'Arrêt du Conseil Souverain de Saint Domingue établi au petit Gouave du 5. Octobre 1699. Requête dudit Pellé audit nom audit Parlement de Paris , afin d'enterinement desdites Lettres de Requête civile ; ensuite de laquelle est l'Ordonnance de viennent du 5. Devembre 1702. Requête preſentée au Parlement de Paris le 26. Fevrier 1703. tendante à ce que la procedure de Pellé ſur la Requête civile ſoit déclarée nulle, & en tant que beſoin que Buttet & Conſors ſoient reçûs oppoſans à l'Ordonnance de viennent du 5. Decembre & ſans les approuver, les parties renvoyées devant le Juge Souverain du Conſeil de Saint Domingue qui en doit connoître, ayant rendu ledit Arreſt ſuivant l'article 26. du Titre 35. de l'Ordonnance de l'an 1667. Arreſt dudit Parlement de Paris du 4. Juin audit an, par deffaut contre leſdits Buttet & Conſors, par lequel ſans s'arrêter à la Requête & oppoſition deſdits Buttet & Conſors, dont ils ſont déboutez ſur leſdites Lettres en forme de Requête civile, les parties ſont appointées au Conſeil, & joint la Requête de Buttet & Conſors à fin d'oppoſition audit Arreſt. Requête dudit Pellé audit nom, employée pour contredits contre la production deſdits Buttet & Conſors; ladite Requête contenant en outre production nouvelle en datte du 16. Novembre 1703. ſignifiée le 21. dudit mois. Pieces jointes à la Requête deſdits Buttet & Conſors, ſervant de contredits contre la production de Pellé, contenant production nouvelle du 12. Decembre audit an, ſignifiées le 17. pieces jointes à icelle. Requête de Pellé audit nom, contenant production nouvelle ſervant de réponſes & contredits. La production nouvelle faite par ledit Buttet, ſignifiée le 17. Decembre, au bas de laquelle Requête eſt l'Ordonnance du Conſeil, portant acte de l'emploi & reception des pieces du 30. Janvier 1704. ſignifiées le même jour. Pieces jointes à ladite Requête. Autre Requête dudit Buttet & Conſors, employée pour plus amples contredits, & réponſes aux Requêtes dudit Pellé audit nom du 21. Novembre 1703. & 30. Janvier 1704. contenant en outre production nouvelle, au bas de laquelle eſt l'Ordonnance du Conſeil, portant reception deſdites pieces nouvellement produites, & acte de l'emploi du 29. Mars 1704. enſuite eſt l'acte de communication deſdites pieces & exploits de ſignification du même jour. Pieces jointes à ladite Requête; autre Requête de Pellé audit nom de Tuteur employée pour contredits contre la production nouvelle deſdits Buttet & Conſors dudit jour 29. Mars; enſuite eſt l'Ordonnance du Conſeil, portant acte de l'emploi du 15. Avril 1704. & l'exploit de ſignification du 17. Autre Requête deſdits Buttet & Conſors, employée pour réponſes à celle de Pellé, au bas de laquelle eſt l'Ordonnance du Conſeil du 24. dudit mois d'Avril, & exploit de ſignification d'icelle du même jour. Autre Requête de Pellé audit nom, contenant production nouvelle & employée pour réponſes à celle de Buttet du 24. Avril; au bas eſt l'Ordonnance du Conſeil, portant reception de pieces nouvellement produites, & acte de l'emploi du 9. May 1704. exploit de ſignification d'icelle du même jour; pieces jointes à ladite Requête: autre Requête dudit Leger Pellé du 21. du mois d'Octobre audit an, contenant production nouvelle & pieces jointes à ladite Requête: autre Requête dudit Pellé du 10. Janvier 1705. ſignifiée le 12. dudit mois, contenant production nouvelle, pieces jointes à icelle, & tout ce qui a été mis, écrit & produit par les parties, O u ï le Rapport dudit ſieur Lambert d'Herbigny, Conſeiller du Roy en ſes Conſeils, Maître des Requeſtes ordinaires de ſon Hôtel, Commiſſaire à ce député, après en avoir communiqué aux Sieurs le Pelletier, Voiſin, Chauvelin, d'Argouges, & Abbé Bignon, Conſeillers d'Eſtat, Commiſſaires à ce députez, & tout conſideré: LE ROY EN SON CONSEIL, fans s'arrèter aux lettres en forme de Requête civile du 6. Septembre 1702. ny à tout ce qui s'en eft enfuivi, à déchargé lefdits Buttet & Confors des pour-fuites & procedures contr'eux faites au Parlement de Paris, au fujet defdites Lettres en forme de Requête civile : & fait Sa Majefté deffenfes audit Pellé audit nom de les continuer, fauf & fans préjudice à Pellé pere & à fes enfans de fe pourvoir par les voyes de droit contre le Jugement du Confeil Superieur de S. Domingue du 5. Octobre 1699. ainfi qu'ils aviferont bon être, condamné ledit Pellé pere audit nom aux dépens. F A I T au Confeil d'Eftat privé du Roy, tenu à Verfailles le 16. Février 1705. Collationné, *Signé*, D E M O N S.

Jacques Yvon fieur Deflandes, natif de *Aulerci Cœnomani*, s'étant trouvé foupçonné d'une rifque pour réfoudre le problème, quitta fa Patrie & s'en alla à Saint Domingue, où il fit fortune par les emplois qu'il eut dans les armes : fa fucceffion ouverte par fa mort donna lieu à diverfes conteftations qui font énon-cées dans l'Arreft du Confeil cy-deffus. *Sæpe majori fortuna locum fecit injuria. Senec. Epiftol. 91. Plutar. lib. de Exilio. Genef. 37. & 41.* parlant de Jofeph. Ce qui peut s'appliquer au fieur Yvon.

L OU I S par la grace de Dieu, Roy de France & de Navarre ; au premier nôtre Huiffier ou Sergent fur ce requis : Nous te mandons & commandons que l'Arreft dont l'extrait eft attaché fous le contre-Scel de nôtre Chancellerie, ce jourd'hui rendu en nôtre Confeil d'Etat Privé, entre nos amez Marin Buttet & Magdelaine Yvon fon époufe, François, André, & Jeanne Lechat, héritiers beneficiaires de deffunt Jacques Yvon fieur Deflandes, nôtre Lieutenant au Gouvernement de Saint Domingue, demandeur d'une part, & nôtre amé Leger Pellé, Bourgeois de Paris, au nom & comme Tuteur de Leger & Jacques Pellé fes enfans, deffendeur d'autre part : Tu fignifies aux y dénommez, à ce qu'ils n'en ignorent, & ayent à y obéïr & fatisfaire felon fa forme & teneur : & faits de par nous les deffenfes y contenuës & pour fon entiere execution, à la requê-te defdits Buttet & Lechat, toutes autres fignifications fur ce requifes & necef-faires : de ce faire donnons pouvoir, fans demander autre permiffion ny pareatis : & voulons qu'aux copies dudit Arreft & des Prefentes dûëment col-lationnées par l'un de nos Amez & Feaux Confeillers, & Secretaires, Maifon & Couronne de France & de nos Finances, foi foit ajoûtée comme aux origi-naux. Car tel eft nôtre plaifir. D O N N E' à Verfailles le 16. Février 1705. & de nôtre Regne le foixante-deuxiéme. *Signé*, par le Roy en fon Confeil, D E M O N S, & Scellé du Grand Sceau de cire jaune, & contre-fcellé auffi de cire jaune.

Le 6. jour d'Avril 1705. fignifié & laiffé copie à Maître Ricard, Avocat de partie adverfe en fon domicile, en parlant à fon Clerc, par nous Huiffier ordi-naire du Roy en fes Confeils, fouffigné. F. L A M E R Y.

Le 20. jour de May 1705, à la requête defdits Marin Buttet & fon époufe, & Confors, qui ont élû leur domicille en la maifon de M. Clavier, Avocat aux Confeils du Roy, feize ruë des Poitevins, le prefent Arreft du Confeil d'Eftat privé du Roy, & Commiffion fur icelui ont été fignifiez, & d'iceux laiffé copie aux fins y contenuës, & de la décharge & des deffenfes y portées au fieur Leger

Pellé,

Pellé Bourgeois de Paris, en fon domicille à Paris ruë de l'Arbre-fec , en parlant
à fa perfonne , à ce qu'il n'en ignore , par nous Huiffier ordinaire du Roy en fes
Confeils , fouffigné. DE LA RUELLE.

Copernic au fiecle avant le dernier , ayant propofé fon Syfteme , toutes les
Facultez de Théologie de l'Europe le condamnerent : aujourd'hui c'eft le plus
approuvé. *Pfalm.* 17. 67. 75. 76. *Terra tremuit.*

Le Pape Zacharie né en Grece ou en Calabre , étoit un Saint Pape , doüé de
toutes les vertus , fuivant les écrivains de fa vie , vivoit vers l'an 740. au Regne
de Childeric troifiéme : il excommunia S. Virgile , Evêque de Salfebourg , pour
avoir foutenu qu'il y avoit des Antipodes , & déclara que cette erreur étoit dangereufe. Ferdinand & Ifabelle regnant en Efpagne , fe trouverent bien d'avoir
plutôt crû à Chriftophle Colomb, Genois, qui en venoit , qu'à la décifion du
Pape qui n'y avoit pas été : ce qui prouve que les faits ne fe fuppléent point , &
qu'ils doivent être examinez avec confeil *diligentiffime ,* avant que de décider ,
crainte d'être trompé & furpris dans fon jugement. S. Auguftin & Lactance s'a-
buferent fort fur le fujet des Antipodes , de traiter de fol & d'infenfé celui qui
foutenoit y en avoir.

Il eft inconteftable que dans une chofe de fait , tous les hommes fans exception peuvent être trompez. Je le diray aux Juges , à caufe des confequences
infinies qui arrivent dans les faits , fur tout en Matieres Criminelles : ils me
permettront cette digreffion , qui eft ici à propos.

Dans tous les fiecles paffez l'on a tenu que tout ce qui n'étoit point de foy ,
pouvoit être de nouveau revû & examiné & jugé , quoique decidé par un Concile œcumenique ; c'eft le fentiment de S. Leon , & Pelage II. Pape ; Epître 3.
aux Evêques d'Iftrie. *Specialis Synodalium Conciliorum caufa eft fides. Quid-*
quid ergo præter fidem agitur, Leone docente, oftenditur , quia nihil obftat fi
iniudicium revocetur. Que dans les chofes de fait , des Conciles œcumeni-
ques pouvoient être redreffez & corrigez par d'autres Conciles , felon S. Auguftin *lib. 2. cap. 3* du Baptême. *Ipfa plenaria Concilia fæpe priora pofteriori-*
bus emendantur. Il dit ailleurs que JESUS-CHRIST juge toujours fuivant la verité ; mais que les Juges fe trompent fouvent. *lib. 2. cont. Chrift. Cum ille fem-*
per veraciter judicet, autem iudices ficut homines plerumque fallantur. Cela eft tiré & conforme à la décifion du droit Canonique. *capit. nobis de Sentent.*
excommunic. que voici au long. *Judicium dei veritati, quæ non fallit nec fal-*
litur, innititur : judicium Ecclefiæ nonnumquam opinionem fequitur , quam
& fæpe fallere contingit & falli. Le jugement de Dieu eft toujours fondé fur la
verité, qui ne trompe jamais, ny n'eft point trompée ; mais le jugement des Juges
d'Eglife fuit quelquefois l'opinion qui eft fouvent trompeufe,& peut-être trompée. Entre tous les doctes , cinq fçavans Cardinaux font de même opinion , je me
contenterai de les rapporter, afin de ne pas ennuyer, pour tirer ma confequence,
que les faits fontd'une extrême conféquence à n'être pas fuppléez,& doivent être
pefez dans la derniere rectitude , fur tout dans les Matieres Criminelles. Le
premier fera Thomas de Vio, dit le Cardinal Caïetan , parce qu'il étoit né à
Caïette, au Royaume de Naples. Le fecond, c'eft le Cardinal Robert Bellarmin *lib. 4. de Rom. Pontif. cap. 2,* Il dit que c'eft un point dont conviennent
tous les Catholiques, *conveniunt omnes Catholici.* Ailleurs il dit , qu'un Concile

General , encore qu'il ne puisse errer dans la définition des dogmes de la Foy; néanmoins il peut-errer dans des questions de fait. Le troisiéme , c'est Cesar Baronius sur l'an 681. disant que personne ne doute que qui que ce soit ne se puisse tromper dans les faits : *In his quæ facti sunt unum quemque contigere posse falli , nemini dubium est.* Le quatriéme , c'est Armand Jean Duplessis , Cardinal,Duc de Richelieu , dans sa Methode des Controverses livre 3. chap. 5. Les Conciles, dit-il, peuvent errer au fait,bien que non pas au droit & dans les définitions de la foy, parce que le S. Esprit a promis son assistance infaillible à l'Eglise, comme lui étant en tout necessaire. Le cinquiéme , c'est le Cardinal Palavicini en son Histoire du Concile de Trente liv. 11. chap. 8. le fait défini dans le Concile 5. n'appartenoit point à l'infaillibilité de l'Eglise. Je croi inutile d'en dire davantage pour prouver ma proposition , que les faits ne se suppléent point , pas même par équivalant ny autrement , sur tout en Matieres Criminelles ; croyant l'avoir solidement & très-suffisamment démontré cy-dessus & au liv. 1. Max. 32. du Titre 8. où j'ay rapporté la supposition d'un fait inventé pour surprendre un Decret du Pape S. Leon IX. dont parle Jacques du Breül , en son Theatre des Antiquitez de Paris livre 4. fol. 1094. Duluc *lib.* 1. *Tit.* 3. *num.* 2, Recherches de la France lib. 6. chap. 17. Mezeray à la fin de l'Histoire de Philippes I. disent tous que c'étoient les Religieux de S. Himmeran de Ratisbonne. Les plus habiles peuvent ignorer les faits , *facti interpretatio plerumque etiam prudentissimos fallit. l. 2. ff. de juris & factis ignor.*

Christophle Colomb grand Capitaine de mer , Genois de nation , découvrit le nouveau monde , ou l'Hemisphere opposé au nôtre , par la Rélation en manuscrit d'un Basque Marinier , & par un raisonnement tiré de la disposition du monde , & de la rondeur du Globe , qui est un composé de la Mer & de la Terre : qu'il y avoit des païs habitables dans la partie opposée à celle que nous habitons. Après s'être en vain adressé à divers Princes , il obtint avec beaucoup de peines trois Vaisseaux de Ferdinand & d'Isabelle , pour aller chercher ce qu'il s'étoit imaginé ; qu'il trouva enfin , aprés de grands périls , comme le Lecteur verra lorsque j'aurai traité en sommaire de la découverte des Indes , suivant les Auteurs , entr'autres Fernand Lopez Gomara , dans son Histoire des Indes ; parlant des Roys de Mexique : & Alexandre Ross. dans son Traité in-quarto , des Réligions du Monde. Antoine du Verdier liv. 4. chap. 5. de ses leçons. Dieu ayant fait l'ame immortelle , il a pû faire le monde infini ; puisqu'il est vrai que l'éternité n'est autre chose qu'une durée sans bornes , & l'infini une étenduë sans limites.

En France nous appelons le Dimanche devant Pâques , Pâques Fleuries , ou le Dimanche des Rameaux , à cause de l'entrée de Nôtre Seigneur en Jerusalem. Garcilugo de la Vega dans son Traité *de la Floresta Espanola* , dit que ce qui a donné le nom de la *Floride* aux Indes, c'est parce que ce Païs fut découvert par les Espagnols , le Dimanche de Pâques Fleuries , ou jour des Rameaux, 27. Mars 1513. par Ponce de Leon , duquel parle Mezeray sur l'an 1568. faisant l'éloge de Dominique de Goúrgues , d'ancienne maison du Mont-de-Marfan , qui fut à la *Floride* à ses dépens , pour vanger l'injure faite aux François. Louis Guyon a plus particularisé cette action dans ses Leçons diverses tome 2. liv. 4. chap. 3. & tome 3. liv. 2. chap. 7. Antoine du Verdier avant lui en ses leçons diverses liv. 4. chap. 30.

Dom Diegue Savedra Faxardo, dans la devise 69. de son Prince Chrétien & politique, attribuë la découverte du nouveau Monde à un Basque, auquel succeda Christophle Colomb, Genois. Americ Vespuce Florentin, découvrit l'Amerique, & lui donna son nom. Vasquez de Gamma Portugais, trouva le Mozambio Melinde, & le Païs de Malabar. Le Pere Magaillans & Antoine de Solis, dans leur Histoire de la conquête de l'Empire de Mexique, l'attribuë à Hernand Cortez Espagnol, en 1520. sur l'Empereur Motezuma : ils y rapportent des combats pour vaincre ces peuples ; ce qui a donné lieu à un livre in quarto imprimé en Flandres, avec des figures en taille douce, *la Conquesta de la China, por Juan de Palafox*. Le Perou, dont Lima est la Ville Capitale, fut conquis pour les Espagnols, par François Pizarre, en 1525. c'est où sont les riches mines d'or de Potosi, & le Fleuve Pactole, qui roule parmi ses sablons l'or en paillettes ; ainsi que fait le Tage à Lisbonne, si l'on veut en croire le Poëte Vasquez de Lobeyra.

Christophle Colomb avec ses trois Vaisseaux, partit de Cadis au mois d'Aoust 1492. & après sa navigation, il trouva les Isles de la *Floride*, d'où il retourna en Espagne au mois de Mars de l'année suivante, en rapportant des marques certaines de sa découverte, & des grandes richesses de ces terres là, que les Espagnols ont nommées les Indes Occidentales. Cent ans auparavant les Zeni, deux Capitaines Venitiens, avoient découvert l'Estotilande Septentrionnale.

Environ deux mois après le retour de Colomb en Espagne, l'an 1493. le Pape Alexandre VI. natif d'Arragon, donna à Ferdinand & Isabelle, & à leurs Successeurs Roys de Castille, toutes les terres découvertes & à découvrir, au-delà de la Ligne, qui seroit tirée du Pole Arctique à l'Antarctique, distante des Isles Açores, de cent lieuës vers l'Occident & le midi ; à la charge qu'ils y envoyeroient des gens de bien & sçavans ; afin d'instruire les peuples dans la Réligion Chrétienne. Dom D. Bueil, Catalan, Religieux de l'Ordre de S. Benoît, avec douze Prêtres, eurent l'honneur de cette premiere Mission, où ils furent envoyez pour y porter les premieres semences de la Foy, & déraciner le Paganisme, en publiant l'Evangile.

Noli æmulari in malignantibus, neque zelaveris facientes iniquitatem, Psalm. 36. ℣. 1.

CHEF-D'OEUVRE DE L'ELOQUENCE.

Derniere Action publique de Messire Antoine Portail premier Avocat General, à present Grand Président du Parlement, qu'il prononça à la Mercurialle du Vendredy 6. May 1707. Messire Louis le Pelletier ayant été reçû la veille Premier Président, par la démission volontaire de Messire Achilles de Harlay, ayant ouvert le discours, après qu'il eut finy Monsieur Portail lui addressa la parole en disant.

Monsieur,

La Paix interieure, cette prétieuse tranquillité de l'ame qui nous rend maître de nous même, est l'état le plus heureux & souvent le plus inconnu au cœur de l'homme : il y aspire quelque fois; mais il est rare qu'il y parvienne, ses desirs l'agitent, ses passions le troublent, l'exemple le corromp, les préjugez l'entrainent, livré à tant d'ennemis qui l'environnent, il ne sçait ni joüir de ce qu'il a, ni se passer de ce qu'il n'a pas, incapable de se rendre heureux, sans pouvoir se résoudre à ne le pas être, sa vie toûjours inquiéte & agitée, le consume en regrets inutils, ou en desirs impuissants.

Rebuté de ces objets exterieurs qui le trompent, détaché de ses faux biens qui lui échappent, fatigué de ces passions artificieuses qui le joüent, ne cherchant jamais son bonheur au dédans de lui-même, élevé au dessus du commun des hommes par sa dignité, le Magistrat ne s'élevera-t-il point au dessus d'eux par sa sagesse, n'apprendra-t-il point à faire taire ses propres passions, lui qui est chargé de réprimer celles des autres; l'idée du sage a-t-elle rien de contraire à celle du Magistrat : & au milieu des occupations laborieuses de son ministere, ne pourra-t-il point goûter les plaisirs innocens de cette paix interieure qui doit être la recompense de sa vertu ?

Nous ne parlons point, ni de cette fausse paix, qui flâtoit la vanité des Philosophes, & qu'ils faisoient consister dans un orgueilleux mépris, & dans une fiere independance de ce qui soûmet tous les autres hommes, ni de cette paix indigne du Magistrat, qui est plûtôt un vice de l'esprit, qu'une perfection de l'ame, langueur que repos, privation de sentiment que pureté de raison : nous parlons de cette paix desirable, aussi éloignée de l'inaction que de l'emportement, de l'indolence que de la dissipation ; de cette securité, que le sage ne trouve que dans l'exercice de la vertu, & dans le témoignage de sa conscience, que le Magistrat ne doit chercher que dans un heureux éloignement de toutes les passions turbulantes & dans une religieuse indifference, pour tout ce qui n'interesse point la Justice.

C'eſt dans ſon propre cœur, que le Magiſtrat doit placer cet eſprit de paix qu'il veut diſtribuer aux autres ; joüira-t-il de cette tranquilité parfaite, celui qui livré aux premiers emportemens d'une jeuneſſe encore aveugle, ne connoît pas d'autre Loy que celle de ſes paſſions, ni d'autres regles que celles de ſon inconſtance.

Chargé du poids de ſa propre inutilité, s'il penſe aux fonctions de ſon état, quelques-uns de ces rares intervalles, que le dégout & la ſaciété des plaiſirs rend à la Juſtice, en vain chercheroit-il la paix interieure du Magiſtrat, au milieu de la Magiſtrature même ſemblable à ces Mers orageuſes, qui ſe reſſentent encore de la tempête, au milieu du calme, & qui conſervent-toûjours ſous la profondeur de leurs eaux, quelques impreſſions d'agitations & de mouvement : ſon ame toûjours émuë & comme répanduë hors d'elle-même ne peut ſe renfermer dans le cercle étroit d'une occupation ſerieuſe ni ſoûtenir l'uniformité d'une vie toûjours égalle, diſtrait par le ſouvenir des amuſemens paſſez, dont les images encore vives & recentes, viennent troubler ſon repos, juſques dans ſon plus ſure azile, ou occupé de ceux qu'il ſe prépare pour l'avenir, & excitent par avance l'impatience de ſes deſirs, ſon cœur toûjours plein de ſes objets qui ſe ſuccedent, ne reſpire qu'agitation & que mouvement, toûjours également ennemi de ſon propre repos, & dans le torrent des plaiſirs qui l'entraînent, & dans les fonctions de la Magiſtrature qui l'ennuyent.

Que la ſuite des plaiſirs tumultueux ne nous jette pas dans cet eſprit de pareſſe & d'inſenſibilité ſi funeſte à la Juſtice.

Ce n'eſt que dans l'obſervation exacte de tous les devoirs que le Magiſtrat doit chercher cette paix qu'il deſire : l'homme privé qui n'a d'autres engagemens, que ceux qu'il ſe procure, d'autres occupations que celles qu'il ſçait ſe faire à lui-même, peut goûter comme il lui plaît les douceurs d'une vie molle & tranquille, elle ſe preſente d'elle même à ſes yeux, pour le ſeduire par de faux charmes, il en joüit auſſi-tôt que la foibleſſe de ſon temperamment, ou la maturité de ſon âge l'ont affranchi des paſſions violentes, il eſt ſans deſirs, il eſt ſans inquiétudes, ne vivant que pour lui : l'inaction ſeule fait ſon repos, & comme enſeveli dans le ſein de la moleſſe & de l'oiſiveté, il void ſes jours s'évanoüir comme un ſonge, ſa vie ſe paſſe ſansqu'il le ſçache comme une longue vapeur, & comme un ſommeil durable.

Rompons ces funeſtes biens qui nous retiennent, ſortons de ce repos l'etargique, qui nous deshonore, ſouvenons-nous que cette fauſſe paix, peu innocente pour tous les hommes, ſeroit toûjours criminelle pour nous, & que l'inſenſibilité ne fut jamais le caractere du Magiſtrat Miniſtre de la Juſtice, établi pour veiller au ſalut des autres, ſa vie ne doit être qu'un ſacrifice perpetuel de ſon repos, une longue ſuite de ſoins & de peines honorables, ce ſeroit peu pour lui d'avoir calmé tous les mouvemens dereglez de ſon cœur, s'il ne travailloit encore à purifier les lumieres de ſon eſprit, vuide de paſſions étrangeres, ſon cœur doit être toûjours plein d'amour pour la Juſtice ; & peu juſtifié par le mal qu'il ne fait pas, il ſe rend coupable de tout le bien qu'il pourroit faire ; ce n'eſt donc que par l'action, & dans le travail, que le Magiſtrat doit chercher un repos digne de lui : c'eſt dans cette

vie ſerieuſe, mais animée; c'eſt au milieu de cette perpetuelle activité de l'eſprit, & de cette parfaite tranquilité de l'ame, qu'eſt placée cette ſainte paix,
qui doit faire l'objet de ſes deſirs, & en vain ſe flateroit-il d'en joüir, ſi ſa
conſcience, ce Cenſeur ſevere & incorruptible, pouvoit lui reprocher de n'avoir
pas rempli les obligations de ſon miniſtere.

Echapé à ces premiers écuëils d'emportement ou d'inaction, que le Magiſtrat faſſe toûjours de nouveaux efforts pour ſe ſoûtenir dans l'amour de
la Juſtice, parvenu à un âge plus meur, il trouve de nouveaux obſtacles à
combattre, s'il ne ſe donne tout entier à fortifier ſon cœur contre les ennemis, & les dégouts de ſon état, il eſt rare que l'homme ſoit aſſez parfait
pour agir par le pur amour de la vertu dans ſes démarches les plus loüables,
il ſe mêle toûjours quelque motif ſecret de retour de lui-même, par tout il
ſe cherche, [par] tout il ſe trouve, & au milieu des applaudiſſemens qui
ſuivent les actions les plus éclatantes, s'il ne vouloit pas ſe tromper lui-même,
ſouvent il rougiroit du principe qui l'a fait agir : la vie interieure du Magiſtrat, auſſi obſcure que penible, a de quoi ébranler la vertu la plus affermie,
dans les premiers efforts d'une ferveur naiſſante, l'état exterieur de ſa dignité
le flate, l'amour de la gloire l'anime; mais lorſque ce premier feu commence
à ſe ralentir avec l'ardeur de l'âge, qu'il eſt à craindre que l'amour de la Juſtice
ne s'éteigne avec ſes premieres paſſions qui la ſoûtenoient : le plus grand
ennemi de nôtre repos, c'eſt le dégout de nôtre état ; ſi nous le regardons
comme un fardeau importun, fatiguez bien-toſt, nous ſuccombons ſous le poids
qui nous accable.

Il faut aimer ſes devoirs pour les remplir avec zele ; pour contenter les autres il faut être content de ſoi-même, & au milieu des fonctions qui demandent autant de force que de courage, un cœur flétri, & comme deſſeché
d'ennui & de triſteſſe, ne goûtera jamais cette joye interieure, cette douce
quiétude qui peut ſeule aſſurer le bonheur du Magiſtrat : S'il ſe trouve tant
d'obſtacles à vaincre pour parvenir à cette paix qu'il deſire, quels ſecours,
quels avantages ne trouve-t-il point dans le genre de vie qu'il embraſſe pour
la conſerver, lorſqu'il l'a une fois acquiſe ?

Au deſſus des caprices de la fortune, qu'il ſçait mepriſer, il trouve dans
la modeſtie de ſon état de quoi l'affranchir de la ſervitude des Grands, ſouvent
obligez à s'abaiſſer devant lui, reſponſable de ſes jugemens au ſeul tribunal
de ſa conſcience, s'il n'a rien à eſperer de la faveur, il n'a rien à craindre
de l'autorité : auſſi éloigné des richeſſes que de l'indigence, il trouve dans
la mediocrité de ſa fortune, de quoi ſe mettre à couvert des traits envenimez
d'une jalouſie toûjours avide, riche par ſa moderation, puiſſant par ſon independance, reſpecté par ſon caractere, rien ne peut troubler cette paix ſolide
& durable, que ſa vertu ſeule lui aſſure.

Les malheurs publics, ces triſtes conjonctures, qui font taire toutes les
Loix pour ne laiſſer entendre que celles d'une ingenieuſe neceſſité, qui font
ceſſer tout autre motif que celui des beſoins preſſans de l'Etat, qui empêchent
le Magiſtrat de faire tout le bien qu'il deſire, & le forcent à ouvrir lui-même
des playes legeres, pour en guérir de plus profondes, ces vûës touchantes,
mais ſublimes, ſont ſeules capables d'alterer la paix dont il joüit, c'eſt cette

loüable inquiétude d'esprit du bien public, qui est la seule qu'il se permette : & c'est dans cette inquiétude même, qu'il trouve le principe de son repos ; puisqu'elle le rend inaccessible à toutes les autres passions, dont le combat perpetuel agite si cruellement le cœur de l'homme.

Actif, sans être inquiet, occupé, sans cesser d'être tranquile, attentif sur tout ce qui regarde le bien de la Justice, indifferent pour tout ce qui ne l'interesse point, il ne connoît d'autre repos que celui qu'il procure aux autres ; d'autre plaisir que celui de voir des familles entieres joüir de ses travaux, & dormir tranquilles à l'ombre de ses veilles.

Tel étoit le grand Magistrat, qu'une éclatante retraite vient d'enlever à la Justice, un genie superieur, une droiture inflexible, une application infatigable, une érudition profonde du droit public du Royaume, l'avoient conduit pas-à-pas, par degrez jusqu'à la suprême Magistrature, l'étenduë de ses connoissances égaloit celles de son esprit, aussi grand par ses sentimens, qu'élevé par sa dignité, la noblesse de son ame répondoit à celle de sa naissance au dessus de l'interêt, qu'il ne voulut jamais connoître, prodigue des biens, qu'il ne vouloit meriter que pour les répandre, il n'étoit avare que du tems, consacré aux fonctions de la Justice, vangeur severe de la regle & de la discipline, ennemi redoutable de cet esprit d'artifice & de litige, qui n'osoit plus paroître devant lui, il ne pût jamais souffrir ni dissimuler le désordre. Censeur intrepide dans ces jours solemnels, où les remontrances salutaires devoient être regardées comme le plus rude châtiment que la Justice puisse exercer contre le Magistrat, il ne craignit jamais de déplaire à ceux qu'il se croyoit obligé d'avertir & d'instruire : le torrent de l'exemple, la Loy de la Coûtume, les préjugez de l'exemple & de l'usage, tous ces prétextes aussi communs que frivoles, n'ont jamais rien pû contre l'austerité de ses mœurs, content par sa conduite de rétracer aux yeux des Juges l'image presque effacée de l'ancienne Magistrature, & de susciter encore en ce-siecle un exemple si rare de la noble & majestueuse simplicité de nos peres : Quel genereux mépris ne faisoit-il point paroître pour ces hommes nouveaux, aussi dangereux par l'excez de leur luxe, qu'inconnus par l'obscurité de leur nom ! Quelle fermeté, quelle promptitude à soulager les foibles qui réclamoient son autorité & sa puissance, sensible aux miseres, il possedoit l'amour & la confiance, surs garens de la fidelité des peuples.

Attaché par goût & par estime à ces restes prétieux de la plus pure Magistrature, empressé à prevenir ses plus justes desirs, & à exciter les graces du Prince, en faveur de ces noms venerables qu'il est de l'interêt public & de la dignité de la Compagnie de perpetuer dans le gouvernement de la Justice ; grand par ses actions, plus grand encore par les motifs qui le faisoient agir ; amateur du bien public, zelé protecteur de nos saintes libertez, estimé de son Prince, utile à sa Patrie, prétieux à la Justice ; chaque jour d'une si belle vie sembloit être marqué par un trait de grandeur nouveau.

Il vit encore ce digne Magistrat, & il vivra toujours pour sa propre gloire ; mais il n'a plus voulu former que des vœux pour le salut de la République ; accoutumé à rendre aux autres une justice éxacte, il a crû devoir se rendre à lui-même une justice severe ; attentif à prevenir les approches de l'âge & de

la foiblesse, on l'a vû rassembler en un moment toutes ses forces pour pronon-
-cer seul dans le secret de son cœur le dernier Arrest de condamnation ; beaucoup
moins rigoureux pour lui qui se retrouvè, que pour la patrie qui craignoit de
le perdre ; persuadé qu'on a toujours assez vécu, lorsqu'on a toujours vécu pour
la Justice ; & il ne songea plus par une retraite honorable qu'à assurer la gloire
de ses actions passées : il ne s'arrache aux affaires de dehors que pour se rendre
tout entier à lui-même ; mais en vain voudroit-il se cacher aux yeux du public
qu'il fuit : il ne se dérobera point à ses loüanges & à ses regrets ; le même éclat
de gloire qui l'environnoit au milieu de la dignité dont il étoit revêtu, le suivra
dans cette retraite qu'il s'est choisie : c'est-là que dans le loisir d'un repos toujours utile, éloigné de l'embaras du siecle, ne tenant plus aux hommes que
par la haute estime qu'ils conserveront pour sa vertu, il bornera tous ses désirs à joüir en paix d'un bien si durable, & à transmettre à ses successeurs dans
les siecles à venir, le noble, & prétieux heritage de tant d'Illustres Ayeuls.

Cette vive lumiere de la Justice qui pouvoit luire encore long-tems, affoiblie
& comme éteinte par une retraite courageuse, semble revivre en la personne
de celui que le Roy a jugé capable de soutenir tout le poids d'une si haute réputation. Formé des mains de la vertu même, on ne le vit jamais s'écarter un
moment de la route qu'elle avoit pris le soin de lui montrer ; un génie heureux
soutenu d'un jugement solide, une conception aisée, une imagination prompte,
une pénétration vive, un caractere qui lui est propre de justesse & de précision,
un esprit perçant & lumineux, qui saisit & embrasse tout en un moment, le
rendent supérieur aux affaires les plus épineuses. Quelle application à les entendre quelle facilité à les expedier, quel ordre, quelle netteté, quelle éxactitude
dans ces prononciations publiques & solemnelles ! Un caractere de candeur & de
verité anima toujours toutes ses démarches, sincere dans ses discours, exact dans
ses promesses, jamais son cœur ne désavoüa ses paroles, tel qu'il se montre
au dehors, tel il se sent au dedans de lui-même ; la serenité de son front découvre la tranquilité de son ame ; aussi accessible par sa douceur, que distingué par son rang, il rassure par la bonté de son cœur, ceux que l'éclat de sa
dignité pouvoit éblouïr : sûre d'être écoutée dans tous les tems, l'innocence ne
craindra jamais, ny de paroître, ny de s'expliquer devant lui ; & comme il mar-
chera toujours avec simplicité, on le suivra toujours avec confiance, par tout
dans les voyes de la verité & de la justice.

Pardonnez, Monsieur, à l'effusion de nôtre cœur, ces premiers mouvemens
de joye & de respects, que le public vous doit par nôtre bouche en la solemnité
de ce jour : si l'honneur que nous avons de vous adresser directement la parole,
comme au Chef de cette Compagnie ; si la loy rigoureuse que vôtre modestie
avoit déja pris soin de nous prescrire en secret, retient au dedans de nous même
les sentimens les plus vifs, que le choix du Roy nous inspire, cherchons du moins
dans le sang de Pithov, ces hommes sçavans & profonds, ces fermes appuis des
droits de la Couronne. Cherchons dans les avis, ou plutôt dans les exemples
d'un pere illustre, la source pure & feconde de tant de vertus, qu'il ne nous est
plus permis de loüer en vôtre presence.

Elevé au Ministere, parvenu au comble de la faveur & de la puissance, cet
homme juste qui sçût toujours alier les interêts de l'Estat avec ceux de la Réligion,

gion, & que l'envie la plus maligne respectera dans tous les tems, comme un parfait modelle de désinteressement, de moderation & de sagesse, a paru moins grand par ce qu'il étoit, que par ce qu'il n'a plus voulu être : moins digne de vénération par les honneurs sublimes qu'il avoit merités, que par le sacrifice éclatant d'une fortune rapide, qui ne faisoit que suivre ses services ; mais qui prevenoit toujours ses désirs. Son ame saintement alarmée n'a plus cherché que dans la fuite, un azile contre les dangers d'une trop grande prosperité, échapé au torrent des richesses, dont il étoit devenu le fidelle dispensateur, sans en être devenu plus riche : l'estime & la confiance du Prince l'ont suivi dans cette retraite précipitée, où il n'a voulu emporter avec son ancien patrimoine que l'innocence de ses mœurs & la pureté de sa vertu : c'est du fond de cette solitude qui le rend encore plus grand aux yeux de la Réligion, qu'il ne l'étoit aux yeux des hommes, que benissant tous les jours la main puissante qui a sçû lui conduire ; elevant sans cesse vers le Ciel ses mains pures & sans tâche, qui ont tenu la destinée des peuples, il attire sur sa famille cette multitude de benedictions, qui sont la récompense des justes : ces graces, les faveurs d'un Prince Réligieux, qui se plaît à lui faire trouver dans l'élevation de ses enfans, les grandeurs dont il avoit eu la force de se depoiiiller sans nul regret.

Qu'il joüisse ce digne Fils, que nous voyons placé à la tête du plus Auguste Senat du monde ; qu'il joüisse de toutes les vertus qu'un Pere si sage lui a transmises avec son sang, & qu'il en joüisse long-tems pour la felicité publique.

Pour nous, comblez des graces du Roy, avant que d'avoir pû les meriter par nos services, élevez à des honneurs que nous regardions comme étans au dessus de nos vœux & de nos esperances, puissions-nous suivre les exemples que ce Grand Magistrat nous a tracées. Mais ne nous flatons point d'être successeur de sa dignité ; nous serions temeraires de vouloir croire l'être de son merite, accoutumez par les bontez particulieres dont il nous a honorés dans tous les tems, & dont nous venons encore de ressentir de nouveaux effets ; accoutumez à envisager de plus près ces vertus hereditaires & domestiques, dont il nous a si souvent permis d'être le témoin, & si nous osons le dire, le spectateur familier, contentons nous d'admirer avec le public, ce que nous n'avons pas la force d'imiter, & de respecter de loin dans le secret de nôtre cœur, le degré de perfection où nous ne pouvons jamais atteindre.

Moins impatiens d'entrer dans les honneurs, que le choix du Roy nous prépare, que touchez des fautes involontaires que nous avons pû commettre dans l'exercice des fonctions importantes & difficiles, seurs de les voir avantageusement réparées par celui qui nous succede, hâtons-nous de mettre en des mains plus dignes ce prétieux dépôt de l'office public ; rendons à un nom consacré à l'éloquence, ce rédoutable ministere de la parole qui nous avoit été confié.

Avec quelle grace, avec quelle dignité, avec quelle vehemance, avec quel poïds se faisoit entendre la voix majestueuse de la verité & de la justice par la bouche de ce celebre Magistrat, qui nous a ouvert l'entrée d'une si noble carriere. Nous allons voir révivre tant de rares talens en la personne d'un second fils, qui a déja donné des preuves assurées de ce que le public devoit attendre un jour de ses forces & de son zele : quelle joïe pour ceux qui s'interessent véritablement à l'honneur de la Magistrature, & à la gloire du Bareau, de revoir à sa

T t

tête un nom qui lui sera toujours cher , & qui en a déja fait l'ornement & les délices.

Que n'est-il permis de multiplier les dignitez avec les vertus dans une famille si feconde en grands hommes : faut-il que la plus noble Magistrature achette par la perte prématurée d'un pere , qui pouvoit lui être encore si utile , le prefent qu'il lui fait d'un fils , feul capable de le remplacer : & que ne pouvons nous voir l'un monter aux honneurs qui l'attendent , fans voir l'autre décendre des dignitez qu'il honoroit.

Quelles acclamations publiques , quels témoignages de la plus unie & vive re-connoissance ne devons-nous point en ce jour , au nom de la Compagnie , pour tant de graces que la bonté du Roy vient de distribuer entre ceux qui la compo-fent : au milieu de ces justes mouvemens de la réconnoissance publique , oferions nous mesler les fentimens de nôtre gratitude particuliere : c'est uniquement à cet-te inclination liberale & bien faifante pour toute la Magistrature , plus encore pour cette Cour des Pairs , le centre de toute la Justice , où fe forment ces grands Magistrats , ces parfaits modelles de fageffe & d'érudition , qui ne laissent en-tr'eux que l'embaras du choix : c'est à cette douce habitude que le Roy a voulu fe faire de répandre fes fayeurs fur tous les membres de ce Senat Augufte , que nous nous fentons redevables de toutes celles que nous venons de recevoir. Nous nous connoissons trop nous même , pour ne pas rapporter à la gloire du corps , dont nous avons l'honneur de faire partie , tant de graces qu'il a plû au Roy d'é-tendre jufques fur nous.

Achevons de confommer nôtre ministere par un genre de rémontrance auffi douce qu'utile. Si les images inanimées des Héros femblent être pour ceux qui les veulent imiter , ou des cenfures , ou des éloges : quelle doit être la force de ces exemples encore vivans , qui nous instruifent tous les jours ? Ce que nous devons à la vertu des grands hommes , c'est la voye la plus propre à infpirer le defir de les fuivre , & loüer ce qu'ils ont fait , afin d'apprendre aux autres ce qu'ils doivent faire.

Epilogus fummarum.

Peu de gens difputent l'éloquence à Ciceron , Plutarque dans fa vie en rappor-te un trait que voici. Ciceron dans une harangue publique faite devant tout le peuple qui lui donna une audience paifible , ayant loüé *Marcus Craffus* , quel-ques jours après il lui dit plufieurs injures au même endroit : Craffus l'interrom-pant , le pria de vouloir fe reffouvenir de ce qu'il avoit dit à fon avantage ; Cice-ron dit , j'en demeure d'accord ; mais ce qui m'obligea de parler ainfi , ce fut pour faire connoître la force de l'éloquence , qui fçait fi bien déguifer les chofes , que de mauvaifes qu'elles feroient , elle a l'avantage de les faire paroître bonnes ; tant l'art de bien dire a de force , & qu'il est avantageux à tout homme public d'être éloquent. Il n'est pas permis à tous les Auteurs d'égaler un stile comme ce-lui-ci , qui me paroît être la derniere élevation du genie. Dans ce qu'on vient de lire , l'on trouve tout ce que l'Orateur Romain demande pour la véritable élo-quence y avoir été obfervé exactement : Ciceron vouloit dire que l'éloquence remplie de figures & d'embelliffemens , n'étoit qu'une Syrene qui perfuade & qui enchante les auditeurs par la verité, perfuadant ce qu'il plaît à l'Orateur. Si je n'avois craint d'être taxé de flater, j'aurois dit que les paroles de cette actionfont autant d'Oracles, & les penfées des revelations, puifqu'on voit que la veriré des chofes change felon la capacité & l'éloquence de ceux qui parlent, & que les veritez les plus claires deviendroient quelquefois obfcures & inconnuës. Après ce difcours on ne peut rien penfer de plus vray ny de plus raifonnable & élevé, fans faire un larcin à l'Auteur, y rien ajouter fans être temeraire : la fageffe & la vertu font deux grandes lumieres, dont l'éclat ne peut être tenu long-tems caché fous le boiffeau, fuivant ce que porte l'Ecriture.

ENIGME SUR LE DISCOURS.

Un trompeur agréable, un Peintre ingenieux
Deçoit le plus fubtil, & furprend le plus fage,
Il nous fait admirer les traits de fon ouvrage,
Encore qu'il foit toujours invifible à nos yeux.
Il peut reprefenter les hommes & les Dieux :
Des corps & des efprits, il nous trace l'image,
Son pinçeau délicat a feul cet avantage
Que fans l'aide des mains il travaille en tous lieux :
Ce fameux artifan eft d'une humeur legere,
Il doit toute fa gloire aux rigueurs de fon Pere
Qui l'expofe en naiffant aux injures de l'air,
Il eft par ce moyen connu de tout le monde,
Et montre avec éclat fa fcience profonde :
Zeuxis n'a rien fait qui le puiffe égaler.

Didier Ayrault a fait fon Traité *de Autoritate Rerum judicatarum*, il y a long-tems. La force eft neceffaire pour faire regner la Juftice fur ceux qui ne s'y foumettent pas volontairement, comme j'ay dit, parlant de l'autorité des Arrefts. La force a fon ufage par tout où la Juftice a le fien, & où elle trouveroit quelque obftacle : ce qui eft tiré de la Sapience 6 ℣. 4. *Data eft à Domino poteftas vobis.* C'eft de là que les Jurifconfultes ont tiré la Maxime *vis juris vindex,* la force maintient le droit : auffi l'on dépeint la Juftice tenant une balance, pour garder l'équité, & une épée pour la faire obferver & obeïr ; ainfi qu'on peut voir à la vignete de l'Epitre que j'ay fait graver. S. Paul écrivant aux Romains chap. 7. leur parle de la force & de la domination de la Loy.

Fin du premier Livre.

9 782329 287881